两岸欧洲研究丛书 2

英国脱欧与欧洲转型

Brexit and Transformation of Europe

主编 吴志成 李贵英

中国社会科学出版社

图书在版编目（CIP）数据

英国脱欧与欧洲转型/吴志成，李贵英主编.—北京：中国社会科学出版社，2020.11

ISBN 978-7-5203-6892-6

Ⅰ.①英… Ⅱ.①吴…②李… Ⅲ.①英国—关系—马斯特里赫特条约—研究②欧洲经济—经济体制改革—研究 Ⅳ.①D756.1②D814.1③F150.1

中国版本图书馆CIP数据核字（2020）第133536号

出 版 人	赵剑英
责任编辑	陈雅慧
责任校对	王 斐
责任印制	戴 宽

出 版	中国社会科学出版社
社 址	北京鼓楼西大街甲158号
邮 编	100720
网 址	http://www.csspw.cn
发 行 部	010-84083685
门 市 部	010-84029450
经 销	新华书店及其他书店
印 刷	北京明恒达印务有限公司
装 订	廊坊市广阳区广增装订厂
版 次	2020年11月第1版
印 次	2020年11月第1次印刷
开 本	710×1000 1/16
印 张	30.5
插 页	2
字 数	455千字
定 价	158.00元

凡购买中国社会科学出版社图书，如有质量问题请与本社营销中心联系调换
电话：010-84083683
版权所有　侵权必究

作者简介

吴志成 南开大学经济学博士。现任中央党校（国家行政学院）国际战略研究院副院长，让·莫奈讲席教授，兼任中国欧洲学会副秘书长、中国欧洲政治研究会副会长，曾任南开大学杰出教授、周恩来政府管理学院院长、国际学术交流处处长、党委宣传部部长、全球问题研究所所长、欧洲研究中心副主任。入选首批"万人计划"国家哲学社会科学领军人才、新世纪百千万人才工程国家级人选、全国文化名家暨"四个一批"理论人才、国务院特殊津贴专家、教育部"新世纪优秀人才支持计划"、杰出津门学者。主要研究领域为当代国际关系、全球化与全球治理、欧洲一体化与欧洲治理。

李贵英 巴黎第一大学法学博士。现任东吴大学法律系特聘教授、让·莫奈讲席教授，台湾欧盟中心咨询委员。专长研究领域为国际经济法、国际投资法、国际仲裁，以及欧洲联盟法。2011年起入选世界贸易组织（WTO）争端解决小组成员名单。

丁　纯 复旦大学经济学博士。现任复旦大学世界经济研究所教授，欧洲问题研究中心、中欧人文交流研究中心、荷兰研究中心主任，让·莫奈讲席教授。兼任中国欧洲学会副会长，中国欧洲学会欧盟研究分会副会长兼秘书长，上海欧洲学会副会长。中国世界经济学会常务理事，中国社会保障学会常务理事兼世界社保分会副会长。主要研究领域为欧洲一体化、欧盟及成员国经济、社会，中欧经贸关系。

罗至美 英国东英格兰大学政治学博士。现任台北大学公共行政暨政策学系让·莫奈讲席教授。专长研究领域为欧洲区域整合、全球化、经济政策与管理、公共政策理论、政治经济学及英国政治。

卓忠宏 西班牙马德里康普登斯大学政治学博士。2000年学成返国后，即任教于淡江大学至今。现职为淡江大学欧洲研究所教授兼所长。研究专长为比较区域主义、区域贸易协议以及西班牙政治与外交。

叶国俊 比利时安特卫普大学应用经济博士。现任台湾大学国家发展研究所教授，2017—2018年比利时根特大学与荷兰格罗宁根大学台湾讲座教授。曾任职中正大学经济学系与台湾金融研训院金融研究所，研究领域为国际经济学。

郑春荣 德国达姆施塔特工业大学哲学博士。现任同济大学德国研究中心主任、同济大学政治与国际关系学院副院长。兼任中国欧洲学会常务理事、上海欧洲学会副会长、上海国际关系学会常务理事。主要研究领域为德国及欧盟政治与外交、欧洲一体化、中德及中欧关系。

范一杨 同济大学外国语学院德语语言文学专业博士研究生。主要研究领域为德国外交与安全政策，政治语言学。

赖昀辰 德国柏林自由大学政治学博士。现任台湾东华大学公共行政学系助理教授、国际事务处国际学术合作交流组组长、欧盟研究中心执行长，欧盟莫奈模块计划获奖学者。主要研究领域为欧洲联盟与欧洲统合、国际关系、外交政策分析、国际政治经济学。

杨三亿 政治大学外交系与政治大学东亚所毕业，2000年公费前往波兰留学，并于2004年获得华沙大学国际关系研究所博士。现为中兴大学国际政治研究所教授。主要研究领域为中小型国家安全策略、欧洲联盟整合、中东欧国家外交政策分析等。

佟家栋 南开大学经济学博士。现任南开大学讲席教授、博士生导师，南开大学应用经济学科学位分委员会主任。兼任中国世界经济学会副会长、欧洲学会副会长，教育部高等学校经济与贸易教指委副主任，全国国际商务专业硕士教指委副主任，让·莫奈讲席教授。主要研究领域为国际贸易理论与政策、欧洲经济一体化、欧洲国别经济、中欧经贸关系等。

刘　程 南开大学经济学博士。现任南开大学经济学院国际经济与贸易系副主任、副教授。兼任南开大学中国自贸区研究中心秘书长，世界经济论坛研究中心研究员。主要研究领域为国际金融理论与政策、货币政策理论、欧洲经济一体化和美国经济等。

成新轩 南开大学经济学博士。现任河北大学管理学院院长、教授（二级），欧洲研究所所长，让·莫奈讲席教授。兼任中国欧洲学会常务理事、中国世界经济学会常务理事、中国商业经济学会常务理事。被授予国家有突出贡献中青年专家、新世纪百千万人才工程国家级人选、国务院特殊津贴专家、教育部新世纪优秀人才等荣誉称号。主要研究领域为区域经济一体化、欧盟经济政策与社会政策。

谭伟恩 政治大学国际事务学院外交学研究所博士。现任中兴大学国际政治研究所副教授。研究领域暨专长：国际关系现实主义理论、国际合作与全球治理、比较政治经济学、跨国食品安全与粮食安全。

张 浚 中国社会科学院欧洲政治专业博士。现任中国社会科学院欧洲研究所研究员、中国欧洲学会会员、中国社会保障学会理事及世界社会保障研究分会副秘书长。主要研究领域为欧盟治理、欧洲福利国家及社会政策、国际发展合作等。

陈丽娟 德国慕尼黑大学法学博士。现任淡江大学欧洲研究所教授、欧洲联盟研究中心主任，让·莫奈讲席教授，台湾欧盟中心咨询委员，主要研究领域为欧洲联盟法、欧洲经贸法与欧洲金融市场法。

张 萌 南开大学周恩来政府管理学院教师，主要研究领域为欧洲一体化与欧洲治理。

陈淳文 法国巴黎第二大学法学博士。现任台湾大学政治学系教授、台湾大学公共事务研究所教授兼所长，台湾欧盟中心副主任，中研院法律学研究所合聘研究员。研究领域为比较公法、宪法、行政法、法国公法及欧盟法。

谢国廉 台湾大学法学硕士、英国爱丁堡大学法学博士。现任高雄大学法学院教授及财经法律学系主任。学术专长包括欧盟法、竞争法、媒体法及知识产权法。先后担任英国 Morton Fraser 法律事务所专员，世新大学法学院助理教授、副教授兼智慧财产法中心主任，高雄大学财经法律学系副教授，并曾赴爱丁堡大学、日本庆应大学做访问学者。

陈 新 中国社会科学院研究生院法学博士。现任中国社会科学院欧洲研究所副所长、研究员，中国—中东欧研究院执行院长。兼任中国欧洲学会执行秘书长、中国欧洲学会欧洲经济分会秘书长、中国欧洲学会中东欧研究分会秘书长，中国国际经济关系学会常务理事。主要研究领域为欧洲经济一体化、欧洲国别经济、中欧经贸关系、中东欧研究。

李 巍 复旦大学国际政治博士。现为中国人民大学国际关系学院教授、国家发展与战略研究院专聘研究员、比较国际政治经济研究所副所长。担任《中国经济外交蓝皮书》主编，《世界政治研究》副主编，《外交评论》《国际政治科学》和《国际展望》编委，中国经济外交研究会副秘书长。主要研究领域为国际关系理论、国际政治经济学、中国经济外交、美国国际经济政策。

邓允轩 中国人民大学国际关系学院硕士研究生。

熊 炜 北京大学国际关系学博士。现任外交学院外交学系教授、博士生导师。主要学术兼职包括国家领土主权与海洋权益协同创新中心研究员、北京大学德国研究中心特聘研究员、中国欧洲学会理事、中国—中东欧国家智库交流与合作网络理事。主要从事外交谈判、中欧（德）关系和城市外交等领域的教学科研工作。

姜 琍 中国社会科学院俄罗斯东欧中亚研究所研究员、中东欧研究室副主任，国务院发展研究中心欧亚社会发展研究所特聘研究员。主要研究领域为捷克和斯洛伐克问题、维谢格拉德集团合作、中国和中东欧国家关系。

高启中 英国东英格兰大学法学博士。现任台北商业大学财经学院贸易实务法律暨谈判硕士学位学程教授，英国特许仲裁人学会高级会员，中华仲裁协会（台北）仲裁人，中华国际法学会（台北）会员。主要研究领域为国际投资法、国际经贸法、仲裁法、国际争端解决。

李明明 复旦大学法学博士。现任上海交通大学国际与公共事务学院副教授，国际关系系主任。兼任上海国际关系学会常务理事，上海欧洲学会理事。主要研究领域为欧洲一体化、欧盟政治、国际关系理论。

主 编 序

当今世界正处于大发展大变革大调整时期，作为世界政治舞台上的一员，欧洲也不能幸免。21世纪以来，欧洲一体化既迈出了许多推动欧洲合作不断扩大和深化的重要步伐，推动了世界区域一体化的进程，也遭遇了诸多新挑战与新考验，欧洲区域合作与区域治理在整体上可谓艰难前行。2016年6月，英国举行全民脱欧公投，得到了超过半数民众的支持，这一公投结果无疑给英国乃至欧洲政治发展带来了巨大挑战。可以说，无论是对英国社会政治发展、欧洲一体化与区域转型，还是对国际格局变革与全球治理进程，英国脱欧都可称为一次重大的历史事件。一方面，作为英国所谓选举民主的成果，脱欧虽然在短期内缓解和转移了英国社会的某些矛盾，但必将对英国经济和内政外交产生深刻影响；另一方面，脱欧公投也激化了英国国内新的社会分化和政治竞争，加深了欧洲一体化深化的困境。不仅如此，英国脱欧还开创了民族国家退出区域合作联盟的先例，它所折射的欧洲社会反一体化和保护主义、民粹主义、国家主义的抬头，不仅将对欧洲国家治理和区域转型产生重要影响，有损欧盟的国际地位和全球影响力，使区域一体化和全球多边合作面临巨大考验，也必将在一定程度上推动世界政治格局与全球治理体系的变革。

作为《两岸欧洲研究丛书》的第二本作品，《英国脱欧与欧洲转型》是近年来两岸欧洲研究团体和专业学者之间学术交流与合作的结果，目的在于展现两岸学者针对英国脱欧及其意义、影响和欧盟主要大国的立场、态度等的相关思考，阐述欧盟成员国面对债务危机所进行的结构改革、德法两大核心成员国的政治领导与合作、中东欧国家在欧盟的利益诉求以及欧盟主流政党因应欧洲一体化政治化的战略与策略,分析欧洲在经济货币政策、对外直接投资、就业政策协调、共同农业政策、司法整合、公民社会政治参与、基本人权保护等领域的发展与转型。

丁纯在《英国脱欧和欧盟、欧洲一体化》一文中,深入分析并理性评估了英国脱欧公投结果的主要成因、脱欧进程衍生的结果以及对英国、欧盟和欧洲一体化的影响。他认为,英国在以"均势政治"为原则的"光荣孤立"外交传统根深蒂固的影响下,基于实用主义参加欧洲一体化以及邦联主义的主导思维导致英国疑欧思潮不断发酵。同时,移民问题、英国向欧盟预算缴纳费用不合理,以及英国民众对欧委会等欧盟的相关原则规定如人员自由流动、过度的主权让渡、不民主的决策机制的不满等一系列现实问题,加之政治家以连任为目的的刻意操弄,导致英国脱欧。脱欧公投一方面体现并加剧了英国社会的撕裂,另一方面也成为考验英、欧双方政治家的难题。英国脱欧加剧了欧洲金融业的系统风险,使欧盟经济面临严峻的不确定性。英国脱欧的方式以及脱欧后英欧经济关系范式的重构将迫使欧盟经济经历痛苦的结构性转变。但从积极方面来看,英国脱欧将促使欧盟正视普遍高涨的欧盟改革和调整欧洲一体化方向的呼声,使越来越多的欧洲精英和民众对全民公决这种所谓的直接民主形式的结果和效率进行深刻反思,而英国艰难的脱欧进程作为"反面教材",能在一定程度上使民众对欧洲一体化的亲和感得到提高,这对必须适应时代变化的欧洲政坛和欧洲一体化的推进可能产生正面效果。

罗至美的《英国脱欧议题及其对欧洲统合的意涵》一文,针对英国脱欧议题,分析此事件对欧洲统合以及欧盟传达之意涵为何,并研究欧盟政治领导阶层是否予以正确解读且以正确政策响应之。英国脱欧并非如表面般属个案,而系领导阶层提供错误政策之结果。检视英国脱欧公投中所呈现之实证证据,即不同社经阶级所呈现出对立性的分裂投票,可知分配(不)正义议题是主导投票行为的决定性因素,而经济不公的成长与分配正义的恶化在很大程度上是欧盟错误治理的产物。其原因之一在于欧盟领导阶层长期对经济自由主义之坚定信仰,放弃其对分配正义所应负之责任,而将分配问题留由市场机制去处理。再者，60 年来，欧洲统合仅在经济与货币面向实践，至于在社会保护层面进行整合却未见受同等之关注。主政者必须正视与解决错误的经济治理，以及日益恶化的经济不公与分配问题。然而此时欧盟各领袖针对英国脱欧事件之响应，亦即未来究应朝向"更多的欧洲"或"更少的欧洲"，却陷入分歧。不论未来朝向何种发展，英国脱欧事件明确地对欧洲统合传递以下之信息，亦即一个"社会的欧洲"以调和"经济的欧洲"使后者能更为内聚（inclusive）与公平，方能促使欧洲统合持续向前推进，并维系"政治的欧洲"能永续发展。

卓忠宏的《论英国脱欧公投后欧洲的"合"与"分"：直布罗陀与加泰罗尼亚两案例研究》一文，旨在探讨英国脱欧后之发展，文中说明对超国家区域主义（supranational regionalism）的怀疑，导致欧洲极端势力的崛起，反对欧盟扩张、反欧元，以及要求举办类似英国之脱欧公投。此趋势不利于欧洲统合之深化与广化，此外，民族主义（nationalism）亦影响当前欧洲之发展，如英国、西班牙、法国、比利时、意大利等国均面临困境。英国加入欧盟至今，并未全面配合欧洲统合事务，仅参与跟自身利益相关之欧洲共同市场；至于欧盟进一步之政策深化，英国几乎都没有参与。换言之，英国脱欧对欧盟既定政策与运作影响并不大。然而必须注意的是英国脱欧公投所带来的多米诺骨牌效应，如荷兰、意大利都表态要举行类似的公投。此外，英国脱欧公投的结果连带影响到北爱尔兰与爱尔兰边境是否要恢复管制的问题，此亦牵动欧洲各国国内长期存在的内部民族分离意识，如直布罗陀回归（西班牙）问题、苏格兰独立问题、加泰罗尼亚自治区独立问题、法国科西嘉岛分离主义等。论文最后以直布罗陀与加泰罗尼亚两案例为研究基础，借由分析区域主义与民族主义的理论，讨论其对欧洲政局带来的影响。

叶国俊的论文《欧洲金融危机的终结：英国脱欧是阻力还是转机》，针对欧洲爆发之金融危机进行省思，观察到欧盟在政策协调合作与迅速行动方面的能力十分有限，面对外来冲击常迟疑不决，难以挽回反建制浪潮下一连串的负面政经冲击。虽然英国脱欧公投与后续所代表的"脱欧/疑欧势力"或许已然名誉扫地，却仍可能牵动诸如匈牙利或波兰等"留欧疑欧势力"动态,进而影响2019年5月欧洲议会大选结果。该文依据英国脱欧公投前后情势,以及作者已发表之经济实证结果,进行政策论述。证据显示欧债危机发生后金融市场整合程度破坏状况,并指出英国仍一如往常独走,与欧盟及欧元区成员国关联性很低。英国与欧盟经济在脱欧过程中势必两败俱伤,但是双方不论是理念或现况,包括人员流动、贸易与金融资本市场整合,以及经济结构对称性等方面,已是遥不可及且格格不入。少掉一匹发展过程中的"特洛伊木马",对于欧盟未必是一件坏事。因此在英国脱欧成真之后,欧盟未来发展,仍要依靠凝聚成员国共识与自身努力,渡过金融海啸与欧债危机之冲击,并重启进一步整合的动能。

在《德国应对英国脱欧进程及对欧盟未来改革的立场》一文中,郑春荣和范一杨指出,英国脱欧不仅使欧洲一体化进程受挫,而且给德国在欧盟的领导者角色带来挑战。德国在脱欧谈判的拉锯战中呈现出务实且遵循原则的姿态,一方面拒绝英国认为自己可以对脱欧条件"挑挑捡捡"的幻想,另一方面对未来英国与欧盟的伙伴关系进行长远规划。虽然德国国内和欧盟各成员国在谈判过程中保持了团结、一致,但由于英国国内分歧较大,双方难以对脱欧草案,尤其是北爱尔兰边境问题妥协。针对欧洲一体化危机,德国联合核心欧洲国家在经济治理、安全与防务、难民管控等领域提出了一系列改革倡议,欧盟同时达成了"多速欧洲"的前景规划。在德法轴心的推动下,欧盟改革艰难向前。英国脱欧公投及其结果迫使欧盟进行整固、反思与改革。大选过后,德法轴心的重启使"核心欧洲"的方案更加突出,但欧盟改革应如何触及欧盟制度设计的天然缺陷、应如何平衡不同成员国之间的利益诉求进一步考验着德国的领导力。

赖昀辰教授在《英国脱欧后的美欧英安全合作展望》一文中,探讨英国脱欧后美欧英三角关系的变化。文中指出英国以美国特殊伙伴的角色作为欧盟成员国,一方面成为欧盟与美国沟通交流之桥梁,另一方面在欧盟中为美国的利益发声。而英国作为美国的特殊伙伴,与全球各个重要行为者关系之改变,对美国利益形成重大影响,且英国脱欧之决定也改变了英国与欧陆强权之关系。此外,本篇论文着重于美欧英安全合作层面的探讨,其中美欧之间的欧洲安全合作主要奠基于北大西洋公约组织（North Atlantic Treaty Organization）。然而近年欧盟亦致力于创造独立自主的防卫能力，使得欧盟与北约在欧洲安全合作上有着既竞争又合作的双重关系。在这样矛盾的双重关系上，英国扮演了微妙的平衡联系角色。英国选择离开欧盟后，英国不再扮演平衡的角色，预期北约与欧盟间之竞合关系将会加强。作者认为，虽然英国决定脱离欧盟，或许使美欧之间失去了一个沟通渠道，但也为欧盟强化军事能力开启了一扇窗，反而拉紧美欧关系及加强美欧合作，亦能增加美欧同盟介入世界安全事务的能力。因此，英国脱欧后美欧安全合作的发展，仍需视欧盟与北约间关系之调和而定。

杨三亿的《英国脱欧与波兰的欧盟整合政策》一文，针对英国脱欧前后，观察其对中东欧政经情势及欧盟整合之发展及影响，并聚焦于波兰之个案研究。本文首先回顾中东欧加入欧盟之历史发展，其于20世纪90年代初期脱离苏联阵营而独立，经过25年之政经改革，通过加入欧盟、北约，回归欧洲之做法，奠定其亲欧之发展道路。虽然中东欧国家政经改革已确立朝政治民主化与经济自由化之方向前进，但近期欧洲发生诸多重要事件，对欧洲地区之安全局势与中东欧国家之欧盟整合产生若干影响。其以波兰为例，波兰当前政治发展相当受人瞩目，主因在于波兰当前政治与欧盟主流民意有所不同。自2015年起，在内外因素影响下，波兰政治右派崛起，造成波兰与欧盟在众多政策领域中产生歧异并引起扞格，如欧盟难民政策即为其中一例。而在此背景下，英国脱欧将加深中东欧国家疑欧之效应。英国脱欧将对欧洲安全体系产生冲击，进而造成欧俄中间地带国家之未来安全环境朝向负面发展，未来若干中东欧国家对美国与北约组织的安全需求可能渐增。而在此脉络下，诸多关于强化安全环境与国家主权之诉求将可能增强中东欧国家内部政治发展，使其国内右派力量增长，而外部安全与内部发展之连动性，将对欧盟之整合政策造成冲击与挑战。

佟家栋和刘程在《欧元区非常规货币政策的实施及其绩效述评》一文中指出，在全球实施过非常规货币政策的四大经济体中，欧元区是体量最大、政策工具最为复杂的一个。囿于欧盟特定的法律、历史和制度因素，以及货币与财政、金融一体化进程的失衡，欧洲央行在量化宽松政策的推出时机、进程和结构安排等方面较其他国家而言均体现出诸多不同。本文认为，货币、金融与财政三个领域一体化程度的失衡、市场融资结构、"最终贷款人"授权的缺失以及对"定向主权债务救济"的担忧是造成欧元区非常规政策在很长时间里呈现保守和折衷特征的关键原因。这些因素既影响了欧央行设计和推出非标准化措施的时机和力度，也对其货币政策目标的实现效果产生了重要影响。文章通过回溯全球金融危机爆发以来欧央行的货币政策实践历程，分析了其货币刺激政策特殊结构的成因，并对其绩效进行了评价。

李贵英的《从 Micula 一案看欧盟外商直接投资政策之困境》一文，乃是对自《里斯本条约》生效后，外商直接投资划归欧盟专属权限后，所衍生之若干问题进行探讨，例如欧盟与其成员国在间接投资方面之权限划分，以及投资人与东道国间之争端应如何处理的问题，引发不少讨论。又如在《里斯本条约》生效之前，欧盟成员国之间业已洽签之双边投资条约，在《里斯本条约》生效之后，该等条约应如何定位，以及法律效力如何等问题，皆有厘清之必要。但是欧盟与其成员国对这些问题的看法，并不一致。在国际法上，就同一事项先后订定条约之情况所在多有，然而近年来欧盟条约与国际投资条约在适用上引起之冲突，随着若干国际投资仲裁判断之出炉而备受关注。该等判断涉及欧盟成员国间之双边投资条约，且事关欧盟法之优先性原则。而仲裁判断后续承认与执行之问题，更为成员国与投资人瞩目之焦点。故本文拟就实际案例进行研究，针对一件涉及外商直接投资保护，与欧盟竞争法（国家补贴）之仲裁案，分析投资人与东道国之争端解决仲裁判断与欧盟法间之冲突，可能导致法律上之不安定性，以及欧盟成员国违反条约义务之问题。

在《欧盟与成员国之间就业政策的协调机制与效果研究》一文中，成新轩首先从经济和社会背景出发探讨了欧盟与成员国间就业政策协调机制的重要意义。接着，在系统考察欧盟就业政策从磋商、协调到共同就业政策发展框架确定，再到共同就业政策监督机制实施的发展历程的基础上，她认为，"开放式协调"是欧盟与成员国之间就业政策的主要协调机制，也是欧盟社会政策领域最成熟和有效的运行机制。随着机制的不断发展完善，欧盟就业率呈现逐年上涨的趋势，开放式协调机制下就业政策的影响也越来越显著。在采用面板数据模型（Panel Data Model），对欧盟劳动力市场政策对区域就业水平的影响进行实证分析后，文章指出，欧盟就业战略对各成员国的劳动力市场具有促进作用，能够通过提升欧盟各成员国的就业率，促进欧盟整体的发展进步，但目前欧盟仍需要在就业政策协调中加大与各国劳动力市场相适应的政策措施，从而加快欧盟劳动力市场的一体化进程，同时加大欧盟就业政策协调有效性评价指标的"硬性"程度，使就业政策与劳动力市场之间形成良性互动关系，这样才能真正实现欧盟就业政策协调的目标，提升欧盟经济和社会的聚合程度。

谭伟恩在《欧洲整合过程中的共同农业政策及其对发展中国家之影响》一文中，探讨自1962年共同农业政策（Common Agricultural Policy, CAP）实行以来，粮食安全（food security）相关问题不断在成员国间引发热烈讨论及争辩。CAP对粮食生产与农民收入采取积极鼓励与强力支持，导致欧洲农民有极大的诱因扩张生产，并且让这样的生产渐渐背离了粮食市场上的消费者需求。同时欧洲以外的粮食市场也因为CAP的出口补贴措施而必须相应地调降粮食价格，导致许多发展中国家的农民收入短缺。从1990年开始，CAP在内容上有了明显修正，对于农产品的市场干预力道减小，且随后陆续在1999年、2003年、2004年，及2005年密集地进行调整。然而，无论就目前的粮食自产能力，还是向外购买所需粮食之财力，欧盟现在的客观条件均已足够充分保障其成员国的粮食安全。从2017年被废止的糖配额制度以观，CAP目前对于成员国农民所提供之补助或支持措施不但欠缺有效率的作为，且经济代价过高，还同时危害到某些发展中国家的经济收入，使其粮食安全难以自保。作者认为，尽管欧盟已经开始进行CAP的改革，但为了继续确保欧洲本身的粮食安全，CAP仍然维持一定程度的境内保护与境外歧视，这不仅导致国际农产品市场上的价格波动，还同时危害到非欧盟国家，特别是发展中国家的粮食安全。

张浚的《欧洲的国家转型及其政治图景：从欧洲民粹主义谈起》一文，从欧洲国家转型的角度分析当前欧洲民粹主义不断高涨的原因。在回顾梳理战后欧洲民粹主义发展的三个阶段的基础上，作者提出,纵观欧洲民粹主义的发展历史,民粹主义在欧洲的壮大过程与欧洲福利国家制度的改革高度同步。1980年代欧洲各国推行的福利国家改革,在欧洲开启了新一轮的国家转型进程。在此过程中,"社会团结"观念下的"共识政治"以及保障劳动者权益的社会机制受到削弱,国家卸下了多种经济和社会职能。在欧洲福利国家框架下实现的国家、市场和社会三者关系平衡关系向着市场倾斜,国家为社会提供保护的能力被不断削弱,劳动者的社会权益被不断侵蚀,这是各类民粹主义政治力量日渐高涨的根本原因。因此,民粹主义的发展促使人们重新审视西方的民主制度。民主制度和市场经济并不必然带来和平与繁荣,在科技进步、新生产方式和全球化的共同作用下,市场力量的全球扩张削弱了国家干预经济的能力,如何在资本主义全球发展的条件下重新建立市场与社会之间平衡关系,将是我们这个时代需要解决的重大问题。

陈丽娟的《"多速欧洲":欧盟命运之反思》一文,乃是针对英国脱欧公投结果对欧盟的影响进行分析探讨。文中说明欧盟执委会所公布之"欧洲之未来"白皮书(White Paper on the Future of Europe)中所谓之多速(multi-speed)发展模式,亦即个别成员国得就特别计划项目相结合,即使其他成员国并不想加入群组,并以目前申根区(Schengen Area)与使用单一货币之欧元区(Eurozone)作为两个例子进行说明。此外,文中亦以英国脱欧公投前后为分界点,并以申根区与欧元区为例,探讨"多速欧洲"发展之状况以及未来。在1999年《阿姆斯特丹条约》生效后,条约中明文规定允许部分成员国针对非专属职权之事务加强合作,因此,"欧洲之未来"白皮书使"多速欧洲"模式不再是禁忌,而成为欧洲统合之新模式。然而"多速欧洲"模式的出现,却也可能导致欧盟的分裂,当火车头的国家不断制定新规定,后面的国家就必须迎头赶上,亦可能造成非核心决策国家被边缘化的可能性,因此作者认为在不同的发展程度与不同利益上,要如何防止欧盟解体或名存实亡,考验着欧盟领导人的智慧,并且必须审慎运用不同速度的统合以面对英国脱欧对欧盟所造成的危机。

在《欧盟治理中的公民社会及其政治参与》一文中,吴志成和张萌指出，随着欧洲一体化的不断发展，欧盟越来越受到民主赤字和合法性危机的困扰。21世纪以来，欧盟更加认识到公民社会参与欧盟治理的必要性，开始采取措施重视发挥公民社会的作用，鼓励其政治参与活动。欧盟公民社会主要通过公开协调方法、公开咨询、公民陪审团、学术论坛、网络化的公民对话、政治游说等方式参与欧盟治理并对欧盟政策制定产生影响。欧盟公民社会的政治参与既是促进欧盟治理民主化、合法化、透明化的有效方式，也是连接普通民众与政治精英、推动欧盟决策符合欧洲公民利益需求的重要途径，不仅在一定程度上缓减了欧盟民主赤字，也开拓了欧洲公民舆论空间，有助于形成广泛的欧洲认同和欧盟归属感。但是，欧盟公民社会还处于成长和发展之中，依然面临着诸多局限与挑战。如传统的西欧民主制度在欧盟东扩进程中面临逐渐增加的民主赤字；具有较大影响力的公民社会组织数量依然有限；公民社会发挥作用的范围受到欧盟政治体制的局限；公民社会组织自身发展仍不完善，普遍缺乏资源基础和行政组织能力，制约了政治活动的参与；"集体行动逻辑"问题也在一定程度上削弱了公民社会组织的凝聚力和行动效率。

陈淳文的《欧盟先决问题程序与司法整合发展》一文，针对欧盟运作条约第267条所规定的先决问题程序进行探讨。基于此条文所建立的先决问题机制，主要是要确保基于条约所建立之法规范的共同体性格，让此法规范不论在任何情况下，在各成员国内都具有相同的效力。而其目的就是预防各成员国在适用欧盟法时不要出现解释上的分歧，同时也给各国法官提供一个排除困难的途径，此困难就是在成员国各自的司法体制下要让欧盟法实践其完整效力而引发的。换言之，此条文旨在建置一个欧盟法院与成员国法院直接合作的体制；在此合作体制下，成员国法院以十分密切的方式共同参与并促成欧盟法适用的正确性、解释之统一性与确保欧盟对个人所提供之保障。自《里斯本条约》之后，除了外交与共同安全领域外，其他所有有关欧盟法的问题，成员国法院都可以提出先决问题。由此观之，先决问题程序对于欧盟整合的发展最具影响力。本文首先阐述先决问题程序与成员国宪法法院之互动情形，再通过相关案例分析，探究该程序对欧盟司法整合之影响。

谢国廉的《欧盟媒体多元主义与民主制度之发展：基本人权保护之视角》一文，以人权保护之观点，深入分析欧盟基本权利宪章第11条之媒体多元主义，及其与民主之关系。近年来，媒体多元主义与民主的关系，已成为欧盟保护基本人权最重要的议题之一。欧盟基本权利宪章第11条规定，首先，所有人于欧盟皆享有表意自由。其次，媒体的自由与多元主义于欧盟应受到尊重。虽欧盟法已将其对媒体自由权与媒体多元性之尊重，提升至条约层级之法规范，然而事实上，媒体多元主义与民主的关系错综复杂，保护与尊重难以立即实现。欧盟执委会所举办之"2016年基本人权年度研讨会"，即以媒体多元化与民主的关系作为会议的主题，并发布相关报告。于研讨会及报告中，参与者提出以下五点诉求：第一，保护媒体自由与免于政治压力之独立运作；第二，于欧盟确保媒体之财务独立性；第三，保护记者与记者的表意自由；第四，保护记者与新媒体工作者免于仇恨言论之攻击；第五，保护"吹哨者"与调查报导。故本文研究之重点在于人权研讨会之参与者以人权保护的观点所提之五点诉求，依序探讨与此等诉求有关之媒体环境现况与危机，并进一步分析人权研讨会所提出之关键行动方案。

陈新在《欧元区重债国家的结构改革》一文中认为，在应对债务危机的过程中，欧洲采取了紧缩财政、稳定金融和结构改革三管齐下的方式。紧缩财政和稳定金融是危机时的紧急举措，而随着危机的平复，欧元区重债国家结构改革的必要性和迫切性日益凸显。在对欧元区重债国家的结构改革的进展逐一进行分析的基础上，他指出，欧元区重债国家由于各自的经济发展路径不一，其结构改革的重点和特性也不尽相同。但也有共性，主要体现在公共管理、税制、产品市场和劳动力市场等领域。接受救助的重债国因受到硬约束的压力，改革力度大，因而取得了初步效果。没有接受救助的重债国的改革则呈现软约束状态，其经济增长也受到影响。总体而言，欧元区重债国家的结构改革已初见成效。重债国家结束了救助计划，经济走上复苏轨道；结构改革推动了经营环境改善，提升了经济竞争能力。但必须指出，改革和重债国家劳动力市场的刚性程度虽有所削弱，却依然处于较高水平；随着救助计划的结束，由于外界硬约束的消失，部分接受救助的国家在结构改革的问题上出现了反复。结构改革要想取得成功，重要的是同步进行劳动力市场和产品市场改革，同时有效应对从硬约束向软约束的转型考验，并保持改革的动力。

李巍和邓允轩的《德国的政治领导与欧债危机的治理》一文认为，由希腊债务问题引发的欧洲债务危机是"二战"后欧洲一体化历史进程中的重大事件，它严峻考验着欧洲的危机治理能力。德国作为欧洲经济最重要的"火车头"，在欧债危机治理中的角色经历了束手旁观、转向介入和发挥领导三个阶段的变化。德国在最后阶段领导欧盟成员国贯彻以紧缩财政、结构性改革为核心的德国式经济理念，强化了欧元区的财政联盟，而且建立了欧洲稳定机制这一新的永久性的区域金融制度安排，从而平息了危机。德国的政治领导在宏观战略层面体现为展示公信力、塑造向心力和行使强制力；而在具体操作层面体现为设置议程、构建共识和寻求盟友。围绕德国如何在欧债危机治理中发挥其政治领导能力、创建符合德国偏好的制度安排这一核心问题，文章对德国在欧债危机中的行为表现进行深入的过程追踪，指出：第一，德国应对欧债危机的态度与行动经历了拒不救助向积极主导危机治理的转变，这主要源于维护欧元这一核心利益的需要，以及借助危机强化自身领导地位并以德国模式实现欧洲一体化抱负的动机。第二，德国在危机治理中实现了强有力的政治领导，通过宏观战略层面的公信力、向心力、强制力和操作手段层面的设置议程、建构共识、寻求盟友，有效贯彻了危机治理的德国理念与模式。第三，在德国的政治领导下，欧盟及欧元区在财政联盟和救援机制建设等方面进行了更加完善的制度升级，形成了具有德国特色的危机治理长效机制，这些机制不仅促成了危机的平息，而且在危机后的欧洲一体化进程中继续发挥着有效的指引、约束和监管作用，是欧洲经济一体化进程中的重要公共物品。而德国在欧债危机的治理过程中的政治领导不仅进一步推动了欧洲区域制度建设的深入，也强化了自身在欧洲的区域制度霸权。

在《德法合作的欧盟领导权模式》一文中，熊炜指出，权威是国际关系领导权研究的一个巨大难题，新近的理论探讨了权威在国际关系领域，通过法理、交换、传统、声誉等多种来源而建立的可能性，凸显了权威变化与国家实力消长的异步性。而德国在欧盟的领导权之所以被广泛讨论和关注，正是因为德国本应是一个缺乏足够权威以担任欧盟领导的国家。有鉴于此，他首先集中讨论了德国克服其权威基础不足和天然缺陷的策略，发现德国通过对法国妥协以换取合作从而实现从法国"借权威"的方式，来克服自身权威短缺且无法在短期内通过常规渠道进行弥补的困难。在此基础上，通过分析欧盟在领导权威问题上最为突出的一体化发展方向的确定、危机应对和国际代表三个方面的案例，探讨了德国如何通过对法国的妥协与让步以确保对法国权威的借用以实现欧盟国家的集体行动，并指出，在欧盟的实践中，领导权发挥作用集中体现于三种情况：一是欧盟国家关于一体化发展的方向性问题产生分歧，需要依靠权威凝聚共识，设定一体化的目标和方向，这一般是通过德法两国联合提出倡议以议题设置的方式来实现；二是欧盟面临危机时刻，需要在较短的时间内提出应对危机的措施，权威的作用主要在于能够提出令成员国接受的方案；三是欧盟需要在国际热点问题的解决上发出"一个声音"，维护欧盟的利益。

姜琍的《中东欧国家在欧盟的利益诉求和利益博弈》一文，在欧盟三轮东扩的背景下，从中东欧国家的角度讨论了它们在欧盟的利益诉求，主要包括：重视国家的主权和安全，强调经济发展和财政收益，关心政治制度设计三方面。而由于国家实力和政治抱负不同，中东欧新成员国在欧盟的影响力存在差异，它们大致可以分为三类：第一类国家积极对欧盟事务发挥影响力，第二类国家虽然有影响欧盟事务的政治抱负却没有相应的实力，第三类国家满足于欧盟内部达成的共识。接着，文章深入剖析中东欧国家在欧盟进行利益博弈的主要特点：一是将民族国家利益置于欧盟利益之上；二是根据讨论和谈判的议题形成临时性联盟；三是重视次区域合作集团的作用；四是积极利用担任欧盟轮值主席国的机会；五是缺乏沟通和妥协的文化。最后，文章指出，唯有从欧盟的角度看待民族国家利益，加强与欧盟老成员国之间的信任、沟通和理解，积极参与欧洲一体化进程并提出建设性意见，中东欧新成员国才能增强在欧盟的影响力，并更多地从欧洲一体化进程中获利。

高启中在《欧盟成员国间双边投保协定的存废与投资争端解决机制——兼论以"投资法院系统"模式作为替代方案之评析》一文中，首先探讨欧盟成员国间之双边投保协定（intra-EU BITs）与欧盟法规范冲突所衍生之存废争议。欧盟于2004年与2007年历经东扩，该等国家加入欧盟前，借由缔结双边投保协定吸引外资，其中缔约相对国包括欧盟成员国。而在该等中东欧国家加入欧盟后，此等条约即成为成员国间之双边投保协定。欧盟认为依据单一市场之规范，各成员国投资人享有跨境投资自由；此外，成员国间双边投保协定为特定成员国投资人创设了条约下的权利；且依据此等协定所作成之仲裁判断，内容多有抵触欧盟法，故要求终止此等协定。但若应欧盟要求终止双边投保协定，将形成投资人对东道国争端解决机制之真空。故本文深入探讨在此情形下，是否存有适当机制得以替代原先双边投保协定所赋予之投资仲裁争端解决机制。其中颇值得关注者为欧盟近年倡议之"投资法院系统"，其针对现行投资仲裁机制所引发之争议，提出诸多革新，若以多边架构版本之"投资法院系统"作为欧盟成员国间双边投保协定废止后之投资争端解决机制，应属可行。但"投资法院系统"仍存有部分隐忧，如"限制投资人不得选任仲裁人"一节，将可能降低投资人使用仲裁之意愿。

在《欧洲一体化的政治化与欧盟成员国主流政党的应对战略——以欧债危机发生后的德、英、法三国为例》一文中，李明明提出，随着欧洲一体化日益在成员国被政治化，欧盟主流政党面临严重考验。它们由此采用的应对战略对本国欧洲政策和一体化发展具有重要影响。去政治化战略、民粹主义战略、参与和引导战略是欧盟主流政党应对政治化采取的三种战略。结合欧债危机以来德国、英国和法国三国主流政党对政治化的政策，他对这三种战略的实施过程和政策结果进行了比较研究，指出从欧洲一体化的政治化的发展来看，如今对欧盟最为重要的问题之一是如何使民众对欧盟或一体化的争议通过主流政党之间的竞争体现出来，这种竞争能够让民众的不满获得出口，同时也兼顾欧洲一体化和成员国的整体利益。主流政党如果任由极端政党成为民众不满的发泄渠道，类似于英国脱欧的大戏或许还会重演。目前来看，参与和引导战略是适合欧盟主流政党应对中左翼和中右翼政党在欧洲议题上开展竞争、疏导大众不满的战略。然而这一战略还没有真正成型，特别是在具体战略落实上还存在严重不足。各国国内政治条件也有待完善，且该战略未为主流政党所普遍认可并效仿。未来其发展道路还需要欧盟精英进行更多的实践和探讨。

《英国脱欧与欧洲转型》是由大陆学者、欧洲让·莫奈讲席教授吴志成教授与台湾学者、欧洲让·莫奈讲席教授李贵英教授共同主编，也凝聚着两岸众多同仁的努力和心血。他们是本书的作者、编委、出版事务协助者以及相关期刊的撰稿人。在此，还要特别感谢中国社会科学院学部委员暨中国欧洲学会会长周弘教授、中国社会科学院欧洲研究所副所长暨中国欧洲学会执行秘书长陈新教授、台湾欧洲联盟中心主任暨台湾大学让·莫奈讲席教授苏宏达先生、台湾欧洲联盟中心执行长郑家庆先生为本书的策划、组织、征稿工作所提供的宝贵指导和支持，感谢王亚琪博士为本书初稿引注规范的统一所提供的帮助，感谢余佳璋博士和王亚琪博士为编辑本书附录《欧盟专有名词英文、台湾译名、大陆译名对照表》所付出的辛劳。本书出版中的疏漏和不足难免，祈请学界同仁不吝指正。

（主编 吴志成 李贵英）

目　录

上编　英国脱欧

英国脱欧和欧盟、欧洲一体化 …………………… 丁　纯（3）
英国脱欧议题及其对欧洲统合的意涵 …………… 罗至美（16）
论英国脱欧公投后欧洲的"合"与"分"：直布罗陀与
　　加泰罗尼亚两案例研究 ………………………… 卓忠宏（33）
欧洲金融危机的终结：英国脱欧是阻力还是转机……… 叶国俊（47）
德国应对英国脱欧进程及对欧盟未来改革的
　　立场 …………………………………… 郑春荣　范一杨（56）
英国脱欧后的美欧英安全合作展望 ……………… 赖昀辰（80）
英国脱欧与波兰的欧盟整合政策 ………………… 杨三亿（99）

中编　欧洲转型

欧元区非常规货币政策的实施及其绩效
　　述评 …………………………………… 佟家栋　刘　程（117）
从 Micula 一案看欧盟外商直接投资政策之
　　困境 ……………………………………………… 李贵英（144）
欧盟与成员国之间就业政策的协调机制与
　　效果研究 ………………………………………… 成新轩（156）
欧洲整合过程中的共同农业政策及其对发展中国家之
　　影响 ……………………………………………… 谭伟恩（187）

欧洲的国家转型及其政治图景：从欧洲民粹主义
　　谈起…………………………………………… 张　浚（210）
"多速欧洲"：欧盟命运之反思 ……………………… 陈丽娟（233）
欧盟治理中的公民社会及其政治参与 ……… 吴志成　张　萌（246）
欧盟先决问题程序与司法整合发展 ………………… 陈淳文（259）
欧盟媒体多元主义与民主制度之发展：基本人权
　　保护之视角 …………………………………… 谢国廉（280）

下编　国家治理

欧元区重债国家的结构改革 ……………………………… 陈　新（305）
德国的政治领导与欧债危机的治理 ………… 李　巍　邓允轩（328）
德法合作的欧盟领导权模式 ……………………………… 熊　炜（366）
中东欧国家在欧盟的利益诉求和利益博弈 …………… 姜　琍（391）
欧盟成员国间双边投保协议的存废与投资争端解决机制
　　——兼论以"投资法院系统"模式作为替代方案之
　　评析 …………………………………………… 高启中（412）
欧洲一体化的政治化与欧盟成员国主流政党的应对战略
　　——以欧债危机发生后的德、英、法三国为例 …… 李明明（434）

附　录

欧盟专有名词英文、台湾译名、大陆译名对照表 ……………（457）

上 编
英国脱欧

英国脱欧和欧盟、欧洲一体化

丁　纯

2016年6月24日，英国脱欧公投以51.9%对48.1%、主张脱欧的民众略占上风的结果使"英国脱欧"成真，"黑天鹅"冲天而起。英国成为爆点，也开启了欧洲一体化的逆向进程。英国上下茫然，莫衷一是；欧盟震惊，全球哗然。此后英、欧讨价还价、一波三折的脱欧谈判和英国内部朝野对峙、府院内讧、民意与社会严重分裂的场景屡见不鲜，英伦上演了"几无一人是男儿"的肥皂剧剧情，"脱欧"衍变成"拖欧"，脱欧日期一拖再拖，前景扑朔迷离。英国脱欧深刻地影响了欧盟的氛围和欧洲一体化的发展前景。

综观近三年英国脱欧谈判、英欧间互动的历程，以及迄今仍未有结果的英国"脱欧"事业，笔者以为，英国脱欧作为一件对英国和欧盟、欧洲一体化具有深刻影响的事件，值得我们冷静和理性地分析，对公投结果的主要成因、脱欧进程衍生的结果以及脱欧对英国、欧盟和欧洲一体化影响进行深入的思考和评估。

一　英国脱欧的原因

英国脱欧绝非偶然，背后有一系列历史和现实交织、内外缠绕的深刻原因。

第一，"光荣孤立"的禀性使然。长期孤悬海外的岛国地理位置使英国对欧政策形成了以"均势政治"为原则的"光荣孤立"特征，并在19世纪由首相索尔兹伯里勋爵发扬光大，利用大陆主要国家间的矛盾，纵横捭阖，置身于欧洲大陆国家的纷争之外，牟取最大利益。这背后其实有着深厚的历史积淀，打上了经济、法律体制、民族心理等烙印。尽管时过境迁，英国后来被迫结盟，但民众的"光荣孤立"心态和思维习惯依旧，并成为脱欧的天然民间土壤。

第二，基于实用主义参加欧洲一体化以及邦联主义的主导思维导致英国"疑欧"成为传统，随着时间推移，疑欧思潮不断发酵。尽管"二战"后时任英国首相的丘吉尔出于国力衰弱和遏制苏联等的考量，最早提出了欧洲联合的设想，但英国外交的基本政策还是关注英美特殊关系、英联邦，而后才是欧洲国家的三环外交。英国自己组建欧洲自由贸易联盟，对峙以法德为首的欧洲经济共同体，在历尽曲折后基于本国利益如对欧洲大陆国家的影响和自身的贸易需求等，最终于1973年加入欧洲经济共同体。但其出发点更多的是着眼于经济和贸易等实用主义，可谓"斤斤计较"。其最看重的一体化目标就是欧洲大市场。因此，从本质上说，英国在一体化进程中始终秉持以国家为主要单位、基于共同利益组成联盟的邦联主义理念。尽管保守党和工党两大政党在执政时从各自的经济自由主义和社会公正理念出发，对欧洲一体化进程中各个时期的政策和领域或首肯，或反对，但总体是反对进一步向欧盟让渡主权的。因此，英国与欧共体/欧盟之间龃龉不断：加入伊始，英国于1975年就是否留在欧共体进行首次公投，尽管顺利过关，但疑欧的阴影并未消除；撒切尔时期则纠缠于共同农业政策和预算摊款份额问题，反对统一的《欧洲社会宪章》等；尽管布莱尔在执政时期改弦更张，基于工党相似的理念而对《欧洲社会宪章》网开一面，对《阿姆斯特丹条约》等作了妥协，但仍拒绝加入欧元区；卡梅伦时期则反对签署财政契约，反对联邦主义者容克就任欧委会主席等。凡此种种，表明疑欧情结和传统一直笼罩英伦，不时发酵。

第三，现实问题的困扰和催逼。脱欧之所以获得大量英国民众支持并最终成真，与一系列现实问题和挑战密不可分。归纳起来，有三个方面：一是移民问题。英国民众认为，作为欧盟一员，囿于人员自由流动的欧盟基本原则，英国无法行使边控主权以控制和阻止大量来自中东欧的移民的涌入，导致实际流入数量超过了当初英国政治家们宣称的移民迁入数的数十倍。2004—2014年间，涌入的移民人数达到330万，大部分来自新成员国。他们被指责大量消耗了英国的社会福利如免费医疗等欧盟资源，同时抢占了就业岗位等。但实际上，这些年轻的移民填补了英国就业结构的断层，在一定程度上减少了老龄化的挑战。他们缴纳的税款和社保费用，与享受的福利相抵，实际财政净贡献达到34%。二是英国向欧盟预算缴纳的费用不合理。民众认为，英国一直是净贡献国，不符合英国的利益，也不公平。如2015年，英国缴纳的费用达到178亿英镑，扣除返还，净贡献达到86亿英镑。[①] 三是民众对欧委会等欧盟的相关机制和原则规定如人员自由流动、过度的主权让渡、不民主的决策机制，尤其是对其"官僚主义"尸位素餐的做派十分不满，不仅反对再向布鲁塞尔让渡主权，甚至呼吁要回包括边界控制权等在内的相关主权。有关欧洲一体化和英国主权相关的事务也一再成为民众抱怨的焦点。相当数量的民众认为，正是未加入经货联盟才使英国在金融危机中自主使用货币、财政政策，采取量宽政策等刺激措施，从而使英国较快克服经济危机，重回增长之路，危机以来英国的年均增长率明显高于欧元区国家。面对日益严峻的难民危机，英国民众也反对欧盟应对危机的分摊配额等制度安排，主张维护控制边境的主权。此外，因为金融服务业在本国国民经济结构中具有举足轻重的主导作用，所以英国民众强烈抵制欧盟金融监管，对征收金融交易税等举措极为反感。

第四，政治家的刻意操弄。在启动公投和公投造势中，英国各党派的政治领导人，尤其是前首相卡梅伦负有不可推卸的责任。不可否认，脱欧在英国的民意基础是欧洲大陆欧盟国家不能比的。但毫无疑问，支持留欧的卡梅伦为了平息党内脱欧和留欧派的纷争以确保2015年保守党赢得大选甚或单独组阁，尤其是自己能够蝉联相位，承诺2015年一旦胜选便进行脱欧公投，无疑是一个非理性的大豪赌。在公投中，保守党留欧派仅片面地以经济数据描绘脱欧灾难，对主张脱欧的选民所关注的移民等问题解惑不力；以科尔宾为首的工党尽管支持留欧，但党心涣散，无所作为；而法拉奇领衔的英国独立党和以

[①] HM Treasury, European Union Finances, Latest Edition Published in December 2015, Cm 9167.

鲍里斯·约翰逊为代表的保守党内脱欧派则大肆利用难民、移民和主权等问题误导、威吓民众，绝口不提脱欧代价和真正脱欧后的处理方案。从事后情形可见，英国政治领导人和精英阶层，无论留欧派还是疑欧派，均是既无思想准备，更无缜密应对计划，卡梅伦如释重负般地离去、法拉奇公投后的闪辞、科尔宾和工党同僚的闹攻讦、保守党内脱欧派戈夫与约翰逊等互相内讧，均是对此绝好的注脚。似乎也从侧面证明，脱欧远不是我们印象中精明圆滑的不列颠人主动筹划的结果，也不是英国人有意识地另辟蹊径、改弦更张。

二 脱欧对英国社会的影响

脱欧公投体现并加剧了英国社会的分裂。相关数据显示，脱欧公投参与率达到72.2%，超过了上届英国大选，这说明公投得到了民众的高度关注和全面参与。公投选票的分布，展示了英国社会在这一重大议题上，包括英国未来走向上的巨大分歧，出现了典型的个体理性导致群体无理性的结果。

从参加投票的人群的年龄来看，呈现出明显的分野：越年轻者越愿意留欧。各年龄段的留欧和脱欧比例对此作了完美的佐证：71%∶29%（18—24岁）；54%∶46%（25—49岁）；40%∶60%（50—64岁）；36%∶64%（65岁以上）[1]。据说在这次未能获得投票资格的16—18岁人群中，支持留欧的青少年比例更是高达72%。由此出现了主张留欧的青年一代对青睐脱欧的年老一代的抱怨：最多再活十几年的老一代葬送了未来一代的机会。而这种随年龄高低呈现出的明显的规律性选择，恰恰反映了不同年龄段的英国民众的理性选择。因为投票选择留欧也就是选择和欧洲大陆之间更多的互动性、流动性、多样性和不确定性，这正符合全球化、一体化和互联网背景下成长起来、从伊拉斯谟游学计划中受益、赞同"我能、我可以"口号、相对更喜好风险的年青一代的生活理念和个性追求。相对而言，49岁以上的中

---

[1] https://yougov.co.uk/news/2016/06/27/how—britain—voted/, last accessed on 1 August, 2016.

老年人则对未来有限的人生时光的风险和不确定性充满厌恶,对昔日大英帝国、英联邦以及英镑充满美好回忆。

就公投中不同主张的地区分布而言,苏格兰、北爱尔兰和大伦敦地区的民众更偏向于留欧,而除大伦敦地区以外的英格兰地区则普遍青睐脱欧。这一局面背后的原因是,一直闹独立的苏格兰更需要欧盟,北爱尔兰也有相同的考量。而以伦敦金融城为核心的伦敦地区,是英国最为国际化、最开放的地区,聚集着大批受惠于一体化、从事金融服务业的人员等,自然希望留欧。

从政治倾向来看,公投中英国政坛的政治图谱也清晰地呈现了巨大的分野,"留欧"和"脱欧"之比:保守党为39:61、工党为65:35、自由民主党为68:32、英国独立党为5:95、绿党为80:20[①]。可见除了英国独立党,保守党内部脱欧呼声最高。

从社会阶层来看,公投的结果显示,越是社会精英、高收入者,越是与外界交流互动广泛的产业从业者,主张留欧的比例就越大。如受过高等教育的人中主张留欧、脱欧之比为68:32;在只受过普通中等教育及以下人群中该比例则为30:70。[②] 金融界、商业界、科技界和教育界等竭力呼吁留欧即是明证。脱欧公投这一事件反映出英国社会阶层和人群的巨大分野。

脱欧公投的结果,在一定程度上暴露了英国相当部分民众(尤其是中下层)对近几十年全球化和欧债危机以来政府以紧缩为主基调的经济和社会福利政策造成的社会分化结果不满;同时,也反映了"反一体化"和"反精英"思潮近年来不断潜滋暗长,不容小觑,更不应忽视。"二战"后,尤其是20世纪90年代以来,以金融要素自由流动为主要特征、以跨国公司为主要载体、以衍生金融品资产证券化为再分配方式的经济全球化,在2008年金融危机后更加暴露出其狰狞的一面,致使社会财富的配置越来越集中于资本所有者和雇主,雇员、工会、传统中左翼政党日益弱化。在英国,从工党布莱尔的"第

---

① https://yougov.co.uk/news/2016/06/27/how—britain—voted/, last accessed on 1 August, 2016.

② Ibid..

三条道路"到保守党卡梅伦的紧缩政策,使社会中下阶层的利益受损日益明显,且无法完全通过体制作出反馈,造成更多民众通过在公投、大选中一人一票的方式与官方和正统立场相左来表示不满。在英国,目前前20%最富裕家庭的财富是后20%最贫困家庭的财富的117倍[①]前。10%最富裕的人口拥有45%的财富,而相对贫困的占人口总数50%的人群的财富只占社会总财富量的10%。从1975年公投时67%的人主张留欧下降到此次只有48.1%的人支持留欧,反映的不仅仅是英国民众对欧洲一体化热情的消退,更是目前欧盟内部、各成员国内部民主赤字日益增长,欧债危机、难民危机、疑欧和信任危机齐聚带来的各国"去一体化"思潮泛滥,要求收回主权的民粹主义高涨。为民粹主义和民主形式绑架的欧洲精英和从欧盟到各国政治领导人对危机的无所作为、得过且过,使政府日益丧失对公众的影响力和可信度,在为民粹主义准备温床的同时也造就了眼下盛行的反精英和"塔西佗陷阱",从而阻碍了一体化的进一步前行。

这种几乎一半赞同对一半反对的公投结果,造成英国社会的空前分裂,在此后英国与欧盟持续两年多的脱欧谈判中表现得尤其突出,全社会的无共识直接导致"脱欧"进程的无限拖延,至今仍前路遥遥。围绕着脱欧的主要谈判议题如分手费、在英和在欧公民待遇、与爱尔兰的边界问题,争议不断,难有共识。保守党内部留欧和强硬脱欧派各持己见,压力集中到可怜的梅首相身上。一方面是梅苦口婆心地游说目前与欧盟达成的方案已经是最优方案;另一方面是强硬脱欧派的不满。笔者看来,在谈判脱欧的相当长的时间里,即使是保守党内脱欧急先锋鲍里斯·约翰逊也不愿出来挑起这副担子,出任这个吃力不讨好的负重者位置,而非他们不能取梅而代之;反对党工党及其领袖科尔宾也是首鼠两端,更多出于工党利益和自身政治前途而扮演诘难者而非建设性合作者的角色;而议会更多起到的是刹车而非油门的作用,府院在脱欧主导权上的相左也阻碍了脱欧协议的签署。凡此种种,均削弱了以梅为首的英国政府在谈判中的权威,使脱欧谈判的

---

① "UK Wealth Inequality Widens for First Time in a Decade", *Financial Times*, 19 December, 2015.

对手欧盟也处于一种无可奈何的境地：脱欧英国方面"究竟谁说了算"？

三 如何脱欧成为英国和欧盟的难题

如何实现英国脱欧，考验英、欧双方政治家的智慧，是个两难选择。

对英国，尤其是对临危受命、原本主张留欧的首相特蕾莎·梅来说，如何弥合党内脱欧与留欧派的分歧，安抚利益受损、满腹牢骚的中下层民众？如何不让要求留欧又主张独立的苏格兰继续留在大不列颠？如何与欧盟展开脱欧谈判并使英国利益极大化？脱欧后英国与欧盟是怎样的关系？如何说服党内成员、议员和百姓接受其与欧盟谈成的"脱欧协议"，可谓事事棘手。从脱欧谈判展开的三年多时间里，我们可以看到梅所遭遇的一系列难题。她自己也经历了从意气风发地宣称"脱欧就是脱欧"，遭遇大选挫折，与欧盟反复讨价还价，就英国的分手费、脱欧后在英欧盟公民地位以及爱尔兰和北爱尔兰间的英欧边界等主要谈判、争议的焦点反复拉锯、推延，到脱欧方案被议院三次无情否决，再到与工党谈判未果，保守党内讧，压力下黯然去职的高开低走的历程。整个过程俨然是为分裂的英国社会背书，充满了无奈和艰辛，堪称欲完成一个不可能完成的任务。至今脱欧之路仍不明朗：是软是硬"脱欧"？抑或再次公投？民众越来越表现出对脱欧久拖不决的不耐烦，对两大主流政党在脱欧进程中的表现甚为厌恶。坊间揶揄，脱欧在英国国内就是一个由原本赞同留欧的首相（梅）领导的主张脱欧的保守党和一个主张留欧但由一个对留欧三心二意的领袖科尔宾挂帅的工党间的滑稽对垒。这在堪称政坛风向标的5月下旬欧洲议会大选中显露无遗。由原英国独立党党魁法拉奇最新成立的英国脱欧党支持率超过保守党和工党，取得了22%的选票，获得了第二名的位置，明确支持留欧的自由民主党获得了第一。① 这种对传统英国政坛格局的颠覆恰恰体现了目前英国社会的撕裂和民众的纠

---

① https://www.election-results.eu/national-results/united-kingdom/2019-2024/.

结、焦虑。

处理英国脱欧事件，对欧盟也无疑是一个重大的考验。欧盟如今陷入两难境地：一方面，为了挽留英国，欧盟已经对英国作了相当大的让步，主要体现在2016年2月卡梅伦从布鲁塞尔带回的清单中，既包括了欧盟在移民福利方面的让步，也涵盖了给予英国金融业的特惠，还回应了英国对进一步让渡主权的担心。如此迁就，仍无法挽回英国民众的脱欧之心，那么，如果欧盟不就此在对英谈判中坚守底线，则会给其他成员国做出负面示范，尤其是在当下各国民粹主义肆虐、疑欧风潮风起云涌之时，定会变相鼓励各国持极端立场和民粹主义的政党、群体（如法国国民阵线、意大利五星运动）和国家领导人（如匈牙利首相欧尔班等），争相以民意为幌子，以脱欧或就某一欧盟政策取舍要挟欧盟，进而主张各自国家的特殊要求，把一体化变成一张可随心所欲任意挑选的"菜单"。但另一方面，考虑到英国在政治上是联合国常任理事国、北约在欧洲最重要的成员和支柱国家，以及作为目前欧盟第二大经济体自加入欧洲一体化43年来与欧盟形成的千丝万缕的密切联系，如要决绝地彻底分开，无疑会陷于"杀敌一千、自伤八百"的尴尬境地。仅从经济联系视角来看，2015年，占英国43.7%的出口和53%的进口来自对欧贸易[1]；英方对欧盟的货物贸易赤字，意味着其进口需求为包括德国等在内的其他成员国提供了大量的就业机会；而服务贸易上盈余的背后，则是作为世界第二、欧洲第一的以伦敦金融城为代表的英国金融业利用自身的时区、法制、语言、金融人才、创新和历史的优势为欧盟成员国提供了大量不可替代的特色金融服务，相互间已经形成了分工明确、完整的产业链，可谓"一荣俱荣、一损俱损"。在直接投资上也是如此，在过去的十年中，英国吸收来自欧盟国家的直接投资占其吸收外资的47%—53%[2]。在就业上，综合数届英国政府的数据，有330万—350万个英国就业岗位直接和间接依赖英国对欧盟国家的货物和服务出

---

[1] "In Brief: UK—EU Economic Relations", Briefing Paper, No. 06091, 13 June, 2016, p. 4.

[2] Ibid..

口。因此，在英欧脱欧谈判过程中，我们看到了欧盟在坚持底线的基础上，不断且充满耐心地给予梅和英国一次次延期脱欧的机会，直至目前，已推迟至2019年10月底。

对欧洲一体化事业和欧盟来说，英国民众的脱欧选择不啻是"改革的叫醒铃"，欧盟和欧洲一体化已经到了重要的十字路口："一体化是前进还是后退，这是个问题。"因为在英国脱欧公投过程中，卡梅伦一直高调呼吁"欧盟必须改革"，这也是相当多的欧盟国家及其民众所抱怨和期许的。不满目前各种危机冲击下的欧洲一体化的现状和民主赤字的扩大，尤其是布鲁塞尔官僚主义，要求改革相关决策机制和现行政策的呼声日渐增高已是不争的事实，这从"欧洲晴雨表"民意调查的统计数字变化中可见一斑。相比2008年，2016年欧盟民众对涉及欧盟问题的民调变化是：信任欧盟的人的比例从50%下降到33%，对欧盟持负面看法的比例从15%上升到27%，对欧盟未来表示悲观的比例却从28%上升到44%。[1] 在法国这样的欧洲一体化轴心国家，对欧盟持正面看法的比例已跌到了38%，比英国还低6个百分点，令人震惊。[2]

近年来欧洲接连爆发矛盾和危机：欧债危机、难民危机、移民问题、恐怖袭击、疑欧脱欧危机以及乌克兰危机等，欧盟成员国的疑欧情绪日益增长，恰恰是这一系列问题的集中反映。上述危机有其产生的深刻背景。

从经济、社会视角来看，欧洲人口老龄化加速，经济全球化冲击下的欧洲社会创新乏力、产业结构调整缓慢，应对外来冲击与自我适应、复苏的能力弱化，由此导致的经济停滞、福利削减引发民众不满。

从欧洲一体化视角来看，欧盟大规模东扩导致一体化扩张过快，成员国之间经济水平、社会制度、认同心理等方面差异过大，趋同缓慢，一体化难以深化。同时，尽管经济一体化已发展到单一货币、经

---

[1] http://ec.Europa.eu/COMMFrontOffice/PublicOpinion/index.cfm/Survey/getSurveyDetaul/instruments/STANDARD/SURVEYkY/2130, last accessed on 1 August, 2016.

[2] "A Tragic Split", *Economist*, 24 June, 2016.

货联盟阶段，但从现行设计和政策执行来看，欧元区显然不是一个最优货币区，而且没有在动态中逐步趋向于实现一个最优货币区的商品、劳动力等要素的自由流动。单一货币区货币政策和财政政策的分离等经济、货币一体化进程中的体制不完善、不到位，在欧债危机的不对称冲击下，既撼动了现有的机制，也腐蚀了深化一体化的决心。难民危机的骤然加剧和恐怖袭击的接连发生，不仅对作为欧盟第三支柱的司法、内务合作提出了更高的要求，而且威胁到人员自由流动的基本原则和《申根协定》，以及第一支柱经济共同体的成果。

从思想和理念视角来看，有关欧洲一体化最终方向和目标的邦联和联邦之争仍未达成共识，而眼下的情形是，邦联主义倾向有渐占上风的势头。"各人自扫门前雪，莫管他家瓦上霜"的情形在难民危机中已经暴露无遗，疑欧情绪空前高涨，而英国脱欧无疑又增强了这种趋势。

如何推进改革本身亦是一个棘手的难题。一方面，逆水行舟，不进则退。以欧委会主席容克为代表的部分领导人主张强势推进一体化深化；另一方面，欧债危机使各国经济复苏乏力、通货紧缩，金融全球化导致各国内部包括中产阶级在内的中下阶层利益受损，致使反全球化、反一体化和反精英思潮潜滋暗长；难民危机和恐袭又使国民不安全感骤升、民粹主义盛行，极端政党、群体和势力大行其道。在当前危机迭出、诉求各异、矛盾突出、离心倾向空前严重、共识异常缺乏、决策中欧盟层面影响弱化、成员国势力强化的背景下，要收拢队伍，让成员国继续让渡主权，深化一体化可谓难上加难。并且欧盟一向崇尚多元民主，近来成员国屡屡祭出全民公投这一所谓直接民主利器对抗相关一体化深化的努力。

四 英国脱欧进程对欧盟和欧洲一体化的影响

英国脱欧公投结果，对欧盟和欧洲一体化产生了相当深远的影响。英国脱欧对欧盟经济的影响，从短期来看，对内主要体现为脱欧成为经济上的"黑天鹅"事件。其一，脱欧公投结果引起了民众一定程度的恐慌，导致欧洲股市、欧元汇率等下跌；公投以后，欧洲股市剧烈震荡，6月23—27日，英国富时100、法国CAC40、德国DAX分别下跌5.6%、10.8%、7.2%；欧元对美元的汇率也有所下跌，虽然从6月23日—7月25日开始回升，但整体下跌了4.37%。① 其后，随着英国脱欧谈判不同阶段议题不断切换，硬脱欧和软脱欧的预期不断演变，英镑汇率出现了较大波动。英镑兑欧元的汇率，从2016年6月23日的1.2706下跌到2019年6月5日的1.128。其二，恶化和加重了欧洲银行业已存在的系统风险。随着脱欧导致相关经济后势预期的走低，原先问题重重的意大利、西班牙等欧洲国家的银行系统风险日益加重，在最近的压力测试中，12家银行被曝出问题严重。其中意大利西雅那银行坏账率高达40%，而整个意大利银行业坏账高达3600亿欧元，占欧元区坏账量的1/3。② 对这些银行的纾困和解救又引出了对银行联盟的功能和欧盟与成员国政府援救方法的争议。其三，致使欧洲民众和投资者的消费和投资需求，欧盟被迫下调增长预期，和特朗普对中、对欧贸易战一起，成为欧盟经济面临的最大不确定性。

从长期来看，判断英国脱欧对欧盟经济影响的关键点在于英国最终是否脱欧、脱欧的方式以及对脱欧后双边经济关系的界定。笼统而言，一旦脱欧实现，作为欧盟第二大经济体的英国的离开，会使欧盟经济规模总量下降，在世界经济中的影响力下降；同时，由于英国金融业在欧盟整个经济产业链中的地位极为重要，英国脱欧会导致欧盟金融业布局重组，原有产业链可能断裂重构。欧盟必须忍受这种结构变化的痛楚，当然其内部金融监管也可因此得到增强。另外，英国是盎格鲁-撒克逊模式的经济体，一贯倡导自由贸易和投资，随着其离开，欧盟的贸易投资政策是否会趋向保守？还有，脱欧后，英国不再承担欧盟预算的分摊，这意味着其他国家如德国等需要填补这个缺口。最为明显的影响就是英国和欧盟的未来经济关系范式未定给欧洲

---

① Wind 数据库。
② https：//www.Ft.com/content/921dee0a—4737—11e6—b387—64ab0a67014c, last accessed on 1 August, 2016.

带来了不确定性。这种不确定性会导致消费和投资需求下降，加剧目前欧盟已经不胜其苦的通货紧缩，使本已微弱的经济增长进一步减速，同时相应的贸易和投资规模可能会萎缩、金融资金的利用率下降，避险成本上升。脱欧进程启动越晚，这种不确定性带来的负面经济影响就越大。所以，判断英国脱欧对欧盟经济造成的影响，很大程度上取决于英国脱欧正式完成后双边新型政治、经济等关系的界定，如到底是挪威、瑞士还是世界贸易组织（WTO）模式中的一种，抑或是全新的英国模式？其结果会有较大差异。目前任何预测和解读都缺乏依据。

对欧洲一体化和其他欧盟国家来讲，英国脱欧似乎带来的并非一味地全是负面的后果。反而会产生不少前所未料的积极影响。至今最为突出的有三点。

其一，英国脱欧公投结果，迫使欧盟不得不正视从如英国等秉持"政府间主义"的成员国到欧盟民众普遍高涨的要求欧盟改革和调整欧洲一体化方向的呼声。欧盟领导层和精英们也日益意识到内部这种诉求已经到了不可等闲视之的地步了，否则将会出现越来越多的像英国这样"用脚投票"的国家。这在一定程度上直接促成了欧盟在2017年3月1日，欧洲一体化60周年之际，通过《欧盟的未来》白皮书提出了欧盟五种可能的发展前景预测，正式提出了"多速欧洲"的理念。毫无疑问，这对欧盟来说是一种无奈而现实和理性的选择。可以在成员国对未来一体化发展方向和步骤未达成一致，经济和社会差异扩大的状况下，通过"退两步、进三步"的方式，推进一体化，避免出现一体化进程陷入停滞，甚至欧盟解体的窘境；同时，在难民危机和民粹势力日盛的情况下，提高欧盟制度的灵活性和决策的时效性，应对多重挑战；尊重不同成员国的不同诉求，弹性应对疑欧主义者的蛊惑和质疑，毕竟成员国间的差异是客观存在的，固执地用单一速度的一体化模式去约束成员国反而使得民众不满，让疑欧观点有机可乘。"多速欧洲"的成功实践，当推2017年12月欧盟批准25个成员国签署了防务领域的"永久结构性合作"（PESCO），这实际上在一定程度推进了一体化的深化。

其二，英国艰难且至今未果的"脱欧"进程，令英伦上下纷争四起，社会分裂，英国沦为欧洲和全球的笑柄，起到了"反面教材"的效果，一定程度上使民众对欧洲一体化的亲和感反而大为提高。最为明显的证据就是，根据反映欧洲民意的"欧洲晴雨表"的民调数据，对欧洲一体化认同的欧盟民众的比例，从2016年的71%攀升到2019年的80%。同时，另一个明显的转变是，原先疑欧、极端政党如法国国民阵线、意大利的五星运动等以前长期鼓噪要脱欧，但目前都闭口不谈"脱欧"，还努力表现出向中间靠拢的态势，如法国国民阵线改名"国民联盟"，鼓吹改造欧洲，调转一体化方向。尽管其转变背后原因众多，但不容置疑，英国脱欧的负面影响使各国民众反思欧洲一体化带来的已经习以为常的好处和脱欧的弊端。在近期举行的欧洲议会选举中，极右翼民粹政党尽管来势汹汹，但最终未能取得大胜，与各国民众通过英国脱欧这一反面典型增强了一体化向心力不无关系。

其三，英国"脱欧"公投的结果和"脱欧"进程的尴尬使越来越多的欧洲精英和民众对动辄依赖全民公决这种所谓的直接民主形式的结果和效率进行了深刻的反思。对原来传统的主流政党和一味坚持政治正确性、不接地气的传统政治家提出了质疑。也许这对必须适应时代变化的欧洲政坛和欧洲一体化推进模式未尝不是好事。

英国脱欧议题及其对欧洲统合的意涵

罗至美

导 论

2016年6月23日,英国针对是否续留在欧洲联盟(简称欧盟,European Union, EU)的公民投票结果为,51.9%的选民投票支持脱离欧盟(Brexit,所谓脱欧派),48.1%的选民支持续留在欧盟(Bremain,所谓的留欧派)(The UK Electoral Commission, 2016)。英国公投决定脱欧的结果随即在英国与全球金融市场引发反应。对英国本身而言,英国前首相约翰·梅杰认为:"这是一个历史性的错误。"[1] 对欧洲而言,欧洲安联集团董事巴里希(Barysch)与前任瑞典首相比尔特(Bildt)认为,此事件"是自柏林墙倒塌之后,欧洲所面临的后果最为严重的事件",使得欧盟面临"史上最困难的时期"(Niblett, 2016)[2]。德国总理默克尔则评论英国公投脱欧的结果是"欧洲统合历史中的转折点"[3]。

作为欧盟前三大经济体之一的英国,其公投决定脱欧的结果无疑

---

[1] John Major, 2017, Speech at Chatham House on "Britain and Europe: A Reality Check", 27 February, 2017.
[2] Katinka Barysch & Carl Bildt, 2016, "The Big Questions after the Brexit Vote", https://www.weforum.org/agenda/2016/06/the-big-questions-after-the-brexit-vote/, Latest update 24 June, 2016.
[3] Politico, 2016a, "Angela Merkel: Brexit Could Be 'Turning Point' for EU", http://www.politico.eu/article/angela-merkel-brexit-breaking-point-warsaw-visegrad-referendum-uk-consequences/, Latest update 26 August, 2016.

会给欧盟带来政治与经济的冲击。就有形的冲击来观察，英国人口占欧盟人口数的1/8，经济占欧盟经济总量的15%；就无形的冲击来观察，英国脱欧是欧洲统合启动60年来，首次遭遇成员国退出。如同慕尼黑安全会议（Munich Security Conference）所指出的，英国退出欧盟的决定与创下的先例反转了欧盟数十年来朝向"更紧密的联盟"（ever closer union）发展的趋势。[1]尽管英国脱欧给欧洲统合带来重大的影响，公投也已过去一年，然而，相关的讨论与对其意涵的厘清却仍是欧盟政治与全球政治中持续论辩的议题。

本文旨在回答以下问题：英国脱欧对欧洲统合究竟有何种意涵？公投出现脱欧的结果对欧盟传达出何种信息？以及欧盟政治领导阶级是否正确解读了这些信息并给予正确的政策回应？根据以上问题，本文的讨论将依以下安排进行：首先，探讨英国脱欧议题对欧盟是个案，还是具有更为深层、普遍性意涵的重大议题；其次，呈现欧盟内部是如何诠释英国脱欧议题的；再次，进一步评析欧盟内部出现的不同观点，并提出本文所持有之论点；然后在第四部分，本文将评估欧盟领袖是否提出正确的政策回应英国脱欧带来的挑战。最后将在结论中总结本文的研究发现与论点。

一 英国脱欧议题：不只是个案

尽管英国是欧盟中最抱持疑欧主义的成员国，英国脱欧事件不应仅被简单诠释为另一个"英国例外"（British exceptionalism）的案例，因为英国的疑欧主义并不意味着英国人就支持脱离欧盟。直到2015年，绝大多数的英国人，大约60%，是支持英国加入欧盟的，仅有30%的人可被视为所谓的支持脱欧者（Brexiteers）。因此，英国公投出现脱欧的结果不应被视为如欧盟理事会（European Council）主席图斯克（Donald Tusk）所称的"仅是个案"，而是对欧盟具有更为深

---

[1] Munich Security Conference, 2017, *Munich Security Report 2017: Post-Truth, Post-West, Post-Order?* Munich: Munich Security Conference.

层、更为普遍性之意涵①。

在投票前夕，欧盟执委会第一副主席蒂默曼斯（Frans Timmermans）指出，英国如果脱欧，将是"欧洲政治的失败"（a failure of all European politics）。他的观点反映了其他欧盟国家多数选民的看法。根据皮尤研究中心（Pew Research Center）的调查，在所调查的9个欧盟成员国中，70%的受访者认为英国如果脱欧，对欧盟是"一件坏事"（bad for the EU）②。另一份由英国保守党前副主席阿什克罗夫特勋爵（Lord Ashcroft）所做的调查显示，在其他27个欧盟成员国中，60%的人支持英国续留欧盟，而英国在其他欧盟成员国民众的认知中，是欧洲的"三大强权"（Big Three）③。除了民意对英国续留欧盟的支持与正面观感之外，最令欧洲领袖们担心的是英国脱欧公投对其他成员国的政治传染力。在英国确定举行脱欧公投之后，要求举行类似公投的呼声亦在部分欧盟成员国，如法国、意大利、荷兰、丹麦等国内出现④。在回复作者的提问时，一位服务于欧盟执委会"公民服务与社会对话部门"（Unit of European Civil Service and Social Dialogue）的资深官员表示，执委会尽全力防止英国脱欧的发生，尤其是防止此事件不会对其他成员国产生多米诺骨牌效应⑤。欧盟领袖们对英国脱欧所产生的政治传染力的忧虑，以及留在欧盟民众多数支持英国留欧的事实可以解释为何欧盟在与英国重新谈判英国留在欧盟条件时，同意给予英国"特殊地位"（special status）。

然而，英国脱欧的结果依然出现了。在对英国公投结果做出回应

---

① EU Observer, 2016a, "Obama: Brexit Does Not Mean End of the EU", https://euobserver.com/foreign/134263, Latest update 8 July, 2016.

② Pew Research Center, 2016, *Euroskepticism Beyond Brexit: Significant Opposition in Key European Countries to An Ever Closer EU*, Washington, D. C.: Pew Research Center.

③ Thomas Raines, 2016, "What Do Our Neighbours Think?" *The World Today*, 14 April & May, 2016.

④ EU Observer, 2016c, "Poll: Majority of Dutch Want EU Membership Referendum", https://euobserver.com/tickers/132401, Latest update 23 February, 2016; EU Observer, 2016d, "More Danes Want Referendum on EU Membership", https://euobserver.com/institutional/133738, Latest update 8 June, 2016; EU Observer, 2016e, "French and Italians Want UK-type Votes on EU", https://euobserver.com/political/133367, Latest update 9 May, 2016.

⑤ An Anonymous Senior EU Official at Unit of European Civil Service and Social Dialogue of the European Commission, received on 26 July, 2016.

时，欧洲理事会主席图斯克试图降低此结果对欧盟的冲击，从投票前宣称英国脱欧"将会永远地改变欧洲"，大幅转变成宣称它"仅是一个事件，而不是一个过程的开始"①。欧盟执委会主席容克（Jean-Claude Junker）则在其国咨文中承认，欧盟，至少在某种程度上，面临一个"存在性的危机"，但他坚持欧盟并没有崩解的风险。确实，欧盟并不会因为英国脱欧的单一事件而出现解体，然而，欧盟团结分裂的欧洲的能力与信誉，而这也是欧洲统合创建的目的，已然受到质疑。奥利弗（Tim Oliver）在分析59份有关脱欧报告后指出，多数评论者认为脱欧对英国经济的影响远比对欧盟的影响大，因此英国脱欧对欧盟的冲击是政治性的而不是经济性的。②

确实，如德国经济部部长加布里尔（Sigmar Gabriel）所指出的，英国脱欧对欧盟并不是一个经济上的挑战，而是政治上与心理上的挑战。③ 卢森堡外交部部长阿塞尔博恩（Jean Asselborn）指出，欧盟需要解释"为什么在'二战'后我们需要欧盟，而为什么在21世纪的今日我们还需要欧盟？"有人预测，英国脱欧事件在短期会造成反欧盟的民粹政党更为强势，也会造成欧洲统合的停滞，但此事件对欧盟更严重的影响是长期性的。他们指出，在过去五十年间，欧盟始终是欧洲政治的驱动力，欧盟有助于消解成员国彼此间的分隔与稳定民主制度在成员国内的发展。英国脱欧事件使得欧盟减损了它的"磁吸力"，也使得欧洲大陆面临陷入国家间分裂与分歧的旧有窠臼的风险④。前英国官员麦瑞礼指出，英国脱欧事件将使得欧盟无法再进行更深层的整合了。⑤ 有

---

① EU Observer, 2016f, "Tusk: Brexit Would 'Change Europe' for the Worse", https://euobserver.com/tickers/132441, Latest update 25 February, 2016; EU Observer, 2016g, "Fico: EU Leaders Need to Overcome Fear", https://euobserver.com/news/134226, Latest update 6 July, 2016.

② Tim Oliver, 2016, "European and International Views of Brexit", *Journal of European Public Policy*, Vol. 23, No. 9, pp. 1321 – 1328.

③ "Brexit Weekly Briefing: Splits over Timing of Talks and Single Market Membership", *The Guardian*, https://www.theguardian.com/politics/2016/aug/30/brexit-weekly-briefing-splits-over-timing-of-talks-and-single-market-membership, Latest update 30 August, 2016.

④ Katinka Barysch & Carl Bildt, 2016, "The Big Questions after the Brexit Vote".

⑤ Michael Reilly, the former Representative of the British Office Taipei (2006 – 2009), on 15 November, 2016 in Taipei.

鉴于英国脱欧公投对欧盟政治与心理层面的重要影响，加布里尔提醒欧盟领袖必须正确处理英国脱欧事件，否则欧盟将会深陷困境。[①]

欲正确处理英国脱欧事件，欧盟首先必须对此事件的意涵有正确的认识。而此部分也正是欧盟政治中辩论与争执最多的议题。为何四十多年来英国作为欧盟一个享有最多特权的成员国仍决定要离开欧盟？对其他欧盟成员国而言，是一个难以理解的谜题。德国欧洲议会议员莱恩（Jo Leinen）指出，英国在欧盟所推动的各项政策中，已经享有太多的"选择权、实施内容上减少适用等各项特权，却仍然有参与欧盟决策的完整权力"，因此让人很难理解为何一个享有如此多特权的成员国会愿意放弃这样备受优待的地位。[②] 欧盟内部因此出现多种不同的诠释观点。

二 英国脱欧公投对欧洲统合的意涵：如何解读与因应英国脱欧？

对于英国公投出现脱欧的结果，不同的成员国、不同职能的组织与个人提出了不同的诠释观点，这些不同的观点可归纳出以下三种不同的诠释类型。

（一）英国脱欧是错误的信息传递（misinformation）与沟通不良（miscommunication）的结果

此看法认为，英国公投脱欧的结果显示欧盟官方长期以来饱受信息错误传递与沟通不良之苦。一位任职于欧盟理事会"沟通与文件管理部门"（Communication and Document Management）的资深官员在回复作者提问时表示，欧盟官方与民众彼此间长期的信息传递错误与脱节，一方面，在相当大的程度上，归因于欧盟官方本身很拙劣的公众

[①] "Brexit Weekly Briefing: Splits over Timing of Talks and Single Market Membership", *The Guardian*, https://www.theguardian.com/politics/2016/aug/30/brexit-weekly-briefing-splits-over-timing-of-talks-and-single-market-membership, Latest update 30 August, 2016.

[②] Jo Leinen, 2016, "Red Lines for Brexit Negotiations with the UK", in O. Bailey ed., *Fabian Policy Report: Facing the Unknown*, London: Fabian Society, p. 27.

外交与沟通技巧；另一方面则是成员国政府长期以来习惯将布鲁塞尔（欧盟总部）作为其施政不利的代罪羔羊。① Civis Europaeus，一个泛欧洲的非政府组织，也认为欧盟官方在各成员国内缺乏一个采取欧盟观点的全国性或地方性媒体作为与公民沟通的媒介，而成员国的政治精英又习惯于将欧盟作为决策错误的代罪羔羊，两者造成了欧盟形象受损，"如果成员国政府一整周都怪罪欧盟，那它当然无法在周日时要求选民投票支持欧盟"②。在英国公投之后，代替英国接任，欧盟轮值主席国的爱沙尼亚的欧盟事务副部长马西卡斯（Matti Maasikas）要求成员国的政治领袖，展现出勇气与信念向选民解释参与欧盟的正面效益。③

此类论点显然得到欧盟领袖们的同意与回应。欧洲理事会主席图斯克在英国脱欧后于布拉迪斯拉发所举行的高峰会上要求欧盟各成员国的领袖停止"指责的游戏"，而欧盟各成员国领袖亦在会后发表的宣言（Bratislava Declaration）中承诺将改善各国间、与欧盟机构之间，以及更重要的是与公众之间的交流沟通。④

（二）英国脱欧是欧盟领导阶层失败的结果

然而，许多欧盟成员国的领袖们在布拉迪斯拉发峰会的讨论中认为，英国脱欧对欧盟的意涵远超过沟通不良的层面，而是"更大问题的症状"，不是只通过公共关系与媒体策略的改善就能赢回民众对欧盟的支持。⑤ 部分成员国的领袖指出问题的症结在于欧盟失败的领导力。捷克总理索博特卡（Bohuslav Sobotka）指出，在过去数年间，欧

---

① An Anonymous Senior EU Official at Unit of Directorate-general Communication and Document Management of the Council of the European Union, received on 28 July, 2016.

② Europaeus Civis, 2016, "How to Save the EU", https://euobserver.com/opinion/134935, Latest update 13 September, 2016.

③ Matti Maasikas, 2017, "How the EU Can Thrive in the Time of Trump", https://euobserver.com/opinion/136475, Latest update 9 January, 2017.

④ European Council, 2016, "The Bratislava Declaration, Informal Meeting of the 27 Heads of State or Government", http://www.consilium.europa.eu/en/meetings/european-council/2016/09/16-informal-meeting/, Latest update 16 September, 2016.

⑤ "Hard Brexit Will Cost City of London its Hub Status, Warns Bundesbank Boss", *The Guardian*.

盟遭遇了一连串的危机，从欧债危机到难民危机，再到英国脱欧危机。针对这些危机，欧盟处理上的一个共同特点就是采取缓慢与摇摆不定的回应方式，缺乏理性的、系统性的危机处理方式，而只有在压力之下反应式的危机管理，导致民众对欧盟处事能力丧失信心与信任。[①] 2016 年下半年接任欧盟轮值主席国的斯洛伐克的总理菲佐（Robert Fico）亦认为，欧盟不能只有危机管理，而必须对危机有实质的解决方案，否则这样的治理只会导致民众对欧盟信心的丧失与助长反欧盟民粹主义的成长。[②] 芬兰总统尼尼斯托（Sauli Niinisto）于演讲中公开表示，欧盟在很多方面陷入僵局，但这样的结果主要是自我引发的而不是外部造成的。"太频繁可见的是，欧盟所做的决定往往是将真正该做的决定推延至晚一点再说。而且即使决策终于做出，它们的执行情况往往只是取决于成员国的良善意图，无法完全落实。"欧盟这样的领导方式只会失去民众对它的信心与助长政治不满，从而伤害它自身的前途。他提醒欧盟领袖们："政治不满是民主政治的一部分"，但"重点是这样的不满是通过何种方式被表达、被如何表达、被哪一派的政治领袖来表达"。英国脱欧的结果即是政治不满的表达。[③]

前英国官员麦瑞礼指出，欧盟面临的许多困境均源自于领导人不愿意做"困难的决定"[④]。罗萨（Brunello Rosa）因此认为，欧洲统合最大的风险不是来自像英国脱欧事件这般的民粹主义风潮，而是来自欧盟领导人的不作为（inaction）与无效作为（ineffectiveness）。[⑤]

[①] Bohuslav Sobotka, 2016, "Our Common Path: EU Cohesion, not Trenches", https://euobserver.com/opinion/135121, Latest update 16 September, 2016.

[②] EU Observer, 2016g, "Fico: EU Leaders Need to Overcome Fear", https://euobserver.com/news/134226, Latest update 6 July, 2016.

[③] Sauli Niinisto, 2016, "President of the Republic Sauli Niinisto's Speech at the Ambassador Seminar on 23 August 2016", http://www.tpk.fi/public/default.aspx?contentid=349929&culture=en-US, Latest update 23 August, 2016.

[④] Michael Reilly, the former Representative of the British Office Taipei (2006 – 2009), on 15 November, 2016 in Taipei.

[⑤] Brunello Rosa, 2017, "Blueprint for a Viable EU", *The World Today*, June & July 2017, pp. 12 – 13.

(三) 英国脱欧是错误的经济治理的结果

一些政治人物与务实者则认为,并非欧盟消极的领导力导致公众信心的丧失,而是错误的经济治理。捷克政府欧洲事务国务卿普鲁扎(Tomas Prouza)指出,公投结果显示,所有前工业区都投票支持脱欧,而欧盟被视为全球化与产业重整的催化剂,两者尽管为经济带来更高的生产力也加重了分配不公。[1] 德国央行行长魏德曼(Jens Weidmann)、意大利前总理莱塔(Enrico Letta)、欧盟理事会前官员范米德拉尔(Luuk van Middelaar)等人认为,欧盟失去对公众的吸引力因为它被认为是"全球化的特洛伊木马"[2]。葡萄牙总理科斯塔(Antonio Costa)进一步指出,"不能有效规范全球化是欧盟最大的失败"[3]。确实,从公投所展现出的投票行为特质看,欧盟成为全球化赢家与输家的断裂线,使得欧盟社会分裂为精英与平凡大众的两个世界,他们各自持有完全不同的世界观。英国脱欧则是那些感到被遗弃的选民所采取的最戏剧化、最消极的举动。莱塔因此呼吁欧盟领导者不能再忽略欧盟境内经济不公的现象,欧盟也不能是只为全球化赢家服务的机构。[4] 来自欧盟七国的中间左派政党部长级以上官员则以公开信的方式呼吁,欧盟必须重建属于全民的真实公平与社会正义,才能重获选民的信任。[5]

其他国际机构与评论者则以实践证据支持此观点。世界经济论坛首席经济学家布朗克(Jennifer Blanke)指出,自从2004年欧盟东扩后,欧洲统合即遭遇一连串的挫折,例如欧洲宪法的被否决、欧债危机、难民危机等。然而,在这些所有的议题中,最严重的议题就是经

---

[1] Tomas Prouza, 2016, "Lessons for Central Europe: We Need More Unity and Less Inequality", in O. Bailey ed., *Fabian Policy Report: Facing the Unknown*, London: Fabian Society, p. 28.

[2] Eszter Zalan, 2016, "EU Must Protect Its Citizens", https://euobserver.com/institutional/134546, Latest update 2 August, 2016.

[3] EurActiv, 2017, "Portugal's PM: Failing to Regulate Globalization a 'Great Failure' of the EU", http://www.euronews.com/2016/11/17/failing-to-regulate-globalisation-is-a-great-failure-of-the-european-union, Latest update 17 November, 2016.

[4] Enrico Letta, 2016, "The EU Must Relaunch or Die", *The World Today*, August and September, 2016, p. 24.

[5] Party of European Socialists, 2017, https://www.pes.eu/en/.

济不公。① 近十年来，所得与财富不公的现象在欧盟境内显著增多。失业率，尤其是青年失业率，在许多欧盟国家中依然处在高档。中位数所得（median income）出现持续的停滞，这显示经济增长并不是包容性（inclusive）的增长。这些事实很自然地使一般民众产生出一种看法，认为他们的生活，以及他们子女的生活，都会比前几个世代来得更糟，而欧盟就成为那个被怪罪的对象。国际劳工组织（International Labor Organization，ILO）提出的证据特别指出欧洲年青一代所经历的经济不公的现象。该组织在其调查中警告，许多欧盟国家中所力推的"不计任何代价的就业"使得18—24岁的欧洲年轻人面临"相对贫穷"的困境，因为他们所能找到的工作多是以临时与兼职为主的低薪工作，年轻族群因此取代老年族群成为社会中面临贫穷风险最大的群体。大多数的年轻族群愿意接受临时性的工作是因为自2008年全球金融危机以后缺乏全职的就业机会。这种非自愿的，兼职性、临时性的就业形态与青年贫穷现象密切相关。

但欧盟是从何时开始从它过去骄傲宣称的"社会市场模型"转变至今日经济不公的治理模式的？部分评论者指向欧盟2008—2015年对欧债危机的危机管理模式。欧洲议会一名资深官员在回复作者的提问时指出，欧盟过去被民众视为达成和平的途径，它所达成的经济繁荣、就业机会增多与它创造出全球最大的单一市场、发行欧元息息相关。然而，在欧债危机发生之后，欧盟所采取的政策改变了人民原本对欧盟的正面观感。欧盟对欧债危机所采取的撙节政策要求欧盟成员国改革社会安全与年金体系，而这些改革直接影响了民众"经济与生存条件的核心"②。贝奇（Bache）等人亦指出，欧债危机的根源在金融部门，但欧盟处理的方式却是对非金融部门的房贷、年金等项目进行改革，直接冲击到普通民众的生活。于2013—2014年担任意大利总理的莱塔亦同意，欧债危机，尤其是欧盟处理这些危机的方式，颠

---

① Jennifer Blanke, 2016, "3 Factors that Could Hold Europe Together", https://www.weforum.org/agenda/2016/06/after-brexit-why-europe-matters-and-what-it-must-do-to-survive/, Latest update 27 June, 2016.

② Francisco Gomezmartos, Head of the Unit of Relations with National Parliament of European Parliament, on 9 May, 2016 in Taipei.

覆了欧盟的公平性，使得多数欧洲公民从全球化的赢家变成输家。葡萄牙总理与希腊总理则在联合声明中指出，撙节政策本身是失败的，因为它使得经济受到抑制、社会变得分裂，从而无法出现公平合理的增长。[1] 斯蒂格利茨（Stiglitz）亦以西班牙为例指出，在欧债危机发生前，该国的经济不公现象原本已得到改善，但在危机发生后欧盟实行撙节政策，经济不公的问题又再度恶化。

欧盟理事会前官员范米德拉尔指出，这就是为何过去"欧盟是和平与繁荣的提供者"的旧有论述不再足以充分说服选民，而欧盟存在的正当性——共同利益的提供者，也因此受到质疑。因此，泰勒（Taylor）呼吁"打破欧盟与撙节政策的联结"；华盛顿智库"经济与政策研究中心"主任贝克（Dean Baker）亦呼吁欧盟必须"采取撙节政策以外的做法才能挽救欧盟"[2]。

其他评论者则是将欧盟错误的经济治理归因于更为长期性、结构性的因素，而不仅只是欧债危机后的撙节政策。牛津大学学者齐隆卡（Jen Zielonka）在与作者访谈时指出，欧盟理论上应该是要调和强者与弱者、大者与小者的关系。但事实上，欧盟已经展开了一段很长时间的新自由主义的经济变革，此过程是以去管制化、市场化、私有化，降低社会福利与加强环境保护的形式进行的，以追求更佳的竞争力，并将一些问题留予市场机制去处理。欧盟以福利国家闻名全球的品牌形象——"斯德哥尔摩共识"，已经被所谓的标榜自由、不受限制的市场经济的"华盛顿共识"所取代。欧债危机之后所实行的撙节政策即是此意识形态下的产物。因此可以理解为何许多欧洲民众，将欧盟视为跨国大金融集团与大企业的代理人。[3] 斯蒂格利茨亦认为，撙节政策在历史上已有很多失败的案例，欧盟以此政策作为对欧债危机的回应管理是因其长期信奉"市场基本主义"（market fundamental-

---

[1] Alexis Tsipras & Antonio Costa, 2016, "Joint Statement of the Prime Ministers of Greece and Portugal", http：//www. portugal. gov. pt/en/prime-minister/documents/20160411-pm-pm-grecia-dec-ingles. aspx, Latest update 11 April, 2016.

[2] Politico, 2016b, "How Brexit Will Change the World", http：//www. politico. com/magazine/story/2016/ 06/brexit-change-europe-britain-us-politics-213990, Latest update 25 June, 2016.

[3] Jan Zielonka, Professor of European Politics at Oxford University, on 8 August, 2016 in Taipei.

ism)。曾任欧盟理事会官员的范米德拉尔则证实，欧盟决策者长期信奉所谓的"布鲁塞尔主义"（Brussels doctrine），亦相信通过自由主义整合机制所引导的经济互依性会使得各欧盟成员国都能迈入"一个令人可喜的社会"①。有学者以美国跨国企业苹果公司在爱尔兰的逃税案为例指出，欧盟国家以所谓的自由经济政策为名，给予美国苹果公司合法逃税的机制却相对减少对社会福利的投入，此错误的经济治理给民众对欧盟领导阶层的政治信任带来的伤害远远胜于难民危机。②事实上，一些学者多年前就预测，欧盟自实施单一市场起即逐渐转向英美式自由经济主义的形态而无社会保护的同步措施最终将伤害欧盟存在的正当性。

皮尤研究中心的调查则证实了欧洲公民对欧盟经济治理的负面观感。在所调查的十个欧盟成员国中，绝大多数的民众不同意欧盟的经济治理，只有在德国与波兰，同意的比例高过不同意的比例。③ 在意大利、法国、西班牙，有多达2/3的受访者不认同欧盟的经济治理，而在希腊比例则高达92%。在难民危机议题上，则所有的十个调查国家均不同意欧盟的治理方式。换言之，在民众感受最为直接的两项政策议题上，欧盟均被视为是治理无方的，疑欧主义因此成为哈丁（Harding）所描绘的"新常态"，英国公投出现脱欧的结果可以在此脉络下被理解。④

正因为从英国脱欧公投解读出经济不公与分配不正义在恶化的信息，多数评论者建议欧盟应回到过去的"社会市场经济"（social market economy）模式。有人就指出，欧盟应该重建欧洲社会模式以作为降低全球化成本的途径。否则，日益增长的社会不公与日益降低的社会凝聚力会导致民众政治不满的持续上升与民粹主义的持续发展。布兰克（Blanke）亦建议欧盟引进一种新形态的"社会契约"以解决欧

---

① Eszter Zalan, 2016, "EU must Protect Its Citizens".
② Florian Lang, 2016, "Stop the Hysteria over Germany's Little Election", https://euobserver.com/opinion/134952, Latest update 7 September, 2016.
③ Pew Research Center, 2016, *Euroskepticism Beyond Brexit: Significant Opposition in Key European Countries to An Ever Closer EU*, Washington, D. C.: Pew Research Center.
④ Gareth Harding, 2016, "Euroscepticism: The EU's New Normal", https://euobserver.com/opinion/133747, Latest update 9 June, 2016.

盟成员国境内与各成员国之间的经济不公的问题。范米德拉尔则要求欧盟停止再伤害欧洲的福利国家体制。他指出，欧盟不应只提供流动的自由与机会，应该对民众的经济生活与边境管制提供保护。如同德国央行行长魏德曼所指出的，"市场整合本身并不是目的，它必须是合理的"①。

三　本文观点

上述三项因素，均程度不等地导致民众反欧盟的情绪。然而，欧盟饱尝错误信息传递与沟通不良的问题并不是一个新的现象。自从1992年经历《欧盟条约》（亦称《马斯垂克条约》）批准危机开始，欧盟即长期饱受此不利因素影响之苦。2005年《欧洲宪法条约》的批准危机即另一个实证案例。然而，此长期性的缺陷并未影响民众持续参与欧洲统合的承诺与意愿。根据欧盟官方的民调机构——"欧洲温度计"长期性的民意调查（Eurobarometer），1994—2013年，多数受访的民众（47%—54%）是支持欧盟与欧洲统合的。即使在欧洲主权债务危机最高峰时期（2009—2013年），仍有47%的受访民众是支持欧盟的，而仅有17%的受访民众认为欧盟是"一件坏事"（a bad thing）。有趣的是，即使多数人是支持欧盟的，却仅有29%的受访人认为他们关于欧盟相关的信息是被"充分告知的"（well-informed）②。一份英国脱欧公投后所进行的调查显示，相较于其他政治组织，欧盟比其成员国政府与国内议会得到民众更多的支持。③

换言之，多数民众对欧盟相关信息的了解确实是"不良的"（badly-informed）。然而，此常态性的缺陷却没有减弱民众对欧盟的支持，也未明显减损民众对欧盟的政治信任。相较于欧盟组织，成员国

---

① "Hard Brexit Will Cost City of London Its Hub Status, Warns Bundesbank Boss", *The Guardian*, https://www.theguardian.com/world/2016/sep/18/hard-brexit-will-cost-city-of-london-its-hub-status-warns-bundesbank-boss, Latest update 19 September, 2016.

② European Commission, 2014, *Eurobarometer 40 Years: Effects of the Economic and Financial Crisis on European Public Opinion*, Brussels: European Commission.

③ European Commission, 2016, *Standard Eurobarometer 86: Public Opinion in the European Union*, Brussels: European Commission.

政府与议会享有更多的宣传资源与途径，但后者并未因此而得到更多的公众支持。因此，将英国公投出现脱欧的结果归因于错误的信息传递与沟通不良，并没有说服力。

至于领导力失败因素，确实，欧盟的领导成员国，尤其是德国，在近年来欧盟所面临的一连串危机中表现不当，备受批评，而其"无效作为"也在一定程度上加重了危机的严重性。例如德国在欧债危机发生初期的不作为与缓慢回应助长了危机从欧元区的边缘经济体扩散到核心经济体。然而，当德国积极展现领导力强力主导财政公约在短短的两个月内获得22个成员国支持通过之后，欧债危机仍未能有效解决。同样地，德国在难民危机中所展现的强势领导也不被其他欧盟成员国所认同，反而增加了欧盟成员国在难民安置系统（relocation system）问题上的争议与冲突，以及加深了民众对欧盟的不满情绪。换言之，在危机管理中所表现出的失败领导力确实加重了危机，然而，强力的领导力也无法有效解决危机，所以也无法恢复公众对欧洲统合的信心。

依此观点，公众对欧盟信心的瓦解，如在英国脱欧公投中所显现的，并非导因于缺乏强力的领导力，而是导因于领导阶层提供错误的政策解答。脱欧公投中所呈现的证据——在不同地区、不同世代、不同教育背景者、不同所得水平、不同社会阶级之间的差异性投票行为，凸显了分配（不）正义是主导投票行为的决定性因素。而不公的经济增长与分配正义的恶化很大程度是欧盟错误治理的产物以及欧盟治理中两项结构性缺陷的表征。首先，长期以来，欧盟领导阶层基于对经济自由主义的坚定信仰，放弃对分配正义所应负之责任而将分配问题留给市场机制去处理。公投出现脱欧的结果发生在英国经济复苏阶段，这说明增长中的经济无法如经济自由主义学者所预测的，能"提升所有的船"。同样地，市场机制本身也未如经济自由主义者所期待的，能自动地减缓经济不公的问题。英国公投出现脱欧的结果因此可被视为欧盟领导阶层漠视分配正义恶化所付出的代价。其次，基于经济自由主义的意识形态，欧洲统合已被简化成一个大型的经济计划，其最重要的成就在于创造出欧洲单一市场与单一货币，聚焦于如何提高欧盟市场运作的效率，而促进社会整合与团结的政策则未受到同等的关注。换言之，60年来，欧洲统合仅在经济与货币层面实践，而没有同步在社会保护层面进行整合。欧盟因此被简化成为一个"经济的/资本主义的欧洲"（economic/capitalist Europe），而不是一个"社会的欧洲"（social Europe）。更有甚者，为推动"经济的欧洲"有更佳的运作，原本在成员国层面上实施的社会保护措施必须进一步缩减或取消，却没有任何在欧盟层次上的社会保护措施作为取代或补偿。社会安全网在欧盟内部的收缩恶化了分配不正义的问题，尤其在经济危机发生时期。欧盟因此被分裂成精英与平凡大众的两种世界，他们各自持有完全不同的世界观。英国脱欧可以被视为那些自认被"经济的欧洲"遗弃的选民做出的最戏剧化的举动。

欧盟领导阶层错误的经济治理不仅扭曲了欧洲统合最重要的目标——"达成一个永久和平与团结的政治欧洲"，同时也引发了对"经济的欧洲"计划的反噬。英国脱欧的结果应被视为对欧盟长期以来错误、扭曲的治理最为严重的警告。

四 欧盟领袖们对英国脱欧的回应："更多的欧洲"（More Europe）VS."更少的欧洲"（Less Europe）

欧盟27国领袖、欧盟理事会主席、执委会主席等人在对英国脱欧公投结果的共同回应中表示，他们将对欧盟的未来展开"政治反省"（political reflection）[1]。然而，此反省并未能促成英国脱欧后的欧盟在改革与政策转变议题上达成共识。相反地，欧盟领袖，据报道，对如何回应英国脱欧与上升中的疑欧主义产生分歧。法国、意大利、西班牙、葡萄牙、希腊倾向以推动更进一步的整合来面对经济发展与共同安全的问题，即所谓的"更多的欧洲"[2]。意大利经济与财政部在其报告中指出，

---

[1] European Council, 2016, "The Bratislava Declaration, Informal Meeting of the 27 Heads of State or Government".

[2] "Brexit Weekly Briefing: Splits over Timing of Talks and Single Market Membership", *The Guardian*; EU Observer, 2016h, "Eastern Bloc Wants Fewer EU Powers, More security"; EU Observer, 2016i, "Tspiras Hopes 'Club Med' to Soften EU Austerity".

对欧债危机的不当管理已经使欧盟核心与边陲地区的差异与分隔更加严重。该报告因此具体建议欧盟领袖们改变目前的撙节政策而转向更为有利于经济发展的财政政策，并推出泛欧盟层次的失业救济与保险计划作为重建民众信心以支持进一步整合的第一步。①

相反地，另一派由德国、捷克、匈牙利、波兰、斯洛伐克为代表，它们倾向于减少欧盟的干预权力，但其权力必须更有效率，即所谓的"更好"但"更少的欧洲"。欧盟内部因意见分歧形成两个次级团体——以地中海国家为主的 EU-Med 与以东欧国家为主的 Visegrad。德国拒绝在经济治理与难民问题上让步导致意大利总理马泰奥·伦齐（Matteo Renzi）拒绝与德国、法国共同主持布拉迪斯拉发峰会后的记者会。立陶宛总统格里包斯凯特（Dalia Grybauskaite）会后指出，欧盟领袖们的意见分歧远比英国脱欧对欧盟形成的挑战更为严重。欧盟领袖们公开的意见分歧具体呈现了霍姆斯（John Holmes）所指出的欧盟困境：欲解决现有的危机，欧盟必须再做进一步的整合，然而，这样的解决方式在英国脱欧之后却变得越来越不被接受。

欧盟执委会主席容克在欧洲议会的演讲中提醒欧盟领袖们，他曾经见证欧洲统合数十年的发展，但他从未见到欧盟出现这么多的意见分歧与这么少的共识，尤其是在它面对非常重要的选择时刻。他认为失业与社会不公伤害民众对欧盟所持的政治信任，然而，在缺乏成员国的共识与授权之下，他并未提出任何具体措施以呈现他所强调的"社会市场经济模式"②。半年之后，在欧盟庆祝《罗马条约》签署 60 周年的前夕，执委会发布《欧洲的未来白皮书》，针对成员国中的两派意见提出五项对欧洲统合的"愿景"，供成员国思考与辩论③。欧盟创始员国与四大经济体的领袖们则共同提出发展"多速欧洲"（multi-speed Europe）的声明，试图以弹性、分阶段的整合方式，调和"更多的欧洲"

---

① Italian Ministry of Economy and Finance, 2016, *A Shared European Policy Strategy for Growth, Jobs and Stability*, Rome: Ministry of Economy and Finance.

② Jean-Claude Junker, 2016, "Sate of the Union Address 2016: Towards a Better Europe-a Europe that Protects, Empowers and defends", http://europa.eu/rapid/press-release_ SPEECH-16 - 3043_ en. htm, Latest update 14 September, 2016.

③ European Commission, 2017, *White Paper on the Future of Europe: Reflections and Scenarios for the EU 27 by 2025*, Brussels: European Commission.

与"更少的欧洲"的分歧以应对英国脱欧后的挑战,[①] 但此议被东欧成员国认为可能使其成为"次级"欧盟成员国而遭到反对,最终未被纳入《罗马宣言》中[②]。

"更多的欧洲"与"更少的欧洲"的争辩本质上反映了欧洲统合长久以来政府间主义与新功能主义的拉锯,是欧盟每一次在历经危机之后皆会出现的典型争辩。然而,不论是"更多的欧洲"还是"更少的欧洲",都必须提出对欧洲统合过程中所产生的经济不公的解答。如果主政者不能正视与解决因错误的经济治理——不论是对欧债危机错误的危机管理还是长期对"布鲁塞尔主义"过度的信仰,而日益恶化的经济不公与分配问题,那么不仅欧盟作为欧洲地区繁荣与和平的磁吸力将持续降低,损害它作为全球区域整合的模范形象,而且民众的不满仍会在未来以不同的形式对欧洲统合的维系提出新的挑战。

结　论

在欧盟庆祝《罗马条约》签署60周年的前夕,欧洲统合经历了英国公投决定脱离欧盟的震撼。这是欧洲统合启动60年来首次有成员国退出。尽管英国脱欧公投起因于政治人物的政治失算,然而,公投出现脱欧结果对欧洲统合而言却绝非"个案"的表面意义。当欧盟内部对英国脱欧的意涵仍在持续辩论之际,公投中所显示出的诸多特质——不同社会经济发展阶段所呈现出对立性的投票——凸显了必须正视经济不公与分配不正义的急迫性与必要性。这些问题系导因于欧盟长久以来治理中的结构性缺陷,而在欧债危机的不当管理之后更加恶化。那些感到未受益于"经济的欧洲"而是被其剥夺的选民,投票支持脱离欧盟。他们的决定就如同那些投票支持留欧者,是同样基于个人经济理性。

---

① Charles Michel, 2017, "Benelux Vision on the Future of Europe", http://premier.fgov.be/en/benelux-vision-future-europe, Latest update 3 February, 2017.

② EurActiv, 2017, "Member States Sinks 'Multi-speed' EU to Avoid New 'Iron Curtain'", http://www.euractiv.com/section/future-eu/news/member-states-sink-multi-speed-eu-to-avoid-new-iron-curtain/, Latest update 10 March 2017; European Council, 2017, "The Rome Declaration".

当欧盟领袖仍在为以"更多还是更少的欧洲"回应英国脱欧争论时，此历史事件对欧洲统合所传递出的信息却是极其清晰与明确的。不论欧盟未来将朝向哪一种愿景发展，一个"社会的欧洲"以调和"经济的欧洲"使后者能更为内聚（inclusive）与公平是必要的，这才能使欧洲统合持续向前推进与保证"政治的欧洲"永续发展。英国脱欧是否会导致欧盟对其扭曲的治理——长期奉行"布鲁塞尔主义"，做出政策上的改变，以及如何改变，犹待观察。可以确定的是，若欧盟未能及时对经济不公与分配不正义做出正确的政策回应，将会导致欧洲统合的正当性瓦解，并使欧盟于可预见的未来面临下一个危机的挑战。

论英国脱欧公投后欧洲的"合"与"分"：直布罗陀与加泰罗尼亚两案例研究

卓忠宏

一　前言

　　论英国脱欧公投后发展，两股不同类型却又息息相关的发展趋势，深深影响着欧洲政局：一是对超国家区域主义（supranational regionalism）的怀疑。此类型如欧洲极端势力的兴起，反对欧盟扩权，反欧元，要求举办类似英国的脱欧公投。此趋势不利于欧洲统合的深化与广化。二是民族主义（nationalism）的发展。牵涉国家内部不同族群相互依赖的程度，决定族群之间是相互认同还是分离，此类型如英国、西班牙、法国、比利时、意大利等国面临之困境。从欧洲统合的经验可发现，国与国之间的疆界虽然逐渐模糊化，但内部族群运动依旧活跃。欧盟存在的大前提是合作、团结并结合所有成员国一致对外，但族群运动却可能分裂出更多的欧洲国家，跟欧盟原则相违背。

　　上述困境在于欧盟及其成员国长期以来强调的合作、团结的诱因出现问题。两股发展有如拔河竞赛，一方面英国脱欧促使欧盟27个成员国团结起来对抗英国。有学者比喻英国离开欧盟，象征阻碍欧洲统合的最大一块石头已经搬开。平心而论，英国自加入欧共体/欧盟，并未全面配合欧洲统合事务，仅参与跟自身利益相关的欧洲共同市场。欧盟进一步的政策深化，英国几乎都没有参加，如欧元、申根区、税制整合、高等教育区建构等。换言之，英国脱欧对欧盟既定的政策与运作影响并不会太大。另一方面，英国脱欧公投会产生多米诺骨牌效应。从2017年荷兰国会选举、法国总统大选、奥地利国会大选、德国国会选举，再延续到2018年意大利大选以及德国地方选举，事实证明，选前打着反欧盟体制、反难民庇护、公投退出欧元区类似政见的极右政党都能获得选民青睐。

英脱欧公投的结果连带影响的是北爱尔兰与爱尔兰边境是否要恢复管制的问题，以及西班牙趁英国脱欧谈判将直布罗陀回归（西班牙）问题放上台面。更困扰欧盟与欧洲各国的是长期存在于欧洲内部的民族分离意识。2014年苏格兰独立公投鼓舞了欧洲国家内部族群的分离意识。新一波发展来自2017年10月西班牙加泰罗尼亚（Catalonia）自治区举办的独立公投，以及意大利北部伦巴第（Lombardy）和威内托（Veneto）两个地区举行的咨询性扩权公投。若再加上法国科西嘉岛分离主义分子也蠢蠢欲动，公民投票似乎成为欧洲内部族群争取自身权益的诉求方式。

本文以直布罗陀与加泰罗尼亚两案例为研究基础：直布罗陀谈与西班牙的"合"；加泰罗尼亚谈与西班牙的"分"。这类民族主义运动，看似欧洲国家内部问题，却深深影响着欧洲统合这种超国家区域主义的发展。两者之间的互动影响究竟是"正相关"还是"负相关"？本文以此为出发点，首先尝试解释区域主义与民族主义的理论困境；其次从近来民族主义运动探讨两个案例相似与相异处；再次分析超国家区域主义与民族主义两者互动关联性及其对欧洲政局的影响；最后总结此类型纷争的特点。

二 区域主义与民族主义的理论困境

国际政治中谈论区域统合以及民族主义并非少数，但论及两者相互关联性的理论发展似乎呈现出两种困境：首先是比较研究著作太少；其次是国际关系研究的现实范例能引用验证的也不多。

超国家区域主义与民族主义的交集在于国家功能的转变。国家在上（区域主义）、下（民族主义）两种趋势拔河角力下，权力逐渐被侵蚀，国家要如何应变与自处？在全球化发展的年代，威斯特伐利亚体系中的民族国家在国际上已逐渐丧失主导性。国际政治的行为主体既有威斯特伐利亚体系中的民族国家，也有后威斯特伐利亚体系中的非国家行为体，甚至可以说它是一种介于二者之间的区域角色主导的多层次的治理。单纯就治理概念解释，论及参与协商与治理的行为者，包括政府、民间单位、跨国性政府组织、非政府组织。换言之，全球治理中行使权威的行为主体将不再只是以国家为主。[1] 再就治理过程，依照乔恩·皮埃尔（Jon Pierre）和盖伊·彼得斯（B. Guy Peters）的概念，他们认为在一个自由经济的时代，国家基于治理的需要会逐渐把治理权力转移至其他机构，这种权力的转移又可分为三个层次：向上转移（moving up），指的是国家主权部分转移至国际组织或其他行为者取代的情况；向下转移（moving down），意指国家采取分权方式，将统治权下放给地区、地方政府及小区的情况；以及向外转移（moving out），则是指将传统国家的权力从政治精英手中转至社会组织或机构，以及借由非政府组织提供公共服务或执行政府政策方案的现象。[2] 麦格纳（Jose Magone）以欧盟治理体系为例，说明欧盟政策制定出现一种双向过程，亦即在超国家层次有去中央化的倾向，形成涵盖超国家、国家、地方政府的政策网络。欧盟成员国的决策过程像处于一种受离心力影响的状态，渐渐将重心转移至欧盟超国家机构，或是向下转移到不同类型的次国家政府。[3]

治理可以解释权力运作与移转，但无法解释国家在上（区域主义）、下（内部民族主义）两种趋势拔河角力下，权力如何逐渐被侵蚀。国家必须设法在跨国、全球或区域结构中维系自身利益，同时解决国家内部认同、领土、族群冲突此类问题。

赫特纳（Björn Hettne）尝试从多层次角度解释整体的世界体系结构（即全球层次）、区域间关系（跨区域层次）和单一区域的内部形

---

[1] 张亚中：《全球治理：主体与权力的解析》，《问题与研究》2001年第40卷第4期。
[2] Jon Pierre and B. Guy Peters, *Governance, Politics and the State*, New York: St. Martin's Press, 2000, pp. 83–91.
[3] 转引自黄荣源《欧盟公共治理体系的建构与转型》，载朱景鹏主编《欧洲联盟的公共治理——政策与案例分析》，台北：台湾大学出版社2013年版，第10页。

式（含区域、民族、次国家的和跨国家的小型区域等）的相互关联性。① 世界体系结构为区域行为主体提供了活动空间。两极对抗结束，霸权衰落促进了区域强权兴起，区域统合的进展产生了多极化的结构性变化。用这种现象解释欧洲区域主义的兴起就相当合理。在跨区域层次，欧盟成功刺激全球区域主义兴起，至少有两种影响：一是替区域合作发展提供一个可参考模式，二是建构起区域之间的保护主义，如NAFTA、东亚区域主义的兴起，部分原因就是因应欧洲共同市场的保护壁垒。在区域层次，国家政策会逐渐趋同（homogenization），区域政治应理解为国家利益的聚集和调和，如欧盟统合过程中在经济事务上的调和，各国的经济政策逐渐趋合，产生欧洲化（europeanization）的现象。次区域层次借由参与区域统合与世界经济接轨，提供小国以及小团体有可能发挥影响力的平台。区域作用的提高，使国家内小群体有更多的选择，它们对国家依赖降低，进而刺激民族主义运动，威胁国家的统一。② 此点与本文的观念不谋而合，欧洲统合的成功其实也间接鼓舞了族群运动，两者并非平行线也不是背道而驰发展的。

再看两者互动。面对成员国国内的族群争议，欧盟能否跳过国家介入处理？如果可以，以何种方式介入？次国家团体能否跳过国家，运用欧盟运作机制维护自身利益？凡此种种，都牵涉欧盟与成员国权限划分及其治理特色。赫里尔（Andrew Hurrell）尝试从国际体系、区域和国内政治三个层次，用国际关系理论系统地分析解释两种主义的动力。③

在国际体系层次的体系理论强调广泛的政治和经济结构对区域主义产生的重要性，即外部压力对区域的影响。赫里尔认为区域体系的解释主要有新现实主义、相互依赖与全球化两种理论。新现实主义理

---

① Björn Hettne, "Globalization and New Regionalism: The Second Great Transformation", in B. Hettne, A. Inotai and O. Sunkel eds., *Globalization and New Regionalism*, St Martin's Press, 1999, pp. 14 – 15.

② Andrew Hurrell, "Regionalism in Theoretical Perspective", in L. Fawcett and A. Hurrell eds., *Regionalism in World Politics: Regional Organization and International Order*, Oxford University Press, 1995, p. 67.

③ Ibid., pp. 37 – 73.

论强调无政府状态下的国际体系的限制作用和权力政治竞争的重要性。而相互依赖与全球化理论强调国际体系变化的特性，以及经济与技术变化的影响作用。①

在区域层次强调区域主义，以及区域层次与全球层次之间相互依赖的紧密联系。理论上对区域统合已有系统解释，无论新功能主义、自由派政府间主义或制度主义各有其不同的解释角度。新功能主义和自由制度主义认为地区主义是民族国家因区域相互依赖产生的功能性合作，并强调制度在沟通和发展区域凝聚力方面的作用。其中与民族主义发展最具关联性的在于新功能主义对"超国家性"（supranationality）与"忠诚转移"（loyalty-transferring）的解释。林德伯格（Lindberg）认为统合是各国放弃推行独立的对外政策和关键性国内政策转而寻求作出共同决策或将决策委托给新的中心机构的过程。② 哈斯（Haas）设想统合的新的中心机构是作为民族国家忠诚的汇集地，是一个或多或少具有中央集权倾向的新的超国家组织，并且与联邦主义的集中化观念有相似之处。哈斯认为在欧洲政治统合过程中，处在不同环境中的政治行为者被说服将其忠诚对象与政治行动转向一个新的中心，该中心的机构要求拥有对现存民族国家的管辖权，人民不会因为同时对国际组织以及国家效忠而矛盾，反会将原本对国家之认同转移至新国际组织。③ 按照新功能主义的理解，这种超国家性的中心机构是欧洲统合的重要因素。超国家机构能够代表成员国的共同利益，能协调相互间的利益冲突，并促使社会成员将政治忠诚转移至欧洲层次。

在国内层次，建构主义强调物质和观念两方面的关系。物质方面指区域相互依赖，观念方面指区域认同与共同体。建构主义强调境内不同族群相互依赖的程度，决定族群之间的关系，从而产生族群认同

---

① Andrew Hurrell, "Regionalism in Theoretical Perspective", in L. Fawcett and A. Hurrell eds., *Regionalism in World Politics: Regional Organization and International Order*, Oxford University Press, 1995, p. 46.

② Leon Lindberg, *The Political Dynamics of European Economic Integration*, Stanford, California: Stanford University Press, 1963.

③ Ernst Haas, *The Uniting of Europe: Political, Social and Economic Forces, 1950 – 1957*, Stanford, California: Stanford University Press, 1958, p. 16.

（group identity）或相对剥夺（relative deprivation）/分离主义（separatism）两种极端、相反的现象。① 认同或分离是如何产生的？从理论上来看，有原生论（primordialism）、建构论（constructuralism），以及结构论（structuralism）三种解释。② 原生论强调族群认同来自于共同的血缘、语言、宗教，或是文化等，借此强化集体认同。建构论认为族群认同是自我选择、建构的过程，强调共同经验与历史的共同记忆，甚至是一种集体的想象。结构论重视族群认同对现状的响应能力。族群分离在于族群在现有政治权力、经济资源、社会地位或文化认同方面被相对剥夺，对现有社会不平等结构进行反抗。因此，被动、外塑的成分多于自我反思。

赫里尔认为区域主义与国家凝聚力以及趋同理论应是互通的。国家主导的区域合作，有可能建构出新形态的政治组织，或仅维持低层次之机构负责合作事宜。但区域主义与民族主义未必对立，机构与国家都是区域统合发展的基石。③ 但随着区域统合深化，人民是否会将其对国家的忠诚转移至超国家机构？这又会因国家对统合认知不同而有不同，或因区域统合顺遂与否影响人民对区域机构的向心力。

三　案例通则检讨

直布罗陀与加泰罗尼亚民族意识兴起皆有其历史背景，原因也不尽相同。本文从公民投票类型、经济互赖程度、社会组成以及国际/欧盟立场等几项变量分析。

（一）公民投票的局限

民主机制中，公民投票为直接民主的一种重要方式，但并非解决问题的万灵丹。西班牙宪法赋予自治区公民的投票权利仅涉及法案的创制与复决，并未包含民族自决权。换言之，加泰罗尼亚在 2017 年

---

① 卓忠宏：《多元文化主义与族群认同：西班牙案例研究》，载洪泉湖主编《当代欧洲民族运动》，台北：联经出版社 2017 年版，第 161 页。
② 施正锋：《台湾客家族群政治与政策》，台北：翰芦出版社 2004 年版，第 93 页。
③ Andrew Hurrell, *op. cit.*, p. 67.

10月1日举行的独立公投是违反西班牙宪法的。公投结果虽然有90.9%的人支持加泰罗尼亚独立建国，但投票率仅约42%，未过半。公投结果并未给加泰罗尼亚独立之路带来希望，除公投的有效性引发各界质疑，公投还导致西班牙中央与加泰罗尼亚自治区全面摊牌。西班牙中央政府动用宪法第155条接管加泰罗尼亚自治政府与解散地方议会，将自治区主席及一些高阶官员以叛乱罪名起诉，并定于2017年12月21日重新举行地方议会选举。[1] 至此，加泰罗尼亚独立争议走向司法诉讼。然而12月21日地方议会改选结果，依旧选出一个独派占多数席位的议会，依旧追寻独立的可行性。一切不过回到10月1日独立公投的原点，统独两派壁垒分明，情势依旧混沌未明。[2]

直布罗陀公投与加泰罗尼亚公投最大的不同点在于公投的有效性。直布罗陀是西班牙王位继承战争之后变成英国海外属地的。自此，西班牙一直希望收回直布罗陀主权。1954年，西班牙独裁者佛朗哥重申对直布罗陀领土的主权，并于1969年实施边境封锁，直到1982年，[3] 导致直布罗陀人民对西班牙的反感，对英国身份认同却更为坚定。面对直布罗陀归属问题，英国深知历史造成直布罗陀与西班牙恩怨难解，其一贯立场是交由直布罗陀公民决定是维持英国统治还是将主权移交给西班牙。历史上，直布罗陀先后进行两次住民公投：1967年有高达99.64%的人民同意维持英国统治，反对将主权移交西班牙；2002年依旧是以98.97%的高百分比反对英国与西班牙政府共享直布罗陀主权的提案。两次公投使得西班牙至今未能收回它们现今在"欧洲唯一的殖民地"。[4]

---

[1] "Catalan Referendum: Region's Independence 'in Matter of Days'", *BBC News*, 4 October, 2017, http://www.bbc.com/news/world-europe-41493014; Helena Spongenberg, "Catalan Leaders Ponder Risks of Independence", *Euobserver*, 27 October, 2017, https://euobserver.com/beyond-brussels/139325.

[2] Kiko Llaneras and Jordi Pérez Colomé, "Por qué el aumento de participación no cambió la mayoría independentista", *El País*, 23 de diciembre de 2017; Cristian Segura, "Cataluña sale más dividida del 21-D", *El País*, 23 de diciembre de 2017.

[3] Ian Jack, "For Gibraltar the EU was an escape hatch. No longer", https://www.theguardian.com/commentisfree/2018/mar/10/gibraltar-eu-britain-european-union-empire-brexit, 10 March, 2018.

[4] "Gibraltar Brexit Row: What Is the Dispute About?" *BBC News*, 3 April, 2017.

(二) 经济走向

加泰罗尼亚是西班牙最富有的自治区,土地仅占西班牙领土的6%,比中国台湾的面积小一点。总人口750万人,约占西班牙人口的16%,但国内生产总值占西班牙的20%,出口占西班牙出口总量的25%—26%,外来投资占西班牙接受外资总量的25%以上。[1] 经济富有让加泰罗尼亚有独立的本钱,但自治区可不可以独立跟有没有能力独立是两回事。按欧盟解释,一个区域脱离成员国独立,就不再是欧盟成员,等同新国家加入欧盟。届时就需要所有成员国一致同意才能加入。谈判不但费时,且仰赖西班牙是否答应其加入欧盟。加泰罗尼亚是一个以商业、观光为经济支柱的区域,2016年对欧盟的出口占加泰罗尼亚出口总量的65.8%。观光业则占加泰罗尼亚生产总值的12%。若独立,加泰罗尼亚的人员是否能自由进出欧洲市场尚未知,货物出口恐将面临欧洲共同市场的关税与非关税障碍,对加泰罗尼亚经济的影响可想而知。同时,企业的考量,除爱国情操,市场是重点。从2017年10月1日独立公投至今,先后已经有制药业、银行业、天然气公司等约3139家大型企业将总部搬离加泰罗尼亚,[2] 导致2017年第三季外来直接投资下降75%。[3] 西班牙政府强硬阻止加泰罗尼亚独立,企业出走、欧洲共同市场进入受阻,种种经济负面效应已经逐渐浮现。

直布罗陀面积约6平方千米,人口近3万人,没有天然资源。劳动人口、水、电仰赖西班牙供应。因其控制地中海进出大西洋通道,战略

---

[1] Jon Henley, "How Important Is Catalonia to Spain?" https://www.theguardian.com/world/2017/oct/02/catalonia-important-spain-economy-greater-role-size, 2 October, 2017.

[2] "3.139 empresas ya han dejado Cataluña", ABC, 23 de diciembre de 2017, http://www.abc.es/economia/abci-3139-empresas-dejado-cataluna-201712230233_noticia.html#ns_campaign=mod-sugeridos&ns_mchannel=relacionados&ns_source=3139-empresas-ya-han-dejado-cataluna&ns_linkname=noticia.foto.economia&ns_fee=pos-3.

[3] "La inversión extranjera en Cataluña cayó un 75% en el tercer trimestre", ABC, 20 de diciembre de 2017, http://www.abc.es/economia/abci-inversion-extranjera-cayo-75-por-ciento-cataluna-tercer-trimestre-201712201455_noticia.html#ns_campaign=mod-sugeridos&ns_mchannel=relacionados&ns_source=la-inversion-extranjera-en-cataluna-cayo-un-75-en-el-tercer-trimestre&ns_linkname=noticia.foto.economia&ns_fee=pos-1.

位置重要。1986年，西班牙成功加入欧共体/欧盟。在欧洲共同市场建构后，西班牙与英国就直布罗陀边境开放达成协议，解除西、直双边人口、货物、资金以及服务的流动限制。直布罗陀依靠特殊自治权以及欧盟成员的双重身份，充分利用了法律和税制差别，成为网上赌博和企业避税的天堂。直布罗陀跨国企业所得税率约为10%，相较于爱尔兰（12.5%）、列支敦士登（12.5%）、英国本土（19%）、法国（33.3%）、德国与西班牙（30%左右），有很大优势。博彩相关产业的产值占直布罗陀经济总量的1/4，该产业有六成的劳工是西班牙人。直布罗陀总劳动人口中，有一半人每天往返西班牙。94%的观光客经陆路从西班牙进入直布罗陀。[1] 随着西、直双边经济互赖日益加深，在英国脱欧公投中，绝大多数直布罗陀人（约96%）反对脱离欧盟，以保持在欧洲共同市场运作下西、直经济互通现状。[2]

（三）社会的组成是否单一

亦即境内是否有一个明显居多数的种族主导独立建国，如斯洛文尼亚（斯洛文尼亚人占80%以上）、克罗地亚（克罗地亚人占90%以上）脱离南斯拉夫独立。另一共和国波斯尼亚和黑塞哥维那，境内包含波斯尼亚人、塞尔维亚人、克罗爱西亚人三个主要族群，历经相当惨烈的内战，才换取今日的独立国家地位。

而加泰罗尼亚社会在统独问题上的看法分歧严重。多次民调与投票结果都显示赞成与反对独立的各占4成左右。公投后，加泰罗尼亚地区人民纷纷走上街头，有的要求尊重公投结果，有的要求双方对话，有的则捍卫西班牙的统一。公投激化了加泰罗尼亚地区在国家认同问题上的对立，使得人民对西班牙的认同愈加分裂，而无法凝聚共识。反对独立的人对安于现状者放话：一旦加泰罗尼亚宣布独立，将在地方议会另发起公投，决定是否脱离加泰罗尼亚再重新加入西班牙。[3] 如果这样，

---

[1] "Gibraltar Brexit Row: What Is the Dispute About?" BBC News, 3 April, 2017.
[2] Ibid..
[3] Raphael Tsavkko Garcia, "Tabarnia: A Not-so-funny Joke on Catalan Democracy", https://www.aljazeera.com/indepth/opinion/tabarnia-funny-joke-catalan-democracy-180208073352611.html, 11 February, 2018.

西班牙就从一个"民族国家"走向"自治区国家",再分裂成"城邦国家",导致国家向碎片化发展。

相比之下,直布罗陀人口少,约3万人,居民组成多数为意大利人、马耳他人和西班牙人的后裔,英国军人及其家庭约5000人。从1967年及2002年两次公投结果可以看出,有高达近九成九的人希望维持英国统治现状,故内部社会组成非主要考虑因素。

(四) 欧盟立场

加泰罗尼亚自始至终都了解欧盟立场的重要性,不单是经贸市场出口的走向,同时还牵涉国际承认与支持。虽然公投后加泰罗尼亚自治区主席普伊格蒙特一再呼吁欧盟介入,但局势发展似乎事与愿违。毕竟,欧洲统合是以民族国家作为合作的基础。成员国内部族群议题,属于国家内政问题,这类公投都应在宪政架构下解决。就加泰罗尼亚的例子来说,欧盟已声明它倘若脱离西班牙独立,其欧元区与欧盟成员身份将自动消失,如果想加入欧盟,需重新申请,再根据其经济条件看它能否加入欧元区。[①] 此点声明无异于断绝了加泰罗尼亚的企图,它希望独立后能维持欧盟成员的身份,从而确保其在欧洲共同市场的各项权益。

欧洲共同市场实施之后,西班牙、直布罗陀双边疆界管制去除,人民自由往来及经济互补的情况大大缓解了主权归属问题。如今,随着英国开展退出欧盟谈判,直布罗陀与西班牙的关系问题又浮上台面。按欧洲执委会草案,英国脱欧后与欧盟间的协议,不适用于监管直布罗陀,除非西班牙能与英国达成协议。这草案并未明确说明直布罗陀在英国脱欧之后的身份,这也表明西班牙能参与直布罗陀与英国在共同市场的协商谈判。[②] 2017年7月,西班牙菲利普六世国王访问英国,特别针对直布罗陀归属问题与英国讨论,但双方并未就直布罗陀定位有进一步讨论。西、直双方在边境管制或开放,欧洲共同市场

[①] European Commission, "Statement on the Events in Catalonia", http://europa.eu/rapid/press-release_ STATEMENT-17-3626_ en. htm, 2 October, 2017.

[②] Ashley Cowburn, "Spain could veto Brexit deal applying to Gibraltar, say EU negotiation draft guidelines", *Independent*, 31 March, 2017.

规范是否适用劳工往来、欧洲跨国企业投资，都会影响直布罗陀的经济民生。[①]

四 理论与经验的互动影响

欧洲统合发展与国家内民族主义意识高涨息息相关，两者相互影响。此处跳出传统二分法思维，尝试从国家内部族群运动，"超国家—跨国家—国家—次国家"四个层次，由下而上以及由上而下，双向分析国家内民族主义对欧盟的影响。

由下而上的影响力意味着次国家体系通过欧盟治理特色影响欧盟政策输出。从多层次治理检视欧盟跨境合作，若牵涉一国的区域发展或有关经济社会的议题，欧盟执委会在制定政策过程中需咨询"（地方）区域委员会"与"经济暨社会委员会"的意见。这赋予地方行政机构、非政府组织、工会、企业在欧盟内部治理享有参与权与发言权。欧盟内部区域彼此通过联系，无论是资源互通有无还是议题结盟、政策协调，就可跳过国家层级参与欧盟政策制定，争取自身权益。这种跨境合作被视为威斯特伐利亚体系国家的弱化。

欧盟"（地方）区域委员会"与"经济暨社会委员会"的跨境合作反映在英国脱欧后两项跨境关系的合作：一是北爱尔兰与爱尔兰的跨边界合作；二是直布罗陀对西班牙经济高度依赖。在欧洲共同市场建构过程中，先后去除边境管制与建立申根区，国家政治、经济、社会、文化疆界原则被去除，取而代之的是互通有无，往来频繁。这造就北爱尔兰与爱尔兰之间的密切往来，同样情况也发生在直布罗陀与西班牙的互动中。双方过往的历史情仇、领土争议、殖民地归属等问题都暂且搁下，成为欧盟内部跨境合作的成功模式。即使面临英国脱欧谈判僵局，在北爱与直布罗陀议题上，欧盟给予爱尔兰与西班牙最终决定权。目前局势发展，北爱尔兰与直布罗陀都倾向维持现有状态。显见，欧洲共同市场的大架构成为双边人民相处与经贸交流的可

[①] James Badcock, "Spanish Royals' UK Visit Glosses over Brexit Cracks", BBC News, 11 July, 2017.

接受模式。前述案例有助于拉近国家与地区在政治纠葛与经济利益之间的鸿沟，但尚难借此推断欧盟内部族群矛盾冲突这类政治诉求是否适用跨境合作。

由上而下的影响力指的是在超国家层次中探讨欧盟机构在面对国家族群冲突与矛盾时的立场；在跨国层次中，成员国之间如何联系协调，进而影响超国家层次（特别是欧盟执委会）的政策立场；在国家层次探讨成员国如何利用欧盟平台与支持，强化内部事务与解决争议；在次国家层次中研究次国家行为者如何挑战国家—政府的权力结构。

由下而上的影响力表现在欧盟—成员国—国内多层次治理中，欧盟经由法律授权，将授权原则（principle of conferral）、辅助原则（principle of subsidiarity）以及比例原则（principle of proportionality），作为权限行使的依据。到成员国层次，则可运用利益交换、策略结盟（立场近似的国家结合起来对抗大国，保障自身权益）或议题联系（"包裹表决"）等策略。国内层次，则可通过"（地方）区域委员会"及"经济社会委员会"对执委会政策提案提出建议。这类决策流程常使成员国或次国家团体建立跨境结盟，成功地影响欧盟政策，通过欧盟体制赋予成员国在欧盟内部合纵连横与欧洲大国抗衡的机会，甚至进而强化它们的对外关系。这种现象间接鼓舞一些成员国境内少数民族自治区——因长期与国家在历史、种族、政治上的摩擦产生裂痕寻找独立出走，再以独立个体加入欧盟的可能性。此类型如南斯拉夫分裂出来的共和国斯洛文尼亚与克罗地亚先后于2004年及2013年加入欧盟，对两国政治民主稳固与经济发展有莫大帮助。换言之，欧盟治理架构有可能潜移默化地影响境内一些少数族群将原先的国家认同转为欧洲认同。

观察由上而下的影响力重点在于欧盟面对族群争议立场有三项：一是在国家宪政架构下合法解决；二是族群争议属于国家内政，欧盟无权干涉；三是按欧盟规定，倘若某一地区脱离成员国独立，其欧元区与欧盟成员国身份将自动消失，加入欧盟等同新国家需重新申请。换言之，一地区脱离成员国独立就不再享有欧盟的政策福利。若无所有成员国支持，很难重新加入欧盟。

然而，第一，欧盟成员国对公民投票权规定并不一致。苏格兰独立公投是英国国会同意并授权举行的。意大利北部伦巴第和威内托两个地区举行的咨询性公投也是经由国会同意的。但西班牙宪法仅规定自治区人民有法案的创制复决权，并未赋予（加泰罗尼亚）自治区民族自决权。尽管加泰罗尼亚认为族群分离不是西班牙内部的单一事件，而是发生在欧洲的一种普遍现象，希望欧盟能正视公投结果，但局势发展似乎事与愿违。欧盟国家如德国、法国、英国、比利时先后表态尊重西班牙宪法与领土完整。欧盟理事会主席、欧洲议会都已声明支持西班牙维护宪法主权，加泰罗尼亚若独立等同于将自己孤立于欧盟。

第二，欧盟对欧洲内部民族主义或分离主义的一贯立场皆是劝合不劝离。如欧盟对南斯拉夫（斯洛文尼亚、克罗地亚）分裂初期的态度是倾向维持它的统一完整。塞浦路斯是通过联合国与欧盟介入，要求境内两个族群举行统一公投（而不是分裂公投），想以统一的塞浦路斯身份加入欧盟，只是公投结果以失败收场。欧盟认为成员国内部族群议题，属于国家内政，倾向于介入。

第三，欧盟的态度会鼓舞一些成员国境内，与国家长期在历史、政治、经济上有摩擦的富有区域。欧盟的运作给了这些区域民族主义分子另一种选择：脱离国家，以独立个体身份加入欧盟。一方面可在共同市场内部加强自身竞争能力与确保经济利益；另一方面欧盟体制赋予小国跟欧洲大国平起平坐的机会，甚至帮助它们强化对外关系。按欧盟规定新国家申请加入欧盟需要现有成员国一致同意。[1] 西班牙已经一再表明不承认加泰罗尼亚独立，且扼杀了加泰罗尼亚未来加入欧盟的可能性。即使类似情况发生在欧洲其他国家，西班牙也将一视同仁，拒绝所有分离的区域以独立个体加入欧盟的申请案。在此前提下，一些高度仰赖欧洲市场的区域需要审慎思考独立的代价与可行性。欧盟一致决原则就有可能遏止民族主义发展。

---

[1] "EU Urges Spanish and Catalan Leaders to Talk", *Euobserver*, 4 October, 2017, https：//euobserver.com/beyond-brussels/139283.

结 论

　　今日的西班牙，早已脱离独裁统治。相较于与加泰罗尼亚的激情对抗，西班牙在直布罗陀问题的处理上显得格外理性。从以上两案例来看，西班牙企图在欧盟与国家层次上解决争端：加泰罗尼亚要求改变现状，希望以公投达成独立诉求，再以独立身份加入欧盟，将主权转移给欧盟，确保自身经济利益；而直布罗陀则是希望维持现状，甚至倾向于经由人民公投决定其归属于英国还是西班牙，而不是把自己变成英国脱欧谈判中任何一方的筹码。

　　上述两案例皆牵涉地区/地方、国家、跨国、欧盟四个层次。加泰罗尼亚是西班牙的一部分，直布罗陀属于英国海外属地，已是国际社会承认的事实。加泰罗尼亚公投案例中，加泰罗尼亚希望欧盟介入调解，西班牙坚持在宪政架构下解决，而欧盟定调为成员国内部事务，倾向于在成员国宪法架构下解决。直布罗陀案例中，欧盟赋予西班牙在英国脱欧谈判有关直布罗陀事项上的最终决定权。直布罗陀的价值不在经济上，而在它本身的战略地位，却在英国脱欧谈判中成为西班牙的筹码。

　　欧盟基本立场属于"劝合"不"劝离"：支持在欧盟架构下解决直布罗陀归属问题，不承认加泰罗尼亚分离公投。毕竟维持一个国家政治民主稳定、保障境内少数民族人权，和一个国家陷入分崩离析，走向像南斯拉夫那样的分裂困境，未来充满不确定因素，前者还是比较符合欧盟发展要求与整体利益的。

欧洲金融危机的终结：英国脱欧是阻力还是转机

叶国俊

一 前言

欧盟在政策协调合作与迅速行动方面的能力十分有限，因而成为其他大国施展分化策略（divide and rule）以平衡政经交流风险的主要对象。[①] 2008年起的金融海啸与债务危机是一个例子：美国身处引发海啸的震中，却能迅即采取救援措施，且于2009年推出一般被称为"量化宽松"的计划，立刻将实质经济损失挽回并恢复增长。[②] 为外来冲击所波及并于2010年爆发债务危机的欧盟，自始便迟疑不决，直至2015年3月方提出欧版量化宽松（Quantitative easing）政策，不过年余便已逐渐收效，并一扫原本悲观的经济展望，[③] 但已无法挽回反建制浪潮下一连串的负面政经冲击，令人印象最深刻者莫过于2016年6月英国脱欧公投与后续效应。诚如《金融时报》专栏作家Simon Kuper所言，在一连串政坛反复闹剧后，英国所代表的"脱欧疑欧势力"（Eurosceptic leavers）或许已名誉扫地，但却可能影响诸如匈牙利或波兰等"留欧疑欧势力"（Eurosceptic remainers）的动态，

[①] E. Medeiros, 2009, *China's International Behavior*, Rand Corporation.
[②] 美国的政策作为可参考 B. Bernanke, *The Federal Reserve and the Financial Crisis*, Princeton University Press, 2014.
[③]《欧元区实现债务危机以来最快经济增速》，《金融时报》（中文版）2017年8月2日。

进而影响2019年5月欧洲议会大选结果。① 因此对于欧盟未来发展而言，英国脱欧后续效应仍将引人注目，它对于欧盟的未来是阻力还是转机？本文主要依据英国脱欧公投前后情势，以及作者已发表的经济实证成果，进行政策论述。

二　英国脱欧对欧盟利大于弊：理论与历史观点

回顾英国公投脱欧前后相关的财经分析，大多是就英国方面的成本效益来论述，仿佛这件事情对于欧盟此一全球最大经济体而言，在立场与利益方面均无足论道，甚至是只能坐待消亡。英国脱欧公投对欧盟发展不可能毫无负面影响，只是英国与欧盟之间的纠结及其后续效应，与包括"债务危机制造者"希腊、东欧，以及其他既有成员国的情况大不相同。②

首先，"二战"之后基于抗衡欧洲大陆强权的传统思维，英国自组欧洲自由贸易联盟，与法德二国主导的欧洲经济共同体并立，其结果是前者成员一一出走，最后连英国都不得不加入欧盟。虽说"既然打不过不如跟着做"，但英国媒体与政经精英对于欧洲大陆的传统对抗思维，不但未曾稍减，反随着欧盟在许多共同政策上要求成员国进行主权让渡而提升。我们也没有任何理由相信，这样的持续抗拒倾向与负面影响力，会因公投结果不同，而会有任何改变。

其次，许多欧盟成员国对于包括货币政策在内的既有共同政策，虽仍持保留态度，但与英国相较仍有很大的区别。加入欧盟并遵循马斯垂克条约，是加入欧元区的必要条件，也可以说前者就是为了未来加入后者做准备。换言之，如果对包括货币同盟在内的共同政策完全不感兴趣，加入欧盟并无意义，这也是诸如冰岛、挪威与瑞士等西欧国家没有选择加入欧盟的主因。兼以目前并无退出欧元区的条款，理论上若欲离开欧元区，则必须先退出欧盟。除了荷兰、比利时、卢森

---

① Simon Kuper, "The EU's Enemy within: Eurosceptic Remainers", *Financial Times*, 25 March, 2019.
② 以下论述出自作者在英国脱欧公投前夕的预测短文。叶国俊：《英国脱欧对欧盟也是利大于弊》，风传媒，2016年5月3日，http：//www.storm.mg/article/110930。

堡、德国、法国、意大利等本具备共同核心价值的成员国之外，包括希腊、芬兰、东欧、前苏联共和国在内的欧盟成员国或货币同盟成员国，位处俄罗斯与阿拉伯接壤前线，与欧盟唇齿相依；其他如瑞典、丹麦即使尚未加入欧元区，也从未明言排除参与的可能性。目前唯一明确表态绝不加入欧元区者，仅英国而已。

附带强调的是，英国脱欧与之前的希腊债务危机大不相同。2015年希腊虽曾为债务举办公投，但希腊全民与欧盟当局，从未对于该国留在欧盟与欧元区有任何质疑。希腊的债务近80%为欧盟与相关机构所持有，改革与复苏之路虽然艰辛，本质上却仅是欧盟与希腊双方的协调合作事宜。

综合前述，英国之于欧盟形同"特洛伊木马"，只会对后者的共同目标与凝聚力形成破坏。这与任何公司社团的道理相同，如果个体持续留在一个并无归属认同感的组织，最后只能形成双输局面。英国如能退出欧盟，将不再对欧盟的共同价值具有破坏力量，即使脱欧短期可能对经济金融造成波动，但在全球都已形成预期心理的情况下，可谓短空长多，欧盟反将因此更为强固。

三 英国脱欧对欧盟利大于弊：经济实证

然而有无证据证明英国脱欧对于欧盟未必有害呢？根据最适通货区域理论及其延伸，经济结构的对称性，是经济货币整合的关键，因为各国经济发展步调一致，才能够实施单一货币政策，经济衰退时趋于宽松，反之则偏向紧缩。而劳动市场的弹性、紧密的区域内贸易关系、有效的财政移转与资金均衡流动，有助于达成上述经济结构对称的目标。[1]

根据既有证据，我们已经了解，英国与欧盟的贸易整合程度不高，英国区域内出口占其GDP比重仅约10%，比起多数东欧国家，

---

[1] R. Mundell, "A Theory of Optimum Currency Areas", *American Economic Review*, Vol. 51, No. 4, 1961, pp. 657–665.

甚至同是未加入欧元区的丹麦与瑞典，都要低了许多。① 而人员劳务流动，本就是此次脱欧公投的诉求之一。因此本文想进一步说明的是英国与欧盟的金融资本市场整合。

图1以德国与欧债五国为例，显示后者加入欧元区，使其公债殖利率大幅降低，直到美国金融海啸与欧债危机之间方开始上升，但多数时间仍远低于1999年前的水平。换言之，自欧元发行至金融海啸近十年的时间，全球投资人认为欧元区各国公债几乎是没有差异的，之后方才大梦初醒。这固然说明了欧洲经济货币整合的幻象，掩饰了制度结构上的缺陷，但如果不是因为来自美国的外生性负面冲击，欧元区的整合仍然取得了一定的成果，由此可见货币同盟对于成员国的利益：若希腊等国真的退出欧元区，势必未蒙其益而深受其害，汇率贬值、物价与利率飞涨，以及债务负担更沉重。②

根据图1，我们使用经济理论中的实质利率平价理论，即购买力平价结合利率平价，来验证以德国为中心，再加上此次欧债危机五国，以及原被认为未来可能加入欧元区最重要的6个候选成员国（即中东欧的捷克、波兰、匈牙利，以及丹麦、瑞典与英国），在此次欧美金融危机冲击前后，资本市场对称性所遭受的破坏。我们省略模型推导，③ 先直观说明这样做的理论基础与所需假设。④

首先，实质利率由名目利率减去预期物价膨胀率所构成。欧元区已有单一货币政策，即使各国物价膨胀率不会完全相同，但走势理应受到相同的控制。再加上各国长期公债殖利率，若因经济货币整合之功而收敛，则各国的实质利率理应趋近。

其次，每个国家的结构与风险仍有差异，即使经济货币整合，利

---

① P. De Grauwe, *Economics of Monetary Union*, Oxford University Press, 2016.
② 谢林芳羽、叶国俊：《公债殖利率能否作为解释国家主权债务违约的良好指标：欧元区、OECD与重要新兴经济体的实证研究》，《经济论文》2015年第43卷第4期。
③ 原创理论模型可参考 P. C. B. Phillips and D. Sul, "Transition Modeling and Econometric Convergence Tests", *Econometrica*, Vol. 75, No. 6, 2007, pp. 1771-1855.
④ Y. C. Lin and K. C. Yeh, "Measuring the End of the European Financial Crisis: A Test for 'Ins' and 'Outs'", *Economics of Transition*, Vol. 25, No. 4, 2017, pp. 663-680. 加入货币同盟消除汇率变动风险后，各国实质利率差距反映出国家风险变化。危机发生时风险较高的国家已无法借汇率管制资金流出，于是作为资金成本的利率升高，进一步打击国内投资意愿并使经济衰退，引发脱离欧元区的呼声，危及单一货币。

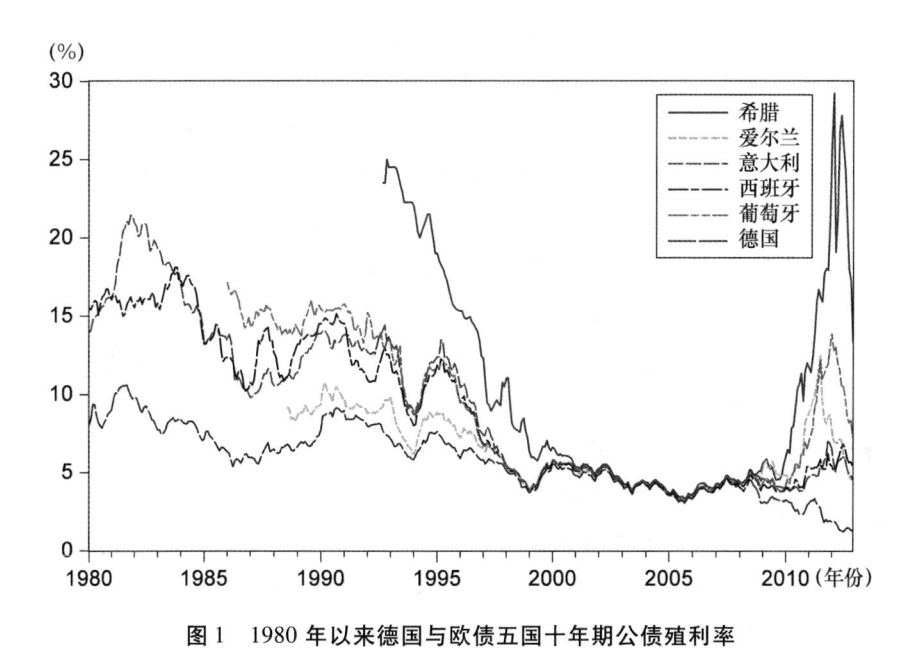

图 1　1980 年以来德国与欧债五国十年期公债殖利率

资料来源：Eurostat（http：//ec.europa.eu/eurostat/web/interest-rates/database）.

率与物价膨胀率数值也不可能完全相同，所以我们观察的是代表实质利率波动的变异数（方差），而非其绝对数值水平是否收敛。例如匈牙利的实质利率可能长期高于德国，但若它们的变化同步，即可认定是收敛。

再次，将欧盟 28 国全部纳入分析是可行的，但我们只聚焦于德国与这次欧债危机的欧元区重灾五国（一般简称为"ins"），经济规模较大且较有机会成为欧元区新成员的五国，以及即将脱欧的英国（简称为"outs"）。若以经济规模最大且具主导性的德国为中心，我们可以看出，其他 ins 与 outs 的资本金融市场整合程度，以及这种程度在欧债危机前后的变化。[1]

---

[1]　法、荷、比等国未纳入，在于实际上并未发生危机，表示除实质利率外，还有很多其他政经因素使之保持稳定，故不能单看该项指标，且其亦未出现显著偏差。将更多国家纳入分析，或是以法国做为中心操作上均属可行，但因欠缺纳入的理论基础，且将与经济现实及一般经济研究文献设定有异，反不易于聚焦重点样本（英国与危机受灾国）与实证结果的诠释。

最后，十年期公债殖利率常被当作重要的金融指标，主要来自国际货币基金组织的国际金融统计资料库（International Financial Statistics），我们使用月资料与季资料，不同的资料频率结果自然不同，但仍能看出一些相似性，并证明结果是稳固的（robustness）。

希腊债务危机起自2010年5月，我们可将之作为资料分段点，看看结果是否有所不同。尽管图1用肉眼都可以看出，危机发生前的欧洲金融资本市场整合是很成功的，但通过精细计算的表1，前半部分（2001年1月至2010年4月）结果不但与图1一致，且告诉我们英国是所有样本中，唯一与其他11国走势不同的欧盟成员国。即使我们使用的判别方式并非实质利率水平值，而是代表波动程度的变异数（方差），结果仍然没有改变。

由表1后半部可以看出，若将资料涵盖危机发生后的时间，欧盟与欧元区的资本金融市场整合已受到破坏，分成5个不同的群组。欧债危机五国与德国的实质公债利率走势已分道扬镳，而英国仍自成一格，与其他成员国没有任何关系。

如果我们将月资料改为季资料，资料就会变少，为维持估算的效率，无法像表1那样分成危机前后来处理，而只能观察危机发生后的金融市场整合被破坏的状况。表2细节自不可能完全与表1相同，但仍然显示各成员国实质利率走势，分裂为9个不同群组。不但欧元区中心国家德国独走，英国亦一如往常，与欧盟及欧元区成员国没有关系。

表1　欧债危机前后各国公债实质利率收敛群组：月资料计算

	$\log t$ 系数值	t 统计量	国家
2001M1-2010M4			
群组 X	0.08	2.88	匈牙利，捷克，波兰，瑞典，德国，丹麦，葡萄牙，意大利，爱尔兰，希腊，西班牙
独立走势			英国
2001M1-2012M8			
群组 Y	0.17	1.54	匈牙利，波兰，葡萄牙，爱尔兰，希腊，西班牙

续表

	log t 系数值	t 统计量	国家
群组 Z	0.12	0.95	捷克，瑞典，意大利
独立走势			德国 英国 丹麦

注：虚无假设为各国十年期公债实质利率为收敛。若回归式 $\log \frac{H_1}{H_t} - 2\log(\log t) = \xi_0 + \xi_1 \log t + u_t$ 中 $\log t$ 系数显著且为负（10% 显著水平），则拒绝虚无假设且判定利率走势独立自成一组。理论推导与 $\log t$ 值及 t 统计量意义详见 Y. C. Lin and K. C. Yeh, "Measuring the End of the European Financial Crisis", 2017, pp. 666–670.

资料来源：Lin and Yeh (2017).

表2　欧债危机前后各国公债实质利率收敛群组：季资料计算

	log t 系数值	t 统计量	国家
2001Q1—2012Q3			
群组 X	0.28	1.77	匈牙利，葡萄牙，爱尔兰，
群组 Y	-0.91	-0.67	瑞典，西班牙
独立走势			捷克 波兰 德国 丹麦 英国 希腊 意大利

注：虚无假设为各国十年期公债实质利率为收敛。若回归式 $\log \frac{H_1}{H_t} - 2\log(\log t) = \xi_0 + \xi_1 \log t + u_t$ 中 $\log t$ 系数显著且为负（10% 显著水平），则拒绝虚无假设且判定利率走势独立自成一组。理论推导与 $\log t$ 值及 t 统计量意义详见 Y. C. Lin and K. C. Yeh, "Measuring the End of the European Financial Crisis", 2017, pp. 666–670.

资料来源：Lin and Yeh (2017).

从上述结果来看，其经济含义是很明显的。

首先，欧盟及其成员国实在需要更加努力，推动欧洲金融资本市场的整合，回到欧债危机前的状况。各国利率水平不一，也代表经济状况荣枯各异，维持单一货币政策的成本巨大。

其次，危机前后，英国金融资本市场都是自成一格。如前文所述，加入欧盟的意义，在于国家有进行深度整合的意愿。如果英国与欧盟无法就经济金融制度与政制发展理念的歧异，达成长期协调整合的共识，姑且不论其他方面的成本效益，双方深度金融整合已是遥不可及，也很难再继续下去。

四 结论：英国脱欧双方的利弊得失

对英国来说，脱欧公投前后，许多英国政治人物与媒体，在维护英国主权完整的心态下，不断强调脱欧导致英镑贬值，可能给英国金融与贸易带来好处。未来欧元区若经济复苏且量化宽松逐渐退场，英镑相对欧元与其他主要货币可望长期趋贬，但这能否抵销失去欧洲单一市场的损害，仍须视英国与欧盟双方脱欧协商结果而定。[①]

然而言辞无法塑造现实。其他诸如"与欧盟达成协议只需要跑一趟柏林；英国不会因此脱离欧洲单一市场；其他国家将跟随英国退出欧盟；脱欧每周省下3.5亿英镑"等强调英国脱欧"效益高于成本"的主张，即使有实现的可能性，也绝非易事。[②] 近来英国智库实证分析已显示，欧洲单一市场包括制造业与服务业贸易，并非一般仅涵盖前者的FTA可比，遑论英国强项在于后者。如果脱欧后双方没有任何协议，长期来说预估双边商品贸易将萎缩59%—62%，服务业贸易则是减少61%—62%；如果双方签署一般性FTA取代单一市场，商品贸易仍将较之前衰退45%左右，而服务业贸易大幅下滑趋势不变，因为FTA通常不包括后者。[③] 值得注意的是，这种使用贸易引力模型的估算方法虽已有相当长的历史，却也是经济学理论与实证中，少数迄今仍难以被否定的研究模式。

可以肯定的是，先进国家的发展经验，均证明汇率效应、实体资

[①] 《英国能摆脱"贸易引力"吗?》，《华尔街日报》（中文版）2017年3月21日。

[②] 然而这样的说法已为英国国家统计局正式具函驳斥。D. Norgrove, Letter from Sir David Norgrove to Foreign Secretary, 17 September, 2017.

[③] M. Ebell, "Assessing the Impact of Trade Agreements on Trade", *National Institute Economic Review*, Vol. 238, No. 1, 2016, pp. 31–42.

本与人力增长犹有尽时，技术进步研发创新才是经济成长的主要动力。2016年3月10日，已故知名物理学家霍金与逾150名英国皇家学会会员联署，发出英国脱欧将使来自欧盟的科研人才与经费补助短缺，对未来科学发展造成灾难性后果的警告，显示自然科学家反而比许多政经官僚与金融分析师，更理解经济持续发展的真谛。

对欧盟与其他成员国来说，因为英国脱欧尚未成为事实，官方与智库发言评论反较英国方面少了许多，显示出一种"团结的欧盟应对分裂的英国"的有趣氛围。根据相同的引力模型来思考，欧盟经济亦将因英国退出而受到损害。[①] 只是根据前述经济货币整合理论与证据，既然英国在贸易整合、人员流动、金融资本市场整合，以及经济结构对称性等方面，不论是理念或现状皆与欧盟格格不入，少掉一匹发展过程中的"特洛伊木马"，未必是一件坏事。

因此，在英国脱欧成真后，欧盟的未来发展，仍是要依靠凝聚成员国共识与自身努力，渡过金融海啸与欧债危机，并重启进一步整合的动能。2015年在希腊危机与欧元区崩解传言甚嚣尘上时，欧盟逆势发布"五巨头报告"，重申在2025年前分三阶段深化经济、银行与财政同盟的决心。[②] 然而这份报告与欧盟执委会2017年盟情咨文，[③] 仍未提及进一步加强这些努力的具体措施，例如建立全欧盟的失业保险，形成真正的欧盟财政转移机制，使欧盟与欧元区结构制度更加对称坚强，以应对下一次危机的冲击，这也是全球产官学界，尤其是财经投资从业人员所密切关注的。毕竟在资金自由流动的环境下，自曝其短的后果，就是另一场套利炒作与金融动荡的起源，欧盟领导人实应汲取教训，一改过去协调合作与行动能力的缺陷。

[①] 近期欧盟损害评估可参考 G. Mion and D. Ponattu, "Estimating the Impact of Brexit on European Countries and Regions", Bertelsmann Stiftung Policy Paper, 21 March, 2019. 无协议脱欧预估造成每年GDP损失，以欧元计分别是英国570亿，德国100亿，法国80亿，意大利40亿。德国损失虽仅占年GDP的约0.3%，但对英出口较多或是中小企业密集的特定地区受到的影响更大。

[②] J. C. Juncker, D. Tusk, J. Dijsselbloem, M. Draghi and M. Schulz, *Completing Europe's Economic and Monetary Union*, The European Commission, 2015, http://ec.europa.eu/priorities/economic-monetary-union/docs/5-presidents-report_en.pdf.

[③] J. C. Juncker, "President Jean-Claude Juncker's State of the Union Address", 13 September, 2017, https://europa.eu/newsroom/events/president-junckers-state-union-speech-2017en.

德国应对英国脱欧进程及对欧盟未来改革的立场

郑春荣　范一杨

随着 2016 年 6 月 23 日 51.9% 的英国选民在公投中支持脱欧，英国有很大可能会退出欧盟，而这在欧洲一体化历史上是没有先例的。英国脱欧无疑将带来一系列深远影响，其中包括欧盟内力量格局的变化，总体上德国在缩小的欧盟内的领导地位会更加凸显，其他成员国会越发期待德国能够将欧盟 27 国团结在一起。[①] 当前，德国需要克服两个困境：在应对英国脱欧方面，德国需要在强硬与务实之间找到平衡点，一方面需要让英国为脱欧付出代价，震慑其他成员国，使它们不会效仿；另一方面，欧盟各国，包括德国仍然希望和需要与脱欧后的英国保持一种紧密而又友好的合作关系。在作为对英国脱欧公投的回应而实施的欧盟未来改革方面，德国需要在主张"更多欧洲"（More Europe）和"更少欧洲"（Less Europe）的力量之间，以及在不同的优先行动领域乃至方向的诉求之间进行协调。[②] 为此，我们有必要分析和考察，德国迄今在克服这两个困境方面的立场与方案，以及它在这一过程中是在何种行动框架里尝试发挥其领导力的。

---

① Claire Demesmay et al. , "Der Brexit und das EU-Machtgefüge. Wie wirkt sich das britische Votum auf die EU und ihr Gewicht in der Welt aus?" https：//dgap.org/de/think-tank/publikationen/fuenf-fragen/der-brexit-und -das-eu-machtgefuege, last accessed on 22 July, 2016.

② See Jana Puglierin and Julian Rappold, "The European Union Grapples with Brexit. Keep Calm and Carry On-But How?" *DGAP standpunkt*, 5 June 2016, https：//dgap.org/en/think-tank/publications/dgapviewpoint/ european-union-grapples-brexit, last accessed on 25 July, 2016.

一 德国应对英国脱欧进程的立场

英国脱欧将给欧盟带来显著的政治、经济和地缘政治影响。英国的人口数量在欧盟内居第三位,它是欧盟的第二大国民经济体,而且,和法国一样,是欧盟内拥有核武器和联合国安理会常任理事国席位的国家,具备丰富的外交与军事资源以及全球行动能力。因此,英国退出欧盟将削弱欧盟的对外行动能力。对于德国而言,单是从经济角度看,英国脱欧将会给德国的经济增长带来负面影响,当然,具体的影响程度取决于未来英国与欧盟或者英国与德国之间建立的贸易关系。英国是德国第五大贸易伙伴,双边贸易额中的大部分(70%)源于德国对英国的出口,从数量上看,英国是德国的第三大出口市场。[1]

(一)德国在英国脱欧公投后的对英立场

有鉴于此,设法让英国留在欧盟内,是德国的重要关切,为此,德国在欧盟与英国首相卡梅伦有关英国留欧条件的谈判中进行了积极斡旋,[2] 最终使卡梅伦能以"谈判胜利者"的姿态宣布6月23日举行公投。之所以这么说,是因为在欧盟与英国最后的妥协中,有一些内容是德国总理默克尔很难接受的,[3] 包括英国彻底告别建立一个"日益紧密联盟"的一体化目标;以及引入针对社会福利倾销的"紧急刹车"。据此,当英国的福利体制承受特殊压力的时候,英国政府可以在未来7年里削减来自欧盟其他成员国劳动力(主要是来自东欧

---

[1] Anke Mönnig, "Der Fall Brexit. Was bedeutet er für Deutschland?" *GWS Kurzmitteilung*, Juli 2016, p. 4. 不过,与英国的欧盟内其他主要贸易伙伴相比,英国脱欧对德国经济的总体影响还算是微小的。因此,其他国家也有意愿在未来与英国保持良好合作关系。

[2] Klaus C. Engelen, "Merkel's Brexit Problem. For Germany, the Stakes Are High", *International Economy*, Spring 2016, pp. 36 – 73.

[3] "Merkel wünscht ihm das 'Allerbeste' nach 'Brexit'-Poker: David Cameron wirbt für britischen Verbleib in der EU", Focus-Onine, 20 February 2016, http://www.focus.de/politik/ausland/eu/brexit-poker-beendet-david-cameron-wirbt-fuer-britischen-verbleib-in-der-eu_id_5300948.html, last accessed on 25 April, 2016.

的工作移民）的社会给付。[①] 但是，令默克尔感到欣慰的是，欧洲一体化的基本原则尤其是人员的自由迁徙未受到质疑。

原以为基本满足了英国的特殊要求，就能避免英国脱欧，但英国最终的公投结果出乎很多人的预料。德国总理默克尔在英国公投结束后在联邦议院发表的政府声明中表示：英国脱欧公投的结果是"欧洲一体化进程的一个重大裂口（Einschnitt）"，但她同时警告人们不要从英国脱欧中得出迅速而又简单的结论。[②] 而德国时任财政部部长朔伊布勒则认为，英国脱欧公投的结果是欧洲的"唤醒铃"。

为了尽快消除英国脱欧公投结果所带来的不确定性，无论是默克尔、法国总统奥朗德，还是欧盟的主要领导人，都敦促英国尽快启动脱欧程序。欧洲议会也在6月28日的一次特别会议上通过了一份决议，敦促迅速与英国展开脱欧谈判。至于与英国进行谈判的条件，默克尔28日在联邦议院所做的政府声明中明确指出：在英国按照《欧盟条约》第50条——值得一提的是，这个退出条款当年恰恰是在英国的强烈要求下，才首次引入《里斯本条约》的——提出脱欧申请前，不会与英国进行任何正式或非正式的谈判或预先会谈。而且，默克尔警告说，脱欧谈判不能按照"挑拣"（cherry picking）原则进行；谁若是退出欧盟大家庭，不能指望所有义务取消，而特权却继续保留。例如，谁如果想要获准进入欧洲内部市场，那么也必须相应地接受欧盟的四项基本自由和其他规则与义务。[③] 此前一天，即6月27日，默克尔邀请欧洲理事会主席图斯克、法国总统奥朗德和意大利总理伦齐到柏林进行磋商，并就欧盟在应对英国脱欧问题上所应采取的

[①] European Council, European Council meeting (18 and 19 February 2016) -Conclusions, EUCO 1/16, Brussels, 19 February 2016, Annex 1. 在英国公投选择脱欧后，这些规定相应失效。

[②] "Reaktionen aus europäischen Hauptstädten. Merkel spricht von 'Einschnitt für Europa'", *tagesschau. de*, 24. 06. 2016, https：//www. tagesschau. de/ausland/brexit-269. html, last accessed on 25 June, 2016.

[③] "Regierungserklärung von Bundeskanzlerin Dr. Angela Merkel zum Ausgang des Referendums über den Verbleib des Vereinigten Königreichs in der EU mit Blick auf den Europäischen Rat am 28/29. Juni 2016 in Brüssel vor dem Deutschen Bundestag am 28. Juni 2016 in Berlin", https：//www. bundesregierung. de/Content /DE/Bulletin/2016/06/78-1-bk-regerkl-bt. html, last accessed on 25 July, 2016.

立场达成一致。

在 6 月 28 日举行的欧盟 28 国峰会上,英国时任首相卡梅伦通报了英国脱欧公投的结果。次日,欧盟 27 国举行非正式会议,这次会议有着显著的象征意义,因为这是欧盟 27 国首次举行"内部会议"①。在会议声明中,27 国领导人要求英国脱欧应有序进行,并敦促英国尽快根据《欧盟条约》第 50 条启动脱欧程序。② 他们重申,在英国正式提交脱欧声明前,不会与它进行任何正式或非正式的谈判。另外,他们明确指出,与英国未来签订的脱欧协定必须基于权利与义务之间的均衡,尤其是英国若想进入欧洲内部市场,就必须接受欧盟的四大自由,包括人员的自由迁徙。这些表态与默克尔此前在联邦议院声明中的立场是完全一致的。

然而,和欧盟 27 国的立场不同,英国方面显然并不急于启动正式的脱欧程序,在 7 月 13 日特蕾莎·梅担任英国首相后,这一立场变得更为明确。7 月 20 日,与前任卡梅伦 2010 年首次当选首相时出国访问第一站选择法国不同,梅的外交首秀有意选择了德国。在柏林期间,她强调,由于英国必须首先明确自己通过脱欧想要实现的目标,因此,脱欧会谈不会在 2017 年以前开始。默克尔也认识到,催促英国迅速做出脱欧声明并不现实,因此,在脱欧时间表上有所松动。但她表示,不希望英国与欧盟之间的关系无限期处于这种悬浮状态;并再次明确,只有在英国做出正式退出声明后,才会启动关于未来欧盟与英国关系的谈判。

但恰恰在未来欧盟与英国关系的构建上,欧盟与英国有着不同的利益考量。虽然英国新首相梅原属留欧派,但她在就任前就强调,脱欧就是脱欧,她要将脱欧变成一项"成就",换言之,梅想要为英国

---

① Informal meeting at 27, Brussels, 29 June 2016, Statement.
② 根据《欧盟条约》第 50 条,英国必须首先正式告知欧洲理事会,它想要终结其欧盟成员身份。在英国提出申请后,欧洲理事会确定脱欧谈判的指导方针。欧盟委员会负责在谈判中落实这些指导方针。脱欧谈判最长为两年,经欧盟 27 国一致同意,这个期限还可延长。只要谈判还在进行,英国就还是欧盟成员国,拥有完全的权利与义务。在脱欧谈判中,最后达成包含具体退出细节的脱欧协定,还将作出有关欧盟与英国未来关系的程序及内容上的规定。关于脱欧程序的详细分析,参见 Barbara Lippert and Nicolai Ondarza, "Der Brexit als Neuland", *SWP-Aktuell 42*, Juli 2016.

谈判获得最佳条件。她本人在担任内政部长期间，就以移民政策上的强硬路线而令人瞩目，主张对欧盟公民的迁徙自由加以限制。梅在柏林访问期间也再次表示，英国将会限制移民，因为这也是英国脱欧公投中选民传递出的一个信息，但英国仍然想要不受阻碍地进入欧洲内部市场。由此，所谓的"挪威模式"或"瑞士模式"，在英国看来并不具有吸引力，因为在这两种模式下，英国都将被要求接受欧盟的相关立法，包括人员的迁徙自由，却又不能参与欧盟的有关决策。因此，英国将会致力于与欧盟谈判寻找某种崭新的合作形式。①

英国的这种"挑拣"企图是默克尔以及欧盟其他成员国无法接受的。德国非常清楚，与英国的脱欧谈判处理不好，会导致欧盟进一步碎片化乃至分裂。默克尔在德国电视二台的夏季采访中表示，欧盟的四项基本自由包括人员流动的自由很重要，这是欧盟的优势，所以她在这一问题上不会妥协。② 在英国脱欧公投后，德国主要政治家和欧盟担心英国脱欧会产生多米诺骨牌效应，导致欧盟其他国家也举行脱欧公投。事实上，荷兰自由党领袖维尔德斯（Geert Wilders）、法国国民阵线主席勒庞（Marine Le Pen）都已经分别提出未来要在荷兰与法国举行像英国这样的脱欧全民公投；而匈牙利总理欧尔班则宣布要就欧盟的难民配额举行全民公投，其目的显然是以国内民意来抵制欧盟层面的决定。③ 有鉴于此，默克尔认识到，必须在英国的特权要求上表现出强硬立场，如果她轻易让步或让步过多，不仅会在欧盟其他国家引发传染风险，而且也会使她在其国内面临更大的反对声音。如何不让英国"挑拣"，着实考验默克尔的智慧。④ 毕竟，德国和欧盟仍然希望与英国保持友好而又紧密的关系。因此，正如默克尔在她与梅

---

① 有关英国脱欧后欧盟与英国关系的可能情形，see Vaughne Miller ed., *Leaving the EU*, House of Commons Library research Paper 13/42, 1 July, 2013, http: //researchbriefings. files. parliament. uk/documents /RP13 - 42/RP13 - 42. pdf, last accessed on 25 March, 2016.

② Merkel im ZDF-Sommerinterview, "Entscheidung zum Brexit ist gefallen", https: //www. bundeskanzlerin. de/Content/DE/Artikel/2016/07/2016 - 07 - 10-merkel-sommerinterview. html, last accessed on 25 July, 2016.

③ Steven Blockmans and Michael Emerson, *Brexit's Consequences For the UK-and the EU*, Centre for European Policy Studies, June, 2016.

④ Jürgen Klöckner, "Brexit: Merkel macht den Deutschen ein Versprechen, das sie nur schwer halten kann", *The Huffington Post*, 28 June, 2016.

共同举行的记者招待会上所表示的,英国与欧盟之间将会有"谈判策略的竞争"①。换言之,德国已经为英国与欧盟之间将要开展的艰苦谈判做好了心理准备。②

(二)德国在英国启动脱欧程序后的对英立场

2017年3月29日英国与欧盟启动《欧洲联盟条约》第50条,正式开始英国脱欧谈判。③ 按计划,英国将在2019年3月30日进入脱欧过渡期,直至2020年12月31日正式解除其欧盟成员国身份。脱欧谈判分为两轮。2017年6月19日开始的首轮谈判主要处理英国脱欧过程中的法律事务。在首轮谈判中欧盟与英国成立三个谈判工作组,分别覆盖脱欧的三个主要方面:财务结算、公民权利和北爱尔兰与欧盟的边界问题。第二轮谈判用于规划未来英国与欧盟的双边关系。

英国脱欧公投到首轮谈判开始的准备期,正值欧洲反一体化的右翼民粹势力高涨之时。在这一时期,德国对英国脱欧问题的表态从侧面反映了德国是如何思考逆一体化进程中欧盟的发展方向。在2017年1月16日的德国工商协会新年招待会和1月18日的德国—意大利经济会议上,默克尔再次强调要避免英国在谈判中"挑挑拣拣"(Rosinenpickerei),同时,也释放出愿意与英国保持密切伙伴关系的积极信号。默克尔表示,前者是为了防止其他成员国效仿英国做出退出欧盟的决定,后者是鉴于英国与欧盟在经贸、安全与防务等问题上

---

① "Pressekonferenz von Bundeskanzlerin Merkel und der britischen Premierministerin May", 20. Juli 2016, https://www.bundesregierung.de/Content/DE/Mitschrift/Pressekonferenzen/2016/07/2016-07-20-merkel-may.html, last accessed on 25 July, 2016.

② 在德国媒体中也有一种考虑,就是在谈判中给予英国糟糕的、难以接受的脱欧条件,以此希望英国政府将脱欧协定再次付诸全民公投,而英国选民在公投中选择拒绝该协定,由此,英国最终不能退出欧盟。这是那些希望扭转英国脱欧决定的人士的算计,但这一可能性并不能完全排除。Katharin Tai, "Brexit: Gibt es einen Exit vom Brexit?" Zeit-Online, 30.06.2016, http://www.zeit.de/politik/ausland/2016-06/grossbritannien-brexit-verhindern, last accessed on 25 July, 2016.

③ Erklärung des Europäischen Rates (Artikel 50) zur Mitteilung des Vereinigten Königreichs, https://www.consilium.europa.eu/de/press/press-releases/2017/03/29/euco-50-statement-uk-notification/.

依然彼此利益攸关。①

2017年5月和6月相继在法国和英国举行的大选在一定程度上对欧盟把握谈判话语权起到助推作用。2017年5月，梅根据较高的民意支持优势宣布在6月提前举行下议院选举。但保守党却在选举后失去下议院多数党地位，"悬浮议会"和内阁分离的情况使她推进脱欧谈判更加艰难。在竞选时，梅呈现给选民的是"硬脱欧"方案，包括退出关税同盟和单一市场，以换取严格控制移民的自主权。但在大选失势后，梅不得不放弃了"没有脱欧协议好过糟糕脱欧协议"的竞选主张，并在脱欧谈判中优先考虑就业和经济增长。与梅的失势形成鲜明对比的是，马克龙力挫反欧的右翼民粹政党"国民阵线"领导人玛利亚·勒庞成功当选法国总统。英国脱欧对马克龙而言与其说是欧盟抱憾的理由，不如说是重振欧盟治理改革的历史机遇。长期以来，英国扮演着制约欧洲联邦主义的角色，一个没有英国的欧盟将更容易接受法国关于经济一体化、保护欧洲市场和建立欧盟共同防务的观点，前提是，法国的改革倡议得到德国的支持且欧盟没有被脱欧谈判拖累太久。除此之外，"硬脱欧"会使伦敦失去从事欧元相关业务的"护照"，并且会破坏英国制造商的供应链，使核心欧洲获得更多金融业和制造业的发展机会。在这一点上法国和德国可以达成利益共识。

在2017年6月23日的欧盟峰会上，梅提出一份保障居住在英国的300万欧盟公民权利和居住在剩余27个欧盟成员国的100万英国公民的互惠方案，试图借这一双方共同关切的主题获得谈判主动权。在第一阶段有关公民权利和"分手费"的谈判中，欧盟掌握了较大的主动权。2017年9月13日，欧盟委员会主席容克在一年一度的盟情咨文发言中呼吁加深欧盟一体化告别英国，容克认为"随着疑欧势力在多国挫败，欧洲的风范再次处于顺风状态"。在这一阶段，凭借欧盟的强势地位，德国对英国的态度也较为强硬。9月22日，梅在意大利佛罗伦萨的演讲中表示在脱欧过渡期内继续履行月200亿欧元的欧盟财政支出义务。德国总体对梅的表态评价并不高，认为这不过

---

① Brexit-Referendum war Weckruf für die EU, https://www.bundesregierung.de/breg-de/suche/brexit-referendum-war-weckruf-fuer-die-eu-411360, last accessed on 17 Feb., 2019.

是英国"迈出回避现实的第一步"①。

2018年3月20日，英国和欧盟达成英国脱欧过渡期条款，从而避免了英国"断崖式"无协议脱欧。在过渡期内，英国不得不遵守欧盟现有的所有条款，但将在欧盟决策中失去发言权。最棘手的北爱尔兰边境问题仍悬而未决。2018年7月10日，英国脱欧事务大臣戴维·戴维斯（David Davis）和外交大臣鲍里斯·约翰逊（Boris Johnson）先后离职，以表示对梅要求英国遵守布鲁塞尔方面所指定的规则的抗议。2018年7月12日，英国发布了规划未来与欧盟关系的脱欧白皮书，其中突出了"软脱欧"的目标和路径。这份白皮书表明，英国提出将寻求与欧盟建立"商品自由贸易区"，避免在边境问题上的任何摩擦。但是，这一方案同时遭到英国"硬脱欧"派和欧盟的反对。欧盟首席英国脱欧谈判代表米歇尔·巴尼耶（Michel Barnier）此前曾警告英国，英国不能一边在货物方面寻求获得单一市场的准入，一边又不接受在服务与人员自由流动方面的同等安排。②

2018年11月26日的英国脱欧特别峰会上，梅与欧盟各成员国领导人共同批准了解除欧盟—英国关系的条约草案。这份585页的历史性协议包括公民权利保护、一份400亿—450亿欧元的英国脱欧账单，以及避免北爱尔兰与爱尔兰之间出现一条硬边界而达成的后备方案（backstop）。根据这一方案，如果英国与欧盟在2019年3月29日无法达成脱欧协议，英伦三岛单独脱离欧盟，而北爱尔兰仍留在欧盟单一市场及关税同盟内。这一方案虽然符合欧盟和爱尔兰的共同立场，即以"全岛"的方式解决北爱尔兰边境问题，从而避免爱尔兰岛上出现一条硬边界线。然而，这实际上等于在英国脱欧后沿爱尔兰海划出一条贸易边界，因此这一主张遭到保守党执政伙伴北爱尔兰民主统一党（Democratic Unionist Party，DUP）的明确反对。该党作为英国脱欧和英国统一的支持者，要求以北爱尔兰与英国的其他地区"以相同的条款"离开欧盟。为了安抚国内的批评者，2018年12月14

---

① "Theresa Mays erster Schritt aus der Realitätsverweigerung", *Die Welt*, 22.09.2017, https://www.welt.de/politik/ausland/article168947642/Theresa-Mays-erster-Schritt-aus-der-Realitaetsverweigerung.html, last accessed on 19 Feb., 2019.

② Nicolai von Ondarza, "Tanz auf der Brexit-Klippe", *SWP-Aktuell*, Nr. 55, Oktober 2018.

日，梅在欧盟理事会提出了包括就爱尔兰边境后备方案设定一年期限、赋予英国—欧盟未来关系的政治宣言作为脱欧协议附件的法律地位的建议。但是，梅的提议并没有得到欧盟方面的支持。

事实上，北爱边境问题是德国践行维护欧盟成员国内部团结目标的首要抓手，德国在谈判中致力于避免爱尔兰在与英国北爱尔兰地区边境问题上处于孤立地位，而且从谈判伊始德国就是爱尔兰首要寻求帮助的对象。2017年4月6日，爱尔兰总理恩达·肯尼（Enda Kenny）在访德期间表示愿意接收叙利亚难民作为交换条件，以获得德国在脱欧谈判中在边境和经贸问题上的支持。默克尔表示，德国愿在谈判中发挥"建设性"作用。[①] 而英国国内对于后备方案的担忧并非没有道理。在德国联邦议会辩论中，后备方案的重要性在于可以保持爱尔兰边境的持久和平，而不是限期的长短，这才符合《贝尔法斯特协议》的宗旨。[②]

在脱欧谈判紧张进行的同时德国积极寻求与英国的双边合作，其中安全与防务领域的合作尤为值得关注。在脱欧白皮书中，英国强调，虽然英国和欧盟安全合作的法律基础发生了变化，但是双方仍面临共同的安全威胁。英国愿与欧盟在打击犯罪与司法领域进行信息交换、边界管控等方面的合作，在外交与防务领域以磋商、制裁、能力建设等各种形式展开合作。[③] 德国对于与英国建立"安全伙伴关系"也怀有较高期待。2018年10月8日，德国国防部部长冯德莱恩与英国防务大臣加文·威廉姆森签署联合声明，表示将在未来开展密切、互信的合作，具体合作领域包括优化双方部队的联合行动能力、提高训练水平、深化网络安全活动。冯德莱恩同时欢迎英国以第三国的形式加入在2017年年末启动的欧盟"永久结构性合作"倡议。[④]

2019年1月16日，梅与布鲁塞尔艰苦谈判两年多达成的脱欧草

---

① Pressestatement von Bundeskanzlerin Merkel und dem irischen Premierminister Kenny, https://www.bundesregierung.de/breg-de/suche/pressestatement-von-bundeskanzlerin-merkel-und-dem-irischen-premierminister-kenny-842672, last accessed on 17 Feb., 2019.

② Deutscher Bundestag Stenografischer Bericht, 77. Sitzung, Berlin, den 31. Januar 2019.

③ The Future Relationship between the United Kingdom and the European Union, July 2018.

④ Ministerin zeichnet mit britischem Amtskollegen Joint Vision Statement, Bundesministerium der Verteidigung, 08.10.2018, https://www.bmvg.de/de/aktuelles/ministerin-zeichnet-mit-britischem-amtskollegen-joint-vision-statement-28180, last accessed on 15 Feb., 2019.

案在英国下议院遭到了432票对202票的高票否决。德国似乎预料到了梅可能遭遇的投票失败。德国外长马斯在英国下议院投票前表示，"如果投票出现问题，可能会有进一步谈判，欧盟准备就有争议的爱尔兰边界后备计划向英国提供更多保证"①。默克尔亮出底线："欧盟不会修改脱欧草案，且德国为无协议脱欧做好了完全的准备。"② 投票结果再次证明，英国下议院完全没有办法就脱欧草案的细节达成一致，无协议脱欧的可能性越来越大。对此，德国和欧盟都一致表示，首先，现行脱欧草案是最优且唯一的方案，不容再次谈判；其次，英国内部应尽快在脱欧方案上达成一致，告诉欧盟"英国到底想要什么"③。德国对英国迟迟无法内部达成一致的混乱状态十分失望，德国外长马斯再次表示，"在后备方案问题上，德国和欧盟将坚定地与爱尔兰站在一起，不会使其处于孤立的位置"④。他同时敦促英国确定本国可以接受的行动方案，因为"可以游戏的时间已经过去了"⑤。1月17日，联邦议会通过了规定脱欧过渡期英国欧盟成员国法律身份的法案。过渡期法案将随英国脱欧协议生效而生效，它包括，在英国脱欧过渡期内英国人申请德国国籍和德国人申请英国国籍在法律上依然可行，英国的有限责任公司如何转轨为德国公司形式，以及一系列避免在退休金、养老保险和教育资助方面消极后果的规定。⑥

随着英国脱欧期限临近，德国国内也在反思，德国是否应在谈判中

---

① 《英国议会否决首相达成的退欧协议》，FT中文网，2019年1月16日，www.ftchinese.com/story/001081097? archive#adchannelID=5000，访问日期：2019年2月10日。

② "Angela Merkel sieht Deutschland auch auf Brexit ohne Deal vorbereitet"，Zeit Online，11 Januar 2019，https://www.zeit.de/politik/ausland/2019-01/eu-austritt-grossbritannien-angela-merkel-wirtschaft-deutschland，last accessed on 17 Feb.，2019.

③ 《默克尔：英国"脱欧"协议不容重新谈判》，新华网，2017年1月17日，www.xinhuanet.com/world/2019-01/17/c_1124003224.htm，访问日期：2019年2月17日。

④ Im Wortlaut：Außenminister Maas zu aktuellen Entwicklungen beim Brexit，Auswärtiges Amt，https://www.auswaertiges-amt.de/de/newsroom/maas-brexit/2184176，last accessed on 17 Feb.，2019.

⑤ "Bundestag beschließt Gesetz für Brexit-Übergang"，SPIEGEL ONLINE，17.01.2019，http://www.spiegel.de/politik/deutschland/brexit-bundestag-beschliesst-gesetz-fuer-ungeordneten-uebergang-a-1248571.html.

⑥ Rede von Außenminister Heiko Maas bei der 2./3. Lesung des Brexit-Übergangsgesetzes im Deutschen Bundestag，Auswärtiges Amt，17.01.2019，https://www.auswaertiges-amt.de/de/newsroom/maas-bundestag-brexit/2178256，last accessed on 17 Feb.，2019.

扮演更有建设性的调节角色。基社盟的联邦议会议长亚历山大·杜布林德（Alexander Dobrindt）认为，德国应该在与英国双边沟通中作出更大让步，而不是刻意和欧盟保持一致。而来自基民盟的欧洲议会议员埃尔玛·布洛克（Elmar Brok）对此反驳道："德国在谈判中的实际活动空间有限，因为很多决议都是在谈判最后时刻才达成的，默克尔本人对英国难以做出什么承诺。"[1] 根据英国《金融时报》的报道，在2018年下半年，出于对无协议脱欧的担忧和默克尔自身政治生涯接近尾声，德国在脱欧谈判中的表现不同于以往强调欧盟内部团结一致的刻板形象，而是对英国释放出了更多理解和善意。例如，在捕鱼权问题上，德国劝说法国缓和态度。[2] 而且，通过联邦议会的辩论可以看出，德国主流党派认为脱欧谈判陷入僵局是因为英国国内意见不统一，德国在最后关头可以做到的，是在无协议脱欧一旦出现的情况下保护好本国企业和公民的利益。

（三）德国在英国脱欧谈判中表现的原因

在英国与欧盟的脱欧谈判过程中，德国的首要目标是保证欧盟整体的团结一致，避免其他成员国与英国达成特殊双边协议，或被英国吸引加入"去一体化"的阵营。德国政府的目标选择首先是由德国作为"欧盟领导者"的角色认知所决定的。对于德国而言，英国脱欧使欧洲一体化进程遭遇前所未有的危机，解决这一危机不仅是一项"技术活"，即优化欧盟在安全、货币、防务等方面的内部治理水平，提升民众在一体化进程中获得感，而且是一件增强民众对欧洲一体化认同感的"信心工程"[3]。基于这一角色认知，对于德国而言，在脱

---

[1] "Welche Rolle spielt Berlin im Brexit-Chaos?" Deutsche Welle, 22.01.2019, https://www.dw.com/de/welche-rolle-spielt-berlin-im-brexit-chaos/a-47179433, last accessed on 19 Feb., 2019.

[2] "May Looks to Merkel to Save the Day on Brexit", *Financial Times*, 12 December, 2018, https://www.ft.com/content/6650dc0e-fd62-11e8-aebf-99e208d3e521, last accessed on 17 Feb., 2019.

[3] Pressestatements von Bundeskanzlerin Merkel, Präsident Hollande, Ministerpräsident Rajoy und Ministerpräsident Gentiloni in Versailles, 6. März 2017, https://www.bundesregierung.de/breg-de/suche/pressestatements-von-bundeskanzlerin-merkel-praesident-hollande-ministerpraesident-rajoy-und-ministerpraesident-gentiloni-843628, last accessed on 9 Feb., 2019.

欧谈判的过程中欧盟是否体现出较强的凝聚力甚至比最终达成怎样的脱欧协议更值得关注。因为后者是欧盟不能把握的，即使是欧盟认为的"最优方案"也可能不被英国接受。从这个意义上说，虽然脱欧谈判最终陷入了一场"囚徒困境"，即在让步可以避免无协议脱欧的情况下双方仍都不愿作出妥协，①但英国无秩序地离开总要好于欧盟在谈判后变成一盘散沙，尤其在欧洲议会即将举行大选的2019年，这一点对于德国对抗右翼民粹主义尤为重要。

德国虽然对脱欧之后英国与欧盟的双边关系给予较高期望，但是这并不代表德国愿意为维系日后关系而在谈判中做出让步，英国对脱欧方案"挑挑拣拣"是无论如何不被允许的。这一立场得以贯彻在很大程度上是因为得到了广泛民意和工商界的支持。德国电视二台在2016年7月的调查显示，有86%的受访者并不希望欧盟在谈判中对英国做出多的让步。②因为大多数德国人将英国视作欧盟的"异类"，认为英国退出欧盟反而是欧洲一体化重生的好机会。因此，德国工业界与商界认为，保持在脱欧进程中的领导地位和维护欧盟一体化成果的政治目标优先于减轻经济损失。③德国工商业界的信心主要来自英国脱欧对双方经济损失的对比。英国是德国在世界市场上第二大贸易逆差国，仅次于美国，在脱欧公投前的2015年英国对德贸易逆差高达4000亿欧元。退出欧盟后，重新横亘在英国和欧盟之间的贸易壁垒会使德国和英国的对外贸易两败俱伤。但是，贸易壁垒并不意味着英国得到的相对收益会大于德国。英国对欧盟内部市场的依赖程度远大于欧盟和德国对英国市场的依赖程度：英国对欧盟出口产品的附加值超过其出口总额的12%，而德国对英国出口产品的附加值不到其

---

① "Wenn keener ausweicht, sind beide tot", Zeit Online, 7 Februar 2019, https://www.zeit.de/wirtschaft/2019-02/brexit-grossbritannien-eu-ausstieg-andreas-diekmann-spieltheorie/komplettansicht, last accessed on 9 Feb., 2019.

② "EU-Bürger für harte Haltung gegenüber London", Die Welt, 08.07.2016, https://www.welt.de/politik/deutschland/article156919439/EU-Buerger-fuer-harte-Haltung-gegenueber-London.html, last accessed on 9 Feb., 2019.

③ Paul Taggart, Kai Oppermann, Neil Dooley, Sue Collard, Adrian Treacher and Aleks Szczerbiak, "Responses to Brexit: Elite perceptions in Germany, France, Poland and Ireland-Research Note".

出口总额的2%。这意味着，德国通过扩大内部市场或开辟新的国际市场便不难弥补英国脱欧对其出口造成的损失，而英国却难以弥补失去欧盟单一市场的利好条件的损失。① 因此，英国脱欧虽然引起了德国经济界的普遍的关注，但忧虑情绪并未蔓延。根据德国科隆经济研究所2017年针对2900家德国公司进行的调查，仅有2%—3%的受访公司担忧英国脱欧会对投资和就业造成负面影响，有1/4的受访企业期待在英国脱欧后，德国的营商吸引力会超过英国。②

二 德国在欧盟未来改革问题上的立场

由于近年来欧盟遭受了多重危机的冲击，欧盟内的疑欧和民族主义思潮与力量在不断上升，英国脱欧公投及其结果更是加剧了这一趋势，③ 这就需要欧盟通过改革来对欧盟民众的呼声做出回应。

（一）德国在英国公投脱欧后对欧盟改革的立场

在2016年6月29日的欧盟27国非正式会议上，各国首脑赞成对欧盟进行改革，但不对条约作出复杂的修改。欧盟27国还决定开启一个政治反思期，并将于9月16日在斯洛伐克首都布拉迪斯拉发再次举行非正式会议，延续有关欧盟未来的讨论。

在本次非正式会议后发表的声明中，欧盟27国已经勾画了欧盟未来改革的几个重点领域，包括保障安全、就业和增长，以及给予年轻人更美好的未来。④ 事实上，如前所述，在6月27日，默克尔就邀请欧洲理事会主席图斯克、法国总统奥朗德与意大利总理伦齐——在英国公投选择脱欧后，德国有意邀请意大利加入传统的德法联盟——到柏林商议如何应对英国脱欧，其中就已经为欧盟非正

---

① Sophie Besch, Christian Odendahl, "Berlin to the Rescue? A Closer Look at Germany's Position on Brexit", Centre for European Reform, March 2017, p. 7.
② "German Firms Relaxed in View of Upcoming Brexit", Institut der deutschen Wirtschaft Köln, Press Briefimg , 11 January, 2017, Brussels.
③ See Pew Research Center, "Euroskepticism Beyond Brexit", June 7, 2016, http://www.pewglobal.org/2016/06/07/euroskepticism-beyond-brexit/, last accessed on 25 July, 2016.
④ Informal meeting at 27, Brussels, 29 June, 2016, Statement.

式会议确定的重点行动领域定了调。在联合声明中,德、法、意三国领导人认为,欧盟应该致力于消除欧盟公民的忧虑,专注于当前的挑战,并提出三个加深欧盟共同行动的优先领域:一是内部与外部安全,包括增强对欧盟外部边境的保护以及欧盟周边地区(尤其是地中海地区、非洲及近东与中东地区)的和平与稳定,以及在欧盟各国城市中应对社会排斥。他们表示要挖掘欧洲共同外交、安全与防务政策的潜力。二是强大的经济和强有力的社会团结,具体包括促增长和投资,增强欧盟的全球竞争力,创建工作岗位,尤其是降低年轻人的失业率,并强化欧盟的社会与经济模式。三是针对青年人的雄心勃勃的计划,具体包括青年就业倡议行动以及针对大学生、学徒和年轻从业人员的伊拉斯谟项目。根据三国领导人的联合声明,欧盟9月非正式会议将确定具体的项目,并在未来6个月内加以落实,这也是考虑到2017年3月25日,欧盟将迎来《罗马条约》签订60周年。①

德国外交部部长施泰因迈尔行动更为迅速,在英国脱欧公投后仅两天,在他的召集下,欧盟前身"欧洲经济共同体"的6个创始成员国(德、法、意、荷、比、卢)的外交部部长就在柏林磋商英国脱欧公投的影响及应对。② 在会议上,施泰因迈尔和法国外交部部长艾罗提出了他们事先拟定的一份文件。在柏林会议后,施泰因迈尔前往波罗的海国家,并和艾罗一同前往布拉格,以便告知捷克、匈牙利、波兰和斯洛伐克外交部部长这个德法计划。显然,两位外交部部长事先对英国公投可能选择脱欧做好了准备。在6位外交部部长的共同声明中,他们表示,欧盟的行动应更多地关注欧盟当前的挑战,如保障

---

① "Joint Declaration by the Chancellor of the Federal Republic of Germany, the President of the French Republic and the President of the Council of Ministers of the Italian Republic", 27 June, 2016, http://www.governo.it/sites/governo.it/files/dichiarazione_congiunta_ita_fra_ger.pdf, last accessed on 25 July, 2016.

② 6个创始国外交部部长会晤此前已经举行过两次:2016年2月9日在罗马,以及5月20日在布鲁塞尔,分别讨论了欧盟当前所面临的诸多危机,如债务危机、难民危机以及英国脱欧公投危机。这个会晤模式的目的是强调不忘欧洲一体化的初心,重振欧洲工程。"Den europäischen Geist der Gründungszeit wiederbeleben", http://www.auswaertiges-amt.de/DE/Europa/Aktuell/160209_Gruenderstaatentreffen.html, last accessed on 25 July, 2016.

内部和外部安全；建立应对移民和难民潮的稳定的共同体框架；通过促进各国经济体的趋同来推动欧洲经济发展；实现可持续的增长，创建工作岗位以及在欧洲货币联盟发展上取得进展。[①] 这份共同声明的内容相对简明扼要，而德、法外交部部长提出的《不确定世界里的强大欧洲》文件中所包含的建议则具体得多。在此文件中，两位外交部部长明确表示，要采取进一步向欧洲政治联盟迈进的步骤，具体提出了三方面的建议：设定欧洲安全议程；制定欧洲共同的避难、难民与移民政策；促进增长以及完成经济与货币联盟。其中在欧洲安全议程方面的建议最为详细，他们表示，德国和法国应共同推动欧盟逐步发展成为一个独立的全球行为体，为此建议共同分析欧盟各国的战略环境以及对欧洲安全利益的共同理解，在此基础上确定外交与安全政策上的战略优先项；欧盟应发展持久的民事—军事规划与指挥能力，设立常设的海上行动联合部队，并在其他关键领域开发欧盟自己的行动能力。他们还准备推进欧洲共同安全与防务政策行动的共同融资，并建议为防务能力领域引入一个"欧洲学期"，以提高各国防务规划过程的协调度。两位外交部部长还要求欧洲理事会每年作为安全理事会召开一次会议，以便就欧盟的内外安全问题以及防务问题进行磋商。[②] 此外，德法外交部部长的《不确定世界里的强大欧洲》文件中隐含的一个宗旨是，为了应对欧盟各成员国在进一步一体化上的"不同的雄心与水平"——这一点在6位外交部部长的共同声明中也强调了，他们主张一些有意愿的成员国可以在诸如防务、欧洲避难、难民与移民政策以及有约束力的难民分配机制的引入、共同财政能力（fiscal capacity）建设等方面先行一步。换言之，他们主张通过"核心欧洲"来推动欧洲一体化进一步向前发展。

与此同时，德国社民党主席加布里尔和同为社民党人的欧洲议

---

① "Gemeinsame Erklärung der Außenminister Belgiens, Deutschlands, Frankreichs, Italiens, Luxemburgs und der Niederlande am 25. Juni 2016", http://www.auswaertiges-amt.de/DE/Infoservice/Presse/Meldungen/2016/ 160625_ Gemeinsam_ Erklaerung_ Gruenderstaatentreffen.html? nn = 382590, last accessed on 25 July, 2016.

② Jean-Marc Ayrault and Frank-Walter Steinmeier, *A strong Europe in a world of uncertaintess*, Auswärtiges Amt, 27 June, 2016.

会议长舒尔茨共同发布了一份名为"重建欧洲"的文件,提出了10个改革领域。尤为引人注目的是,他们要求在未来将欧盟委员会改组为一个真正的欧洲政府,它受欧洲议会以及由成员国组成的第二院的监督,目的是使欧盟层面的政治问责变得更加透明。他们还要求实施经济政策变革,在欧元区内外增强《稳定与增长公约》的增长元素,形成共同体的增长攻势,要允许成员国在经济不景气时期拥有更大的灵活性,以便能为失业者的给付和增加投资提高支出,用他们的话来说,就是建立"经济申根区",也就是要在核心领域(如数字经济和能源)实现最高程度的一体化。与此同时,他们也主张一些愿意进一步一体化的国家可以先行一步。另外,他们要求将欧盟的外交政策共同体化,在内部安全方面,甚至认为中期可以建立欧洲层面的联邦情报局(FBI)。而且,文件要求建立欧洲共同的避难与移民政策。最后,加布里尔和舒尔茨反对由政府间会议来决定欧洲的重建,而是要求对此进行公开而又广泛的讨论。①总体上,他们要求欧盟实施政策大转向。加布里尔还为此专门访问了希腊,在与希腊总理齐普拉斯的会谈中提出要为欧盟危机国家提供更多的增长动力。

但是,德国社民党人的上述建议,遭到了联盟党人士,如德国财政部部长朔伊布勒的批评。朔伊布勒反对联合执政伙伴社民党提出的、用额外的国家投资来推动欧洲经济增长的要求,提醒社民党不要为增加负债确立错误的方向,并坚持他一贯主张的财政纪律和紧缩政策。对于施泰因迈尔邀请6个创始国商议,他指出,这会使未参加的国家感到不安,并进一步扩大新老欧洲之间的分裂。但是,这位欧洲一体化进程的长期捍卫者如今主张务实应对英国脱欧。他表示,现在不是提出远大愿景的时候,而是要在解决欧洲问题上"快速和务实";已经决定的措施,例如难民政策或欧盟外部边境的保障,必须得到落实。令人感到惊讶的是,他认为欧盟机构的行动过于迟缓,因

---

① Sigmar Gabriel and Martin Schulz, "Europa neu gründen", https://www.spd.de/fileadmin/Dokumente/ Sonstiges_ _ Papiere_ et_ al _/PK_ Europa_ Paper.pdf, last accessed on 25 July, 2016. 需指出的是,加布里尔还要求缩小欧盟委员会的规模以及重新考虑欧盟预算资金的配置。

此，在迫不得已的情况下，承担领导责任的一些国家在某些问题上可以在欧盟机构以外先行一步。① 社民党人批评朔伊布勒削弱欧盟机构的建议是不合时宜的。② 不过，朔伊布勒的建议中也包含了建设"核心欧洲"的思想，这个主张是和社民党的要求相吻合的。例如，朔伊布勒特别提及，鉴于欧洲所面临的各种危机以及"伊斯兰国"的威胁，欧盟需要制定共同的防务与军备政策，如果必要的话，个别国家如德国和法国可以率先向前迈进。③

以上的分析表明，虽然默克尔已经为欧盟未来改革确定了步调和优先行动领域，并通过与法国和意大利的联手使之成为欧盟 27 国的共同方案，但是，事实上，在欧盟内部，对欧盟未来改革的方向存在不同的呼声，这同时反映在德国执政联盟内部的争论中。当然这一争论也可视为德国 2017 年大选竞选活动的前奏。总体上，一方面，社民党主张进行大变革，在诸多领域实现"更多的欧洲"，他们所提的不少建议都需要进行条约修订；而默克尔、朔伊布勒及其所代表的联盟党主张务实的改革，排除了修改条约的可能性。另一方面，社民党希望利用此次改革的机会最终实现《稳定与增长公约》更具灵活性，以便使陷入危机的欧盟国家能增加投资；而默克尔和朔伊布勒虽然也支持采取措施促进增长和投资，但显然并不会放弃迄今坚持的以紧缩为导向的政策主基调。

尽管联盟党和社民党在欧盟未来改革的立场上存在着以上分歧，然而，他们在一些领域也存在着明显的共识。例如，它们都认为，欧盟取得的成果需要更好地让欧盟民众感受到，而且，它们都要求欧盟把注意力集中在欧盟各国只能靠共同协商合作才能解决的问题上。另

---

① "Schäuble im Bericht aus Berlin, 'Wir müssen Europa besser erklären'", http: //www.tagesschau.de/inland/schaeuble-bab-103.html, last accessed on 25 July, 2016.

② "Koalitionsstreit nach 'Brexit'-Votum. 'Gradmesser ist nicht die schwäbische Hausfrau'", *tagesschau.de*, 04.07.2016, https: //www.tagesschau.de/inland/brexit-streit-koalition-101.html, last accessed on 25 July, 2016.

③ "核心欧洲"的方案最早是朔伊布勒 1994 年在所谓的"朔伊布勒—拉莫斯文件"(Schäuble-Lamers-Papier) 中提出的，和现在的建议的区别在于，当时朔伊布勒主张欧盟机构加入这个先行的核心集团。See Julian Heissler, "Zukunft der Europäischen Union. Schäubles Idee mit Sprengpotenzial", *tagesschau.de*, 04.07.2016, https: //www.tagesschau.de/inland/schaeuble-brexit-eu-101.html, last accessed on 25 July, 2016.

外，值得关注的是，上述立场都支持欧盟增强其共同的安全与防务政策，这显然与欧盟当前面临的内外威胁日益加剧有关。如今，这一政策领域的推进拥有了新的机会：欧盟外交与安全政策高级代表莫盖里尼在 2016 年 6 月的欧盟峰会上发布欧盟《全球战略》，其中就提出要使欧洲共同安全与防务政策更有反应能力，还提到增强此领域结构化合作的可能性；① 德国联邦政府 7 月发布的新版《安全政策白皮书》甚至将建立"欧洲安全与防务联盟"作为远期目标，② 而且，欧洲共同安全与防务政策的进一步一体化也符合德国希望增强其全球角色的目标。③ 然而，英国脱欧在削弱欧盟外交与军事实力的同时，是否能倒逼欧盟有些国家在共同安全与防务领域先行一步，依然取决于德法之间的联盟。④

(二) 德国对马克龙重塑欧洲改革计划的回应

在"德法轴心"初启阶段，默克尔与马克龙虽然都对重振欧洲一体化工程充满雄心，但是双方改革方案的侧重点有所不同：默克尔首先希望欧盟能够在难民分配和安置问题上达成共同解决方案，而马克龙的重点在于欧盟经济治理改革，其核心想法是在欧元区制订共同财政计划，在现有"容克计划"的基础上增加欧盟尤其是欧元区的投资。此外，马克龙希望设立欧元区共同财政部长一职、引入共同存款保险、完善银行联盟以加强危机防御能力。在马克龙首访德国时，默克尔表示将帮助法国应对失业问题、改善经济，但她同样审慎

---

① "Shared Vision, Common Action: A Stronger Europe. A Global Strategy for the European Union's Foreign and Security Policy", June 2016, pp. 46 – 49, http: //europa. eu/globalstrtegy/eu, last accessed on 25 July, 2016.

② The Federal Government, White Paper on German Security Policy and the Future of the Bundeswehr, 13. 07. 2016, https: //www. bmvg. de/portal/, last accessed on 25 July, 2016.

③ Frank-Walter Steinmeier, "Germany's New Global Role", *Foreign Affairs*, June 13, 2016, https: //www. foreignaffairs. com/articles/europe/2016 – 06 – 13/germany-s-new-global-role, last accessed on 25 July, 2016.

④ 英国相当长时间以来一直在阻挠欧盟独立的安全与防务政策的建设，因此，有观点认为，英国脱欧是推进欧盟安全与防务政策的契机，但也有学者持有不同观点，see Ronja Kempin, "Schnellschüsse gefährden EU-Sicherheitspolitik", http: //www. swp-berlin. org/de/publikationen/kurz-gesagt/schnellschuesse- gefaehrden-eu-sicherheitspolitik. html, last accessed on 25 July, 2016.

地表示："我不认为作为优先任务，我们应该改变我们的政策。"① 德国深知，一个强大、稳定的法国可以弥补"德法轴心"实力不平衡的状况，马克龙稳定的民意支持是不错失改革"机会之窗"的重要保证。

但是，在"德法轴心"重启后，德国对马克龙欧洲改革计划的支持，态度重于行动、形式大于实质，双方在改革的"机会之窗"并未取得突破性进展。2017年9月26日，马克龙在巴黎索邦大学发表演说，提出一系列重塑欧洲的建议主张。其中，在国防和安全方面主张2020年落实欧盟共同军队预算，设立共同的难民庇护营办公室用以分享情报，精简欧盟官僚机构，鼓励信息技术和人工智能领域的创新，协调企业税基等。② 与以往相比，虽然马克龙在此次演讲中也提到了建立共同的欧元区预算和共同投资资金的愿景，但没有着重强调。因为此时默克尔正处于大选失利后的组阁困境中，马克龙与其指望德国政府实质性响应改革倡议，不如寄希望于德国能够在态度上给予支持。③ 最终，默克尔和时任德国外长的加布里尔也只是对索邦演讲所体现出的雄心和意志表示赞扬。④

马克龙的改革倡议投射了法国各党派政客对欧盟未来一系列富有浪漫主义色彩的设想，⑤ 但是，随着马克龙内政改革乏力、个人光环

---

① Pressekonferenz von Bundeskanzlerin Merkel und Frankreichs Präsident Macron im Bundeskanzleramt, 15. Mai 2017, https：//www.bundesregierung.de/breg-de/suche/pressekonferenz-von-bundeskanzlerin-merkel-und- frankreichs-praesident-macron-846380，last accessed on 18 Feb., 2019.

② 《马克龙索邦大学演讲："密特朗以来对欧盟未来最好的规划"》，澎湃新闻，2017年9月28日，https：//www.thepaper.cn/newsDetail_ forward_ 1809323，访问日期：2019年2月19日。

③ Pierre Briançn, "5 takeaways from Macron's big speech on Europe's future", POLITICO, 10.02.2017, https：//www.politico.eu/article/5-takeaways-from-macrons-big-speech-on-europes-future/，last accessed on 19 Feb., 2019.

④ "Nötige Debatte zur Zukunft Europas", Die Bundesregierung, https：//www.bundesregierung.de/breg-de/suche/noetige-debatte-zur-zukunft-europas-472922. "Bundesminister Sigmar Gabriel zur Rede von Präsident Emmanuel Macron", Auswärtiges Amt, https：//www.auswaertiges-amt.de/de/newsroom/170926-bm-rede-macron/292592，last accessed on 19 Feb., 2019.

⑤ Claire Demesmay, Julie Hamann, "Über Europea gespalten", *Internationale Politik und Gesellschaft*, 23.04.2018.

褪去，他重塑欧洲计划的号召力也开始下降。与法国大选中马克龙和勒庞就"挺欧"与"疑欧"展开激烈争辩不同的是，除德国另类选择党外的其他政党在选战中对于深化欧洲一体化有较强共识。因此，即使是前欧洲议会议长舒尔茨在选战中与默克尔直接对垒，欧盟政策也并未成为德国大选的核心议题。在德国大选期间，马克龙完成了他入主爱丽舍宫的内政首秀，即推动《劳动法》改革，以改变法国经济不景气、失业率居高不下的现状。但他的改革方案仍以赋予雇主自主权、松绑劳动力市场为主，比起上任奥朗德政府并无太大亮点。法国随即爆发罢工和游行，马克龙的支持率从2017年5月当选时的62%，下降到2018年3月的42%，最差时跌至30%。[①] 2018年4月19日马克龙在柏林与德国总理默克尔会面。两人就欧盟改革问题互换意见，默克尔的态度依然像是在"打太极"，她表示"我们还需要经过开放的讨论才能最终达成妥协"。

从2017年9月至2018年3月，默克尔忙于应付联邦议会大选和政府组阁，除了外交场合礼貌性地回应马克龙欧盟改革倡议外"法德轴心"并未取得实质性进展。在2017年德国大选过后，联盟党与社民党组成的黑红大联盟仅占联邦议会709个席位的399席，与此同时，以反欧元起家的德国另类选择党成为议会第一大反对党，自民党重返联邦议会。这意味着，新任大联合政府的行动力和默克尔本人的领导力将受到更大掣肘。2018年4月19日，马克龙访问德国商讨经济治理改革方案。然而，无论是联盟党党团内部还是其他左、中、右党派都对此持保守、抵制态度。对马克龙扩大投资的主张，批评者指出：欧盟目前可用于投资的钱并不算少。每年仅"凝聚政策"一项就有3500亿欧元的预算用于缩小地区差异；为私人基金投资基础设施提供资助的"容克计划"总金额高达5000亿欧元。马克龙引入共同存款保险、构建银行联盟的想法也遭到德国的质疑。德国担心这会把银行的存量债务普遍化，如意大利金融机构的账面上就还有数十亿欧元的无担保贷款，德国政府认为，要谈共同存款保险就必须先消除

---

① 范一杨：《"法德轴心"艰难重启》，《第一财经日报》2018年4月26日第A11版。

这些债务。① 对于德国而言，欧盟经济与货币政策的一系列改革意味着在法理上试探着《基本法》对于主权可以在何种程度上让渡到欧盟层面的极限，在民意上试探着德国民众对于花德国纳税人的钱填充欧盟"资金池"漏洞的忍耐限度，在财政上试探着德国以低工资增长率、高储蓄率保持财政盈余经济增长模式的韧性。就整个欧盟而言，一体化程度更高的欧元区就意味着核心欧洲将对非欧元区产生更强离心力、欧元区与非欧元区的分化程度也将越来越高，那么这就验证了中东欧国家对于"多速欧洲"理念将在实际过程中变成"双速欧洲"而分裂欧洲的忧虑。因此，经济治理改革是"德法轴心"重启的一个"硬骨头"。

2018年6月18—19日，为期两天的德法政府磋商会议在柏林梅塞堡召开。此时，基社盟主席泽霍费尔正在难民问题上向默克尔施压，他寻求与奥地利、意大利等国结成"意愿者联盟"封锁边界、不接收难民。在此会议上，默克尔和马克龙发表《更新的欧洲对安全繁荣的承诺》，主要达成四点共识：第一，提高欧盟在外交、安全和防务政策方面的行动力；第二，在难民问题上加强边界管控，统一难民在欧盟居留许可的相关规定；第三，在2021年前建立欧元区统一财政预算，将欧洲稳定机制（ESM）打造为欧洲的货币基金组织，使之作为一个高效的主权债务重组机构和强有力的财政纪律监督机构；第四，增强欧盟在信息保护、人工智能方面的创新能力，规划"数字内部市场"②。在十天后的欧盟峰会上，欧盟各国领导人都认为，加强欧元区整合、防范新的金融风险必须扩大欧洲稳定机制的作用，但对于具体如何扩大以及如何建立欧元区统一预算和引进存款保险等问题，峰会没有详细讨论。此次峰会各成员国更关注的是难民问题。由于在难民问题上欧盟共同解决方案和民族国家解决方案之间依然有难

---

① 朱宇方：《从马克龙访德看欧盟经济治理改革中的德法之争》，澎湃新闻，2018年4月30日，https://www.thepaper.cn/newsDetail_forward_2103396，访问日期：2019年2月19日。

② Pressekonferenz von Bundeskanzlerin Merkel und dem französischen Präsidenten Emmanuel Macron in Meseberg, 18 Juni 2018, https://www.bundesregierung.de/breg-de/suche/pressekonferenz-von-bundeskanzlerin-merkel-und-dem-franzoesischen-praesidenten-emmanuel-macron-1140540, last accessed on 20 Feb., 2018.

以调和的矛盾,德法力求在《都柏林协议》的基础上寻求两者的最大公约数,强调成员国的团结与责任、防止避难者在欧盟境内的"二次移动",具体达成的决议包括加强与非洲的伙伴关系建设、加大打击蛇头的力度、在北非沿岸国家建立收容组织、扩大对欧盟边境管理局的授权和资金支持、在欧盟内建立"难民控制之中心"等。[1]

与经济治理和难民管控的小步迈进相比,欧盟共同安全与防务政策在"德法轴心"的推动下迈出了"历史性的一步":2017年12月11日欧盟25个成员国的外长会议正式启动"'永久结构性合作'(PESCO)。[2] '永久结构性合作'是为欧盟疆域及其公民的安全与防务领域投资的一个有雄心、约束力和包容性的欧洲法律框架"。参与"永久结构性合作"的成员国同意履行"有雄心且更具约束力的共同承诺",包括定期实质性地提高防务预算以达到约定目标,将全部防务支出的20%进行防务投资,增加联合与合作的战略防务项目,将约2%的防务支出用于共同防务研究与技术开发,并建立对上述承诺的审查机制等。[3] 德国和法国不仅是"永久结构性合作"启动的推动者,也是该合作倡议两批34个项目中参与度和领导能力较高的国家。[4] 但是,德法两国在欧盟共同防务的战略文化和目标设定上仍存在较大分歧,德国强调该机制的包容性和广泛参与度,而法国倾向于建立一支行动力和独立性更强的部队,以体现更高雄心的"战略文化"。因此,在法国的倡议下,"欧洲干预倡议"(European Intervention Initiative, EaI)作为一种新的军事机制建立了。这说明,德国和法国虽然对于加强欧盟共同安全与防务政策的必要性和紧迫性达成共识,但对于前进的方向和方式还处于话语权的争夺中。

---

[1] Tagung des Europäischen Rates (28. Juni 2018) —Schlussfolgerung.

[2] 未参与的是丹麦(北约成员国)、马耳他(非北约成员国)和英国。

[3] "Notification on Permanent Structured Cooperation (PESCO) to the Council and to the High Representative of the Union for Foreign Affairs and Security Policy", https://www.consilium.europa.eu/media/31511/171113-pesco-notification.pdf, last accessed on 15 October, 2018.

[4] 关于"永久结构性合作"的具体内容参考郑春荣、范一杨《重塑欧美安全关系?——对欧洲"永久结构性合作"机制的解析》,《欧洲研究》2018年第6期。

三　结语

德国总理默克尔非常清楚，面对英国脱欧，欧盟内会出现许多对立的建议：有的人会认为现在正是大幅推进欧洲一体化的良机，要求把更多的主权让渡到欧盟层面；但也有人从英国脱欧公投中得出教训，应把权限归还给成员国，并尽可能使欧盟从成员国事务中脱身出来。鉴于欧盟内的离心力在增长，默克尔反对任何会进一步加剧这种离心力的建议，因为这会给欧洲带来难以估量的后果，使欧盟进一步分裂。为此，她于2016年6月28日在联邦议院所做的政府声明中要求实现的既不是"更多的欧洲"，也不是"更少的欧洲"，而是一个"成功的欧洲"，目的是让欧盟公民具体感知到，欧盟是如何改善他们生活的。[①]

问题的关键在于如何能实现这样一个"成功的欧洲"。短期内，欧盟预计会被与英国之间的"离婚条件"谈判所羁绊，这可能需要数年时间。固然英国脱欧可能会刺激其他成员国向欧盟"勒索"特殊条件或政策的选择例外（opt-out），但大多数欧盟国家因为自身体量太小而缺乏与德国和欧盟叫板的实力。无论如何，为了消除欧盟进一步分裂的危险，以及保持自身的可信度，默克尔在领导欧盟与英国谈判中，应该不会在人员的自由流动和统一内部市场问题上做出实质性让步；同时，在北爱边境问题上力挺爱尔兰。但是，德国与欧盟其他成员国仍然希望与脱欧后的英国保持一种紧密的伙伴关系，因此，欧盟与英国必然需要最后在完全进入欧洲内部市场与限制外来移民这两个诉求之间寻求某种平衡，以便使双方都不至于失信于民。

[①] "Regierungserklärung von Bundeskanzlerin Dr. Angela Merkel zum Ausgang des Referendums über den Verbleib des Vereinigten Königreichs in der EU mit Blick auf den Europäischen Rat am 28./29. Juni 2016 in Brüssel vor dem Deutschen Bundestag am 28. Juni 2016 in Berlin"，https：//www.bundesregierung.de/Content/DE/Bulletin/2016/06/78-1-bk-regerkl-bt.html, last accessed on 25 July, 2016. 基社盟（即默克尔所在基民盟的姐妹党）主席泽霍费尔用的词是一个"更好的欧洲"， "Seehofer fordert nach Brexit-Votum 'besseres Europa'"，Focus-Online, 27.06.2016, http：//www.focus.de/regional/muenchen/parteien- csu-vorstand-beraet-ueber-unions-kurs-und-brexit_ id_ 5671912.html, last accessed on 25 July, 2016.

英国脱欧公投及其结果迫使欧盟进行整固、反思与改革。虽然欧盟内尤其是德国执政联盟内的社民党有很强的大幅推进欧洲一体化进程来克服危机的诉求,但是,这在默克尔看来,反而会增强欧盟内的离心力;虽然"核心欧洲"的论调如今有很大市场,但是,鉴于当前急需避免欧盟的进一步分裂,这一方案在短期内也不大可能得到进一步落实。而且,考虑到2017年欧洲经济共同体3个创始国德国、法国与荷兰举行大选,默克尔不主张欧盟进行大刀阔斧的改革,而是,正如2016年6月29日的欧盟27国非正式会议声明所表明的,欧盟将选择小步走的方式——这难逃"蒙混过关"(muddling through)的指责——通过务实的政策与措施,以求重新赢得欧盟民众的信任。大选过后,"德法轴心"的重启使"核心欧洲"的方案更加突出,同时为欧盟改革注入了一剂"强心针"。但是,改革应如何触及欧盟制度设计的天然缺陷、应如何平衡不同成员国之间的利益诉求,进一步考验着德国的领导力。

英国脱欧后的美欧英安全合作展望

赖昀辰

一 前言

自第二次世界大战结束以来,美欧英基于安全的需求,建立了紧密的同盟关系。英国脱离欧洲联盟的决定为此同盟关系增添变量,因为英国长期以来扮演着美欧之间的枢纽角色,其脱欧将牵动美欧英三角关系变化。英国作为欧盟成员国同时也扮演着美国特殊伙伴的角色,一方面成为联系欧盟与美国的桥梁,另一方面在欧盟中为美国的利益发声。作为美国的特殊伙伴,英国与世界各重要行为者关系之改变影响着美国利益,英国脱离欧盟之决定改变了英国与欧陆强权的关系,[1] 将来英国对欧洲的影响力将减弱,而这影响了美国与欧洲的联系,简言之,英国的脱欧决定将牵动美欧英三角关系变化。

美欧英的同盟关系建立于安全需求上,而这又主要奠基于北大西洋公约组织(North Atlantic Treaty Organization,简称北约)。近年欧盟致力于构建独立自主的防卫能力,使得欧盟与北约在欧洲安全合作上有着既竞争又合作的双重关系。在这样矛盾的双重关系中,英国扮演了微妙的平衡角色,英国选择离开欧盟后,便不再能扮演这种角色,预计北约与欧盟的竞合关系将会加强。因此,本文探讨英国脱欧如何

---

[1] Jeremy Ghez, Magdalena Kirchner, Michael Shurkin, Anna Knack, Alex Hall, and James Black, 2017, "A Snapshot of International Perspectives on the Implications of the UK's Decision to Leave the EU", https: //www. rand. org/content/dam/rand/pubs/perspectives/PE200/PE225/RAND_ PE225. pdf.

影响美欧英于欧洲安全上的合作关系,特别是如何影响北约与欧盟的竞逐与合作,借此观察美欧英三强之安全合作关系将如何变化。

英国在北约中的角色及北约中的美欧英关系等议题近年来国内外已有许多学者著有专文探讨。[①] 英国脱欧公投通过后举世哗然,亦引起学界广泛讨论,然目前国内学界着重探讨英国脱欧事件之前因及后续发展,尚未触及英国脱欧对于国际安全合作之影响。本文试图探索英国脱欧事件是否冲击北约之安全合作,以及给北约与欧盟间之竞合关系带来何种影响,使英国脱欧议题的相关研究更为全面。

二 英国脱欧之外交冲击:英国的欧洲策略及美欧英三角关系变局

英国向来扮演着美欧关系中的关键角色。首先,英国于欧洲安全上有重要作用,再者,英国向来与美国保持紧密的关系,以欧盟重要成员国在欧盟中反映美国利益,借此维系美英特殊关系。换句话说,英国现今之大国地位奠基于美英特殊关系,[②] 而此特殊关系又多仰赖其作为欧盟成员国与欧陆强权之交往。简言之,美英欧三边关系重重

[①] 可参考汤绍成《后冷战时期北大西洋公约组织角色与公约的转变》,《问题与研究》2000 年第 39(1)期;甘逸骅《北约东扩——军事联盟的变迁与政治意涵》,《问题与研究》2003 年第 42(4)期;吕惠《浅析冷战后英国安全防务政策》,《外交学院学报》2001 年第 2 期;陈世民《英法核武合作与欧洲统合——冷战结束后"欧洲吓阻"的倡议》,2002,NSC 90 - 2414-H-002 - 001;Simon Duke, 2008, "The Future of EU-NATO Relations: A Case of Mutual Irrelevance through Competition?" *European Integration*, 30 (1): 27 - 43; Tomas Valasek, 2007, "The Roadmap to Better EU-NATO Relations", London: Centre for European Reform, Briefing Note 20 等。

[②] Steve Marsh and John Baylis, "The Anglo-American 'Special Relationship': The Lazarus of International Relations", *Diplomacy and Statecraft*, Vol. 17, No. 1 (2006), pp. 173 - 211; John Charmley, *Churchill's Grand Alliance: The Anglo-American Special Relationship, 1940 - 57*, Harvest Books, 1995; Christopher John Bartlett, "*The Special Relationship*": *A Political History of Anglo-American Relations since 1945*, Addison-Wesley Longman Ltd., 1992; John Dumbrell, "The US-UK Special Relationship: Taking the 21st-Century Temperature", *The British Journal of Politics & International Relations*, Vol. 11, No. 1 (2009), pp. 64 - 78; Doug Stokes and Richard G. Whitman, "Transatlantic Triage? European and UK 'Grand Strategy' after the US Rebalance to Asia", *International Affairs*, Vol. 89, No. 5 (2013), pp. 1087 - 1107; Geoffrey Warner, "The Anglo-American Special Relationship", *Diplomatic History*, Vol. 13, No. 4 (1989), pp. 479 - 499.

镶嵌，而这样的镶嵌又在很大的程度上源自历史。本节将由英国外交政策传统出发，从历史的角度回顾英美欧外交关系，以作为后续思考英国脱欧如何影响英美欧三边关系的基础。

2016年的"联合王国去留欧盟公投"（The United Kingdom European Union Membership Referendum，简称英国脱欧公投）的结果在欧洲投下一枚震撼弹。回顾欧洲统合进程，虽其自1950年代发展以来不是全然一帆风顺而常遇有统合停滞与若干危机，但却从未有成员退出的前例。欧盟三巨头之一英国的脱欧决定，为欧盟未来的发展带来高度的不确定性，震撼了欧洲甚至是全世界。然而若回顾欧洲国际关系及从英国长久以来的外交政策方针来思考，英国脱欧的决定事实上不是那么令人讶异。

"光荣孤立"为英国长久以来的外交传统，从近代外交史来看，可发现英国向来不将自己定义为纯粹的欧洲国家。[1] 例如英国首相丘吉尔就曾说，"我们是与欧洲在一起，但我们不属于欧洲"（We are with Europe, but not of it）。虽然在1945年苏黎世的演讲中，丘吉尔呼吁成立一个欧洲合众国（a United States of Europe），但欧洲合众国的想象却未包含英国。英国会是欧洲合众国的朋友，却不会是合众国的一部分。回顾英国的外交战略，自19世纪以来，英国致力于欧洲大陆的权力平衡，避免欧洲大陆由过大的强权主宰而损及英国的国际地位；同时，英国借由操作欧洲大陆上的权力平衡来扩张英国的外交影响力，以主宰欧洲大陆国际关系的秩序与动向，[2] 英国因此不乐见在其国境之南出现统一的欧洲强权。当欧洲统合于1950年代由德法意荷比卢建立欧洲煤钢共同体（European Coal and Steel Community, ECSC）开始启动之后，英国组成"欧洲自由贸易协会"（European Free Trade Association, EFTA）与其对抗，造成欧洲"内六外七"的对立局面。然而英国终究敌不过历史的洪流，在1960年代开始寻求加入欧洲整合的行列，经过三次敲门后，终于在1970年代成功加入欧洲

---

[1] 熊玠：《英国脱欧震撼：地缘政治与地缘经济上的含义》，《海峡评论》2016年第308期。

[2] 同上。

共同体，加强与欧洲国家的关系。

第二次世界大战结束后的国际舞台由美国及苏联主导，英国失去19世纪以来的超级强权地位，英国因此希望能与美国保持紧密关系，[①]借由美英特殊关系来维持英国于全球政治中的大国地位。因此，两次世界大战之后的各种国际架构中，皆可见英国与美国的紧密合作。冷战结束后，美英特殊伙伴关系更加强化，在安全、军事、军工业，乃至于情资交换上，美国与英国的利益皆紧紧捆绑在一起，[②]建立了美英特殊关系。

英国以其软硬实力与美国维持着特殊伙伴关系，这些软硬实力包括英国的经济实力、在军费上的支出及军事行动上的贡献、英国的联合国安理会常任理事国席次、对自由国际主义的推动及对美国建立国际秩序之支持等。以上许多能力事实上是通过作为欧盟成员国而得以获得的，[③]如英国借由作为欧盟成员国厚植经济实力，因为英国经济与欧洲经济联结后，英国之市场需求及市场规模得以扩大；又譬如英国通过欧盟，得以增加其塑造国际秩序的影响力。因此，英国离开欧盟后，其软硬实力将受到冲击，这将影响美英特殊伙伴关系。

对美国而言，英国在欧盟的参与有着重要性，因为英国一直扮演着美国及欧盟之间的桥梁。英国与美国在自由主义意识形态上相近，因此英国与美国在国际利益上往往更为接近，英国在美国介入欧盟发展的过程中扮演着重要角色，[④]引导欧盟往符合美国利益的方向发展，使其不与美国利益产生冲突。对英国而言，一方面英国乐于与美国站在同一阵线影响欧盟的政策；另一方面英国希望美国能持续承诺维护欧洲安全。而对美国而言，英国是欧盟统合及欧洲地缘政治中的核

---

① Tim Oliver and Michael John Williams, 2016, "Special Relationships in Flux: Brexit and the Future of the US-EU and US-UK Relationships", *International Affairs*, 92 (3), p. 553.

② Ibid., p. 554.

③ Jeremy Ghez, Magdalena Kirchner, Michael Shurkin, Anna Knack, Alex Hall, and James Black, 2017, "A Snapshot of International Perspectives on the Implications of the UK's Decision to Leave the EU", https://www.rand.org/content/dam/rand/pubs/perspectives/PE200/PE225/RAND_PE225.pdf.

④ Tim Oliver and Michael John Williams, 2016, "Special Relationships in Flux: Brexit and the Future of the US-EU and US-UK Relationships", *International Affairs*, 92 (3), p. 549.

心，美国必须借由英国才能够主导欧盟的发展。因此对美国来说，留在欧盟中的英国方符合美国国家利益，这可由脱欧公投辩论时，美国总统奥巴马一再呼吁英国应留于欧盟得知。简言之，英国与美国对彼此的需求，构筑了它们在"二战"结束以来的特殊关系。

此外，若说美英之间存在着特殊关系，则美欧亦是紧密的伙伴。对美国而言，其国际关系中最重要的一环为对欧关系。[1] 美欧关系根基于其共享价值、双方紧密交织的经济与安全利益、多边及双边的国际制度性联结，以及国际框架等。自第二次世界大战结束以来，美国与西欧基于上述共享价值及经济与安全利益，以多种多边及双边国际制度及框架结成紧密的西方联盟；冷战结束后，随着欧盟的壮大，西方联盟的范围扩及整个欧洲。此次英国脱欧之决定反映了西方联盟的松动，若要巩固西方联盟中紧密交织之经济与安全利益，美欧势必重新安排目前之国际制度安排及合作框架，以重新展示西方联盟的团结意志。

第二次世界大战及冷战将美国与欧洲的命运捆绑在一起。[2] 美国在欧洲的军事部署、经援及政治支持，对欧洲整合及欧盟的成立至关重要。欧洲统合若没有美国对于西欧的军事支持以及北约的存在，事实上很难成真，因为欧洲仰赖镶嵌于北约及美国军事实力之"美利坚和平"（Pax Americana）而不需要担心邻国的侵略，方能在冷战的框架下持续地进行欧洲统合计划。此外，美欧之间通过联合国安理会及国际经济框架包括国际货币基金组织、世界银行及 GATT 共同塑造了全球治理。而美欧之间的共享价值，包括自由民主、自由资本主义、政治文化宗教的历史联系等，提供了一系列的价值及经济利益将两方紧紧捆绑，共同对抗法西斯主义及共产主义，[3] 并且塑造了"二战"后的全球治理模式。

---

[1] Tim Oliver and Michael John Williams, 2016, "Special Relationships in Flux: Brexit and the Future of the US-EU and US-UK Relationships", *International Affairs*, 92 (3), p. 553.

[2] Jussi Hanhimaki, Benedikt Schoenborn and Barbara Zanchetta, 2012, *Transatlantic Relations since 1945: An Introduction*, Routledge.

[3] Tim Oliver and Michael John Williams, 2016, "Special Relationships in Flux: Brexit and the Future of the US-EU and US-UK Relationships", *International Affairs*, 92 (3) p. 549.

尽管美国与欧洲在"二战"后保持正面的关系，但美欧之间事实上仍有些许矛盾存在。首先，欧盟内部的不同国家对于"大西洋主义"的认同度不尽相同，[1] 美国的政治精英亦不全然同意"大西洋主义"。在欧洲方面，早在苏伊士运河事件时，法国就不满美国对于欧洲事务的强势介入而开始质疑美国的政治及意识形态。近年来德法等国更因美国国家安全局（National Security Agency，NSA）对欧洲政要的监听事件感到不满，简言之，欧洲内部一直有一股质疑美国的声音存在。而在美国方面，则有一派人士质疑欧洲所推行之社会主义，[2] 同时亦为欧洲近年来不断缩减军费而感到不满，如美国总统特朗普就不断放话要求欧洲各国提高军费支出。

随着近年来单极体系的瓦解，美国的注意力正逐渐由欧洲转出，令欧洲质疑美国的安全承诺。自从美国前总统奥巴马提出重返亚洲政策（Pivot to Asia）后，美欧各个层面的特殊关系皆面临压力。除此之外，美欧之间亦因为军费支出、对新兴强权之观点、安全威胁、多边国际秩序、本土文化保护，以及美欧内部政党越来越多的反自由主义倾向等各问题而关系紧张。简言之，虽然美欧有共同利益存在，但美欧之间亦有紧张关系。

在美欧关系紧张时，英国作为与美国有特殊关系的欧盟成员国，往往扮演着美欧之间的桥梁。英国脱欧后，英国不再能够扮演如此的角色，[3] 美欧在英国脱欧后，失去了缓冲矛盾的沟通者。因此，虽然美欧关系基于共享利益及理念而不至于因为英国脱欧而地动山摇，但英国脱欧仍会给目前美欧之间的合作架构带来挑战。

三 英国脱欧后的跨大西洋安全合作

英国脱欧给国际政治带来了许多冲击，而欧盟的安全防卫政策就是其一。英国脱欧对现今欧洲安全主要仰赖之北约，及北约与欧洲强

---

[1] Tim Oliver and Michael John Williams, 2016, "Special Relationships in Flux: Brexit and the Future of the US-EU and US-UK Relationships", *International Affairs*, 92 (3), p. 559.
[2] Ibid..
[3] Ibid., p. 549.

权的关系造成影响，① 从而冲击跨大西洋安全合作机制，乃至于欧洲安全。

北约创建于1949年冷战时期，为由美国主导、西方阵营对抗共产主义阵营规模最大的集体防御组织。② 冷战结束后，随着防堵对手——共产主义阵营的瓦解，北约之角色与功能有了很大的变化，③ 由原本整体性与被动性防御与威慑，日渐被局部性与主动性之军事干预行动所取代，例如，1999年的南斯拉夫行动即北约为防卫欧洲安全而主动出兵之案例。④

随着欧盟的建立，欧洲各国亦逐渐思考欧盟是否应于军事安全层面有更进一步的合作，以加强欧洲的独立自主能力。⑤ 欧盟内部一直对于共同外交及安全政策有许多辩论，超国家主义者希望能将欧盟建为一个类似国家的行为体，这意味着欧盟必须有自己的武力。另外，欧陆主义则是因为不希望欧洲事务受美国过多干涉，亦支持建构欧洲自主防卫能力。冷战结束以来，欧盟一直尝试展现其处理欧洲安全事务的能力，并建构本身因应非传统安全问题的能力，这样的计划使得欧盟与北约的路线开始有了重叠的趋势。

欧盟若建立了军事合作体系，则欧盟及北约将在功能上有所重叠，如法国前总统席哈克就曾言，北约与欧盟很难说是朋友，⑥ 因为欧盟的独立自主军事能力会弱化北约的角色。另外，由于两个组织的成员国重叠，两个组织在争取成员国的军费上有着竞争关系。⑦ 举例来说，欧盟与北约之间的竞争关系使成员国间常常互相阻挠彼此的军

---

① Oana-Elena Brânda, 2017, "NATO-EU Relations in the Aftermath of Brexit", Paper presented at the *International Scientific Conference "Strategies XXI"*, p. 75.
② 汤绍成：《后冷战时期北大西洋公约组织角色与公约的转变》，《问题与研究》2000年第39（1）期。
③ 甘逸骅：《北约东扩——军事联盟的变迁与政治意涵》，《问题与研究》2003年第42（4）期。
④ 汤绍成：《后冷战时期北大西洋公约组织角色与公约的转变》，《问题与研究》2000年第39（1）期。
⑤ Lawrence Freedman, 2016, "Brexit and the Law of Unintended Consequences", *Survival*, 58 (3), pp. 7–12.
⑥ Tomas Valasek, 2007, "The Roadmap to Better EU-NATO Relations", London: Centre for European Reform, Briefing Note 20.
⑦ Ibid..

购,如北约购买 C-17 飞机的计划就曾被法国否决。因此,欧盟与北约之间事实上有一股竞争趋势,① 北约与欧洲安全防卫政策(European Security and Defense Policy, ESDP)常常被视为竞争对手。在这样既合作又矛盾的关系中,英国同时身为美国特殊伙伴及欧盟成员国,一直扮演着平衡两者之角色。脱欧后英国将不再能够主导欧盟政策,可能会为目前欧盟与北约的安全合作关系带来变化。

(一)北约—欧盟竞合中之英国角色

北约由美国主导,为世界上最大的军事同盟。② 由 2015 年北约成员国的预算贡献来看,美国占了超过 3/4,③ 另外,北约最高指挥权也掌握于美国手上。④ 作为北约之核心领导者,美国不乐见北约之角色被弱化甚而被取代,因此美国对于欧盟企图建立自主防卫能力的欧洲安全及防卫政策多有质疑。⑤

英国传统上向来以多边主义维持其安全。第二次世界大战结束后,英国以与美国维持联盟的方式来确保其国家安全;通过与美国之间的联盟,英国得以在"二战"后的新兴多边组织如联合国及北约中享有领导地位。⑥ 鉴于英美特殊关系,英国向来希望北约与欧盟可以密切合作,⑦ 因此当很多欧盟国家希望建立欧盟的军事能力,使欧盟于安全防御上能够更加独立自主时,英国持反对立场,阻挡欧盟建立常设性军事架构,坚持应以深化与北约之间的合作来防卫

---

① Lawrence Freedman, 2016, "Brexit and the Law of Unintended Consequences", *Survival*, 58 (3), pp. 7 - 12.

② Tim Oliver and Michael John Williams, 2016, "Special Relationships in Flux: Brexit and the Future of the US-EU and US-UK Relationships", *International Affairs*, 92 (3), p. 550.

③ Anna Dimitrova, 2016, "Troubled Times for Transatlantic Relations", Paper presented at the *Europe in Trouble*, p. 2.

④ Tomas Valasek, 2007, "The Roadmap to Better EU-NATO Relations", London: Centre for European Reform, Briefing Note 20.

⑤ Ibid..

⑥ Lawrence Freedman, 2016, "Brexit and the Law of Unintended Consequences", *Survival*, 58 (3), pp. 7 - 12.

⑦ Tomas Valasek, 2007, "The Roadmap to Better EU-NATO Relations", London: Centre for European Reform, Briefing Note 20.

欧洲安全。①

北约对英国的重要性可由英国在北约中的军费支出得知。相较于其他成员国，英国在军费上的支出向来很高。北约设定其成员国应将国内生产总值（Gross Domestic Product，GDP）的2%用于国防支出，以加强各国的军事装备和兵力，来保证北约的共同军事防御力量，然而北约成员国中，目前仅有5个国家②达到此标准，英国即为其中之一。若以总量来看，英国的军费支出仅次于美国，而若是以人均支出来看，则是排名第八。③借由对北约的军费贡献，英国得以于北约中扮演领导角色。④

英国之军事能力亦使其成为执行欧盟共同安全防卫政策（Common Security and Defense Policy，CSDP）的主要行为者。欧盟的共同外交及安全政策的预算中，英国的贡献大约占25%。另外在人员的提供上，英国则贡献了10%。另外，英军丰富的军事经验亦对欧盟的军事行动贡献良多。⑤简言之，英国的军费支出、核武能力、传统武力、英美特殊关系及其对于使用武力的承诺，使得英国不论在欧盟或是北约中，皆扮演着重要的安全角色。⑥

英美特殊关系使英国得以在北约与欧盟的竞合关系中，扮演北约与欧盟之间的协调者（interlocutor），⑦缓和北约与欧盟的竞争关系。英国通过维持跨大西洋的关系稳定，向美欧双方表示善意，并持续扮

---

① Benjamin Kienzle and Inez von Weitershausen, 2017, "Brexit Has Given an Impetus to Reshape Europe's Foreign, Security and Defence Policies", *LSE Brexit*.

② 2018年分别有美国、英国、希腊、波兰、爱沙尼亚达标。

③ Petter Stalenheim, Catalina Perdomo and Elisabeth Sköns, 2007, "Military Expenditure", in *Sipri Yearbook 2007*: *Armaments, Disarmament and International Security*, Oxford: Oxford University Press, pp. 267 – 297.

④ David Hastings Dunn and Mark Webber, 2016, "The UK, the European Union and NATO: Brexit's Unintended Consequences", *Global Affairs*, 2（5）, pp. 471 – 480.

⑤ Sven Biscop, 2016, "All or Nothing? The EU Global Strategy and Defence Policy after the Brexit", *Contemporary Security Policy*, 37（3）, p. 436.

⑥ David Hastings Dunn and Mark Webber, 2016, "The UK, the European Union and NATO: Brexit's Unintended Consequences," *Global Affairs*, 2（5）, p. 474.

⑦ Doug Stokes and Richard G Whitman, 2013, "Transatlantic Triage? European and UK 'Grand Strategy' after the US Rebalance to Asia", *International Affairs*, 89（5）, pp. 1087 – 1107.

演协商者的角色。英国脱欧后,这样的角色无疑将改变,英国不再能够扮演跨大西洋桥梁的角色,而美国亦将失去在欧盟及欧陆内部施力的杠杆。[1] 这将牵动未来美国、德国、法国、英国之间的沟通渠道及合作信任,进而影响欧盟与北约之间的合作。

首先,在外交、安全及防卫行动上,英国不管是在实质能力或者是象征意义上,皆对欧盟有着重要价值。[2] 英国脱欧被解读为西方联盟的分裂,未来在重要安全议题的合作上,英国将会倾向支持由北约主导,而非经由欧盟主导的合作框架,[3] 未来看似北约在欧洲安全议题上或可取得主导地位,但事实上英国脱欧带来了欧洲的分裂,削弱了西方世界的团结,反而给美欧安全合作带来负面影响。[4]

其次,英国脱欧对于欧盟独立自主军事能力之建立可说是有喜有忧,英国脱欧一方面削弱了欧盟的军事力量,但也为欧盟排除了创建独立自主军事能力的杂音。在忧的方面,欧盟的军事力量被削弱,对西方阵营来讲不是件好事,因为欧盟分担美国维持世界秩序责任的能力会下降。而欧盟排除了英国在创建自主军事能力方面的反对声音后,可能更快速地发展自主军事能力,这对欧盟来讲是件喜事,但这样的发展却会使欧盟与北约的路线及任务重合,加深北约与欧盟的竞争。

前述两点为英国脱欧对北约及欧盟合作的框架性影响。此外,若从技术性层面观察,英国脱欧可能在军费支出、领导核心、团结度,及合作制度等层面带来冲击。在军费支出方面,英国脱欧后将面临的首个重要议题为如何解决与欧盟之间的财政分摊问题,预期英国必须为离开欧盟付出大额费用。另外,目前许多企业设于英国的总部将可能大规模迁出,以获得持续留在欧洲共同市场的企业利益,而这其中包括大量的金融公司和银行。不论是庞大的"分手费"或者是企业

---

[1] Oana-Elena Brânda, 2017, "NATO-EU Relations in the Aftermath of Brexit", Paper presented at the *International Scientific Conference "Strategies XXI"*, p. 78.

[2] Benjamin Kienzle and Inez von Weitershausen, 2017, "Brexit Has Given an Impetus to Reshape Europe's Foreign, Security and Defence Policies", *LSE Brexit*.

[3] Spyros Economides and Julia Himmrich, 2016, "What Price Autonomy? Brexit's Effect on Britain's Soft Power, Trade Deals and European Security", *LSE Brexit*.

[4] David Hastings Dunn and Mark Webber, 2016, "The UK, the European Union and NATO: Brexit's Unintended Consequences," *Global Affairs*, 2 (5), p. 471.

迁出，都将给英国的经济带来一定的冲击。英国脱欧带来的经济衰退可能会使得英国削减军费，就算英国仍然维持目前北约所要求的占GDP 2%的国防预算，但以总量来看，英国的军费支出势必会减少。[1] 因此，英国脱欧将有损其目前在全球政治中的领导地位。[2]

而在领导核心方面，英国的退出将会对欧盟造成伤害，进而影响北约。对美国来说，软弱的欧盟对北约其实是不利的，因为这意味着欧洲盟友的分裂。[3] 美国向来对英国在欧盟里的"硬汉"角色感到满意，如在俄罗斯问题上英国即属欧盟内的强硬派，忠实支持美国的强硬政策。未来美国仍需与欧盟维持关系，但已不再能指望英国扮演美国代言人的角色，北约中的领导核心势必有所转换。

鉴于美国与法国向来不甚同调的外交立场及法国不喜美国对欧洲事务有过多介入，未来美国可能希望拉近与德国的距离，由德国填补美国利益代言人之空缺。[4] 但德国与美国在许多政策上亦有不同立场，德国对美国的支持绝对不如英国对美国的支持来得坚定。英国脱欧后欧盟的领导架构将有所转变，这将冲击美国与欧盟的合作及共同利益，西方盟邦内部的团结将无可避免地受到冲击，而更近一步影响西方盟邦在北约中的合作。

英国脱欧象征欧洲的分裂，将对北约最重要的资产——团结造成威胁。首先美国长久以来一直对欧洲军费过低感到不满，[5] 例如，美国总统特朗普竞选期间一直主张欧洲应对自己的安全担负起更大的责任，亦即欧洲各国应该增加对北约军事费用的贡献。在英国离开欧盟之后，欧洲对于北约的军事贡献比将显得更低，势必再度引起特朗普的批评。此外，特朗普不时发表"北约过时论"，认为北约是为了对

---

[1] David Hastings Dunn and Mark Webber, 2016, "The UK, the European Union and NATO: Brexit's Unintended Consequences," *Global Affairs*, 2 (5), pp. 471 – 480.

[2] Ibid., p. 471.

[3] Gideon Rachman, 2016, "The Making of a Global Crisis", *Financial Times*, https://www.ft.com/content/5490d754-3a0e-11e6-9a05-82a9b15a8ee7.

[4] David Banks and Joseph O'Mahoney, 2016, "After Brexit, Britain Is Free-but It Will Never Be a Global Power Again", *Independent*, http://www.independent.co.uk/voices/brexit-eu-referendum-us-special-relationship-britain-will-never-be-a-global-power-again-a7150066.html.

[5] Tim Oliver and Michael John Williams, 2016, "Special Relationships in Flux: Brexit and the Future of the US-EU and US-UK Relationships", *International Affairs*, 92 (3), p. 551.

抗苏联而建立，然而现今全球的主要安全威胁却是恐怖主义，① 因此北约已不再符合时代需求。以上美国的各种主张及论点皆导致欧洲各国对美国军事承诺的质疑，冲击北约的团结度及可信度。英国脱欧后将使得矛盾不只存在于美欧之间，更显示出欧洲内部之间亦有巨大矛盾，北约军事承诺的可信度问题将更显严重。

英国脱欧将会影响1990年代以来建立的欧盟与北约间的合作制度安排。自俄罗斯问题及叙利亚问题爆发以来，欧盟与北约之间的合作逐渐加深，如欧盟与北约发布建立战略性伙伴关系宣言，以加强情资交换、海军合作以及网络安全②。英国退出欧盟等于否定了此制度合作的重要部分——欧盟的存在价值，③ 将对建立此制度安排的努力造成打击。

尽管英国脱欧公投通过后，美国前总统奥巴马立即发表"英国仍是美国不可或缺的伙伴""美英仍将维持特殊关系""英国在北约的参与仍是美国外交安全及经济政策的基石" 等言论来巩固西方联盟，④ 但鉴于英国在外交、安全及防卫行动上对于欧盟的实质价值，以及英国在欧盟北约关系中扮演的沟通者角色，其脱欧决定对这两个组织的影响不言而喻。而从上述军费支出、领导核心、团结度，及合作制度等层面观察，英国脱欧冲击了欧盟与北约的合作框架，不可避免地影响了欧盟和北约的关系。

（二）跨大西洋安全合作未来展望

英国脱欧造成欧盟的分裂，并显现欧美内部民族主义、孤立主义以及民粹主义再起，⑤ 而这样的潮流在全球化及非传统安全威胁不断

---

① Anna Dimitrova, 2016, "Troubled Times for Transatlantic Relations", Paper presented at the *Europe in Trouble*, pp. 2–3.

② *EU-NATO Joint Declaration*, 2016, http://www.consilium.europa.eu/en/meetings/international-summit/2016/07/NATO-EU-Declaration-8-July-EN-final_pdf/.

③ David Hastings Dunn and Mark Webber, 2016, "The UK, the European Union and NATO: Brexit's Unintended Consequences", *Global Affairs*, 2 (5), pp. 474–475.

④ Anna Dimitrova, 2016, "Troubled Times for Transatlantic Relations", Paper presented at the *Europe in Trouble*, p. 1.

⑤ Tim Oliver and Michael John Williams, 2016, "Special Relationships in Flux: Brexit and the Future of the US-EU and US-UK Relationships", *International Affairs*, 92 (3), p. 552.

兴起的情况下，将使得国际对抗安全威胁的合作面临挑战。然而为因应不断变化的安全威胁，英国脱欧后美欧英之间应如何合作以保障欧洲安全乃至于全球安全，成为重要课题。

即使英国离开欧盟，英美之间既有的情资分享、核子安全、尖端科技等方面的合作也不会受到损害。[1] 虽然对于美国而言，英国将失去美国在欧洲之代言人角色，但鉴于彼此之间的共享利益，美英的合作仍不致受到过大冲击。而美欧之间的安全合作走向，则看欧盟与北约的合作关系如何调整。

欧盟及北约的成员国重叠，两者面临一样的威胁及挑战，因此两者在危机处理及能力建构上必须有密切的合作。基此，两者间建立制度性的合作成为必要课题。通过防卫事务的共同参与框架，北约及欧盟的合作自1990年代开始启动，里程碑是1998年象征英法和解的《圣马洛宣言》的发表，其中法国希望能够建立欧洲防卫机制，而英国则希望能够持续地建构北约的能力。2002年，北约及欧盟发表了ESDP宣言，使欧盟得以参加北约的能力建构计划。这项宣言在2003年时由柏林延伸协议（Berlin Plus Arrangement）实现，为欧盟领导行动建立了支持的联盟。[2] 为因应危机预防、冲突管理以及冲突后的局势等议题，欧盟的《里斯本条约》及2010年发布的战略概念（The Strategic Concept）凸显了欧盟与其他国际组织进一步合作的需求，而此等合作以及建立合作框架的需求则与北约危机处理及行动的方式有关。[3]

英国脱欧公投于2016年6月24日通过后，北约官员立刻发表谈话稳定西方盟邦之信心，可见北约极担忧英国脱欧可能给北约带来负面影响。6月24日当日，北约秘书长斯托尔滕贝格（Jens Stoltenberg）立刻公开表示英国脱欧不会影响北约，25日，北约最高军事长官斯

---

[1] François Heisbourg, 2016, "Brexit and European Security", *Survival*, 58 (3), pp. 13-22.

[2] Oana-Elena Brânda, 2017, "NATO-EU Relations in the Aftermath of Brexit", Paper presented at the *International Scientific Conference "Strategies XXI"*, p. 76.

[3] "Relations with the European Union", NATO Website, http://www.nato.int/cps/en/natohq/topics_49217.htm.

塔夫里迪斯（James Starvridis）亦评论，英国脱欧事实上对北约有利，英国可将资源及精力全力投入北约行动，因此英国脱欧可能使北约更加强大。但26日时，斯长尔滕贝格亦不否认鉴于英国是北约欧洲成员国中最重要的国家，英国脱欧的影响十分难以预测。① 而欧盟方面，则于当月底立即发布《欧盟外交及安全全球策略》（EU Global Strategy for Foreign and Security Policy），除了勾勒出欧盟未来所因应的安全挑战以及应对方式，亦彰显英国脱欧后欧盟各国的团结及加强欧盟安全防卫政策的意向。②

由于军事能力建设缺乏总体性规划，即使欧盟成员国中有许多国家的军费呈现上升趋势，但仍不足以使欧盟整体具备足够的军事能力。③ 另外，由于大众期待欧盟能够处理欧洲内部及欧洲外围之安全威胁，加上美国将重心转至亚洲，欧盟近年来强调战略安全自主。对于战略安全自主权的需求使欧盟发布《欧盟外交及安全全球策略》文件。

欧盟全球战略奠基于2003年的欧洲安全政策以及2008年的施行报告，再加上策略的拓展以及排序，④ 强调"战略自主性"，定义出五大目标，包括维护欧洲自身安全、外围安全、因应战争及危机之准备、稳定的区域及全球秩序以及有效率的全球治理。欧盟强调其任务不会与北约对抗军事侵略之任务重复，而是着重于内在及外在的挑战，如恐怖主义、复合性威胁、网络能源安全等。⑤ 为了达成目标的战略自主性，部门性战略会进一步着重于公民军事层面的目的、任务、要求以及能力。⑥

---

① Oana-Elena Brânda, 2017, "NATO-EU Relations in the Aftermath of Brexit", Paper presented at the *International Scientific Conference "Strategies XXI"*, p. 77.

② Anna Dimitrova, 2016, "Troubled Times for Transatlantic Relations", Paper presented at the *Europe in Trouble*, p. 2.

③ Sven Biscop, 2016, "All or Nothing? The EU Global Strategy and Defence Policy after the Brexit", *Contemporary Security Policy*, 37 (3), pp. 431 – 445.

④ Anna Dimitrova, 2016, "Troubled Times for Transatlantic Relations", Paper presented at the *Europe in Trouble*, p. 2.

⑤ Lawrence Freedman, 2016, "Brexit and the Law of Unintended Consequences", *Survival*, 58 (3), pp. 7 – 12.

⑥ Sven Biscop, 2016, "All or Nothing? The EU Global Strategy and Defence Policy after the Brexit", *Contemporary Security Policy*, 37 (3), pp. 431 – 445.

由以上欧盟基于务实原则推出的新外交政策，可发现欧盟政策一方面着重于现实政治考虑；另一方面亦企图将理想主义理念结合进现实政治。①《欧盟外交及安全全球策略》文件提到，全球策略中的务实原则来自于对战略环境的现实评估，以及追求更好世界的理想理念。欧盟的全球策略强调必须建设"更紧密的大西洋"，因此欧盟将致力于建立大西洋的紧密联系以及通过北约维持稳固的大西洋伙伴关系。

对于战略安全自主权的需求驱使欧盟于2016年发布新的全球战略政策文件，英国脱欧不会改变欧盟关于战略安全自主的国际框架，也不必然会给欧盟目前试图建立的合作制造障碍。相反，脱欧后，英国将不再能阻挠欧盟的军事发展，也不能限制欧盟的共同安全政策。现在欧盟其他成员国可以加快合作，来证明其建立欧洲防卫能力的决心。②

英国在欧盟中有重要的军事贡献，包括分摊了约25%的军费、10%的军队，而英国军队之经验也对欧盟的军事行动有重大意义。③未来英国撤出CSDP后，有可能促使CSDP做出改革，变得更加关注公民，使其由军事行动转变成为公民导向的行动，例如，欧盟全球政策中即表示未来会着重于公民行动。④

在发展欧盟的防卫能力上，英国脱欧可能使欧盟发展防卫能力的阻碍减小；而在实际的行动上，英国脱欧的影响有限。因为自2014年以来，英国就不断减少其对CSDP的军事支出，因此失去英国的支持应不致造成巨大的影响。在目前的CSDP下，英国对于行动的贡献其实有限，未来英国亦可以采取目前许多非成员国采取的模式加入共同安全及防御行动。事实上目前欧盟成员国并不热衷在CSDP体系下

---

① Anna Dimitrova, 2016, "Troubled Times for Transatlantic Relations", Paper presented at the *Europe in Trouble*, p. 2.

② Sven Biscop, 2016, "All or Nothing? The EU Global Strategy and Defence Policy after the Brexit", *Contemporary Security Policy*, 37 (3), pp. 431 – 445.

③ Ibid., p. 436.

④ Karen E. Smith, 2015, "Would Brexit Spell the End of European Defence?" *LSE European Politics and Policy* (*EUROPP*); Oana-Elena Brânda, 2017, "NATO-EU Relations in the Aftermath of Brexit", Paper presented at the *International Scientific Conference "Strategies XXI"*, p. 80.

部署军队,而是偏好在欧盟体系外,如北约的框架下采取行动,如此就无须所有的成员国参与。

早前在 ESDP 时,英国即担忧欧盟与北约功能重复,而对欧洲安全防卫政策多有质疑。英国离开欧盟后,欧盟内部的反对声音将不复存在,反而为欧盟创建军队制造空间。然而未来欧盟与北约在一些重要议题,如叙利亚的干预问题上,共识的达成会变得更加困难,因为将缺乏关键欧盟成员国对北约的支持,未来的合作可能会更倾向于以欧盟框架解决。[1] 英国脱欧后英国及欧盟必须面对的问题是,英国是否应该加入"欧盟外交及安全全球策略"的执行,还是以特殊关系进行合作?若是后者,应该如何安排,是全部加入,还是选择性加入?是如澳大利亚及新西兰在北约的角色——仅稳定地提供军队,但不干涉策略,还是要参与策略之拟定?未来欧盟与英国对于该策略的安排,将决定欧盟全球战略所追求的欧洲战略自主性能否实现。

欧盟全球战略的主要目的是追求欧洲的战略自主性,而此意味着欧洲希望减少对美国的依赖。然而该策略亦不排除增加与其他国际组织,亦即北约之合作,因此即使欧盟增加了战略自主性,欧盟与北约仍有可能保持合作关系。鉴于美国于北约中的领导地位,未来美国在欧洲安全上仍有施力点,然美国可有多大的影响力仍视欧盟与北约的合作程度而定。英国脱欧使欧盟出现了战略自主的空间,的确为美欧英的关系带来变化,但西方同盟并不一定会因此地动山摇,未来西方同盟的稳固与否,视欧盟在走向战略自主的同时,如何处理其与北约的关系。

四 结论:英国脱欧后的美欧英安全合作关系

纵观英国外交政策,自 19 世纪的光荣孤立政策追求欧陆均势、1950 年代选择不加入欧洲统合进程,乃至于 1970 年代毅然加入欧洲

---

[1] Mary Dejevsky, 2016, "Brexit Could Finally Spark Reform of the Eu", *Independent*, http://www.independent.co.uk/voices/brexit-what-happens-to-the-eu-angela-merkel-nato-effects-a7116726.html.

共同体，皆是由外交精英主导。外交精英衡量当时整体国际政经局势之后，以理性算计考虑对英国最有利的方案而做出决策。在目前区域化高涨的国际政经局势下，在安全上持续作为欧盟内部唯二重要的军事成员国方符合英国国家发展利益，然而英国却做出与国家利益背道而驰的脱欧决定。这样的结局是因为，相较于以往重大外交战略由理性政治精英主导，2016年英国脱欧之外交政策却是政治领导人在选举考虑下，将必须权衡复杂的全盘局势而理性算计的外交政策，交付由情感主导行动的民众决定，无法像以往一样经过全盘的理性计算。脱欧公投之结果已出，美英欧的政治领导人接下来的课题为如何减低英国脱欧对西方盟邦所造成之政治安全冲击。

英国脱欧象征着西方盟邦的分裂，对美国而言，美国需要强化其与欧洲的合作，否则脆弱分化的欧洲将会给西方盟邦及全球政治带来负面影响；对欧洲而言，欧洲需要美国的支持来巩固西方盟邦的信心，以减低英国脱欧的冲击；而对英国来讲，脱离了欧盟之后英国必须面临如何调整其向来以"跨大西洋桥梁"取得国际政治领导者地位之政策，一方面必须设法巩固美英特殊伙伴关系；另一方面则是要调整与欧陆的关系，以确保其不至于在失去"跨大西洋桥梁"角色之后在国际舞台上被边缘化。

在欧英关系上，欧盟与英国为了脱欧展开复杂且冗长的谈判。尽管英国与欧盟仍同为北约成员国，可以通过北约进行合作，但鉴于欧盟处理之议题比北约更广泛，包括社会、政治、经济及非传统安全议题等，英国通过北约来影响欧洲政治的可能性将十分有限，英国未来介入欧盟事务的能力在脱欧后将下降，而在这样的情况下，英国不再能像以往一样扮演美欧之间沟通者的角色。

英国脱欧将会给美国在多极世界中处理大西洋关系带来一些问题，然而，即使没有英国，欧盟也不至于去挑战美国的军事及政治强权，因为对欧盟来讲，在美国的安全保护伞下会比增加自身的军备能力来得容易。[1] 而在军事行动方面，虽然英国一向扮演支持美国的角

---

[1] Tim Oliver and Michael John Williams, 2016, "Special Relationships in Flux: Brexit and the Future of the US-EU and US-UK Relationships", *International Affairs*, 92（3），p.565.

色，要求欧盟支持美国在世界各地所进行的军事行动，但近年来英国对于美国的此种支持度已逐渐下降，譬如2013年时，英国就拒绝支持美国的叙利亚行动，因此英国脱欧虽会改变美欧间的沟通渠道，却不致使美欧关系地动山摇。首先，早在英国脱欧之前，英国对美国的支持度就早已逐渐下降。其次，欧盟在创建战略自主性时，亦表示与北约保持合作的意向，且英国脱欧也未改变英国于北约中的参与，因此目前看来英国脱欧不太会冲击美国对欧洲军事防卫事务的影响力，英国脱欧所带来的影响主要是给予欧盟创建战略自主性的空间，而这影响了北约与欧盟的竞合关系。而在北约与欧盟的竞合上，鉴于东欧成员国对美国军事行动的支持，欧洲内部的大西洋主义不见得会因为英国的离开而失去力量，东欧对美国的支持仍使大西洋主义能在欧洲内部支撑美欧关系，因此即使欧盟发展了战略自主性，仍可能与北约保持合作关系。

对美国来讲，目前最主要的挑战是如何在失去英国这个桥梁的情况下与欧洲国家培养正面的关系。在一个充满不确定性的世界里，美国仍会希望北大西洋国家在国际和平及安全事务上与美国持续紧密合作，英国脱欧或许会使情况更为复杂，但不会改变这样的路线。[1] 对美国及欧盟双方而言，奠基于共同安全及贸易投资的双边关系仍至关重要。美国期盼欧洲可以在维持国际和平及安全上有更大的贡献。欧盟向来以政治及经济作为吸引力，如通过吸引其他国家加入欧盟或是建立更紧密的经济与政治关系来鼓励及改变其他邻国行为。美国将会希望看到欧洲在自己及全球事务上扮演更重要的角色，不论是通过北约还是通过欧盟，尤其是在中东及北非区域。[2]

不可否认，英国在欧盟的角色对于美国、对于美欧合作及大西洋关系很重要，但鉴于许多欧盟新成员国皆抱持着支持美国的态度，大西洋联盟并不会因为英国离开欧盟而分崩离析。事实上，英国脱欧或

---

[1] Tim Oliver and Michael John Williams, 2016, "Special Relationships in Flux: Brexit and the Future of the US-EU and US-UK Relationships", *International Affairs*, 92 (3), p. 565.

[2] Ibid., pp. 561 – 562.

许可以使欧盟更有效率,反而拉近美欧关系及加强美欧合作。① 若是欧盟在英国脱欧后建立战略自主性的情况下仍能保持与北约的合作,则英国脱欧对于大西洋安全合作事实上不至于造成过大的负面冲击,反而是欧洲的军事能力增加后,更加强化美欧同盟介入世界安全事务的能力。简言之,英国脱欧使美欧之间失去了一个沟通渠道,但也为欧盟强化军事能力开启了一扇窗,未来美欧的安全合作是悲观还是乐观,则视欧盟与北约如何在后英国脱欧时代调整彼此之间的关系。

---

① Tim Oliver and Michael John Williams, 2016, "Special Relationships in Flux: Brexit and the Future of the US-EU and US-UK Relationships", *International Affairs*, 92 (3), p.559.

英国脱欧与波兰的欧盟整合政策

杨三亿

一 中东欧国家的政治发展特色

中东欧国家研究的重要性在于这些国家皆为20世纪90年代初期脱离苏联阵营而独立的后共产主义国家，这些国家的共同特色在于民主化时间未久，因此中央宪政制度与政党政治发展仍有相当高的权变性质，民众对民主制度的效率与稳定仍有若干疑虑。从外部安全环境来说，这些国家所面对的各式挑战也较中西欧国家多，由于仍地处欧俄两大强权竞争的中间地带，这一群国家持续受到左右两大强权的政治、经济与军事交互影响，使得国家发展方向还有很强的不确定性。上述条件限制使得中东欧国家自冷战结束后历经超过25年的政经改革，仍展现出与中西欧国家若干政治发展差异。

（一）"回归欧洲"是这一群组国家的主要标记

冷战结束是中东欧国家政经发展路径的重大分野，苏联与华沙公约组织的瓦解是这一群国家能发展出有别于冷战时期外交政策的关键所在，这些国家开始掌握自己的发展道路，走向民主化与经济改革方向。以波兰、捷克、匈牙利、斯洛伐克等为首的维斯格拉瓦集团（Visegrad Group）国家开始尝试改变、率先推动政治与经济改革，这些国家后来与拉脱维亚、爱沙尼亚、立陶宛（统称为波海三国）、斯洛文尼亚（前南斯拉夫最先进的区域）、马耳他与塞浦路斯

(地中海岛国）成为欧盟首波东扩的新成员国。[1] 后继的巴尔干半岛国家罗马尼亚、保加利亚以及克罗地亚也纷纷在后续各阶段加入欧盟、成为欧盟正式的成员国。同一时间，欧洲最重要的军事安全组织北大西洋公约组织也在相近时期，以相似步伐展开扩张行动，将多数中东欧国家纳入北约指挥体系下。[2] 至此，多数中东欧国家成为欧盟与北约的成员国，其余尚未成为成员国的巴尔干国家也多为欧盟候选国。

中东欧国家回归欧洲、加入欧盟与北约最大的影响在于这些国家所处的政治权力状态获得改变。众所周知，冷战结束后中东欧地区出现短暂的权力真空状态，这个权力真空状态主要是因苏联势力的退却形成的，而后欧盟与北约不断向东扩张，填补了该地区的权力真空状态，也就是说，冷战时期的两极对抗格局逐渐转向了以欧盟与北约为主的政治民主与市场经济体系，这个现象造就的特色为：1. 西方势力不断向外扩；2. 俄罗斯势力的退却；3. 新加入西方阵营的中东欧国家安全策略的调整。[3] 冷战结束初期这些国家的回归使得欧洲安全局势产生相当大的变化，自中东欧国家加入西方阵营后，原先后冷战初期所享有的缓冲区设计，也就是这一群国家暂无亲欧或亲俄的外交走向逐渐模糊，连带使得欧洲安全体系逐步转化为东西强权近乎直接接壤的状态，当东西两强缓冲区越趋缩小，东西方强权的政策议题回旋空间也就越趋缩小、紧张状态也就有可能随之提高。

（二）加入欧盟对中东欧国家之影响

从中东欧国家回归欧洲、加入西方阵营的角度来看，加入欧盟比加入北约对中东欧国家影响更大，主要因为成员国加入欧盟的影响层次非常广泛。1993 年哥本哈根高峰会及其后的哥本哈根标准（Copen-

---

[1] Roland Dannreuther, *Eastward Enlargement*, Oslo: Norwegian Institute for Defense Studies, January 1997, p. 72; Roman Kuzniar, *Poland's Security Policy 1989 – 2000*, Warsaw: Scholar Publishing House, 2001, pp. 37 – 47.

[2] Adam Daniel Rotfeld, "NATO Enlargement and the Reinforcing of Euro-Atlantic Security Structures", *The Polish Quarterly of International Affairs*, Vol. 8, No. 1, pp. 23 – 52.

[3] William C. Wohlforth, "The Stability of a Unipolar World", *International Security*, Vol. 24, No. 1, p. 23.

hagen Criteria)是新成员国申请入盟的起点，而入盟过程最重要的审查过程，也就是欧盟执委会的年度报告（Regular Report）更为关键，执委会通过年度报告评估候选国的政经改革进展，并将这些报告内容作为来年审核的重要基础。1998—2003 年，欧盟对申请加入的候选国进行了巨细靡遗、严格检视的入盟审查。①

入盟审查的影响表现在以下几个方面：1. 入盟使得新成员国能于进入欧盟前就了解欧盟运作的重要基础，也就是以合乎欧洲价值与法令规范为根本的决议制，这对刚脱离社会主义阵营的中东欧国家来说，具有推动意识形态变迁的重要性。2. 加入欧盟另一个影响是稳固中东欧国家的民主化转型过程，因为如果缺乏欧盟的制度性力量，仅依靠中东欧国家内部力量推动民主转型，民主巩固目标达成就相对困难。通过加入欧盟，西欧国家与欧盟支持中东欧国家回归欧洲的做法提升这些国家的政治民主化动力，欧盟广大的市场诱因与欧洲价值也支撑了这些国家经济改革的动力，避免这些国家遇到困境时重拾共产主义发展道路的可能，换句话说，入盟代表着这一群国家很可能从此就稳固了亲欧的发展道路。②

二 英国脱欧对中东欧国家政治发展的可能影响

虽然上文提及中东欧国家的政经改革方向已经确立，也就是在欧洲化的前提下继续朝着政治民主化与经济自由化方向前进，不过近期在欧洲发生的诸多重要事件，对欧洲地区的安全局势与中东欧国家的欧盟整合皆产生若干影响，英国脱欧就是其中一个非常重要的事件，下文我们将就脱欧与波兰的关联性进行分析，并在这个基础上爬梳脱

---

① Jan Borkowski, "Prospects for Poland's Membership in the European Union: The EU's Procedure for Accession and Its Strategy Regarding Poland", *Studia Europejski*, Vol. 20, No. 4, 2000, p. 209.

② European Commission, "Enlargement One Year On: State of Play", Brussels, April 29, 2005; Wim Kok, "Enlarging the European Union: Achievement s and Challenges", Report of Wim Kok to the European Commission, 26 March 2003, San Domenico di Fiesole: European University and Institute and Robert Schuman Centre for Advanced Studies.

欧对双方关系的影响。

（一）英国脱欧

从历史上看，欧盟从未发生过成员国正式诉请脱离欧盟的事情，因此英国2016年脱欧公投造成的影响既深且远，然而我们也需指出，英国决定于2016年举行脱欧公投并非新鲜事，早于1975年时英国即通过全民公投方式决定是否续留欧洲经济共同体（European Economic Community, EEC），当时英国执政党工党担心如果英国继续留在欧洲共同体，欧洲共同体更深度的整合政策将对英国产生诸多不利影响，这些不利影响包括英国农产品将受到来自其他农业大国的冲击、英联邦成员农产品输往英国将受到限制、共同体决策将更伤害英国国会至上的基本原则，以及英国劳动待遇条件将需要接受共同体规范等。

观察2016年与1975年两次公投，我们发现两次公投关心的议题极为相似，2016年公投关注的议题集中在经济治理（英国未加入欧元区，然欧元区决策无可免地影响欧盟各成员国，致英国可能受到歧视性待遇）、竞争力（提升内部单一市场的竞争力）、主权（英国参与欧盟整合程度应由英国决定）、社会福利与人员自由流动（限缩移工及其社会福利待遇）等，显然是理性主义的思考范畴。①2016年的公投是英国前首相卡梅伦（David Cameron）为实现竞选承诺而发动的，投票结果（51.89%支持脱离欧盟、48.11%支持续留欧盟，总投票率为72.2%）对欧洲政治局势产生了极大的影响。对英国、欧盟与其他成员国来说，如何面对英国离开欧盟后的新局面，是一个相当重要的影响因素。我们比较这两次的公民投票，发现英国所关乎者仍以经济、主权与社会福利待遇等议题为主，显见这几项议题为英国长期以来与欧盟互动关系的核心关注，请参阅表1。

---

① European Council, "A New Settlement for the UK in the EU", Conclusions-18 and 19 February 2016.

表1　英国针对欧盟/欧洲经济共同体之去留公投对照

	1975年公投	2016年公投
执政党	工党	保守党
公投主张	共同农业政策与农产品价格 英联邦农产品输入 英国国家主权（议会主权）至上 劳动条件	经济治理 竞争力 主权 社会福利与人员自由流动
公投题目	Do you think that the United Kingdom should remain part of the European Community (the Common Market)?	Should the United Kingdom remain a member of the European Union or leave the European Union?
结果	赞成英国留欧（67.2%） 反对英国留欧（32.8%）	赞成英国留欧（48.11%） 反对英国留欧（51.89%）

资料来源：作者自行整理。

（二）英国脱欧原因探讨

从当前角度来看，影响英国脱欧的因素主要来自理性选择。从理性角度来看，英国近年来倍增的移民人口对英国的国内资源产生相当大的排挤影响，来自中东欧国家的移民成为英国少数族群的重要印记，这其中又以波兰移民为最。从英国境内的少数族群角度来看，目前大约有300万非英国的欧盟成员国公民居住在英国境内，其中160万名居民来自旧成员国（爱尔兰为英国第一大移民国），其他（约170万名）来自新成员国，这当中又以波兰人最多，约百万人，余为罗马尼亚、保加利亚等国公民。另非属欧盟成员国的印度人约80万，中国移民数近年则增长快速，2014年即达9万人左右。英国境内的波兰移民数主要是从1997年后开始攀升，2004年后到达波段高峰，显见与欧盟东扩、接纳移民之关联。

在这些来自中东欧成员国的众多移民，最常提及的就是对英国可能的资源排挤效应，这些影响的讨论主要集中在以下几方面。

1. 对英国当地失业率、薪资水平、各项社会福利措施请领人数等之影响。
2. 当前难民潮所带来的加乘效应。
3. 减少移民工对劳动力减损之影响。

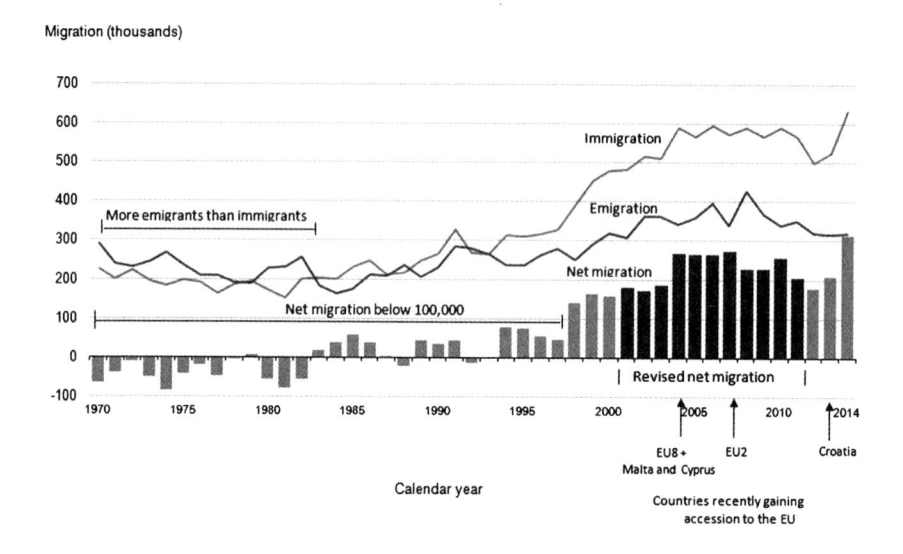

图 1 英国移民统计

资料来源：Office for National Statistics, UK.

上述的担忧再经过英国政党与政治人物的重塑、宣传，就使得脱离欧洲成为一个解决英国当前困境的良方。因为对移民有相当大的顾虑，所以英国与欧盟于公投前协议，欧盟同意给予英国特殊待遇以解决移民顾虑，例如，限制移民的儿童福利与移民福利，英国政府可采取紧急措施以响应庞大的移民压力，英国可按母国的生活水平计算移民工子女的福利金，以及 7 年内控制移民数的总量。从历史经验来看，欧盟对移民的数量管制也非首创，2004 年中东欧新成员国加入欧盟时，欧盟即赋予旧的欧盟成员国（一般称为 EU-15）限制劳工数量的短期措施，通过 7 年过渡期安排（即所谓的"2 + 3 + 2"做法）限制新成员国到 EU-15 的移民申请。不过回顾英国公投结果，英欧双方的协商内容未能缓解英国民众担忧与改变投票行为，显见脱欧公投牵涉的议题复杂性与敏感程度。[1]

中东欧国家的移民涉及历史与结构性因素，这些外来移民对英国

---

[1] 杨三亿：《欧盟东扩及其对波兰冲击：政治经济面向之分析》，《全球政治评论》2005 年第 11 期。

及其母国有相当重要的经济贡献，移民的收入是支撑移出国家庭的重要经济来源；而对英国来说，外来的劳动人口对英国经济增长也有贡献，因为这些移民可填补大量人力缺口，弥补了农业、制造业、服务业的劳动力需求。从中东欧国家的需求来看，这些移民所获薪资的一部分被汇回母国，成为家庭与社会的重要支持，据统计，每一年波兰移民汇回波兰的金额超过 10 亿欧元，波兰家庭受益甚多。因此，英国脱欧成真，且境内移民需要离开英国的情境如果实现，那么这些移民便可能转往其他欧盟成员国或返回母国。那些在英国居住未满五年、无法申请永久居留的移民，将被迫更改申请工作签证方式，或离开英国前往其他国家寻找就业机会。

（三）英国脱欧对欧俄中间地带国家的可能影响

对那些横跨在欧盟与俄罗斯间的国家来说，英国脱欧可能会冲击欧洲安全体系，将有可能影响这一群国家的外交路线选择。当前多数的中东欧国家或亲欧或亲俄，有着明显的发展路径，欧盟东扩的成员国，如波兰、捷克、匈牙利等国，因其欧盟与北约成员国的双重身份，过去很长时间享受着外部安全与内部共同市场的"搭便车"效应，稳固了政治发展轨迹，不过那一些尚未加入欧盟与北约的国家，如东欧地区的乌克兰、摩尔多瓦，巴尔干半岛的波斯尼亚和黑塞哥维那、黑山、马其顿、阿尔巴尼亚，以及高加索地区的格鲁吉亚等国，对环境变动的敏感度更高，英国脱欧可能因此而产生若干冲击，将会连带影响欧洲安全局势。

就传统安全来说，长期以来英国对欧洲安全、欧俄总体关系的态度与德法略有差异，英国与美国的特殊伙伴关系使得双方对欧洲安全体系的态度较为谨慎，双方对影响欧洲安全的负面因素有较一致的看法，德法等国未必与英国同步，因此脱欧对未来的欧安体系来说，重点在于英国如何在脱欧后能继续参与欧洲安全体系。参与欧洲安全体系有广义与狭义两个概念，从广义的概念来说，如脱欧后的英国无法与欧盟成员国保持安全事务合作关系，将使英国丧失对欧洲安全事务的影响力，进一步损害英国的安全政策，并可能弱化英美同盟关系在欧洲议题上的重要性。

另外，脱欧将造成英国无法参与欧洲安全的制度化运作过程，如欧洲防卫局（European Defense Agency）、欧洲警政署（European Police Office，Europol）建设等，这将使得欧盟的制度性因素弱化，失去英国作为欧洲地区安全与情报体系重要力量的支持。另外，英国也将无法通过制度性权力与影响力变更或否决欧盟国防与军事整合政策，也无法参与欧盟对外政策中的援助与制裁决议。实际上，这些冲击不仅影响英国参与欧洲安全机制，同样也会影响欧盟的欧安体系运作，因此，脱欧后英国与欧盟的双边安全架构如何安排，是当前观察的重点。[1] 就非传统安全来说，跨境难民、跨国犯罪与反恐是当前各方主要关心的议题，英国与美国长期在这些事务上的情报合作与交流乃是重要资产，而英国境内的反恐怖主义活动与欧盟情报体系亦息息相关，因此我们也可想象，尽管脱欧影响甚巨，然脱欧后的欧盟与英国双方应可在这些彼此关心的议题上尽可能达成共识。

不过对中东欧国家来说，英国脱欧对欧洲安全体系的冲击是相当深远的，尤其从英国的总体军力、核武能力、年度军事预算来看，英国扮演欧洲重要军事大国的角色，脱欧可能使欧俄中间地带国家对未来安全环境预判更为保守。所以未来若干中东欧国家对外部安全环境的需求可能渐增，因而会强化与美国或北约的军事合作。另外这一群组国家对区域性整合与安全体系建构之需求性也可能提高，会加强区域合作程度，近来我们看到中东欧地区提出多样性的区域合作模式，如与中国的合作平台（简称"16 + 1"）、"三海倡议"（Three Seas Initiative）等，都是在这种环境需求下展开的。顺着这个脉络，这些关于强化安全环境与国家主权的要求也可能反过来增强这一群组国家内部政治发展，使得这一群组国家的右派力量增长，从而强化主权国家安全需求与弱化和欧盟的深度整合要求，扩大市场的接受度。

---

[1] James Black, Alexandra Hall, Kate Cox, Marta Kepe and Erik Silfversten, "Defence and security after Brexit", RAND Corporation, Santa Monica, Calif., 2017.

三 波兰当前政治发展

虽然中东欧国家的政经改革与外部安全环境发展大致确定了这一群组国家的安全策略选择，也就是逐渐依循西方化与欧洲化的方向发展，形成路经依赖效果，不过近期若干中东欧国家的政治发展却呈现出与以往较不同的发展轨迹，本文以波兰为例，分析波兰政治发展特色与其对欧盟整合之冲击。

（一）波兰当前政治发展特色

波兰是当前所有加入欧盟的中东欧国家当中土地面积最大、人口最多的，波兰拥有近 3900 万人口以及 31 万平方千米土地，在 2014 年 11 月之前，波兰于欧盟理事会的投票权重为 27 票（与西班牙同票，次于法国、德国、意大利、英国的 29 票）。① 这个独大的中东欧政治/经济体经常勇于在欧盟与国际场合中扮演中东欧地区发声者的角色，经常以中东欧地区的代言人自居。

近年来，波兰的政治发展出现相当大的变化，在宪政制度上，波兰属于双首长制国家，也就是行政权分别由总统与总理掌握，波兰总统为杜达（Andrzej Duda），2015 年 8 月当选总统前他是法律与公正党（Law and Justice）的欧洲议会议员，竞选期间击败前总统科莫罗夫斯基（Bronislaw Komorowski），当选总统后退出法律与公正党。2015 年 10 月的国会大选，法律与公正党在总数 460 席的下议院（Sejm）获得 37.6% 的得票率，击败了执政党公民论坛（Civic Platform）（24.1% 的得票率），并以过半数的 235 席（较前次选举增加 78 席）成为执政党，而代表中间偏右的公民论坛则降至 138 席（较前次选举减少 69 席），左派联盟（United Left）仅有 7.55% 的得票率，但因组成联盟联合竞选，需要得票率超过 8% 才能分配到席次，

---

① 2014 年 11 月后欧盟改采取双重多数决投票机制，也就是提案（由执委会发动）需要 55% 的成员国与 65% 的欧盟人口数同意，提案方可通过。若干非执委会提案的投票同意门槛则提升到 72% 成员国数与 65% 的欧盟人口数。请参阅 http://www.consilium.europa.eu/en/council-eu/voting-system/qualified-majority/.

所以左派联合在 2015 年的选举中未能得到任何席次。

2015 年后法律与公正党控制总统与国会的完全执政模式，让波兰成为中东欧国家重要的右派国家代表。法律与公正党上台后推出许多新的法案，这些法案如媒体法草案，政府声称公共媒体记者经常从政党倾向批判政府政策，若干记者有失客观公正态度，因此提出草案计划限制媒体采访国会，赋予政府可直接任命或开除公共电视及广播电台机构主管的权力，将公共电视台转由政府经营。① 第二个引起波兰社会剧烈讨论的议案与堕胎有关，执政党通过修改堕胎法限制堕胎范围，规定只有在几种情况下（孕妇有立即的生命危险、胎儿难以存活、乱伦等），孕妇才可堕胎。第三个与波兰最高法院改革有关，法律与公正党上台后尝试对最高法院进行改组，要求现任 83 位最高法院法官辞职，新任法官由行政部门（司法部长）与国会共同任命，以此解决执政党对司法系统不信任的问题。② 虽然法律与公正党后来关于上述几项草案的态度有所转圜（除媒体法外，波兰国会否决堕胎法、总统否决司法部长与国会委任最高法院法官的权力），但执政党所提议案的确让波兰社会产生了极化现象，使得反对执政党的社会团体大力动员，连带加剧了波兰社会左右的对立。

（二）波兰当前政治发展的内部/外部因素分析

波兰当前政治发展的极化现象，主要由内外因素所致，本文将原因归纳为欧洲难民议题、波兰的民主化改革经验、经济发展与贪腐、政治斗争等几大要素。

1. 欧洲难民议题

影响波兰往右派政治倾斜的第一个因素是欧洲难民议题，近期欧洲难民问题起源于 2011 年的"阿拉伯之春"，2015 年起更有大批来自中东/北非地区的难民涌入欧洲。根据欧盟统计，2015 年首次向欧

---

① "Polish Media Laws: Government Takes Control of State Media", BBC News, http://www.bbc.com/news/world-europe-35257105, 7 January, 2016.

② Daniel Kelemen, "Poland's Constitutional Crisis", *Foreign Affairs*, 25 August, 2016; Eliza Mackintosh and Antonia Mortensen, "Polish President vetoes controversial court reforms after protests", CNN, 24 July, 2017.

盟提出的难民资格申请者，叙利亚籍超过35万人，超过其他北非/中东国家申请数，这使得欧洲局势产生极大变化。① 根据德国官方统计，这些登记或未登记的难民人数约达百万，加上散布在其他国家的难民总数将更为可观。大量难民涌入造成欧盟成员国社会、经济、治安、政治秩序面临多重挑战，因此为解决上述困境，欧盟希望通过分配难民的方式减轻成员国压力。该难民提案于2015年9月（波兰国会大选前）提出，波兰的责任配额为6000名，但提案推动过程中法律与公正党坚决反对收容难民，当选后更以收容乌克兰危机后涌入的东方难民作为拒绝欧盟配额的理由。② 事实上，这个提案本身带有欧洲事务共同承担的责任意涵，但对中东欧国家而言，大量难民涌入将进一步恶化这些国家的经济发展与文化发展，因此除波兰外，匈牙利和斯洛伐克两国不仅反对执委会提案，更将该案提到欧洲法院进行裁决，控诉执委会侵犯成员国主权。捷克也大力反对此案，认为欧盟通过恫吓方式要挟中东欧国家采纳该案，因此捷克采取国内立法方式反对欧盟提案。③

2. 民主化改革经验：未竟之功

对法律与公正党来说，波兰于1989年率先推动的民主化改革虽是重要起点，但此种改革是一种不完整的改革，因为波兰虽开中东欧国家之先，团结工联得与当时政府举行圆桌谈判，得以开放国会自由选举，但也因为当初对民主改革的不确定性，使得改革力道仍须仰赖莫斯科的同意。

3. 经济发展与贪腐

波兰加入欧盟后的经济发展受益于欧盟甚多，从年度经济增长率来看，波兰自2004年入盟后保持强劲的经济增长，即便遭遇2008年的全球金融危机与2010年的欧债危机，波兰经济增长仍能快速回归到既有轨道。

不过波兰面对的经济挑战不仅在于加入欧盟后经济能否保持一定的增长速度，还在于经济增长的果实能否公平分配。就过去发展经验

---

① "Migrant Crisis Migration to Europe explained in seven charts", *BBC News*, 4 March, 2016.
② Szydlo Exaggerated on Refugees from Ukraine in Poland, DW, 28 February 2016.
③ Nick Gutteridge, "So much for Solidarity! Rift in EU as Eastern European States Take in Just 1, 600 Refugees", *Express*, 6 June, 2017.

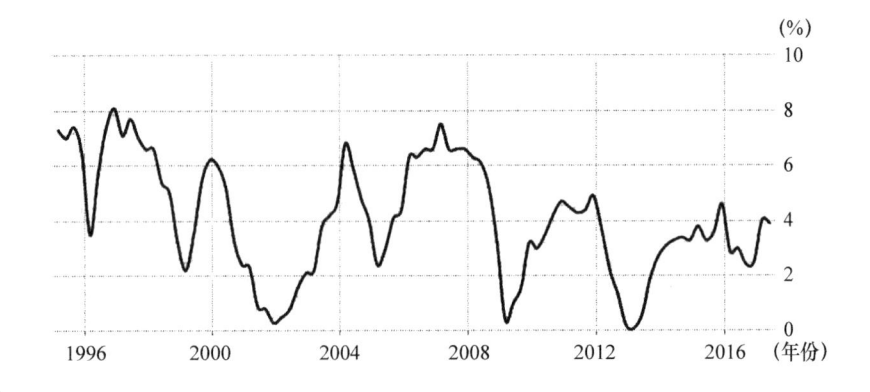

图 2 波兰 GDP 增长率

资料来源：Trading Economics, Poland GDP Annual Growth Rate.

来看，波兰经济增长虽获益于入盟，但增长果实未明显分配到第一、第二产业如农业、矿业、制造业等，使得参与这些产业的民众收入赶不上其他行业所得，进而连带扩大了贫富差距，造成民众对政府施政的不信赖。另一个让波兰选民不信任政府的原因，是选民对贪腐现象不满，使得政府更迭的速度频仍，而发生于 2002 年的 Rywin 事件就表现了波兰社会对贪腐现象的不满情绪。2002 年由当时知名导演 Lew Rywin 向报社主编 Adam Michnik 索贿事件爆发，这个事件由原本的游说事件［向当时执政党民主左派联盟（Democratic Left Alliance）］转变为权钱交易，Lew Rywin 的政治圈好友，时任总理米莱尔（Leszek Miller）与总统克瓦希涅夫斯基（Aleksander Kwasniewski），皆卷入贪腐丑闻之中，也连带造成 2005 年民主左派联盟国会大选失利。[1] 相对于民主左派联盟，以打击贪腐闻名的公民论坛（Civic Platform）与法律与公正党迅速取代了 2005 年后的政坛权力真空，选制安排与下文提及的窃听风波，使得 2015 年国会大选民主左派与其他左派政党合组的左派联盟甚至未达 8% 的得票率门槛，导致左派政党在国会失去席位。

---

[1] Tomasz Zarycki, "The Power of the Intelligentsia: The Rywin Affair and the Challenge of Applying the Concept of Cultural Capital to Analyze Poland's Elites", *Theory and Society*, Vol. 38, No. 6, November 2009, pp. 613–648.

4. 政治斗争

波兰政治发展的另一个特色是通过高强度的政治斗争方式实现政党竞争，如通过窃听手法打击政治人物，最知名的为 2014 年公民论坛政府官员遭餐厅服务生录下对话，对话内容涉及波兰与美国/欧洲强权互动关系，严重打击了当时的执政党公民论坛，使得公民论坛的政治诚信度受损，失去选民信任。窃听风波延烧至 2015 年，使得曾任外交部部长、后转任国会议长的席科斯基（Radoslaw Sikorski），以及财政部部长罗思托夫斯基（Jacek Rostowski），和其他多名部长、政府顾问辞职。该窃听风暴也连带使 2015 年的国会选举公民论坛一败涂地，法律与公正党一跃成为第一大党。①

表2　　　　　　　　　波兰历届国会选举

时间	国会最大党与内阁组成	备注
2001 年 9 月 23 日	民主左派联盟获得 41% 的得票率，后与劳工联盟组成联合内阁（Democratic Left Alliance-Labour Union）	
2005 年 9 月 25 日	法律与公正党获得 27% 得票率，与自卫党（Self-Defence of the Republic of Poland）组成少数内阁	后因自卫党丑闻而重新举行国会大选
2007 年 10 月 21 日	公民论坛获得 41.5% 的得票率，与波兰农民党（Polish People's Party）组成联合内阁	
2011 年 10 月 9 日	公民论坛获得 39.2% 的得票率，仍与波兰农民党组成联合内阁	
2015 年 10 月 25 日	法律与正义党获得 37.58% 得票率，组少数内阁	副主席 Beata Szydlo 担任总理

资料来源：作者自行整理。

四　代结论：波兰与脱欧后的英波双边关系

本文从脱欧公投出发，分析当前波兰政治局势发展与未来英波之

---

① Michael E. Miller, "Secret Recordings, Posh Restaurants, Cuban Cigars and Intrigue Finally Catch up to Polish Government", *The Washington Post*, 11 June, 2015.

间关系，在历经 20 多年的政治民主化与经济自由化改革以及入盟 10 余年，波兰俨然是中东欧政治转型的重要代表。然自 2015 年波兰政治发展开始向右倾斜，造成波兰与欧盟在众多政策领域上产生歧异并引起扞格，甚至引起欧盟是否可能施加对波兰制裁或取消欧盟补贴，以及波兰是否可能退出欧盟的讨论。

在这些多重纷扰的政治现象中，英国脱欧对中东欧国家的影响甚巨，特别是那些疑欧派气氛较为浓厚的国家。在英国脱欧公投发生之际，捷克社民党总理索博特卡（Bohuslav Sobotka）很快也提出了一个与英国新创单词"离开欧盟"（Brexit）相似的 Czexit，意指若英国公投通过，捷克也可能跟随英国步伐，在未来几年内举行类似公投。捷克公投脱欧未必是真心想要离开欧盟，因为捷克需要欧盟大于欧盟对捷克的需要，但若能引起更多国家仿效与欧盟谈判获得欧盟更多让步，这就可能成为政治上的行动方案。[①] 另一个可能的挑战是当中东欧国家的右派势力崛起，假使在中东欧地区产生类似示范效应，届时这些地区恐将陷入另一波权力高度竞争的状态，匈牙利执政党青民盟（Fidesz, Fiatal Demokraták Szövetsége, 意即 the Alliance of Young Democrats）即为一例。匈牙利政治精英虽然对英国脱欧公投表示不支持，总理欧尔班（Viktor Orban）与外交部部长西亚尔托（Péter Szijjártó）认为英国应该留在欧盟，表示英国留欧有助于欧盟的团结与稳定，但匈牙利 2016 年也举行是否同意欧盟对于难民的强制性分配提案的公民投票，用公民投票来对抗欧盟立场。虽然近 98% 选民支持匈牙利政府的立场，也就是反对欧盟的难民配额提案，但由于投票人数未达五成，因此是一个不具拘束力的公民投票结果。[②] 从区域性的权力结构来看，目前波兰、匈牙利与捷克等中东欧国家组成的反对欧盟难民政策团俨然成形，这个政策态度提供给这些国家右派政府动员内部民意的能量空间，使得这些国家的右派政府得以高举国家主权至上的旗帜，反对欧盟更深度的整合政策。

[①] Darren Hunt, "'It's time for Czexit!' Former Czech President Blasts Eurocrats for 'Blackmailing' Country", *Express*, 15 June, 2017.

[②] Patrick Kingsley, "Hungary's Rrefugee Referendum Not Valid after Voters Stay Away", *The Guardian*, 2 October, 2016.

在众多中东欧国家有着疑欧倾向的背景下，英国与波兰双方未来有哪些方面值得关注呢？首先，从经济与移民的角度来看，由于波兰在英国境内有大量的移民，以及波兰享有对英国大量的贸易顺差，脱欧将对这些经济与移民活动增加跨国移动的经济支出。增加多少支出是一项挑战，但对众多在英国的中小型波兰企业厂商来说，支出增加带来的冲击巨大，盖中小型企业虽具有灵活的弹性生存力，但却对高额的经济生产成本显得较无响应能力。从这个方面来看，若其他条件不变，很可能有若干比例的波兰移民将被迫重新定位他们的新环境，如回到波兰故乡或转往其他欧盟成员国。其次，从安全角度来看，英国与波兰双方对欧洲安全的态度相当接近，双方都认为美国是欧洲安全的重要稳定力量，都对影响欧洲安全事务的威胁来源有着较高的共识，因此未来双方将就安全议题继续进行密切的双边合作。2018 年 7 月生效的英波双边国防与安全合作条约（Treaty between the United Kingdom of Great Britain and Northern Ireland and the Republic of Poland on Defence and Security Cooperation）便是一例，该条约强化了双边的国防合作，并且也同意共同强化北约在欧洲地区的政策与任务，把这个双方合作框架对照美国总统特朗普对北约的态度便显得极其有意义，特朗普对北约的不重视换来英波两国重视北约的重要性。最后，英国对未来欧洲政治局势发展也抱持着诸多想象空间，特别是对德法领导的欧洲政治架构有着更多关心，从政府间主义的角度来看，假使包含波兰在内的中东欧国家愈来愈依赖德法领导，似乎也并不符合英国传统的地缘政治观。

从上述讨论角度来看，英国脱欧与中东欧国家安全关联度高，英国脱欧将不可避免地冲击欧洲与中东欧国家的安全环境。从这个方面来说，安全体系的细微变动对地缘政治较敏感、传统安全系数需求度高的国家（中东欧）影响层次高，而对那些离地缘政治竞争稍远、传统安全系数需求度较低的国家（中西欧）影响层次较低。英国脱欧可能对欧洲安全体系产生冲击，我们也可以发现外部安全与内部发展的联动性，内部政党将可能因外部环境变化而获得更多动员能力，并以此冲击欧盟的整合政策。

中 编

欧洲转型

欧元区非常规货币政策的实施
及其绩效述评

佟家栋 刘 程

一 引言

2008年全球性金融危机对各主要经济体的冲击十分严重,传统货币政策工具成效不彰。为摆脱资产负债表循环收缩型衰退[①],避免经济陷入长期停滞,各发达国家的央行纷纷实行了不同形式的非常规货币政策(Unconventional Monetary Policy,UMP)。美联储在2008年底到达零利率下限时引入了大规模资产购买计划(Large Scale Asset Purchase,LSAP),以缓解商业银行由于自有资本不足所导致的信贷紧缩,并为金融体系注入充足流动性。英国央行在2009年3月启动了大规模国债及企业债购买计划。日本央行于2013年启动了量化与质化宽松相结合的货币刺激政策。欧元区是最后一个加入非常规货币政策阵营的发达经济体。2015年1月,为摆脱持续困扰欧元区经济多年的主权债务危机及通缩压力,欧洲央行(ECB)宣布启动规模达1.1万亿欧元的资产购置计划[②],随后实施并持续至今。[③] 由于欧元区

[①] 指危机中私人部门经营现金流恶化导致资产贬值、再融资困难和债务减少,使资产负债规模被动收缩,从而使经营现金流进一步恶化的循环现象。Koo R., *Balance Sheet Recession: Japan's Struggle with Uncharted Economics and Its Global Implications*, John Wiley & Sons, 2003.

[②] 该计划于2015年1月发布,同年3月开始逐月实施。原计划应于2016年9月结束,但截至2017年5月尚未结束,因而购买规模已大大超过原计划的1.1万亿。

[③] 欧洲央行和日本央行是目前全球仅有的两个同时实施大规模资产收购和负利率政策(Negative Interest Rate Policy,NIRP)的中央银行。

在制度、法律及市场一体化结构等方面的特殊性，其 UMP 在规模、手段、时机和绩效等方面与其他三个单一主权国家央行有显著的差异。[①] 图1以经济体量为标尺，比较了2008年危机后美国、英国和欧元区在实施量化宽松力度方面的差异。[②] 无论在危机早期的首轮购买还是总资产购买规模方面，与自身的经济体量相比，欧央行的操作力度均显著偏于保守。英、美两国的首轮资产收购占总产出的比例分别达到了14%和12%，欧元区则仅为5.2%，[③] 不足前二者的一半。其总购置规模的总产出占比为18.5%，也远不及前二者的29.6%和27.2%。此外，欧央行在推出 UMP 的时机方面也略显滞后。[④] 这些因素都对其政策绩效产生了不利影响。

本文试从制度约束和一体化市场内部的结构异质性视角对欧央行实施非常规货币政策所表现出的保守和迟滞进行分析。根据宽松工具的性质不同，将2009—2016年欧央行推出的所有非标准化货币措施划分为准量化宽松和量化宽松两大类，并对其推出的背景、动因和实施效果进行了分析。文章结构安排如下：第二部分分析了欧央行货币政策实施及其面临的制度与市场约束以及其政策操作难点。第三和第四部分分别详细阐述了欧央行实施非常规货币政策的两个阶段中的政

---

① 已有众多文献从不同角度对欧盟的制度缺陷，以及欧洲央行在危机期间的应对举措及其特点进行了分析，如徐聪《从欧债危机看欧洲央行的独立性困境》，《欧洲研究》2012年第4期；张海冰《从欧债危机应对看全球经济治理的新趋势》，《欧洲研究》2013年第3期；丁纯、李君扬《欧债危机的表现、影响、治理与展望》，《同济大学学报》（社会科学版）2013年第6期；王铁军《欧洲经货联盟与欧元区货币权力结构的失衡》，《欧洲研究》2014年第2期。

② 日本在本轮危机前的2001—2006年已进行过 QE，且危机后的首轮 QE（2010）规模已超过 GDP 的70%，远超其他三个经济体，不宜直接进行比较，故此处未将其放入表内。

③ 如以债券市场计划（SMP）（详见第二部分）作为首轮资产收购（共2142亿欧元），则实际 GDP 占比为2.1%。此处以2011年12月及2012年2月实施的具有标志性意义的三年期 TLROs（详见后文第二部分对该工具演变的分析）为代表，两轮规模分别为4890亿和5300亿欧元，但其中约一半由 ECB 经由 MRO 操作冲销，故实际净扩表规模为5200亿欧元。

④ 英格兰银行推出首轮2000亿英镑的 LSAP 是在2009年3月至2010年1月，随后不到9个月又推出次轮；美联储推出首轮1.725万亿美元的 LSAP 是在2008年11月—2010年3月，8个月后推出次轮。相对比的，欧央行首轮2142亿欧元收购（SMP）是在2010年5月，首轮超长低利率再融资在2011年12月，正式宣布 QE 是在2015年1月。

策演进及其背景。第五部分从定量视角，梳理总结了已有的对欧元区非常规货币政策实施效果的经验结论。最后是本文的结论。

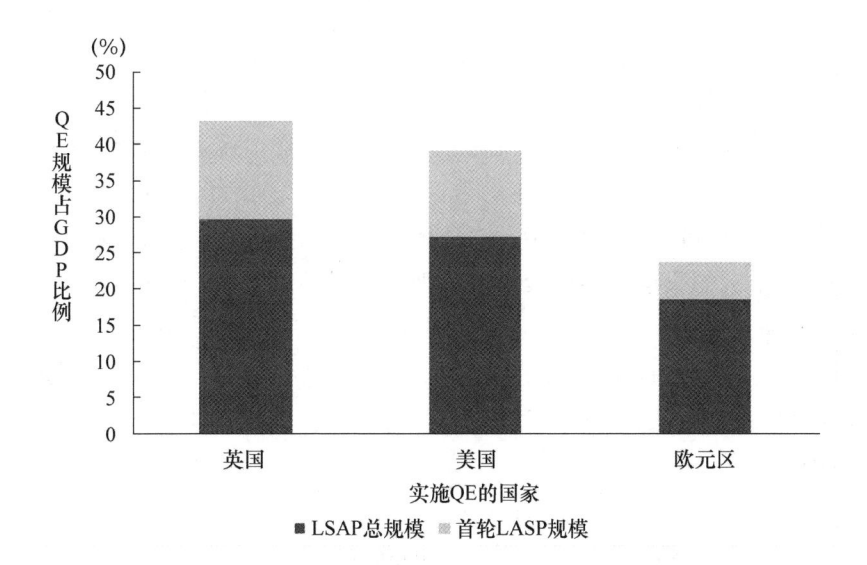

图 1 英国、美国及欧元区实施量化宽松的规模差异

资料来源：（1）资产收购规模分别取自英格兰银行、美联储及欧央行官方网站数据：Bank of England，Asset Purchase Facility results，http：//www.bankofengland.co.uk；Board of Governors of the Federal Reserve System：Large-Scale Asset Purchase Programs，https：//www.federalreserve.gov；European Central Bank：www.ecb.europa.eu；（2）英国及欧元区 LSAP 以首次实施资产收购年度的年末名义汇率调整为美元规模；（3）GDP 数据取自 IMF：World Economic Outlook（October 2016），单位为美元；（4）均不考虑同期冲销的资产收购，如美国 LSAP 中剔除了 Operation Twist（Maturity Extension Program：2011 年 9 月—2012 年 12 月）时期的购买规模。欧元区剔除 CBPP1 及 CBPP2 规模；（5）欧央行 QE 原计划终止于 2016 年 9 月，但截至 2017 年 3 月尚未终止，故图中的数据涵盖了 2016 年 10 月—2017 年 3 月的资产收购规模。

二 欧洲央行货币政策面临的约束

欧央行 UMP 的设计框架和实施进展，与欧元区内特定的法律制度安排和市场结构有关。总体而言，欧央行的货币政策操作可视为由其内部和外部约束同时决定。其中内部约束主要来自欧盟框架下的法律和制度，而外部约束则来自欧元区的市场结构异质性。在危机期间，这两种约束都对欧央行的政策效果极为不利。与美联储、日本央行和英格兰银行相比，欧央行要应对的是一个尚处于一体化进程中的超主权组织内部的危机，因而面临三方面的约束，即金融市场分割、经济周期不同步和财政联盟支撑的缺失。首先，危机前欧元区尚未完成金融市场一体化，而危机对金融系统的破坏又使得域内一体化程度大幅倒退，① 使得央行统一的货币政策工具在各个分割的市场（国家）内效果不一致。其次，危机前后经济复苏的不同步使得央行难以依靠单一工具来满足各成员国差异化甚至方向相反的经济诉求。如采取折中的政策手段则事实上是以处于分化两极的成员福利损失为代价。② 最后，由于财政一体化尚未达成，任何有利于缓解部分国家主权债务紧张的措施都无法避免引发对"公共池问题"的担忧，③ 这极大地限制了 ECB 的行动时机和力度，甚至导致政策的夭折和反复。④

（一）欧元体系（Eurosystem）的制度约束

欧元体系由欧央行和欧元区内的各成员国的国家央行（National

---

① 以 ECB 的价格加权一体化指数（FINTECs）为例，该指数在危机前的峰值为 0.85（1 为完全一体化），至 2012 年底下跌至不到 0.2（相当于倒退至 1997 年欧盟的水平），直到 2015 年底仍未恢复至峰值的 2/3。见 ECB, Financial integration in Europe, April, 2016.

② 以通胀目标为例，自 2009 年开始的相当长时间内，欧元区各国的通胀水平均呈现出显著分化。在爱尔兰、希腊等重债国一直徘徊在通缩边缘的同时，罗马尼亚、波兰、爱沙尼亚等国的调和物价水平远远高于欧洲央行的目标（2%），而德国、法国和奥地利等国则维持在目标附近。

③ "公共池问题"（Common Pool Problem）是指兼具非排他性与竞争性特点的资源被过度使用的现象。不同于"纯公共物品"（既是非排他性的又是非竞争性的）。在财政领域，该问题特指公共支出获益人和纳税人之间的外部性。如果某种特定公共政策的受益者并不承担全部融资职责，则其倾向于要求超过其缴纳数额的福利支出，这种外部性必然涉及税收安排。例如选民们倾向于从公共支出中受益，而让其他同辈人或后代来给他们享受的这些福利买单，结果造成财政赤字过高。Eichengreen B., Feldman R., Liebman J., Hagene J., Wyploszt C., Public Debts: Nuts, Bolts and Worries, Geneva Reports on the World Economy, Centre for Economic Policy Research, 2011.

④ 作为对比，历史上美国在渡过"二元联邦"（Dual Federalism）时代财政危机（1820—1840）后，联邦与州政府之间完善可信的财政纪律约束得以逐步确立。这为后来美联储在全国范围内推行一致的货币政策创造了良好的制度条件，也使得联储在 2008 年金融危机治理过程中始终牢牢掌控着政策实施的节奏和力度。关于二元联邦问题可参见 Corwin (1950)。

Central Banks，NCBs）共同组成。① 欧央行管理委员会（Governing Council of the ECB）是负责整个欧元体系货币政策的形成与决策的核心机构。② 欧央行的设计理念高度重视独立性，而在金融监管和特殊救济方面则相对薄弱。为尽可能避免遭受各成员国政府的干预，ECB在设立之初即通过各种立法措施确保其独立推行自主货币政策的地位。③ 但与其他单一主权央行的职能相比，欧央行在超主权的微观金融监管以及最终贷款人（Lender of Last Resort）授权方面存在着较为明显的制度缺失。④ 对于一个正处于一体化进程之中的超主权组织而言，出于对个别成员国可能主导货币政策以及潜在"公共池问题"的担忧，这种制度安排有其合理性，但在面对重大系统性金融危机时，其不利的一面暴露无遗。

来自三个方面的约束使得欧央行在 UMP 导入等重大问题上面临更大的阻力和争议，并表现出行动迟缓和力度保守的特点。⑤ 首先，欧央行管理委员会制度设计中的多样性原则及成员国代表权原则⑥与

---

① ECB 与欧元体系是从属于欧洲央行体系（European System of Central Banks，ESCB）的一部分，后者还包含欧盟内其他非欧元成员国的央行，二者均成立于 1998 年 6 月。

② 管理委员会由 6 位执行委员会（Executive Board）成员和 19 位成员国央行行长组成。为在满足成员代表性的基础上保证决策效率，目前 ECB 遵循"最小代表性模式"（minimum representation model）的轮换表决机制（rotation system）。欧元区成员超过 18 个后，投票权于 2015 年 1 月（立陶宛正式加入欧元区）转为轮换制。轮换规则：按经济及金融资产规模将所有成员排序，排名前五的国家轮流持有 4 张投票权（截至 2017 年 3 月为德国、法国、意大利、西班牙和荷兰），其他 14 个成员轮流持有 11 张投票权，两组每月各轮换一次。未来成员国增至 22 个时，将转为 3 组轮换制。6 位由欧盟指定的执行委员（任期 8 年，不得连任）享有永久投票权，无须轮换。

③ 《马斯特里赫特条约》（简称《马约》）第 107 条和《欧洲中央银行体系章程》第七条规定："在行使和执行本条约和本章程赋予的权力和任务时，ECB、各成员国央行或其决策机构的任何成员，均不得寻求或接受共同体机构、任何成员国政府或其他任何机构的指示。共同体的机构与成员国政府承诺尊重这一原则，不影响 ECB 或各成员国中央银行决策机构执行其任务。"这为欧央行政治上的独立地位奠定了基调。

④ 尽管 ECB 在理论上具备提供无限量欧元流动性的能力，通过某些特定机构和干预计划如（ESM 和 OMT）也可间接对二级市场提供充足流动性，但其货币政策受制于《马约》维护价格稳定的首要目标，因而在缺乏足够授权的情况下难以自行相机充当真正意义上的最终贷款人。

⑤ 相关评价可见 Grauwe（2012）及 The Economist（2011）"The ECB goes shopping：the reluctant rescuer"，8 August.

⑥ 依照《马约》，各成员国央行在欧洲央行理事会中的代表权总体上依据各国人口及经济总量分配。货币供应也依据各国经济总量按比例分配。

欧央行的独立性原则之间的博弈不可避免地会影响后者的决策效率。欧央行在决策过程中不得不在各成员国的利益中进行权衡,并确保其政策能够在管理委员会中达成一致。同时欧央行还要力图在政策设计和实施期间保持独立性,避免来自成员国政府或欧盟内其他超主权机构的政治影响破坏其公信力和声誉。① 而这种多重权衡的结果往往是政策推出的时机都相对滞后,或力度偏于保守。

其次,"利润(损失)共担原则"是最终形成欧央行 UMP 框架的重要制度基石。该原则意味着由 UMP 所可能导致的各国央行的损失,将由各成员国的财政系统按比例共同承担。因此,与单一主权国家央行不同,欧央行的任何 UMP 设计都必须事先估算各成员国的财政承受能力并就可能的损失承担份额与欧盟委员会及各成员国央行达成一致。② 同时,由于金融援助和宽松工具最终事实上均指向外围国家,但按照经济比例,由此可能产生的损失却主要由大国承担,这种不对称性让央行内部的协商难度大为增加。

最后也是更为重要的,欧央行的任何政策工具都不能逾越欧盟的法律框架。而后者既明确规定了欧央行不能对任何成员国及其地方政府的财政预算进行直接融资,也没有为欧央行预留最终贷款人的角色。③ 这是导致 ECB 不能像美、日、英等国的央行一样在危机爆发时相机自行实施大规模 UMP 的核心原因。这一制度设计既是基于利益共担原则,也是对潜在的"道德风险"行为的阻遏,但却未能考虑到危机的应对问题。欧盟对欧央行的唯一授权是确保欧元区价格稳

---

① 现实操作中,要在毫无争议的基础上遵循这些原则面临极大的困难。以在 QE 启动前实施的"直接货币交易"计划(Outright Monetary Transaction,OMT)为例,虽然该计划有利于欧元区整体金融系统稳定,但由于德国政府及其国内议会的坚决反对,ECB 不得不在管理委员会内进行了长达三年的协商,并最终依靠欧盟法院的裁决才得以通过。

② 详见欧洲央行 2015 年 1 月的政策声明。

③ 《马约》第 101 条禁止欧央行向成员国政府提供任何形式的信贷或透支贷款安排;第 103 条禁止欧元区以联盟形式担保或承诺成员国的主权债务。第 104 条第 1 款规定:共同体机构、中央政府、地方或其他公共权力机构,受公法支配的其他团体公共事业向欧央行或成员国央行的透支便利或其他形式的信贷便利将被禁止。同时禁止 ECB 或国家央行对其债务的直接购买。《马约》第 103 条 A 节第 2 款有关于成员国遭遇"重大威胁"时有条件的共同体进行财政紧急援助的设计,但没有给 ECB 预留最终贷款人的授权。

定,这是后者可以实施 UMP 的唯一法律基础。① 然而,如何将大规模资产(特别是主权债务)收购与抵押融资与对财政直接融资行为区别开来,仍缺乏广泛共识。财政联盟的缺失使得欧央行在其政策实施的每一步都面临着巨大的协商成本和政治压力。此外,不同于主权国家的单一主权债务评级,各成员国主权债务等级悬殊,任何涉及公共部门的 LSAP 都意味着欧元区内的福利转移和再分配,这增加了欧央行内的决策阻力。

事实上,一体化货币政策与分散化财政政策的制度架构一直是欧洲一体化模式中的重要缺陷,其不仅为欧债危机的爆发埋下伏笔,也导致危机后救助过程中极高的交易成本。② 欧盟试图通过《马约》对成员财政行为的严格约束来间接支持欧央行的价格稳定立场,但当某些 UMP 对成员国的财政成本具有显著影响时,这一体系设计的缺陷已经暴露无遗。③ 此外,无限量购买国债将使欧央行的资产负债表面临巨大的不确定风险。充当一国政府的最后贷款人与充当一家银行的最后贷款人的政策含义截然不同。央行向银行贷款的前提是后者能够提供高质量的抵押品,一旦银行违约,抵押品将为央行权益提供保护。而欧央行购买欧元区国家债券却并不能将后者的税收收入充当抵押品。

---

① 欧央行的单一政策目标为确保欧元区通胀水平维持在低于并接近 2% 的目标区间。《马约》第 105 条第 1 款、《欧洲中央银行体系章程》第 2 条、《欧盟运作条约》第 127 条第 1 款均规定:"中央银行体系的首要目标是保持价格稳定。在不妨碍价格稳定的前提下,欧央行应支持共同体的总体政策,以促进实现本条约第 2 条所规定的共同体目标。"

② 一般认为经济体的内部经济政策有三大基本职能:资源配置、收入分配与稳定。其中维持经济稳定的职能须由货币与财政政策共同承担。财政政策的稳定能力通常经由自动稳定器与相机财政政策得以实现。财政联盟要承担三大职能,包括提供联盟内的公共产品,改善成员财政状况,巩固维持联盟内的竞争与政治参与;协调和约束各成员间的财政差异;控制财政支出的稳定份额。这三大职能在目前的欧元区内均未能如货币政策一样具备中央控制权。刘程、佟家栋(2011)通过一个基于扩展的三元冲突模型论证了这种多重制度框架不一致的经济后果。(刘程、佟家栋:《欧洲主权债务与金融系统危机——基于"新三元冲突"视角的研究》,《欧洲研究》2011 年第 6 期)

③ 与其他央行类似,ECB 的 UMP 也具有货币和财政相结合的特点。对于其财政作用的大小一直存在争议。例如在 OMT 失效后,启动和执行债券市场计划(Securities Market Program,SMP)的过程中,ECB 和欧盟委员会就如何在避免系统性金融风险和维持财政纪律之间取得平衡进行了冗长而艰难的协商。

(二) 欧元区金融市场结构的特殊性及其在危机后的分化

欧元区成立后，银行信贷融资在社会融资中一直占据主导地位[1]，这也为主权债务危机爆发后的"去一体化"问题埋下伏笔，[2] 抵押资产的崩溃使得融资渠道越来越局限于各国内部而非欧元统一市场。[3] 由于同业拆借市场受创严重，欧央行的货币政策效果大为削弱。所以欧央行最初的各种非常规工具重心均指向银行间的流动性和同业渠道的恢复。许多金融机构被重组和合并，但也导致银行资产和偿付能力更进一步向"中心国家"集中。随着欧央行刺激政策的推进，另一个市场结构的重大变化出现了：原本在欧元区内占主导地位的间接融资逐步被直接融资所取代；同时，债券市场结构由主权债务占主导转变为公司债占主导（见图2），这对欧央行 UMP 的有效性产生了重要影响。危机爆发前，欧洲非金融企业融资的 70% 以上来自银行信贷，但危机后欧元区银行业整体非但不再是企业融资的主要来源，反而从社会中大规模撤回资金。考虑到在此期间银行业还通过各种常规及非常规工具从欧央行获取了巨量长短期融资，[4] 这种信贷收缩行为更令人惊讶，进而也凸显出传统货币政策的失效以及推出 LASP 的必然性。[5]

---

[1] 银行信贷在欧元区经济体中的流动性意义远高于其他发达经济体。2001—2009 年，银行信贷占社会融资总量的比例超过了债券与权益融资的总和，约为美国同期比例的 3 倍，甚至显著高于一直以来严重依赖银行融资的日本（见刘程、佟家栋《欧洲主权债务与金融系统危机——基于"新三元冲突"视角的研究》，《欧洲研究》2011 年第 6 期），后文图 2 也显示了这一点。

[2] 德国、法国、意大利和西班牙的银行业占 GDP 比重在 170%—350%，卢森堡则在 1600% 以上。爱尔兰在银行危机和金融系统重组后，这一数字从近 900%（2008 年）下降到低于 300%（2014 年）。European Central Bank, "Report on Financial Structures", October, 2015.

[3] 金融危机发生后，欧元区银行间货币市场的一体化趋势发生了显著逆转。对于风险溢价提高及本国政府要求，原本统一的泛欧银行间货币市场拆借行为开始更多转向各国封闭集中的国内市场，跨国资金借贷的风险溢价也明显上升。（Cassola et al., 2011）

[4] 详见后文。

[5] 传统货币政策机制在衰退期的实施主要通过降低利率、存款准备金比率及再贴现窗口向商业银行投放低成本资金（MBO 等）来鼓励银行向社会投放更多信贷资源。但由于大型系统性危机中银行普遍面临的是资产负债表快速崩塌问题，利率和准备金工具无法予以缓解，而央行通过传统渠道投放的资金多被银行用来填补核心资本和流动性，满足合规要求，因而无法有效将其传导至社会融资。在这种情况下，LASP 是更有效的应对策略，不仅仅是因为其向银行提供了高额流动性，而是因为这些措施从根本上为资产价格（政府与私人部门债务）提供了支撑，从而有效纾解了银行的资产快速崩塌问题。

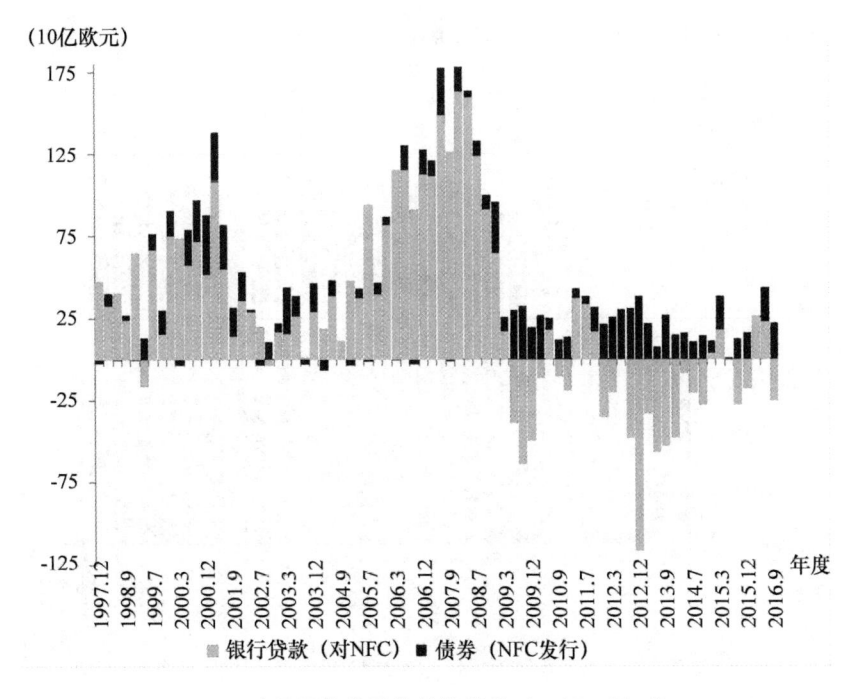

图 2　欧元区企业融资结构变化（1997—2016）

注：图作者自制。NFC 指欧元区内非金融企业。

资料来源：ECB Statistical Data Warehouse.

基于欧盟的法律框架约束，欧央行的任何政策工具必须严格遵循一体化的方针，确保以完全一致的操作方式影响所有成员国。[①] 然而在危机期间欧元区内的市场分割是显著的，尤其是在财政薄弱的"外围国家"。银行和国家之间，以及成员国政府债务之间的传染限制了欧央行的操作范围。成员国债务水平的不同导致资本大规模地从外围逃向中心国家。因而与英、美、日央行不同，欧央行推出的 UMP 从一开始即带有浓厚的"定向主权债务救济"色彩，而非传统价格型货币政策工具的替代品。这也意味着各成员国从欧央行的量化宽松政策中获得的收益是悬殊的，这不但使得欧央行的宽松政策饱受非议，

---

① Guideline (EU) 2015/510 of the ECB of 19 December 2014 on the implementation of the Eurosystem monetary policy framework (ECB/2014/60), OJ L 91, 2. 4. 2015, p. 3.

也让政策在设计阶段就面临重重困难。①

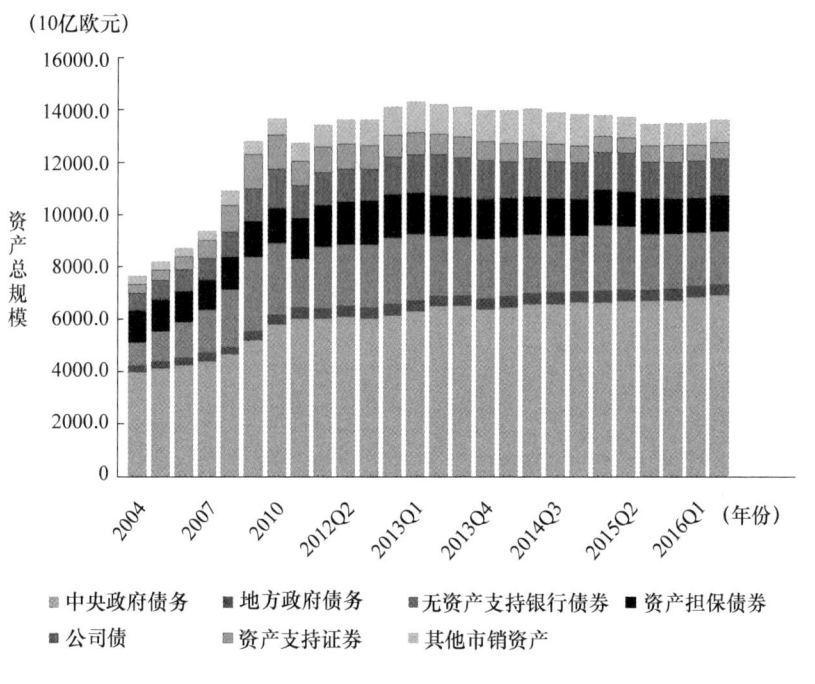

图3　欧央行合格担保资产的结构变化（2004—2016）

注：因欧央行在2012年第二季度前仅公布合格担保资产的年度数据，故此处横轴坐标在2012年第二季度前后有所差异。截止到2016年第二季度。图系作者自制。

资料来源：ECB Statistical Data Warehouse.

在随后的央行LSAP过程中，欧元区各国银行业持有的合格担保资产的界定和可获得性至关重要。可被接受的金融工具和相对规模由欧央行的资格标准以及银行与主权债务的性质共同决定，传统的资格标准大大限制了资产收购的规模和范围。② 因而随着政策实践的推进，央行不得不多次放宽资格标准。③ 银行部门的经营能力与LSAP过程

---

① 2010年5—8月，作为稳定金融市场的紧急措施，欧洲央行经过艰苦谈判后决定开始收购希腊、葡萄牙、爱尔兰、意大利和西班牙的国债。尽管如此，德国央行行长韦伯（Weber）和欧洲央行首席经济学家斯塔克（Stark）还是以辞职表示强烈抗议。

② 除银行资产购置计划外，ECB还使用这一标准来确定整个量化宽松计划中可购买的资产总规模。

③ 截至2017年3月，这一标准仍低至BBB-，低于传统意义上的投资级证券下限。

中的抵押要求紧密相关,并直接影响整个欧元区的债务融资能力。欧元区成立之初,由于市场一体化的方针,ECB 划定所有成员国主权债券均属于同一等级的合格资产。然而危机深刻揭示了成员国主权债务的风险的异质性,尤其是在政府债券占合资格市场资产的最大部分的情况下,[①] 这给欧央行量化宽松政策的框架设计带来了极大的阻碍。图 3 显示,危机爆发后,欧央行先是大幅扩张主权债务合格范围,进而逐步将无资产支持的银行债务、资产担保债券和公司债纳入采购范围。其操作的折中和谨慎性与另外三个实施量化宽松的央行形成了鲜明对比,同时反映了成员国之间的激烈博弈。

三 欧央行非常规货币政策的第一阶段

(一) 危机前的货币政策工具

危机前,欧央行的三种传统政策工具是政策利率、公开市场操作和最低准备金要求。首先,在政策利率方面,欧央行通过三种关键性融资利率来引导市场预期,即边际贷款融资利率(MLF)、存款便利融资利率(DF)以及主要再融资利率(MRO)。[②] 其次,欧央行通过公开市场操作(OMO)进一步从短期和长期来对市场利率施加影响,适时补充或收紧资金流动性。其主要投资组合是再融资操作(MRO)和长期再融资操作(LTRO)。[③] 最后,在银行总杠杆方面,欧央行的最低储备金要求(MRR)极少进行调整,占银行总负债的 2% 左右。[④]

---

① 2015 年底,合格担保资产中最大规模部分为 6.7 万亿欧元的主权债务,其次是 2.1 万亿欧元的有担保银行债务,1.4 万亿欧元的企业债,以及约 1.9 万亿欧元的资产担保债券。(ECB)

② 边际贷款融资利率(marginal lending facility)是欧元区银行从 Eurosystem 拆入隔夜资金的年化利率;存款便利融资利率(deposit facility)则是银行向欧元体系存入隔夜存款的年化利率。ECB 于 2014 年 6 月将 DF 调整为负利率。再融资利率(main refinancing operations)是 ECB 以招标方式向市场提供期限为一周的短期批发融资利率,分为固定和可变利率两种。其主要目的是引导短期市场利率。2008 年 10 月以后全部使用固定利率招标;2016 年 3 月后,招标利率锁定为 0(见图 4)。

③ 长期再融资操作(LTRO)的期限为 3 个月。二者均为逆回购形式,要求交易对手提供合格抵押品。在 2007 年年中之前 MRO 数量较大。此外还包括数量较少的微调操作(fine-turning operations)和结构性操作(structural operations)。

④ 2011 年 12 月欧洲央行将存款准备金占负债比率从 2% 降低到 1%。截至 2017 年 3 月未再调整。

欧央行向市场和银行部门提供固定配额的流动性。危机前 MRO 和 LTRO 的利率水平主要取决于资金固定供应背景下的资金需求。但危机后由于市场流动性的频繁枯竭，欧央行不得不将招标机制改为固定利率完全分配。由于长期以来的间接融资体系特征，使得欧央行货币政策的有效性高度依赖 MLF 和 MRO 等工具通过银行向市场传导短期和长期利率预期的通畅程度。而欧元区主权债务危机的爆发恰恰使得银行这一传导媒介遭受了重创。正如前文图 1 所显示，危机后欧洲银行业向市场投放的信贷资源远远小于其收回的资源。这意味着欧央行的政策意图在很大程度上被阻断在了银行层面。

图 4 和图 5 反映了危机爆发后这种传统货币政策传导机制的瓦解。其中图 4 显示了在启动实质性 UMP 之前欧央行传统利率工具在三个阶段中的失效。首先，2008 年 10 月 ECB 下调官方利率后，希腊境内市场加权移动平均融资成本的下降速度与深度显著背离 ECB 的指导利率及其他成员国内的利率；其次，ECB 在 2011—2012 年开启

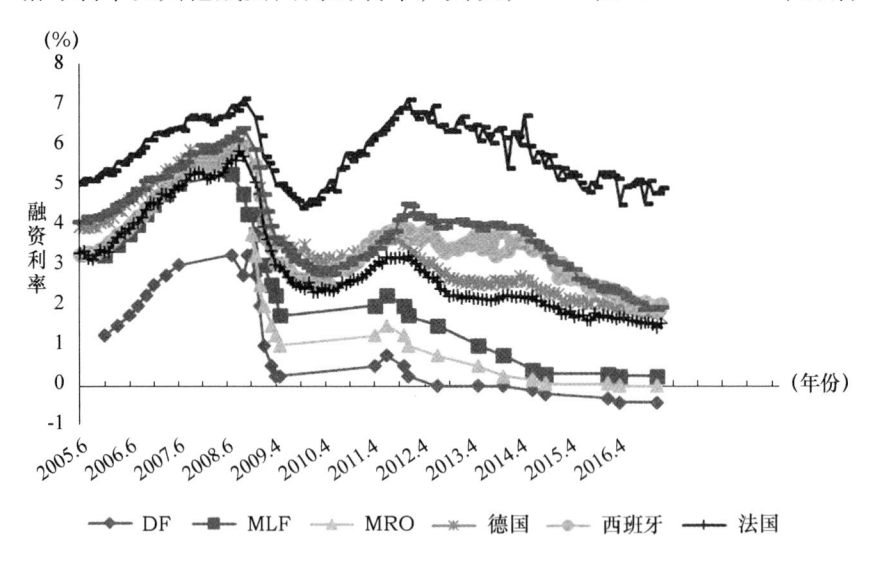

图 4　欧元区核心利率与融资成本分化（2005—2016）

注：三大核心利率包括存款便利融资利率（DF）、边际贷款融资利率（MLF）和再融资利率（MRO）的月频数据，融资成本为各个国家企业实际融资额加权后的移动平均年化融资成本。图系作者自制。2014 年 6 月 ECB 将 DF 调为负利率。

资料来源：ECB, Statistical Data Warehouse.

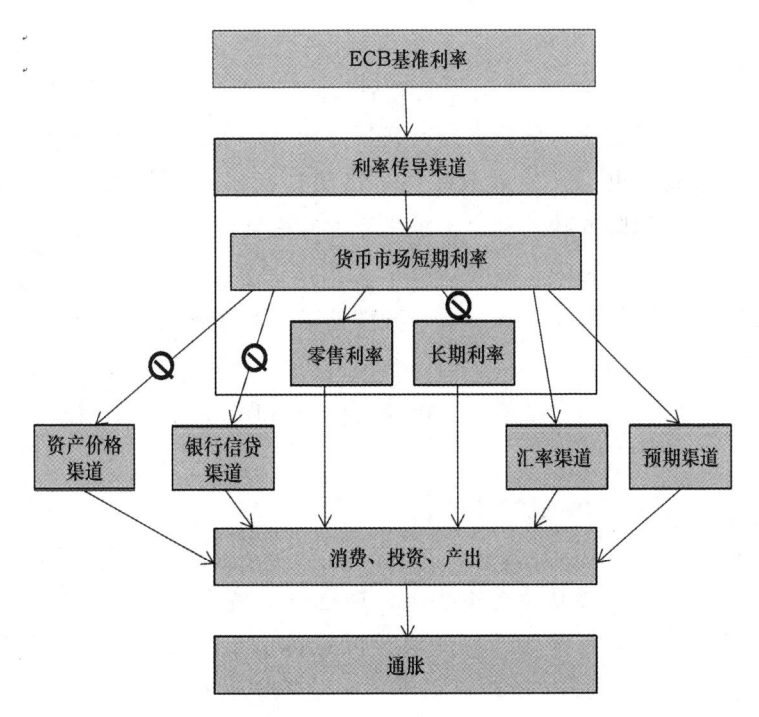

图5 欧元区传统货币工具的失效及非常规工具影响路径

资料来源：作者自制。

危机后的第二次利率下降通道，但在长达一年多的时间里，德国与法国的市场利率与西班牙、意大利和希腊的市场利率出现并保持了显著的分歧；最后，从2012年中向最终负利率（2014年6月）下降的通道中，西班牙、意大利和希腊的融资利率压缩速度显著慢于德国和法国。所有这些在此前欧元区统一市场内罕见的现象均反映出欧央行传统利率手段在一个高度分割和"去一体化"市场中的无效性。图5进一步阐释了在这一阶段欧央行所面临的困境，以及推动非常规货币政策出台的动因。由于传统货币政策工具已无法通过关键性利率指针经由银行信贷、资产价格和长期利率的间接传导渠道对消费和投资产生影响，央行唯有通过非标准化工具来施加影响。最主要的可行工具是LSAP，因其可以绕过间接渠道，直接作用于资产价格、银行长期融资渠道上，并通过不同形式的资产购买选择性地逐步挤压市场中的无风险资产需求，迫使其转移至风险资产，进而刺激消费和投资。

LSAP 还可以直接影响汇率[①]和价格预期,这些均有助于刺激总产出。同时,无论在推出 QE 之前还是之后,欧央行从未停止尝试通过各种创新性工具打通银行信贷渠道,恢复传统货币工具的传导机制。

危机后欧央行开始采取一系列措施提高银行间贷款渠道的流动性,包括大幅降低政策利率,扩张经常性融资便利,及加强信贷。随着利率下调接近极限,欧央行推出了信用增强便利工具[②],主要目标是重新建立银行间流动性拆解及抵押渠道,从而疏通传统货币工具在银行间的传导路径,并持续为该系统提供流动性。在观察到各种工具效果不彰后,开始尝试通过 UMP 改变汇率和市场的利率预期。

(二)"准量化宽松"阶段

1. 非常规 LTROs

危机后欧央行对传统 LTRO 工具进行了多次修改以适应市场需求。核心目的是向几近干涸的银行同业拆借市场提供确定性和流动性。2009 年 6 月,ECB 首次实质性突破传统,开始实施三轮以固定利率招标方式进行的一年期无限额 LTRO。[③] 2011 年 12 月,欧央行在将存款准备金率从 2% 降低到 1% 的同时,进一步将 LTRO 期限拓展至 36 个月,从而形成"超长期再融资操作"(VLTRO)。就实际效果和展期能力而言,这一工具可被视为"准量化宽松"[④]。这些非常规举措产生了央行预期之外的两个结果。在消极方面,商业银行大规模增加了在欧央行的超额存款准备金。[⑤] 这导致央行注入的流动性并没有引起预期中的银行间市场或非金融部门的主动信贷扩张,而是还原

[①] 需要指出,与美、日、英三国不同,由于欧元区成员的主要贸易均发生于欧盟内部(接近 80%),由量化宽松引起汇率贬值而带来的出口刺激效应并不如其他三国显著。

[②] 信用增强便利工具(Credit Enhancement Facility)包含五个方面:以固定利率向银行间市场分配全额流动性;将定期 LRTO 期限由 3 个月延长至 6 个月;扩大合格的银行抵押品范围;扩大与其他央行(尤其是美联储)的货币互换额度;实施抵押债券互换计划(CBPP)。

[③] 其具备两个显著异于传统的特征:首次大幅超越了传统公开市场操作货币工具的周期(隔夜至 3 个月),而且同时采取了固定利率无限额配给模式(full allotment)。详见 ECB 官方网站 2009 年 5 月声明。

[④] 之所以称为"准量化宽松"是因为在标准的 QE 操作中央行通常不设定 LSAP 的赎回期限。

[⑤] 在 ECB 实施负利率之前,超额存款准备金的利率为 0.25%。

为央行负债。而在积极方面，金融机构开始利用廉价的央行资金购买其他高回报资产，大幅增加的套息交易（Carry Trade）在一定程度上缓和了部分外围国家的中期主权债务成本压力。此外，VLTRO 通过协助银行去杠杆化，对部分成员国的主权债务产生了积极短期效应。综合而言，尽管欧央行的资产负债表规模在 VLTRO 下从 2.4 万亿大幅扩大到 3 万亿欧元，① 并对主权债务市场产生了一定的积极影响，但始终未能从根本上有效修复欧元区的整体信贷能力。为弥补这一缺陷，2016 年 6 月欧央行进一步扩大再融资操作，推出第二轮四批定向长期再融资操作（TLTRO）②。

2. 资产担保债券购买计划（CBPP1 和 CBPP2）

由于 LTRO 仍属于自动冲销式工具，且不能直接作用于银行资产负债表体系，欧央行在扩张再融资市场的同时也引入了资产担保债券购买计划（CBPP），从而直接进入一级和二级的债券市场来影响私人部门融资成本。③ CBPP 共被引入了三次。第一阶段（CBPP1：2009 年 7 月—2010 年 6 月，总规模 600 亿欧元）的目标是压低银行间市场利率，并扩大对非金融部门的信贷。④ CBPP 起初并未被设计为量化宽松，欧央行试图通过对等量的 LTROs 置换来维持资产负债表规模不变，但后来并未完全遵守这一原则。CBPP1 在一定程度上平复了欧元区资产支持债券市场，特别是危机中的外围国家。实施期间，欧元区共有 1500 亿欧元的新增资产担保债券发行。第二阶段（CPBB2：2011 年 11 月—2012 年 10 月）在欧债危机愈演愈烈的 2011 年底启动，原设计规模 400 亿欧元，但由于欧盟内部意见难以协调，且新增资产担保债券发行不足，最终仅购置了 164 亿欧元，未能完全实现预期目标。⑤ 第三次 CPBB 于 2014 年 10 月开始。

---

① 见 https：//www.ecb.europa.eu/pub/annual/balance/html/index.en.html，及后文图 6。

② TLTRO（Targeted Long Term Refinancing Operations）已经可视为实质性的量化宽松操作。https：//www.ecb.europa.eu/press/pr/date/2016/html/pr160310_1.en.html。

③ CBPP（Covered Bond Purchasing Program）的收购标的是抵押按揭贷款的证券化产品以及其他一些公共部门债务，类似于美联储在 2009 年第一轮 QE 中的政策设计。

④ CBPP1 共购买 422 支债券，27% 来自一级市场，73% 来自二级市场，购买债券的平均到期期限为 4.12 年。ECB, Final Monthly Report on the Eurosystem's Covered Bond Purchase, June 2010.

⑤ 详见 ECB 声明，www.ecb.europa.eu/press/pr/date/2012/html/pr121031_1.en.html。

3. 债券市场计划（SMP）

2010年5月推出的SMP计划的收购目标为主权债务，目的是通过压低国债利率，间接舒缓银行部门的资金压力。[①] 该计划的官方意图不是支持特定成员国发行的债券，而是试图遏制市场失灵，并恢复市场深度和流动性。由于SMP设计的冲销过程较为复杂，并引起了欧盟内对欧央行在试图实施QE政策的批评和政治压力，[②] 2010年5月至2011年2月，该计划仅购买了希腊、爱尔兰和葡萄牙等主权债务危机严重的经济体的债务。到2011年8月，由于危机的加剧和扩散，欧央行不得不开始购买西班牙和意大利国债。由于来自以德国为首的中心成员国政府的反对压力，SMP被迫于2012年9月终止，累计总规模为2142亿欧元。[③] 反对国家的理由仍是SMP事实上补贴了高债务国家（特别是意大利和西班牙）的财政预算。迫于强大的政治压力，欧央行不得不再次推出修订版的宽松工具——直接货币交易计划（Outright Monetary Transactions，OMT）。[④]

4. 直接货币交易计划（OMTs）

诞生于2012年8月的OMT同样属于冲销式主权债务购买工具，但相比SMP增加了一些新的设计：首先，OMT仅能在二级市场实施，目标是债券收益率曲线的短端，因此严格将购买范围限制在1—3年到期的短久期国债，欧央行对收购的范围和期限有决定权。其次，不设定对其他债权人的优先购买权，这就避免了在SMP时期被广为诟病的"挤出效应"[⑤]。最后，作为对中心国家的妥协，OMT还嵌入了

[①] SMP（Securities Market Program）与CBPP的执行原则类似，即不影响央行的资产负债表规模。仅在特定时间内的二级市场购买债券，不设初始目标金额并由ECB自行决定。这是欧央行在欧盟法律框架下的艰难创新，试图在缓和部分成员国财政压力的同时尽可能减少道德风险。即便如此，SMP还是遭受了欧盟内诸多批评和争议。因为事实上收购的债券均来自危机国家，这是可以被市场提前预判到的。

[②] 欧央行向银行提供等量政府债券购买金额的有息存款工具，从而在实施SMP同时使资金从金融市场中流出，每周循环。这使得欧央行的资产负债表在两次循环间是扩张的。

[③] 据ECB, Eurosystem weekly consolidated financial statement 统计。

[④] OMT是一揽子更广泛的制度、财政、交流和监管措施的一部分。包含确保主权债务购买国承诺减少赤字的内容。尽管较SMP有所改进，但仍饱受争议，如Lombardi, Moschella（2016）.

[⑤] 大规模的SMP收购使得其他私人部门对主权债券的购买成本上升。

财政整肃条款。参与 OMT 的国家必须与欧盟委员会签署谅解备忘录，确保维护签约国财政可持续性的经济改革计划。[1] 尽管如此，德国仍坚决反对这一方案，认为 OMT 是在直接资助成员国主权政府，违反了《马约》，并上诉至欧盟法院。欧盟法院最终在 2015 年 7 月做出了支持欧央行的裁决，OMT 就此正式合法化。[2]

四 欧央行非常规货币政策的第二阶段（量化宽松阶段）

尽管第一阶段的宽松政策在政府债务纾困方面取得一定的效果，但未能从根本上解决信贷渠道阻断和通缩的问题[3]，欧央行不得不采用更为激进的政策工具，不仅包含了标准的量化宽松手段，还包括前所未见的负利率政策。这也成为欧元区 UMP 实践两阶段的分水岭。

（一）负利率（NIRP）

危机后的漫长衰退过程中，通缩一直是笼罩在欧元区挥之不去的阴影。调和消费物价指数（HICP）从 2011 年末开始下降，在 2015 年 1 月达到 -1%。图 6 显示了 2012 年后欧盟和欧元区通缩的进展及深度。而《马约》赋予欧央行的使命是将物价维持在低于但接近 2% 的水平。理论上通缩是一种危机时期的市场自发调整，有助于降低工资并恢复一国的商品和劳务竞争力，但固定资产的长折旧期属性使得通缩对投资和生产的破坏具有持续性。在欧元区，货币政策面临的另一个难题在于，由于非贸易品的存在，国家间无法充分套利，所以各

---

[1] 欧央行成功迫使西班牙签署了谅解备忘录，以便获取紧急救助资金以重组其国内银行部门。

[2] 欧盟法院裁定，ECB 在二级市场上购买主权债券的计划并未逾越《马约》赋予其的在货币政策方面的权力。有研究表明，尽管 OMT 在宣布后并未实施，但已经对外围国家的主权债务市场产生了极为可观的积极影响，如 Altavilla C., Giannone D., Lenza M., The Financial and Macroeconomic Effects of OMT Announcements, European Central Bank, Working Paper, No. 1707, 2014.

[3] 尽管金融部门获得大量流动性，但风险资产仍未从银行资产负债表中剥离。为满足巴塞尔协议Ⅲ的要求，金融机构宁肯向 ECB 提前偿还长期再融资，也不愿向私人部门发放贷款。

成员国的通缩压力异质性可以长期维持。这意味着在整个欧元区奉行一致性的货币政策将无助于熨平国别间的通胀差异。

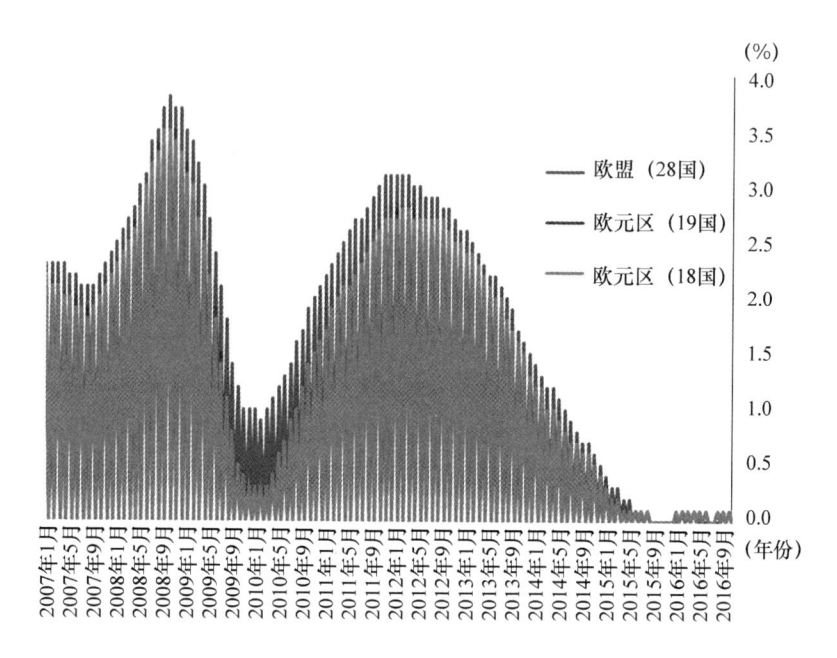

图6 欧元区（欧盟）2007—2016年通胀水平变化

注：此处通胀指标选取的是欧央行关注的调和消费物价指数（HICP），月度数据（2015年1月=100）。至2016年10月，欧盟28国内仍有14个成员国的HICP为零值或负值。

资料来源：Eurostat.

2012年7月，欧央行基准利率已降至零下限，边际融资利率已经为负值。通胀的持续下降意味着实际利率的不断攀升，从而严重威胁了货币政策的有效性。欧央行不得不将政策重点开始转向极端的量化宽松操作。2014年6月，欧央行将存款便利融资利率（商业银行在ECB的隔夜存款利率）由0降至-0.10%。9月，进一步降至-0.20%。[①]负利率是与TLTROs同时公布的，体现出欧央行试图打通信贷渠道的政策决心。

[①] 2016年3月10日，欧央行将隔夜存转利率进一步下调至-0.4%。

(二) 定向长期再融资计划（TLTRO）

2014年6月启动的四年期TLTRO（共四批）引入了一个特别的操作模式，即金融机构收到的央行融资资金与其对非金融部门和居民部门的信贷释放规模正相关。这种将经济激励措施纳入QE的设计，是欧央行的一个大胆创新和尝试，理论上这将更有利于信贷流入实体部门。同时也表明欧央行意识到QE的终极目标并非修复银行资产负债表，而是重建私人部门的融资能力。欧央行原计划在2016年6月到2018年9月之间进行八次TLTRO，上限为欧元区非金融私人部门总贷款余额的7%。但由于通缩的进一步恶化，2016年3月欧央行启动了更为激进的TLRO II（共四批），将银行的再融资上限提升到了贷款总规模的30%，[1] 并将最惠利率压低至DF水平。

(三) CBPP3 和 ABSPP

为配合负利率政策，欧央行进一步引入了两项初始计划期限为两年的风险资产收购计划，CBPP3和资产支持证券收购计划（ABSPP）。CBPP3于2014年10月启动，原定持续至2016年9月。[2] 在此期间，欧央行每月购买总额约100亿欧元的抵押债券和资产支持证券（债券评级放宽至BBB-）。截至2017年3月，CBPP3净收购余额已达到2138亿欧元[3]，远远超过上两次收购计划的总和。与CBPP3同时启动的ABSPP于2014年11月开始，该计划旨在通过鼓励银行将信贷证券化后转售来增强信贷资源周转并刺激信贷恢复。截至2017年3月，央行手持该计划余额为238亿欧元。[4]

---

[1] 最初TLTRO的融资利率是在MRO上加10个基点利差，但随后很快就取消了这一利差。在TLTRO II中，融资利率还与借款银行向非金融企业和居民部门发放贷款的多少直接相关，银行发放的此类贷款越多，从TLTRO获得的利率越优惠。见www.ecb.europa.eu/mopo/implement/omo/tltro/html/index.en.html.

[2] 截至2017年3月，CBPP3尚未终止实施。与前两次CBPP相比，CBPP3的收购金额更大，上限更高（单一债券的70%，希腊和塞浦路斯除外），目标资产标准更宽松，因而相对风险更高。

[3] ECB, Weekly financial statements, March, 2017.

[4] CPBB3和ABSPP是否符合标准的量化宽松工具仍存在争议，一方面其并未扩张欧央行的资产负债表，但另一方面其采购计划数额又是相机和需求驱动的。

(四) 扩张资产收购计划（EAPP）：PSPP 和 CSPP

2015年1月，欧元区的年通胀率仍接近-1%，资产购买计划和负利率并未显著改善通缩。1月22日，欧央行宣布扩张资产购买计划（EAPP），其中包括大规模的公共部门采购计划（PSPP），以及2016年6月启动的企业部门资产收购计划（CSPP）。PSPP是一个每月高达500亿欧元的政府和超主权机构债务的购买计划，目标资产期限为2—30年。这样连同之前启动的ABSPP和CBPP3，欧央行每月购买600亿—800亿欧元不同类型的债券资产。PSPP将覆盖欧元区金融资产的20%。按照风险共担原则，EAPP的损失由成员国的央行和财政部承担，表明欧央行力图避免风险从高债务国家转移到中心国家（如德国、法国）。

欧元区的财政结构及其资格标准表明，鉴于公共部门债务的深度，主权采购计划基本上是影响市场的唯一手段。表1显示了截至2017年3月欧央行持有的所有未到期非常规政策工具的规模。图7显示了欧央行UMP的实施过程及其结构。通过规模比较可以很清晰地看出，无论融资工具如何创新和变化，主权债务收购（如第一阶段的SMP和第二阶段的PSPP）自始至终都是欧央行操作的重心所在。这再次佐证了前文关于欧央行与其他三大央行量化宽松模式的一个重要差异，即定向主权债务救济特征。其经济结果是在欧元区内部进行了事实上的财政转移和再分配。也正是基于这种经济后果，无论是在第一阶段的SMP和OMT，还是第二阶段EAPP过程中，欧央行的QE操作推进过程都可谓步履维艰。在一个拥有19个独立财政预算的成员国的货币联盟中进行大规模的资产收购，任何择时、择机和择权的行为无疑都会引起巨大的争议。

表1 欧央行当前持有未到期的非常规政策工具头寸（2017年3月）

单位：亿欧元

非常规货币工具	央行持有头寸
资产担保债券购买计划1 （Covered Bond Purchase Program 1，CBPP1）	107

续表

非常规货币工具	央行持有头寸
资产担保债券购买计划2 （Covered Bond Purchase Program 2，CBPP2）	66
资产担保债券购买计划3 （Covered Bond Purchase Program 3，CBPP3）	2138
资产支持证券收购计划 （Asset-backed Securities Purchase Program，ABSPP）	238
企业部门资产收购计划 （Corporate Sector Purchase Program，CSPP）	704
公共部门采购计划 （Public Sector Purchase Program，PSPP）	14194
债券市场计划 （Securities Markets Program，SMP）	994
合计规模	18441

资料来源：ECB，Eurosystem weekly consolidated financial statement. 经笔者计算整理。

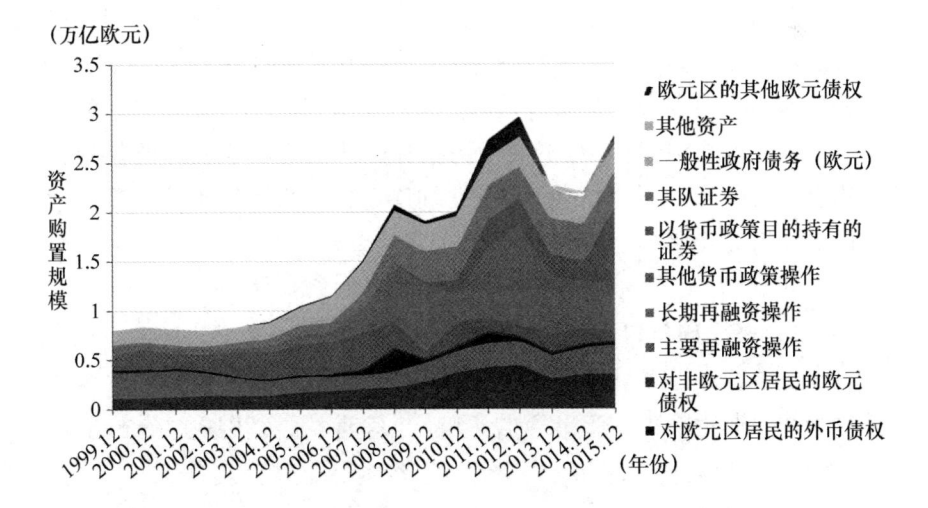

图7 欧央行非常规货币政策演进及资产结构的变化（1999—2016年）

注：其中SMP的启动时点有两个，分别对应开始采购希腊、葡萄牙和爱尔兰国债的2008年初，以及开始购买西班牙和意大利国债的2009年底。

资料来源：European Central Bank，Annual Report.

五 非常规货币政策的实施效果

理论上欧央行的 UMP 主要从两个方面发挥作用：首先是信号效应。央行释放购买资产的信号，有助于将通胀预期调整至更接近央行中长期目标的位置，并逆转衰退中实际利率上升的态势。[①] 传递流动性将持续宽松的信号还有助于收益率曲线更为平坦，并纠正实际利率对收益率曲线的偏离。在全球货币政策走向出现分歧的背景下，QE 还有助于推动欧元汇率下行，从而增强竞争力。其次是资产组合平衡效应，尽管欧央行仅购入有限的高质量证券，但预期将通过投资组合的平衡效应直接和间接地影响整个金融体系。LSAP 不仅提升无风险证券的价格（所有金融产品定价的基础），增加其稀缺性，还迫使投资者转向包括主权债和企业债在内的各类风险资产。债务、权益融资成本以及欧元汇率的下降将共同帮助企业提高盈利能力。但实际的效果必须通过定量手段予以识别。

学者们运用不同的方法，对欧元区非常规货币政策及其对利率、通胀、产出等方面的影响进行了研究，主要基于 VAR 模型、事件研究方法和其他回归技术。多数研究表明这些政策的实施对经济复苏具有积极作用，但也有少量研究认为效果并不显著。此外，相当多的研究表明欧元区 UMP 效果对不同经济指标，甚至不同经济体的传导机制均有显著差异。通过与英、美等国 UMP 的有效性的比较发现，欧元区的绩效影响要小于前两者。

（一）基于向量自回归模型的研究结论

许多学者通过 VAR 模型研究美、英、日和欧元区非常规货币政策对利率、通货膨胀、产出等的影响。[②] Lenza 等（2010）分析了欧

[①] 从 2014 年 9 月到 ECB 推出 QE 前的 2015 年 1 月，欧元区五年期债券利率上升了 60 个基点，而在推出 QE 后的 4 个月内则下降了 85 个基点。

[②] 如 Baumeister et al. (2012) 通过估计时变参数结构的 VAR 模型研究 2007—2009 年衰退期间低的长期债券收益率的宏观影响。发现美国、欧元区、英国和日本长期债券收益率的压缩对产出增长和通胀都有极大的影响。反事实模拟表明美国和英国的 UMP 避免了通缩和产出崩溃的重大风险。也有一些研究的结果并不积极，如 Belke 等（2016）（见下页）

央行首次实施固定利率全额分配 LTRO 的影响，使用贝叶斯 VAR 模型发现 UMP 对利差压缩的效果与标准货币政策在对贷款和利率的影响方面大致相似。Tomasz（2016）采用同样方法研究 QE 对欧元区实际 GDP 和核心 CPI 的影响，并采用了更新的数据（2012 年 6 月—2016 年 4 月），结果表明如果没有欧央行的第一轮量化宽松政策，实际 GDP 和核心 CPI 将分别下降 1.3% 和 0.9%。而脉冲响应分析表明 QE 主要是通过资产组合再平衡、信号效应、信贷宽松和汇率效应传播的。并发现了西班牙在 QE 中的获益显著大于其他重债国。

Manfred（2015）构建了一个标准的宏观金融 VAR 模型，通过一组真实和金融控制变量，发现常规和非常规政策工具能够帮助缓解金融压力，但对通胀和经济增长的影响是温和的。Boris（2015）使用带内生源转换概率的 Markov-switching VAR 模型，分析了引发意大利、爱尔兰、西班牙和葡萄牙等国的利率传递中断的原因，并证实了欧央行的 UMP 对意大利的短期积极影响显著大于其他国家。Toblas 等（2016）探讨了 LSAP 对政府债券净供应量的冲击如何影响欧元区利率期限结构。通过小型宏观金融 BVAR 模型估计了 ECB 启动 EAPP 的影响，发现通过久期渠道使欧元区 10 年期国债收益率平均下降了 30 个基点，而对 2016 年产出缺口和通胀的影响分别是 0.2% 和 0.3%。Oxana（2016）运用标准货币 VAR 模型，通过一个包含常规和非常规货币政策的合成指数比较了欧元区两种政策的经济影响。发现 UMP 的传导与常规政策差异主要体现在价格反应更灵敏方面，但对总产出的影响更为迟缓。

（二）基于事件研究方法的结论

Rivolta（2014）采用事件研究方法分析了欧央行自 2007 年以来

（接上页）使用 2002—2014 年的数据，通过 CVAR 方法，没有发现 QE1 造成的利率关系结构性突破的证据。类似的，Vasco et al.（2011）通过扩展标准的新凯恩斯模型研究央行资产结构，发现美联储实施的 QE 严格来说无效。Baumeistera C., Benati L., "Unconventional Monetary Policy and the Great Recession: Estimating the Macroeconomic Effects of a Spread Compression at the Zero Lower Bound", *International Journal of Central Banking*, Vol. 9, 2013.

非常规货币政策措施的影响，通过 10 个欧元区国家和 6 个欧元区外国家的国债收益率对比来评估货币政策传导机制。最后发现 UMP 能够有效地控制债券利差，但其效果在货币联盟内因国家而异，且随着时间的推移有显著变化。Gasto（2014）的事件研究发现 UMP 恶化了美国、欧元区和英国的银行业的中期信贷风险。Matteo（2015）发现 2008—2012 年的 UMP 显著压缩了爱尔兰、意大利、葡萄牙、西班牙等国与德国国债的利差，但对希腊的效果不明显。此外，在欧央行第一阶段的工具中，SMP 启动声明显著影响了这 5 个欧元区国家的主权风险预期，而 OMT 的启动声明仅在意大利和西班牙产生了显著影响。

Reinder（2016）使用股指期货价格来捕捉 1999—2015 期欧央行在市场预期之外的（surprised）常规和非常规货币政策消息对股票市场的影响。发现 UMP 显著影响了 EURO STOXX 50 指数，还证实了显著的信用传输效果。Urszula 等（2012）运用基于事件的回归分析评估 ECB 在 2007—2012 年实施的 UMP 对银行和政府借贷成本的影响，结果表明主权债券购买计划有效地压低了长期借贷成本。John（2016）发现通过抑制长期主权债务收益率，QE 有效地降低了公共债务负担，减轻了政府预算限制并有助于降低还本付息的成本。但研究同时发现欧元区 QE 对核心成员国的国债收益率影响远小于美国和英国的 QE，其对国民收入、就业和通胀的影响也更弱。

（三）基于对违约风险影响的研究

Auray 等（2015）通过构建一个包含银行间市场和主权违约风险的两国模型量化了 UMP 对欧洲经济的动态影响。模型表明，旨在减少主权债务利差的非常规政策在稳定经济和防止衰退加深方面显著有效。Fabian 等（2016）评估了 2010—2011 年欧元区 5 个主权债券市场中 SMP 的影响，发现除了发行量效应，每购买千分之一的未偿还债务在 5 年内有每年约 3 个基点收益率下降的效果。且在大多数国家，债券收益率波动和尾部风险在 SMP 购买日显著降低。Giulio（2016）借助 STCC-GARCH 模型研究了 2006—2015 年主权和银行违约风险之间联系的时间变化，并使用主要国际银行和主权发行人的信用违约掉期（CDS）利差作为 4 个欧洲国家的指标。结果显示 QE 直接影响意大利和西班牙 CDS 债券利差的变化，从而对政府和银行间的风险关系产生影响。Mary（2015）使用 2009—2012 年 138 个欧元区银行的面板数据，运用 DID 方法研究了 VLTROs 对私人非金融部门信贷和欧元区政府债券投资的影响。发现对持有更多主权债务的银行，2011 年开始的 VLTRO 使其在信贷上有所扩张，而 2012 年的第二轮 VLTRO 的信贷效应不明显。

（四）基于利率及利差的影响评估

Julia（2016）研究了主权债务危机期间货币政策对欧元区银行贷款利率的传递效应（pass-through）。发现传统扩张性货币政策无法降低银行贷款利息。UMP 有助于降低贷款利率，但效果并不持久。Lubomíra（2015）研究发现了两种 UMP（中央银行的流动性扩张和二级市场直接购买）对收益率曲线影响在大小和方向方面有所不同。具体来说，二级市场直接购买使收益率曲线快速变低变平，而流动性扩张的作用则更弱且时间更短，甚至使收益率曲线变陡峭。总体而言 UMP 是有效的。Cordemans 等（2016）发现欧元区量化宽松政策总体上对经济有着积极的作用。资产购买计划降低了金融市场中不同部门债券的名义收益率。但实际收益率下降引起的欧元贬值效应并未加大出口。Giulio（2016）通过 ESTAR/LSTAR 模型研究了 8 个欧洲国家的利率传递效应。发现南欧国家银行融资成本的变化能直接影响长期的传递效应。这表明，欧央行的 UMP 通过降低利差，可以在一定程度上缓和欧元区银行体系内的市场分割。

Giannone 等（2012）通过研究银行间中介交易扩张的影响分析了欧元区非正常货币政策的影响。实证模型的模拟表明，欧央行对货币市场的干预对欧洲地区的经济活动更广泛和间接地产生了显著影响，支持了宏观经济和就业。Ronald（2016）研究了对无担保和有担保货币市场所采取的非常规货币措施的影响。发现无担保货币市场大幅萎缩，不再具有欧元区的代表性。危机后，有担保货币市场价值大大增加。两个市场都对第一个 VLTRO 有显著反应。另外 QE 显著增加了核心银行的过剩流动性。

还有一些研究对欧元区及英、美、日等国的 UMP 做了对比。

Yevgeniya（2015）检验了自 2008 年以来实施的 UMP 对全球流动性的影响。其中日本的 UMP 与全球流动性有正向联系而和证券发行负相关；英国的 UMP 有正相关联系；而美国和欧元区的 UMP 效果更加复杂。Klaus-Jürgen 等（2015）比较了欧元区 UMP 与美国和英国的差别，发现前者刺激经济增长和提高通胀的效果显著低于英、美两国。并认为以银行为主导的金融系统，以及成员经济状况的异质性是造成这一差异的主要原因。Christophe（2015）认为欧元区与英、美的一个重要不同点在于前者启动 UMP 时经济已经陷入通缩，因此需要 ECB 和政府有更大力度的行动和合作，然而这正是欧元区内最具挑战的关键环节。

六 结论

伴随着欧洲市场一体化程度的不断加深，财政与金融制度层面统合相对滞后导致的经济结构失衡不仅促使危机爆发，也让危机后的救援步履维艰。相较于美、英、日等国，充分一体化的财政和金融联盟的缺位，使得货币政策成为欧元区在超国家主权层面少数可以倚重的政策工具之一。在传统货币工具失去操作空间后，欧央行尽其所能地在货币政策领域进行了多种形式的创新和探索。囿于金融市场分割、经济周期不同步和"最终贷款人"授权的缺失，欧央行在 UMP 操作的力度上偏于保守，在时机上略显迟滞。

危机后市场一体化程度的大幅倒退，使得央行统一的货币政策工具无法在各个分割的市场内达成一致的穿透力和预期效果。各成员国衰退与复苏周期的不同步也让央行在应对多方向经济诉求时顾虑重重。在危机初期欧央行倾向于采用的折中性手段事实上是以延缓解决两极成员的诉求为代价。此外，由于区内的财政一体化尚未最终达成，任何有利于缓解部分国家主权债务紧张的措施都无法避免引发对"公共池问题"的担忧。针对"定向主权债务救济"的抵制也在很大程度上限制了欧央行的行动时机和力度，甚至还导致政策的夭折和反复。大量经验研究通过宏观向量自回归、倍差法和事件分析技术对欧元区 UMP 在利差、违约风险、融资成本、总产出和通胀等方面的影响进行了测算，大部分研究发现 UMP 有效的同时也指出了其在区内影响的异质性，部分研究还发现欧元区 UMP 的效果在总体上显著低于英国和美国。

　　欧洲联盟是人类现代社会迄今为止最大规模的一体化实验，过往的历史也充分表明每一次区域内的危机都是欧盟走向深度整合的契机。经过多年的徘徊，当前欧洲经济在多个领域呈现出企稳回升的良好态势。随着欧央行在非常规货币政策领域的不断探索和经验积累，以及欧元区在金融监管和财政领域的整合不断向深层次推进，人们有理由相信非常规货币政策的积极效果还将不断显露，并对未来欧元区的经济复苏抱有更为强劲的信心。

从 Micula 一案看欧盟外商
直接投资政策之困境

李贵英

一 前言

自里斯本条约生效后，外商直接投资划归欧盟专属权限，然而却衍生若干问题，如欧盟与成员国在间接投资以及投资人与东道国间之争端解决（investor-state dispute settlement）方面之权限划分，又如在里斯本条约生效前欧盟成员国之间业已洽签之双边投资条约（intra-EU Bilateral Investment Treaties），如何定位之问题，均需予以厘清。在国际法上，就同一事项先后订定条约之情况并不少，然而近年来欧盟条约与国际投资条约在适用上引起之冲突，随着若干国际投资仲裁判决之出炉而备受关注。该等判决涉及欧盟成员国间之双边投资条约，且事关欧盟法之优先性原则。而仲裁判决后续承认与执行之问题，更为成员国与投资人之关注点。故本文拟就一件涉及外商直接投资保护，与欧盟竞争法（国家补贴）之仲裁案，亦即 Ioan Micula and others v Romania[①]，分析投资人与东道国间之争端解决仲裁判决与欧盟法间之冲突，可能导致法律上之不安定性，以及欧盟成员国违反条约义务。

---

① Ioan Micula, Viorel Micula, S.C. European Food S.A, S.C. Starmill S.R.L. and S.C. Multipack S.R.L. v. Romania, ICSID Case No. ARB/05/20, Award rendered on December 11, 2013, available at https：//www.italaw.com/sites/default/files/case-documents/italaw3036.pdf.

二 Micula 一案之事实、主要争点与裁决

本案起源于罗马尼亚撤销对一些贫困地区所实施之投资奖励措施，损及瑞典投资人之权益，故而引起争议。以下拟就本案之事实、主要争点，与仲裁庭之裁决进行分析。

（一）背景与缘起

瑞典与罗马尼亚于 2002 年 5 月 29 日签署促进与相互保护投资协定（下称瑞罗双边投资条约），该条约于 2003 年 4 月 1 日生效，并载有公平与公正待遇条款[①]与保护伞条款[②]。本案声请人 Micula 兄弟乃是瑞典公民，在罗马尼亚加入欧盟前即已进入该国投资。当时罗马尼亚根据 1988 年立法颁布之 "24/1988 号紧急政府条例"（Emergency Government Ordinance 24/1988），推动奖励投资措施，以促进落后地区之经济发展。奖励投资措施提供投资人租税优惠与免关税进口。基此，瑞典 Micula 兄弟（Ioan Micula 与 Viorel Micula），以及位于罗马尼亚的三家公司（European Food SA，Starmill SRL 及 Multipack SRL）在罗马尼亚进行投资，为了购买或进口机械、原料、土地、建筑物、设备、食品生产设备，及运输工具，投入 2 亿欧元。且投资人认为奖励投资措施将维持十年，故而进行投资。嗣后罗马尼亚加入欧盟，为了符合欧盟法有关国家补贴之规范，罗马尼亚于 2005 年 2 月撤销或修改了奖励投资措施。

2005 年 8 月，声请人认为罗马尼亚违反瑞罗双边投资条约之规定，故向国际投资争端解决中心（International Centre for Settlement of Investment Disputes，ICSID）提起仲裁。罗马尼亚对此提出管辖权异议。2008 年 9 月仲裁庭驳回罗马尼亚之异议[③]，续就本案实体问题进

[①] 第 3.2 条规定缔约国之一方应确保在他方投资人进行投资时提供公平与公正之待遇。

[②] 第 2.4 条规定缔约国之一方应确保履行与他方投资人就其投资所订立之任何义务。

[③] Decision on Jurisdiction and Admissibility rendered on September 24, 2008, available at https://www.italaw.com/sites/default/files/case-documents/ita0530.pdf.

行审理。

（二）主要争点

双方当事人对于准据法之适用问题有所争执，特别是欧盟法在本案所扮演之角色。本案相对人罗马尼亚主张，瑞罗双边投资条约之解释应符合欧盟法，并认为：第一，仲裁庭应考虑瑞罗双边投资条约谈判与洽签之法律背景。瑞罗双边投资条约之所以完成洽签，乃是在罗马尼亚加入欧盟之背景下，欧盟联合协定（European Union Association Agreement）所带来之直接结果。欧盟联合协定与欧体条约系属相关之国际法规则，根据维也纳条约法公约第31条第3项第c款解释双边投资条约时，应纳入考虑。第二，在瑞罗双边投资条约之下，对外国投资人之待遇，不得背离罗马尼亚在欧盟联合协定与欧体条约下所应承担之义务。瑞典及其他欧盟成员国也期待罗马尼亚采取一切必要措施来遵守欧盟法，如此一来势必将取消投资奖励措施。基此，瑞罗双边投资条约不应被解释为罗马尼亚为了符合欧盟法要求所采取之措施，违反双边投资条约之规定。此外，罗马尼亚认为，若双边投资条约不符合欧盟法，在国家补贴方面，根据特别法优先于普通法之原则，欧盟法应优先适用。而欧盟执委会在本案中以仲裁庭之友的身份提交书面意见，大致上与罗马尼亚之立场相一致。尤其是欧盟执委会认为，仲裁庭做出决定时，应考虑欧盟有关国家补贴之法律规定。

本案声请人则认为，瑞罗双边投资条约与2005年4月25日罗马尼亚入盟条约以及欧体条约之间并无冲突。瑞罗双边投资条约缔结时，入盟条约与欧体条约在罗马尼亚并未生效。若该等条约之间发生冲突，瑞罗双边投资条约应优先适用。其理由为：第一，应适用瑞罗双边投资条约第9条第2项所规定之权利保护条款，强化该条约赋予投资人之权利；第二，根据维也纳条约法公约第30条第3项之规定，瑞罗双边投资条约系属后法；第三，瑞罗双边投资条约比入盟条约以及欧体条约之适用范围更为明确，属于特别法，故应优先适用。

此外，声请人主张，即使根据欧盟法，罗马尼亚也有义务逐步废除奖励投资措施，罗马尼亚不应以欧盟法为借口而违反双边投资条约与国际法。声请人援引国家责任条款草案第十二条，违反行为之起源或性质与认定是否存在国际义务之违反无关。

在实体问题上，声请人认为，罗马尼亚通过立法并发放若干许可以实施奖励投资措施，承诺给予声请人十年时间，以换取声请人在罗马尼亚最贫穷与最落后之地区进行大型投资。罗马尼亚之承诺使声请人享有十年奖励投资措施之权利，或者至少使声请人对此拥有合理期待。声请人认为，罗马尼亚在 2005 年撤销或修正奖励投资措施违反其承诺，侵害声请人之合理期待。此外，撤销或修正奖励投资措施既不公平也不合法，特别是该等措施符合欧盟法之规范。关于此点，声请人主张撤销或修正奖励投资措施违反瑞罗双边投资条约之保护伞条款、公平与公正待遇条款、不合理侵害投资人对其投资之用益权，且形同未予补偿之征收。

反之，罗马尼亚认为声请人应承担东道国法规修改之风险。在本案中，罗马尼亚系以不歧视之方式行使权力，推动公共福利，因此不能断定其违反瑞罗双边投资条约。尤其罗马尼亚认为，声请人并未证明罗马尼亚曾经承诺不会改变系争措施。纵使曾有此承诺，罗马尼亚也认为声请人并非因此而进行投资；如果声请人确实因此而进行投资，亦非属合理。罗马尼亚并声称，改变系争措施并未违反瑞罗双边投资条约，其行为与理性政策合理相关，亦即加入欧盟。

三　仲裁判断结果

仲裁庭认为罗马尼亚违反瑞罗双边投资条约之公平与公正待遇条款。由于缺乏证据，仲裁庭未接受声请人关于保护伞条款之主张。

关于准据法之问题，仲裁庭认为，罗马尼亚在洽签瑞罗双边投资条约与该条约生效时，并非欧盟成员国。因此并无真正的条约冲突。仲裁庭进一步考虑在本案中，欧盟法是否在瑞罗双边投资条约的解释上扮演一定的角色。仲裁庭注意到瑞罗双边投资条约并未提及欧盟或入盟，仲裁庭指出不能因此而认为，借由签署入盟条约或罗马尼亚加入欧盟，罗马尼亚、瑞典，或欧盟将寻求改变、修正或以其他方式减损双边投资条约之适用。瑞罗双边投资条约乃是罗马尼亚寻求经济发展，俾利于加入欧盟之一项战略。由于并无任何理由认为瑞典与罗马尼亚有意违反双方签署之任何条约（特别是瑞罗双边投资条约）所课以之义务，仲裁庭必须根据缔约国之真意以解释条约。

关于此点，仲裁庭指出当事方似乎都同意欧盟法构成本案事实之一部分，尤其攸关罗马尼亚是否违反公平与公正待遇条款。事实上，仲裁庭在分析此争点时，发现废除奖励投资措施乃是罗马尼亚入盟所引起之关切事项，似乎有助于罗马尼亚说服仲裁庭该国并未违反公平与公正待遇条款。然而，仲裁庭认为罗马尼亚实施奖励投资措施时，曾向声请人提出具体承诺，尤其是关于十年期限一事。仲裁庭认为罗马尼亚之行为包含诱因之要素，需要罗马尼亚支持其声明及其行为。故仲裁庭认定，声请人相信根据罗马尼亚法该等措施不但合法，且将在十年内维持之，系属合理。至于罗马尼亚废除奖励投资措施之合理性，仲裁庭认定，罗马尼亚系因欧盟要求而采取行动，且罗马尼亚采取改变措施之举系属合理；不过，仲裁庭指出罗马尼亚未及时通知声请人该等措施将于原定之到期日前终止，其行为不符合透明化原则，但无证据显示其有恶意。此外，罗马尼亚逐步废除奖励投资措施，但却保留声请人在"24/1988号紧急政府条例"下之若干义务（并非欧盟施压之结果），导致仲裁庭裁定罗马尼亚违反瑞罗双边投资条约下之公平与公正待遇条款。有鉴于此，关于声请人所提之不合理损害与征收之主张，仲裁庭认为无须作出裁决。

关于罗马尼亚是否违反保护伞条款此一争点，仲裁庭依循 Eureko v Poland 一案之见解，认为关于投资所承担之"任何"义务，应受保护伞条款之保护。仲裁庭认为，义务存在与否应根据准据法来认定，而本案中罗马尼亚法为准据法。仲裁庭认为，声请人并未提供足够的证据与法律论据说明罗马尼亚法之内容，俾利于仲裁庭认定的确存在受保护伞条款所保护之义务。因此，仲裁庭予以驳回。

综上，仲裁庭裁定罗马尼亚应负起实质损害赔偿，该国因违反瑞罗双边投资条约义务而应支付2.5亿美元之赔偿金。

四 评析

(一) 欧盟法与欧盟成员国间之双边投资条约

自 2004 年欧盟东扩，12 国申请加入以降，欧盟成员国间之双边投资条约引起诸多讨论，尤其是该等条约之效力，备受关注。欧盟执委会一再重申该等条约与欧盟法相冲突，与欧盟单一市场不符，故应逐步废止。欧盟执委会认为，欧盟成员国间之双边投资条约对来自不同成员国之投资人构成歧视，原因之一在于若干条约（但非所有条约）赋予投资人对东道国提起争端解决之权利。此外，欧盟担心投资人与东道国间之仲裁具有约束力，不受欧盟法院审查；然而欧盟法院在解决涉及欧盟成员国间所生之欧盟法问题上，具有管辖权。[1]

在本案之前，曾有两件仲裁案分析该等问题，亦即 Eastern Sugar B. V. v. The Czech Republic 一案[2]，以及 Eureko B. V. v. The Slovak Republic 一案[3]。在这两件仲裁案中，仲裁庭皆邀请欧盟执委会提交法律意见。欧盟执委会明确表示，欧盟法对欧盟内部投资提供保护（包括确保资本自由流通与设立权之保护）。欧盟执委会指出，欧盟法应优先于任何双边投资条约，投资人不应援引与欧盟法相抵触之欧盟成员国间之双边投资条约；如有争端，应将争端提交给成员国法院以及欧盟法院审理。[4] 然而在这两件仲裁案中，仲裁庭皆未采纳执委会之意见，同时认为仲裁庭并不因此而不具有管辖权。[5] 关于此点，学术界与法律实务界之观点，一般都认为即使欧盟成员国间之双边投资条

---

[1] European Commission, 2012, "Commission Staff Working Document: Capital Movements and Investment in the EU Commission Services Paper on Market Monitoring", https://ec.europa.eu/info/system/files/2012-market-monitoring-working-document-03022012_en.pdf.

[2] *Eastern Sugar B. V. (Netherlands) v. The Czech Republic*, SCC Case No. 088/2004, Partial Award rendered on March 27, 2007, available at https://www.italaw.com/sites/default/files/case-documents/ita0259_0.pdf.

[3] *Eureko B. V. v. The Slovak Republic*, UNCITRAL, PCA Case No. 2008 – 13, Award on Jurisdiction, Arbitrability and Suspension rendered on October 26, 2010, available at https://www.italaw.com/sites/default/files/case-documents/ita0309.pdf.

[4] *Id.*, paras 175 – 196; *supra* note 6, para. 119.

[5] *Id.*, paras 217 – 292; *supra* note 6, paras. 157 – 191.

约与欧盟法相抵触，只要欧盟成员国间之双边投资条约未被终止，则仍然有效，投资人得援引之，以解决欧盟内部之投资争端。①

基此，本案相对人并未主张瑞罗双边投资条约无效；反之，罗马尼亚认为瑞罗双边投资条约之解释应符合欧盟法，尤其是该条约之缔结乃是欧盟联合协定所带来之直接结果。因此，任何解释都不应导致罗马尼亚在国际法之下，因违反一项条约而应负起责任，同时却符合另一条约。罗马尼亚认为，即使仲裁庭认定瑞罗双边投资条约与欧盟法相抵触，亦应以欧盟法为优先适用。总之，争端当事方均同意，瑞罗双边投资条约构成仲裁庭适用法律之一，但对欧盟法之效力与角色却持不同观点。

仲裁庭认为，系争条约之间并无真正的冲突。在双方发生争端期间，适用于罗马尼亚与瑞典之相关国际法规则，乃是2005年4月1日生效之欧盟联合协定，以及2003年4月1日生效之瑞罗双边投资条约。至于入盟条约系于2005年4月25日签署，并于2007年1月1日生效，意指从1995年2月1日至2007年1月1日，罗马尼亚正在入盟谈判阶段，其间该国宣布接受欧盟既有法规，但尚未受欧盟法所生之义务约束（欧盟联合协定除外）。因此，仲裁庭认为关键在于欧盟法应否在解释双边投资条约时扮演一定之角色。仲裁庭对此持肯定之见解，并强调如果缔约方缔结条约时充分了解到其在所有条约下应负之法律义务，则各项条约之解释应适当考虑其他适用之条约。由于瑞罗双边投资条约并未提及欧盟法，而入盟条约亦未提及瑞罗双边投资条约，因此不能假定罗马尼亚或瑞典有意拒绝或修改任何适用条约下之义务，故而任一条约，特别是瑞罗双边投资条约，必须按照此一真意予以解释。

此外，罗马尼亚与欧盟执委会（法庭之友）皆认为，根据仲裁判断，罗马尼亚因撤销奖励投资措施而应支付投资人赔偿金，将构成不合法之国家补贴，因违反欧盟法，故在欧盟内部将无法执行此一仲裁

---

① Andreas Dimopoulos, 2011, *EU Foreign Investment Law*, Oxford: Oxford University Press, pp. 305 – 325; Markus Burgstaller, 2010, "European Law Challenges to Investment Arbitration", in Michael Waibel, Asha Kaushal, Kyo-Hwa Chung, Claire Balchin eds. , *The Backlash against Investment Arbitration*, The Netherlands: Wolters Kluwer, p. 464.

判决。欧盟执委会声称,欧洲法院认为欧盟竞争法是决定是否执行仲裁判决时所应考虑之"公共政策"(public policy)标准之一部分。根据1958年承认与执行外国仲裁判决公约规定,向一国法院声请执行判决时,法院必须确定是否符合必要之形式要件。基此,法院可以基于相对人提出之理由,或自行认定,以仲裁判决违反"公共政策"为由,拒绝仲裁判决之承认与执行。[1]

在本案中,情况稍有不同。本案乃是诉诸 ICSID 所为之仲裁判决。根据 ICSID 公约规定,缔约国承认依据该公约及该中心仲裁规则所作之仲裁判决具有拘束力,并视 ICSID 仲裁判决如同各国国内法院之既定判决,应予以执行。但是,欧盟本身并非 ICSID 公约之缔约国,因此 ICSID 公约是否构成欧盟法律秩序之一部分,不无疑问。不过,仲裁庭之任务,在于就本案事实与各项争点作成裁决,至于判决后,在执行阶段可能发生之问题(例如欧盟法所衍生之相关问题),仲裁庭认为不宜妄加揣测,也不宜作为判决基础。尽管如此,在后续仲裁判决之承认与执行阶段,此问题势必引起诸多争议。

(二) ICSID 仲裁判决于欧盟成员国执行之问题

ICSID 仲裁判决之承认与执行,有别于一般国际仲裁判决。ICSID 公约所建立之机制,迄今不但充分发挥其有效性,并且可谓史无前例。该公约第54条第1项之规定要求每一缔约国承认依据该公约所作之仲裁判决具有拘束力,并视此等仲裁判决如同各国国内法院之终局判决,应予以执行。为此目的,每一缔约国应指定法院或其他机构负责,并通知该中心秘书长。[2] 一般认为此规定意指 ICSID 公约缔约国国内法院无权审查 ICSID 仲裁庭是否逾越权限,且亦不得以违反该

---

[1] 纽约公约第 V 条第 2 项第 b 款。
[2] 华盛顿公约第54条第2项之规定。实际上,各缔约国所指定之法院或其他机构各不相同,若干国家指定一般管辖仲裁判决承认与执行之法院负责,如法国(第一审法院)及意大利(上诉法院);若干国家指定该国之最高法院负责,如印度尼西亚、利比里亚、以及尼日利亚;亦有若干国家指定其行政机关负责,如比利时及瑞典指定外交部负责,埃及指定司法部负责。各国所指定之法院或其他机构载于 ICSID/8-E。关于此问题请参阅 Schreuer, Christoph H., Loretta Malintoppi, August Reinisch & Anthony Sinclair, 2009, *The ICSID Convention: A Commentary* (2nd ed.), Cambridge: Cambridge University Press, p. 1147.

国公共秩序为由而不予执行。[1]

基此,在欧盟内部,声请 ICSID 仲裁判决之承认与执行,应根据 ICSID 公约第 54 条规定。然而本案后续在仲裁判决承认与执行阶段,是否有违反欧盟之虞,不无疑问。由欧盟法角度观之,若根据 ICSID 公约第 54 条规定执行仲裁判决将违反欧盟法,按照欧盟法优位性原则(principle of supremacy),第 54 条不应适用。欧盟执委会亦表示,执委会业已做出决定,若罗马尼亚根据仲裁结果支付赔偿金,将构成国家补贴[2];而该项决定系根据欧盟运作条约第 107 条第 1 项与第 108 条第 2 项规定所通过者,属于欧盟派生法,对于罗马尼亚具有约束力,并且优先于罗马尼亚根据本国法所承担之任何义务,包括任何国际条约课以该国之义务[3]。事实上,执委会始终抱持不变之态度,无论在本案[4]或 Electrabel v Hungary 一案[5],皆采同一立场。

欧盟法院长期以来一再重申欧盟法优位性原则。欧洲法院一向认为欧盟成员国之间于入盟前所缔结之条约,若与欧盟法有所冲突,欧盟法应优先适用;[6] 即使该等条约不仅包括欧盟成员国,亦包括非属欧盟成员之缔约国在内,只要事关欧盟成员国间之关系,欧盟法亦优

---

[1] Edward Baldwin, Mark Kantor and Michael Nolan, 2006, "Limits to Enforcement of ICSID Awards", *Journal of International Arbitration*, 23(1), p. 4; Christian Tietje and Clemens Wackernagel, 2015, "Enforcement of Intra-EU ICSID Awards", *Journal of World Investment & Trade*, 16, p. 210.

[2] European Commission Decision 2015/1470 of 30 March 2015, Article 2(1), available at http://eur-lex.europa.eu/legal-content/EN/TXT/PDF/?uri=CELEX:32015D1470&from=en.

[3] European Commission, Brief for *Amicus Curiae* in United States Court of Appeals for the Second Circuit, *Ioan Micula, European Food SA, SC Starmill SRL and Multipack SRL v Romania*, 4 February, 2016, p. 35, available at www.italaw.com/sites/default/files/case-documents/italaw7096.pdf. 针对欧盟执委会此决定,Micula 向欧盟普通法院提起诉讼声请撤销之。

[4] *Supra* note 1, at para. 334.

[5] *Electrabel SA v Republic of Hungary*, ICSID Case No ARB/07/19, Decision on Jurisdiction, Applicable Law and Liability rendered on November 30, 2012, available at https://www.italaw.com/sites/default/files/case-documents/italaw1071clean.pdf, para. 4.110.

[6] 请参见 Case C-10/61, *Commission v Italy* [1962] ECR 1; Case C-235/87, *Annunziata Matteucci v Communauté française of Belgium and Commissariat général aux relations internationales of the Communauté française of Belgium* [1988] ECR 5589, para 22; Case C-3/91, *Exportur SA v LOR SA and Confiserie du Tech SA* [1992] ECR I-5529, para 8.

先适用。① 欧盟不是 ICSID 公约之缔约国，亦非所有欧盟成员国皆为 ICSID 公约之缔约国②，因此 ICSID 公约不会被视为欧盟法律秩序之一部分③。如此一来，欧盟法院有可能认定仲裁判决之执行不符合欧盟法，故 ICSID 公约第 54 条不应适用。

在本案仲裁庭判决后，Micula 在比利时、法国、卢森堡、罗马尼亚及英国声请仲裁判决之承认，但只有在比利时与罗马尼亚展开仲裁判决之执行程序。Micula 向罗马尼亚第一审法院申请执行，但第一审法院似乎没有考虑到 ICSID 公约第 54 条之问题。布加勒斯特上诉法院随后中止程序，暂待针对仲裁判断之可执行性作最终裁决后，再行处理。④ Micula 于 2014 年向英国高等法院申请登记本案仲裁判决之执行，而罗马尼亚则提出撤销申请。2017 年 1 月，高等法院拒绝罗马尼亚之申请，并暂停执行程序，并静待 Micula 向欧盟法院提出撤销执委会有关非法国家补贴决定之诉讼结果。至于比利时，2016 年 1 月布鲁塞尔第一审法院裁定，本案仲裁判决无法在比利时执行。⑤

此外，若 Micula 向欧盟成员国国内法院申请仲裁判决之执行，而法院质疑 ICSID 仲裁判决之可执行性、ICSID 公约第 54 条之适用是否与欧盟法相抵触，以及欧盟有关国家补贴之规定，根据欧盟运作条约第 267 条，国内法院应中止程序，向欧盟法院请求先决裁判（preliminary ruling）后，再对 ICSID 仲裁判决之执行作决定。

本案后续在 ICSID 仲裁判决承认与执行阶段，除了从前述欧盟法之角度，亦可由国际公法之观点来分析相关问题。而与此问题最为相关者，乃是维也纳条约法公约第 30 条之规定。该条规定了先订与后

---

① 请参见 Case C-124/95, *The Queen, ex parte Centro-Com Srl v HM Treasury and Bank of England* [1997] ECR I-81; Case C-264/09, *Commission v Slovak Republic* [2011] ECR I-8065, para 41.

② 目前在欧盟成员国之中，除了波兰以外，均为 ICSID 公约缔约国。

③ 在本案仲裁程序中，欧盟执委会以法庭之友的身份也提出此点，请参见本案仲裁判断第 336 段。

④ European Commission, Letter to Romania of 1 October 2014, available at www.italaw.com/sites/default/files/case-documents/italaw4066.pdf, para 21; European Commission Decision 2015/1470 (n 4) para 3; European Commission Decision 2015/1470, *supra* note 14, para 36.

⑤ European Commission, Brief for *Amicus Curiae*, *supra* note 15, pp. 11, 16.

订条约就同一事项之规定有所冲突时，应如何解决之方法。不过在本案中，ICSID 公约与欧盟条约之签订虽有时间先后之别，然而是否系就"同一事项"（same subject-matter）之规定有所抵触，却值得斟酌。故而是否得以适用维也纳条约法公约第 30 条，仍有不确定性，端视如何解释维也纳条约法公约第 30 条所指之"同一事项"。对于"同一事项"采广义解释者，认为应视"一项条约下之义务履行是否影响另一条约之义务履行"（whether the fulfilment of the obligation under one treaty affects the fulfilment of the obligation of another）[①]。另有学者认为维也纳条约法公约第 30 条同一性之概念，应被理解为比该公约第 59 条所涵括者更为广泛。[②] 反之，也有学者倾向采取限缩解释。[③] 关于欧盟成员国间之双边投资条约与欧盟条约间之关系，若干仲裁庭认为，基于维也纳条约法公约第 30 条之目的，两者并不属于"同一事项"[④]。由此可见，此一问题可否依据维也纳条约法公约第 30 条予以解决，尚未定。

此外，若欧盟成员国业已同意欧盟条约具有优位性，成员国对外缔结之国际协议如与欧盟条约相冲突，则欧盟条约应优先适用；即使是 ICSID 公约，亦复如此。如此一来，可能维也纳条约法公约第 30 条之规定亦无法适用。[⑤] 如果同为先订与后订条约之缔约国特别协议

[①] Martti Koskenniemi, 2006, "Report of the Study Group of the International Law Commission-Fragmentation of International Law: Difficulties Arising from the Diversification and Expansion of International Law", UN Document A/CN. 4/L. 682, available at http://www.repositoriocdpd.net: 8080/bitstream/handle/ 123456789/676/Inf _ KoskenniemiM _ FragmentationInternationalLaw _ 2006. pdf? sequence = 1, pp. 18, 129 – 130.

[②] Reinisch, 2012, "Articles 30 and 59 of the Vienna Convention on the Law of Treaties in Action: The Decisions on Jurisdiction in the *Eastern Sugar* and *Eureko* Investment Arbitrations", *Legal Issues of Economic Integration*, 39 (2), pp. 157, 166.

[③] Ian Sinclair, 1973, *The Vienna Convention on the Law of Treaties*, Manchester: Manchester University Press, p. 68.

[④] *Eastern Sugar v Czech Republic*, supra note 6, para 160.

[⑤] 不过，也有学者提出不同看法，认为欧盟条约中其实隐含优先性条款，因此可适用维也纳条约法公约第 30 条第 2 项规定，请参见 Steffen Hindelang, 2012, "Circumventing Primacy of EU Law and the CJEU's Judicial Monopoly by Resorting to Dispute Resolution Mechanisms Provided for in Inter-se Treaties? The Case of Intra-EU Investment Arbitration", *Legal Issues of Economic Integration*, 39 (2), p. 187.

其中一项条约应优先适用，则应以缔约国之意思为准。① 虽然欧盟条约并未明订有关条约冲突之条款，然而遇有欧盟成员国间之条约与欧盟法相冲突时，欧盟一贯优先适用欧盟法。基此，在条约解释上，根据维也纳条约法公约第 31 条，应将此点纳入考虑。② 在本案中，Micula 在欧盟内部申请执行瑞罗双边投资条约仲裁判决，受理者皆是欧盟成员国。根据国际法所适用之解决条约冲突规则，端视该等国家是否业已就欧盟条约与 ICSID 公约间之关系达成协议而定。故此，若 ICSID 公约第 54 条与欧盟法相抵触，适用欧盟法之结果可能并不违反国际法规则。

五　结论

本文的案件涉及欧盟成员国间之双边投资条约与欧盟条约间之关系。仲裁庭认为两者之间并无冲突。由于瑞罗双边投资条约未提及欧盟法，而入盟条约亦未提及瑞罗双边投资条约，不能认定罗马尼亚或瑞典有意拒绝或修改条约义务，特别是瑞罗双边投资条约所课以之义务。基此，仲裁庭认定，欧盟法应在解释双边投资条约方面扮演一定之角色，并强调在解释各项条约时，应适当考虑到其他适用条约。至于罗马尼亚与欧盟执委会则认为，根据此一判断，支付予声请人之任何赔偿金，将构成非法之国家补贴，因此在欧盟内部无法执行此判决。仲裁庭认为此问题涉及欧盟法在执行阶段可能发挥作用之问题，但以此作为判案之基础并不适当，故决定不予分析。在欧盟内部，执行 ICSID 仲裁判决不能全然被视为理所当然之事。若执行 ICSID 仲裁判决将导致成员国违反欧盟法之基本规定，能否执行仍有变量。因此本案后续之执行程序，以及欧洲法院诉讼程序之未来发展，值得持续观察。

---

① Kerstin Odendahl, 2012, "Article 30: Application of Successive Treaties Relating to the Same Subject Matter", in Oliver Dörr and Kirsten Schmalenbach eds., *Vienna Convention on the Law of Treaties: A Commentary*, Berlin: Springer, p. 505.

② 尤其是维也纳条约法公约第 31 条第 3 项第 b 款规定："嗣后在条约适用方面确定各当事国对条约解释之协议之任何惯例。"

欧盟与成员国之间就业政策的
协调机制与效果研究[*]

成新轩

欧洲的历史一直是分分合合的历史,其一体化的发展虽然也是一波三折,但依然堪称欧洲区域的伟大创举,而且对于世界经济的发展也具有较强的示范效应和辐射效应。欧洲煤钢共同体于1950年成立,同时也标志着欧洲一体化真正的开始。从煤钢共同体到关税同盟、共同农业政策到自由贸易区、共同大市场乃至欧洲经济货币联盟,到东扩后形成至今的28个成员国的欧盟,其进程始终伴随着成员国之间、欧盟与成员国之间的政策协调。可以说,没有成功的政策协调,就没有今天的欧盟。虽然不同发展阶段,政策协调的主题、层次和范围都在变化,但其主要目标是有利于欧盟经济和社会聚合、稳定和有效的发展。自1973年和1974年石油危机之后,欧洲经济增速下滑,高福利制度难以为继,欧盟整体失业率长期居高不下,就业一直成为欧盟及各成员国持续关注的重点。因此,通过欧盟与成员国之间就业政策的协调,以达到提升欧盟整体就业水平变得非常重要。

一 欧盟就业政策协调不断得到重视的背景

(一)欧盟整体经济发展缓慢

由于2008年金融危机以及2010年欧洲债务危机等的影响,欧盟

---

[*] 感谢于艳芳博士、赵明硕、韩艳林、朱雅钰、朱碧颖、周玉洁硕士在资料收集、整理和数据处理方面做的工作。

的经济发展水平长期停滞不前,而 GDP 增长率始终在 6% 以下,失业率也居高不下,导致欧盟出现严重的经济社会问题。1996—2018 年,欧盟 GDP 平均增长率为 1.8% 左右,呈现经济停滞不前的情况,并且远远低于世界平均水平。根据欧盟统计局有关数据,欧盟 28 国在 2018 年上半年的 GDP 达到 77868 亿欧元,而 GDP 总量在 2 万亿美元以上的国家只有德国。除此之外,只有英国、法国以及意大利 2018 年的 GDP 总量为万亿美元以上,17 个国家的 GDP 总量在千亿美元以上。① 由此可以看出,欧盟各个成员国之间的经济发展水平存在很大的差异。同时,成员国就业压力加大,就业政策就成为一国政策制定中的重中之重。因此,面对经济发展缓慢以及成员国之间社会经济发展水平有所差别的情况,欧盟必须完善发展相关的就业政策,促进欧盟劳动力市场一体化的形成,从而促进欧盟经济社会健康有序的发展。

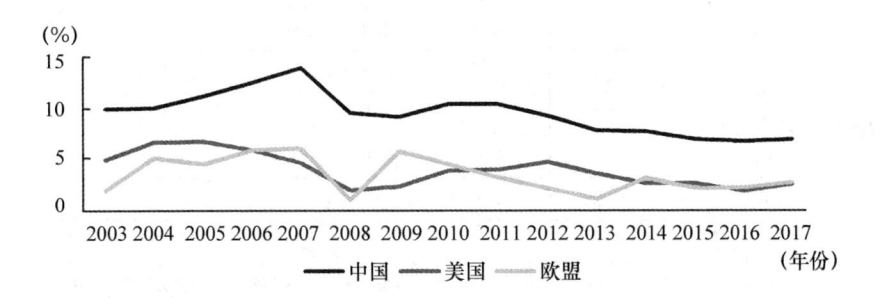

图 1　欧盟、中国和美国 2003—2017 年 GDP 增长率

资料来源:世界银行。

(二) 产业结构不断优化升级

近年来,作为世界上主要的发达经济体,欧盟的经济发展水平在不断恢复,产业结构也处于升级换代的阶段。目前,欧盟产业结构中的金融行业、管理行业以及外贸行业在欧盟经济中所占比重有所上升,而且各成员国中金融行业、管理行业以及外贸行业的差异性缩小,而工业、农业以及建筑行业的经济地位有所下降,成员国之间工

---

① 资料来自欧盟统计局。

业的差别则进一步扩大。这说明欧盟产业结构在不断优化升级，为了保证欧盟整体的竞争能力与综合实力，需要将劳动密集型产业与资源密集型产业转移到发展中国家，提升产品和技术的创新竞争力。因此，对劳动力的能力和素质要求有所上升，而从事简单操作工作的劳动力被迫失业，导致欧盟失业率不断上升。与日本、美国等发达国家相比，欧盟的结构性失业率偏高，并且处于不断上升的趋势。同时，欧盟成员国之间的结构性失业率也有所差异，导致欧盟劳动力市场的不稳定性。面对劳动力的数量和质量无法满足市场需求的现状，欧盟应该尽快完善欧盟层面的就业政策，以便更好地解决欧盟经济社会的失业问题。

表1　　　　　世界部分国家历年结构性失业率的比较

年份 国家	1998—2007	2008	2009	2010	2011	2012
奥地利	4.2	4.3	4.4	4.3	4.3	4.3
芬兰	9.4	7.6	7.7	7.7	7.5	7.2
法国	8.9	8.4	8.8	8.9	9.0	9.1
比利时	8.1	7.9	8.0	8.0	7.9	7.9
德国	7.8	7.4	7.3	7.1	6.8	6.7
意大利	8.4	7.4	7.6	7.6	7.8	8.6
西班牙	12.6	13.5	14.8	15.6	16.7	18.1
荷兰	3.9	3.7	3.7	3.7	3.7	3.7
葡萄牙	6.6	8.4	9.0	9.5	9.8	10.7
爱尔兰	8.1	7.7	8.8	9.7	10.2	10.5
希腊	10.1	11.2	11.8	12.5	12.9	13.3
爱沙尼亚	10.1	9.4	9.7	10	10.2	10.3
斯洛文尼亚	6.4	6.0	6.2	6.5	6.8	7.2
日本	4.0	4.2	4.3	4.3	4.3	4.3
美国	5.5	5.8	6.0	6.1	6.1	6.1
欧元区	8.6	8.4	8.8	8.9	9.1	9.4
OECD国家	6.5	6.5	6.7	6.8	6.9	6.9

资料来源：欧盟统计局。

（三）劳动力市场缺乏活力

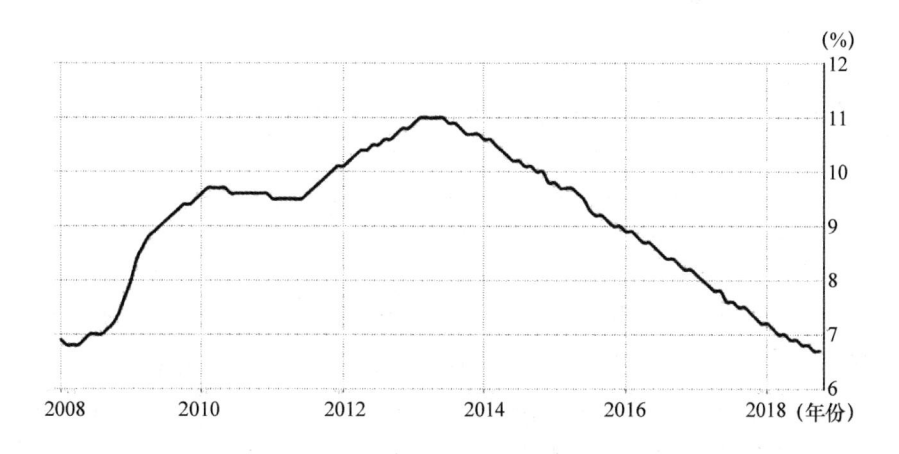

图2 欧盟2008—2018年失业率

资料来源：欧盟统计局。

根据欧盟统计局相关数据，2000—2018年，欧盟的平均失业率大约为9%，此数值比世界平均水平高出5%左右，并且在2013年2月份达到历史最高水平11%。2017年，大约有一半的欧盟失业人员已经有长达半年多的时间没有找到工作。同时，欧盟青年劳动力失业率在2013年达到24%的历史新高，而近十年来的平均失业率为19%左右。由此可见，随着欧盟一体化程度的不断加深，欧盟经济社会仍然存在着许多现实性的问题，尤其表现在劳动力市场方面。由于多次金融危机的影响，欧盟，尤其是青年劳动力的失业率出现较大的波动，2001年和2008年前后，大量劳动力的失业问题，使得欧盟社会动荡不安。虽然，欧盟失业率呈现波动下降的趋势，不过欧盟仍然面临欧盟劳动力市场缺乏活力等问题，不利于欧盟经济社会的和谐稳定。

（四）老龄化程度严重

有关数据显示，2030年欧盟人口将增长到4.7亿左右，劳动力的缺口将达到0.2亿人，而65岁及以上的老年人口将会增加52%。如果要填补人口老龄化所带来的缺口，欧盟的平均就业率需要达到

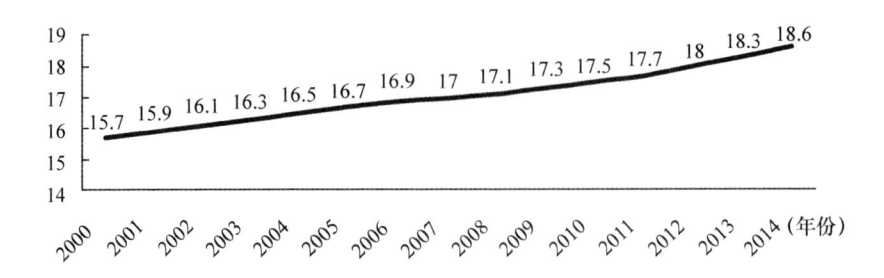

图 3 欧盟 2000—2014 年 65 岁及以上人口的比例

资料来源：世界银行。

70%，而 2015 年欧盟的平均就业率仅为 63%。① 欧盟人口老龄化程度不断加深，不仅会导致社会成本的大幅度上涨，而且会造成劳动力市场的"青黄不接"。政府不仅要保证经济健康有序的发展，而且还要满足劳动力退休后的基本生活需求。因此，人口老龄化给欧盟社会经济的发展尤其是财政的可持续增长带来了沉重的压力。虽然，老龄化人口可以通过再就业解决这些问题，但形势并不乐观。欧盟 27 国在 2000 年时，55—64 岁老年劳动力的就业率在 37% 左右，只有英国、瑞典等少数几个国家的就业率超过 50%。② 虽然老年劳动力就业率总体趋势在不断上升，但是老龄化带来税收的减少以及财政支出的增加，会给欧盟经济社会的可持续发展带来较大的负担。据此，欧盟必须采取相应的就业政策，才能够适应人口老龄化社会的发展。

（五）传统高福利制度的缺陷

具有"福利橱窗"之称的欧洲国家，为社会公民提供了"从摇篮到坟墓"全方位的保障，以提高人们的生活水平和质量。人们在享受高福利的同时，政府却要付出沉重的代价。当前，欧盟人口占到全球人口的 9%，GDP 却占到世界的 25%，而福利支出占比却达到世界

---

① 蒋璐：《"2010 欧盟教育与培训行动计划"研究》，博士学位论文，首都师范大学，2013 年。

② 柳如眉、赫国胜：《欧盟国家促进老年劳动力就业的公共政策及其启示》，《辽宁大学学报》（哲学社会科学版）2018 年第 3 期。

的50%。①高福利水平建立在高税收的基础之上，如果没有高税收的保障，高福利制度就无从谈起。但长期实施高福利制度，会带来一些问题。一方面，高福利制度会为失业者提供基本的生活保障，导致失业者缺乏主动寻找工作的动力，出现"福利依赖"等现象，造成社会资源的严重浪费；另一方面，高福利水平需要充足的资金来源，而高税收制度，又会造成劳动力和社会资本的外逃，导致劳动力失业问题日益严重。在这种情况下，欧洲福利国家的经济发展会陷入恶性循环。所以，欧盟需要改变这种高福利高税收的传统，通过就业政策激发劳动力市场的有效性，在保障人们生活需求与合法权益的同时，进一步地促进欧盟竞争力的提升。

二 欧盟就业政策协调的发展历程

经济政策协调常常经历磋商、协调、共同政策制定、监督几个程序。从20世纪50年代欧洲一体化进程开始，欧洲共同体就将就业政策及其附属问题提上了议事日程，但是就业政策真正发展始于20世纪90年代。进入20世纪90年代以后，欧盟国家面临着非常严峻的失业问题，各国试图通过欧盟来协调相互之间的就业政策，加强各国之间在应对失业问题上的合作，从而在一定程度上缓解就业压力，创造更多的就业机会。因此，欧盟就业政策的协调发展主要体现在20世纪90年代后一些重要的条约、会议和后期共同就业政策的出台等方面。

（一）欧盟就业政策的磋商阶段

1994年，经过成员国之间的磋商，欧盟正式出台了专门针对就业问题的《德洛尔白皮书》，即《增长、竞争与就业白皮书》，它标志着欧盟正式将促进就业合作与趋同作为其发展的重要目标之一。该白皮书提出，要以创造就业为基础，促进劳动密集型产业的发展，从而促进欧盟经济社会的健康发展。在劳动力市场和就业政策上，白皮

---

① 资料来源于世界银行。

书表示要加强对工人的培训、终身教育等,以此来应对知识经济发展所带来的结构性挑战。白皮书对就业问题的规定使其成为欧盟探索并发展协调性就业政策的基础,被称为"欧盟就业战略"。随后,在德国埃森于1994年12月召开了欧盟部长理事会。在这次会议上,欧盟成员国都意识到,在经济发展过程中,必须要重点解决的问题是减少失业和促进就业。同时,明确了《德洛尔白皮书》中的五个"优先领域",即增强教育培训的力度,减少不必要的劳动成本,促进就业密集型产业的发展,提高市场经济的效率,提升青年、妇女等失业者的工作意识。这些规定被统称为"埃森战略"[1]。尽管欧盟在此时期对共同就业政策的制定做出了不懈的努力,但它未对就业政策领域各成员国的具体权利做出明确让渡的规定,也未对就业政策的重要地位给予充分肯定,加之各成员国仍从本国实际利益出发来制定就业政策,而未能从欧盟全局进行考虑,因此造成就业政策缺乏统一的目标,加剧了成员国之间协调与合作的难度。因此,在这一时期,欧盟就业政策的协调层次是比较笼统和肤浅的。

(二)欧盟就业政策的协调

1997年签订的《阿姆斯特丹条约》,第一次从欧盟层面将经济增长和就业政策联系起来,同时明确规定欧盟委员会拥有协调成员国就业政策的权利,并建立起保证就业的政策执行机制。《阿姆斯特丹条约》关于就业问题的主要规定包括:第一,欧盟和成员国应加强协调并发展协调性就业政策;第二,欧盟支持各成员国之间的相互协调,并且在相关方面可以适度合作;第三,根据欧盟制定的就业政策,各成员国实施相关的就业措施;第四,各成员国要针对共同就业政策的执行情况进行年度总结,并且由议会监督其执行情况;第五,在就业政策领域,欧洲议会鼓励各成员国间的合作和信息交流。该条约的出现,标志着欧盟就业政策的协调与合作水平迈上了一个更高的台阶,它对于就业政策的基本发展方向和具体实施

---

[1] 林闽钢、董琳:《欧盟反社会排斥政策探讨》,《公共管理高层论坛》2006年第1期。

过程都做了明确的规定，使得共同就业政策真正进入具有实质意义的阶段。

1997年11月，欧盟各成员国在卢森堡召开会议。在会议期间，明确了欧盟就业政策协调的具体制度，并涉及就业政策的基本内容、实施时间、政策修订和推荐等各个方面。具体涉及：第一，欧盟每年都会向各成员国颁发相应的就业指导政策；第二，根据欧盟所颁布的就业指导政策，欧盟各成员国需要修改本国的就业政策，并且制订相应的计划安排；第三，欧盟对各国的行动计划具有监督权，决定是否通过《共同就业报告》，同时提交修改后的就业指导政策；第四，在各成员国最后表决的基础上，正式通过修订后的"就业指南"；第五，由欧洲议会决定是否将"特别国家推荐"纳入欧盟委员会的计划。自《阿姆斯特丹条约》以来，欧盟首脑会议的讨论的焦点集中于如何实施欧盟就业战略。这一战略最重要的内容在于实施积极的劳动力市场政策。卢森堡会议以后，欧盟各成员国提高了对积极劳动力市场政策的投资力度。欧盟15国在2003年用于积极劳动力市场政策的政府支出的金额达到666亿欧元，其中用于教育培训的支出占到总额的40%左右，就业激励等"补贴型"项目占到总额的45%，用于残疾者项目的比例为16%。①

这一时期，欧盟就业政策的协调进入实质阶段，成员国就业政策制定权向欧盟进行了部分的让渡，欧盟共同就业政策迈出了重要一步。

（三）欧盟共同就业政策发展框架的确定

2000年3月，在葡萄牙首都里斯本举行了欧盟特别首脑会议，通过了"里斯本战略"。同时，会议提出在2010年之前促使欧盟在世界中的竞争力位于前列，战略主要内容涉及经济、就业等多个方面，具体包括多个重点目标和次重点目标。"里斯本战略"是一项以维护欧盟全体公民的利益为目标的经济变革，而总体目标则是提高就业率，促进欧盟经济社会的可持续性发展。与此同时，该战略还提出四个具

---

① 张敏：《欧盟劳动力市场政策创新与变革》，《国外社会科学》2009年第4期。

体的就业目标：平均就业率到2010年增长到70%；女性就业率提高到60%以上；老年人口的就业率达到50%；经济平均增长率保持在3%左右。[①] 2000年12月，尼斯会议通过了《社会政策议程》，会议进一步明确了欧盟在之后的五年里有关的社会政策内容。《社会政策议程》将经济政策、社会政策，以及就业政策结合起来，推动欧盟社会现代化改革。里斯本会议还通过一项"综合解决方案"，主要是通过建立远程劳动力市场信息和市场咨询系统，为劳动者提供更多、更平等的就业机会和劳动力市场信息服务，提高劳动者收入和各项社会福利水平。

2001年3月，欧盟在斯德哥尔摩举行了特别首脑会议，集中研究"里斯本战略"的实施现状，讨论了关于就业和经济发展等计划内容，各成员国在开放交通、能源、文化等市场问题上发表了各自的看法。针对一直以来欧洲发展中存在的高失业率、人口老龄化、自主创新能力受限等问题，要求在制定就业政策时，各成员国必须增强教育培训的投入力度，使劳动者能够掌握一定的就业技能，适应变化多端的劳动力市场的要求。只有这样，才能够很好地促使国家的就业率稳步上涨。总体而言，此次召开的斯德哥尔摩首脑会议对"里斯本战略"的落实情况进行了总结，同时根据欧盟的具体情况对就业政策进行了适时的调整。欧盟共同就业政策的发展框架更加充实和细化了，具体的实施过程也更加顺利。

（四）欧盟共同就业政策监督机制的实施

2005年，欧盟制订了"增长和就业伙伴计划"，对"里斯本战略"的目标做了新的调整，确定以提高就业率、减少贫困、刺激经济增长为优先发展目标，到2010年争取再增加600万个就业机会。同时将工人的贫困问题作为就业政策的重要内容加以应对；从各方面尽力保障就业人员的各项基本权益。2007年6月，欧盟成员国通过了《关于灵活保障的共同原则：通过灵活和保障创造更多和更好的工

[①] 张明哲：《20世纪90年代以来欧洲经济增长研究》，博士学位论文，中国社会科学院研究生院，2010年。

作》。该项规则包括的主要内容为：一是通过现行的法律制度以及工作组织来实现灵活有效的劳动协议，从而使劳动的合法权益得到真正的保障；二是保障积极的劳动力市场政策的有效运行，提高劳动者的工作技能，从而增强劳动力的适应性和灵活性。三是强化终身学习的理念，保证劳动者尤其是失业者的培训机制，提高他们的职业工作技能，进而增强劳动者工作的稳定性。四是建立现代社会保障体系，保障劳动者的基本生活需求，提高他们的福利水平，从而促进他们更加积极主动地进行工作。

随着2008年金融危机的蔓延，欧盟内部的失业问题严峻。2010年6月，欧盟通过了"欧洲2020战略"，该规则将提高就业率、完善就业结构等方面的内容作为首要的发展指标，并通过具体的项目推动就业政策的整合与发展。欧洲正在快速调整和创新积极劳动力市场政策。[1] 首先，在学校开设职业教育课程，畅通职业教育通向高等教育的道路。既能满足劳动力市场的需求，又能提高学生对高等教育的吸引力。其次，以流动促进就业。20—34岁劳动力在毕业后的第一至第三年的平均就业率至少提高5%。这不仅要明确第一份工作的时间，也要关注就业的质量。到2020年，15—34岁劳动力中有出国学习或培训经历的比例达到25%—30%。在高等教育范围内，至少20%左右的大学毕业生有国外学习或培训经历。最后，增加经费的投入。欧盟教育经费从87.6亿欧元增加到152亿欧元，增长幅度达到70%左右。[2] 目前，欧盟教育培训经费主要用于促进高等教育的"伊拉斯谟计划"以及促进职业教育的"达·芬奇计划"等。

---

[1] 积极劳动力市场政策，就是为求职者（通常指失业者，也包括潜在失业者和希望寻找更好就业岗位的人）提供替代性收入和加快劳动力市场整合的一系列政策行动，动态性地调整劳动力市场的供需关系，推动劳动力市场的一体化进程。传统的积极劳动力市场政策包括劳动力市场培训、以公共部门和社区工作项目的形式创造新的就业岗位、新企业创业项目和私营企业雇员补贴项目。典型的被动政策则包括失业保险、失业救济和提前退休等。

[2] 李玉静：《欧盟探讨通过职业教育实现"欧盟2020目标"》，《职业技术教育》2011年第9期。

可见，这一时期欧盟就业政策协调的内容更加广泛，层次更加深入和具体，并把就业政策与劳动力市场之间有机联系起来，倡导以积极劳动力市场政策为导向的就业政策。目的是通过共同就业政策的实施构建一个充满活力的欧盟劳动力市场，实现公平和效率双高的发展模式。

欧盟就业政策的协调是一个不断深化的过程。从最初的提出到初步探索再到后来基本框架的形成以及内容的不断充实，使得共同就业政策愈加成熟与完善，逐渐在欧洲社会政策中占有了重要的位置，并且随着共同就业政策的持续推进，失业问题确实在一定程度上得到了缓解，政策效果逐渐显现，这更加强化了共同就业政策的地位，体现了其重要意义。

三　欧盟与成员国之间就业政策的协调机制

欧盟与成员国之间就业政策的协调主要采用"开放式协调"，这是欧盟社会政策领域协调方式最成熟和有效的运行机制。

（一）开放式协调机制的提出

1997年11月，欧盟卢森堡会议中提出了欧洲就业战略，制定了欧盟第一份就业指导政策，同时还提出了一种被称为"开放协调法"的治理方法，目的是在社会政策领域鼓励各成员国加强协调合作，促进欧盟经济社会的共同发展。在欧盟就业政策协调方面，卢森堡会议开启了新的里程，在促进欧盟一体化的进程中具有关键性的位置。总而言之，卢森堡会议制定了创新性的欧盟经济社会政策协调机制。具体而言，欧盟运用开放协调机制，不再采用之前的传统经济社会治理方式，实施推行"软法规"机制，其中包括定期报告制度、指标体系和多边监督的一套复杂的体系，以及衡量指标、同行评议和成功案例经验交流等多项创新机制。[①]

---

① 张敏：《欧盟劳动力市场政策创新与变革》，《国外社会科学》2009年第4期。

(二) 开放式协调机制的内涵

开放式协调法是欧盟在社会政策领域发挥示范式影响的主要机制之一。具体来讲,"开放式协调"是指欧盟吸纳更多的行为主体进入政策制定过程,加强彼此之间的合作,为交流最佳政策实践降低交换成本,并经常性、制度化地对政策执行进行评估和监督的一种方法。[①] 在这种模式之下,成员国仍然拥有社会政策的领导权,不过必须披露计划的实施过程和结果,接受有关机构相应的监督。同时,开放式协调法并不存在处罚措施,通过相应的实施过程和程序,欧盟各成员国在制定社会政策方面有了创新性的概念。在政策执行方面,欧盟各成员国社会政策领域的主要执行方式就是"开放式协调"。实施《阿姆斯特丹条约》之前,欧盟社会政策是以指令为主的,之后欧盟更多地运用开放式协调法。同时,这种方法刚开始运用于就业政策,逐渐地扩大到社会政策的各个方面。从本质上讲,这是一种能够协调成员国之间政策的灵活方法,有利于缓解各成员国之间的冲突,从而促进欧盟社会政策的协调性。总而言之,通过促进欧盟各成员国劳动力市场的一体化进程,将先进的社会政策纳入成员国经济社会的改革过程中,从而实现协调多个行动主体,促进共同就业等目标。

(三) 具体运行机制

欧盟在执行政策时,通常会按照自上而下的程序,即欧盟先制定相关的政策,然后各成员国根据本国的实际情况,制定实施符合本国国情的政策建议。由于欧盟各成员国的自然环境、经济发展水平以及思想文化有差异,当涉及关于国家利益等有关问题时,按照相关政策的要求,欧盟层面是无法进行干预和调节的。1992年,《马斯特里赫特条约》中提到,欧盟各成员国对教育内容承担主要责任,而欧盟只是起到桥梁的作用。如果欧盟成员国通过谈话或者合作也无法实现共

[①] 李凯旋:《论多层治理体系下的欧盟社会政策》,《河北经贸大学学报》2016年第5期。

同目标时，欧盟才能够实施相应的措施。不过，随着欧盟一体化的不断深化，合作的范围和领域越来越涉及国家主权与利益问题，必须增强对这些领域的监管力度。在这种情况下，欧盟必须找到一种合适的治理方式来解决这一问题。因此，开放式协调法随之产生，该方法承认各成员国都具有重要的地位，支持各成员国进行交流与合作，从而促进欧盟整体的协调性。在实际运用过程中，开放式协调法包括以下程序：首先，制定有关欧盟的政策制度，明确各成员国实现目标的计划表。其次，制定合适的标准，并设置基准用来比较各成员国之间的实施效果。再次，根据各成员国之间的现实性差异，结合欧盟所制定的政策方针，采取有关的行动措施。最后，通过监督各成员国以及成员国互评等方式，进行相互交流与合作，最终实现互惠共赢的目标。可以看出，开放式协调法与传统的治理方式有较大的差异。具体而言，两者都是由欧盟制定相关的政策制度，各成员国再进行具体实施。不过，在实施的过程中，开放式协调法中的各成员依据欧盟制定的政策文件，结合本国的实际国情，再具体实施相关的行动措施。换句话说，欧盟各成员国可以对有关的行动措施进行解释。各成员国将制定的具体行动方案汇报给欧盟，相关部门再根据内容制定报告，为欧盟制定新的政策制度提供依据。到此为止，实现了一个完整系统的运作循环。

（四）开放式协调机制的评价

开放式协调法不仅是一种治理方式的创新，而且是对欧盟一体化进程中的适应性表现。目前来说，从微观的角度来看，欧盟各成员国可以依据现实情况来制定相应劳动力的市场法律规则，欧盟则制定产品和资本市场法规；从宏观的角度来分析，欧盟的各个成员国均具有相应的财政决策权利，欧元区对应的货币政策权利则全权让渡给欧洲中央银行。欧盟成员国为保障本国的利益，不愿意让渡更多的主权到欧盟。在这种情况下，各成员国拥有劳动力市场的决策权，欧盟与成员国在就业决策的权限划分上陷入了尴尬的局面。经过长时间的不懈努力，一些成员国为了缓解日益激化的社会矛盾，也会尝试将欧盟多层次的监管制度加以协调运用。从这种局面来看，就业政策协调机制是一种松散的非约束性机制，那么是否能够实现协调的作用，更多的是要看各成员国与欧盟之间的合作。欧盟就业战略标志着欧盟建立了自愿性的社会治理模式，这种治理模式具备以下五大特征：一是在政策理论上允许成员国可以随时退出该种模式。不过面对严重的就业问题以及激化的社会矛盾，欧盟各成员国愿意借助欧盟整体的力量去解决长期存在的社会问题，因此对欧盟就业战略保持着积极的态度。二是根据欧盟各成员国的经济发展水平等现实情况，欧盟制定实施相关的就业指导政策。从本质上来讲，它是一种推广成功的经验，促进各成员国之间的交流与合作的过程。三是欧盟就业战略主要侧重于专家意见与志愿性建议，对就业政策中的基本内容进行解释，相互学习交流建立起共同执行的政策法规，从而改变了之前的指令式的治理方式。四是欧盟向各成员国提供灵活多变的政策制度，各成员国可以依据本国的实际国情进行相应的选择。与此同时，欧盟各成员国只用依照基本的政策理念，在实施过程中具有较大的灵活性。五是在欧盟就业战略实施过程中，各成员国的就业政策必须处于欧盟的监督之下，更好地提升政策法规的效率性。还有，鼓励各成员国通过相互的比较与学习，借鉴欧盟其他成员国的先进经验，提高本国自身的经济实力，从而实现欧盟就业政策一致性的目标要求。[1]

四 欧盟就业政策对成员国的辐射效应

（一）政策传播效应

近年来，欧盟的就业政策在不断完善与发展，对欧盟各成员国的劳动力市场已经产生关键性的影响。在实施欧盟就业政策的过程中，欧盟劳动力市场发生了十分明显的变化。一方面，欧盟的就业率呈现逐年上涨的趋势；另一方面，开放式协调机制下就业政策的影响也越来越显著。总体而言，欧盟和各成员国之间的就业政策的认同感在逐步增强，各成员国之间的就业政策趋于一体化。2002 年 6 月—2003 年 12 月，马

---

[1] 张敏：《欧洲一体化进程中劳动力市场模式的演变机制》，《欧洲研究》2006 年第 6 期。

里勒洛佩兹—桑塔纳与欧盟以及各成员国的社会各界人士进行多次谈话，同时研究分析了欧盟就业政策以及开放式协调机制对欧盟各成员国的不同影响。在谈话过程中，瑞典、西班牙等国家的谈话对象都认为欧盟运用就业政策的"激活"方式，增强失业者应对复杂多变的劳动力市场的能力，同时实施积极的劳动力市场政策。而谈话的结果与欧盟各成员国就业政策的一致性的实践结果相类似。因此，欧盟的就业政策不仅在各成员国之间产生了相应的作用，而且也将各成员国所提出的建议对策纳入欧盟就业政策的条款。从欧盟现实情况来看，欧盟各成员国未来促进就业的方向是一致的，但是行动的速度是不一样的。不过，欧盟的就业政策最终会实现一体化的发展。

（二）就业政策对区域就业水平的影响效果

1. 模型介绍

本节通过收集整合欧盟 14 个国家近 8 年的数据样本，采用面板数据模型，对欧盟劳动力市场政策对区域就业水平的影响进行实证分析。

所谓面板数据模型（Panel Data Model），是指研究和分析面板数据的模型，在时间序列上选取多个截面，在每个截面上同期选择一样的个体作为范例，由选择的范例观测值所组成的数据模型。而面板数据（Panel Data）是指对不同时刻的截面个体作连续观测所得到的多维时间序列数据，面板数据模型既考虑到了横截面数据存在的共性，又能分析模型中横截面因素的个体特殊效应。面板数据的一般形式可表示为：

$$y_{it} = \alpha_i + x_{it}\beta_i + \mu_{it}, \ i = 1, 2, \cdots, N; \ t = 1, 2, \cdots, T \quad （公式1）$$

其中，y_{it} 为被解释变量在截面 i、时间 t 上的数值；x_{it} 为解释变量；μ_{it} 为随机扰动项；β_{it} 为解释变量的模型参数；α_i 为截距项。

根据参数变化的不同，一般的面板数据模型可以表示为以下三类。

（1）不变系数模型，即 $\alpha_i = \alpha_j$，$\beta_i = \beta_j$：

$$y_{it} = \alpha + x_{it}\beta + \mu_{it}, \ i = 1, 2, \cdots, N; \ t = 1, 2, \cdots, T \quad （公式2）$$

（2）变截距模型，即 $\alpha_i \neq \alpha_j$，$\beta_i = \beta_j$：

$$y_{it} = \alpha_i + x_{it}\beta + \mu_{it}, \ i = 1, 2, \cdots, N; \ t = 1, 2, \cdots, T \quad （公式3）$$

(3) 变系数模型，即 $\alpha_i \neq \alpha_j$，$\beta_i \neq \beta_j$：

$y_{it} = \alpha_i + x_{it}\beta_i + \mu_{it}$, $i = 1, 2, \cdots, N$; $t = 1, 2, \cdots, T$ （公式4）

变系数模型即解释变量的系数在时间和截面上均发生变化，可以写成：

$$y_{it} = X_{it}\beta_i + \mu_{it} \qquad （公式5）$$

本节主要运用广义最小二乘法来估计参数。

2. 数据的来源及变量的选取

我们在研究欧盟劳动力市场政策协调对区域就业的影响时，选择了欧盟的14个国家2010—2017年的就业保护政策的严厉程度、平均总失业保险替代率、积极劳动力市场政策支出占GDP的百分比、工会密度和劳动税收作为解释变量；主要选取的被解释变量指标是总失业率、总就业率和总劳动力参与率。另外，为了更清楚地说明总失业率、总就业率和总劳动力参与率，并减小最终结果的误差，又分别增加了长期失业率、青年失业率、青年就业率和青年劳动力参与率。数据由OECD数据库整理得到。

(1) 总失业率

表2　　　　　　　　　　总失业率　　　　　　　　　单位：%

国家年份	丹麦	荷兰	瑞典	芬兰	英国	爱尔兰	希腊	意大利	葡萄牙	西班牙	法国	奥地利	德国	比利时
2010	7.5	3.7	8.6	8.4	7.8	14.5	12.7	8.4	10.8	19.9	8.9	4.8	7.0	8.3
2011	7.6	4.6	7.8	7.8	8.0	15.4	17.9	8.4	12.7	21.4	8.8	4.6	5.8	7.1
2012	7.5	4.7	8.0	7.7	7.9	15.5	24.4	10.7	15.5	24.8	9.4	4.9	5.4	7.5
2013	7.0	3.9	8.1	8.2	7.5	13.7	27.5	12.1	16.2	26.1	9.9	5.3	5.2	8.4
2014	6.6	3.2	8.0	8.7	6.1	11.9	26.5	12.7	13.9	24.4	10.3	5.6	5.0	8.5
2015	6.2	2.8	7.4	9.4	5.3	9.9	24.9	11.9	12.4	22.1	10.4	5.7	4.6	8.5
2016	6.2	2.7	7.0	8.8	4.8	8.4	23.5	11.7	11.1	19.6	10.1	6.0	4.1	7.8
2017	5.7	2.6	6.7	8.6	4.3	6.7	21.5	11.2	8.9	17.2	9.4	5.5	3.7	7.1

资料来源：https://stats.oecd.org/Index.aspx?DatasetCode=STLABOUR#.

（2）青年失业率

表3　　　　　　　　　　　　　青年失业率　　　　　　　　　　　单位：%

国家 年份	丹麦	荷兰	瑞典	芬兰	英国	爱尔兰	希腊	意大利	葡萄牙	西班牙	法国	奥地利	德国	比利时
2010	13.7	9.3	25.9	23.1	17.8	17.1	34.2	30.4	27.3	36.1	22.3	11.9	17.9	25.3
2011	11.6	9.8	25.1	22.8	18.4	17.8	34.0	30.4	27.5	36.3	22.7	12.4	17.3	26.7
2012	13.9	10.7	18.9	21.2	18.1	16.3	33.8	29.9	26.1	35.7	21.4	12.7	16.8	26.4
2013	12.4	10.6	17.8	21.9	17.8	16.9	33.2	28.6	26.0	35.8	21.1	13.8	18.4	27.4
2014	12.8	9.9	19.6	22.3	16.2	17.3	34.1	29.7	27.4	36.9	23.7	12.6	18.6	28.5
2015	11.4	9.4	20.1	23.0	17.8	17.9	33.5	30.1	27.9	37.2	23.0	13.7	16.3	27.4
2016	10.8	10.3	22.4	22.4	19.2	18.3	32.7	30.0	28.5	35.4	24.6	14.0	16.3	27.1
2017	10.4	10.6	21.0	21.7	18.1	16.4	31.8	29.2	29.7	34.8	25.7	13.9	17.7	29.2

资料来源：https：//stats.oecd.org/Index.aspx? DatasetCode = STLABOUR.

（3）总就业率

表4　　　　　　　　　　　　　总就业率　　　　　　　　　　　单位：%

国家 年份	丹麦	荷兰	瑞典	芬兰	英国	爱尔兰	希腊	意大利	葡萄牙	西班牙	法国	奥地利	德国	比利时
2010	73.4	66.1	72.2	68.2	69.4	61.0	59.1	56.8	65.3	58.9	64.0	70.8	71.3	62.0
2011	73.2	66.3	73.6	69.0	69.3	60.1	55.1	56.8	63.8	58.0	63.9	71.1	72.7	61.9
2012	72.6	65.8	73.8	69.4	70.0	59.9	50.8	56.6	61.4	55.8	64.0	71.4	73.0	61.8
2013	72.6	66.0	74.4	68.9	70.5	61.7	48.8	55.5	60.6	54.8	64.1	71.4	73.5	61.8
2014	72.8	66.5	74.9	68.7	71.9	63.1	49.4	55.7	62.6	56.0	63.7	71.1	73.8	61.9
2015	73.5	67.1	75.5	68.6	72.7	64.7	50.8	56.3	63.9	57.8	63.8	71.1	74.0	61.8
2016	74.9	67.8	76.2	69.1	73.5	66.5	52.0	57.3	65.3	59.6	64.2	71.6	74.7	62.3
2017	74.2	67.8	76.9	70.0	74.1	67.7	53.5	58.0	67.8	61.1	64.7	72.2	75.3	63.1

资料来源：https：//stats.oecd.org/Index.aspx? DatasetCode = STLABOUR#.

(4) 劳动税收占 GDP 的比率

表5　　　　　　　　　　　劳动税收占 GDP 的比率　　　　　　　单位：%

国家 年份	丹麦	荷兰	瑞典	芬兰	英国	爱尔兰	希腊	意大利	葡萄牙	西班牙	法国	奥地利	德国	比利时
2010	32.7	21.3	27.1	18.7	25.4	21.8	20.2	22.3	19.7	13.0	22.0	25.3	11.1	24.3
2011	32.8	20.4	26.5	20.1	26.1	21.8	22.1	22.3	21.2	12.4	21.8	25.4	11.4	24.7
2012	33.4	19.6	26.1	20.3	25.2	22.5	23.6	23.6	20.9	12.2	22.6	25.9	11.6	25.7
2013	33.8	19.9	26.2	20.7	25.2	22.8	23.7	23.7	22.8	14.0	23.2	26.4	11.6	26.2
2014	36.5	20.9	26.3	20.8	24.9	23.2	24.4	23.5	22.7	14.3	23.2	26.4	11.5	26.3
2015	33.9	21.5	27.0	20.7	25.2	18.9	24.9	23.4	22.9	14.4	23.2	26.8	11.4	24.7
2016	33.7	22.2	27.7	21.0	26.6	18.8	26.7	23.7	22.5	13.8	23.1	25.7	11.2	23.1
2017	33.9	21.6	27.5	20.9	26.5	19.0	25.9	23.6	22.7	14.8	23.4	25.8	11.6	24.3

资料来源：http：//databank. shihang. org/data/reports. aspx? source = 2&country = EUU.

(5) 长期失业率

表6　　　　　　　　　　　　长期失业率　　　　　　　　　　单位：%

国家 年份	丹麦	荷兰	瑞典	芬兰	英国	爱尔兰	希腊	意大利	葡萄牙	西班牙	法国	奥地利	德国	比利时
2010	12.9	24.8	12.9	16.6	24.6	29	51.3	59.6	34.6	39.8	33.8	19.2	50.0	49.0
2011	17.0	26.7	12.4	16.3	24.1	27.1	54.9	58.1	35.0	37.7	41.0	24.5	51.8	51.7
2012	17.2	25.2	13.0	15.3	28.3	53.1	49.2	44.3	32.6	40.9	27.6	53.0	51.2
2013	18.5	21.3	12.8	15.8	23.8	27.4	52.2	49.9	48.2	33.8	41.4	25.3	51.3	50.4
2014	14.2	27.4	12.3	17.3	21.9	26.4	54.3	49.6	50.2	29.5	42.2	27.6	51.7	47.6
2015	11.3	25.2	11.7	17.5	22.3	24.9	50.0	47.4	47.2	27.6	40.4	25.3	56.4	44.2
2016	12.7	21.2	11.3	17.1	20.8	25.3	47.5	45.7	47.1	23.8	37.6	27.3	56.7	45.4
2017	11.2	19.4	10.3	15.3	19.3	22.7	40.8	44.4	47.4	30.2	35.4	26.4	52.6	44.7

资料来源：http：//data. worldbank. org/topic/labour-and-social-protection.

（6）就业保护政策的严厉程度

表7　　　　　　　　就业保护政策的严厉程度　　　　　　　　单位：%

国家 年份	丹麦	荷兰	瑞典	芬兰	英国	爱尔兰	希腊	意大利	葡萄牙	西班牙	法国	奥地利	德国	比利时
2010	1.50	1.95	1.87	1.96	0.75	1.11	2.73	1.89	3.15	2.98	3.05	3.05	1.93	2.18
2011	1.50	1.95	1.87	1.96	0.75	1.11	2.73	1.89	3.15	2.98	3.05	3.05	1.93	2.18
2012	1.50	1.95	1.87	1.96	0.75	1.11	2.73	1.89	3.15	2.98	3.05	3.05	1.98	2.18
2013	2.00	1.95	1.87	1.96	1.09	1.11	2.73	1.89	3.15	2.98	3.05	3.05	1.98	2.18
2014	2.00	1.95	1.87	1.96	1.09	1.11	2.55	1.89	3.15	3.05	2.98	3.05	1.98	2.18
2015	2.00	2.04	1.87	1.96	1.09	1.11	2.55	1.89	3.15	3.05	2.98	3.05	1.98	2.18
2016	2.00	2.04	1.87	1.96	1.09	1.11	2.55	2.05	3.15	3.05	2.98	3.05	1.98	2.18
2017	2.00	2.04	1.87	1.96	1.09	1.11	2.55	2.05	3.15	3.05	2.98	3.05	1.98	2.18

资料来源：http：//stats.oecd.org/Index.aspx? DataSetCode=SOCX_AGG.

（7）平均总失业保险替代率

表8　　　　　　　　平均总失业保险替代率　　　　　　　　单位：%

国家 年份	丹麦	荷兰	瑞典	芬兰	英国	爱尔兰	希腊	意大利	葡萄牙	西班牙	法国	奥地利	德国	比利时
2010	51.0	53.0	37.0	35.0	17.0	30.0	13.0	34.0	53.0	36.0	44.0	32.0	29.0	38.0
2011	50.5	53.0	39.0	35.5	16.5	31.0	13.0	34.0	53.0	36.0	41.5	32.0	29.0	40.0
2012	50.0	53.0	41.0	36.0	16.0	32.0	13.0	34.0	53.0	36.0	39.0	32.0	29.0	42.0
2013	50.0	44.0	40.0	35.5	16.0	33.0	13.0	33.5	44.0	36.0	39.0	32.0	26.5	41.5
2014	50.0	35.0	39.0	35.0	16.0	34.0	13.0	33.0	35.0	36.0	39.0	32.0	24.0	41.0
2015	49.0	34.5	35.5	34.5	15.5	35.0	13.0	32.5	34.5	36.0	39.0	32.0	24.0	40.5
2016	48.0	34.5	35.0	34.0	15.0	35.5	13.0	32.0	34.0	36.0	39.0	32.0	24.0	40.0
2017	48.0	34.0	32.0	34.0	15.0	37.0	13.0	32.0	34.0	36.0	39.0	32.0	24.0	40.0

资料来源：http://www.oecd.org/document/3/0,3746,en_2649_39617987_1_1_1_1,00.html.

（8）积极劳动力市场政策支出占GDP的比率

表9　　　　　积极劳动力市场政策支出占GDP的比率　　　　　单位：%

国家 年份	丹麦	荷兰	瑞典	芬兰	英国	爱尔兰	意大利	葡萄牙	西班牙	法国	奥地利	德国	比利时
2010	1.4	1.5	1.7	0.8	0.3	0.9	0.6	0.6	0.7	1.2	0.6	1.2	1.2
2011	1.4	1.6	1.6	0.8	0.3	0.8	0.6	0.6	0.7	1.1	0.6	1.2	1.1
2012	1.3	1.5	1.3	0.9	0.4	0.7	0.6	0.7	0.7	1.1	0.6	1.2	1.1
2013	1.2	1.4	1.2	1.0	0.5	0.7	0.6	0.7	0.8	1.0	0.6	1.1	1.1
2014	1.3	1.3	1.3	0.9	0.5	0.7	0.6	0.7	0.8	0.9	0.6	0.9	1.1
2015	1.2	1.2	1.4	0.9	0.3	0.6	0.5	0.6	0.7	0.9	0.6	0.9	1.2
2016	1.1	1.1	1.1	0.9	0.3	0.6	0.5	0.6	0.7	0.9	0.7	0.7	1.2
2017	1.0	1.0	1.0	0.8	0.3	0.7	0.5	0.6	0.7	0.8	0.7	0.8	1.3

资料来源：http://www.oecd-ilibrary.org/employment/publish-expenditure-on-active-labour-market-policies_ 20752342-table9.

（9）工会密度

表10　　　　　　　　　　　工会密度　　　　　　　　　　　单位：%

国家 年份	丹麦	荷兰	瑞典	芬兰	英国	爱尔兰	希腊	意大利	葡萄牙	西班牙	法国	奥地利	德国	比利时
2010	67.7	18.8	68.3	67.5	27.1	32.3	24.0	33.4	20.5	14.3	7.7	28.9	19.6	51.9
2011	67.3	18.6	68.4	66.9	26.9	32.4	23.7	33.2	20.1	14.3	7.0	28.7	19.3	52.5
2012	67.1	18.6	68.1	65.9	26.3	32.0	23.7	33.0	20.3	15.5	7.3	28.9	18.8	52.2
2013	67.0	17.8	67.9	65.8	26.1	31.8	23.9	32.7	20.1	14.7	6.9	29.5	18.5	51.3
2014	66.9	17.2	67.3	65.4	25.9	30.8	23.1	32.7	19.7	13.8	6.6	27.6	18.3	51.3
2015	66.5	17.1	67.4	65.3	25.6	30.2	23.4	32.2	19.9	13.2	6.4	27.5	18.1	51.8
2016	66.4	16.9	66.5	65.1	25.8	29.6	22.9	32.0	18.7	13.4	6.3	27.3	18.3	50.2
2017	65.8	16.4	66.3	65.0	24.1	29.3	22.8	31.6	19.0	13.1	6.3	26.5	17.4	50.4

资料来源：http://stats.oecd.org/Index.aspx? DataSetCode = SOCX_ AGG.

（10）青年就业率

表11　　　　　　　　　　　青年就业率　　　　　　　　　　单位：%

国家 年份	丹麦	荷兰	瑞典	芬兰	英国	爱尔兰	希腊	意大利	葡萄牙	西班牙	法国	奥地利	德国	比利时
2010	62.7	71.4	48.5	43.5	63.0	49.0	28.1	28.7	44.7	39.0	26.3	52.6	48.0	29.5
2011	65.0	70.7	47.6	45.1	62.8	46.8	27.9	27.9	43.8	38.8	26.2	52.7	45.8	29.6
2012	60.4	68.7	46.2	43.2	61.8	47.3	26.3	26.0	39.4	38.6	31.4	52.1	43.4	27.1
2013	62.3	65.8	43.8	43.8	62.9	46.7	26.1	29.8	38.9	40.4	31.7	52.9	42.9	28.1
2014	63.0	64.3	45.0	44.0	64.3	47.2	26.4	27.4	36.1	43.9	31.4	54.1	43.6	27.6
2015	64.6	67.2	45.3	45.4	65.2	48.7	25.7	26.1	37.2	45.3	30.9	55.0	45.0	27.3
2016	69.6	70.4	46.3	46.2	66.0	48.9	25.1	16.1	37.4	40.2	32.7	56.5	46.9	26.9
2017	74.9	71.1	76.2	69.1	73.5	66.5	52.0	57.3	65.3	59.6	64.2	71.6	74.7	62.3

资料来源：https://stats.oecd.org/Index.aspx?DatasetCode=STLABOUR.

（11）总劳动力参与率

表12　　　　　　　　　　　总劳动力参与率　　　　　　　　　　单位：%

国家 年份	丹麦	荷兰	瑞典	芬兰	英国	爱尔兰	希腊	意大利	葡萄牙	西班牙	法国	奥地利	德国	比利时
2010	79.4	79.5	79.0	74.6	76.3	72.1	67.8	62.0	73.7	74.6	70.3	74.4	76.6	67.7
2011	79.3	79.7	79.9	75.1	76.4	71.5	67.3	62.1	73.6	74.9	70.1	74.6	77.3	66.7
2012	78.6	79.3	80.3	75.4	76.9	71.3	67.5	63.5	73.4	75.3	70.7	75.1	77.2	66.9
2013	78.1	78.1	81.1	75.3	77.2	72.2	67.5	63.4	73.0	75.3	71.1	75.5	77.6	67.5
2014	78.1	79.6	81.5	75.5	77.6	71.7	67.4	63.9	73.2	75.3	71.4	75.4	77.7	67.7
2015	78.5	79.6	81.7	75.9	77.6	72.2	67.8	64.0	73.4	75.5	71.5	75.6	77.6	67.6
2016	80.0	80.3	82.0	76.0	78.1	73.1	68.2	64.9	73.7	75.4	71.7	76.2	78.0	67.6
2017	78.8	80.9	82.5	76.9	78.5	72.5	68.3	65.4	74.7	75.1	71.8	72.2	78.2	68.0

资料来源：https://stats.oecd.org/Index.aspx?DatasetCode=LFS_SEXAGE_I_R.

（12）青年劳动力参与率

表13　　　　　　　　　　青年劳动力参与率　　　　　　　单位：%

国家 年份	丹麦	荷兰	瑞典	芬兰	英国	爱尔兰	希腊	意大利	葡萄牙	西班牙	法国	奥地利	德国	比利时
2010	73.3	71.3	72.1	68.3	70.2	61.4	59.1	56.8	65.3	59.7	64.0	70.8	71.2	62.0
2011	73.1	70.4	73.6	69.2	70.2	60.4	55.1	56.8	63.8	58.8	63.9	71.7	72.7	61.9
2012	72.6	70.5	73.8	69.5	70.7	59.8	50.8	56.6	61.4	56.5	64.0	71.4	73.0	61.8
2013	72.5	69.8	74.4	69.1	71.1	61.4	48.8	55.5	60.6	55.6	64.0	71.4	73.5	61.8
2014	72.8	67.3	74.9	68.9	72.6	62.6	49.4	55.7	62.6	56.8	64.2	71.1	73.8	61.9
2015	73.5	68.1	75.5	68.7	73.2	64.6	50.8	56.3	63.9	58.7	64.3	71.1	74.0	61.8
2016	74.9	69.4	76.2	69.2	74.3	66.4	52.0	57.2	65.2	60.5	64.6	71.5	74.7	62.3
2017	74.2	70.5	76.9	70.1	75.0	67.4	53.5	58.0	67.8	62.1	65.2	72.2	75.2	63.1

资料来源：https://stats.oecd.org/Index.aspx?DatasetCode=LFS_SEXAGE_I_R.

3. 模型建立

在使用面板数据模型时，我们必须要首先明确选用哪一个模型更加合适。并且，采用协方差检验方法进行检验通常是在建立模型之前必须进行的步骤。我们需要考虑的主要是两个假设。

假设1：在不同的横截面样本点上和时间上，截距不同，斜率相同。

$$Y_{it} = \alpha + X_{it}\beta + \mu_i t$$

假设2：在不同的横截面样本点上和时间上，截距和斜率都相同。

$$Y_{it} = \alpha_i + X_{it}\beta + \mu_i t$$

若接受假设2，则采用模型1，不用再进行进一步的检验；反之，则对假设1进行检验。若接受了假设1，则采用模型2，否则采用模型3。分别计算模型1、2、3的残差平方和：

模型3的残差平方和为 s_1：

$$s_1 = \sum_{i-1}^{k} = RSS_i$$

模型2的残差平方和为 s_2：

$$s_2 = W_{yy} - W_{xy}^t W_{xx}^{-1} W_{xy}$$

模型 1 的残差平方和为 s_3：

$$S_3 = T_{yy} - T_{xy}^1 T_{xx}^1 T_{xy}$$

所以，得到检验假设 2（H_2）的统计量 F_2 和检验假设 1（H_1）的统计量 F_1：

$$F_2 = \frac{(s_3 - s_1)/[(n-1)(k+1)]}{s_1/[nT-n(k+1)]} \sim F[(n-1)(k+1), n(T-k-1)]$$

$$F_1 = \frac{(s_2 - s_1)/[(n-1)k]}{s_1/[nT-n(k+1)]} \sim F[(n-1)k, n(T-k-1)]$$

在给定显著水平下，把通过查 F 统计分布表得到的临界值与计算得到的 F 统计值进行比较，经过判断就可以得到是拒绝还是接受假设的结论。

4. 失业率效应分析

(1) 总失业率

在给定10%的显著性水平下，通过查 F 分布表，得临界值：

$$F[(n-1)k, n(T-k-1)] = F(60, 26) = 2.33$$

其中：$T=8$，$n=13$，$k=5$

经计算，得出结果：

$F_2 > F(72, 26) = 2.31$，所以拒绝 H_2；

$F_1 < F(60, 26) = 2.33$，所以接受 H_1。

因此，采用模型 2，具体形式为：

$$y_{it} = \alpha_i + x_{it}\beta + \mu_{it}$$

用 Eviews3.0 统计分析软件对模型 2 进行广义最小二乘估计。就业保护政策的严厉程度没通过检验，将其去掉后，结果为：失业保险替代率、积极劳动力市场政策支出、工会密度和劳动税收都对总失业率有显著影响。其中，F 统计值 532.1533，D-W 统计值 1.8201，R^2 值 0.9383，不存在序列相关现象，整体显著水平较高。

故我们从结果观察得到，失业保险替代率是和总失业率呈现正相关关系的，也就是说，随着失业保险替代率的上升，失业率也会上升；积极劳动力市场政策支出和总失业率呈现负相关关系，也就是说，政府组织在积极劳动力市场政策方面的支出越多，总失业率就会越低；同样地，工会密度也和总失业率呈现负相关关系，工会数量越多，密度越大，对劳动者的维护也就越周到，则总失业率也就随之下降；而劳动税收和总失业率呈现的关系是正向相关性，劳动税收越高，劳动者税负压力越大，则失业率就随之上升。

以上，我们是从相互关系上分析的，那从影响程度的视角来看，对总失业率能够产生较大影响的是积极劳动力市场政策（1.6434）的支出力度，而后产生较大影响的是失业保险替代率（0.0742），然后是工会密度（0.0585），以及劳动税收（0.0202）。

（2）长期失业率

经计算，得出结果：

$F_2 > F(72, 26) = 2.31$，所以拒绝 H_2；$F_1 < F(60, 26) = 2.33$，所以接受 H_1。

因此，采用模型2，具体形式为：

用 Eviews3.0 统计分析软件对模型2进行广义最小二乘估计，结果为就业保护政策严厉程度、失业保险替代率、工会密度、劳动税收都对长期失业率有显著影响。其中，F 统计值 1131.102，D-W 统计值 1.8190，R^2 值 0.9813，不存在序列相关现象，整体显著水平较高。

故我们从结果观察得到，就业保护政策严厉程度是和长期失业率呈现正相关关系的，也就是说，随着就业保护政策严厉程度的增加，长期失业率也会上升；失业保险替代率和长期失业率呈现负相关关系，也就是说，随着失业保险替代率的提高，长期失业率就会下降；相反，工会密度也和长期失业率呈现正相关关系，工会数量越多，密度越大，对劳动者的维护也就越周到，劳动者有了解决基本生活的路径，就会减弱通过坚持劳动获取生活来源的意愿，则长期失业率很难下降；而劳动税收和长期失业率呈现的关系是正向相关性，劳动税收越高，劳动者税负压力越大，则长期失业率就随之上升。

以上，我们是从相互关系上分析的，那从影响程度的视角来看，对长期失业率能够产生较大影响的是就业保护政策的严厉程度（15.3540），对长期失业率的影响最大，其次是工会密度（0.5167），然后是失业保险替代率（0.4689）和劳动税收（0.2314）。

(3) 青年失业率

经计算，得出结果：

$F_2 < F(72, 26) = 2.31$，接受 H_2。

因此，采用模型1，具体形式为：

用 Eviews3.0 统计分析软件对模型3进行普通最小二乘估计，得到具体模型表示为：

$y_{it} = 1.577729 + 7.375077x_{it} - 0.095849x_{2t} - 9.732287x_{3t} + 0.098137x_{4t} + 0.327082x_{5t}$

其结果为就业保护政策严厉程度、积极劳动力市场政策支出、工会密度、劳动税收都对青年失业率有显著影响。其中，F统计值187.3722，D-W统计值1.9546，R^2值0.9053，不存在序列相关现象，整体显著水平较高。

故我们从结果观察得到，就业保护政策严厉程度是和青年失业率呈现正相关关系的，也就是说，就业保护政策严厉程度提高，青年失业率也会随之增加；同样地，劳动税收和青年失业率呈现的关系是正向相关性，劳动税收越高，青年劳动者税负压力越大，生活更加难以维续，则失业率就随之上升。

以上，我们是从相互关系上分析的，那从影响程度的视角来看，积极劳动力市场政策支出（9.7323）对青年失业率的影响非常大，然后是就业保护政策严厉程度（7.3751），劳动税收（0.3271）、工会密度（0.0981）。其中，失业保险替代率在5%水平下不太显著，只在10%水平下显著（0.0958）。

总之，通过上述分析，得到如下结论：第一，就业保护政策严厉程度的大小影响长期失业率和青年失业率较明显，并且，就业保护政策严厉程度越高，会使长期失业率和青年失业率随之提高。第二，失业保险替代率影响总失业率的程度较大，并且，若失业保险替代率越高，总失业率就会随之升高；然而失业保险替代率却对长期失业率以及青年失业率的影响是负向的，也就是说，失业保险替代率越高，对短期失业影响越大，失业保险替代率越高，长期失业率和青年失业率就越低，尤其是长期失业率，说明失业保险替代率对短期失业的影响较大。第三，积极劳动力市场政策支出对失业率的变化有着极其关键的作用，对总失业率、长期失业率以及青年失业率都能够产生较大影响，尤其是对总失业率和青年失业率，并且，总失业率和长期失业率会随着政策支出比重的增加而降低。第四，与积极劳动力市场政策支出的影响效果类似，工会密度对失业率的影响也很大，而且工会密度越大，总失业率、长期失业率和青年失业率就越高。最后，劳动税收对总失业率、长期失业率和青年失业率都有较大影响，而且劳动税收越多，总失业率、长期失业率和青年失业率就越高。

5. 就业率效应分析

（1）总就业率

经计算，得出结果：

$F_2 < F(72, 26) = 2.31$，所以接受 H_2，无须进一步检验。

因此，采用模型 1，具体形式为：$y_{it} = \alpha + x_{it}\beta + \mu_{it}$

用 Eviews3.0 统计分析软件对模型 3 进行普通最小二乘估计，就业保护政策严厉程度没通过检验，将其去掉后得到结果。具体模型表示为：

$$y_{it} = 79.94050 - 0.250657x_{2t} - 9.273165x_{3t} + 0.070397x_{4t} - 0.330296x_{5t}$$

结果可以看出，失业保险替代率、积极劳动力市场政策支出、工会密度、劳动税收都对总就业率有显著影响。其中，F 统计值 2972.511，$D\text{-}W$ 统计值 1.8688，R^2 值 0.9917，不存在序列相关现象，整体显著水平较高。

故我们从结果观察得到，失业保险替代率是和总就业率呈现负相关关系的，也就是说，失业保险替代率上升，总就业率会随之下降；积极劳动力市场政策支出和总就业率呈现正相关关系，也就是说，政府组织在积极劳动力市场政策方面的支出越多，总就业率就会随之提高；同样地，工会密度也和总就业率呈现正相关关系，工会数量越多，密度越大，对劳动者的维护也就越周到，则总就业率也就随之提高；而劳动税收和总就业率呈现的关系是负向相关性，劳动税收越高，劳动者税负压力越大，则总就业率会随之下降。

以上，我们是从相互关系上分析的，那从影响程度的视角来看，对总就业率能够产生较大影响的是积极劳动力市场政策（9.2732）

的支出力度，而后产生较大影响的是劳动税收（0.3303），然后是失业保险替代率（0.2507），最后是工会密度（0.0704）。

（2）青年就业率

经计算，得出结果：

$F_2 < F$（72，26）= 2.31，所以接受 H_2，无须进一步检验。

因此，采用模型1，具体形式为：

$$y_{it} = 87.53536 - 5.112060x_{1t} - 0.391580x_{2t} + 16.66388x_{3t} - 0.779419x_{5t}$$

结果为就业保护政策严厉程度、失业保险替代率、积极劳动力市场政策支出和劳动税收都对青年就业率有显著影响。其中，F 统计值 468.3701，D-W 统计值 1.8920，R^2 值 0.9498，不存在序列相关现象，整体显著水平较高。

故我们从结果观察得到，就业保护政策严厉程度是和青年就业率呈现负相关关系的，也就是说，随着就业保护严厉程度的增加，青年就业率会下降；相反地，失业保险替代率和青年就业率呈现负相关关系，也就是说，失业保险替代率越高，青年就业率会随之下降；而积极劳动力市场政策支出和青年就业率呈现正相关关系，工会数量越多，密度越大，对劳动者的维护也就越周到，则青年就业率也就随之提高；劳动税收和青年就业率呈现的关系是负向相关性，劳动税收越高，劳动者税负压力越大，则青年就业率会随之下降。

以上，我们是从相互关系上分析的，那从影响程度的视角来看，对青年就业率能够产生较大影响的是积极劳动力市场政策（16.6639）的支出力度，而后产生较大影响的是就业保护政策严厉程度（5.1121），然后是劳动税收（0.7794），最后是失业保险替代率（0.3916）。

总之，通过上述分析，得到如下结论：第一，对青年就业率产生较大影响的主要是就业保护政策严厉程度，并且，青年就业率会随着就业保护政策严厉程度的提高而下降；第二，失业保险替代率对就业率能够产生较大影响，包括总就业率和青年就业率，并且，总就业率和青年就业率会随着失业保险替代率的提高而降低；第三，积极劳动力市场政策支出对总就业率和青年就业率都有很大影响，随着积极劳动力市场政策支出增加，总就业率和青年就业率都会上升；第四，工会密度主要对总就业率有一定影响，而且工会密度越大，总就业率就越高；第五，劳动税收对总就业率和青年就业率都有较大影响，而且劳动税收越多，总就业率和青年就业率就越低。

6. 劳动力参与率效应分析

（1）总劳动力参与率

经计算，得出结果：

$F_2 < F(72, 26) = 2.31$，所以接受 H_2，无须进一步检验。

因此，采用模型1，具体形式为：$y_{it} = \alpha + x_{it}\beta + \mu_{it}$

用 Eviews3.0 统计分析软件对模型3进行普通最小二乘估计，就业保护政策严厉程度没通过检验，将其去掉得到结果。具体模型表示为：

$$y_{it} = 82.73763 - 0.254784x_{2t} + 7.595721x_{3t} + 0.073580x_{4t} - 0.212228x_{5t}$$

结果可以看出，失业保险替代率、积极劳动力市场政策支出、工会密度和劳动税收都通过检验，对总劳动力参与率有显著影响。其中，F 统计值 7836.507，$D\text{-}W$ 统计值 1.8467，R^2 值 0.9969，不存在序列相关现象，整体显著水平较高。

故我们从结果观察得到，失业保险替代率是和总劳动力参与率呈现负相关关系的，也就是说，失业保险替代率上升，总劳动力参与率会随之下降；积极劳动力市场政策支出和总劳动力参与率呈现正相关关系，也就是说，政府组织在积极劳动力市场政策方面的支出越多，总劳动力参与率就会随之提高；同样地，工会密度也和总劳动力参与率呈现正相关关系，工会数量越多，密度越大，对劳动者的维护也就越周到，则总劳动力参与率也就随之提高；而劳动税收和总劳动力参与率呈现的关系是负向相关性，劳动税收越高，劳动者税负压力越大，则总劳动力参与率会随之下降。

以上，我们是从相互关系上分析的，那从影响程度的视角来看，对总就业率能够产生较大影响的是积极劳动力市场政策（7.5957）的支出力度，而后产生较大影响的是失业保险替代率（0.2548），然后是劳动税收（0.2122），最后是工会密度（0.0736）。

(2) 青年劳动力参与率

经计算，得出结果：

$F_2 < F(72, 26) = 2.31$，所以接受 H_2，无须进一步检验。

因此，采用模型 1，具体形式为：$y_{it} = \alpha + x_{it}\beta + \mu_{it}$

用 Eviews3.0 统计分析软件对模型 3 进行普通最小二乘估计，工会密度没通过检验，将其去掉得到结果。具体模型表示为：

$y_{it} = 94.51963 - 5.208157x_{1t} - 0.322144x_{2t} + 15.30053x_{3t} - 0.770991x_{5t}$

结果显示，就业保护政策严厉程度、失业保险替代率、积极劳动力市场政策支出、劳动税收都对青年劳动力参与率有显著影响。其中，F 统计值 443.2934，$D\text{-}W$ 统计值 1.9408，R^2 值 0.9471，不存在序列相关现象，整体显著水平较高。

故我们从结果观察得到，失业保险替代率是和青年劳动力参与率呈现负相关关系的，也就是说，随着失业保险替代率的上升，青年劳动力参与率会下降；积极劳动力市场政策支出和青年劳动力参与率呈现正相关关系，也就是说，政府组织在积极劳动力市场政策方面的支出越多，青年劳动力参与率就会随之提高；而劳动税收和青年劳动力参与率呈现的关系是负向相关性，劳动税收越高，劳动者税负压力越大，则青年劳动力参与率会随之下降；同样地，就业保护政策严厉程度与青年劳动力参与率是负相关关系，就业保护越严厉，青年劳动力参与率越小。

以上，我们是从相互关系上分析的，那从影响程度的视角来看，对青年就业率能够产生较大影响的是积极劳动力市场政策（15.3005）的支出力度，而后产生较大影响的是就业保护政策严厉程度（5.2082），然后是劳动税收（0.7710），最后是失业保险替代率（0.322144）。

总之，得到如下结论：第一，就业保护政策严厉程度能够对青年劳动力参与率产生较大的影响，并且，其严厉程度越高，青年劳动力参与率就越低；第二，失业保险替代率对劳动力参与率有较大影响，包括总劳动力参与率和青年劳动力参与率，且失业保险替代率越高，两者会随之下降；第三，积极劳动力市场政策对促进劳动力参与有较大效果，其对总劳动力参与率和青年劳动力参与率都有较大的正面影响，两者会随着积极劳动力市场政策支出的增加而提高；第四，工会密度主要对总劳动力参与率有一定影响，而且工会密度越大，总劳动力参与率就越高；第五，劳动税收对总劳动力参与率和青年劳动力参与率都有较大影响，而且劳动税收越多，总劳动力参与率和青年劳动力参与率就越低。

五 欧盟就业政策协调中未来完善的方向

在欧盟一体化进程不断深化的过程中，欧盟就业战略是对欧盟社会经济政策领域的一种高度协调，其中既包括成功经验，也包括失败的教训。根据欧盟的现实情况，欧盟就业战略对各成员国的劳动力市场具有促进作用，可以提升欧盟各成员国的就业率，从而促进欧盟整体的发展进步。欧盟就业政策的协调取得了突出的成绩，但依然有一些不足。因此，需要在以下几个方面进行完善。

（一）欧盟就业政策协调中加大与各国劳动力市场相适应的政策措施

虽然在欧盟共同大市场阶段，欧盟逐步取消劳动力流动的限制，以充分实现区域内生产要素的自由流动，构建一个统一的大市场。但由于成员国之间社会保障制度的差异、文化和价值观的差异，劳动力自由流动的程度一直并不高，这在某种程度上抑制了劳动力市场的活力，不利于就业水平的提高。由于欧盟劳动力市场存在分裂的情况，所以就业政策对各成员国的劳动力市场的影响是不一样的。意大利属于南欧模式，欧盟就业战略对它没有影响。欧盟就业战略中具体政策措施可以解决的问题，与意大利劳动力市场结构失衡问题严重不符。荷兰属于北欧模式，欧盟就业战略对其劳动力市场也几乎没有影响。因为在欧盟就业战略实施之前，荷兰已经实施了相应的政策法规，其劳动力市场一直处于稳步向好的状态。而欧洲大陆模式的国家认为欧盟就业战略较好。法国针对欧盟就业战略所做的评估报告中，认为其对法国的劳动力市场政策产生很大的影响，缓解了法国的失业问题。

总而言之，欧盟没有制定适宜的政策法规，不能灵活地适应各成员国的劳动力市场。因此，欧盟必须制定实施"激活"政策，推广预防性措施，从而加快欧盟劳动力市场的一体化进程。

（二）加大欧盟就业政策协调有效性评价指标的"硬性"程度

依据当前欧盟就业政策协调的实施情况，评价体系与约束各个成员国的规则措施都没有达到理想的要求。由于依据相关的就业指导政策，开放协调法在实施过程表现出一些不可避免的缺陷。欧盟就业战略不仅要注重效率，而且也不能忽略公平，否则会使得一些指标表现出软化和弹性化，不能够从量上进行科学、明确的界定，这不利于约束成员国就业政策。欧盟一体化进程在不断深化，导致欧盟和各成员国之间在劳动力市场改革上的职责界限变得十分模糊，造成欧盟公众不能清楚地认识改革的责任主体，分不清楚劳动力市场改革的主次。因此，未来欧盟就业政策协调效果的指标设定和效果衡量机制方面需要进一步提高强硬的成分，并利用就业政策推动劳动力市场一体化的程度，使就业政策与劳动力市场之间形成良性互动关系，这样才能真正实现欧盟就业政策协调的目标，推动欧盟经济和社会的聚合程度与发展。

欧洲整合过程中的共同农业政策及其对发展中国家之影响

谭伟恩

一 前言

粮食（绝大多数的农产品）在市场上的交易价格通常远低于许多商品，但它却是每日民生的必需物资，同时也是具有战略重要性之资源。粮食安全（food security）是国家安全非常重要的一部分，[①] 一个国家的科技水平不管再怎么先进，也不可能完全抛弃农业。[②]

今日普遍被世人视为拥有高经济水平与先进科技之欧盟（European Union, EU）早在1957年签定《罗马条约》（Treaty of Rome）时，就已经将粮食安全列为当时区域经济整合的一项重要支柱，希望透过当时六个国家（德、法、意、荷、比、卢）在政策上的协调来确保西欧粮食来源之稳定，并保证缔约国农民一定水平之经济收入。[③] 随着共同农业

[①] 粮食安全的定义请参考本文第二部分。粮食安全与国家安全的关系则请参考 Lizzie Collingham, *The Taste of War: World War Two and the Battle for Food*, London: Penguin Press, 2011.

[②] Robert Paarlberg, *Food Politics*, 2nd Ed, Oxford: Oxford University Press, 2013, pp. 6 - 7.

[③] 《罗马条约》的正式全称为《建立欧洲经济共同体条约》（*Treaty Establishing the European Economic Community, TEEC*），于1957年3月25日由德（当时是西德）、法、意、荷、比、卢六国签署通过，并于1958年1月1日生效。鉴于农业对粮食安全和战后欧洲社会稳定的重要性，《罗马条约》第38条规定共同体的范围应延伸至农业及其贸易，第39条设立CAP的主要政策目标为：（1）增加成员国的农业生产力；（2）确保成员国的农业生产者享有一定之生活水平；（3）稳定欧洲的农产品市场；（4）让农产品市场的供应来源稳定。第40条载明共同体成员应逐步研拟具体农业政策，并于最短时间内实施。详见 Rosemary Fennell, *The Common Agricultural Policy: Continuity and Change*, Oxford: Clarendon Press, 1997.

市场（Common Agricultural Market）的成立，欧洲自1962年起开始实施共同农业政策（Common Agriculture Policy，CAP），透过成员国政府的力量，有计划性地对欧洲农民提供各种关于农产品生产或交易上的支持措施。①

CAP对粮食生产和农民收入采取积极鼓励与强力支持，导致欧洲农民有很大的诱因去多生产（收入会因此增加），并且让这样的生产渐渐背离了粮食市场上的消费者真实需求。此情况从1962年CAP正式施行之后一路延烧到1980年代，对欧洲造成的经济与财政负担慢慢开始逾越它原本能提供的好处，纳税人（欧洲的）、消费者（包括非欧洲的），还有许多非农业的产业也受到或多或少之冲击，同时欧洲以外的粮食市场也因为CAP的出口补贴措施而必须相应地调降粮食价格（否则会没有竞争力），导致许多发展中国家的农民收入短缺。② 有鉴于此，欧洲内部与其他区域的国家纷纷开始对CAP提出质疑，甚至出现要求CAP应去除农业保护主义或删除相关补贴措施的声浪。1990年开始，CAP在内容上有了明显修正，对于农产品的市场干预力道减小了，并陆续在1999年、2003年、2004年、2005年密集地进行调整，将重点置于：（1）鼓励农民生产高质量的产品，迎合欧洲与其他地区有消费实力的客群需求，而不再只是单纯鼓励农民大量生产一般性的农产品；（2）改用直接付款的方式来避免经济资源的分配不均。③

这些制度面的调整的确在相当程度上矫正了早期CAP的缺失，特别是大幅减少了昔日推动欧洲农民过度生产粮食的因素。④ 不幸的是，2008年全球粮价高涨，约有40个国家陷入粮荒，导致各国政府纷

---

① 为求市场粮价不超过欧洲一般人民在经济上所能负担的水平，同时让农民的收入能切实反映其在田间所付出之劳力，1962年CAP正式开始运作至今，是EU诸多共同政策中时间最长与历史意义最特别的一项机制。参考European Commission, *The Common Agricultural Policy: A Story to be Continued*, Luxembourg: Publications Office of the the European Union, 2012, p. 3.

② Andrew Fearne, "The History and Development of the CAP 1945 – 1990", in C. Ritson and D. Harvey, eds., *The Common Agricultural Policy*, 2nd Ed., Wallingford, Oxon: CAB International, 1997, pp. 11 – 55.

③ Ibid..

④ Christina Davis, *Food Fights over Free Trade*, New Jersey: Princeton University Press, 2003, pp. 9 – 11.

纷祭出抢粮或限制粮食出口的措施。而《金融时报》则以专栏刊文提醒世人留心"紧接次贷危机而来的粮食危机",并强调粮价飙涨对全球经济的冲击可能较次贷危机更严重。[1] 此波粮价震荡所引发的粮食危机让 EU 内部又再度对 CAP 的定位及功能展开讨论,针对什么样的欧洲农业政策才能因应高涨的粮食价格和确保成员国的粮食安全进行辩论。以法国为首的传统派强调农业补贴政策的必要性,认为这是维系欧洲农业和确保农作物产量的有效方法,特别是在中国和印度等新兴经济体本身粮食需求不断增加的时期,还有考虑到伴随全球变暖而来的极端气候对农作物生产之不确定性。[2] 但英国和丹麦等国家则认为,传统 CAP 所关注之农产品保价和农民收入水平的问题已经不符合现今的时空环境,同时还导致粮价攀升并危及穷困的发展中国家。鉴此,EU 应该要让 CAP 回归市场导向,削减大量用于补贴的预算,并将这些预算重新分配给真正需要的群体或急待解决之其他问题。[3]

从上述不同国家的立场可知,CAP 具有很明显的两面性,它的初衷是缓解"二战"后欧洲国家粮食匮乏的问题,并透过保障广大农民之收入,让"二战"后多数欧洲国家的政局能够稳定。然而,它的执行效果却造成大量公共支出被用于农业相关的补贴,导致许多欧洲农民为了增加收入(而不再是满足市场需求)而过度生产农产品。立意良善的 CAP 在执行过程中出现许多问题,导致这个政策受到不少批评也因而历经数次改革。然而,令人难以预料的是,2008 年前后全球粮价攀升所引发的粮食危机再一次让不少 EU 的成员国开始忧虑是否 EU 有足够的能力保障欧洲地区的粮食安全。在此背景下,欧盟执委会(European Commission)、欧盟议会(European Parliament)和不少成员国提议将粮食安全列为"后 2013 年 CAP"的重要议题之一。[4] 而执委

---

[1] Martin Wolf, "Food Crisis is A Chance to Reform Global Agriculture", *Financial Times*, April 30th, 2008, Via at: https://www.ft.com/content/2e5b2f36-1608-11dd-880a-0000779 fd2ac.

[2] "Food Crisis Set to Weigh on CAP Reform", *Euractiv*, 20 May, 2008, via at: https://www.euractiv.com/section/sustainable-dev/news/food-crisis-set-to-weigh-on-cap-reform/.

[3] Andrew Midgley and Alan Renwick, "The Food Crisis and the Changing Nature of Scottish Agricultural Policy Discourse", in Reidar Almas and Hugh Campbell, eds., *Rethinking Agricultural Policy Regimes*, Bingley: Emerald, 2012, pp. 124-126.

[4] 请参考 *The Common Agricultural Policy after* 2013, via at: https://ec.europa.eu/agriculture/graphs-figures/cap_en.

会在2010年11月提出的《迈向2020年的CAP》文件中明确表示，确保EU粮食生产的潜力对维护欧洲人民长期的粮食安全至关重要。[1] 详言之，为因应可能再度发生的粮食危机和保障成员国的农业发展，CAP的角色、功能、具体的政策内容又再一次面临调整或改革。对此，欧盟执委会和下属之农业及乡村发展署（Directorate-General for Agriculture and Rural Development）对CAP进行了一些修正：（1）在直接给付农民财务支持方面，强调补贴措施的重新分配和针对性；（2）市场机制方面，原本EU干预性介入的程度将有所减轻，甚至尽可能避免；（3）农村发展部分更为明确地将环境永续、气候变迁等考虑纳入特定措施中。[2]

上述这些基于对粮食安全的顾虑而进行之政策改革产生了几个值得吾人重视的问题。首先，相较于20世纪"二战"结束后的欧洲，目前EU成员国所具有的客观条件不足以因应粮食危机或满足自身的粮食安全吗？其次，现阶段的CAP是否能有效地消除或减缓EU可能遭遇的粮食不安全及其风险？最后，因为在可预期的将来EU不太可能中断目前农业补贴的相关措施，故而会对国际农产品贸易产生一定程度的影响，而哪一类的CAP政策或是它的调整会对发展中国家的粮食安全构成负面冲击？本文将尽可能厘清这三个问题。

扣除上述有关CAP背景与特色的简要说明外，本文第二部分先就"粮食安全"的定义和CAP的基础内涵做一介绍。第三部分从客观环境分析目前EU实际上究竟有无面临粮食不安全的威胁。第四部分以2017年被废止的糖配额制度为例来检视CAP的功与过，具体探讨CAP关于特定农产品（糖）的生产和贸易措施。最后，根据研究发现提出结论，指出CAP目前对于成员国农民所提供之补助或支持措施不但是欠缺效率的作为且经济代价过高，还同时危害到某些发展中国家的经济收入，使其粮食安全难以自保。然而，这样的政策在现

---

[1] 请参考 European Commission, *Communication on the CAP towards* 2020, via at: https://ec.europa.eu/agriculture/sites/agriculture/files/cap-post-2013/agreement/presentation/slide-show-long_ en.pdf.

[2] 请参考 European Commission, "Overview of CAP Reform 2014 - 2020," via at: https://ec.europa.eu/agriculture/sites/agriculture/files/policy-perspectives/policy-briefs/05_ en.pdf.

阶段确实保障了 EU 成员国的粮食安全与农民收入。

二 粮食安全的定义和 CAP 之过去与现在

(一) 粮食安全的定义及其潜藏之盲点

"粮食安全"最基本与核心的要求是，所有人不分种族、国籍、社经地位等因素，在任何时间与空间均应可获得充足、安全和营养之食物，以满足维持生活之基本饮食需求。[1] 事实上，根据联合国粮食暨农业组织（Food and Agriculture Organization of the United Nations, FAO）历年对于"粮食安全"的阐释，粮食权（the right to food）是一项基本人权，[2] 因为它与人类个体的生存有着密不可分之关联，而联合国发展计划署（United Nations Development Programme, UNDP）在其 1994 年的《人类发展报告》中也将粮食安全列入人类安全（human security）的七大主题之一。[3]

论及"粮食安全"，其定义当属 FAO 的界说最具权威性，但值得留意的是，FAO 对于粮食安全的定义是持续在进行调整的，以求兼顾国际情势的发展和国际社会对于人权内涵之扩充。"粮食安全"概念最初是 FAO 在 1974 年 11 月的世界粮食会议（World Food Conference）上提出的，当时重点是粮食供应的数量（volume）与稳定（stability），没有太聚焦于食物本身的营养或卫生条件。1983 年，FAO 采纳学者 Edouard Saouma 提出之建议，修正粮食安全的定义为"确保任何人在任何时候均有实体及经济上的管道能够取得所需之基本粮食"。1996 年的世界粮食高峰会（World Food Summit）上，FAO 将粮食安全的定义进一步增补为，"无论就个人、家户、国家、区域或全球层次，粮食安全的落实必须是所有人在任何时间均有实体上和经济上的能力取得足够卫生与营养的食物，来满足每日的需求、饮食偏好，以及能健康地生活"[4]。

---

[1] 可参考 FAO 官网，网址：http://www.fao.org/spfs/en/.
[2] 可参考 FAO 官网，网址：http://www.fao.org/right-to-food/en/.
[3] UNDP, *Human Development Report 1994*, New York: Oxford University Press, 1994, p. 23.
[4] 不同阶段的定义说明可见 FAO, *Trade Reforms and Food Security*, Rome: FAO, 2003, Ch. 2.

因予留意的是，在 2007 年第 33 届世界粮食安全委员会（the 33rd Session of the Committee on World Food Security）召开后，FAO 发表公开声明，再次调整与增补了新时代的"粮食安全"的内涵：一个没有饥饿的世界是，"多数人能够透过他们自己获取满足他们生活动能与健康需求之食物，同时有一个社会安全网络去保障那些资源缺乏的人也能得到足够的饮食"[1]。

综合上述这些 FAO 的阐释，粮食安全的定义应有下列几项核心内涵：（1）确保客观上有足够数量的粮食以供应人类所需；（2）尽可能促成所有人在任何时空环境下取得所需之食物；（3）粮食的供应必须在卫生条件上是安全的和具有健康营养价值；（4）形成社会机制以协助无法取得粮食或是不能取得安全食物（safe food）的弱势者。有学者因此认为，当代粮食安全的实质内涵包括了四个面向，即粮食的供应（availability）、粮食的取得（accessibility）、粮食的效用（utilization），以及综合前三个面向的粮食稳定度（food stability）。而 FAO 目前有关粮食安全的相关文件或报告也均采纳此四个面向。[2]

然而，从上述 FAO 历年关于粮食安全的定义中其实不容易观察到一个盲点，即粮食安全此项概念的落实有可能会导致不同行为体（actors）产生冲突。进一步说，每个国家必然得先确认"自己的"粮食安全无虞，才有可能去积极满足他国的粮食安全，或至少消极不妨碍他国的粮食安全，因此，粮食安全这项目标的追求在实践上非常可能导致国与国或是由不同国家所组成的群体间，发生零和博弈（zero-sum game）或是陷入安全困境（security dilemma）。[3] EU 目前作为一个由 27 个欧洲国家所组成的区域整合组织，自然也不例外，必然将成员国的粮食安全排序在非成员国之前。许多文献均显示，粮食安全在 EU 的实践中经常被用来正当化那些保护成员国农业之各种措施，

---

[1] 此定义转引自 Salisu L. Halliru, "Climate Change and Food Security in Kano Nigeria", in Mohamed Behnassi, Olaf Pollmann, and Gabrielle Kissinger, eds., *Sustainable Food Security in the Era of Local and Global Environmental Change*, NY: Springer, 2013, p. 102.

[2] FAO, An Introduction to the Basic Concepts of Food Security, via at: http://www.fao.org/docrep/013/al936e/al936e00.pdf.

[3] Otto Hospes, Han van Dijk and Bernd van der Meulen, "Introduction", in Otto Hospes and Irene Hadiprayitno, eds., *Governing Food Security: Law, Politics and the Right to Food*, Wageningen: Wageningen Academic, 2010, p. 33.

同时在用以推动 CAP 的预算中有极高的比例被用来补贴成员国的农民、推展欧洲国家的农业现代化和鼓励出口到非欧洲的市场。[1]

(二) 过去的 CAP

有关欧洲农业政策是否应整合的讨论是在"二战"结束后才开始的,最初是在 17 个欧洲经济合作组织(Organisation for European Economic Co-operation,OEEC)的成员国间展开谈判,当时主要以英、法、荷三国的提案为蓝本和基础,而谈判重点聚焦于两个重要的问题。首先,要如何确保"二战"后成员国粮食供应的安全? 其次,如何让农民的收入稳定有保障?[2]

由于受"二战"之创,当时 OEEC 的成员国农业生产力普遍低落。不充足的农作物产量让这些国家的粮食需求无法被满足,国内饥饿人口比例偏高。此外,因为供应数量不足,所以粮食进口的依赖度颇高,间接导致"二战"后欧洲的国际地位与影响力无法恢复。"二战"后的国际农作物交易主要是使用美元,导致美元在当时变得非常抢手,使得尽管进口是解决本国粮食不足的一项方法,但成本却过于高昂。[3] 基于以上考虑,粮食安全显然成为"二战"后欧洲设法复兴的首要挑战。不过,要怎么解决这些问题在各国间并没有共识,而且谈判在 OEEC 国家最终并没有达成任何协议。法国与荷兰站在同一边,支持一个跨国性的整合农业政策,但英国却持反对立场,不赞成任何形式的超国家主义(supranationalism)。[4]

从上述这段历史可以清楚看见,某些国家对于将农业融入欧洲单一市场是有共识的,而这就替后续的 CAP 奠定了基础。1954 年,形成共同农业政策的条件更为成熟,当时荷兰的农业部部长 Sicco Man-

---

[1] 洪德钦:《WTO 法律与政策专题研究》,台北:学林文化事业有限公司 2002 年版,第 24 页;Alan Swinbank,"The Common Agricultural Policy and the Politics of European Decision Making",*Journal of Common Market Studies*,Vol. 27,No. 4,June 1989,pp. 303 – 322.

[2] Alan D. Robinson,*Dutch Organised Agriculture in International Politics*,Hague:Martinus Nijhoff,1961,pp. 151 – 165.

[3] Erik Hoffmeyer,*Dollar Shortage and The Structure of US Foreign Trade*,Copenhagen:Munksgaard,pp. 202 – 204.

[4] U. Weinstock,"The Role of Agricultural Policy in European Integration",*Journal of Agricultural Economics*,Vol. 18,No. 3,September 1967,pp. 327 – 337.

sholt 提议以六个国家（德法意荷比卢）为主体组成一个共同体。因为这六个国家其实在 1951 年就已经都参加了欧洲煤钢共同体（European Coal and Steel Community, ECSC），而 ECSC 的合作经验让它们彼此有意愿和信心进一步整合为欧洲经济共同体（European Economic Community, EEC），并将农业政策融入其中。依据 Mansholt 的观点，之所以应该要将农业融入当时西欧经济整合的原因至少有四个。首先，经济整合要排除农业有实践上的困难，因为整合的经济市场不太可能在农业和工业产品之间划清界限。其次，农业在当时六个成员国的经济中扮演关键角色，特别是在出口贸易与进口贸易中的比重非常大。[1] 再次，粮价水平、波动程度和国家的农业政策密切相关，而后者影响前者至巨。最后，农业牵涉的范围非常广，许多农业政策的改变或调整不只会影响经济，也会影响社会稳定。[2] 基于这样的考虑，Mansholt 自其 1958 年任职欧洲委员会负责农业事务的委员（Commissioner for Agriculture）之后，就一直积极推动具有超国家主义色彩的农业政策，并在 1962 年正式启动 CAP。当时六个成员国针对乳制品、谷物、禽肉、猪肉、蔬果、蛋、酒、糖等农产品设立共同市场机制，[3] 包括竞争的规则、补助的条件，以及设立农业指引暨保证基金（European Agricultural Guidance and Guarantee Fund, EAGGF）。[4]

然而，随着 1995 年世界贸易组织（World Trade Organization, WTO）的成立，具有农业保护主义色彩的 CAP 受到的国际质疑越来越多，迫使 EU 必须调整或删除部分过往对市场与价格进行干预之措施。[5] 不过，CAP 的重要性似乎没有因此受到根本性动摇，反而还有

---

[1] Sicco Mansholt, "The Future Shape of Agricultural Policy", *Newsletter on the Common Agricultural Policy*, No. 1, January 1968, pp. 2–12.

[2] Ibid..

[3] 基于此点，并虑及粮价波动与农业政策间的密切关联，本文在第四部分将援引糖配额制度作为例子，来探讨 CAP 的功与过。

[4] European Commission, "Sicco Mansholt: Farmer, Resistance Fighter and A True European", via at: https://europa.eu/european-union/sites/europaeu/files/docs/body/sicco_mansholt_en.pdf.

[5] 在 WTO 成立之始，EU 就已是成员，但当时正式的法律上全称并不是 EU，而是欧洲共同体（European Communities）。随着《里斯本条约》（*Lisbon Treaty*）的生效，EU 具有独立的国际法人格后，于 2009 年 11 月 30 日正式在 WTO 改用 EU 的名称，并由欧洲执委会（European Commission）代表其所有成员国参与 WTO 的各项会议。请参考 https://www.wto.org/english/thewto_e/countries_e/european_communities_e.htm.

了一些新的侧重，例如对食品安全即卫生质量的强调、对动物福利的保护规范，以及推动农村的可持续发展等。①

(三) 2008年粮食危机后的CAP

2008年，全球谷物价格急速攀升，粮价指数相较于2000年高出2.8倍。两年后（2010年），虽然粮价指数稍有下降，但也还是比2000年高出1.9倍。② 史无前例的高粮价几乎让全球都受到冲击，不少国家甚至因此出现群众示威活动，严重一点的还出现大规模暴动。一时之间粮食安全问题成为各国政要的核心关切，如何确保本国粮食供应充足且不受到国际粮价波动影响成为当务之急。EU当然也不例外，如何因应粮食危机的讨论接踵而至。

欧洲农民暨农业合作协会（Copa-Cogeca）直言，③ 开放欧洲市场将对EU成员国的农业构成威胁，造成某些重要的农作物减产，并且一旦受创就难以恢复，最终使得EU在粮食自主性上面临威胁。鉴此，农民暨农业合作协会认为，CAP应该扮演维护欧洲粮食安全的关键角色，一方面提供成员国未来农业稳定发展的环境，另一方面促进成员国在农业生产力与农业竞争力上的提升。④ 而长期力挺CAP的法国，协同其他近20个EU成员，在2009年年底提出"关于共同农业与粮食政策的巴黎宣言"（Paris Declaration for a Common Agricultural and Food Policy），主张在气候变迁与全球市场粮价波动极大的双重压力下，除非能制定一个具有远瞩性与集结欧洲地区的政策，否则难以

---

① K. A. Ingersent, A. J. Rayner, and R. C. Hine, "The EC Perspective", in K. A. Ingersent, A. J. Rayner, and R. C. Hine, eds., *Agriculture in the Uruguay Round*, New York: St. Martin's Press, 1994, pp. 55 – 87.

② FAO, World Food Situation (FAO Food Price Index), via: http://www.fao.org/worldfoodsituation/foodpricesindex/en/.

③ Copa-Cogeca实际上是两个组织的结合；Copa系由57个欧洲国家的农民团体集结而成的组织，而Cogeca则代表31个欧洲农业或农会组织的结盟。Copa-Cogeca至今（2018年）已经有60年的历史，两个组织于1962年设立共同的秘书处，为成员的农业利益和欧洲各国政府交涉、抗争或合作。详见Copa-Cogeca, "Copa-Cogeca Welcomes Ministers' Calls for Strong CAP Post-2013 as Well as Debates on Trade Liberalising Talks which Threaten EU Farm Sector", via at: www.copa-cogeca.be/Download.ashx? ID = 755555&fmt = pdf.

④ Ibid..

守护欧洲农业的安全与自主。①

此外，EU执委会中负责农业暨乡村发展的委员Mariann F. Boel更是坦言，直接给付与保护市场的各种CAP措施为成员国农民提供了一张安全网，当危机发生时，这些机制可以减少农民生产上的损失或降低受到冲击之风险，对于欧洲粮食安全有相当积极的功能。② 事实上，Boel委员的言下之意是，如果不对成员国的农业与农民施予保护，而是任其直接面对外部环境，无异于将欧洲的粮食安全与粮食自给的能力置于险境。而另一位同样负责农业暨乡村发展事务的执委会委员Dacian Ciolos也不止一次在任期中重申，CAP的预算应有相当一部分聚焦于粮食安全的维护。③

上述有关确保粮食安全的论述在2008年后的欧洲相当盛行，并且在CAP现在与可预期的未来规范中占有相当的分量。由于"二战"后粮食短缺的记忆仍盘旋在许多欧洲人心中，加上若干发展中国家确实因为2008年粮食危机而出现群众抗争或与政府对抗之动乱事件，EU许多成员国十分重视粮食安全的问题。如果再考虑其他加速粮食短缺的因素，如人口成长、耕地漠化、气候变迁等，粮食不安全的忧虑可以说随着2008年的粮食危机又再次萦绕于欧洲人生活中。一言以蔽之，放任粮食的生产与销售由市场供需法则去运行，并非EU主流的观点。④ 从上述民间团体、特定成员国，以及EU农业官员的立场可知，EU在2008年之后的主流观点是，农业市场先天就存在许多不稳定，⑤ 必须通过政府公权力的介入来保障欧洲农业与农民的权益。

---

① Celestine Bohlen, "French Farmers' Complicated Relationship With E. U. Subsidies", *New York Times*, May 19, 2014, via at: https://www.nytimes.com/2014/05/20/world/europe/french-farmers-complicated-relationship-with-eu-subsidies.html.

② 请参考 http://europa.eu/rapid/press-release_SPEECH-08-67_en.htm；另请见: https://www.tni.org/files/download/CAPpaper-draft_0.pdf.

③ 请参考 http://europa.eu/rapid/press-release_SPEECH-11-653_en.htm?locale=en.

④ Carsten Daugbjerg and Alan Swinbank, *Ideas, Institutions, and Trade: The WTO and the Curious Role of EU Farm Policy in Trade Liberalization*, Oxford: Oxford University Press, 2009, p. 73.

⑤ 若考虑农业高度仰赖自然环境并受其影响的性质，确实有一些学者主张适用于农业的经济应该要不同于传统的市场经济。可参考James Scott, *The Moral Economy of the Peasant*, New Haven: Yale University Press, 1976, pp. 1–12.

正因为如此，自 2008 年以来，CAP 每年的花费均在 500 亿欧元以上，占 EU 预算总额的近 40%（2008—2011 年约在 45%）。[1] 然而，如此巨额的财政开支真的有为 EU 带来粮食安全吗？如果有，它的代价是什么呢？

三　EU 粮食安全情况之分析

根据本文先前提及 FAO 历年"粮食安全"的定义及其补充或修正，我们很难想象当今有哪一个 EU 成员国可能会沦为粮食不安全的国家。[2] 事实上，以 EU 目前的经济水平来看，就算粮食价格上涨到 2008 年那样的高点，EU 也不会成为粮食不安全的受难者。换句话说，当今的 EU 已经享有颇高程度的粮食安全，至少在客观条件上系满足 FAO 历年有关粮食安全的界说。此判断也可从统计数据得到佐证，例如以 FAO 建议的每人每日最低所需热量（2000 千卡）来看，在 2017 年的统计数据中，EU 成员国的国民每天可以从饮食中获得 3466 千卡的能量。而早在 1962 年 CAP 刚开始生效与施行时，当时的 EEC 成员就已达到每人每日 2000 千卡的水平。[3]

另外，我们也可以从粮价来分析。2010 年，国际农产品市场上除了糖和小麦等少数特定农作物因为歉收而价格依旧偏高外，全球整体的粮食价格已经趋于平稳，不若两三年前粮价飞涨之情况。尽管有些观察家认为，低粮价时代已经结束，未来的粮价会比过去 25 年的平均价格来得高，但粮价要再度攀升到 2008 年左右时的高峰值可能性相当低。经济合作暨发展组织（Organization for Economic Cooperation and Development，OECD）及 FAO 等国际组织也纷纷在报告中预

---

[1] European Commission, "CAP Expenditure in The Total EU Expenditure", via at: https://ec.europa.eu/agriculture/sites/agriculture/files/cap-post-2013/graphs/graph1_en.pdf.

[2] 根据全球粮食安全指数（Global Food Security Index），目前 27 个 EU 成员国的粮食安全状况若非情况极佳（best performance），也是情况良好（good performance）。请参考 http://foodsecurityindex.eiu.com/Country.

[3] Josef Schmidhuber, "The EU Diet-Evolution, Evaluation and Impacts of the CAP", via at: http://www.fao.org/waicent/faoinfo/economic/esd/Montreal-JS.pdf.

测,攸关全球粮食安全的大宗谷物（如小麦和稻米）的价格稳定。[1]在这样的情况下（有限幅度或能被预期的粮价起伏），EU必然有能力通过进口粮食来填补本身粮食生产不足的问题，因为全球粮价的起伏没有超过EU财力所能承担之范围。事实上，即便粮价（大宗谷物）较现在攀升10倍以上，EU也负担得起。[2]因此，除非是发生大规模的国际战争，或是有粮食出口国刻意设下数量限制，EU对外购买粮食的能力才有可能会受到影响。而且，就算发生此情况，是否就达到足以影响EU粮食安全的程度，也还需要进一步确认。本文认为这样的风险不太可能发生，或者就算发生，也未必会冲击EU的粮食安全，理由如下所述。

市场上实际销售的粮食种类很多，而且彼此间功能的相似性也颇高，如果绝大多数的消费者不是非某种食物不吃，而是以摄取足以维持和满足健康条件的热量和营养为目的时，就算粮食出口国设下数量限制，也不至于会让进口国粮食不安全。因为进口国可以通过购买替代性的其他粮食作为因应。以小麦来说，它的替代品就有稻米、玉米或其他谷物。在此情况下，粮食出口国的限制措施很少能对进口国造成实质冲击，况且出口国不会轻易采取此等策略。事实上，自第二次世界大战结束后，长期与全面性的粮食出口设限从未发生过，唯一的例外就是2008年前后因为全球粮价普遍急速攀升，导致某些粮食生产国基于自身粮食安全的顾虑，短暂地限制特定农产品的出口。[3]

还有一点值得注意的是，目前国际市场上粮食出口国集中化的情况并不显著，甚至在过去十年内还有一点点分散化的趋势。这意味着，粮食供应者并没有出现独占或寡占之情况，也就是全球粮食贸易还没有变成一个议价上卖方优于买方的市场。而在EU粮食进口的来源国中，美国、加拿大、新西兰、澳大利亚四国已经占了相当高之比

---

[1] 详见"OECD and FAO See Slower Growth in Demand Keeping World Food Prices Low", via at: http://www.oecd.org/newsroom/oecd-and-fao-see-slower-growth-in-demand-keeping-world-food-prices-low.htm.

[2] Valentin Zahrnt, "Food Security and The EU's Common Agricultural Policy: Facts against Fears", *ECIPE Working Paper*, No.1, 2011, p.2.

[3] Supachai Panitchpakdi, "The Global Food Crisis: Causes and Policy Response", via at: http://www.mfa.gov.tr/data/Kutuphane/yayinlar/EkonomikSorunlarDergisi/sayi30/journal.pdf.

例，但这些国家与 EU 政治关系良好，经贸往来也一直十分稳定。因此，如果 EU 粮食需求增加，这些国家将十分有意愿去满足 EU 的需求。至于其他 EU 购买粮食的国家，像是中国或是南美洲的阿根廷或巴西，也不太可能突然中断或是限缩对 EU 粮食的出口数量。①

至于人口因素方面，EU 成员国人口成长的速率相当平缓，依照欧洲统计局（Eurostat）之估算，EU 人口大约会从目前的 5 亿增加到 2035 年的 5.2 亿，之后则有可能会渐渐下滑。所以 2060 年的欧洲人口总数大约和目前差不多，即 5 亿左右。② 显然，如果要说 EU 因为人口成长而带来粮食短缺的压力，是殊难想象之情况。如果再考虑 EU 自身的粮食生产能力，也就是 27 个成员国的总农业生产力，大约是 3 亿吨。这个数字意味着，就算没有任何国家愿意出口粮食给 EU，粮食匮乏的问题也不太可能会发生。③ 而粮食暨农业政策研究院（Food and Agricultural Policy Research Institute）曾估算过 EU 小麦的生产力，认为 2009 年是 1 亿 3800 万吨，而到了 2019 年可以增加到 1 亿 5700 万吨。平均一公顷的农地可以生产近 0.4 吨的谷物。④ 国际粮食政策研究院（International Food Policy Research Institute）也提出过类似的研究报告，认为 EU 人均谷物产量一直持续在上升，其增长的水平不仅可以满足所有成员国的粮食需求，还可以让 EU 成为一个出口粮食的重要行为者。⑤

上述这些例证和数据皆清楚表明一项重要信息，即若客观审视那些 EU 认为自己可能会面临粮食不安全的疑虑，则 EU 无异于杞人忧天，因为它的粮食生产力足以满足成员国人民的粮食需求。更重要的是，就算 EU 完全仰赖粮食进口，从其现在的经济水平和目

---

① 相关贸易上的统计可参考 http：//ec. europa. eu/eurostat/statistics-explained/index. php/Extra-EU_ trade_ in_ agricultural_ goods.

② 请参考 http：//ec. europa. eu/eurostat/web/population-demography-migration-projections/population-projections-data.

③ 请参考 http：//ec. europa. eu/eurostat/statistics-explained/index. php/Agricultural_ production_ -_ crops.

④ 请参考 http：//www. fapri. iastate. edu/outlook/.

⑤ "The International Food Policy Research Institute on the World Food Situation", *Population and Development Review*, Vol. 34, No. 2, June 2008, pp. 373 – 380.

前与主要进口粮食国的互动关系来看,也不会因此就陷入粮食短缺的危机。或许有人会质疑,若一些意料外的突发情况出现时,则目前有关 EU 是否会面临粮食不安全的推估还有几分可信。对此,本文尝试以智力所及的范畴进行分析与预判。首先,回顾一下饥荒的历史,过去一个世纪以来,无论是发达国家还是发展中国家,其粮食生产力低落或是没有足够能力向外国进口粮食,多半是因为政府行政效率不彰或是农业相关政策具有瑕疵。[1] 换句话说,真正因为自然因素而导致农作歉收,并因此演变成饥荒者寥寥可数。如果自然性的突发因素在 20 世纪鲜少成为造成一国陷入饥荒的关键原因,那么 21 世纪的今天,一个在经济、科技和行政效率上优于许多国家或区域整合实践的 EU,会没有办法克服自然因素对于其农业生产的挑战,然后因此陷入粮食短缺或供给不足的窘境吗?根据 EU 执委会农业及乡村发展署的一份研究文献,气候变迁对 EU 农业可能造成的冲击是:逐年较高的平均温度和渐进改变的气候形态,而这些现象间接地影响成员国农作物的生长;有些区域会因此受益,而有些则会受害。这也就是说,在 EU 广大的成员国领土上,某些地区虽然可能因为极端气候而农作物减量,但也有一些地区会受益于气候变迁,成为适合农耕的地方或是农作物产量开始增加。上述文献还进一步指出,如果将土壤的质量列入考虑,那么相对偏北的地区会比地理位置上较南的地区受惠气候变迁更多。若干统计数据也指出,斯堪的纳维亚(Scandinavia)周边寒带地区较地中海区域的农作物生产量多了约 40%。[2]

总体而言,EU 目前的粮食安全在客观上并没有受到影响,可是却在主观上忧心过度。但换个角度想,安全是不嫌多的,所以如果 CAP 可以为 EU 的粮食安全锦上添花或是减少未来的风险,何尝不是

---

[1] C. Peter Timmer, *Food Security and Scarcity: Why Ending Hunger is So Hard*, Philadelphia: University of Pennsylvania Press, 2015, pp. ix - xix.

[2] 请参考 Kaley Hart, et al., Research for Agri Committee-The Consequences of Climate Change for EU Agriculture, European Union, February 2017, IP/B/AGRI/IC/2016 - 20, Via at: http://www.europarl.europa.eu/RegData/etudes/STUD/2017/585914/IPOL_STU(2017)585914_EN.pdf.

功德一件，即便是以其他行为者的不安全为代价。① 然而，若 CAP 其实并没有锦上添花或发挥减少风险的效用，但又造成其他行为者的粮食不安全，那它的存在正当性或是目前的具体内容就毫无疑问地值得批判，甚至应设法寻求改正。

四　共同农业政策之正当与必要性检视

本部分将说明 CAP 在全球粮食市场上所产生之价格波动（price volatility）效果对于发展中国家会产生什么影响。借由这样的检视我们可以厘清 CAP 的具体措施是不是真的具有保障 EU 粮食安全的效用，特别是维护成员国农民收入之功能，以及是否会危害到发展中国家。

原则上，生产者对于产品在市场中的价格变化是相当关注的，以农作物来说，若市场价格过长时间的偏低，会让农民难以通过销售农产品来维持生计，并可能萌生退出生产的念头。相反地，农作物的市场价格如果长期居高不下，消费者在购买上会面临压力，而且收入越低的消费者承受的压力越大。Ivanic 与 Martin 的研究曾指出，2008 年全球市场的粮价高涨对许多低收入者（包含富国中的低收入者）造成很大冲击，尽管不同农产品的价格攀升在不同国家造成的冲击不一；但整体而言，低收入者的确是受害最明显之群体。② 此外，价格变化的幅度如果很大而且难以被预期时，它所导致的不确定性和冲击也会随之增强，让生产者、贸易商、消费者，甚至是政府都受到影响。鉴于此，产品价格在市场上的波动（特别是稍后要讨论的特定农产品及其价格）无疑会对生产及消费它的国家构成影响，而这样的影响对于发展中国家而言更明显。

---

① 蔡育岱、谭伟恩：《双胞胎或连体婴：论安全研究与和平研究之关联性》，《国际关系学报》2008 年第 25 期。

② Maros Ivanic and Will Martin, "Implications of Higher Global Food Prices for Poverty in Low-income Countries", *Policy Research Working Paper*, No. WPS 4594, via at：http：//documents.worldbank.org/curated/en/253001468150585777/Implications-of-higher-global-food-prices-for-poverty-in-low-income-countries.

（一）低收入或发展中国家的脆弱

物价在市场上的波动是一门专业学问，受限于议题与篇幅，本文无法对之详加探讨，故仅聚焦检视 CAP 与全球粮价波动之关联性。详言之，CAP 作为一个区域性的农业措施，它对于欧洲以外市场上农产品价格的变化究竟产生什么样的影响？

根据 Subervie 的研究，低收入国家的农产品出口商和生产者是那些受全球市场价格波动影响比较大的一方。[1] 而 Bourguignon 等人的研究对此现象提供了初步的解释，他们指出低收入或发展程度落后的国家就算是生产经济作物（如咖啡、可可），也因为它们的产量有限而影响实际能出口的数量，导致就算国际市场上价格飙涨农业生产者也无法通过销售获得足够利润。同时，如果国际价格下跌，这些国家好不容易生产出来的经济作物又卖不到好价钱。此外，低收入国家出口粮食时议价能力较弱或经常无法选择买方。[2] 事实上，很多发展中国家的农产品只固定销往几个特定地区，像是 EU。而 EU 在与这些国家的粮食交易中是相对优势的一方，不但可以通过"优惠性贸易协议"（Preferential Trade Agreement, PTA）来规范进口的农产品种类、数量及价格，还可以动用 CAP 的相关政策保护 EU 农民的收入不会因此种贸易协议而受到影响。[3]

事实上，国际市场上农产品的价格波动对发展中国家来说是一个难以克服的风险，因为它们能实行对抗价格波动的政策选项不是非常有限，就是相对效果不彰，再不然就是成本过高。FAO、WTO、世界银行（World Bank）等多个国际组织曾共同对此问题展开讨论，并提

---

[1] Julie Subervie, "The Variable Response of Agricultural Supply to World Price Instability in Developing Countries", *Journal of Agricultural Economics*, Vol. 59, No. 1, 2008, pp. 72 – 92.

[2] François Bourguignon, Sylvie Lambert, and Akiko Suwa-Eisenmann, "Trade Exposure and Income Volatility in Cash-crop Exporting Developing Countries", *European Review of Agricultural Economics*, Vol. 31, No. 3, 2004, pp. 369 – 387.

[3] 黄伟峰：《欧盟对外签署自由贸易协议之文本分析与类型研究》，《政治科学论丛》2013 年第 55 期；Alan Matthews, "The European Union's Common Agricultural Policy and Developing Countries: the Struggle for Coherence", *Journal of European Integration*, Vol. 30, No. 3, July 2008, pp. 381 – 399.

出一些协助发展中国家应对价格波动的方法，例如，国际储粮或国家级的安全粮食储备等。① 不过，在粮食危机（无论是粮食供给不足或是粮价大幅攀升）发生的时候，这些方法似乎都无济于事。国际储粮无法抑制粮价的上涨；贸易上的出口限制措施也仅仅只是短期略有效用，且成本过于高昂。至于国家级的安全粮食储备对发展中国家来说更是不确定性过高。因为在价格好的时候储备无异于对农民的收入进行限制，而在价格不好的时候就成为国家沉重的财政负担。总之，一旦全球粮食市场中出现价格波动，绝大多数的低收入国家或是发展中国家并没有能力去因应。然而，若价格波动是人为因素所致，而且是经济发展程度较优的北方国家或国家集团的政策使然，发展中国家的脆弱性就不再只是纯粹的经济问题。

（二）CAP 对国际市场价格波动的影响：以糖为例

本文曾提及 CAP 每年的花费约占 EU 预算总额的 40%—45%，可以说是相当巨额的一笔开销。而 CAP 的主要支出由两部分所构成：一是直接给付和市场支持措施（约占 3/4），一是有关乡村发展之政策（约占 1/4）。前者又被称为"支柱 1"（Pillar I），而后者被称为"支柱 2"（Pillar II）。

支柱 1 的直接给付是以年为单位，旨在维护与稳定农民基本收入，透过财务上的补偿来平衡农民所面临之风险（如市场上的价格波动）。② 为了从这样的给付机制中获益，农民必须遵守关于环境保护、动物福利、食品卫生安全等的规范和良好作业准则，即所谓的交叉遵循（cross compliance）机制。③ 有别于支柱 1，乡村发展是 EU 对 CAP 进行改革后为促进农村可持续发展而制定之相关措施，主要有四个面向：（1）鼓励农民生产高质量的农产品，而非单纯提高农

---

① FAO, et al., "Price Volatility in Food and Agricultural Markets: Policy Responses", via at: http://www.fao.org/fileadmin/templates/est/Volatility/Interagency_Report_to_the_G20_on_Food_Price_Volatility.pdf.

② World Bank, *Thinking CAP: Supporting Agricultural Jobs and Incomes in the EU*, World Bank Report on the EU, 2017, p. 8.

③ 有关"交叉遵循"可直接参考 EU 官网上的说明，https://ec.europa.eu/agriculture/capreform/infosheets/crocom_en.pdf.

产品的数量；(2) 鼓励农民按照 EU 相关指令或标准进行生产，避免造成资源浪费；(3) 对落实动物福利或减缓全球变暖等友善环境或农场的行为给予补贴；(4) 增加对年轻农民进入农村生产的投资补助。①

由以上简短说明可知，CAP 将它的预算主要花费在给欧洲农民提供一个合理生活水平和维护乡村发展。而在欧洲执委会或议会历年的文件中也不止一次提及，CAP 应该要减少欧洲农民因为市场价格波动而受到的损害。② 显然，CAP 所扮演的角色或发挥之功能是让成员国农民的收入维持在一定水平，不因国际市场的价格波动而受到影响。由于 CAP 的具体措施相当庞杂，为便于说明与聚焦，以下以"糖"这项农产品为例来进行讨论。

1968 年 CAP 开始实行关于糖配额的规定，并配套给予成员国生产者价格上的支持措施，让糖农能够获得较国际市场更高的价格。1992 年，当时国际社会长期不满欧洲共同体（European Community, EC）农产品的进口限制措施及出口补贴政策，遂利用乌拉圭回合（Uruguay Round）多边谈判的场合施压 EU 进行政策改革，也就是后来所称的 Mac Sharry 改革。③ 在这一次改革中，EU 削减了对糖的价格支持措施，同时引进直接付款来维持糖农的收入。这样的政策调整让糖的交易在欧洲渐渐朝向市场正常化的方向进行，但是关键性的改革一直拖到 2006 年才开始。当时的自愿性补偿（voluntary compensation）机制由糖农自行决定是否参与，参与减少产量的糖农，尤其是结束营业的制糖业者，可以得到一定金额的补贴。④ 紧接着此改革而来的是 2013 年 CAP 的大规模调整，成员国与欧洲议会达成协议，决

---

① World Bank, *Thinking CAP*, op. cit., pp. 27 - 29.
② Francesco Tropea and Pieter Devuyst, "Price Volatility in Agricultural Markets", via at: http://www.europarl.europa.eu/RegData/etudes/BRIE/2016/586609/EPRS_BRI (2016) 586609_EN. pdf; European Commission, "The Future of Food and Farming", Brussels, November 2017, Via at: https://ec.europa.eu/agriculture/sites/agriculture/files/future-of-cap/future_of_food_and_farming_communication_en.pdf.
③ Johan Swinnen and Frans A. van der Zee, "The Political Economy of Agricultural Policies: A Survey", *European Review of Agricultural Economics*, Vol. 20, No. 3, January 1993, pp. 261 - 290.
④ 当时补贴的总金额高达 540 亿欧元，近 80 家制糖厂结束营业。

定将糖配额的规定完全消除。这项政策在 2017 年 9 月底正式施行，但实际上 EU 并没有因为糖配额的相关措施被废除就不再给予糖农支持。[①] 由于糖这项农产品是欧洲共同市场组织（Common Market Organization，CMO）的一部分，甜菜（欧洲生产糖的主要来源）种植者可以通过 CMO 的直接给付获得收入上的补助。此外，EU 成员国也有权在特定农产品面临困难时实行额外的支持措施来协助生产者。目前至少有 11 个国家曾经采取自愿性挂钩支持（voluntary coupled support）措施来补助甜菜生产者。

目前 EU 对于市场上糖的管理主要分两块：一是市场措施，一是贸易措施。[②] 前者限于 EU 这个区域经济整合市场，针对 EU 的甜菜农给予政策上支持，如储存甜菜的补助、集体议价平台之建立等。这些措施直接或间接左右欧洲市场上的糖产量及其价格，在市场发生波动期间就可以发挥稳定糖农收入之效果。后者（贸易措施）是专属 EU 的权限，个别成员国不可自行为之，也不得以国内法的方式进行。由于 EU 是国际市场上大量进口蔗糖的买方，在议价上享有优势，并长期针对特定的发展中国家（多为以前的被殖民国）定有较为优惠的贸易条件，也就是一般我们听闻的除军用外之商品（everything but arms）出口至 EU 免关税及免配额之片面优惠措施。

综上所述，2017 年糖配额制度的废除必然会对市场价格构成影响，短期内欧洲市场上的糖价会下跌，同时糖农会因为配额制的废除而增加生产量，这将进一步导致国际糖产量的增加，以致国际糖价长期下滑。根据英国国际发展部（Department for International Development，DFID）在 2012 年公布的一份研究报告，全球糖价因 CAP 取消糖的配额制度而下跌约 15%—25%。也就是说，配额制度的废除确实会引起国际市场上价格的波动，而这样的价格波动对发展中国家的糖生产者和出口业者来说是一种灾难，并恶化这些国家糖农的收入。相较之下，EU 成员国的糖农或是与 EU 有特殊贸易关系的非加太国

---

① Niamh Michail, "The End of EU Sugar Quotas: Beet Gets Free Rein but Cane Will Still Take A Beating", via at: https://www.foodnavigator.com/Article/2017/10/03/The-end-of-EU-sugar-quotas-Beet-gets-free-rein-but-cane-will-still-take-a-beating.

② 详细说明请参考 https://ec.europa.eu/agriculture/sugar_en.

家（Afro-Caribbean and Pacific countries）就没有因为配额制的废除而受到太大的冲击。①

（三）小结：CAP 在粮食安全上的功与过

基于粮食安全的需要而在 1962 年正式启动的 CAP 将当时成员国间的乳制品、谷物、肉品、蔬果以及糖等民生必需农产品置于共同市场机制之下，而糖在 CAP 的各种保护措施下（尤其是关于生产数量的配额限制），一直维持较国际市场高的价格，EU 的糖农也因此获得收入上的保障。然而，这样的支持措施却让在生产糖上具有比较优势的发展中国家难以将自己较低成本的糖顺利销售至 EU 市场，除非它们是非加太等特定地理区域的国家并与 EU 曾经有历史上的特殊联系，才有可能通过某些优惠性的贸易条件将自己生产的糖出口到 EU。有趣的是，尽管 CAP 关于糖配额的限制已在 2017 年被废除，发展中国家的糖农还是无法因此获利。因为配额制废除后的 EU 成员国有更多的弹性与空间决定糖的生产数量，所以不但客观上有能力满足欧洲市场上消费者的需求，还可以进一步向国际市场输出。这些销往国际市场的糖在 CAP 的各种财务支持措施下强化了竞争力，导致国际糖价出现波动，让像莫桑比克这样的发展中国家无法与之竞争，沦为 CAP 的受害者。②

清楚可见，CAP 确实在某一方面是对发展中国家不利的，许多仰赖农业作为经济发展主力的南方国家因为 CAP 而丧失了它们原本在国际市场上所享有的比较利益。然而，CAP 在保护 EU 农民收入的效果上十分具体，同时也让欧洲的消费者免于无粮（糖）可食用之威

---

① DFID, *The Impact of EU Sugar Policy Reform on Developing Countries*, February 2012, via at: https://assets.publishing.service.gov.uk/media/57a08a8be5274a31e000066a/LMC-ODI_SugarReportPublicVersion_Final_.pdf.

② Gerdien Meijerink and Thom Achterbosch, *CAP and EU Trade Policy Reform: Assessing Impact on Developing Countries*, Hague: LEI Wageningen UR, 2013, pp. 9 – 10；莫桑比克的情况无疑是一个最好的证明，该国在糖配额制度废止以前是有取得 EU 优惠贸易条件的非加太国家，但并没有因为出口糖到欧洲而获得太多贸易利润。相反，当 EU 取消糖配额制度后，该国反而因为 EU 释出大量的糖到国际市场，导致价格波动而受损。详见 Paul Goodison, *The Impact of EU Sugar Reforms on Traditional African Caribbean and Pacific Sugar Exporters*, Initiativet for Handel og Udvikling, 2015, pp. 2 – 8.

胁（但取得的价格有时可能偏高）。所以如果从自私的区域主义（selfish regionalism）和可分割的安全观来看，[①] CAP 并没有什么好值得批判的。相反，EU 今天产业结构转型能够如此上轨道正是拜 CAP 所赐，它不仅缩减了在欧洲乡村地区的贫穷人口，也为农村创造了许多工作机会，同时让农民与其他职业者间的收入差距明显淡化。一言以蔽之，至少有一半以上的 EU 国家是在 CAP 的各种支持措施下顺利地在"二战"后重建，让境内农民脱离困顿之经济条件，并完成国内的产业升级。

五　结论

"二战"后，欧洲经济整合的第一项共同政策就是 CAP，最初之核心目的是尽快复苏、保障成员国的农民所得，以及提升属于欧洲的粮食安全。为了落实这些目标，CAP 施行若干具体之政策，像是境内农产品价格的趋同、给予农民农作物价格之保证、贸易上的关税差异以及出口补贴等。CAP 实施前，欧洲许多国家是农产品的进口依赖国，但自 1962 年实施以后，法国、荷兰与意大利等国家的农产量渐渐增加并且有能力向外出口。这背后的主要原因之一就是上述 CAP 所采取的各种对内价格支持与保障措施，或是对外进行农产品歧视与干预市场价格之做法。

历经数十年的运作，无论欧洲区域内或外的政经情势均已有所转变，CAP 也进行数次改革，补贴措施渐渐与农作物的产量脱钩，友善环境与食品卫生安全的要求渐渐提升，CAP 似乎朝向减少政府的市场干预及强调乡村可持续发展迈进。然而，事实上 CAP 的改革仅是局部的，许多农产品（如本文个案研究中的糖）虽然消除了数量配额上之限制，但价格上的补贴或进出口贸易上的其他优惠并没有一并取消。换句话说，EU 只是调整了 CAP 对农民补贴的方式和降低对某些农产品的市场干预，但在关税与出口补贴方面，并没有实质性的修

---

① 蔡育岱、谭伟恩：《从国家到个人：人类安全概念之分析》，《问题与研究》2008 年第 47 卷 1 期。

正,甚至因为受到2008年前后的粮价危机影响,有再度强化对农业进行保护之倾向。即便已经推行了逾半个世纪之久,粮食安全的考虑依旧没有在CAP中失去其重要性。相反,2008年的粮价危机让欧盟执委会、议会和不少成员国提议将粮食安全列为"后2013年CAP"的重要议题之一。此外,执委会在《迈向2020年的CAP》文件中更明确表示,确保EU粮食生产的潜力对维护欧洲人民长期的粮食安全至关重要。

安全(security),粮食安全当然也包括在内,是每一个行为者(从国家到个人)为了维生所需而必定会努力追求之利益,学术界与实务界也为此提供非常多的科学性研究或政策与法令。然而,对于"安全"的理解世人容易忽略其本质上的可分割性,也就是说客观上诸多关于"安全"的陈述并不是一个整体的概念,而是一个可以被切割的利益。以FAO所定义的粮食安全为例,"多数人能够透过他们自己获取满足生活动能与健康需求之食物,同时有一个社会安全网络去保障那些资源缺乏的人也能得到足够的饮食",EU国家在CAP的实施下的确是做到了。但是,在上述粮食安全的定义中其实不容易观察到一个盲点,即多数"欧洲人"能够透过他们自己获取满足生活动能与健康需求之食物,同时有一个"像CAP这样的"社会安全网络去保障那些资源缺乏的"欧洲人"也能得到足够的食物。显而易见,粮食安全此项概念或利益的落实完全可以仅限缩在一个特定区域中的特定国家及其人民,换句话说,粮食安全这项目标在CAP的执行下有可能让EU成员国与非EU成员国间产生安全利益上的冲突。

CAP自1962年实施迄今,已为因应许多政经环境的变迁做出数次改革及修正,每一阶段的调整都有其顾及的政经因素及政策目标。但近十年CAP的改革或修正有相当一部分是在响应EU内部关于粮食安全的需求,其次才是农业贸易自由化的国际压力或国际市场上供需波动之冲击。尽管从CAP历年调整的方向中可以看出,它渐渐由高度干预农作生产的境内支持及妨碍农业贸易自由化的保护措施转向为较尊重市场机制及乡村可持续发展(特别是2013年之后),但是CAP整体预算当中还是保有非常大比例的开支用于强化粮食安全的补贴项目,而这样的预算花费对EU来说当然是一笔不小的财务负担,也同时被质疑对欧洲许多纳税人有失公平,更重要的是它在国际贸易上产生扭曲市场的效果,对不少发展中国家造成严重的损害。不过,本文的研究发现,EU 过去与现在的粮食安全确实因为 CAP 的施行而得到落实,尽管其代价是对非 EU 国家,尤其是对以出口农产品为经济发展主力的发展中国家,构成严重冲击。然而,发达国家中对自己农产品采取生产或出口补贴者大有"国"在,其结果也同样导致国际农产品市场上的价格波动并使得依赖农产品出口的发展中国家饱受其害。鉴于此,即便认为 CAP 应为发展中国家所蒙受的损失负责,EU 也不该一肩扛起所有责任。① 此外,EU 的粮食安全确实因 CAP 的实施而获得保障,而非 EU 成员国的粮食不安全本来就不在 CAP 的政策宗旨中,故虽然 CAP 是一个欠缺生产效率并有失公允的农业政策,但不可否认这样的政策有效强化了属于欧洲的粮食安全。

---

① 举例来说,法国就不认为 CAP 要对发展中国家所承受的损害负责,详见 Ben Hall, "Europe's CAP the 'Answer' to Food Crisis", *Financial Times*, April 28, 2008, via at: https://www.ft.com/content/939ee094-148d-11dd-a741-0000779fd2ac.

欧洲的国家转型及其政治图景：
从欧洲民粹主义谈起

张 浚

自 2008 年以来，欧洲的政治局势吸引了越来越多的关注。一方面，因为出现了英国脱欧这样的"黑天鹅事件"，欧洲内部质疑欧盟的声音不断高涨，引发了人们对欧盟前景的疑虑；另一方面，民粹主义政治力量也呈现出不断增强的发展态势，并已影响到欧盟主要成员国在"二战"后逐渐形成和巩固的政党政治结构。2017 年法、德两国的大选都受到了极端民粹主义政党的冲击：在法国总统选举中，中左和中右的两大传统政党惨败，没有候选人进入第二轮投票，当选总统马克龙所属的"前进法兰西"成立不过 1 年；在以政治稳健著称的德国，传统主流政党在选举中的得票率亦大幅下跌，民粹主义政党德国选择党进入议会，默克尔虽然赢得了选举，却需要进行艰难的组阁谈判。2018 年刚刚结束的意大利大选中，两个民粹主义政党"五星运动"党和联盟党（原北方联盟）都获得了高于预期的支持率。此外，在其他的欧盟成员国中，民粹主义政党的势力也在不断发展。

因此，不仅欧盟和一度被认为不可逆转的欧洲一体化进程受到了质疑，而且，被视为欧洲基本价值观载体和卫士的代议民主制受到挑战。目前，已有大量的研究分析了民粹主义的思想渊源、发展的趋势以及导致民粹主义兴起的经济和社会原因。本文力图从第二次世界大战后尤其是 1980 年代中期以来欧洲国家转型的角度分析民粹主义背后的推动力量。当前民粹主义高涨的直接原因是金融危机和全球化给欧洲国家带来了冲击，而深层次的原因则是欧洲内部国家、市场和社会三者关系的变化,以及由之而来的政治和社会组织方式的变化,民粹主义不过是这种深层次变化的外在表象。

本文结构如下:首先,简要回顾欧洲民粹主义的发展历程;其次,分析"二战"后欧洲国家内部政治发展的整体趋势;再次,着重剖析1980年代以来欧洲福利国家的转型如何转变和扩大了欧洲民族国家的内在矛盾;然后,观察欧盟在欧洲国家转型过程中扮演的角色;最后,基于上述分析得出结论。

一 逐步壮大的民粹主义:战后欧洲民粹主义的三个发展阶段

讨论欧洲的民粹主义首先需要确定什么是民粹主义。就欧洲来看,被贴上"民粹主义"标签的政党和政治运动散布于极右到极"左"的广阔政治空间,而且,在不同历史阶段,民粹主义政党的主导立场可从"反对国家干预、支持自由市场"跳跃到刚好相反的"加强市场干预和社会保护"。形象地说,民粹主义就像一条变色龙。出于研究和学术讨论的需要,穆德(Cas Mudde)给出的一个"极简主义"的概念获得了众多学者的认可。他认为,民粹主义是"一种没有十分明确指向的意识形态,它把社会分成为两个同质且互相排斥的群体——'纯粹的人民'和'腐败的精英',并认定政治活动应该表达人民的'集体意愿'"[1]。在民粹主义者眼中,人民不仅仅是主权的来源,而且被赋予了道德属性,是同质的、纯粹的、有德行的,他们是"沉默的大多数",是一个良好社会的基础,而精英则被排除在人民之外,成为对立面。"人民"是好的、善的,而精英则是坏的、恶的。民粹主义政党的几种基本主张都可以溯源至这种独特的对"人民"的理解。除了反精英之外,从这种"人民观"出发,民粹主义顺理成章地反对多元主义,也不难理解为什么他们往往持有排外的立

---

[1] Cas Mudde, *Populist radical right parties in Europe*, Cambrideg, UK: Cambridge University Press 2007, p. 23. 转引自 Agnes Akkerman, CasMudde and Andrej Zaslove, "How Populists are the People? Measuring Populist Attitudes in Voters", *Comparative Political Studies*, Vol. 47, No. 9, 2014, pp. 1324 – 1353.

场。在目前针对民粹主义的研究中,"反精英""反建制"和"反移民"已经是确定民粹主义的主要依据,而且反精英、反腐败、反移民以及反对现有的经济政策也是多数民粹主义政党进行政治动员的主要思想和舆论工具。①

金融危机后民粹主义力量在欧洲迅速壮大,让很多人误以为它是"后金融危机时代"的政治现象,并把金融危机视为导致欧洲民粹主义高涨的主要原因。实际上,欧洲民粹主义的兴起远早于2008年金融危机,大致经历了三个发展阶段:第一阶段是从"二战"后至1970年代末,是战后欧洲民粹主义初生的阶段,这一时期的民粹主义在欧洲政坛上无足轻重;第二阶段是从1980年代起至2008年金融危机,欧洲民粹主义稳步发展,在西欧和中东欧的一些国家中,民粹主义政党进入政府,成为一支不容忽视的政治力量;第三阶段是从2008年金融危机至今,欧洲民粹主义蓬勃发展,不仅传统的右翼和极右翼民粹主义势力不断壮大,而且一些左翼民粹主义政党异军突起,并出现了具有广泛群众基础的街头政治运动,冲击了战后西欧形成的稳固的政党政治结构。

在民粹主义发展的第一阶段,西欧普遍经历了经济繁荣和社会发展:"三方对话"这种社会协商机制得以巩固,福利国家制度不断发展,社会团结成为凝聚社会各种力量的主流思想。大的经济社会和政治背景决定了反主流政党缺乏生存土壤,因此,除了一些例外,这一时期各类民粹主义政党在欧洲政坛上基本上是无足轻重的。

自1980年代起,民粹主义在西欧各国开始抬头,多数国家出现了极右翼民粹主义政党。欧洲极右民粹主义政党在1990年代平稳发展,并逐渐在西欧的政党体系中扎稳。至21世纪初,极右民粹政党在奥地利、比利时、丹麦、意大利、挪威和瑞士的国家议会中都拥有席位,在德国和法国的某些地方议会里,极右民粹政党占有相当大比

---

① Elisabeth Ivarflaten, "What Unites Right-wing Populists in Western Europe? Re-examining Grievance Mobilization in Seven Successful Cases", *Comparative Political Studies*, Vol. 41, No. 1, 2008, pp. 3–23.

例的席位，并发挥了重要影响。① 与此同时，处于转型期的中东欧国家中也出现了大量的民粹主义政党，它们没有明确的意识形态倾向，普遍体现出"标新立异的无原则"。在一些重要的中东欧国家中，民粹主义政党成为一股重要的政治力量。在波兰2005年的议会大选中，法律与公正党以27%的选票成为议会第一大党，获得组阁权。在匈牙利，青民盟在2006的议会大选中获得386个议席中的164席，成为议会第二大党。② 针对中东欧国家中的这种发展趋势，2006年世界银行发布公告，明确指出需要警惕中东欧的新民粹主义力量。

2008年金融危机之后，欧洲民粹主义呈现出不断壮大之势。与前一阶段相比，这一时期的欧洲民粹主义比较明显的特征是，右翼民粹主义政党继续巩固自己的势力和影响，同时左翼民粹主义政党也迅速发展起来，各类民粹主义政治力量还组织了数量和影响都相当可观的"街头政治"活动。

左翼民粹主义政党在南欧的发展十分迅速。例如，意大利的"五星运动"，从一个为政策主张比较接近的人们提供交流渠道的社交网络平台，迅速发展成为一股重要的政治力量，在2013年意大利参众两院选举中的得票率高居第二。在西班牙，2014年3月成立的左翼民粹政党"我们能"在不到一天之内就获得了5万名线上支持者，两个月后首次参加欧洲议会选举就获得了近8%的全国支持率和5个议席。"我们能"的支持率在2014年6月超越了工社党，到11月进一步超越了执政的人民党，成为全国支持率最高的政党。此后"我们能"的支持率虽然下滑，但在2014年12月20日的西班牙议会选举中，仍然获得了69个议席，成为西班牙第三大党，直接挑战了西班牙由右翼人民党与中左翼工人社会党轮流执政的政治格局。③ 除了这

---

① Jens Rydgren, "Is Extreme Right-wing Populism Contagious? Explaining the Emergence of a New Party family", *European Journal of Political Research*, Vol. 44, 2005, pp. 413 – 437; Jason Mathew Smith, "Does Crime Pay? Issue Ownership, Political Opportunity and the Populist Right in Western Europe", *Comparative Political Studies*, Vol. 43, No. 11, 2010, pp. 1471 – 1498; Sarah L. de Lange, "New Alliances: Why Mainstream Parties Govern with Radical Right-Wing Populist parties", *Political Studies*, Vol. 60, 2012, pp. 899 – 918.

② 项佐涛:《试析中东欧新民粹主义政党的兴起》,《国际政治研究》2017年第2期。

③ 于海青:《西班牙"我们能"党兴起透视》,《当代世界》2016年第5期。

些新成立的左翼民粹政党之外，一些老左派重新组合，形成新的左翼政党或政党联盟，它们的支持率呈上升趋势。例如，在2017年的法国总统选举中，老左派梅朗雄所代表的左翼阵线在选战中就获得了不俗的战绩。

这一时期民粹主义势力还发起了大量的"街头政治"运动，如德国的"Pediga"运动①、由法国兴起的"黑夜站立"运动②，等等。除了这些自发的群众运动，一些政党及其领导人也通过组织街头集会等方式，赢得政治支持。例如，2017年法国总统选举中，左翼阵线总统候选人梅朗雄于巴黎公社纪念日3月18日，在巴士底广场组织大型群众集会，参加民众多达13万人。③

目前，相当数量的欧洲民粹主义政党持有"排外"、反对移民和反对接纳难民的政治主张，并因此饱受诟病。回溯历史可以清楚地看出，西欧国家内部排外力量并非在金融危机之后突然出现的，而是与民粹主义的三个发展阶段基本同步。

在"二战"后至1970年代，西欧国家普遍缺少"排外主张"赖以生存的土壤，西欧国家针对外来移民普遍采取了包容的态度，其原因是多重的。首先，一些现实的经济、社会政治情况要求欧洲国家对接受外来移民持积极态度，例如，德国为了解决"二战"后劳动力短缺的问题而长期推行"客籍劳工"政策。其次，英法等老殖民地国家为了应对民族解放运动并保持对前殖民地的影响，对来自前殖民地的移民采取相对宽松的政策。最后，随着这一阶段欧洲福利国家的

---

① "Pediga"的全称为"Patriotic Europeans against the Islamisation of the West"，2014年10月在德国城市德莱斯顿发起，2015年1月达到高潮。见Jörg M. Dostal, 2015, "The Pediga Movement and German Political Cultural: Is Right-wing Populism Here to Stay?" *The Politcal Quarterly*, Vol. 86, No. 4, pp. 523 – 31.

② "黑夜站立"（NuitDebout）运动2016年3月31日在法国巴黎发起，其后迅速蔓延到法国其他城市，并影响到其他欧洲国家。见张金玲《法国"黑夜站立"运动及其社会背景》，《当代世界》2016年第6期。

③ 《观察者网》报道，《法国总统候选人梅朗雄：来一场大革命开创法兰西第六共和国》，http://www.guancha.cn/europe/2017_03_19_399517.shtml，访问时间：2018年3月8日。不仅普通民众参与了这次集会，一些法国精英也参与其中，表示对梅朗雄的支持，如一些社会名流也参加了集会，包括出生于比利时的女政治哲学家尚塔尔·墨菲（Chantal Mouffe）、法国共产主义领袖皮埃尔·劳伦（Pierre Laurent），以及法国前总工会领袖哈维尔·马修（Xavier Mathieu）等。

发展，西欧国家的政府和社会都对移民采取了比较宽松的态度，并采取各种政策措施推进移民融入社会，如扩大移民的社会和政治权利、规范和降低移民的入籍限制，在就业、教育和住房领域采取实际措施保障移民及其子女的社会权利等。[1] 尽管移民仍然不能享有和流入国公民同等的社会和政治权利，不过在整体的经济繁荣和社会发展的背景之下，移民为西欧国家的经济和社会发展做出了积极的贡献，因此，西欧国家也为移民创造了相对宽松的政治和社会环境。

在1980年代之后，由于欧洲整体的经济环境发生变化，经济危机减少了就业机会并增加了社会支出，欧洲国家普遍采取了对移民条件和资格加大限制的政策，并抑制移民的公民资格以及由公民资格衍生的社会权利，移民与本土居民之间的关系恶化。冷战结束后，尽管西欧主要国家不断严格移民法规，第三世界的移民和难民涌入欧洲的趋势却无法逆转。与此同时，西欧国家的本土居民对移民的排斥情绪不断上升，民调数字显示，1992年不欢迎移民的人数占受调查者人数的15%，1999年上升至26%，2000年进一步上升至38%。[2] 2008年金融危机之后，反移民和反对接纳难民的"排外"政治力量与"反精英""反建制"的政治力量互相支持，推动了民粹主义高涨之势。移民问题早已超出了经济和社会范畴，而是与国家安全、民族和文化的存续等议题日益紧密地联系起来。[3]

从民粹主义在欧洲的发展过程来看，民粹主义产生的根源不是2008年的金融危机，但是，显然2008年金融危机之后的欧洲经济和社会形势为民粹主义提供了额外的动力。拉克劳（Laclau）曾对民粹主义做过如下评论：

"说到'民粹主义'，我们理解的不是一种或者有固定的社会基础、或者有明确的意识形态指向的运动，它是一种政治逻辑……如果说社会逻辑包括了遵守规则，政治逻辑就与现有的社会制度有关。而这种社会制度并不是什么行政指令，而是源自于社会需求，从这个意

---

[1] 朱浩：《欧洲移民潮中的公民身份和福利政治》，《欧洲研究》2017年第2期。
[2] 同上书，第57页。
[3] 宋全成：《欧洲难民危机：进程、特征及近期发展前景》，《山东社会科学》2016年第2期；朱浩：《欧洲移民潮中的公民身份和福利政治》。

义上说，它内生于各类社会变动之中"①。

民粹主义不仅内生于各类社会变动之中，而且是这些社会变动的外在表现。通观欧洲民粹主义的发展过程，其与欧洲福利国家改革进程高度同步。1980年代以来，欧洲福利国家的黄金时期结束了，各个主要欧洲国家或主动、或被动地开始进行福利国家制度的改革，从而开启了欧洲新一轮的国家转型进程。民粹主义的不断发展恰好反映了在这一进程之中欧洲国家职能和组织方式的变化，以及与这种变化相辅相成的主流社会和政治观念的变化。

二 欧洲福利国家及其政治生态

"二战"后西欧资本主义国家的繁荣与稳定建立在社会与市场平衡发展的基础之上。波拉尼在其名著《大转变》中指出，资本主义发展的结果催生了"自我调节的市场"，它独立于人类社会，并带来了资本主义体系不可避免的"双向运动"：一方面市场的自由发展必然会给人类的社会生活带来灾难性影响；另一方面，社会将组织起来寻求自我保护。② 在资本主义市场经济的发源地欧洲，民众是通过民族国家内部的国家机器来实现社会保护的。为了对抗劳动力商品化的冲击，民众在民族国家的范围内，向民族国家政府表达政治诉求，民族国家政府采取种种措施力图保障本国国民的基本社会权益，从而维持社会稳定。从某种意义上说，"二战"之前的欧洲民粹主义就是这种"双向运动"的产物，两次世界大战是其必然结果。民族国家之间的战争打破了国际市场体系，也终结了"一战"之前出现的全球化趋势。

为了应对这种资本主义体系的内在矛盾，"嵌入式自由主义"成为"二战"后西方资本主义国家制度重建的思想基础。③ 与此同时，

---

① E. Laclau, *On Populist Reason*, London: Verso, 2007, p. 117, 转引自 Anibal F. Gauna, "Explaining Populism beyondLaclau: A historical-comparative assessment of On Populist Reason", *Thesis Eleven*, Vol. 140, No. 1, 2017, pp. 38 – 55.

② K. Polanyi, *The Great Transformation*, Beacon Press, 1957.

③ 对于"嵌入式自由主义"有不同的理解，一种理解认为当代资本主义社会是将社会因素嵌入自由主义的市场体制内，另一种则认为是将市场机制嵌入相对稳定的社会和政治体制内。见 Timothy David Clark, "Reclaiming Karl Polanyi, Socialist Intellectual", *Studies in Political Economy*, Vol. 94, Autumn 2014, pp. 61 – 84.

凯恩斯主义经济学说也成为欧洲各国政府制定经济政策所倚重的主要经济理论。在这些思想的推动下，西欧国家的对内职能得到极大发展，不仅干预市场的经济职能得到加强，而且国家的社会职能也不断扩大。从统计数字上来看，"二战"后欧洲国家的社会支出迅速增长，这些数字背后是国家职能的发展变化：首先，社会支出是宏观经济政策的重要内容，被视为调节资本主义经济周期的重要工具；其次，在微观层面，政府的社会支出部分解决了"自我调节的市场机制"下对劳动力投资不足的自然倾向，通过在养老、医疗、住房和失业等方面为民众提供基本保障，国家的干预部分地修正了市场失灵的情况。① 结果，一些原本主要由个人、家庭和社会自行解决的问题，变成了国家的责任。这就催生了一种新型的国家——"福利国家"。

"二战"后的西欧福利国家是在民族国家的框架之下发展起来的。尽管"二战"后期，在欧洲出现了形形色色的推进欧洲联合的政治主张和政治运动，可是，它们未能动摇民族国家的根基。不仅民族认同成为国家干预的一种重要的合法性基础，而且，在西欧民族国家内部，不同社会群体之间的"社会契约"——尤其是企业主与工会之间的共识——为福利国家在西欧的发展提供了必要的社会环境。在多数西欧国家内部，一种"三方对话"机制被巩固下来，雇主和雇员会就与劳动者切身利益密切相关的工资水平、社会福利等议题展开对话，国家（政府）居间组织和协调。"三方对话"极大缓和了"二战"之前的阶级对立和冲突，体现了劳资之间的妥协。一方面，劳工组织约束自己的行为，并提高了劳动力市场的效率；另一方面，作为回报，企业主承诺将自身收益的一部分重新投资到国民经济中，以最大限度地保证国民财富的增长。② 因此，一些学者把欧洲福利国家称为"民族社团主义国家"③。

---

① Paul Pierson, *Dismantling the Welfare State?* Cambridge University Press, 1994, pp. 2 – 3.
② G. Garrett and P. Lange, "Political Responses to Interdependence: What's 'Left' for the Left?" *International Organization*, Vol. 45, No. 4, 1991, pp. 539 – 564. 转引自 Christopher J. Bickerton, *European Integration: From Nation-States to Member States*, Oxford University Press, 2014, pp. 79 – 80.
③ Christopher J. Bickerton, *European Integration: From Nation-States to Member States*, Oxford University Press, 2014.

福利国家是"干预主义的国家",它通过一系列的经济社会政策和制度安排抵消市场机制的负面影响,同时,它也前所未有地扩展了国家活动的领域。因此,西欧国家不仅需要一整套的理论来证明国家干预的合法性,而且也需要一整套的机构和机制来执行这些社会功能。[①] 由于在福利国家之中,国家的职能加强、扩展并延伸,福利国家改变了政治生活的图景。

在欧洲福利国家的发展过程中,出现了一些看起来互相矛盾的政治现象。首先,尽管两次世界大战催生了欧洲范围内的超越民族国家的社会思想和政治行动,带来了"二战"后欧洲一体化的不断发展,但也正是在这个时间段里,民族国家得到强化。基于共同历史、语言、宗教信仰和价值观念的民族,继续成为集体认同最重要的基础。福利国家的发展给予这种集体认同更多的经济和社会内涵。在经济领域,"二战"后欧洲经济繁荣是在"民族经济"的基础上实现的,因为调控经济活动的各种手段由民族国家政府掌控,而调控经济的责任也由民族国家政府承担。在社会领域,不仅民族国家政府承担了各类社会职能,而且由于很多社会政策包含了转移支付的因素,其之所以能够推行,恰恰是以民族认同为基础。对于一个生活在欧洲福利国家中的公民来说,公民权利既是政治权利,也是社会权利。福利国家机制以前所未有的方式,将公民与国家捆绑一起,将公民彼此联系在一起,民族认同也因此得到了强化。

另一个表里不一的政治现象是代议民主制的巩固和普选权的扩大,以及公民个人的政治参与受到限制。在"二战"后欧洲重建的过程中,西欧国家普遍建立了代议民主制,实现了普选,因此,理论上民众可以通过选举影响政府的政策,维护自身的社会权益。然而在"二战"后"民族社团主义国家"中,民众影响政策的能力受到多方的限制,政策制定过程呈现出"去政治化"的发展趋向。

"去政治化"首先表现在福利国家"重新划分和构造了"[②]阶级。"三方对话"机制缓和了欧洲原本存在的劳、资之间的紧张关系,重

[①] 周弘:《福利国家向何处去》,社会科学文献出版社 2006 年版,第 137—156 页。
[②] Gösta Esping-Andersen, *The Three Worlds of Welfare Capitalism*, Princeton University Press, p. 55.

新塑造了劳动者对自身地位的认识，影响了主流的社会观念，并改变了占据主导地位的政治议题。"二战"后西欧各国的经济和社会政策十分相似，它们一方面通过社会和税收政策，实现社会再分配，让劳动者受益；另一方面要求企业主为雇员承担更多的义务。因此，收入再分配问题与非经济的、社会政治的以及文化的争论交织在一起，党派之间的深层政治冲突不是体现在对权力的争夺上，而是体现在对有限资源的集体分配上。党派斗争变成为配置资源而进行的"民主程序"的斗争，对劳动者的划分不是根据财产而是根据教育程度、职业情况以及性别和就业领域等新的标准，而按照这些标准分类的劳动者所关心的政治事务发生了本质变化。[1]

因此，在"二战"后的西欧国家，"社会团结"成为占据支配地位的社会观念，同时，一系列的经济、社会和政治制度安排成为实现"社会团结"的坚实基础。例如，在德国，1951年颁布的"共同决策法"规定，在大型工业企业中劳动代表有权列席管理层的会议，并就企业经营事宜发表意见。劳动者的经济和社会权益得到保障的结果是产权制度的重建和巩固。资本家在企业中的权威重新确立起来，关于生产过程中所有权等基本问题的争论让位于投入、产出和生产效率等，工作道德和工作纪律不再只是资本家强加在工人身上的外在要求，而成为工人自律的行为准则。[2] 有学者认为，正是这些以"社会团结"为基础的制度安排成就了欧洲"二战"后经济的快速发展。[3]

显然在"民族社团主义国家"之中，政治领域的民主选举程序不是唯一的民意表达方式，甚至不是主要的民意表达方式。虽然选举权普及了，在西欧国家之中基本实现了"一人一票"，但是，真正的参与权却受到了限制。个人尤其是劳动者不是通过直接的政治活动来争取和捍卫自身权益，而是被纳入不同的利益集团，被疏导到不同的协商过程中，并由此进入错综复杂的政治制定程序。没有

---

[1] 周弘：《福利国家向何处去》，社会科学文献出版社2006年版，第150页。

[2] Christopher J. Bickerton, *European Integration: From Nation-States to Member States*, Oxford University Press, 2014, pp. 82 – 83.

[3] A. Glyn, *Capitalism Unleashed: Finance, Globalization and Welfare*, Oxford University Press, 2006, p. viii. 转引自 Christopher J. Bickerton, *European Integration: From Nation-States to Member States*, Oxford University Press, 2014, p. 83.

被代表的个人利益也就无法进入决策者的视野成为影响最终政策的因素。

其次,福利国家中的现代官僚行政体系的发展为"去政治化"提供了额外的推动力量。随着国家承担的经济和社会责任的增长,为了履行这些责任,现代官僚行政体系在民族国家内部建立和完善起来。作为政策执行机构,它们代表国家分配资源、履行经济和社会责任,其权威源自民选政府的授权。可是,由于这个社会官僚机构能够动员人力和资源、提供服务、管理和控制集体财产,它变成了国家权力的一个中心。[①] 而且由于官僚行政体系独立于政党政治,民主选举和政府轮替不会直接影响它的运转,所以这个权力中心没有受到民主选举的有效制约。与此同时,官僚行政体系表现出明显的"功能主义"的行为逻辑,很多情况下,政策领域本身的功能需求,而不是民意成为主导政策的因素。这种趋向的结果是,专家在政策制定过程中扮演了重要的角色。例如,在英国福利国家的发展过程中,当任何一个议题成为社会议题并需要国家干预的时候,政府就会委派专业的委员会——而不是由政府官员或民意代表——进行调查、撰写报告,这些报告往往成为最终政策的依据。需要注意的是,专业委员会的意见与政府官员和民意代表常常存在着差距。对应着政策制定过程的这种"功能主义"趋向,出现了"技术官僚"这个术语,这些技术官僚在制定事关个人福祉的各种经济和社会政策过程中发挥着举足轻重的作用,可是,他们的任免升迁是不受选票左右,在很多情况下,他们的决策也不受民意的影响。

"民族社团主义国家"为西欧"二战"后的持久繁荣创造了条件,同时,在冷战时期东西阵营制度竞争的背景之下,持续的经济繁荣和社会发展也为西欧国家的经济和政治制度提供了合法性基础。西欧各国主要的社会团体都不同程度地从经济发展中获得了好处,因此,很少出现体制外的斗争方式,政党政治活动围绕着竞选、立法程序以及在政府机构之间建立合作机制等展开,主流政党的政策也出现了趋同的倾向,传统的"左""右"的政治谱系逐渐

[①] 周弘:《福利国家向何处去》,社会科学文献出版社2006年版,第137—156页。

模糊起来。在这种背景之下，无论是极端的政治主张还是非常规的政治动员方式都没有生存空间，这决定了这一时期民粹主义在欧洲无足轻重的地位。

经济的长期发展与福利国家的不断扩张为"二战"后西欧长期的社会和政治稳定创造了条件。但是，随着欧洲经济发展受到阻碍，欧洲国家迫于内外压力不得不进行福利国家改革，福利国家的观念和制度都受到了挑战，福利国家框架下的"去政治化"进程发生了变化，为民粹主义的发展壮大提供了土壤。

三 "肢解福利国家"及"去政治化" 进程的转折

1970年代的经济危机终结了欧洲福利国家的"黄金时期"。在1970年代和1980年代初期，西欧国家普遍诉诸更加极端的凯恩斯主义的经济政策来应对经济危机，但是，这些措施未能将它们从低增长、高通货膨胀和高失业率中拯救出来，人们开始重新认识经济危机的性质。1975年，来自美国、日本和欧洲的三位顶尖的政治学家合作撰写了《民主的危机》报告，指出经济危机反映出"二战"后确立的欧洲政治社会制度的危机，由于劳工组织和劳动代表深度介入政策制定过程，在社会中普遍培育了对国家责任的过高期望，国家已经无力满足这些期望。[①] 因此，欧洲"民族社团主义国家"的基础与核心、凝聚在"社会团结"和"共识政治"中的劳资之间的社会契约被认定为欧洲深陷危机不能自拔的主要原因。

由于凯恩斯主义的干预措施应对危机乏力，自1980年代起欧洲国家或迟或早地开始改革福利国家制度，开启了新一轮的国家转型过程，重新定位国家、市场和社会三者关系。总体来看，这一轮国家转型的核心即是削弱国家的干预职能，改变"二战"后"嵌入式自由

[①] Michel J. Crozier, Samuel P. Huntingdon and Joji Watanuki, *The Crisis of Democracy: Report on the Governability of Democracies to the Trilateral Commission*, New York: New York University Press, p. 22.

主义"所赖以存在的社会契约与劳资合作,将不堪重负的国家从各种经济和社会承诺中解放出来。

这是一个复杂的系统工程,因为福利国家本身既是一种社会观念,又是经济社会制度,还是一系列的具体政策。1980年代以来,从观念到国家和社会组织再到具体社会政策等多个方面都出现了转折性的变化,其目的是改变"干预主义的国家",限制国家的经济和社会职能,其结果是"民族社团主义国家"内部的社会关系发生了改变,"二战"后确立的劳资合作关系受到冲击,双方之间的力量平衡被打破,"社会团结"观念受到质疑和挑战,而市场机制和市场力量得到加强,国家保护社会生活不受"自我调节的市场"侵害的能力不断被削弱。

1980年代以后,支持国家干预的理论式微,限制国家干预、弱化国家角色、强调市场机制的学说渐渐占了上风。"新自由主义"逐步取代了凯恩斯主义,成为主流的经济学理论,它强调市场在资源配置中的核心地位,成为强化市场机制、限制国家干预的种种政策的理论基础。在大范围的经济结构调整中,国家的作用发生了明显的变化。在1980年代以来的私有化进程中,国家逐渐从生产领域退出,不再直接介入生产过程,它的角色逐渐由一个市场活动的参与者转变为市场活动的规范者和监督者,其职能在于修补市场机制负面的外部效应,以保证市场活动的连续进行,由此出现了"规制国家"[1]。私有化改革是国家职能转变的一个重要组成部分,其影响远远超出经济领域。国有企业不同于主要依据市场规律从事经营活动的私营企业,往往承担了多重任务,包括经济发展、技术创新、提供就业岗位、地区性的收入再分配以及国家安全等。私有化直接削弱了国家干预经济活动的能力,并进而使国家从此前的"民族社团主义国家"时期的种种经济责任中解脱出来。

在社会政策领域,多年政策改革、各种理论争论和不间断的宣传也对社会舆论产生了重要的影响,"社会团结"观念的主导地位受到

---

[1] Giandomenico Majone, "The Rise of the Regulatory State in Europe", *West European Politics*, Vol. 17, No. 3, 1994, pp. 77–101.

侵蚀，认定由国家来承担社会保护责任的观念也发生了变化。在率先发起福利国家改革的英国，撒切尔的保守党政府在削减国家社会责任的同时，在观念上倡导"积极的公民权利"，集体提供保障的方式开始让位于个人的自主选择，不以强制性税收的方式进行转移支付，也不再以强制性的方式要求富裕的公民对贫困群体承担保障责任，富人应自愿并基于他们的自主选择向贫困群体提供帮助。布莱尔的工党政府上台后，在保守党激进的"个人责任"立场上略有回归，提出了一条新的福利伦理，即不承担责任就不享有权利，并以此为基础推行一种"积极的福利政策"，要用社会投资国家取代社会福利国家，把个人享受社会保障的权利同工作的"义务"更紧密地联系在一起。[1]尽管撒切尔和布莱尔时期针对福利国家和社会政策的理论表述各异，但是，他们都不再视享有社会保障为一种"公民权利"，享有社会保障不再是公民身份的自然结果，而是被加上了限制条件。这些观念的推广与"福利多元主义"的改革措施同步进行，互相支持，社会福利领域国家一头独大、承担了主要责任的状况改变了，提供社会保障变成了政府、企业、社会团体、家庭和个人共同参与和分担的公共事业。在英国和美国福利改革的带动下，很多欧洲福利国家也开始改革社会福利制度，改变国家主要承担提供社会保障的责任的状况，不同程度地强调"个人责任"观念，各种批评福利国家的观念随之传播，例如，福利国家"养懒汉"、福利的"道德风险"，以及在向后工业社会转型的过程中福利国家制度本身即为社会风险的制造者，等等。

变化了的主流观念和社会期待为机制性的变化创造了条件，在"民族社团主义国家"之中，旨在保障劳动者权益的制度安排也发生了变化，劳动者的利益表达和政治参与都受到了限制。最明显的变化是工会力量被削弱。例如，在英国，撒切尔政府在推动福利国家改革时，采取了强有力的政策手段来限制工会的作用，工会影响政府政策的能力受到极大削弱。[2]除了这些直接的措施，变化了的内外部环境

---

[1] 周弘、张浚：《福利伦理的演变："责任"概念的共性与特性》，《社会保障研究》2014年第1期。

[2] Paul Pierson, *Dismantling the Welfare State?* Cambridge University Press, 1994, pp. 158–163.

也对工会产生了不利影响。从外部环境看，1990年代以来，由于大量的中东欧和前苏联国家进入经济转型时期，以及经济全球化的迅速发展，很多欧洲企业向海外转移生产，直接削弱了工会讨价还价的能力。而从内部环境看，一方面，由于对劳动力市场的管制不断放松，企业主能够采取更加多变的用工形式来降低劳动力成本；另一方面，新的知识经济带来了新的就业方式，各种非常规的灵活就业方式不断发展，劳动者群体内部的利益诉求多元化的倾向日益突出，限制了工会代表劳动者利益的能力。此外，工会这个利益集团自身出现了官僚化倾向，这也阻碍了工会与普通劳动者之间的直接接触，造成它们之间利益诉求的分歧，工会代表和保护劳动者权益的能力不断下降。自1980年代以来，工会会员在劳动者群体中的比例不断下降，成为欧洲国家的普遍趋势。

凡此种种，使得"民族社团主义国家"中旨在保障劳动者权益的政治社会机制开始松动，而这恰恰是欧洲"二战"后社会稳定的一个重要基础。因此，虽然从表面上看，欧洲国家的政治制度没有变化，代议民主制没有改变，但是，政治生活的基础和内容都发生了变化。由于制度惯性，"共识政治"下的各种政治协商机制如"三方对话"机制等仍然存在并继续运转，但它们已服务于不同的目的，天平明显向企业主的方向倾斜。在代议民主制的框架之下，政党政治也发生了支持市场力量的变化。最明显的就是欧洲传统左翼政党政策倾向的转变，无论是英国的工党还是德国的社会民主党，都不再以争取和保护劳工利益为自身主要目的，相反，左翼政党执政期间也不得不迫于经济和社会环境的变化，采取有损劳动者权益的改革措施，施罗德执政期间的"哈茨改革"即是一个明显的例子。"哈茨改革"增强了德国劳动力市场的灵活性，提高了德国经济的整体竞争力，却严重损害了社民党的代表性，使其支持率不断下降。

无论是代议民主制，还是维持其稳定的"共识政治"机制，都不再服务于维持劳动者的权益，"二战"后劳资合作的社会契约松动了，各种经济和社会政策领域的改革强调经济竞争力，并往往以损害劳动者权益为代价。因此，"二战"后西欧的"去政治化"进程出现了逆转。一方面，劳、资之间的冲突再度抬头，社会内部矛盾重新尖锐；另一方面，在"去政治化"进程中发挥了重要作用的官僚行政体系的中立地位受到挑战，技术官僚和围绕着行政体系发挥作用的专家成为政治活动的目标和攻击对象。

由于代议民主制的限制，社会福利领域大刀阔斧的改革具有极高的政治风险，[1] 因此，很多欧洲国家在进行福利国家制度改革时，遵循功能主义的逻辑，并采取技术性的方式推行渐进的改革。例如，在备受瞩目的养老金制度改革中，多数欧洲国家采取了结构性改革与参数改革并重的方式。[2] 其中，参数改革体现了用技术处理政治问题的方式，这种方式设定某种功能性目的（如财政可持续性），不触及基本的养老金制度，并可以实现预期的政策目标（如减少养老金支出）。这些技术层面的措施往往由行政机构倡议，政策由行政机构制定并执行，在政策制定过程中回避了公开的政治讨论和民意代表机构的干预，且由于需要专业知识才能够透彻理解这些政策的后果，多数情况下普通民众没有能力发表意见。在福利国家巩固和扩张的背景下，代表国家权力的福利行政机构总体上是制定和执行增加劳动者福祉的政策，但在福利国家改革时期，整体的发展方向是减少国家的社会责任，因此这些林林总总的"技术"性的政策，带来的结果是劳动者权益不断缩减，虽然普通民众不能理解那些复杂的术语，却能够深刻体会到切身利益被侵害的事实。因此，曾一度为"去政治化"推波助澜的官僚行政体系，在新的社会和政治条件下，就成了政治批评的对象。

综上所述，不难理解1980年代之后民粹主义在欧洲稳步发展的趋势，也不难理解为什么无论左右的民粹主义政党都持有反精英、反建制的立场。1980年代以来，在福利国家改革的过程中，国家职能的转型是欧洲国家的普遍现象。基本的政治制度——代议民主制没有变化，但是，保证代议民主制在"二战"后欧洲稳定发展的政治和社会机制发生了变化，促成劳、资合作的社会契约发生了变化，一整

---

[1] 关于代议民主制下"福利困境"的分析见张浚《福利困境、"去民主化"和欧洲一体化：欧洲政治转型的路径》，《欧洲研究》2014年第1期。
[2] 周弘：《欧洲国家公共养老金改革的路径：结构还是参数？》，《欧洲研究》2017年第5期。

套旨在维护"社会团结"的政治社会机制受到了侵蚀。国家、市场和社会三者的关系发生了变化,市场机制得到加强,国家的经济和社会干预能力下降,国家承担的经济和社会责任也减少,同样,社会自我保护的能力也下降。因此,欧洲"二战"后政治生活的"去政治化"过程出现了转折,在欧洲福利国家的框架下发展起来的各种政治协商机制已经不能充分地代表民众的利益并实现其社会诉求,社会矛盾趋于尖锐。2008年的金融危机后,欧洲低迷的经济形势和全球化带来的竞争压力进一步激化了这些矛盾。正因为如此,以反精英、反建制为旗帜的各类民粹主义政党和政治运动呈现出不断高涨的势头。

四 欧洲一体化及欧洲的政治转型:为何欧盟成为欧洲民粹主义的靶子?

在"二战"后初期,欧洲的政治精英致力于推动欧洲一体化进程,其主要的动力是实现欧洲的持久和平。可是,1950年代一体化快速发展的势头并不持久,从1966年的"空椅子危机"一直贯穿整个20世纪70年代,欧洲一体化都处于停滞不前的状态。虽然"空椅子危机"的始作俑者是法国时任总统戴高乐,其根本原因却在于欧共体成员国缺乏继续推动一体化的动力。以上述及,福利国家的发展强化了民族国家,从应对市场失灵和资本主义经济周期波动的福利国家体制,到凯恩斯主义的经济干预措施,再到制度化的劳资关系体系等,各国政府居于各类经济和社会体系的关键位置。在民族国家内部整体经济和社会状况良好的情况下,欧洲国家并没有动力加强欧洲层面的制度建设并加深一体化。因此,"欧共体的制度和政策的发展程度刚刚好'停止'在欧洲国家资本主义所需要的水平上"[1]。

1970年代欧洲出现了一些继续推动一体化的努力,包括吸纳新成员扩大欧共体,给予共同体更多的财政资源,加强成员国的外交政策协调以及建设"经济和货币联盟"等。其中,扩大欧共体和增加

---

[1] George Ross, *Jacques Delors and European Integration*, New York: Oxford University Press, 1995, p. 23.

欧共体财政自主性的措施得到落实，而更有雄心的协调外交政策、创建"经济和货币联盟"等努力无疾而终。这些努力之所以落空的原因与前一时期欧洲各国国民经济取得巨大成就的原因是一致的。"二战"后的经济繁荣和民族国家内部福利国家功能的发展，塑造了欧洲国家内部的政治环境和利益团体。外部环境发生了变化，各国在讨论和制定应对之策的时候，却依然要因循福利国家体制下的制度惯性，受到福利国家内部种种政治力量的左右。

由于在1970年代欧洲国家普遍缺乏应对经济危机的有效手段，欧共体成员国之间的经济差距加大，欧洲出现了保护主义倾向，非关税壁垒增加，对欧洲共同市场构成威胁，并影响到欧洲一体化进程。加之英国和美国率先采取改革措施，强化市场机制，并取得了可观的经济成就，使欧洲大陆国家备感压力。它们不得不在国内推行结构性改革的同时，采取措施推动欧洲一体化的发展，以更好地应对内外的多重压力。可以说，1980年代以来欧洲一体化的发展和欧洲层面的制度建设是欧洲国家转型进程的有机组成部分。不过欧洲一体化的目的不是在欧洲层面重建民族国家，因此，国家职能向欧盟的转移是不平衡的，在不同领域国家与欧盟之间的职能分配各不相同，从而形成了欧盟—成员国之间权能分配犬牙交错的局面。总体来看，经济领域的一体化程度最高，向欧洲层面转移的国家职能也最充分。

从1980年代以来的欧洲一体化进程来看，致力于"欧洲建设"的政治精英并不是仅仅希望推动经济领域的一体化进程。例如，1984年出任欧共体委员会主席并在重启欧洲一体化进程中扮演了关键角色的德洛尔，不是一个笃信"市场万能"的自由主义者，[1] 他在就任欧委会主席后采取了一系列推动欧洲"市场建设"的措施，但装在"欧洲共同市场"这个瓶子里的，却是在欧洲层面进行"国家建设"的宏旨。他期望"建立一个权力集中的、联邦制的、由国家主导的欧洲来保护'欧洲社会模式'"[2]。德洛尔出任欧委会主席后提出的"一

---

[1] George Ross, *Jacques Delors and European Integration*, New York: Oxford University Press, 1995, pp. 16-20.

[2] John Gillingham, *European Integration 1950-2003: Superstate or New Market Economy?* Cambridge University Press, 2003, p. 152.

揽子计划"涵盖了从欧洲单一市场到欧共体财政改革、从新的欧洲"社会维度"到经济与货币同盟的广泛议程。尽管推进欧洲共同市场的努力得到了广泛支持,但是计划中的其他涉及欧洲层面制度建设的内容,如"社会欧洲"、加强欧共体的国际角色、应对欧共体的"民主赤字"等,都遭到抵制。其中,与欧洲共同市场建设配套的改革结构基金的计划[1],由于包含了在欧洲层面进行财政转移支付的因素,几乎流产。最终,德国总理科尔表示德国愿意出钱补贴结构基金,改革措施才勉强通过。[2]

可见,欧洲一体化是这些欧洲国家不得已的选择,它将国家制定经济政策的职能大量转移到欧洲层面,但是在其他政策领域,如安全、外交和社会等领域,成员国仍然保留了制定政策的权能,民族国家是政策制定和政治活动的主要场所。因此,1980年代以来的欧洲一体化的进展,起到了辅助欧洲国家内部转型的作用,减少了国家所承担的经济和社会责任,进一步将经济政策的制定从民主监督和成员国内部的"共识政治"中解放出来,削弱了"三方对话"等集体谈判机制的影响。因此,欧洲一体化也被描述成"市场逃离民主"的过程[3],它强化了市场力量,民族国家进行经济和社会干预的能力降低,同时,其经济政策制定更进一步与政治和社会目标剥离。

国家职能转移不平衡的状况导致民族国家内部的政治与社会机制"欧洲化"程度不一的状况。首先,欧盟层面民意代表机构在政策制定过程中的参与受到限制,尽管在欧洲层面建立了民意代表机构——欧洲议会,但其参与和监督欧盟层面政策制定的能力及其进

---

[1] 在讨论如何实现欧洲共同市场的时候,欧洲层面的政策制定者已经预见到随着市场的扩大,欧洲内部发展不平衡的问题会凸显出来。因此,德洛尔提出要整合欧共体此前的地区发展基金,创立结构基金,并改变结构基金的分配方式,由与成员国向欧共体的缴费挂钩以补偿缴费多的成员国,变为由欧共体机构确定分配方式和分配标准,按照欧共体的标准确定受益地区,与成员国的缴费脱钩。见张浚《结构基金及欧盟层面的市场干预——兼论欧盟的多层治理和欧洲化进程》,《欧洲研究》2011年第6期。

[2] George Ross, *Jacques Delors and European Integration*, New York: Oxford University Press, 1995, p. 42; John Gillingham, *European Integration 1950 – 2003: Superstate or New Market Economy?* Cambridge University Press, 2003, p. 262.

[3] [德]伊尔玛·里格尔:《欧洲国家建构和欧盟一体化》,载周弘、[德]贝娅特·科勒-科赫主编《欧盟治理模式》,社会科学文献出版社2008年版,第47页。

行政治动员、代表民意的能力都十分有限,而欧盟也因"民主赤字"而饱受诟病。其次,国家职能转移为成员国内部的政治磋商机制和"共识政治"的变化增加了新的变量,跨欧的政治网络和利益代表机制形成并不断发展。在此过程中,代表市场力量的利益集团在欧洲层面的政治活动中的影响力超过了那些代表社会利益的利益集团。

再次,官僚行政体系的作用得到加强。从制度设计来看,欧委会这个技术官僚主导的机构在欧盟的政策制定过程中发挥着关键作用,同时,欧盟理事会框架下"部门对部门"政策磋商机制,构建了一个成员国的技术官僚进行政策磋商的平台。因此,主导政策制定的是欧盟和成员国两个层面的技术官僚和各个领域的专家,他们考量的是各种"功能主义"的需求而不是公共舆论和民众的需求。以欧洲中央银行为例,它在欧元区的经济政策制定中发挥了关键性的作用,其政策对各个成员国的民众具有直接的影响,但它不受民意监督,甚至欧元区各国的政府也不能左右欧洲中央银行的政策。欧洲中央银行坚决捍卫其独立性,采取各种方法减少公众舆论对欧洲央行决策的影响。比如,它效仿德意志联邦银行委员会的做法,在 30 年后才披露会议纪要。[①] 欧洲央行行长特里谢在解释这一做法时指出:"披露会议细节的做法可能会吸引各类人群发表观点。……学院制决策制定者,即委员会的观点才最重要。"[②] 虽然欧洲议会与欧洲央行之间存在常规对话机制,但其对欧洲央行决策的影响是极其有限的。

欧洲层面的官僚体系网络不是外在于成员国的官僚体系的,它是成员国内部行政官僚体系的延伸。[③] 无论是欧洲议会,还是欧盟成员国议会,都无法有效干预其政策制定,甚至是重要成员国的首脑也不能左右这个体系的运转。在 2008 年金融危机爆发前夕,时任法国总

[①] 美联储在委员会会议举行 3 周后,英格兰银行在委员会会议举行 2 周后,就会发布他们利率决策环节的会议纪要。

[②] [英]戴维·马什:《欧元的故事——一个新全球货币的激荡岁月》,向松祚、宋姗姗译,机械工业出版社 2011 年版,第 190 页。

[③] Christopher J. Bickerton, *European Integration: From Nation-States to Member States*, Oxford University Press, 2014, pp. 182–183.

统的萨科齐于 2007 年 7 月不请自到，参加了欧元集团财长在布鲁塞尔举行的每月一次的例行会议，拒绝欧盟要求法国削减财政赤字的要求，被德国财长施泰因布吕克批得体无完肤。事后，施泰因布吕克对此发表评论："萨科齐知道这样的会议是如何进行的，因为他曾担任过财政部长。但他却以自己法国总统的身份，带着一些个人的想法来到会议。他并未预料到自己的意见会被他人反对。来纠正他说的那些话的责任落到了我头上。我也是代表会议上其他国家的财政部长说那番话的，他们全都支持我。在即将离开会议时，我对欧元集团的同事们说，我可能结下了一个一生的敌人。他们回答说，你同时也多了很多朋友。"①

与欧洲民众对欧盟的一般印象相反，欧盟不是一个高高在上的、外在于成员国的体系，它是成员国内部政治社会体系的延伸，1980 年代以来欧洲一体化的发展也是欧洲国家转型进程的一个有机部分，起到了辅助欧洲国家转型的作用。由于大量国家职能向欧盟层面转移，且在欧盟的政策制定过程中，技术官僚发挥了主导作用，不仅民意代表机构参与政策制定、影响政策结果的能力受到限制，限制资方的社会协商机制在欧盟—成员国的双层治理结构中松动且向着有利于企业主的方向发展，而且各种功能性的考虑也成为政策制定的主导逻辑。这个过程进一步削弱了各个成员国进行经济和社会干预的能力，也使得市场力量更多地从各种政治和社会协商机制的束缚中解脱出来。因此，欧洲民粹主义基于什么样的原因反精英、反建制，他们也就基于什么样的原因反对欧盟和欧洲一体化。

结　论

民粹主义的发展正促使人们重新审视西方的民主制度。在冷战时期和冷战之后长期的政治宣传中，市场经济和民主制度被描述成"二战"后欧洲和平、稳定和繁荣的保障，并由此上升成为一种主

---

① ［英］戴维·马什：《欧元的故事——一个新全球货币的激荡岁月》，向松祚、宋姗姗译，机械工业出版社 2011 年版，第 191—192 页。

流价值观念。回溯欧洲历史可以清楚地看到，民主制度和市场经济并不必然带来和平与繁荣。除了民主制外，"二战"后欧洲的经济和社会发展还有一整套的社会机制做后盾。在"嵌入式自由主义"观念占据主流的情况下，国家干预主义有效地为普通劳动者提供了社会保障。建立在这些主流观念基础上的福利国家，其内部的"三方对话"机制和"共识政治"实现了"社会团结"，社会各个阶层利益被黏合在一起，缓和了社会矛盾。因此，"二战"后直至福利国家的"黄金时期"，西欧的民族国家机制得到加强，同时在民族国家内部出现了"去政治化"的发展趋势。在上述背景之下，民粹主义没有太多的生存土壤。1980年代以来，迫于内外压力，欧洲各国或迟或早地改革福利国家制度，代议民主制没有变化，但在"社会团结"观念下的"共识政治"以及保障劳动者权益的社会机制被削弱了，国家职能转变了，国家卸下了多种经济和社会职能，因此，在"民族社团主义国家"中，国家、市场和社会三者关系发生了本质变化，国家为社会提供保护的能力被不断削弱。在此过程中，欧洲一体化发挥了重要的辅助作用。

在新一轮的欧洲国家转型过程中，"去政治化"的进程出现了逆转，社会矛盾重新激化，为民粹主义的生长提供了条件。自1980年代以来，民粹主义在欧洲稳步成长，在2008年金融危机之后更是高歌猛进。民粹主义提出了"重建民族国家"的诉求，他们要求的不是强化民族国家职能，而是要求保障自身社会权益，或者说要求保护社会不受"自我调节的市场"的过度侵害。这些社会保护的职能一度由民族国家来承担。民粹主义和各种极端政治势力的兴起迫使精英们不得不思考这个问题：未来应该由谁、通过什么方式来约束"自我调节的市场"，并为社会提供必要的保护？

目前，在欧盟内部出现了一些看似不同的发展趋势。一方面，成员国政府迫于当前的政治和社会形势，力图融合这些非主流的民粹主义政治力量，或者让它们进入政府，或者是采纳他们的政治主张，出现了强化民族国家地位和职能的趋向。另一方面，也出现了一些在欧洲层面加强政治和社会协商的努力。欧盟委员会主席容克在公开的讲话中指出，要在多个层面上加强原本是民族国家内部协调机制的"三方对话"①。究其根源,这些措施都是要消除因为社会保护受到削弱而导致的政治和社会不稳定,重新在欧洲构建市场与社会之间的平衡关系。但是,在科技进步、新生产方式和全球化的共同作用下,市场力量在全球扩张,欧洲所处内外环境都发生了巨大变化,仅仅依靠国家内部的调整或者欧盟层面的措施,都没有办法实现有效约束市场力量、构建"社会安全网"的目标。

市场力量的全球扩张削弱了国家干预经济的能力,这不仅是欧洲国家面临的问题,也是全球各国普遍面临的问题。所以,民粹主义不仅在欧洲不断发展,在全球很多国家中都呈现出上升的趋势。前欧盟委员会贸易委员、世界贸易组织总干事长拉米曾评论道:"资本主义是有效率的,但是资本主义会让社会感到痛苦。"② 如何在资本主义全球发展的条件下重新建立市场与社会之间平衡关系,将是我们这个时代需要解决的重大问题。

---

① Discours du Président Jean-Claude Juncker au Sommetsur le monde du travail de l'OrganisationInternationale du Travail, http: //europa. eu/rapid/press-release_SPEECH-16 - 2170_fr. htm.

② "Capitalism is efficient, but capitalism is socially painful",帕斯卡尔·拉米:《世界贸易面临的挑战》,人大重阳金融研究院,2016年12月2日。

"多速欧洲"：欧盟命运之反思

陈丽娟

前言：研究动机与目的

2016年6月23日，"英国脱欧"公投结果出炉，向历经一甲子发展的欧盟的未来投下了一颗"震撼弹"，英国首相梅伊（May）强势的态度，促使欧盟认真思考"英国脱欧"的影响及未来。2017年3月1日，执委会公布"欧洲之未来"白皮书（White Paper on the Future of Europe）[1]，主席容科（Jean-Claude Juncker）描绘出欧洲未来的蓝图，个别成员国得就特别的计划项目结合在一起，即便它们并不想加入群组，也就是未来欧盟将以"多速"（multi-speed）方式发展。事实上，欧盟早已经以这种多元的方式发展，共同边界免签证的申根区域（Schengen Area）与使用单一货币的欧元区（Eurozone）为两个鲜明的例子。

本文将以"英国脱欧"公投为分界点并以申根区域即欧元区为例，阐述"英国脱欧"公投前"多速欧洲"发展的情形，以及"英国脱欧"公投后，"多速欧洲"成为欧洲统合的主流概念，然而在1999年阿姆斯特丹条约生效时，即明文规定允许部分成员国针对非专属职权的事务进行加强合作，"欧洲之未来"白皮书使"多速欧洲"不再是禁忌，而成为欧洲统合的新模式；最后将从目前欧盟成员国群组的立场剖析欧盟的未来，以反思欧盟的命运。

---

[1] COM, 2025 final, 2017.

一 "英国脱欧"公投前"多速欧洲"之发展

"多速欧洲"（multi-speed Europe）意指欧盟在不同层级进行统合，实际上目前的欧元区与申根区域即为明显的例子。冷战（Cold War）结束欧盟东扩后，针对欧盟如何广化（widening）同时兼顾深化（deepening）的问题，开始出现"多速欧洲"的概念，自1958年欧洲经济共同体（European Economic Community）诞生开始，团结欧洲就一直是欧洲统合的目标。

早在1989年7月时，当时的联邦德国总理Helmut Kohl的两名顾问Michael Merters与Nobert J. Prill即提出"同心圆"（concentric circles Europe）[①]的概念。1994年，这两位顾问认为冷战结束后，欧盟的情形看起来比较像奥林匹克的五个圆圈，而不是"同心圆"[②]。同年，德国基民党（CDU）的Karl Kamers与Wolfgang Schräuble公布了"思考欧洲政策"（Überlegung zur europäischen Politik）[③]，提出"核心欧洲"（Kerneuropa；core Europe）的概念，期盼"核心欧洲"产生向心力的磁吸效应，吸引更多的欧洲国家加入欧盟。

"多速欧洲"的概念已经讨论多时，系解决一些欧盟制度问题的方式，毕竟目前欧盟有高达28个成员国，而每个成员国有不同的历史文化背景、社会制度、产业结构，因此很难针对不同的议题达成共识，在许多领域也很难针对每个成员国以相同的速度落实欧盟的目标。"多速欧洲"可以说是一种中庸的做法，在某些领域可以促使成员国更紧密的合作。

"多速欧洲"有可能是一个过渡阶段，申根区域与欧元区虽然不

[①] Michael Merters/Nobert J. Prill：Der verhängnisvolle Irrtum eines Entweder-Oder. Eine Vision für Europa, Frankfurter Allgemeine Zeitung 19. July 1989.

[②] Michael Merters/Nobert J. Prill：Es wächst zusammen, was zusammengehören will. "Maastricht Zwei" muss die Europäische Union flexibel machen. Frankfurter Allgemeine Zeitung 9. Dezember 1994, S. 11.

[③] https：//web. archive. org/web/20160318173446/；https：//www. cducsu. de/upload/schaeublelamers. 94. pdf. , last visited 2017/09/12.

是全体欧盟成员国都加入[①]，但是以欧元区为例，欧元区是对成员国开放的，只要成员国符合加入欧元区的要件，就可以加入。以下以申根区域与欧元区为例，说明在"英国脱欧"前"多速欧洲"之发展。

（一）申根区域

申根区域是"多速欧洲"进行统合最明显的例子。[②] 自欧盟诞生时起，人员自由迁徙即为欧盟重要的目标，但在1980年代，有些成员国（英国、爱尔兰与丹麦）担忧废除边界管制会影响国家安全，跨国毒品交易与非法移民进入会增加，因此迟迟不愿意废除边界检查，致使当时的欧洲共同体一直无法完成立法。于是荷兰、比利时、卢森堡、德国与法国决议，以缔结政府间协议（intergovernmental agreement）的方式，于1985年6月14日在卢森堡的申根（Schengen）签署逐步废除彼此共同边界的国际协议，即所谓的第一个申根公约[③]。

为施行第一个申根公约的内容，并以第一个申根公约的长期计划为基础——期间因两德统一而拖延相当长的一段时间，1990年6月19日，荷兰、比利时、卢森堡、德国与法国再度于申根签署申根公约施行协议，即所谓的第二个申根公约，泛称为申根公约。依据申根公约第140条第1项规定，任何一个欧盟成员国均可以加入申根公约，意大利（1990）、西班牙（1991）、葡萄牙（1991）、希腊（1992）、奥地利（1995）、瑞典（1996）、丹麦（1996）与芬兰（1996）陆续加入申根公约。[④] 目前申根公约的共同边界排除保加利亚、克罗地亚、塞浦路斯、爱尔兰、罗马尼亚与英国，但却涵盖非欧

[①] Angelos Chryssogelos, Creating a "Multi-speed Europe" Would Divide the EU and Diminish It as a Foreign Policy Actor, http://blogs.lse.ac.uk/europpblog/2017/04/05/creating-a-multi-speed-europe/, last visited 2017/06/26.

[②] Petr Dostál, "Multi-Speed European Union: The Schengen Agreement and Perceptions of its Spatiality in Central Europe", Mitteilung der Österreichischen Geographischen Gesellschaft, 155 Jahresband, Wien 2013, p. 28.

[③] 陈丽娟：《欧洲经济法（第三版）》，台北：五南图书出版公司2010年版，第124—125页。

[④] 同上书，第127页。

盟成员国的挪威、冰岛、列支敦士登与瑞士。①

不同速度的发展反而导致袋状的扩散结构,以申根区域为例,申根公约涉及内政与移民议题,英国与爱尔兰一直以来都是"共同旅游区"(Common Travel Area),因此选择不加入申根公约,仍维持成员国主权管制边界的特征。② 为了在申根区域的外部边界进行有效率的边界检查,申根公约包含标准化程序,例如庇护申请、共同旅游签证核发、非法移民、警察与司法合作,以及共同的信息系统,在1990年时,这些规定都是在政府间的架构下达成的协议,直到1999年阿姆斯特丹条约生效才正式成为欧盟法,这也同时成为欧盟多速发展的第一步。③

申根公约规定在所有缔约国对于第三国国民适用单一的旅游文件,即所谓的申根签证(Schengen Visa),但对于非申根区域的英国与爱尔兰,第三国国民必须另外申请签证。申根公约另一个重要的机制是申根信息系统(Schengen Information System),系在缔约国的警察机关间的信息交流系统,尤其是对于不受欢迎者要进入申根区域时,申根信息系统发挥重要的作用。英国与爱尔兰强烈拒绝申根信息系统,直到阿姆斯特丹条约的政府间谈判时,才同意加入关于警察合作的共同政策与决策机制。④

(二) 欧元区

欧洲联盟条约第3条第4项规定,欧盟应建立一个经济暨货币同盟(Economic and Monetary Union),其货币为欧元(Euro)。2004年5月新加入的成员国,依据其加入条约有义务加入欧元区;欧盟运作条约第119条规定实施单一的货币政策与汇率政策,以达到价格稳定

---

① 1994年时,欧盟与挪威、冰岛及列支敦士登签署欧洲经济区协定,瑞士则是签署一个特别的双边协议,成立了欧洲经济区(European Economic Area)。这四个国家亦加入欧盟的单一市场,亦实施欧盟相关的法规,形式上这四个国家并未参与欧盟的运作,但实际上却选择依法分担欧盟机构的经费支出。以挪威为例,自2009年起,已经相当于欧盟成员国亦缴纳会费,但挪威与冰岛因不愿丧失其渔业规范权而迟迟不愿加入欧盟。
② Petr Dostál, op. cit., pp. 29–31.
③ Ibid., p. 32.
④ Ibid., p. 33.

之目标，而成员国使用欧元必须符合欧盟运作条约第 140 条的规定。

1999 年 1 月 1 日，完成经济暨货币同盟的第三阶段：自 1999 年 1 月 1 日起，由位于德国法兰克福的欧洲中央银行（European Central Bank）负责欧元区的货币政策；荷兰、比利时、卢森堡、德国、法国、意大利、西班牙、葡萄牙、奥地利、芬兰与爱尔兰 11 个成员国的中央银行将其货币的职权转给欧洲中央银行行使。①

目前欧元区仅 19 个成员国②，丹麦与英国以选择条约不加入（opt-out）欧元的第二阶段——欧洲汇率机制（European Exchange Rate Mechanism II）③，瑞典与波兰亦不急着加入欧元区。在 2002 年 1 月 1 日启用欧元后，欧洲汇率机制的政策联系非欧元国的货币与欧元，有助于提高这些非欧元区成员国货币的稳定，并成为是否可以加入欧元区的评价机制。

二　"英国脱欧"公投后之"多速欧洲"

"英国脱欧"公投后，执委会主席容克真正想要的是"多速欧洲"的模式，现阶段欧盟并不打算修改基础条约，而是在技术层级进行欧洲统合。④ 2017 年 3 月，容克提出关于欧盟路线的五点方针，以作为至 2025 年止的政策方针，尤其是不同成员国可以组成不同的群组，以不同的速度进行欧洲统合。

（一）"欧洲之未来"文件

欧盟执委会在 2017 年 3 月 1 日，公布一个名为"欧洲之未来"的白皮书（White Paper on the Future of Europe），在 2025 年以前规

---

① 陈丽娟：《欧洲联盟法精义》，台北：新学林出版股份有限公司 2006 年版，第 172 页。
② 希腊、斯洛文尼亚、马耳他、塞浦路斯、斯洛伐克、爱沙尼亚、拉脱维亚与立陶宛陆续符合使用欧元的凝聚标准，而正式使用欧元。
③ 1999 年起，加入欧洲汇率机制的成员国，才能加入欧元区。也就是在使用欧元前，至少应已经加入第二阶段的欧洲汇率机制。
④ "Juncker's Real Scenario is Multi-speed Europe"，https：//www. eurative. com/section/future-eu/news/ junckers-real-scenario-is-multi-speed-Europe，last visited 2017/06/26.

划五种可能的统合情况,即(1)维持现状;(2)仅致力于单一市场;(3)依各国意愿,分组整合(即所谓的"多速欧洲");(4)聚焦于有效率的整合项目;(5)团结合作进行全面的深度整合。① 执委会主席容克在欧洲议会演说时指出,"多速欧洲"是最佳的解决方案。欧盟成员国的领导人思考在2019年"英国脱欧"后,欧盟何去何从。

简而言之,"多速欧洲"将使欧洲统合分为不同的群组进行,但事实上也已经是这种局面了。欧盟目前的情形,已经在地理分布上或利益考虑上有不同的群组了,例如申根区域、欧元区、新近的欧洲专利网络(European Patent Network)②。荷兰提议建立一个"迷你申根"(mini-Schengen),德国、瑞典、比利时与奥地利支持该建议,以集体关闭边界,恢复实施护照检查,以管制移民与阻止难民进入,同时在这些国家的边界外设立过境的难民营(camps for migrants),但"迷你申根"的想法似乎违反申根公约保障人民在26个欧盟成员国内自由旅游的规定。

"多速欧洲"允许一些成员国可以用更快的速度进行统合,那些速度较慢的成员国仅限于参与单一市场与外交暨安全政策的合作。法国与德国为欧盟统合的发动机,意大利、比利时、荷兰、卢森堡及一些富有的成员国、波罗的海国家亦支持"多速欧洲"的做法。③

波兰、捷克、斯洛伐克与匈牙利四个"V4集团国家"(Visegrad Group)④ 与波罗的海的三国(爱沙尼亚、拉脱维亚、立陶宛)是另一个群组;虽然挪威与冰岛并非欧盟的成员国,但实际上斯堪的纳维亚国家已经组成一个北欧集团。

---

① COM, 2025 final, 2017, pp. 16 – 25.
② 2010年12月创设的单一欧洲专利(unified European Patent),意大利与西班牙因不满只有英文、法文与德文三种官方语言,并未加入单一欧洲专利。
③ Peter Korzun, "Goodbye Old EU, Hello New Multi-Speed Europe", *Online Journal Strategic Culture Foundation*, 14 March, 2017.
④ 波兰、捷克、斯洛伐克与匈牙利中欧四国于1991年2月15日成立一个文化暨政治同盟,其宗旨为促进进一步的欧洲统合,以及促进彼此的军事、经济与能源合作,统称为"V4集团国家"(Visegrad Group)。

非欧元区的北欧与东欧国家（瑞典、丹麦、波兰、捷克与匈牙利）非常担心在"英国脱欧"后，"多速欧洲"成为欧盟正式的政策方针，这些成员国十分担忧欧盟解体。① 毕竟欧盟是一个稳固的经济体，足以做它们的经济后盾。

现阶段有必要有更多的统合，特别是在欧元区，"多速欧洲"的统合方式可以使核心的欧洲往前迈进，特别是在经济与难民政策议题上。② 但由于成员国不同的利益，究竟哪些议题属于核心议题的定位困难，而最早选择不加入申根区域与欧元区的成员国是英国，但英国却选择脱欧。未来"多速欧洲"的统合仍将取决于德国与法国的立场，毕竟德国与法国都是欧盟的创始成员国与欧洲统合的发动机。

（二）"四大经济国"之立场

2008年全球金融海啸后，欧盟努力地寻求一个新的运作模式，以期实现可持续发展，特别是每个成员国不同的历史文化背景与产业结构，每个成员国受到金融海啸冲击不同，更重要的是应如何在"一体化"（unity）与"多元化"（diversity）间找到一个平衡点，而欧盟全体成员国有不同的货币、政策与国家利益，因此在现实中，欧洲统合出现新的模式。

2017年3月初，法国、德国、意大利与西班牙准备利用3月25日在罗马举行60周年庆祝大会的机会，表明支持一个"多速欧洲"，以共同努力缓冲"英国脱欧"的冲击。法国前任总统Hollande支持新型的合作，例如在欧元区、国防议题上，有些成员国可以进行更快速的欧洲统合、深化经济暨货币同盟与整合财政及社会政策；其他成员国可以选择是否适用这些措施，以深化欧洲统合。③

德国总理默克尔亦支持此一论点，某些成员国可以往前迈进，比

---

① http://eadaily.com/en/news/2017/03/10/multi-speed-collapse/first-eu-summit-in-2017, last visited 2017/06/26.

② Hans Kundnani, "The Opportunity and Danger of a 'Multi-speed Europe'", http://www.translanticacademy.org/node/1015, last visited 2017/07/15.

③ Peter Korzun, "Goodbye Old EU, Hello New Multi-Speed Europe", *Online Journal Strategic Culture Foundation*, 14 March, 2017.

其他成员国走快一点，其他成员国在准备好以后亦得加入，因此有必要以不同的速度进行欧洲统合，否则欧盟将裹足不前，而影响原来欧盟追求和平的目标。实际上默克尔在 2017 年 2 月马耳他举行的非正式欧盟高峰会议上即已提出此一论点①。

比较值得关注的是，不仅是移民问题，这些国家对财经议题亦有类似的想法，这些国家有深度的文化与历史联结，因此亦倾向于欧元区应解体，而在这些国家间建立一个货币同盟。实际上，德国、法国、意大利与西班牙主张在不同的统合层级推动"多速欧洲"，首要任务为欧元区迈向单一监理的银行联盟（Banking Union）与实行单一的预算（budget）②。

2017 年 5 月，法国新任总统马克龙响应执委会的"欧洲之未来"白皮书，主张实体的投资计划与欧元区更团结。法国与德国是欧洲统合的核心，同时也是欧元区的二大经济体，马克龙强调法国需要一个更团结的欧洲，这攸关欧洲的未来，马克龙亦主张需要一个"多速欧洲"③。

马克龙认为"多速欧洲"已经存在，未来欧盟应采取不同的模式加强合作，特别是允许有意愿的成员国选择适用一些政策与使用欧元，同时马克龙批评在南欧国家实施撙节政策是错误的，这一政策导致需求紧缩与经济衰退，因此大力鼓吹欧洲应实施团结政策，尤其应在数字单一市场及能源市场主张欧洲优先，并实施"买欧洲货法"，（Buy European Act）优先购买在欧洲生产的产品。④

（三）中东欧国家之立场

"V4 集团国家"在 2015 年欧洲难民危机时，拒绝接纳难民，匈牙利总理奥尔班想实现"无自由的民主"（illiberall democracy）。"V4

---

① Peter Korzun, "Goodbye Old EU, Hello New Multi-Speed Europe", *Online Journal Strategic Culture Foundation*, 14 March, 2017.

② http://eadaily.com/en/news/2017/03/10/multi-speed-collapse/first-eu-summit-in-2017, last visited 2017/06/26.

③ Macron outlines plans for multi-speed Europe, https://www.euractiv.com/section/elections/news/macron-outlines-plans-for-multi-speed-europe/, last visited 2017/07/15.

④ Macron outlines plans for multi-speed Europe, EURACTIV.com, https://www.euractiv.com/section/elections/news/macron-outlines-plans-for-multi-speed-europe/, last visited 2017/07/15.

集团国家"在正式的高峰会议举行前在华沙举行会议，表明为防止欧盟可能解体，应重新聚焦于对人民有形的利益，而不是浪费精力在区隔成员国，因此"V4集团国家"针对所有欧洲统合相关的议题，寻求否决权（right to veto），这也是"V4集团国家"坚持在欧盟决策过程中，应增加成员国国会参与的理由。

另外，"V4集团国家"对于申根区域有高度兴趣，毕竟它们的人民可以进入先进成员国的就业市场，这也可以减缓它们脆弱社会保障制度的压力。另外，"V4集团国家"并不反对欧盟的补贴制度，毕竟它们仍获得欧盟许多的补贴。①

2017年3月2日，"V4集团国家"发表共同的声明，以响应执委会的白皮书，强烈表达难以接受"多速欧洲"的概念。这些国家感觉自己像"穷亲戚"或"二等公民"一样被对待②。在华沙会议中，"V4集团国家"大声疾呼反对"双重标准"（double standards），"多速欧洲"将会产生更多"双重标准"的问题。③"多速欧洲"如同在东西欧间筑起一道"新铁幕"（Iron Curtain），而在东西欧的成员国间形成两个不同的阶级。④

"英国脱欧"与移民问题使"V4集团国家"重新检视在欧盟统合架构下具有共同利益的事务，"V4集团国家"公然反对欧盟接纳难民的处理方式。"V4集团国家"的GDP总和是全球第15大的经济体，这4个国家在欧洲议会的议员总和是法国、意大利与英国三国议员加总的两倍；"V4集团国家"仍继续运用Visegrad基金（Visegrad Fund）⑤的

---

① http：//eadaily.com/en/news/2017/03/10/multi-speed-collapse/first-eu-summit-in-2017，last visited 2017/06/26.

② Alex Gorka, "Alliance Inside the EU, Undermining Unity and Cohesion", *Online Journal Strategic Culture Foundation*, 8 August, 2016.

③ http：//eadaily.com/en/news/2017/03/10/multi-speed-collapse/first-eu-summit-in-2017，last visited 2017/06/26.

④ http：//www.politico.eu/article/multispeed-europe-the-eus-loch-ness-monster-future/，last visited 2017/06/26.

⑤ "V4集团国家"于2000年6月9日设立国际Visegrad基金（International Visegrad Fund），总部位于斯洛伐克首都布拉迪斯拉发，主要宗旨为发展彼此更紧密的合作，并提供经费给共同文化、学术与教育的项目、青年交流、跨国合作与促进旅游业发展，同时提供奖学金与艺术奖项。

经费，在其邻近国家执行所谓的"软实力"（soft power）政策。

（四）"地中海俱乐部"国家

2016年4月，希腊与葡萄牙签署一个共同声明，主张欧盟撙节政策是错误的做法，撙节政策使经济停滞低迷与社会分裂。① 2016年9月，希腊组织南欧国家组成所谓的"地中海俱乐部"（Club Med），主张采取保护措施，要求执委会给予成员国政府财政支出与举债更多的裁量权。2016年9月9日，希腊总理齐普拉斯邀集法国、意大利、西班牙、葡萄牙、塞浦路斯与马耳他6个南欧国家在雅典举行一个"反撙节联盟"（anti-austerity alliance）论坛，聚焦于经济、政治与制度面的议题，特别是撙节措施、财政纪律与移民问题，基本上这个六国会议是2016年9月16日欧盟高峰会议前的聚会。

这些南欧国家（法国、意大利、希腊、西班牙、葡萄牙）面临移民、国家安全、邻近地区政治不稳定的挑战，这些议题足以在这些国家间加强合作（enhanced cooperation），特别是在"英国脱欧"后。2015年以来的难民危机，导致大部分的申根区域国家倾向于废止申根区域，以取回对于边界检查与管制的主权。② 希腊与意大利不同意北方国家对于难民危机的处理方式，特别是在法国、意大利兴起极右派的团体，如法国"民族阵线"（Front national）③的雷朋（Le Pen）、意大利的"五星运动"（Five Star Movement）④，均使国内各项选举受到莫大的挑战。

---

① https://spuntniknews.com/europe/20160805104395077-europe-anti-austerity-alliance/, last visited2017/07/17.

② Sarantis Michalopoulos, "Southern EU Countries in Push for Anti-austerity Alliance", https://www.euractive.com/section/med-south/news/southern-eu-countries-in-push-for-anti-austerity-alliance/, last visited2017/07/17.

③ "民族阵线"是法国的一个极右民粹主义政党，2000年以后，"民族阵线"成为法国第三大政党；在2014年欧洲议会选举中，"民族阵线"成为法国第一大政党。目前该党的路线为反移民、反欧盟及反伊斯兰。2017年法国总统大选虽然声势浩大，雷朋进入第二轮投票，但终究未获胜，最终败给马克龙（Macron）。

④ "五星运动"是意大利的民粹主义政党，并为最大的反对党。"五星运动"的核心价值是欧洲怀疑主义、民粹主义、环境保护主义与反对欧盟扩大权力。

三 "加强合作"作为欧洲统合的新模式

"加强合作"（enhanced cooperation）为欧洲统合的新模式，欧盟条约第20条规定，在非专属职权范围内"加强合作"，至少应有9个成员国参与，应通知欧洲议会、理事会与执委会，理事会应依据欧盟运作条约第330条[1]规定的表决方式决议允许这些成员国"加强合作"，在"加强合作"范围内公布的法规，仅对参与此一合作的成员国有拘束力。这些法规并不是想加入欧盟的国家必须接受的。

"加强合作"规定允许至少9个成员国在欧盟架构内进行进阶的统合或合作，"加强合作"与"选择不适用"（opt-out）不同，"选择不适用"系在欧盟架构内的一种合作形式，允许成员国不参与，例如申根区域与欧元区。1999年5月1日生效的阿姆斯特丹条约（Treaty of Amsterdam）针对司法合作暨刑事案件首次规定"加强合作"；2003年2月1日生效的尼斯条约（Treaty of Nice）简化"加强合作"的机制，并扩大在共同外交暨安全政策范围的"加强合作"，但不包括国防事务；2009年12月生效的里斯本条约（Treaty of Lisbon）扩大在国防事务的"加强合作"，并在国防建立常设的结构合作（permanent structured cooperation in defence）[2]。

申根公约可视为加强边界管制合作的机制，但申根公约一开始是在欧盟架构外加强边界管制合作，主要是当时并非全体成员国均有共识废除边界管制[3]，而有些成员国已经就废除边界管制准备就绪，并不愿意等其他成员国，在1980年代尚无"加强合作"机制，无法在原来欧洲共同体的架构内建立申根区域，因此以缔结国际协议的方式建立申根区域，但在申根区域建立后，1999年的阿姆斯特丹条约将

---

[1] 欧盟运作条约第330条规定，全体理事会成员得参与理事会的咨商，但仅参与"加强合作"的理事会成员有表决权。一致决议仅指参与"加强合作"的成员国代表的票数。应依据欧盟运作条约第238条第3项规定，确定条件多数。

[2] 欧盟条约第42条第6项规定，针对军事能力履行更难满足标准与针对最高要求任务彼此继续履行义务的成员国，在欧盟范围内，应建立一个常设的结构合作。

[3] Paul Craig/Grainne de Burca, *EU Law 3rd Edition*, Oxford: Oxford University Press, 2003, p. 751.

申根区域的规则纳入原来的欧洲共同体条约,而成为欧盟法的一部分,允许成员国可以选择不适用申根区域的规则。

"加强合作"至少应有9个成员国,依照目前的28个成员国总数,系指应有1/3以上的成员国想在欧盟架构内进行合作,此规定允许成员国以不同的速度迈向不同的统合目标,此一设计主要是要防止因少数成员国动用否决权而抵制法案通过。[1] 唯应注意的是,"加强合作"机制并不是要在欧盟基础条约外扩大职权,而只是允许部分成员国在无法达成共识时的一个最后手段;同时"加强合作"机制也不是要对成员国有差别待遇,加强合作的事务必须是欧盟基础条约所规定的目标,且不属于欧盟专属职权范围的事务。

新近"加强合作"的例子为2017年6月8日,20个成员国(奥地利、比利时、保加利亚、克罗地亚、塞浦路斯、捷克、爱沙尼亚、芬兰、法国、德国、希腊、意大利、拉脱维亚、立陶宛、卢森堡、葡萄牙、罗马尼亚、斯洛伐克、斯洛文尼亚与西班牙)同意设立欧洲检察官(European Public Prosecutor)[2],负责调查与起诉1万欧元以上的贪污与1000万欧元以上的跨国逃漏税,但瑞典、波兰、匈牙利、马耳他、丹麦、爱尔兰、英国与荷兰并不支持设立欧洲检察官[3]。毕竟"加强合作"是最后手段,为避免造成欧盟的崩解,应遵守"加强合作"的程序要件,才不致使欧盟因不同速度的统合而分崩离析。

代结语 "多速欧洲"之未来

由最近的一些发展,可以看出许多欧盟成员国不同的利益纠结,而倾向于改变欧盟的政治、经济与安全秩序。"英国脱欧"公投引起"多速欧洲"概念公开的热烈讨论,实际上欧元区与申根区域已经是"多速欧洲"的最佳例子,但过去仍是禁忌话题。"英国

---

[1] Elitsa Vucheva, "Divorce Rules Could Divide EU States", 24. July 2008, http://eurobever.com/9/26532/?rk=1., last visited 2017/07/15.

[2] 欧盟运作条约第86条规定欧洲检察官。

[3] http://www.politico.eu/article/multispeed-europe-the-eus-loch-ness-monster-future/, last visited 2017/06/26.

脱欧"公投后，发展成熟的成员国开诚布公地鼓吹"多速欧洲"的概念，希冀可以找到欧洲统合的新出路，但在不同的发展程度与不同利益上，要如何防止欧盟解体或名存实亡，也考验着欧盟领导人的智慧，但从"欧洲之未来"文件来看，聚焦于单一市场似乎是未来欧盟的发展方向。

可以想见，一旦"多速欧洲"成真，西欧的成员国（特别是德国、法国、比利时、荷兰、卢森堡、西班牙）将开始加速它们的统合，而中东欧的成员国将不断地调整自己的步伐，以期可以赶上西欧成员国的统合步调，这种情形未尝不是一件好事，毕竟这些在2004年以后加入的新成员国，仍必须进行许多结构改革。

主张"多速欧洲"统合的成员国为德国、法国、意大利与西班牙，除西班牙外，德国、法国与意大利均为创始成员国，同时这4个成员国是欧盟四大经济体，在国际社会中，欧盟要持续扮演"全球角色"（global actor）需要有更强势的经济实力做后盾，因此可以理解这4个大型成员国倾向"多速欧洲"的统合模式。

有学者认为"多速欧洲"将制造群组对立与持续分裂，法国与德国将不断制定新规则，而其他国家必须迎头赶上。不在核心的国家在决策过程中将被边缘化，最后欧盟将成为松散的联盟，如同一块拼凑而成的破布，将会改变欧盟的政治生态。[①] 不同速度的统合应只是克服危机（例如欧债危机）的唯一方法，也是一个例外情形，因此应审慎运用不同速度的统合，尤其是应严格遵守"加强合作"的规定，"英国脱欧"公投的危机，对于欧盟的未来何尝不是一个新的契机？

---

① Alex Gorka, "Alliance Inside the EU, Undermining Unity and Cohesion", *Online Journal Strategic Culture Foundation*, 8 August, 2016.

欧盟治理中的公民社会及其政治参与

吴志成 张 萌

随着欧洲经济一体化进程的不断深化，欧盟在政治体系上逐渐形成了多层级治理模式。这一模式体现了欧盟不同层级利益的汇集和多元行为体的参与、协作与互动。在欧盟治理过程中，公民社会[①]不仅通过公开对话、政治游说等间接参与方式对欧盟的政策制定施加影响，还借助在布鲁塞尔设立的代表机构，直接收集和分析欧盟决策信息，并与相关决策者保持联系，努力实现其利益诉求。特别是2005年以来，《欧洲宪法条约》和《里斯本条约》所遭遇的挫折，充分表明欧盟公民社会已经不只是停留在参与公共政策的制定上，还对欧盟政治建设和欧洲一体化的发展具有重要意义。

一 欧盟公民社会及其发展背景

20世纪90年代以来，面对日益明显的民主赤字和合法性危机，欧盟出现了对欧洲一体化和制度结构怀疑的声音，欧盟政治机构逐渐注意到欧盟政治与欧洲公民之间的距离正在不断增加。欧盟越来越认识到公民社会参与欧盟决策过程的必要性，开始采取措施重视发挥公民社会的作用，在决策过程中听取欧洲公民的意见，并出台一系列政策文件开辟意见表达渠道，鼓励欧盟公民社会的政治参与活动。1997年签署的《阿姆斯特丹条约》明确提出要让欧洲成为欧洲公民的欧洲，使欧盟更加贴近公民。2000年，欧盟委员会直接承认公民社会

---

① 本文的欧盟公民社会指欧盟层级跨国家的公民社会，而非成员国公民社会。

解决欧盟民主化问题的潜力,认识到公民社会在实现参与民主、代表特定团体利益以及影响政策决策等方面的作用。[①] 2001 年,《欧盟治理白皮书》特别强调了公民社会作为欧盟与公民之间联系渠道的重要性,提出要把更多的公民和社会组织纳入欧盟政策制定过程中来,强调公民社会提供了意见反馈、批评和抗议的渠道,有利于在欧盟层面推行民主。[②] 2002 年,欧盟委员会提出公民社会组织参与欧盟多层治理过程问题,[③] 至此,现代意义的欧盟公民社会正式出现,其内涵也变得更加宽泛和丰富。

由于公民社会具有多种解释,欧盟公民社会的概念也具有不确定性。[④] 一是欧盟公民社会的构成有待明确。《欧盟治理白皮书》曾指出,公民社会包含工会和雇主协会、非政府组织、职业者协会、慈善团体、民众组织、地方市民团体以及宗教团体等,[⑤] 然而,是否包含经济组织及私人利益团体的争论依然存在。欧盟委员会并不反对公民社会的许多现有私人游说活动的合法性,但是公民社会定义却没有明确包括私人团体(如私营企业、企业协会、顾问团等),在制定公民社会的制度化标准时,也没有适用私人利益团体的相关条目。二是欧盟公民社会的定位也不清晰。欧盟不是民族国家行为体,不可能出现像国家公民社会那样的欧盟公民社会。将公民社会纳入欧盟治理的最好方法并不是通过有"中心—外围"结构的欧盟制度机构,而是通过基于某项议题的网络行动。欧盟需要鼓励各个层级的跨越国界的公民

---

① European Commission, "The Commission and Non Governmental Organisations: Building a Stronger Partnership", COM (2000) 704 final.

② European Commission, "European Governance-A White Paper", COM (2001) 428final, 25 July, 2001.

③ European Commission, "Towards a Reinforced Culture of Consultation and Dialogue-General Principles and Minimum Standards for Consultation of Interested Parties by the Commission", COM (202) 704final, 2002.

④ Flore-Anne Bourgeois, "'European Civil Society': Analytical and Political Problems in the Use of a Loaded Concept", Prepared for the workshop "The Institutional Shaping of EU-Society Relations", organized by the Mannheim Centre for European Social Research, 14 – 15 October, 2005.

⑤ European Commission. "European Governance-A White Paper", COM (2001) 428final, 25 July, 2001.

社会网络的出现。① 欧盟委员会力图建立一个处于欧盟和成员国中间的公民社会，以此区别于不同国家公民社会的简单综合，并将欧洲社会和跨国治理连接起来。由于对欧盟公民社会的定位还不清晰，也就难以为其构建一个明确的映像。

欧洲学者关于公民社会的认识，主要可以归纳为两个方面。一方面，公民社会是欧洲个体公民的社会。自由主义政治家倾向于强调个体公民的自由，以及国家保护公民私人领域不受侵犯的权利。公民社会因此被定义为与国家相对立的集体实体。在这种定义中，公民社会强调公民的政治角色，不考虑其个人角色。另一方面，公民社会被视为第三部门。特别是社会学家经常把公民社会看作一个中间部门，既不属于国家也不属于私人经济部门，其活动范围涵盖了所有非营利性部门，通常被称为"第三部门"。

在有关欧盟公民社会的众多界定中，欧盟经济社会委员会的解释具有代表性。它将公民社会定义为全部个人或有组织的社会行为体的集合体，它并不发源于国家，也不受国家所控制。② 这一定义将公民社会与国家而不是经济领域划清了界限，欧盟公民社会所应包含的组成部分包括：劳动力市场参与者如社会合作者，代表社会和经济行为体的组织，非政府组织如环境组织、人权组织、消费者协会、慈善组织、教育和培训组织等，由公民建立的社区组织如青年联合会、家庭联合会等，宗教团体。这些公民社会组织不仅是经济的，还具有宗教、文化、社会等功能。③ 目前，覆盖范围较广、发挥作用较大、对决策产生有效影响的欧盟公民社会组织主要有欧洲商业联合会④、欧洲工商业经济联合会⑤、

---

① Prodi, Romano, "Towards a European Civil Society", Speech at the Second European Social Week, Bad Honnef, 6 April 2000.

② European Economic and Social Committee, "The Role and Contribution of Organized Civil Society Organizations in the Building of Europe", OJ C329, 17 November, 1999.

③ European Economic and Social Committee, "Civil Society Organized at European Level, Act of the First Convention", Brussels, 15 and 16 October, 1999, p. 22.

④ 原为欧洲共同体工业联盟，2007年更名为欧洲商业联合会，在欧盟工业领域"三方会谈"中代表私人企业主。

⑤ 欧洲工商业经济联合会成立于1998年，旨在推动欧盟各国之间以及同世界各国之间在经济方面的交流与合作，促进共同发展。

欧盟公共企业和企业主联合会①、欧洲农场主联合会、欧洲储蓄银行联合会、欧洲工会联合会②、消费者联盟欧洲办事处等。

欧盟公民社会的产生及其研究的兴起并不是偶然的，而是在欧盟多层级网络治理模式下，促进欧盟决策更加贴近欧洲公民利益、有效缓解欧盟民主赤字和合法性危机的迫切需要。

一是缓解欧盟的"民主赤字"。尽管欧盟已经实行欧洲议会直接选举，欧洲议会的权力也有所增加，但这并不表明欧洲公民在欧盟事务中拥有足够的民主权利，欧盟的"民主赤字"状况依然存在。这种民主赤字表现为：欧洲一体化提升了成员国政府代表在欧盟层面的决策权力，却弱化了成员国议会的控制权力；虽然欧洲议会与欧盟理事会在共同决策程序中拥有几乎平等的权力，但绝大部分欧盟立法仍然在理事会的磋商中进行，欧洲议会的权力仍然薄弱；虽然欧洲议会成员由欧洲公民直接选举产生，但是并没有直接针对欧盟的候选人，也没有关于欧盟的政策议题作为候选人的竞选纲领，真正的"欧洲化"选举尚未出现；欧洲议会和欧盟理事会的所谓"民主政治"与欧洲公民之间缺乏有效的联系；欧洲一体化的一些政策结果偏离公民预期的政策选择。③ 由于民主赤字主要源于议会权力的虚弱，提高欧洲议会的地位、扩展议会的权力无疑成为迫切需要，成熟的公民社会也将为加强欧洲基层民众的欧盟认同感和欧盟政治民主化提供前提与基础。欧盟的目标并非成为一个传统的民族国家，靠强制性宪法规定欧盟的民主制度并不可取，因此，欧洲议会地位的提高也不仅仅通过制度上的立法约束，更重要的是提高欧洲公民对欧洲议会的支持、信任以及对欧洲政治的参与热情。为此，欧盟应该对公众敞开大门，在欧洲公民和欧盟机构之间建立广泛联系，增加欧盟的政治透明度，也应该建立制度化的机制，在欧盟内部推动政治竞选和政策讨论。

---

① 欧盟公共企业和企业主联合会成立于1961年，在欧盟工业领域"三方会谈"中代表公共企业。

② 欧洲工业联合会成立于1973年，代表欧洲广大工人的利益，在欧盟工业领域"三方会谈"中代表工人和雇佣者。

③ Follesdal, Andreas, and Simon Hix, "Why There is a Democratic Deficit in the EU: A Response to Majone and Moravcsik", *European Governance Papers* (EUROGOV) No. C-05 – 02, 2005, http://www.connex-network.org/eurogov/pdf/egp-connex-C-05 – 02.pdf.

二是应对欧盟的合法性危机。随着欧洲一体化的不断深化,欧洲公民对欧洲一体化、欧盟政治体制和欧盟政策的态度变得越来越重要。无论是成员国领导人还是欧盟领导者,其行为和决策与欧洲公民的利益偏好密切相关。欧盟的合法性来源于欧洲公民在多大程度上愿意接受并执行欧盟政策,欧洲公民又在多大程度上支持欧盟的各种行动。"欧洲晴雨表"对欧盟的公民支持率所进行的追踪调查表明,①在20世纪70年代的欧盟六国中,只有50%—60%的欧洲公民支持本国的欧盟成员国身份。80年代经过欧盟两次扩大,欧洲一体化的支持率平稳上升,并在1991年达到顶峰。在1992—1994年《马斯特里赫特条约》批准期间,欧洲公民中第一次出现了大范围反对欧盟的声音,并且在1995—1996年达到高潮。1999年,由于反对欧洲货币联盟的实现,欧盟的公众支持率又一次跌至低谷。2000年以来,欧盟的公众支持率平稳上升到50%—60%的水平,这是由于《欧盟宪法草案》《里斯本条约》等一系列促进欧洲一体化的条约陆续出台,也和欧盟的迅速东扩分不开。总体上说,欧盟的成员国数量在不断增多,欧洲公民的人口也在不断增加,但是始终只有一半左右的欧洲公民支持欧盟政治秩序,愿意接受欧盟出台的各项政策。要解决这种合法性不足,获得更多的公众支持,就要在决策过程中更多地倾听欧洲公民的意见,缩小欧盟与民众之间的距离,让欧盟政策的制定更加接近和符合广大欧洲公民的利益。

二 欧盟公民社会的政治参与

改善欧盟公民社会的政治参与是缓解欧盟民主赤字和扩大欧盟合法性基础的重要途径。根据欧盟的合法性原则,欧盟公民社会主要通过公开协调方法、公开咨询、公民陪审团、学术论坛、网络化的公民对话、政治游说等方式参与欧盟治理并对欧盟政策制定产生影响。

---

① http://ec.europa.eu/public_opinion/index_en.htm.

（一）公开协调方法

公开协调方法最早见诸《阿姆斯特丹条约》中有关就业问题的条款，并由里斯本欧盟委员会会议确定。它强调欧盟决策过程应由各个层级上的不同行为体共同参加，有助于打破欧盟对决策的垄断，抑制其对权力的滥用，从而弥补欧盟合法性不足的缺陷。[1] 这一方法主要适用于三个领域：一是涉及国家身份和文化的领域，这些领域通常都与成员国的机构特征和历史特性有关。二是国家立法或组织结构领域，这些领域多样而复杂，不能简单协调。三是一些成员国不愿以共同立法方式实施某项政策，却有政治意愿达到某种共同目标的领域。也有成员国倾向于在一些"半社团化"的政策领域运用公开协调方法，如社会福利、教育和科研方面，这些领域的决策通常在成员国和欧盟两个层面或在不同次体系层面做出。[2] 公开协调方法向公民社会的各种行为体开放，不仅为成员国的合作提供了广泛空间，使它们通过相互学习成功经验进行政策交流，检测政策标准，而且能够避免诸多束缚，对欧盟政策协调过程的监督和控制也不需要经过一系列烦琐的批准或认可。

（二）公开咨询

为促进欧盟治理的优化，欧盟委员会在制定政策时向相关利益团体进行公开咨询，开放政策制定过程，并为公民社会的参与提供机会。公开咨询为持有不同意见的欧洲公民提供了一个公开交流和探讨的平台，深受公民社会的欢迎。他们通过书面或电子邮件向欧盟有关部门及其官员表达个人观点，对欧盟委员会施加影响，从而促进欧盟的正确决策。公开咨询的方式多样，包括提出政策建议，举行各种会议，组织研究小组，通过非正式会议听取意见等。为了进行公开咨

---

[1] 吴志成、李客循：《欧洲联盟的多层级治理：理论及其模式分析》，《欧洲研究》2003年第6期。

[2] Kaiser, Robert and Prange, Heiko, "A New Concept of Deepening European Integration? The European Research Area and the Emerging Role of Policy Coordination in a Multi-Level Governance System", *European Integration online Papers* (EIoP), Vol. 6, No. 2002 - 018.

询，欧盟委员会特别设立了公民顾问委员会①，它由普通公民组成，旨在为广大公民提供机会，就与自身利益密切相关的问题表达个人意见。为了确保建立一个公平而透明的公开咨询体系，许多公民团体要求欧盟委员会将公开咨询作为法定义务写入欧盟条约，欧盟委员会已对此采取措施并制定相关规则。

（三）公民陪审团

公民陪审团是针对特定的政策或决议，从一组公民代表中获取建议的手段。公民陪审团一般由15—20个随机选择的公民组成，对一些预先提出的问题阐述意见。公民陪审团的参与范围通常限于地方性议题，涉及社会福利、通信科技、城市规划、生物技术等多个方面，目的在于将专家的观点与建议置于更宽广的社会中，为促成政策制定而进行对话。公民陪审团的成员通过配额或选区名册随机选取，每个人都有相同的选择机会，并通过平等选择而获得符合公众利益的结果。公民陪审团由专家提供相关信息开始，参与公民针对未来政策方向，提出可能的政策选项，并针对这些选项进行讨论，最终达成一致。在讨论过程中，公民陪审团分为三到五个小组深入交换意见，统筹和评估各小组意见，或提出新的建议。各小组的建议与看法最终由主办机构汇集并纳入公民报告，公民陪审团的结论则送交顾问委员会，并由他们考量是否执行这些建议与看法。

（四）思想库与学术论坛

活跃于欧盟政界和学术界的思想库与学术论坛是欧盟专业人士进行政治参与的重要途径。欧盟思想库通常依托欧盟某个政治机构建立，大多是独立的非营利性组织，其研究范围涉及政治、经济、社会、文化、外交、安全等多个领域，并在欧盟与公民之间发挥联系纽带作用。这些思想库一方面及时向欧洲公民介绍欧盟政策并进

---

① Henning Banthien, Michael Jaspers and Andreas Renner, "Governance of the European Research Area: The Role of Civil Society", 20 October, 2003, http://base.china-europa-forum.net/rsc/docs/doc_727.pdf.

行分析和评论；另一方面，通过举办各种活动，鼓励欧盟公民社会就欧盟面临的各种问题进行公开讨论，为欧盟决策提供参考依据。学术论坛以高校或研究机构为依托举行，主要应用于与自然科学或社会科学有关的专业性较强的政策议题，通常依据不同主题定期举行，由相关领域的专家、学者及政界人士从专业理论角度开展讨论。这种方式可以应用于从地方到国际社会的不同层面，为政策制定提供了展现不同观点、不同利益以及不同视角的机会，为相关政府部门全面了解某项议题的可接受性和可执行性提供了专业性意见。由于学术论坛的专业性较强，只能吸引公民社会的精英阶层参与，而且学术论坛往往只从专业理论角度研究政策制定的理想模式，有时容易脱离实际。

（五）网络化的公民对话

互联网承载了广大公民的期待和愿望，特别是当欧盟试图广泛发布消息或与公众互动时更为明显。欧盟委员会主要通过两种网络方式与公民社会进行对话：一是借助门户网站进行信息发布，二是通过交互式网站进行意见交流。欧盟最大的信息门户网站是欧盟官方网站"通往欧盟之路"[1]，它包含欧盟各部门的官方网页，方便欧洲公民深入了解欧盟机构的详细信息，实现欧盟政务公开。除了发布官方信息，欧盟门户网站还包括庞大的"交互式政策制定系统"，如"欧盟委员会和公民社会"网站[2]、CONECCS数据库[3]及"公民社会组织注册系统"[4]和"你的欧洲之声"[5]网站。"欧盟委员会和公民社会"详细介绍欧盟关于公民社会的政策和原则、开展公民对话的程序和标准，提供了公民社会申请参与公民对话的方式。CONECCS数据库是针对顾问委员会、欧盟委员会和公民社会的数据库，主要提供关于欧

---

[1] http://europa.eu/index_en.htm.
[2] http://ec.europa.eu/civil_society/index_en.htm.
[3] http://europa.eu.int/comm/civil_society/coneccs/index_en.htm.
[4] http://ec.europa.eu/transparency/regrin.
[5] http://ec.europa.eu/yourvoice/consultations/index_en.htm.

盟委员会开展公民对话、构建结构性咨询体系的相关信息,以便使公民社会参与其中,达到透明化的目的。该数据库关闭后,公民社会组织注册系统扩大了公民社会以组织化方式进行活动的范围,允许公民社会组织通过注册登记进行合法活动,提高了欧盟政治的透明性和公民社会政治参与的积极性。"你的欧洲之声"网站是欧盟委员会专门进行公民对话、收集信息和反馈意见的工具。欧洲公民可以通过此网站获得欧盟在各政策领域进行公民对话的原始文件、对话结果和分析报告,以及仍在进行的公民对话的背景材料并报名参与。此网站通过磋商和讨论方式,使公民个人意见在欧盟政策制定过程中发挥作用。网络化方式打破了公民社会政治参与的传统模式,使更多的欧洲公民可以更加便捷地了解欧盟动态、参与欧盟政策制定过程,也扩大了公民社会进行政治参与的议题范围,既节约了参与成本,又降低了欧盟政策制定的风险。

(六) 政治游说

政治游说作为公民社会政治参与的途径带有极大的自发性,其目的在于维护本阶层利益或保护在利益竞争和资源分配中处于不利地位的弱势群体。代表私人利益的游说团体通常代表不同阶层或不同成员国的利益,包括泛欧洲商业组织、大型企业、国家商会、律师事务所以及政治咨询机构等。代表公众利益的游说团体通常代表弱势群体或边缘群体,从事福利事业,包括较大的非政府组织如环境保护组织和人权组织等。还有一些非欧洲国家的外交代表团或次国家行为体,通常代表更为广泛的国家或地区利益。[1] 为了提高游说的效率,欧盟大部分公民社会组织都尽可能在欧盟总部布鲁塞尔设立办事处,以便于更方便地接近并对欧盟机构进行政治游说活动。这些游说者通过寻求参与机会,利用舆论施压、印刷品发行、非舆论手段等方式,试图参与和影响欧盟的决策。但是,政治游说对决策的作用在欧盟不同机构

---

[1] Janet Mather, *Legitimating the European Union: Aspirations, Inputs and Performance*, New York: Palgrave Macmillan, 2006, p. 97.

的表现则有所不同,① 欧盟委员会无疑成为公民社会游说的首选目标,而欧洲议会则对政治游说最开放且大部分欧洲议会议员对游说者持欢迎态度;欧洲法院也发生过妇女组织和环境组织的游说活动;欧盟社会经济委员会被视为欧洲公民社会的制度化发声,而欧洲理事会通常不直接接受政治游说,仅可以通过游说成员国的方式对理事会产生间接影响。

目前,欧盟公民社会主要在欧盟第一支柱框架内发挥作用,其政治参与活动有效地将欧洲公民与欧盟联系起来,创造了公民社会参与欧盟政治的机会,不仅在一定程度上缓减了欧盟民主赤字,也开拓了欧洲公民舆论空间,有助于形成广泛的欧洲认同和欧盟归属感。② 这些作用具体表现为:一是为欧盟提供与决策相关的重要信息和专业意见,并根据自身的原则和目标,对信息进行加工和传输,从而实现影响欧盟立场和政策产出的目的。二是抓住直选、公投等象征性的重大事件,利用投票权凸显自身关注的问题,以便引起欧盟对问题的关注和重视,促使问题尽快解决。三是通过跨国合作的方式壮大力量,广泛调动社会资源,联合介入欧盟治理,在一定程度上促进了欧洲事务的网络化、功能化和专业化。四是利用欧盟发表的公开声明和自己掌握的信息,揭露政府言论与实际做法之间的差距,或者通过民意调查表达自己对政策执行的满意程度,监督欧盟履行承诺,保证政策实施。五是缩小欧盟与欧洲公民之间的差距,加强了欧盟与民众之间的联系,有助于欧盟民主赤字和合法性危机的缓解。

三 欧盟公民社会发展面临的挑战

自《马斯特里赫特条约》签署以来,欧盟一直没有摆脱民主赤字

---

① Hélène Michel, "The Lobbyists and the Consultation on the White Paper: Objectivization and Institutionalisation of 'Civil Society'", http://www.mzes.uni-mannheim.de/projekte/typo3/site/fileadmin/research%20groups/4/workshop%20mannheim%20oct05%20papers/Michel_WhitePaper%20and%20civil%20society.pdf.

② Jürgen Mittag, "Civil Society and European Integration: New democratic forces in the European Union?" Draft-paper fore the conference: Interest groups in the 21st century in France and Europe, 2004, p. 6.

和合法性危机的困扰。这种状况不仅引起了欧盟的高度重视，也促使欧盟积极听取欧洲公民的意见和声音，给欧盟公民社会及其政治参与的发展带来了机遇。特别是21世纪以来，随着欧盟治理理论的发展和《欧盟治理白皮书》的发布，欧盟公民社会组织得到了越来越多的关注，它对欧盟决策过程的影响也非常明显。近年来欧盟委员会每年发布的报告都把加强与公民社会的对话和联系作为重要工作，这无疑为欧盟公民社会进行政治参与开辟了更加多样化和制度化的途径，但是，欧盟公民社会还处于成长阶段，其发展依然面临诸多局限与挑战。

第一，民主赤字是欧盟治理中长期存在并且难以解决的顽疾。这一方面由于从煤钢共同体到欧洲联盟的建立，欧盟始终秉承成员国政府间合作的信念，忽略了欧洲民众的态度；另一方面，随着欧盟的不断扩大，欧盟人口的种族、文化、历史背景、宗教信仰、思想观念和利益需求越来越多样化，这使得传统的西欧民主制度无法适应欧盟日益扩大的发展状况。只要欧盟依然实行政府间合作，广大欧洲公民的利益就很难被纳入欧盟决策过程。

第二，具有较大影响力的公民社会组织数量非常有限。尽管欧盟多层级治理模式为各层级行为体创造了平等参与政策制定的机会，但是由于欧盟理事会秉承成员国政府间合作原则，而且处于欧盟决策的关键环节，难以与公民社会直接接触，欧盟公民社会组织的活动必须在兼顾欧盟层面的同时加强对成员国的影响力。这种多层级的政治压力需要公民社会组织高度的职业化，并且消耗大量资源。尽管有些掌握丰富资源、组织完备的公民社会组织已经发展成为影响欧盟决策的重要力量，甚至可以直接参与谈判协商乃至政策制定，但数量极其有限。只有那些跨国企业集团和拥有广泛政治资源的公民社会组织才能与各个层级的决策机构保持联系，这就使一些松散的边缘组织或者代表弱势群体的公民社会失去了发挥作用的空间。

第三，公民社会发挥作用的范围受到欧盟政治体制的局限。虽然欧盟政治参与的途径很多，但是大多限定在欧盟委员会设定的议题框架内，公民社会自发的政治参与活动的影响力始终较小。出现这种状况主要在于泛欧媒体发展过于落后，难以跟上欧盟公民社会的步伐。

由于媒体是发现社会问题并扩大其关注程度的重要手段，如果欧盟公民社会所反映的问题能够通过泛欧媒体及时引起广大欧洲公众和欧盟的注意，那么欧盟公民社会的活动就会更加主动，政治参与的议题也会更加广泛。然而，目前直接针对欧盟层级和跨国家受众的泛欧传媒非常有限，在欧盟层面的集体行动和社会运动中能够有效发挥政治动员作用的媒体数量则更少。除了诸如欧洲新闻、欧洲体育等少数接受欧盟补贴的泛欧电视频道和《欧盟观察者》等少数基于网络平台的泛欧杂志，[1]其他大多数泛欧媒体不是持续时间短，就是受众范围有限。

第四，公民社会组织自身的不完善对政治参与活动的制约。公民社会组织大多是各阶层或各领域的公民自发组织的非政府组织，除了规模较大的公司及人民团体具有较完备的组织管理体系外，大多数零散组织普遍缺乏资源基础，在行政管理、财政支持、组织能力和技术层面上也缺乏专业性。公民社会组织与其他利益相关者之间的联系同样不够，目标过于理想化，缺少战略眼光和实际行动。公民社会组织的专业性特点使其产生的影响有限，一般只能在组织本身所涉及的领域内具有一定的影响。

第五，公民社会组织存在的"集体行动逻辑"问题无法避免。由于公民社会政治参与取得的成果对整个组织或阶层有利，而不论组织成员是否为此进行过努力或付出过成本，因此公民社会组织内的"搭便车"现象不可避免。特别是在一些较大的公民社会组织内部，组织内所有成员的共同目标是使整个组织受益，但是并非所有成员都具备为受益而付出代价的意识。相反，在一些较小的公民社会组织内部，由于人数较少、职责明确，较少出现"搭便车"现象。这种集体行动逻辑往往导致较大的公民社会组织在政治参与的关键时刻出现内部问题，影响其作用的发挥；而较小的公民社会组织却能够坚持不懈地一致努力，最终实现对决策的影响。但是由于与欧盟联系较为紧密、易于发挥作用的往往是较大的公民社会组织，并且代表利益范围较广的组织往往规模较大，所以集体行动逻辑在一定程度上也削弱了公民

---

[1] 伍慧萍：《欧盟治理中的公共领域与市民社会》，《德国研究》2008年第3期。

社会组织的凝聚力。

　　总之，考察欧盟公民社会组织的兴起和发展，从启动欧洲一体化至今，欧盟公民社会就已经出现明显的欧洲化趋势，不再仅仅是欧盟简单的"合作者"或"参与者"，而逐步成为表达欧洲公民政治偏好的重要声音，甚至成为欧盟政治体系的一部分。特别是近年来，在欧盟的重视和支持下，公民社会组织通过积极的政治参与活动，不仅为欧盟多层级治理及其政策制定提供了许多有益的意见和建议，使欧盟的政策输出更具可行性和实效性，而且在很大程度上也促进了政治参与途径的多样化、规范化和制度化，使得欧洲公民的意见表达渠道更加通畅。可以说，欧盟公民社会有组织的政治参与促进了欧盟治理过程的改善和优化，既是增强欧盟政治民主化、合法化、透明化和参与政策制定、监督政策执行的有效方式，也是连接普通民众与政治精英、传递民众态度和期望、推动欧盟决策符合欧洲公民利益需求和政治偏好的重要途径。

欧盟先决问题程序与司法整合发展

陈淳文

前 言

将原本相互分离，且不相隶属或不相牵连的不同部分，通过特定的程序或方法，化零为整，抑制差异并强化近似，使之成为一个具有一定程度之同质性的整体，谓之"整合"[①]。若整合的方法乃是通过司法权之运作，亦即通过法院的裁判与法院对法令的诠释而形成，则可称之为"司法整合"。在欧盟发展的历程中，包括市场整合、货币整合，乃至诸如共同农业政策或刑事政策之各类政策的整合，种类繁多，且各自皆扮演重要的角色。但不同于一般政治体和地理区域的整合途径，司法整合在欧盟建构过程中占有格外重要之地位，甚至可以被视为"引擎"的角色。[②] 因为通过法院裁判的拘束力，成员国不得不调整或放弃自己的坚持，将自己融入欧盟的大框架之中。而在欧盟法院的各种不同诉讼类型中，又以欧盟运作条约第 267 条所规定的"先决问题程序"（Preliminary Rulings, la procedure de renvoi préjudiciel）对欧盟整合的

[①] 整合（integration, intégration）亦可称为"统合""融合"或是"一体性"，依途径之不同而有各种不同的态样。参见陈淳文《欧盟司法整合新近发展之观察与省思》，载洪德钦、陈淳文主编《欧盟法之基础原则与实务发展（上册）》，台北：台大出版中心 2015 年版，第 59—61 页。

[②] Thomas Horsley, "Reflections on the Role of the Court of Justice as the Motor of European Integration: Legal Limits to Judicial Lawmaking", *Common Market Law Review*, Vol. 50, No. 4, August 2013, pp. 931–964.

发展最具影响力。① 在里斯本条约之前，先决问题程序受到较多的限制。但自里斯本条约之后，除了外交与共同安全领域外，其他所有有关欧盟法的问题，成员国法院都可以提出先决问题。就如同欧盟法院所言：

> 欧盟运作条约第267条主要旨在确保基于条约所建立之法规范的共同体性格，让此法规范不论在任何情况下，在各成员国内都具有相同的效力。而基于此条文所建立的先决问题机制，目的就是要预防各成员国在适用欧盟法时不要出现解释上的分歧，同时也提供各国法官一个排除困难的途径，此困难就是在成员国各自的司法体制下要让欧盟法实践其完整效力而引发的困难。②

由欧盟运作条约第267条所建构的体制，其实就是建置一个欧盟法院与成员国法院直接合作的体制；在此合作体制下，成员国法院以十分密切的方式共同参与并促成欧盟法适用的正确性、解释之统一性与确保欧盟对个人所提供之保障。③

换言之，一旦先决问题程序被启动，它就会产生两种效果。第一是整合的效果：各种有关欧盟法之适用与解释的分歧，将经由该程序而达到统一与整合。第二是移转的效果：对于欧盟法的解释权将会由成员国法院移转到欧盟法院。试举一例说明此两种效果，以及其所可能衍生的问题。欧盟基本权利宪章第51条第1项前段规定："在遵守辅助性原则的前提下，欧盟基本权利宪章所规定的相关条文适用于欧盟之机关，组织与附属机构；此外，仅有当成员国执行欧盟法时，方受该宪章之拘束。"这段规定说明欧盟基本权利宪章的适用范围包含两部分：一是欧盟相关机构，一是成员国，但仅有成员国在执行欧盟

---

① "先决问题程序"亦有称为"先决裁判程序"或"先决裁判之诉"，主要的规定见于欧盟运作条约第267条，相关之中文介绍，可参见吴志光《欧盟法院的诉讼类型》，载洪德钦、陈淳文主编《欧盟法之基础原则与实务发展（上册）》，台北：台大出版中心2015年版，第186—199页。

② CJUE, 3 mars 2011, l'avis 1/09, Points 83.

③ Ibid..

法时方有适用。对于前述条文中"执行欧盟法"的意义为何？在何种情况下属于"执行欧盟法"？攸关欧盟基本权利宪章在成员国的拘束范围：一旦成员国不是在"执行欧盟法"，则基本权利宪章之规定，以及欧盟法院对此规定之解释内涵，即不能拘束成员国。基于此，对于"执行欧盟法"的理解方式，决定了欧盟法的适用范围。例如，欧盟基本权利宪章第 50 条规定一事不二罚原则（ne bis in idem），若一个成员国的国内法针对逃漏税行为同时有刑事处罚与行政处罚，是否因之而违反前述宪章之一事不二罚原则，端视"执行逃漏税之处罚"是否属于"执行欧盟法"？

理论上"税法"具有很强的主权性质，成员国"执行税法"应该不属"执行欧盟法"之范畴，故成员国执行其税法所衍生之处罚，即使兼具刑罚与行政罚，也不受欧盟基本权利宪章第 50 条有关一事二罚之禁令所拘束。然而欧盟法院在 2013 年 Fransson[①] 一案（下称"瑞典逃税制裁案"）中作出重要宣示：尽管针对逃漏税行为之刑事追诉与行政裁罚乃是基于成员国国内法之规定，且此类规定并非源自欧盟法，但是此追诉与裁罚行为仍可被视为"执行欧盟法"，因为成员国之税收与欧盟财政预算有直接关联，故成员国为确保税收而采取相关执行与制裁措施，系属"执行欧盟法"之范畴。在确定本案系属执行欧盟法之范畴后，欧盟法院进一步说明：基于刑事处罚与行政处罚性质不同，针对逃漏税行为同时施以刑事处罚与行政处罚，并不违反欧盟基本权利宪章第 50 条的一事不二罚原则。欧盟法院在"瑞典逃税制裁案"中对于"执行欧盟法"所采取之宽松解释态度，一方面可以统一欧盟基本权利宪章在各国的适用歧异；另一方面也将宪章适用范围的决定权掌握在自己手中。于此，吾人可以看到"整合"与"移转"的双重效果。

---

① CJUE, 26 fév. 2013, Aklagaren c./Akerberg Fransson, C-617/10. L. d'Ambrosio et D. Vozza, Retour sur le dialogue des juges en matière de ne bis in idem: après le silence de la Cour constitutionnelle italienne, la parole revient à la Cour de justice de l'Union, *RTDEur.*, 2017, No. 1, pp. 93–100. 对 Fransson 案的中文介绍可参阅黄舒芃《欧盟基本权利宪章对个成员国之拘束：由新近实务发展与理论争议反思基本权利保障在欧盟的实践途径》，载洪德钦、陈淳文主编《欧盟法之基础原则与实务发展（上册）》，台北：台大出版中心 2015 年版，第 223 页。

"瑞典逃税制裁案"在 2013 年 2 月 26 日公布之后，立即引起高度关注。德国联邦宪法法院旋即在同年 4 月 24 日的"反恐资料案"[①]中反驳"瑞典逃税制裁案"之见解，德国联邦宪法法院认为只要成员国在落实欧盟相关法规拥有一定程度的自主空间时，就不是在"执行欧盟法"。更详细地说，德国对于"执行欧盟法"的概念，采取极端限缩的解释，与欧盟法院的见解根本上是南辕北辙。德国联邦宪法法院强调：基于本案所涉有关反恐资料之储存、运用与交换等相关规定，虽然与欧盟法相关并受其拘束，但并非欧盟法之强制要求，也非由欧盟法直接并完整之规范，故不属执行欧盟法之范畴，因此不必向欧盟法院针对此案提出先决问题程序。通过此案，吾人可以看到德国联邦宪法法院利用拒绝向欧盟法院提出先决问题程序的机会，一方面掌握欧盟法（此处系欧盟基本权利宪章）之解释权；另一方面也确定了欧盟与成员国的权限范围。

从前述欧盟法院"瑞典逃税制裁案"与德国联邦宪法法院"反恐资料案"两案的见解冲突与角力，特别可以看到先决问题程序在欧盟法中的重要性。前者是瑞典法院向欧盟法院提出先决问题，后者则是德国联邦宪法法院拒绝向欧盟法院提出先决问题。我们可以看到一旦进入先决问题程序，欧盟法院就有机会通过其裁判移转欧盟法规之解释权限并整合欧盟法。固然先决问题程序对于欧盟整合发展的贡献是既早且巨，[②] 但过去该程序之发动者多是成员国之各级法院法官，由成员国之宪法法院作为先决问题程序之发动者，则是比较晚近的事。以下先简介先决问题程序与成员国宪法法院之互动情形，再通过相关案例分析，探究该程序对欧盟司法整合之影响。

---

① BVerfG, Urteil v. 24. 4. 2013 – 1 BvR 1215/07, JZ. 2013, 621. 黄舒芃：《欧盟基本权利宪章对个成员国之拘束：由新近实务发展与理论争议反思基本权利保障在欧盟的实践途径》，载洪德钦、陈淳文主编《欧盟法之基础原则与实务发展（上册）》，台北：台大出版中心 2015 年版，第 226 页。

② 诸如"直接效力原则"或"优先原则"等自 1960 年代就发展的欧盟法重要原则，都是源自于先决问题之诉，详见陈淳文《欧盟司法整合新近发展之观察与省思》，第 62 页。

一　先决问题之诉与宪法法院

欧盟法院一半以上的案源来自于先决问题诉讼,[①] 其重要性自不待言。根据欧盟运作条约第 267 条第 1 项之规定,成员国法院可以针对欧盟法规范本身之意义与内涵,以及欧盟相关机构所订定之欧盟衍生性法规范是否抵触欧盟条约等两类问题提出先决问题。前者是欧盟法规范本身的解释问题,如前述有关"执行欧盟法"的概念,或是"一事不二罚原则"的适用范围等;后者则是欧盟机构所订定之衍生性(或称派生性)法规范是否符合欧盟条约,由欧盟法院进行"合条约性审查"。就前者言,欧盟法院所要解释的对象包括欧盟条约本身,欧盟衍生性法规范,欧盟签署的国际条约,以及欧盟法院的判决及其所提出之一般法律原则等。但在欧盟法规范的解释之外,欧盟法院既不介入任何诉讼个案本身,也不介入成员国国内法规范的合法性审查。至于后者的"合条约性审查",涉及所有欧盟机关之行为,但必须这些行为得以发生法律上之效果。诸如建议或意见等不具法效性的行为,原则上不受欧盟法院审查。[②]

先决问题程序的发动者是成员国法院,而依照欧盟运作条约第 267 条第 2 项规定,成员国各级法院于诉讼中认为必要时,得提出先决问题之诉。同条第三项则规定,凡是其裁判不得再提出救济的法院,当其遇有欧盟法问题时,必须向欧盟法院提出先决问题之诉。二者的差别在于前者(各级法院)有自由选择空间,后者(终审法院)则仅有应作为之义务。由于法官才是先决问题程序的声请主体,[③] 此不因成员国之诉讼程序系采取当事人进行主义或是职权进行主义而有所不同。[④] 若是诉

[①] P. OLIVIER, "La recevabilité des questions préjudicielles : la jurisprudence des années 1990", *Cahiers de droit européen*, No. 1 - 2, 2001, pp. 15 - 16, cf. le communiqué de presse No, 25/2000 sur le document de la Cour, accessible en ligne à l'adresse suivante : http://curia. europa. eu/fr/actu/communiques/cp00/info/cp0025fr. htm.

[②] 但若是建议本身含有一定成分的法律拘束力时,则法院即得介入审查。参见 CJUE, 13 décembre 1989, Grimaldi, C-322/88.

[③] CJUE, 15 juin 1972, Grassi, C-5/72.

[④] CJUE, 21 juillet 2011, Kelly, C-104/10.

讼案件属于成员国各级法院，在其审理期间是否提出先决问题程序纯属成员国各级法院法官之裁量范围，并不具有强制性；但是就成员国之宪法法院而言，因其所作之裁判或决定不得再提出救济，具有类似终审法院的地位，因此一旦宪法法院遇有欧盟法问题时，应有义务向欧盟法院提出先决问题之诉。只是若是成员国宪法法院不愿提出，如前述德国"反恐资料案"，欧盟法院也无可奈何。尽管欧盟法院一再强调：有关欧盟法的解释与其合法性审查乃是欧盟法院的专属权限，成员国法院无权径行宣告欧盟法中之衍生性法规范因违反条约而不具效力；换言之，未事先经过先决问题程序，成员国法院不得以欧盟法规范违反条约为由而不予适用。但是由于先决问题程序之发动权掌握在各国法院手中，如果在适用欧盟法的过程中，成员国法院决定自行解释并适用欧盟法，而不向欧盟法院提出先决问题，就有可能出现相同的欧盟法规范，却在不同成员国内有不同意涵的情况。欧盟法的一致性因之而遭到破坏，并且也损害了欧盟法本身的安定性。就此而言，各国法院是否愿意提出先决问题程序的态度，在相当程度上影响着欧盟整合的发展。

在成员国法院中，终审法院及宪法法院皆属其裁判不得再提出救济之法院。特别是宪法法院，因处理宪法争讼问题，肩负维护宪法之任务，地位更加崇高。过去成员国宪法法院为维护其在国内法体系内的优越地位，并维护本国宪法的自主性，对于先决问题之诉多持保留立场。[1] 相较于诸如比利时或奥地利等小国之宪法法院，它们在20世纪末就已开始提出先决问题之诉，[2] 欧盟大国的宪法法院则一直不把自己视为欧盟运作条约第267条第3项所规定的"裁判不得再提起救济之法院"，而不愿提出先决问题之诉。[3] 但自2008年意大利宪法法院开始，接着是2011年西班牙宪法法院，2013年法国宪法委员会，

---

[1] J. Komarek, "The Place of Constitutional Courts in the EU", *European Constitutional Law Review*, Vol. 9, 2013, p. 432.

[2] 比利时宪法法院在1997年，奥地利宪法法院在1999年提出它们的第一个先决问题之诉，欧盟法院回应之裁判分别为：CJCE, 16 juillet 1998, C-93/97；CJCE, 8 novembre 2001, C-143/99。

[3] 欧盟成员国之宪法法院常认为自己是其国内司法体系中地位最特殊的一个组织，与一般法院截然不同。但是欧盟法院在其判决（CJCE, 30 juin 1966, Vassen-Gobbels, aff. C-61/65）中明白表示成员国宪法法院不折不扣地属于欧盟运作条约第267条所指称的"法院"。

2014年德国联邦宪法法院，这些欧盟大国的宪法法院开始向欧盟法院提出先决问题程序。[①] 这样的新发展，似乎是对欧盟司法整合注入新的激素。以下先简单介绍意大利、德国与法国三个大国宪法法院之新近发展动态，再进一步分析先决问题程序对欧盟司法整合可能造成的影响。

二　意大利宪法法院与先决问题程序

"二战"后意大利新宪法于1947年12月27日通过，其宪法法院则自1956年开始运作。意大利宪法第11条强调：在相互平等的条件下，意大利接受其主权之限制，并愿意协助并促成以和平与正义为目的之国际组织之发展。此条文原本以联合国为想象的适用对象，尔后亦成为罗马条约与欧盟发展的利器。欧盟法院的早期著名判决Costa v. E. N. E. L.一案即是由米兰法院所提的先决程序问题。本案当事人认为意大利政府将电厂国有化的法律违反欧体条约，米兰法院一方面提出先决问题程序，另一方面也向意大利宪法法院针对同一法律提出违宪审查声请。虽然意大利宪法法院认为将电厂国有化之法律并不违宪，但同一法律却被欧盟法院认为抵触欧体条约。最后基于欧盟法优先原则，米兰法院只得不顾意大利宪法法院之合宪宣告，而遵从欧盟法院之裁判意旨，不适用意大利之电厂国有化法律。吾人可以看到在意大利宪法法院与欧盟法院建置初期的第一次交手经验，就给意大利宪法法院留下不是太美好的互动经验。

尔后在1991年的一个判决中，[②] 意大利宪法法院表示：它有权可以依据当时的共同体法第177条（也就是现行欧盟运作条约第267条）之规定，向欧盟法院提出先决问题之诉。如此似乎开启了意大利宪法法院向欧盟法院提出先决问题程序的可能性，但在4年之后，此见解即被

---

① 欧盟法院针对这些宪法法院之先决问题的回应裁判如下：CJCE, 17 novembre 2009, C-169/08（意大利），CJUE, 26 février 2013, C-399/11（西班牙），CJUE, 30 mai 2013, C-168-13 PPU-F（法国），CJUE, 18 juin 2015, C-62/14（德国）。

② ICC, judgment no. 168, 8 April 1991.

意大利宪法法院自己所推翻。在1995年的不受理决定中，[①] 意大利宪法法院如此表示："由于宪法法院被赋予之角色与权限，乃是意大利法律体系中前所未见之特殊建置，故其与传统的一般法院之法官明显不同。基于此，宪法法院不能被认为是共同体法第177条所规范之法院。"[②] 换言之，宪法法院并不能向欧盟法院提出先决问题程序。

一直要到2008年意大利宪法法院才第一次正式向欧盟法院提出先决问题之诉。[③] 本案源自意大利宪法争讼程序中的"直接争讼程序"（giudizio in via principale），其由中央或地方政府针对中央或地方立法机构所通过之法规范，认为其有违宪之虞时，得在相关法规范通过后六十日内向宪法法院提出违宪审查声请。本案乃因撒丁岛大区议会决定征收以非撒丁岛居民为课征对象的观光税，意大利政府认为此税法违反意大利宪法第117条第1项规定而声请释宪。[④] 意大利宪法法院则认为系争规范可能抵触服务自由原则（旧条约第49条，现行欧盟运作条约第56条）及禁止国家补助之规定（旧条约第87条，现行欧盟运作条约第107条）而决定向欧盟法院提出先决问题之诉。意大利宪法法院在此决定中先强调：虽然宪法法院是国内法秩序内位阶最高的宪法维护者，但是此特殊角色并不排除宪法法院仍属欧体条约第234条第3项（即现行欧盟运作条约第267条第3项）所规范之"法院"，并且依照意大利宪法第137条第3项规定，宪法法院也属其决定不得再提出救济的法院。在此情况下，一旦宪法法院因直接诉讼程序而受理案件时，它既是第一审法院，也是终审法院；其裁判具终局性质。基于此，若宪法法院不能向欧盟法院提出先决问题，则欧盟

[①] ICC, order No. 536, 15 December 1995.

[②] 意大利宪法法院的意思是指：宪法法院并非是直接受理个案的法院，因此不同于一般法院。但是在由政府所声请的法律违宪审查案件中，宪法法院事实上是直接受理政府所声请的案件。故此见解与实务显有不同，详见 F. Fontanelli & G. Martinico, "Between Procedural Impermeability and Constitutional Openness: The Italian Constitutional Court and Preliminary References to the European Court of Justice", 16 *European Law Journal*, 2010, pp. 359 – 360.

[③] ICC, oeder No. 103, 13 February, 2008.

[④] 该条文之规范精神为地方所制定之法律，既不得超越宪法所规定的授权范围，也不得抵触欧盟法及国际条约所规范之内容。本案的详细介绍可见 L. S. Rossi, "Recent Pro-European trends of the Italian Constitutional Court", 46 *Common Market Law Review* 2009, p. 319 et seq.

法一体适用原则即可能招致破坏。

在2008年的"直接争讼程序"之后，意大利宪法法院在2013年进一步将"间接争讼程序"（giudizio in via incidentale）①所引发的案件，也向欧盟法院提出先决问题之诉。②此项扩张先决问题范围的意义更为重大，因为一方面它真正推翻其1995年拒绝提出先决问题程序的见解；另一方面也将其所可受理之各类案型，尽皆纳入先决问题之诉的范围。此间接争讼程序涉及意大利国内法是否与欧盟指令相抵触的问题，欧盟法院最后作出意大利国内法抵触欧盟法的结论。③而依据意大利宪法第117条第1项之规定，中央或地方之立法皆有不得抵触宪法、欧盟法及国际法之义务。基于此，抵触欧盟法就是抵触宪法，该国内法遂因违宪而无效。从前述意大利宪法法院的发展动态来看，从排斥提出先决问题，到首度提出先决问题之诉，再扩大到各类案件皆可提出先决问题之诉，意大利宪法法院看似采取一种愿意与欧盟法院真诚合作并支持欧盟司法整合的立场，此与德国联邦宪法法院的态度十分不同。

三　德国联邦宪法法院与先决问题程序

德国联邦宪法法院向来对于欧盟事务高度关切，除了因为欧盟条约涉及主权移转的合宪性问题，本就属宪法法院的审查范围外，另外又因德国对于国际法秩序与国内法秩序采取二元论观点，国际法规范必须通过"转换"的过程，才可以变成国内法。在将欧盟法规范转换为国内法的过程中，也会涉及这些负责转换欧盟法规范的国内法，是否符合德国宪法的问题，此就落入德国国内法的合宪性审查范畴，自然也就是德国联邦宪法法院的权限范围。事实上，自从1974年的

---

① 所谓"间接争讼程序"，就是各级法院法官受理案件之后，认为作为其裁判依据的法令有违宪疑虑，故先暂时停止本案诉讼而提出释宪声请。
② ICC, order No. 207, 3 July, 2013.
③ CJUE, 24 Novembre 2014, joined cases C-22/13, C-61/13, C-62/13, C-63/13, C-418/13, Raffaella Moscolo and others v. Ministero dell'Universita e della Ricerca.

Solange I 案开始,[1] 德国联邦宪法法院就不断挑战欧盟法院的权威以强调其自主性。在 1974 年的 Solange I 案中,德国联邦宪法法院指出:由于当时的欧盟体系欠缺完善的人权保障机制,所以对于欧盟法院已经宣告为符合欧盟条约的欧盟法令,德国联邦宪法法院仍然有权以德国基本法为基准,审查该欧盟法令是否抵触德国基本法所保障的基本权利。在 1993 年的马斯垂克条约一案中,[2] 德国联邦宪法法院又对欧盟法令提出"越权审查"(ultra vires),意即德国联邦宪法法院以欧盟法令超越欧盟条约之授权范围为理由,宣告欧盟法令在德国境内不具效力。最后,在 2009 年的里斯本条约一案中,[3] 德国联邦宪法法院又进一步提出"德国宪法认同"的概念,[4] 其强调一旦欧盟法令与德国宪法认同相抵触时,该欧盟法令在德国境内不得生效。然而,对于欧盟法令的合法性判断,本属欧盟法院的专属权限。成员国法院在审理个案中如果发现有欧盟法令之疑义问题,应该遵循先决问题程序来处理,而非自行处理并判断。而德国联邦宪法法院从人权审查、越权审查,到德国宪法认同之审查,[5] 都是直接挑战欧盟法院的审查权,架空先决问题程序,而自行对欧盟法令的合法性进行判断。面对此现象,有部分德国学者甚至认为应该通过修宪的程序,课与德国联邦宪法法院有向欧盟法院提出先决问题程序的义务。[6]

---

[1] BVerfGE 37, 271 (1974).
[2] BVerGE 89, 155 (1993).
[3] BVerGE 123, 26 (2009).
[4] 有关"德国宪法认同"的概念请参见陈淳文《欧盟司法整合新近发展之观察与省思》,载洪德钦、陈淳文主编《欧盟法之基础原则与实务发展(上册)》,台北:台大出版中心 2015 年版,第 70—71 页。
[5] "越权审查"与"宪法认同审查"有三点差异:首先,越权审查仅能针对欧盟之衍生性法规范,宪法认同审查则可针对欧盟原始规范及衍生性规范。其次,二者的审查基准不同,越权审查以欧盟原始规范为基准,宪法认同审查则以德国基本法为基准。最后,就审查效果而言,越权审查涉及欧盟法规范的效力,影响其他成员国;而宪法认同审查仅属德国国内法秩序的问题,与其他成员国无关。参见 S. Kaufmann, Le Bundesverfassungsgericht et les limites à la primauté du droit de l'Union. Confrontation ou complémentarité dans l'intégration européenne?, *RTDEur.* 2017, No. 1, p. 67.
[6] 相关学者及其论述详见 2009 年 8 月 18 日德国洪堡大学的 Walter-Hallstein Institut fur Europaisches Verfassungsrechts(WHI)中心所发表之文献:Das Lissabon-Urteil des Bundesverfasungsgerichts Auswege aus dem drohenden Justizkonflikt, http://schneeschmelze.wordpress.com/2009/08/18/vorlagepflicht-des-bverfg-zum-eugh-kraft-gesetzes-gefordert/,2014 年 9 月 13 日造访;另请参阅陈淳文《欧盟司法整合新近发展之观察与省思》,载洪德钦、陈淳文主编:《欧盟法之基础原则与实务发展(上册)》,台北:台大出版中心 2015 年版,第 71 页。

虽然德国并没有真的对此问题进行修宪，但是德国联邦宪法法院似乎听到学者的呼吁，终于在 2014 年 1 月 14 日首次向欧盟法院提出先决问题程序。① 本案乃因欧洲中央银行在 2012 年 9 月 6 日公布将开始进行债券购买计划（OMT, Outright Monetary Transactions），以协助欧元区成员国渡过经济难关。该计划内容就是购买欧元区成员国所发行之债券，但同时要求这些发行债券的国家必须依照欧洲财政稳定机制（le fonds européen de stabilization financière）与欧洲稳定机制条约（le mécanisme européen de stabilité）之精神，进行国内的财政结构改革。对于欧洲中央银行挽救欧债危机的相关措施，当然获得包括德国执政党在内之欧盟主要国家及其执政者之支持，但为德国在野党与疑欧派民众所反对。近一万一千名德国人及在野党分别向德国联邦宪法法院声请释宪，② 他们谴责德国政府及国会坐视不管，任令欧洲央行之举措逾越其权限，违反欧盟运作条约第 123 条及德国基本法第 23 条；同时这些救债相关措施也抵触"德国宪法认同"所蕴含的民主原则。

德国联邦宪法法院在受理案件之后，决定首次向欧盟法院提出先决问题程序，其主要问题为以下几个方面。

第一，欧洲央行购买债券的计划与行为是否超过由条约所授权之欧洲央行职权范围，因而抵触欧盟运作条约第 119 条与第 127 条第 1 及第 2 项，以及欧洲央行地位议定书第 17—24 条等规定。

第二，欧洲央行购买债券的行为是否抵触欧盟运作条约第 123 条禁止介入货币政策之规定。

这个向欧盟法院提出先决问题程序的举动，表面上看似乎是德国联邦宪法法院一改过去桀骜不羁，不愿臣服的态度。然而，在提出先决问题程序的同时，德国联邦宪法法院已经对于所涉及之法律问题表示其见解。在本案中，德国联邦宪法法院的确认为欧洲央行计划购买债券的决定，超出了欧盟条约授权的范围。其主要理由有二：首先，

---

① BVerG, 2 BvR 2728/13 (2014).
② 德国人民是以德国基本法第 93 条第 1 项第 4—1 款及德国联邦宪法法院法第 13 条第 8 项及第 90 条之规定为基础，以基本权遭侵害为由提出宪法诉愿。在野党则以德国基本法第 93 条第 1 项第 1 款有关机关争议之规定，提出释宪声请。

欧洲央行本就不得涉及经济政策范畴，然而购买债券的行为虽是货币政策行为，但却与经济政策息息相关，二者根本就是一体两面而无法切割。其次，欧盟条约禁止通过货币政策来解决财政赤字问题，而购买债券行为正是要解决诸如希腊等国之财政赤字问题。基于前述理由，欧洲央行此购买债券的决定应属越权之行为。

在德国联邦宪法法院通过其先决问题之诉表达其法律见解之后，欧盟法院面临两个困境：第一，若是欧盟法院采取与德国联邦宪法法院完全不同的见解，固然得以维持住其自主性，但却会面临另一个风险。德国联邦宪法法院在"越权审查"之外，尚有"宪法认同审查"。一旦欧盟法院认为本案并没有超越条约授权，德国联邦宪法法院仍然可以将欧洲央行的决定视为违反德国宪法，而宣告其不得在德国境内生效。如此一来，就是德国联邦宪法法院直接对抗欧盟法院，对司法整合发展有不利的影响。第二，若是欧盟法院接受德国联邦宪法法院的立场，宣告此政策决定乃属越权行为，又产生另外一个大问题：也就是司法涉入政治的问题。如前所述，正是为了要解决欧债危机与维持欧元区之经济稳定，欧洲央行才决定通过购买成员国债券的方式来改善欧债问题。如今此高度政治性的政策决定，一旦被欧盟法院所推翻，则欧盟机构间的协调问题，甚至是欧盟法院的地位与角色，可能都会被重新审视与检讨。

德国联邦宪法法院从向来拒绝提出先决问题程序的立场，到2014年首次愿意提出先决问题之诉，这一转变是欧盟司法整合发展进程中的一个重要转折点。只是此转折究竟是促进整合？还是挑战整合？还要看德国联邦宪法法院对欧盟法院裁判的回应态度。

四　法国宪法委员会与先决问题程序

法国宪法委员会虽无"宪法法院"之名，却有宪法法院之实。其所行使之职权内容，与欧陆其他国家之宪法法院相差无几。[①] 比德国

---

① 有关法国宪法委员会之沿革与欧陆宪法法院之概念内涵，可参见陈淳文《从法国2008年修宪论抽象违宪审查制度的发展》，《中研院法学期刊》2015年第17期。

更早一点，法国的宪法委员会在 2013 年 4 月 4 日 M. Jérémy 一案中，[①] 首次向欧盟法院提出先决问题程序。宪法委员会是法国处理违宪审查问题的专责机构，在 2008 年修宪之前，法国宪法委员会专责事前的违宪审查，也就是国会通过法律案后，在其正式公布之前，如果有违宪疑义，国会两院议员、总理和总统皆可提出违宪审查之声请。此种事前审查必然也是抽象审查，因为法律条文尚未正式生效，还没有在具体个案中被适用，因此也没有设置人民声请机制的必要。不过 2008 年修宪之后，法国正式引入事后审查，允许人民在个案诉讼中因所涉法律有违宪疑义而可提出释宪声请。除了事前审查的特性外，法国宪法委员会过去也对自己的权限解释抱持严格的态度。宪法委员会认为依据宪法规定，其仅能处理"合宪性审查"，亦即仅审查法律案是否合宪，而法律案是否符合欧盟条约的"合条约性审查"，非属其权限范围，而属各级法院在个案审理中所该处理的问题。法国法院在个案审理中如果发现有欧盟法令与法国法令相冲突，或者自行进行合条约性审查，或者暂时停止诉讼程序而向欧盟法院提出先决程序问题之诉。宪法委员会仅在一种情况下可能介入欧盟法领域，即当法国国会立法之法案将欧盟法令转换成国内法时，在此转换法案通过立法程序而尚未公布生效之前，若有人提出违宪审查之声请，宪法委员会就必须受理并判断。此际，宪法委员会依法国现行第五共和宪法第 61 条与第 88—1 条之规范精神，审查法国法案是否实践了将欧盟法国内法化的宪法义务，以及该转换性质之法律案是否有明显抵触被转换之欧盟法令的条文内容和规范目的。[②] 在此种审查程序中，宪法委员会也曾提出类似德国联邦宪法法院所用的"德国宪法认同"概念，作为其审查基准。更详细地说，法国宪法委员会认为：移转欧盟法令的法国国内法法案，除了必须符合欧盟法令之外，也不能抵触"法国宪法意识中固有的规范或原则"[③]。若是将欧盟法规转换成法国国内

[①] C. C. 4 avril 2013, No. 2013 – 314 PQPC, *Rec.* p. 523.

[②] C. C. 30 novembre 2006, No. 2006 – 543 DC, Loi relative au secteur de l'énergie, *Rec.* p. 120.

[③] C. C. 10 juin 2004, No. 2004 – 496 DC, Loi pour la confiance dans l'économie numérique, *Rec.* p. 101. 另请参见陈淳文，前揭注 1，第 76 页。

法的法国法律案，经宪法委员会审查认为其与"法国宪法意识中固有的规范或原则"相抵触，该法律案会被宣告因其违宪而无效。

在 2008 年修宪之前，宪法委员会仅审查未生效之法律案是否违宪，除前述之特定情境外，原则上不太介入国内法令与欧盟法令相互冲突的问题。自 2008 年修宪引进人民声请释宪制度后，人民可以针对已生效的法律是否抵触宪法向宪法委员会提出释宪声请。虽然宪法委员会仅审查合宪性问题，原则上不处理合条约性问题，但是若转换法被视为抵触欧盟法令，基于法国有将欧盟法令国内法化的宪法义务，此不当转换欧盟法令的国内法，不仅抵触欧盟法令，同时也可被视为违背将欧盟法令国内法化的义务，此违背国内法化义务的转换法律案亦可被视为违宪。更何况 2008 年修宪所建置的人民声请释宪制度，法律用语上被称为"优先之合宪性问题"（la question prioritaire de constitutionnalité，QPC），[①] 其立法意旨就是要人民在合宪性问题与合条约性问题同时并存时，人民应该优先提出合宪性审查。自此，在审理"优先之合宪性问题"时，宪法委员会难免要面对法国国内法，特别是具有转换性质的国内法，其与欧盟法之间的相互关系。在"优先之合宪性问题"上路三年多后，宪法委员会终于在 2013 年首度因涉及本国法与欧盟法之冲突而向欧盟法院提出先决问题程序。

本案涉及欧盟于 2002 年建置，[②] 且于 2004 年 1 月 1 日开始生效的"欧洲逮捕令"（le mandated 'arrêt européen）相关问题。本案原告乃英国教师，他带一位刚满 15 岁之女学生一起到达法国。英国法院先以绑架儿童为由对其发出欧洲逮捕令，原告在法国被逮捕，并被引渡回英国。原告一到英国领土后，即被以准强制性交罪进行讯问，并被声请羁押。[③] 然而英国的法院却认为，依据欧洲逮捕令所描述的逮捕理由是绑架儿童，而非准强制性交罪，因此驳回羁押声请。英国官方于是请求法国法院扩张欧洲逮捕令之逮捕事由。尔后，法国法院

---

① 中文介绍参见陈淳文《欧盟司法整合新近发展之观察与省思》，第 76 页；陈淳文《人民声请释宪制度的改革展望》，《政大法学评论》2015 年第 142 期。
② La décision-cadre no 2002/584/JAI du Conseil du 13 juin 2002.
③ 依据英国法，与未满 16 岁的人发生性关系触犯刑法，法国法则规定为 15 岁。

配合英国官方之需求作出扩张欧洲逮捕令之逮捕事由的裁定。法国刑事诉讼法第695—46条规定，对此类裁定不得提起抗告。原告对于法国法院扩张逮捕事由之裁定依法不得抗告表示不满，向法国法院提出"优先之合宪性问题"，本案最后送到宪法委员会。原告以下有两点主要主张。第一，法国刑事诉讼法第695—46条不得抗告的规定违反法律之前人人平等的宪法原则，因为刑事被告遭受不同的对待：有的情境下可以对法院裁定提出抗告，有的情境下却无任何救济途径可言。第二，该规定也违背有效救济之诉讼权保障原则：排除任何救济的可能性，就是侵害被告之诉讼权。

法国立法者之所以在其刑事诉讼法第695—46条排除救济可能性的理由，是因为2002年欧盟所通过之"欧洲逮捕令"中的第27及第28条规定，前述规定要求法院必须在接获他国提出引渡之请求后30日内做出决定。法国将前引欧盟逮捕令框架规定转化为国内法时，作如下之安排：对于法国法院同意将依欧盟逮捕令所逮捕之嫌疑犯交付逮捕令之请求国时，该嫌疑犯得在三日之内向法国的最高法院提出救济。[①] 但是对于法国法院同意将引渡理由依请求国之主张而予以扩张至原欧盟逮捕令所未提及之事由，此同意扩张引渡理由之决定则不得提出任何救济。由于其他欧盟成员国对于同意扩张之决定是否得提出救济，并无一致性之规定。因此，宪法委员会认为有必要请欧盟法院对于欧盟逮捕令框架中的第27及第28条规定作出解释。此外，基于法国宪法委员会必须在受理案件后三个月内作出决定的法定期限要求，以及本案涉及人身自由之剥夺（羁押），宪法委员会还请求欧盟法院依欧盟运作条约第267条第4项之紧急程序规定来审理案件。

就诉讼性质上而言，宪法委员会首次所提先决问题之诉是有关法条之解释，其虽不若德国联邦宪法法院首次所提先决问题之诉，其乃涉及法条之合法性审查，而此种审查涉及法令能否合法存在，具有相当程度的威胁性；但是限于法国国内法之要求，宪法委员会要求欧盟法院以紧急程序来审理本案，此亦给欧盟法院施加相当的压力。

[①] 此规定于法国刑事诉讼法第568—1条。

五　合作型对话与威胁性对话

从前述意大利、法国到德国，此三国之宪法法院先后皆启动先决问题之诉，看似这些欧盟大国的宪法法院终于愿意进入司法对话的制度性框架来促进欧盟的司法整合；但是若细究此三国宪法法院面对先决问题之诉的态度，不得不承认其间存有不少差异。粗略地说，意大利倾向采取合作的态度，德国则展现威胁的性格，法国似乎是介于二者之间。

如前所述，意大利宪法第11条规定意大利之主权可以因国际组织而受限。意大利在2001年修宪时，修改其宪法第117条，进一步将欧盟法视同于意大利宪法之地位，二者具有相同位阶，欧盟法成为意大利国内立法者必须尊重之上位阶规范。在此背景下，若意大利国内法令抵触欧盟法就形同抵触了意大利宪法。而意大利宪法法院要求各级法院法官，在欧盟相关法令之合法性有疑义或其内涵不明确时，必须先向欧盟法院提出先决问题之诉后，才能向意大利宪法法院提出违宪审查之诉；此立场充分展现意大利宪法法院尊重欧盟法院的态度。例如有关竞争法（似我国之公平交易法）中"滥用市场地位"之处罚，意大利国内法是刑事制裁与行政处罚并存，此是否抵触欧盟法所要求的"一事不二罚原则"？意大利法院针对此问题向意大利宪法法院提出违宪审查声请，意大利宪法法院为了避免针对此问题直接与欧盟法院及欧洲人权法院发生冲突，[1] 在2016年5月12日的决定中，驳回违宪审查声请；意大利最高法院遂针对此问题向欧盟法院提出先决问题程序。意大利宪法法院对本国法是否抵触欧盟法的问题，以不受理决定驳回声请案，其采取沉默之态度，就是要把话语权交给欧盟法院，与欧盟法院进行忠诚之合作。

至于德国联邦宪法法院，它并不是像意大利宪法法院一样，愿意让欧盟法院优先检视意大利之国内法是否与欧盟法之规范精神相符。在前引德国联邦宪法法院提出之第一个先决问题之诉，它是请求欧盟法院判

---

[1] 欧盟法院与欧洲人权法院对于一事不二罚原则的理解，二者见解不尽相同。

定欧盟组织之作为是否逾越欧盟条约授权范围。更有甚者，德国联邦宪法法院表示：对于欧盟法院的见解，未必可以全盘接受；仅有当欧盟法院的见解并非是"明显地令人难以理解"，或是并非"客观上是恣意解释条约"的情形下，[1] 德国联邦宪法法院才会尊重欧盟法院的决定。换言之，一旦欧盟法院裁判内容明显地令人难以理解，或在客观上显属恣意解释条约，德国联邦宪法法院是可以不受欧盟法院裁判之拘束。德国这种保留自己拥有最后决定权的态度，被批评为以"自由点菜"（à la carte）的方式来挑选自己想要的欧盟法规范，[2] 如此将破坏欧盟法之优先原则与一体性，戕害欧盟之司法整合。

针对德国联邦宪法法院所提之先决问题之诉，欧盟法院于2015年6月16日作出Gauweiler[3]一案之判决。[4] 欧盟法院一方面认为欧洲央行的购债计划并未超出欧盟条约的授权范围；另一方面也没有介入货币政策。[5] 换言之，欧盟法院并不采纳德国联邦宪法法院所提之见解，其虽维护了欧盟机构所决定之政策，以及欧盟法院的自主性，但却冒着被德国联邦宪法法院于事后挑战其裁判权威的危险。幸而德国

---

[1] 德国联邦宪法法院在Gauweiler本案判决［BVerGE 2, 2728/13（2016）］提出四个要点：第一，"越权审查"与"宪法认同审查"是宪法法院的专属权限，一般法院不得行使此两种审查。第二，启动此两种审查之前，必须先向欧盟法院提出先决问题之诉。第三，在欧盟法院之裁判没有明显难以理解或恣意解释条约的情况下，宪法法院尊重欧盟法院之裁判。第四，此二审查固然采取开放之心态，但仍然不得逾越德国宪法不可触碰的核心价值，诸如人性尊严与民主原则等。

[2] Federico Fabbrini, "After the OMT case: The Supremacy of EU Law as the Guarantee of the Equality of the Member States", *German Law Journal*, Vol. 16, No. 4, 2015, pp. 1002 – 1023, at 1023.

[3] CJUE 16 juin 2015, C-62/14, Peter Gauweiler et autres v. Deutscher Bundestag.

[4] 早在德国联邦宪法法院针对缓解欧债危机的措施所提先决问题程序之前，已有个人就此问题向欧盟法院提出诉讼，但欧盟法院之普通法院及其本身，先后以相关救债措施对于个人不生直接效力而不予受理。Trib. UE, Ord. 10 décembre 2013, Sven A. V on Storch c. BCE, Aff. T-492/12 ; CJUE, Ord. 29 avril 2015, Sven A. Von Storch c. BCE, Aff. C-64/14.

[5] 欧盟法院在Gauweiller案中的见解简述如下：第一，欧盟法对于何谓"货币政策"并没有明确且详尽的定义，但是欧盟运作条约第119条第2项明白规定欧盟及成员国得以为了稳定物价与支撑欧盟整体经济发展而采取行动。就此观点，相关救债措施即是为了稳定物价与支撑欧盟整体经济发展，清楚明确是属条约所赋予之权限范围（判决文第44段参照）。第二，将欧盟运作条约第123条第1项与欧洲央行地位议定书第18条整合以观，欧洲央行的确不能直接进入主权债券市场，但可以进入次级主权债券市场。（判决文第106段）因此，购买次级主权债券并不抵触欧盟法。

联邦宪法法院随后在2016年6月21日针对Gauweiler案作出一个相当节制的判决。① 它认为欧盟法院的裁判尚未达到明显难以理解且恣意解释条约的境地，故对其予以尊重。不过，德国联邦宪法法院在此判决中特别强调：德国之宪法机关、行政机关与司法机关不得落实或执行"逾越权限"或是与德国宪法认同相抵触的欧盟法规。②

法国宪法委员会在2013年向欧盟法院提出先决问题程序，表面上看似法国愿意强化与欧盟法院的司法合作关系，使得法国法更加与欧盟法相互融合，促进欧盟法院与法国宪法委员会之交流与对话。但是如果进一步细看法国宪法委员会的态度，其实与德国联邦宪法法院的态度颇为相近，在向欧盟法院提出先决问题程序的同时，其仍不忘强调本国法，尤其是本国宪法的底线。德国人用的是"德国宪法认同"，法国人用的则是"法国宪法意识中固有的原则"作为其维护其司法主权的工具。事实上，宪法委员会就是认为欧盟逮捕令框架规定对于救济权之保障未作明确规定，基本上已违反法国1789年人权宣言第16条之诉讼权保障规定。针对法国宪法委员会在2013年4月4日向欧盟法院所提的先决问题之诉，③ 欧盟法院以紧急程序在2013年5月30日以不到两个月的时间作出判决。④ 欧盟法院在此案中表示：系争框架规定对于救济权未作规定并不因之而禁止成员国自行建置相关救济规定。不论法国法对于系争引渡决定是否允许后续救济，都不抵触系争框架规定。在欧盟法院作出解释之后，法国宪法委员会在同年6月14日做出本案裁判，⑤ 宣告法国刑事诉讼法第695—46条因欠缺救济程序而违宪。

综上，德国联邦宪法法院与法国宪法委员会分别在2014年与2013年向欧盟法院提出先决程序问题的举动，固然是欧盟最重要的两个成员国之宪法法院愿意进入欧盟法之整合框架，愿意通过先决问

---

① BVerGE 2, 2728/13 (2016).
② 参见此判决第162段，引自 S. Kaufmann, Le Bundesverfassungsgericht et les limites à la primauté du droit de l'Union. Confrontation ou complémentarité dans l'intégration européenne?, *RTDEur.* 2017, No. 1, p. 65.
③ C. C., déc. no 2013–314P QPC du 4 avril 2013, *M. Jeremy F.*
④ CJUE 30 mai 2013, C-168/13 PPU, *Jeremy F. c/ Premier minister.*
⑤ C. C., déc. no 2013–314 QPC du 14 juin 2013, *M. Jeremy F.*

题程序来进行法院间的司法对话，并确保欧盟法在欧盟境内的一致性与统一性。然而，不能忽略的是，通过先决问题程序，成员国宪法法院同时也将其本国立场，尤其是本国之宪法底线充分且提前告知欧盟法院，让欧盟法院在作出决定前，必须事前知晓并审慎思考其决定所可能面临的阻力。[①] 从好的方面来说，这是一种事前的沟通方式；但若从坏的角度来看，这也可能是一种事前的施压方式。面对各国宪法法院的事前表态行为，欧盟法院固然可以对成员国内部的法律情况与法律困境更加了解，但却也大大减损原本可以通过司法整合来强化欧盟整合的力道。在成员国宪法法院提出先决问题程序，并在其声请书中说明其之所以提出此程序的法律理由，特别是其本国的宪法底线时，其实已经将各成员国的国内政治与司法现实，通过先决问题程序渗透欧盟法院里。

从前述德法两国宪法法院所表达的立场来看，凡是违反德国宪法认同，或是与法国宪法意识中之固有原则相抵触的欧盟法令，即便欧盟法院认为其与欧盟条约相符，故应该在成员国内有法律拘束力，但仍然有可能被德国联邦宪法法院或是法国宪法委员会宣布为违背本国宪法精神而不在德法两国境内生效。虽然德法两国在首次向欧盟法院提出先决问题之诉后，其后续之本案裁判都尊重欧盟法院之裁判意旨。但是，德法等国以"本国宪法认同"为自己留下自主空间的保留态度，也让其他成员国效尤。例如波兰宪法法院 2010 年 11 月 24 日的裁判与丹麦最高法院 2013 年 2 月 20 日的裁判都是针对里斯本条约的判决，而此二法院都有提及"本国宪法认同"[②]。同样的，匈牙利宪法法院在其 2016 年 11 月 30 日第 22 号裁判中表示：它有权检视欧盟法令是否抵触人性尊严、国家主权或是匈牙利之宪法认同。[③] 更有甚者，捷克宪法法院在其 2012 年 1 月 30 日的判决中首次宣告欧盟

---

① M. Verdussen, Le dialogue entre les cours constitutionnelles et la Cour de justice de l'Union européenne: vers une justice post-nationale?, *IXe Congrès mondial de droit constitutionnel*, Oslo, 16 – 20 juin 2014, rapport de conférence, p. 12.

② Federico Fabbrini, *op. cit.*, p. 1013.

③ Sven Kaufmann, Le Bundesverfassungsgericht et les limites à la primauté du droit de l'Union: Confrontation ou complémentarité dans l'intégration européenne?, *RTDEur.* 2017, No. 1, p. 7.

法令逾越权限，故其在捷克境内不生效力。[1] 丹麦最高法院更在2016年12月6日的Ajos一案中，[2] 不遵守欧盟法院为回应该院所提之先决问题而作的裁判意旨，让已被欧盟法院认定为抵触欧盟法的丹麦国内法，继续在丹麦境内生效。

结　语

过去，欧盟各阶段前身组织所遭遇之政治僵局，曾有不少是通过其所特别设置之法院组织的司法途径来解决。现今，随着欧盟法适用范围的扩大，几乎多数政策领域都已被欧盟条约所涵盖。在此背景下，多数政治性或政策性冲突最终都可能变成欧盟法院必须通过法律途径来解决的"司法冲突"。这种"政策冲突司法化"的发展趋势固然使得欧盟因此特征而有别于其他国际组织，但也同时令人质疑欧盟法院是否是适宜扮演冲突化解者或调解者的角色？

例如前引德国有关欧盟稳定机制与欧洲央行购买债券的争议，或是法国有关欧洲逮捕令的争议，都属欧盟整合中之重要且重大之政策领域。吾人可以看到这些政策在欧盟层次似有共识，但在成员国层次却异议不断。例如欧债危机问题，德法等主要成员国领袖为了欧盟组织与欧元之存续，达成一定程度的政策共识，所以才推出相关经济与财政稳定措施，但是各成员国国内之疑欧派或是反欧派的势力一直持续存在，他们在政治上无法有效抗争，就借用司法途径来延长战线与扩大打击面。各国宪法法院纷纷因之而卷入欧盟之政策冲突，它们开始向欧盟法院提出先决问题之诉的作为，表面上看似欧盟之司法整合向前迈进了一大步，但实质上却有可能是向后倒退了三小步。

尽管欧盟成员国之宪法法院或终审法院是否愿意向欧盟法院提出

---

[1] Federico Fabbrini, *op. cit.*, p. 1013.
[2] Højesteret, 6 déc. 2016, Dansk Industri agissant pour Ajos A/S c. la succession laissée par A., No. 15/2014. Henrik Palmer Olsen, L'arrêt Ajos: une rébellion danoise?, *RTDEur.* 2017, No. 1, p. 111.

先决问题之诉，各有各的考量。① 就算提出先决问题之诉后，更可能因不同法院间的见解歧异，导致从"司法合作"与"司法对话"走上"司法对抗"之路，进而侵蚀欧盟法院的司法整合功能。但是，不论是"对话"还是"对抗"，通过先决问题程序所传递之各国宪法法院的法律见解，在一定程度上渗透并影响欧盟法院裁判见解的形成。这种"渗透"与"形塑"欧盟法院法律见解的功能，其实也有传输民主正当性的效果，让有"民主赤字"之讥的欧盟机构（当然包括欧盟法院在内）接上了"地气"，使位于布鲁塞尔与卢森堡的欧盟机构与成员国因先决问题程序而更加亲近与相互了解。就此而言，提出先决问题之诉是让成员国宪法法院成为欧盟法院的"法院之友"（amicus curiae），使其有进一步"参与"并"形成"欧盟法院法律意见的机会，而因先决问题程序所引发之法院见解的相互角力或拉锯，在一定程度上也能促进并强化欧盟法院所实践之司法整合功能。

---

① 此涉及各成员国"挺欧"与"疑欧"的政治社会氛围，乃至成员国宪法本身之规范情况。例如比利时是一个特别"挺欧"的国家，因为其就在欧盟的核心；现行比利时宪法制定于1831年，特别是有关人权保障的部分，宪法规定有所不足，所以比利时宪法法院对欧盟法院采取真诚合作的态度，非常密集地向欧盟法院提出先决问题之诉。反之，德国基本法对于国际法与国内法持两元论的立场，在宪法结构上本就对国际化比较保留；加上国内疑欧派的势力不小，所以德国联邦宪法法院不热衷于向欧盟法院提出先决问题之诉，以确保自己的自主地位，看来也是有迹可循，不难理解。

欧盟媒体多元主义与民主制度之发展：
基本人权保护之视角

谢国廉

一 前言

欧洲联盟（the European Union，简称"欧盟"）的里斯本条约（the Lisbon Treaty），[①] 增订了欧盟条约（the Treaty on European Union）的第 6 条。根据第 6 条第 1 项第 1 款，于 2000 年 12 月 7 日订定，并于 2007 年 12 月 12 日修正的欧盟基本权利宪章（the Charter of Fundamental Rights of the European Union，简称"基本权宪章"），将于里斯本条约与欧盟条约生效时，一并生效。按欧盟条约的第 6 条第 1 项第 1 款，欧盟确认了（recognise）基本权宪章所保障的权利、自由以及法律原则（rights, freedoms and principles）。此外，根据上述条款，基本权宪章，与欧盟其他条约具有相同的法律位阶。[②] 其后，当里斯本条约与欧盟条约于 2009 年 12 月 1 日生效时，基本权宪章亦按前述条款，成为欧盟人权法之中位阶最高的人权保障条款。

按基本权宪章第 11 条，首先，所有人于欧盟皆享有表意自由

[①] 里斯本条约的正式名称为：Treaty of Lisbon amending the Treaty on European Union and the Treaty establishing the European Community, signed at Lisbon [2007] OJ C306/1.

[②] 此条文的用语为"相同的法律价值"（the same legal value）。欧盟条约的第 6 条第 1 项第 1 款的原文为："The Union recognises the rights, freedoms and principles set out in the Charter of Fundamental Rights of the European Union of 7 December, 2000, as adapted at Strasbourg, on 12 December, 2007, which shall have the same legal value as the Treaties."

（freedom of expression）。其次，媒体的自由与多元主义于欧盟应受到尊重。观察此条文可知，欧盟法已将其对于媒体自由权与媒体多元性的尊重，提升至条约层级的法规范。就基本权保障的历程而言，在欧盟成员国（Member States of the European Union），特别是西欧国家，人民基本权的法律保护，已有悠久的历史，而大部分的欧盟成员国，皆为欧洲人权公约（Convention for the Protection of Human Rights and Fundamental Freedoms as amended by Protocols）的成员国。不过，就表意自由的保护而言，基本权宪章第 11 条与欧洲人权公约规范表意自由的第 10 条（标题为"表意自由"，freedom of expression），仍有不同之处。其中最明显的差异在于，基本权宪章第 11 条，明文要求于欧盟尊重媒体的自由与多元主义，但人权公约的第 10 条，却完全未提及对于媒体自由权与多元性的保护。诚然，欠缺明文的规定，并不意味着欧洲人权公约否定了媒体自由权与媒体多元性的重要性。相较于 2000 年订定的基本权宪章，1950 年订定的欧洲人权公约，足足早了半个世纪。欧洲电视制造业于 1950 年时，虽已开始有了蓬勃的发展，电视在欧洲家庭的普及率亦逐年增加，但总体而言，电视作为一种主要电子媒体的影响力，在当时仍然相当有限，至于媒体多元性，在当时尚未成为一项议题。此外，须特别强调的是，基本权宪章第 11 条虽明文要求于欧盟尊重媒体的自由与多元主义，但此并不意味着所谓的保护与尊重得以立即实现。事实上，媒体多元主义与民主的关系（the relationships between media pluralism and democracy）错综复杂，因此有深入分析的必要。

媒体多元主义与民主的关系，已成为近年来欧盟关于保护基本人权（fundamental rights）最重要的议题之一。欧盟执行委员会（the European Commission，简称"执委会"）于 2016 年 11 月 17 日及 18 日举办了"2016 年基本人权年度研讨会"（2016 Annual Colloquium on Fundamental Rights，简称"人权研讨会"），以媒体多元化与民主的关系作为会议的主题。不同于其他学术研讨会，此次人权研讨会的参与者，包括欧盟成员国和欧盟的政策制定者（national and EU policy makers）、国际组织与公民团体（international and civil society organisations）、媒体的总编辑（editors-in-chief）、记者、成员国传播主管机关

(national regulators）的官员，以及记者协会、媒体协会、资讯科技公司、学术界和法律实务界专家的代表。

此次人权研讨会的参与者，主要是从基本人权的角度（a fundamental rights perspective），探讨媒体多元化与民主制度之间错综复杂的关系。为使讨论主题更为聚焦，执委会于会议的第一天，公布了一份以媒体多元性与民主为主题的民意调查报告，这份报告的正式名称为"媒体多元主义与民主之欧洲民意调查特别报告"（Special Eurobarometer Survey on Media Pluralism and Democracy，简称"2016 民调报告"）。① 许多研讨会的参与者，亦以此调查报告的结果，作为研讨会的讨论题材。两日研讨会的结论，收录于《媒体多元主义与民主：2016 年基本人权年度研讨会成果报告》（*Media Pluralism and Democracy：Outcomes of the 2016 Annual Colloquium on Fundamental Rights*，简称"The Commission Report"）。② 值得补充说明的是，包括此成果报告在内的会议文件，虽未特别针对媒体一词给予严格的定义，但从文件的内容可知，此研讨会所谓的媒体，指的主要是大众传播媒体（mass media），极少部分涉及社交媒体的讨论，会议文件皆会明确地标示 social media 一词以兹区隔。

涉及媒体多元化与民主的理论与实务的议题颇多，为了使分析的内容聚焦于近年来最为关键的主题，本文将研究的重点，集中于人权研讨会的参与者以人权保护的观点所提出的主要要求，依序探讨与此等主要要求有关的媒体环境现况与危机，并进一步分析人权研讨会所提出的关键行动方案（key actions）。人权研讨会的主要要求分别为以

---

① 这份报告标题中的"barometer"一词，原指气象专家搜集大气资料所使用的气压计，此器材有时又被称作晴雨表。此词后来被使用于公共事务的讨论，进而衍生出民意调查的意涵。值得补充说明的是，执委会自 1973 年开始，针对各项重要的公共事务议题，进行了一系列的民意调查，迄今已有将近 48 年的历史，而此次的"媒体多元主义与民主之欧洲民意调查特别报告"，即执委会于 2016 年委托 TNS opinion & social 所作的民意调查。请参考 European Commission, *Special Eurobarometer Survey on Media Pluralism and Democracy*, http：// ec. europa. eu/information_ society/newsroom/image/document/2016 – 47/sp452-summary_en_19666. pdf.

② European Commission, "Media Pluralism and Democracy：Outcomes of the 2016 Annual Colloquium on Fundamental Rights", http：//ec. europa. eu/information_ society/newsroom/image/document/2016 – 50/2016-fundamental-colloquium-conclusions_ 40602. pdf.

下几个方面。①

（1）保护媒体自由与免于政治压力之独立运作（Protect media freedom and independence from political pressure）；

（2）于欧盟确保媒体之财务独立性（Safeguard the financial independence of the media in the European Union）；

（3）保护记者与记者之表意自由（Protect journalists and their freedom of expression）；

（4）保护记者与新媒体工作者免于仇恨言论之攻击（Protect journalists and new media actors from hate speech）；

（5）保护吹哨者与调查报道（Protect whistleblowers and investigative journalism）。

二　媒体自由与政治压力

（一）现况与危机

人权研讨会的参与者认为，首先，对于欧盟目前的媒体产业而言，来自各个政府和其他政治组织及政界人士的压力，不仅一直存在，而且有持续增加的趋势。广义的政治圈对于媒体所施加的压力，往往以各种直接或间接的方式存在着。举例来说，政府对于媒体主管机关（media regulators）的高阶官员的任命与免职，往往会对媒体造成一种间接的压力。② 其次，政府对于公共服务媒体（public service media，如公共电视台）高阶经理人的任命与免职，亦会对媒体形成一种间接的压力。③ 此外，使用政府预算的政府广告（state advertis-

---

① The Commission Report, at 4. 除了此处列举的5项要求，人权研讨论实际上提出了第6项要求：借由媒体识读、媒介伦理与媒体多元性以促进健全的政治辩论环境与永续之政治参与（Promote a healthy political debate and lasting political engagement through media literacy, media ethics and media pluralism）。然而，由于与此要求相关的问题并未带来重大的危机，而人权研讨会的参与者亦仅就有关议题交换意见，并提出宣示性的声明，本文将不就此要求的细节作进一步的讨论。

② 人权研讨会的参与者虽未对此作详细的说明，但不难想象的是，某些媒体事务主管的高阶官员对于媒体产业较为熟悉或较为友善，因此任命此等官员或免除其职务，有时会被媒体理解为政府间接对媒体所传达的正面或负面的信息。

③ The Commission Report, at 5.

ing），倘若集中于特定的媒体播送或刊登，则未得到政府广告的媒体，往往会将此一情况，理解为政府对其传达的负面信息。

媒体在通过传统商业模式（traditional business models）所进行的商业活动中，已然遭遇了极大的挫败，① 而此种营运上的困难，② 仍在不断恶化。营运上的困境，使得媒体于面对政治压力时，变得极为脆弱（the media's vulnerability），欠缺对抗政治压力的能力。③

人权研讨会的参与者强调，就维护媒体的独立性以及确保媒体免于政治压力而言，媒体主管机关所扮演的角色，至关重要。研讨会参与者指出，在最近数件发生于欧盟成员国的媒体争议中，媒体主管机关的独立性以及公共服务媒体的独立性，皆受到了外界的质疑。④ 此项质疑，与前述"民调报告"的结果不谋而合，⑤ 显见部分欧盟成员国的媒体主管机关于处理涉及媒体的争议时，似乎受到了政治力的左右，而公共服务媒体所播送的内容，亦有丧失其独立报道之立场的情形。

（二）行动方案

首先，人权研讨会的参与者主张，欧盟成员国应避免政界运用商业或金融的压力破坏媒体的独立性（jeopardising the independence of media）。⑥ 其次，人权研讨会的参与者认为，作为监督者的欧盟成员国媒体主管机关，本身亦需要被外界的力量所监督。因此，当媒体主管机关的可信赖度（the accountability of media regulators）受到质疑时，媒体法应提供妥适的申诉机制（appropriate complaint mechanisms）以及监督机制，以确保媒体主管机关作为监督者的施政可信度。⑦ 关

---

① The Commission Report, at 5.
② 例如通过书店、便利商店或书报摊贩卖报纸或杂志，或者通过送报生及邮差将读者订阅的报章杂志寄送至读者住家的信箱，皆为此处所谓媒体的传统商业模式。由于互联网的兴起，媒体传统商业模式的营业额，占总体营业额的比例，已大幅减少。
③ The Commission Report, at 5.
④ Ibid..
⑤ Ibid..
⑥ Ibid..
⑦ Ibid..

于监督媒体主管机关的问题，执委会针对欧盟立法机关于 2010 年 3 月通过的"视听媒体服务指令"（Audiovisual Media Services Directive），① 在 2016 年 5 月提出了修正草案。② 根据此改革方案，各成员国视听媒体服务的主管机关必须独立运作。此外，相关条文订定了确保主管机关之独立性的规定，并要求主管机关必须确实遵守。人权研讨会的参与者，对于修正草案大多表示支持，认为此改革方案，得以强化视听媒体服务主管机关的独立性。因此，人权研讨会的参与者主张，欧洲议会（the European Parliament）和部长理事会（the Council of the European Union）应迅速通过上述修正案。③ 除了涉及视听媒体服务指令的改革方案之外，成员国政府应确保（包括视听媒体在内的）所有媒体的主管机关，皆能独立地执法。至于主管机关首长的任命与免职，不仅应透明，还应有妥适的制衡（appropriate checks and balances）机制。④

人权研讨会的参与者认为，为了确保公共服务媒体有优质的治理（governance）和充足的资金（funding），各成员国政府应负起主要的责任。⑤ 由于公共服务媒体于媒体领域中扮演了重要的角色，因此部分参与者呼吁成员国采取具体措施，以确保公共服务媒体得以在独立、透明且资金无虞的环境下运作。⑥ 研讨会的参与者呼吁，各成员

---

① "视听媒体服务指令"的正式名称为：Directive 2010/13/EU of the European Parliament and of the Council of 10 March 2010 on the coordination of certain provisions laid down by law, regulation or administrative action in Member States concerning the provision of audiovisual media services（Audiovisual Media Services Directive）[2010] OJ L95/01.

② 此修正草案的正式名称及网址为：Proposal for a Directive of the European Parliament and of the Council amending Directive 2010/13/EU on the coordination of certain provisions laid down by law, regulation or administrative action in Member States concerning the provision of audiovisual media services in view of changing market realities, at http://eur-lex.europa.eu/legal-content/EN/TXT/? qid = 1464618463840&uri = COM：2016：287：FIN.

③ The Commission Report, at 5.

④ Ibid. .

⑤ The Commission Report, at 5. As public service broadcasting is concerned, the Protocol on the system of public broadcasting in the Member States annexed to the Treaty on the Functioning of the European Union (the "Amsterdam Protocol") recognises Member States' competence to define the public service remit, to organise public service broadcasting and its financing system.

⑥ The Commission Report, at 5.

国应保证公共服务媒体的编辑自主性（editorial independence）以及经营自主性（operational independence）。此外，公共服务媒体应有权以自定义的标准，任命和免除经理人的职务。①

（三）评析

关于媒体主管机关独立性及可信赖性受到质疑的问题，公众事实上很难单方面期待主管机关通过某种自我完善的机制，提升自身的独立性。之所以如此，系因高阶官员对于媒体主管机关的独立性与媒体自由的关系，未必有深刻的认识。除此之外，主管机关的高阶官员，或许已于其他行政机关接受过多年的公职历练，但此等行政资历于需要高度独立性的媒体主管机关是否有其价值，令人怀疑。总体而言，公众单方面期待主管机关提升自我的独立性，日后恐怕会相当失望，因此行动方案中关于媒体法的相关改革，便极为重要。行动方案中"视听媒体服务指令"修正草案，未来能带来何种变革，尚待观察，但可以确定的是，法律提供的救济机制，应为解决媒体主管机关独立性的有效方法。

本文以为，就法律提供的救济机制而言，有三项议题值得特别关注。第一，应于媒体主管机关之内或之上建立一个处理申诉案件机制，而此单位的成员，主要是外部的公正人士。如此一来，方能具体实现人权研讨会参与者所强调的外部监督。此申诉机制，一方面可让不服媒体主管机关行政决定的案件当事人，于较短的时间内取得申诉的结果，而此机制乃是司法救济途径之外的另一个救济选项；另一方面，申诉机制可让媒体主管机关感受到行政决定可能（因申诉成功）被撤销的压力，日后必将以更为严谨的态度作出行政决定，不致任意地将其机关的独立性任由政治力左右。第二，就媒体争议的司法争讼而言，目前尚未有当事人对主管机关独立性提出质疑，并以此作为请求撤销主管机关行政决定的理由。然而，可以预见的是，若有行政决定的当事人质疑主管机关的独立性，则当事人恐难以证明欠缺独立性的事实。因此，司法争讼应不会成为争执主管机关独立性的主要手段。第三，作为政府机关之一的媒体主管机关，倘若作出欠缺独立性

---

① The Commission Report, at 5.

的行政决定,则公众可将此不当决定视为"不良行政"(maladministration)的一种样态,而在已建立监察使(ombudsman)制度的欧盟成员国,提出申诉。"不良行政"乃是向监察使提出申诉的主要事由,此时监察使的介入甚至是正式调查,将会对媒体主管机关形成压力,减少其作出欠缺独立性之行政决定的可能性。

此外,关于政府广告集中于特定媒体播送或刊登所带来的问题,亦必须严肃面对。如前所述,未得到政府广告的媒体,往往会将此情况,理解为政府对其传达的负面信息。不难想象的是,为了得到各政府机关的广告刊播委托,媒体可能会对传播内容自我设限,减少具有批判性的报道,进而降低其监督政府施政的强度。

三 媒体之财务独立性

(一) 现况与危机

关于媒体产业的发展,人权研讨会的参与者提出以下两项目标:第一,促进媒体产业可持续发展(a sustainable media sector)。第二,将媒体内容转化为实际的利润(monetising media content)。研讨会的参与者指出,此两项目标于现今的数字时代,显得格外重要。他们对于各种不当的商业影响力(undue commercial influences)以及此等影响力对于媒体自由和多元性所造成的负面影响,表达了极大的忧虑。其中最令人担忧的负面影响,莫过于不当的商业力对于新闻报道品质(the quality of journalistic reporting)所造成的冲击。[1]

在人权研讨会的相关场次中,与会者探讨了中间业者的角色(the role of intermediaries)。[2] 本文以为,中间业者所扮演的角色,乃是一项重要的议题,值得各界在未来持续关注。在现今的媒体产业中,整条经济价值链(value chain)上,并非只有媒体以及买受媒体服务的业者(如购买电子媒体广告服务的广告主)。实际上,买受媒体服务的业者,往往并未将价金直接交付媒体,亦即,在媒体和买受

---

[1] The Commission Report, at 7.
[2] Ibid..

人之间，尚有中间业者的存在。

在传统的媒体产业中，由于中间业者既非产制内容的媒体，亦非支付价金的买受人，其角色显得无足轻重，但今日则不然。此等业者实际上扮演了重要的角色。当中间业者有权分配整条经济价值链上的广告营收（advertising revenues）时，他们便拥有了实质的影响力，有时甚至得以取得左右新闻媒体采访、编辑或报道的权力。如果若毫无新闻专业能力却又掌握利润分配权的中间业者滥用此种权力，则媒体自由和多元性极有可能受到负面的冲击。

针对媒体财务独立性的相关问题，人权研讨会的参与者认为，强化媒体所有权的透明度（transparency of media ownership），乃是一项值得优先处理的问题。媒体所有权透明化的实现，将使欧盟的一般公民和消费者获得比现今更为充分的资信。此处所谓的充分资信，非仅包括媒体所传播的"信息"（message），其亦包括涉及"信使"（messenger）的信息，亦即关于信息传播者的资信。欲提供一般公民和消费者关于信息传播者的资信，则必须提供关于媒体所有权人（media owners）的充分资信，包括了关于利润分配的"末端受益人"（final beneficiaries）的资信。①

此外，在人权研讨会的相关场次中，另一项重要议题，涉及提升政府广告分配的透明度（more transparency in the allocation of state advertising）的争议。研讨会的参与者认为，将竞争法（competition laws）适用于媒体产业，有其绝对的必要性。②然而，较为可惜的是，研讨会中的参与者，似未进一步探讨适用竞争法的问题。本文认为，政府的广告业务使用的虽为公共预算，但不可否认的是，政府的广告业务于媒体广告市场中带来了实际的供需与竞争，此与私人企业带来的供需与竞争，本质上并无不同，因此政府机关此时仍应为竞争法的适用对象。进一步来说，若政府广告预算在分配上欠缺透明度，而此等广告又集中于特定媒体播送或刊载，则相关的政府机关，便有违反（竞争法之）滥用独占地位（an abuse of dominant position）的规定之嫌。

---

① The Commission Report, at 7.
② Ibid..

(二) 行动方案

首先,欧洲议会和部长理事会应迅速通过执委会拟定的"数字单一市场之著作权"指令的草案(the Commission's proposal for a Directive on copyright in the Digital Single Market)。[①] 根据此改革方案,平面媒体业者(press publishers)按欧盟新的著作权法制,将享有与著作权相关的新权利(new rights related to copyright),而增加新的权利将有助于维护媒体自由权、独立性和多元性。[②] 此项行动方案,显然是为了达成前述的两项目的,亦即促进媒体产业可持续发展,以及将媒体内容转化为实际的利润。

其次,部长理事会和欧盟成员国的政府代表,曾于2013年针对"数字环境中的媒体自由与多元主义"(media freedom and pluralism in the digital environment)的相关议题进行深入的讨论,会议的其中一项结论为:鼓励成员国采取妥适的措施以达成媒体所有权的"真正透明化"(genuine transparency)。在人权研讨会的相关场次中,参与者针对此议题提出了行动方案:成员国应针对2013年会议的结论采取后续的作为。除此之外,执委会和成员国于实务上已取得了一些关于促进媒体透明化的施政经验,执委会与成员国将通过交换有效的实务经验,继续推动媒体所有权透明化以及媒体透明化。[③]

(三) 评析

首先,各种不当的商业影响力,已对媒体自由和多元性造成了负面的影响,因此强化媒体获利的能力以及财务自主的能力,必然有助于维护媒体自由权、独立性和多元性。按"数字单一市场之著作权"指令草案的第11条,所谓与著作权相关的新权利,指的是平面媒体业者就其平面媒体出版物的数字使用(digital use),享有重制权和以

---

① 此指令的草案公布于2016年9月14日,正式名称为:Proposal for a Directive of the European Parliament and of the Council on copyright in the Digital Single Market COM/2016/0593 final-2016/0280(COD).

② The Commission Report, at 7.

③ Ibid..

有线电或无线电方式传输的向公众传播权（第 11 条第 1 项），[1] 此两项权利的保护期间，于平面媒体出版品出版后 20 年届满（第 11 条第 3 项）。草案的第 11 条在欧洲媒体上常被称为"连接税"（the Link Tax）条款。执委会、部长理事会与欧洲议会于 2019 年 2 月 13 日针对此指令草案的第 11 条以及其他具有争议性的条款，[2] 达成了修正的共识。同年 3 月 26 日，欧洲议会通过了新指令的最终版本，[3] 草案第 11 条的条号于新指令中变更为第 15 条，而此条文将对欧盟的著作权人、资信服务提供者、网络用户，甚至是欧盟之外所有连接欧盟网站的使用者，产生重大的冲击。新指令第 15 条的标题为"关于平面媒体出版物线上使用之保护"（Protection of press publications concerning online uses），根据此条文的规定，欧盟法为媒体业者创设了新的著作财产权。欧盟成员国必须修改其国内的著作权法，规范包括网络服务提供者（internet service providers）在内的资信社会服务提供者（information society service providers），倘若此等服务提供商就平面媒体业者的出版物，以重制或向公众传播的方式为线上使用，则作为著作权人的平面媒体业者，可就此等线上使用行为，依通过后的新指令主张著作财产权。于新指令通过之前，媒体是否就此类线上使用行为收取权利金，尚有许多争议，故而此次新权利的创设，被媒体形容为在线"连接税"的课征。立法过程中，在线使用的新权利曾引起各界诸多的争议。举例来说，根据部长理事会于 2018 年 5 月公布的新闻稿，部长理事会虽同意创设此等新权利，但其认为，新权利的保护期限，应为平面出版品出版后 1 年，而非指令草案所定的 20 年，[4] 至于欧洲议会最终通过的新指令则

---

[1] 但须注意的是，此处的新权利，指的是平面媒体业者就其出版物的线上使用，所享有的向公众传播权，至于平面媒体业者之外的业者或其他种类著作的向公众传播权，则与此次的欧盟著作权法制改革无关。

[2] 除了此指令草案的第 11 条之外，另一主要争议条款，系草案的第 13 条，近年来在欧洲媒体上常被称为"上传过滤器"（upload filters）条款。由于此条款的争议与本文主题无涉，故而在此不加以赘述。

[3] 欧洲议会当日于院会中所通过的新指令的前言（preamble）以及全部条文，请参考欧洲议会的官方网站 http：//www. europarl. europa. eu/plenary/en/texts-adopted. html.

[4] European Council and Council of the European Union, "Copyright Rules for the Digital Environment: Council Agrees Its Position", http: //www. consilium. europa. eu/en/press/press-releases/2018/05/25/copyright-rules -for-the-digital-environment-council-agrees-its-position/.

规定，保护期限应为平面出版品出版后 2 年（第 15 条第 4 项）。由此可知，在各方势力的影响之下，执委会与立法机关就此等权利的保护期限，直至新指令通过前方达成妥协后的共识。目前较令人担忧的是，立法机关虽已通过新指令，但平面媒体业者能否通过新权利的授权，将出版物的内容转化为实际的利润，进而强化媒体自由权、独立性和多元性，并促进媒体产业永续发展，仍有待未来持续的观察。

其次，上述的行动方案仅具有宣示或鼓励的性质，既未将明确的法律上的义务加诸于媒体，亦无实现媒体所有权"真正透明化"的策略细节。此等行动方案之所以既不明确亦不具体，主要原因在于，媒体系一商业组织，政府机关在此商业组织未有疑似违法行为的情况下，无权彻查持有媒体股份之人的身份与背景。况且，持有媒体股份之人是否为实际的投资人，往往不易查证。举例来说，在实际投资人为外国人的情况下，查证媒体所有权人的工作，经常会面临极大的困难。

进一步来说，除非有明确的立法授权，否则即使政府能确认特定股东的背景，其亦无强制公开股东的身份与背景的权力。此一议题最大的争议在于，何以媒体之外其他的商业组织，无须实现股东或其他类型所有人（owners）的"真正透明化"，但媒体所有权人的身份与背景，却必须在实质与形式上皆完全公开？若成员国的国会未来通过立法的方式，对于媒体为此特殊要求，其立法理由究系为何？目前欠缺明确立法理由的困境，或许可以解释为何上述的行动方案仅具有宣示或鼓励的性质。

四　记者之人身安全与表意自由

（一）现况与危机

首先，人权研讨会的参与者引用了许多统计数据，强调目前欧洲记者的人身安全与表意自由，皆相当令人担忧。许多欧洲的记者，已沦为暴力攻击、挑衅（intimidation）、骚扰（harassment）、压力和内容审查（censorship）的受害者。少数记者甚至遭到杀害。[1] 为了分析

---

[1] The Commission Report, at 8.

媒体自由的相关问题，欧盟曾资助了一项名为"媒体自由地图平台"（the Mapping Media Freedom Platform）的独立研究计划。根据该计划所搜集的资信，在欧盟，2014—2016年，约有1200件关于新闻从业人员遭到威胁以及媒体自由遭到侵害与限制的事件发生。尤有甚者，针对记者所为的犯罪行为，行为人最后往往并未受到处罚（crimes against journalists often go unpunished）。[①]

需要特别说明的是，以暴力威胁记者的事件，不仅危及记者的人身安全，对于媒体的表意自由，亦有相当大的危害。明显有犯罪事实却免受惩罚的氛围（the climate of impunity），进一步侵害了媒体自由和多元性。何以如此？其原因在于，此种气氛迫使目前遭到威胁的记者，对自己的报道内容进行了自我审查（self-censor），有时他们亦会因为犯罪行为人未受处罚，而丧失了对于政府机关的信赖感。[②]

其次，令人颇为惊讶的是，欧洲记者的人身安全与表意自由所遭受的威胁，不仅来自公众，其亦来自政府机关。人权研讨会的参与者曾反复强调，来自欧盟成员国政府机关的压力，亦对记者造成了极大的威胁。其主要原因在于，各国关于公共秩序与公共安全（public security）的法规，包括了不当地限制言论自由（unduly limit freedom of speech）的条文。[③]研讨会的参与者指出，以强化公共秩序为目的的法规，不应对言论自由作出不当的限制。举例来说，各成员国的诽谤法与公共秩序有着密切的关系，但诽谤法极易被滥用，而一旦被滥用，诽谤诉讼对于新闻自由可能带来"寒蝉效应"（chilling effect），进而阻碍媒体刊载或播送特定的新闻内容。[④]

（二）行动方案

应如何强化欧洲记者的人身安全与表意自由？首先，人权研讨会的参与者呼吁，欧盟应强化与其他国际组织的合作。此处的国际组织，主要包括欧洲委员会（the Council of Europe）、欧洲安全与合作

---

① The Commission Report, at 8.
② Ibid..
③ Ibid..
④ Ibid..

组织（the Organization for Security and Co-operation in Europe）和联合国（the United Nations）等。由于欧盟所有成员国已签署了多个国际条约与建议案（recommendations），成员国负有国际法上的义务（obligations），必须提升其对于记者人身安全与表意自由的保护。[①] 人权研讨会的参与者强调，成员国必须创造一个有利于公众参与公共辩论的环境（a favourable environment for participation in public debate），并且保护记者的人身安全。与会者指出，女性记者和少数族裔（minorities）记者的人身安全尤其重要，其理由在于，在新闻采访与报道的实务工作中，无论是在网络上的世界还是在现实的世界中，女性和少数族裔记者的人身安全经常受到威胁。与会者特别强调，即使法律规范的架构，在某些成员国已达到令人满意的程度，但仍有执法成效不彰的问题。[②]

其次，执委会认为，关于欧洲记者人身安全与表意自由的保护，公众对此议题的重要性亦应有一定程度的认识。因此，执委会将会持续采取相关行动，强化此种公共意识（public awareness）的建构，并观察此种公共意识于欧洲的变化。此项观察，将针对新闻界遭受的威胁（threats to journalism）以及记者们可获得的协助（assistance to journalists），搜集具体的实证资料，而此等资料将可作为分析的依据，帮助执委会对于相关议题作出"以证据为基础之整体观察"（evidence-based overview）。[③]

（三）评析

本文以为，诽谤法及与公共秩序之间，的确存在着密切的关系。由于诽谤法的立法目的，主要是保护公众的名誉。在一个诽谤法制不健全的国家，公众将难以在名誉受损时有效地获得法律上的救济。当此种情况成为社会上普遍存在的现象时，公共秩序便会受到负面的冲击。然而，诽谤法虽有明确的立法目的，但有时其亦可能遭到滥用。

[①] The Commission Report, at 8.
[②] Ibid..
[③] Ibid..

若特定人将诽谤法当作武器,肆意地对于记者提起侵害名誉权的诉讼,则此记者即必须面对可能的刑事处罚。

新闻界以外的人或许抱持着"清者自清"的想法,认为受指控侵害他人名誉权的记者若未有侵害名誉权的行为,则无须担心可能的刑事处罚。不过,一则报道是否构成对他人名誉权的侵害,经常不易判断,因此记者未必有"全身而退"的把握,加上法院对于诽谤诉讼的审理往往旷日持久,即便法院最终作出了无罪的判决,受指控的记者极可能为了避免再"招惹是非",而强化自我审查,不愿冒险揭发他人疑似违法或不公不义之事。尤有甚者,一旦记者遭到多人同时提起诽谤罪的诉讼,可能受到刑事处罚的压力,往往并非其他行业的从业人员得以想象。[①] 由此可知,一旦诽谤法遭到滥用,诽谤诉讼极可能迫使新闻从业人员于进行采访或报道时进行自我限缩,避免再次"惹祸上身"。

事实上,记者不愿再"招惹是非"的防备心理,即为前述寒蝉效应所带来的负面影响。倘若欧洲的记者心中普遍地认同"不该招惹事端",则欧洲便不易出现兼具深度和广度的公共论辩,其原因在于,若记者通过严格的自我审查,将可能影响他人名誉的事实完全排除于新闻内容之外,则社会大众将无从获得涉及争议的客观事实,而在欠缺相关事实的情况下,有意义的公共辩论即无出现的可能。

五 仇恨言论之威胁

(一) 现况与危机

跨国研究以及多国国内研究的结果均显示,以记者为对象的仇恨言论颇为严重,近年来已成为一项重大问题,而此问题已对新闻自由造成了全面性的寒蝉效应。在前文引用的"2016民调报告"公布之前,欧盟已有许多人认为,记者经常沦为"网络仇恨言论"(online hate speech)的攻击对象,而"2016民调报告"的结果,确认了此看

[①] 一旦记者遭到多人同时提起诽谤罪的诉讼,其不仅需要承受刑事处罚的压力,带有巨额损害赔偿或抚慰金的民事责任,往往亦为另一个压力的来源。

法。根据"2016民调报告",就曾经关注或参与社交媒体上议题辩论（debates on social media）的新闻从业人员而言,有3/4的受访者向研究者表示,他们曾经在网络上遭遇过他人对记者、写博客的人（bloggers）或经常使用社交媒体之人（people active on social media）进行咒骂、发表仇恨言论或威胁（abuse, hate speech or threats）。①

按"2016民调报告",此群体（包括记者、博客及经常使用社交媒体之人）以外的其他公众,有近半数表示,此群体的遭遇令他们颇为犹豫,迟疑着是否应该参与社交媒体上的议题辩论。② 由此可知,仇恨言论对于表意自由造成的寒蝉效应,不仅影响记者的采访与报道,其亦影响关注或参与社交媒体上议题辩论的社会大众。根据日前其他的研究显示,女性与少数族裔蒙受仇恨言论影响的比例,远较其他群体受影响的比例来得高。③

人权研讨会的参与者强调,媒体自由的存在有一项要件（a prerequisite）:记者必须拥有一个得以自由报道任何议题,并且能自由使用社交媒体平台（social media platforms）的环境。在此环境下,记者无须对自己报道的内容进行自我审查（censoring themselves）,亦无须对任何的威胁或仇恨言论感到恐惧。④ 人权研讨会的参与者认为,目前应搜集更多关于网上不当言论的数据,且应研究不当言论于欧盟的层级以及成员国国内所造成的影响,方能于未来更妥适地界定并了解此一问题。⑤

（二）行动方案

人权研讨会的参与者认为,欧盟各个成员国政府,皆有义务创造一个有利于公共辩论的环境（an environment that is conducive to public debate）。此有利于公共辩论的环境,必须得以让公众表达意见及传达资信,即便公众的意见与政府机关或社会上多数意见（a large part of

---

① "2016民调报告"。
② 同上。
③ 同上。
④ The Commission Report, at 10.
⑤ Ibid. .

public opinion）完全不同，表达意见之人亦完全无须感到害怕。①

以记者为对象的仇恨言论已日益泛滥，究应如何解决此问题？首先，执委会将提供经费与其他形式的协助，支持相关的计划，打击以记者为对象的仇恨言论，并搜集相关数据，分析网络仇恨言论的现况及其影响。其次，执委会于2016年11月25日，展开了一系列的计划，对抗并防止以妇女为对象的暴力行为（combating and preventing violence against women）。此处所谓"以妇女为对象的暴力行为"，包括媒体上以妇女为对象的言语暴力。②

（三）评析

本文第四部分，分析了记者沦为暴力攻击、挑衅、骚扰之对象的问题，而这个部分（第五部分），探讨的则是记者沦为网络仇恨言论之攻击对象的问题。本文以为，此两项议题在本质上有很大的不同。首先，前者为使用暴力而危及人身安全的问题，但后者则为发表仇恨言论而对他人进行言语攻击的问题。两项议题最大的差异在于，前者的威胁，是让记者唯恐"惹祸上身"而自行检查言论内容、自我限缩言论尺度，但此种威胁对于一般公众的表意自由，并无直接影响。然而，后者的仇恨言论，除了可能让新闻从业人员噤若寒蝉之外，当一般公众考虑上网参与公共议题的辩论时，由于他们顾忌可能出现的仇恨言论，容易出现踌躇不前的情况。此种延伸至一般公众的寒蝉效应，影响的范围既广且深。

究应如何解决以记者为对象的仇恨言论问题？执委会的行动方案可分为两部分，一为搜集数据，了解以记者为对象的仇恨言论及其影响，另一则为倡导打击仇恨言论，建立对抗此种言论的公共意识。本文以为，对比以记者为对象的仇恨言论所造成的恶害，执委会的行动方案显然欠缺积极性。观察此等保守的做法可知，执委会目前并未计划以立法或修法的手段，积极地消除相关仇恨言论对新闻自由造成的寒蝉效应。

---

① The Commission Report, at 10.
② Ibid. .

何以如此？仇恨言论过于泛滥，恐为主要的原因。倘若执委会与欧盟立法机关以立法或修法的手段，对于发表相关仇恨言论之人，以刑法相绳，则无论仇恨言论系以记者还是一般人为对象，行为人皆必须面对相关的刑事责任。若受害人另通过民事救济的手段，使行为人负担民事责任，则极其大量的刑事与民事诉讼案件，必将成为检察机关与司法机关沉重的负担。此伴随法律手段而来的重大挑战，或许得以解释何以执委会仅选择以倡导的手段，试图建立对抗仇恨言论的公共意识。

六　吹哨者之保护与调查报道

（一）现况与危机

人权研讨会的参与者，强调了保护新闻来源（protecting journalistic sources）的重要性。唯有保护新闻来源，方能维护新闻自由（journalistic freedom）；唯有保护新闻来源，方能确保调查报道（investigative journalism）得以遂行，进而实现新闻业扮演"守门人"角色（"watchdog" role）的理念。[1]

欲分析欧盟新闻界消息来源保护的议题，便不能不探讨"吹哨者"（whistleblowers）的角色。所谓的吹哨者，指的是本身服务于政府机关或私人企业的资信提供者，他们向记者提供关键资信，可用于揭发侵害公益或可能侵害公益的事情。职是之故，绝对的保密（confidentiality），乃是吹哨者与记者之间互动的基础。吹哨者的身份一旦曝光，他们就必须面对被报复（retaliation）的风险，因此吹哨者需要明确的法律保护。[2]

人权研讨会的参与者指出，由于资信科技的发达，资信监控（surveillance）与"后设资料分析"（metadata analysis）的技术大幅进步，[3] 吹哨者与记者之间互动的秘密性，受到极大的破坏。研讨会的

---

[1] The Commission Report, at 12.
[2] Ibid..
[3] 所谓的"后设资料"，指的是"关于资料的资料"（data about data），例如编目资料。

参与者呼吁欧盟成员国政府,重新检视其国内相关的法律,规范资讯监控及其他相关资讯科技的运用,以保护新闻的消息来源。①

(二)行动方案

执委会于2017年,资助欧洲新闻与媒体自由研究中心(the European Centre for Press and Media Freedom)以及媒体多元主义与媒体自由研究中心(the Centre for Media Pluralism and Media Freedom),进行关于媒体多元主义与媒体自由的各项研究。②

在上述的研究计划中,有一项优先研究项目,聚焦于提升记者"数字安全意识"(awareness about digital security)的方法。将此列为优先项目的主要原因在于,唯有记者强化自身的数字安全意识,其资信安全及其新闻消息来源(包括吹哨者)的资信安全,方得以获得保障。此处所谓提升记者数字安全意识的方法,包括向记者提供相关的训练课程、研发及散发数字学习课程资料(e-learning material)等方法。③

(三)评析

对比人权研讨会参与者的呼吁与当时执委会的行动方案,可知两者之间的对话,几乎毫无交集可言。人权研讨会参与者认为,绝对的保密乃是吹哨者与记者之间互动的基础。吹哨者之所以需要明确的法律保护,系因一旦吹哨者的身份曝光,他们就必须面对被报复的风险。然而,当时执委会并未针对立法或修法以保护吹哨者,提出任何的行动方案,而仅认为记者有提升资信安全意识的必要性。此似乎意味着,防止吹哨者遭到报复的责任,应由记者承担。

值得庆幸的是,执委会于2018年4月23日,公布了"吹哨者保护指令草案",④ 订定了保护举报者的条件(Conditions for the Protec-

---

① The Commission Report, at 12.
② Ibid..
③ Ibid..
④ 此草案的正式名称为:Proposal for a Directive of the European Parliament and of the Council on the protection of persons reporting on breaches of Union Law COM(2018)218 final.

tion of Reporting Persons）（第 13 条）、报复举报者之禁止规定（Prohibition of Retaliation Against Reporting Persons）（第 14 条），和保护举报者免受报复之方式（Measures for the Protection of Reporting Persons Against Retaliation）（第 15 条），以及保护相关人士之方式（Measures for the Protection of Concerned Persons）（第 16 条）。

七 结论

涉及媒体多元化与民主的理论与实务的议题颇多，为了使分析的内容聚焦于近年来最为关键的主题，本文将研究的重点，集中于人权研讨会的参与者以人权保护的观点所提出的主要要求，依序探讨与此等主要要求有关的媒体环境现况与危机，并进一步分析人权研讨会所提出的关键行动方案。

人权研讨会的第一项要求为：保护媒体自由与免于政治压力之独立运作。人权研讨会的参与者主张，欧盟成员国应避免政界运用商业或金融的压力破坏媒体的独立性。此外，人权研讨会的参与者认为，作为监督者的欧盟成员国媒体主管机关，其本身亦需要被外界的力量所监督。因此，当媒体主管机关的可信赖度受到质疑时，媒体法应提供妥适的申诉机制以及监督机制，以确保媒体主管机关作为监督者的施政可信度。本文以为，就法律提供的救济机制而言，有三项议题值得特别关注。第一，应于媒体主管机关之内或之上建立一个处理申诉案件的机制，而此单位的成员，主要是外部的公正人士。第二，若有行政决定的当事人提起司法争讼，质疑主管机关的独立性，则当事人恐难以证明欠缺独立性的事实。因此，司法争讼应不会成为争执主管机关独立性的主要手段。第三，作为政府机关之一的媒体主管机关，倘若作出欠缺独立性的行政决定，公众可将此不当决定视为不良行政的一种样态，而在已建立监察使制度的欧盟成员国，提出申诉。

人权研讨会的第二项要求为：于欧盟确保媒体之财务独立性。针对本文所分析的行动方案，有两项问题较令人担心。首先，按"数字单一市场之著作权"指令的草案，平面媒体业者将享有二项与著作权相关的新权利，分别为平面媒体业者就其出版物的线上使用，所享有的重制权以及向公众传播权。2019年3月26日，欧洲议会通过了新指令的最终版本。根据新指令第15条，欧盟法为媒体业者创设了此等新的著作财产权。欧盟成员国必须修改其国内的著作权法，规范包括网络服务提供者在内的资信社会服务提供者，倘若此等服务提供商就平面媒体业者的出版物，以重制或向公众传播的方式为线上使用，则作为著作权人的平面媒体业者，可就此等线上使用行为，依通过后的新指令主张著作财产权，两项权利的保护期间，应于平面出版品出版后2年届满（第15条第4项）。然而，立法机关虽已通过新指令，但平面媒体业者能否通过新权利的授权，将出版物的内容转化为实际的利润，进而强化媒体自由权、独立性和多元性，并促进媒体产业永续发展，仍有待未来的观察。其次，就媒体所有权透明化的议题而言，相关的行动方案仅具有宣示或鼓励的性质，其既未将明确的法律上义务加诸于媒体之上，亦无实现媒体所有权"真正透明化"的策略细节。

  人权研讨会的第三项要求为：保护记者与记者的表意自由。值得特别注意的是，各成员国的诽谤法及与公共秩序有着密切的关系，但诽谤法极易遭到滥用，而一旦遭到滥用，诽谤诉讼对于新闻自由可能带来寒蝉效应，进而阻碍媒体刊载或播送新闻的内容。本文以为，诽谤法虽有明确的立法目的，但特定人若将诽谤法当作武器，肆意地对于记者提起侵害名誉权的诉讼，则此记者即必须开始面对可能的刑事处罚。一则报道是否构成对他人名誉权的侵害，有时不易判断，因此记者未必有"全身而退"的自信，加上法院对于诽谤诉讼的审理往往旷日费时，即便法院最终作出了无罪的判决，受指控的记者极可能为了避免再"招惹是非"，故而强化自我审查，不愿冒险揭发他人疑似违法或不公不义之事。

  人权研讨会的第四项要求为：保护记者与新媒体工作者免于仇恨言论之攻击。本文以为，仇恨言论不仅可能让新闻从业人员噤若寒蝉，当一般公众考虑上网参与公共议题的辩论时，由于他们顾忌可能出现的仇恨言论，容易出现踌躇不前的情况。此种延伸至一般公众的寒蝉效应，其影响的范围既广且深。值得特别注意的是，仇恨言论极为泛滥，若以立法或修法的手段，对于发表相关仇恨言论之人，以刑法相绳，而受害人亦通过民事救济的手段，请求法院令行为人负担民事责任，则大量的诉讼，必将成为检察机关与司法机关沉重的负担。

　　人权研讨会的第五项要求为：保护吹哨者与调查报道。当时执委会并未针对立法或修法以保护吹哨者，提出任何的行动方案，而仅认为记者有提升资讯安全意识的必要性。此似乎意味着，保护吹哨者免于遭到报复的责任，应由记者而非政府承担。值得庆幸的是，执委会其后公布了广受瞩目的"吹哨者保护指令草案"，订定了保护举报者的条件、报复举报者之禁止规定，和保护举报者免受报复之方式，以及保护相关人士之方式。关于此指令草案的发展，值得密切观察。

下 编
国家治理

欧元区重债国家的结构改革

陈 新

欧元区在经历债务危机的冲击之后，经济出现缓慢复苏。而欧元区重债国家[①]的经济复苏进程呈现出分化发展的态势。爱尔兰、西班牙、葡萄牙和希腊这些接受救助的国家从 2014 年开始，经济从衰退转向复苏；而没有接受救助的重债国家，如意大利，则拖了欧元区经济增长的后腿。[②] 在应对债务危机的过程中，欧洲采取了紧缩财政、稳定金融和结构改革三管齐下的方式。紧缩财政和稳定金融是危机时的紧急举措，而随着危机的平复，结构改革成为关注的重点。本文将对欧元区重债国家的结构改革的进展逐一进行分析，并指出由于各国的经济发展路径不一，其结构改革的重点和特性也不尽相同。

一 债务危机与结构改革

早在 1990 年代，欧盟即已开始讨论结构改革的必要性。为了应对经济全球化给欧洲的增长、就业和竞争力带来的挑战，欧盟委员会于 2000 年发布了"里斯本战略"，这实际上是欧盟第一个关于结构改

---

① 文中欧元区重债国家，是指希腊、爱尔兰、西班牙、葡萄牙和意大利。其中前四个国家接受了由国际货币基金组织、欧洲央行和欧盟委员会组成的"三驾马车"的救助，也是有些文献中所称的"欧猪"（PIIGS）国家，唯有意大利为没有接受"三驾马车"救助的国家。上述国家的债务和赤字情况参加表 1 和表 2。

② 陈新：《分化中前行的欧洲经济》，载黄平主编《欧洲发展报告 2014—2015》，社科文献出版社 2015 年版。

革的全面改革议程。① 随后的欧盟扩大进程转移了欧洲的注意力,"里斯本战略"进展停滞。为此,2005年欧盟委员会更新了"里斯本战略",推出了"里斯本行动纲领",旨在通过成员国的行动计划来支持欧盟层面的改革意愿。在"里斯本战略"下,欧元区国家通过"开放式协调"这种软性协调和同行评议的方式来履行对结构改革的集体承诺。由于缺乏硬性约束,这种方式的执行效果不佳,尤其是针对劳动力市场的改革。② 结果是,大部分国家的潜在增长率低,成员国之间的结构性竞争力差异加大,进而导致增长的差异和贸易的失衡。③

2008年国际金融危机的爆发又一次转移了欧洲的视线。欧洲各国面临的现实挑战是如何应对金融危机,关注的重点是金融和公共财政问题。在应对完金融危机的冲击波之后,欧盟于2010年出台"欧洲2020战略",再度推动欧洲的结构改革。遗憾的是,2010年,欧债危机从希腊率先爆发,欧洲人再次陷入应对危机的被动局面。

但在应对债务危机的过程中,经历了危机初期的混乱之后,欧洲采取了紧缩财政、稳定金融和结构改革三管齐下的方式,将紧缩计划与结构改革有机结合起来,利用危机的压力向前推动结构改革。

表1　　　　欧元区重债国家的债务占GDP的比重

	2009年	2010年	2011年	2012年	2013年	2014年	2015年	2016年	2017年
希腊	129.7	148.3	171.3	156.9	174.9	178.9	175.9	178.5	176.1
葡萄牙	83.2	93.5	111.1	124.8	128.0	130.6	128.8	129.2	124.8
西班牙	53.9	61.5	69.2	84.4	92.1	100.4	99.3	99.0	98.1

---

① BEPA, "Survey of Economic Reform in the European Union 2008 – 2014", European Commission, Brussels, 2014, p. 11. http://ec.europa.eu/archives/bepa/pdf/economy/survey-of-economic-reforms-report.pdf. 访问时间:2015年2月28日。

② Ann Mettler,《欧洲的竞争力骗局》,http://www.project-syndicate.org/commentary/europe-s-competitiveness-shell-game/chinese. 访问时间:2015年2月28日。

③ "Regional Economic Outlook: Europe: Building Confidence", IMF, 2010. p. 14.

续表

	2009 年	2010 年	2011 年	2012 年	2013 年	2014 年	2015 年	2016 年	2017 年
爱尔兰	64.9	92.2	111.1	121.7	123.3	104.1	76.8	73.4	68.4
意大利	116.4	119.2	116.4	122.2	127.9	131.8	131.6	131.4	131.2
欧元区平均	80.0	85.6	86.4	90.8	93.1	94.2	92.1	91.2	88.9

资料来源：欧盟委员会 2013 年、2014 年、2015 年冬季预测，2018 年秋季预测。

http：//ec. europa. eu/economy_ finance/eu/forecasts/2013_ winter/statistical_ en. pdf.

http：//ec. europa. eu/economy_ finance/eu/forecasts/2014_ winter/statistical_ en. pdf.

http：//ec. europa. eu/economy_ finance/eu/forecasts/2015_ winter/statistical_ en. pdf.

https：//ec. europa. eu/info/sites/info/files/economy-finance/ecfin_ forecast_ autumn_ 081018_ statistical_ annex_ en. pdf. 访问时间：2019 年 4 月 25 日。

表 2 　　欧元区重债国家的结构性预算平衡占 GDP 的比重

	2009 年	2010 年	2011 年	2012 年	2013 年	2014 年	2015 年	2016 年	2017 年
希腊	-14.8	-8.1	-6.1	-0.3	2.7	2.9	2.8	5.1	4.6
葡萄牙	-8.6	-8.7	-5.4	-2.3	-2.0	-1.8	-2.3	-2.1	-1.3
西班牙	-8.6	-7.4	-6.2	-3.5	-2.2	-1.5	-2.5	-3.3	-2.9
爱尔兰	-9.9	-9.2	-8.0	-7.1	-4.8	-4.0	-2.1	-1.0	-0.2
意大利	-4.1	-3.6	-3.2	-1.5	-0.8	-0.8	-0.5	-1.5	-1.8
欧元区平均	-4.5	-4.4	-3.5	-2.1	-1.2	-0.9	-0.9	-1.0	-0.8

资料来源：欧盟委员会 2013 年、2014 年、2015 年冬季预测。2014—2016 年为预测数据。

http：//ec. europa. eu/economy_ finance/eu/forecasts/2013_ winter/statistical_ en. pdf.

http：//ec. europa. eu/economy_ finance/eu/forecasts/2014_ winter/statistical_ en. pdf.

http：//ec. europa. eu/economy_ finance/eu/forecasts/2015_ winter/statistical_ en. pdf.

https：//ec. europa. eu/info/sites/info/files/economy-finance/ecfin_ forecast_ autumn_ 081018_ statistical_ annex_ en. pdf. 访问时间：2019 年 4 月 25 日。

结构改革和财政巩固是相辅相成的关系，结构改革的目的是改善经济环境，特别是让经济更有创新能力。[1] 债务危机从表面上看是公

---

[1] Wolfgang Schauble, "Structural Reforms and Fiscal Consolidation: Trade-Offs or Complements?", http：//www. bundesfinanzministerium. de/Content/EN/Reden/2015/2015 - 03 - 26-structural-reforms. html，访问时间：2015 年 4 月 1 日。

共财政不可持续的危机,但更深层次的原因是欧元区重债国家应对增长、就业和竞争力的挑战不力。欧洲的潜在增长率已经持续下降了20多年。生产率增长的减速,远早于危机的开始,并且还在持续,因此,金融危机和欧债危机使结构改革的必要性再次凸显。许多国家的失业率急剧上升,危机的深度和广度都给长期经济增长带来深刻影响。低增长还对债务的可持续性带来损害,进而导致在重债国家实行更多的紧缩措施,这些措施反过来又影响了增长。以上因素为实行结构改革、推动增长提供了动力。①

毫无疑问,结构改革可以成为推动经济增长的机遇。经济合作与发展组织(OECD)在《2013年度经济政策改革:力争增长》的报告中指出,危机成为结构改革的催化剂。②该报告分析了危机以来欧洲国家在结构改革方面的进展,认为OECD建议的改革在受到危机冲击最严重的欧洲国家贯彻得最多,如希腊、爱尔兰、葡萄牙和西班牙。换而言之,改革在最需要的国家得到了实施。结构改革为政府促进经济增长、创建新的就业岗位和带来强劲和均衡的经济复苏提供了一个有力的工具。

对于欧元区国家来说,结构改革也是必然。因为在危机环境下,欧元区成员国无法采用货币政策或汇率政策来应对危机,只有通过结构改革提高竞争力才是解决危机的正确途径。

持续的结构改革将会促进经济的可持续增长。鉴于"里斯本议程"执行不力,在结构改革的执行方式上,欧盟希望通过欧洲层面的经济治理改革提供新的手段。因此,在发布"欧洲2020战略"之后,欧委会通过"年度增长调查""欧洲学期"以及"国别建议"等方式,将成员国与欧盟捆绑在一起,共同推动改革。但是,结构改革在短期内无法见效,这些手段需要持续实施才能体现出明显的效果。

---

① Janos Varga and Jan in't Veld, "The Potential Growth Inpact of Structural Reforms in the EU: A Benchmarking Exercise", European Economy, Economic Papers 541, December 2014.
② OECD, "Economic Policy Reforms 2013: Going for Growth", OECD Publishing, Paris, 2013, p. 12, http://dx.doi.org/10.1787/growth-2013-en, last accessed on 1 March, 2015.

二 欧元区重债国家结构改革的特性

欧元区重债国家各自的经济发展路径不一,因此,其结构改革的重点和特性也不尽相同。

(一)希腊肩负克服债务危机、重建公共管理体系和进行结构改革三重重担

2008年之前,希腊的劳动生产率按人均计算略高于欧盟的平均水平,但按小时计算则相当于欧盟平均水平的80%。[1] 根据欧盟统计局的数据,1996—2000年,希腊经济的平均增长率为3.7%,2001—2005年的平均增长率进一步上升到3.9%。但随着实际有效汇率的持续上升,希腊在价格和成本方面的竞争力逐渐丧失。2006—2010年,希腊经济平均增长率急剧下降到-0.3%。[2]

随着经济出现衰退,希腊的产业结构问题更加突出。一直以来,制造业在希腊经济中所起的作用比较小。2008年,希腊制造业的增值所占比重仅为11%,相比之下,欧盟的平均值为17%。2000—2009年希腊制造业的单位劳动力成本上升了21%。[3] 2008年,希腊的主要出口产品是纺织品、基础金属、精细化工以及食品,但没有一个部门的出口是顺差。而价格的上涨又对希腊的旅游业带来负面影响。邻近的土耳其因希腊旅游价格的上升而受益,游客转而流向土耳其。虽然服务贸易为顺差,但2009年希腊的经常项目逆差达GDP的11%。希腊面临着严重的竞争力问题。

希腊公共管理体系的顽疾在危机中也充分暴露出来。值得一提的是,希腊拥有庞大的公务人员队伍,该人群占到希腊人口的1/10。

---

[1] European Commission, "Member States Competitiveness Performance and Policies", Commission Staff Working Document, SEC (2010) 1272, Brussels, p. 79.

[2] European Commission, "European Economic Forecast-Winter 2015", Statistical Annex, p. 148.

[3] European Commission, "Member States Competitiveness Performance and Policies", Commission Staff Working Document, SEC (2010) 1272, Brussels, p. 79.

臃肿的公务人员队伍影响了政府运行的效率。2010—2013 年希腊公务人员削减了 20%。在"三驾马车"救助期间，希腊预计将裁减 15 万公务人员。希腊公务员工资在加入欧元区之后不断上涨，同 2000 年相比，2009 年希腊财政中工资占 GDP 的比重上升了 27.5%，而欧元区同期才上升了 7.9%。① 庞大的公务人员工资支出加重了希腊的财政负担。而希腊的养老金体系也是经合组织国家中最为慷慨的，在财政上更不可持续。根据欧委会的预测，按照原有的养老金体系，希腊养老金到 2050 年占 GDP 的比重将上涨 12%，而欧盟其他国家同期平均上涨 3%。② 此外，希腊征税的效率低。"三驾马车"救助希腊的一个重要任务就是重建全国征税系统，不再放任偷税漏税的发生。公共管理体系的改革可以削减公共开支，增加应有的财政收入，提高公共管理效率，进而创造有利的投资环境，促进经济发展和就业增长。

因此，希腊在进行结构改革的同时，不仅需要恢复财政和金融稳定，同时还需要大力进行公共管理体系改革。希腊的产业相对单一，为了保证经济增长的可持续性，希腊在产业政策方面还需有新的突破。

（二）爱尔兰挤压金融、房地产泡沫，重振经济竞争力

爱尔兰因其经济的快速增长被誉为"凯尔特之虎"。根据欧盟统计局的数据，1996—2000 年，爱尔兰经济的平均增长率为 9.6%，2001—2005 年的平均增长率放缓到 4.9%，但 2006—2010 年则急剧下降到 0.1%。③

从经济结构来看，制造业在爱尔兰经济中起着较为重要的作用。2008 年，爱尔兰制造业的增值占比为 22%，高出欧盟 17% 的平均水平。④ 爱尔兰的制造业主要专长化工、电子和光学产品、食品和饮料。

---

① OECD StatLink, http://dx.doi.org/10.1787/888932957650, last accessed on 1 April, 2015.
② OECD, "Greece at a Glance: Polities for a Sustainable Recovery", OECD, Paris, 2010, p. 3.
③ European Commission, "European Economic Forecast-Winter 2015", Statistical Annex, p. 148.
④ European Commission, "Member States Competitiveness Performance and Policies", p. 73.

爱尔兰经济的高速增长带动了城镇化的快速发展。大量资金涌入房地产，催生了大量经济泡沫。金融危机爆发后，房地产泡沫破灭，政府出钱救助银行，反而陷入债务危机困境。

从目前来看，爱尔兰结构改革的重点是重振制造业的雄风。爱尔兰的出口具有很强的竞争力，有大量外资进入爱尔兰，并将其作为全球的研发和生产基地。美国对爱尔兰的投资甚至超过美国对中国的投资总额，爱尔兰的吸引力可见一斑。在结构改革的过程中，爱尔兰恢复了出口竞争力。其经济复苏的强劲，得益于出口拉动了经济增长。

（三）葡萄牙借结构改革东风寻找经济增长点

加入欧元区之后，葡萄牙经历了十多年的 GDP 低增长。根据欧盟统计局的数据，1996—2000 年，葡萄牙经济平均增长率为 4.1%，而 2001—2005 年的平均增长率下降到 0.9%，2006—2010 年进一步下降到 0.6%。[1] 经济的长期低增长暴露了葡萄牙经济存在的结构性问题，具体表现为：一是劳动生产率的低增长，单位劳动力成本上升。2000—2009 年，葡萄牙制造业的名义单位劳动成本上升了 13%。到 2010 年，葡萄牙的劳动生产率按小时计算仅相当于欧盟平均水平的 60%，按人均计算相当于欧盟平均水平的 75%；[2] 二是制造业受到了全球化和欧盟东扩的冲击。葡萄牙擅长低端技术密集型的产业，如服装、鞋、皮革等，而中高端技术密集型的产业，如机械制造和汽车制造等属于发展中的产业。随着全球化的发展、单位劳动成本的上升，葡萄牙的纺织品、服装、皮革和鞋等传统产业受到了严重冲击。2004 年欧盟东扩后，新入盟的中东欧国家拥有熟练的低成本劳动力吸引了老成员国的投资，导致欧盟内部出现产业调整和转移，葡萄牙的制造业受到冲击，制造业增值所占的比重逐步下降。2008 年，葡

---

[1] European Commission, "European Economic Forecast-Winter 2015", Statistical Annex, p. 148.

[2] European Commission, "Member States Competitiveness Performance and Policies", p. 159.

萄牙的制造业增值比重为14%，低于欧盟同期平均水平17%。① 葡萄牙的经济竞争力逐渐减弱。

随着经常项目赤字的持续出现，葡萄牙积累了高额的外债。金融危机爆发后，无论是居民、企业和国家财政都出现严重失衡。政府赤字和公共债务占GDP的比重急剧上升。由于经济前景恶化，葡萄牙对外部融资的压力加大，而投资者的信心不足，融资利率急剧上升，欧元区主权债券市场出现分化。与此同时，同样也非常依赖外部融资的葡萄牙金融业被不断排挤出融资市场，从而加大了对欧元体系的依赖。在评级机构不断下调葡萄牙主权债券的评级之后，葡萄牙政府无法以不可持续的成本来融资，债务危机由此爆发。

在结构改革过程中，葡萄牙的劳动力成本下降，促使部分产品恢复了出口竞争力。葡萄牙对华贸易近几年由逆差转为顺差，其中的重要原因是德国大众在葡萄牙设厂生产轿、跑车出口到中国。而餐馆酒店、公共服务以及教育和金融中介这些服务业的增值比重则高于欧盟的平均水平，显示出葡萄牙在这些部门的竞争优势。除此之外，葡萄牙仍在继续寻找新的经济增长点。

（四）西班牙积极进行结构调整，提高产业竞争力

根据欧盟统计局的数据，1996—2000年，西班牙经济的平均增长率为4.1%，2001—2005年的平均增长率下降到3.4%，2006—2010年则进一步下降到1.1%。②

西班牙劳动生产率过去10年的增长速度放慢，原因是大量的投资进入低生产率的部门，尤其是建筑业和低端服务业。西班牙的劳动生产率高于欧盟的平均水平，按小时计算高出6%，按人均计算高出11%。但制造业的单位劳动力成本上升迅速，2000—2009年西班牙的名义单位劳动力成本上升了31%。其产业优势主要集中在低端和中低技能的产业，如非金属类的矿产品、基础金属产品、食品、纺织

---

① European Commission, " Member States Competitiveness Performance and Policies ", p. 159.

② European Commission, " European Economic Forecast-Winter 2015 ", Statistical Annex, p. 148.

品、皮革和鞋类等。单位劳动力成本的上升影响了制造业的竞争力。2009年，西班牙制造业的增值所占比重为15.1%，低于欧盟的平均值18.1%。而建筑业在危机之前的10多年发展迅速，2008年已经占GDP的11.5%。[①] 高速发展的房地产业吸引大量资金进入。在房地产泡沫破灭后，金融银行系统受到冲击，西班牙进而被迫申请对银行业进行救助。

在随后的结构改革过程中，西班牙致力于降低劳动力成本，并积极探索西语国家市场的潜力，出口得以恢复。到2015年初，西班牙的名义劳动力成本同2009年的峰值相比下降了6.5%，已接近2007年第二季度的水平。在出口市场方面，西班牙加强了对亚洲、美洲的出口。同2008年相比，西班牙2014年对亚洲的出口所占比重从6.4%提高到9.5%，对北美的出口从3.9%提高到5.1%，对南美的出口从2.5%提高到3.6%。[②] 此外，西班牙利用在建筑业积累的经验，走向国际建筑市场，通过提供建筑业服务来充分发挥自身的优势。西班牙政府还积极提供资金，寻找再工业化之路，促进工业的发展，增强工业的竞争力。西班牙在2014—2015年计划提供7.45亿欧元的贷款用于改善现有的生产能力以及鼓励新设企业的经营活动，以期提高工业在GDP中的比重。[③]

（五）意大利竞争力下降，结构改革任重道远

自1990年代后期开始，意大利经济发展失去动力。[④] 根据欧盟统计局的数据，1996—2000年，意大利经济平均增长率为2%，2001—2005年的平均增长率下降到0.9%，2006—2010年则进一步下降到

[①] European Commission, "Member States Competitiveness Performance and Policies", p. 86.
[②] The Kingdom of Spain, "Economic Policy & Funding", March, 2015, http://www.thespanisheconomy.com/stfls/tse/ficheros/2014/150312_Kingdom_of_Spain.pdf. 访问时间：2015年2月28日。
[③] Spanish Government, "Plan of Measures to Drive Growth, Competitiveness and Efficiency", http://www.thespanisheconomy.com/stfls/tse/ficheros/2013/noviembre/Plan_Growth_Competitiveness_and_Efficiency.pdf. 访问时间：2015年2月28日。
[④] OECD, "OECD Economic Surveys: Italy 2015", OECD Publishing, Paris, February 2015, p. 14.

-0.3%。① 低增长伴随着赤字不断增加，导致债务占 GDP 的比重居高不下。（参见表1、表2）

意大利在加入欧元区后，没有出现像爱尔兰和西班牙那样的房地产泡沫，但意大利制造业的名义单位劳动力成本在2000—2009年上升了45%。制造业在经济中占较大的比重，如2008年意大利制造业的增加值占18.5%，超过了欧盟的平均值17%。② 因此，单位劳动力成本的快速上升，既损害了意大利产品的出口竞争力，也拖累了经济增长。

欧债危机之后，爱尔兰、西班牙和葡萄牙都实行了劳动力市场改革，削减工资和单位劳动力成本，出口竞争力有所提高，而意大利则在劳动力市场改革方面停滞不前，单位劳动力成本不但没有下降，反而继续上升，继而影响了出口。虽然意大利的经常项目有所改善，甚至出现盈余，但这主要得益于国内需求低迷导致的进口减少，其出口状况没有得到有效改善，同南欧其他国家的差距在拉大。2014年第一季度，意大利的出口比2008年第一季度低3%，GDP 总量比2008年同期低10%。意大利无论是经济还是出口都还没有恢复到金融危机爆发前的水平。③

影响意大利经济竞争力的不仅仅是劳动力市场的刚性问题，还有行政管理体系的效率低下，以及政治制度导致的政府频繁更换，影响了改革的持续性和政策的连贯性。

三 欧元区重债国家结构改革的共性

结构改革是个宽泛的概念，国际货币基金组织、经济合作与发展组织以及欧盟对结构改革都有自己的定义。IMF 认为，结构改革的中期和长期目的是提高劳动生产率和就业率，并于2010年阐释了欧洲需要进行结构改革的九个领域，其中五个是中期指标（劳动力市场效

---

① European Commission, "European Economic Forecast-Winter 2015", Statistical Annex, p. 148.
② European Commission, "Member States Competitiveness Performance and Policies", p. 99.
③ 陈新:《意大利经济复苏"亚历山大"》,《人民日报》2014年9月23日第22版。

率、企业立法、网络立法、零售立法以及职业服务立法），另外四个是长期指标（机制和合同、人力资本、基础设施以及创新）。[1] 欧盟则从一体化和要素流动的角度出发，把产品市场改革和劳动力市场改革看作结构改革的核心。因此，"欧洲学期"的建议都是针对成员国提高竞争力和减少劳动力市场的刚性。经济合作与发展组织则除了关注产品市场改革和劳动力市场改革之外，还把行政管理的效率、税制改革、养老金改革、金融体系改革等也纳入结构改革的范围。

本文所说的结构改革主要包括以下四方面的共性。

（一）简政放权，改革公共管理制度，改善营商环境

结构改革对政府意味着简政放权，通过公共管理制度改革，改善营商环境，给企业带来额外的间接收益。

希腊政府自接受救助的四年来的改革中简化了设立企业的程序和时间并降低了交易成本，具体措施包括：对新开办的企业不设最低资本的限制，并且内部决策规则更灵活；对不同类型的企业设立标准的章程，取消了成立公共有限公司和私人有限公司时需要聘请律师起草公司合同的要求。目前，希腊还通过简化程序设立新的企业，有限责任公司也已成为最常见的选择。

葡萄牙自危机以来的三年来共采取了450项政策措施，其中有关公共管理领域的改革就有115项。[2] 危机使葡萄牙意识到改善企业环境的重要性，并将此作为经济增长的基础。此外，葡萄牙还在改进司法系统，例如加强监督和执法能力，以增强葡萄牙对外国投资的吸引力。

西班牙于2012年10月成立了公共管理改革委员会（CORA），2013年第一季度征集了2239条有关公共管理改革的建议，并于2013年6月通过了《公共管理改革报告》。到2014年，报告中涉及的222

---

[1] IMF, "Regional Economic Outlook: Europe 2010", IMF, Washington D. C., 2010.
[2] "The Recovery of Portugal", Ministry of Economy, Government of Portugal, 23 January, 2015, p. 3.

项改革举措已经实施了 45%，其余的正在准备实施。①

（二）改革税制，通过减税，促进经济良性循环

在紧缩政策的大环境下，开源节流是欧元区重债国家政府的主要举措。在开源方面，是增税还是减税，是个两难选择。增加税收负担会扼杀企业的积极性，无异于"杀鸡取卵"。对劳动力征收过高的所得税会扭曲劳动力供应，由此带来的劳动力成本上升也会压制企业对劳动力的需求，这已成为青年就业和低技能就业的最大障碍。相关研究证明，通过降低个人所得税的起征点可以增加就业并且减少非正式就业。② 意大利政府削减了对低收入人群的个人所得税起征点，据经合组织测算，仅此一项改革即可在最初五年增加 18 万个就业岗位，在随后的一个五年内再增加 20 万个就业岗位。劳动力供给的增加可以拉动 GDP 分别增长 0.3% 和 0.9%。③ 此外，对于从事艺术、影视、旅游业设施更新、研发以及对机械设备投资的企业和新设企业都推行了企业所得税优惠的措施。④

葡萄牙 2014 年将企业所得税从 25% 下调到 21%，对小微企业的税收从 25% 下调到 17%，同时对持股不超过 5% 的股东免于征税。⑤ 它通过征收更低的税和其他费用以及降低管理成本等，吸引了更多的外国投资。2012—2014 年，葡萄牙吸引外资 16 亿欧元，新增就业岗位 2300 多个。税负虽然降低了，但税收却增加了。2014 年，意大利将对生产活动征收的地区税从 3.9% 削减到 3.5%，也是沿袭了类似的思路。

---

① CORA, "Reform of the Public Administration", Annual Report, September 2014. http://www.thespanisheconomy.com/stfls/tse/ficheros/2014/140919 _ InformeAnualCORAResumenFI-NAL.pdf. 访问时间：2015 年 2 月 28 日。

② A. Bassanini and R. Duval, "Employment Patterns in OECD Countries: Reassessing the Role of Policies and Institutions", OECD Economics Department Working Paper, No. 486, 2006.

③ OECD, "ITALY: Structural Reforms: Impact on Growth and Employment", OECD Publishing, Paris, February 2015, p. 5.

④ European Commission, "Tax Reforms in EU Member States 2014: Tax Policy Challenges for Economic Growth and Fiscal Sustainability", *European Economy*, No. 6, 2014, p. 35.

⑤ "The Recovery of Portugal", Ministry of Economy, Government of Portugal, 23 January, 2015, p. 20.

希腊的做法则是扩大税基，同时更公平地分担税负。从 2013 年 1 月开始的希腊税制改革，目的在于通过减少免税额和税收信用来扩大税基，同时对自雇人员和房租收入强化税收规则。简化所得税和调整企业税提高了税制的效率。2013 年 7 月，希腊还进一步简化了相关法律，以提高透明度，同时加强税收管理，促进诚实纳税，并保证更稳定的税收来源。新的收入税法对工资税抵扣系统中的纳税人以及从投资中获得收入的纳税人取消了纳税登记的要求；同时合并了跨国并购和重组的条款，引进了反规避规则以打击国际逃税。①

为了促进经营活动和刺激投资，爱尔兰采取了减税的政策。在个人所得税方面，对于失业一年以上的人开展自主经营实行个人所得税免税，同时对于高收入人群的股权投资如果能够增加就业，则免除三年的个人所得税。对于从事建筑业、家装业以及电影工业的个人所得税也有一定程度的减免。针对企业的研发活动，加大了抵税的扣除额。此外，下调了旅游业的增值税，取消了航空旅行税，电动汽车和混合动力汽车的免税继续延长到 2014 年底。与此同时，征收房地产税，100 万欧元以内的房地产税率定为 0.18%，超过 100 万欧元以上的为 0.25%。②

西班牙对天使投资人的活动实行税收优惠，同时还对使用新技术开展培训活动、录用残疾人员以及投资研发活动的企业提高税收抵扣额度；对于用利润进行再投资的中小企业实行 10% 的抵扣；对从事艺术品、古董收藏等交易，增值税从 21% 下降到 10%。③ 而对于烟酒等奢侈品提高增值税，对住宅则增收财产税。

（三）推进产品市场改革，改善经济竞争力

根据要素流动的原理，产品市场改革将促进资源的有效配置。推

---

① "Reforms in the Eurozone: Example"，德国财政部网站，http://www.bundesfinanzministerium.de/Content/EN/Standardartikel/Topics/Europe/Articles/Stabilising_the_euro/Figures_Facts/2012-11-29-reforms-in-the-eurozone-examples.html, last updated on 25 February, 2013, 访问时间: 2015 年 2 月 28 日。

② European Commission, "Tax Reforms in EU Member States 2014: Tax Policy Challenges for Economic Growth and Fiscal Sustainability", p. 34.

③ Ibid., p. 41.

动产品市场改革的主要方式是加强竞争,通过竞争来推动企业提高劳动生产率,并投资于技术创新和人力资源。而市场竞争遵循优胜劣汰法则,效率高的企业将得以生存,而效率低的企业要么重组,要么退出。为了促进竞争,就需要减少企业创业的成本,降低新增企业进入市场的门槛,以便让拥有新技术和新思路的企业能够顺利地进入市场。与此同时,产品市场改革还可以通过资本和劳动力向成长更快的部门的流动来提高劳动生产率。

欧洲重债国家在产品市场改革方面主要是两个思路:一是开放搞活。希腊、西班牙、葡萄牙、爱尔兰、意大利等国家都放开对零售业的限制并开放职业服务市场,通过零售业的改革提高竞争力。另一个思路是加大反垄断和反托拉斯的力度。爱尔兰通过法律增加竞争局的权力,提高竞争局的级别,以在国内促进竞争,从而为创新和经济增长做贡献。意大利扩大了电信行业的市场准入,给天然气部门取消绑定条件,此外,还准备兑现对欧盟的承诺,开放铁路市场,推动竞争。根据OECD的计算,意大利通过产品市场改革可在今后五年为GDP的增长提供1.5%的贡献,随后的五年内还会增加1.1%的贡献。[1]

希腊产品市场改革的一个成功例子是货物运输的改革。改革之前,承运人在从事货物运输之前需要许可证。而许可证的数量有限,并且自1971年以来始终没有增加。这导致供给没有效率,消费者承担的价格过高,而许可证拥有者获取了大量的垄断利润。结果造成许可证以10万欧元的价格在地下交易。自2012年以来,希腊放开了许可证的限制,公司通过缴纳少量的管理费就可以获得,公司由此可以以更低成本运输商品,消费者也从降价中受益。[2]

在加强竞争方面,西班牙根据欧盟委员会的国别建议制定西班牙统一市场法,以减少对企业的行政壁垒。

---

[1] OECD, "ITALY: Structural Reforms: Impact on Growth and Employment", OECD Publishing, Paris, February 2015, p. 4.

[2] "Reforms in the Eurozone: Example".

（四）推动刚性的劳动力市场改革，促进劳动力的流动

与其他发达国家相比，欧盟劳动力市场的刚性特点更为突出。欧盟成员国之间劳动力的流动跟美国的各个州之间的流动相比，要低很多。[①] 欧盟数据显示，2013 年，欧盟成员国中只有 4% 的适龄劳动人口生活在非出生地国家，而美国同期有近 30%。[②] 虽然欧盟的跨境就业人口比较高，有 110 万欧盟公民在其他欧盟成员国工作，但没有定居。此外，还有 120 万劳动力，由母公司外派到另一个成员国从事短期工作。

劳动力市场改革的目的是提高劳动力的使用效率，减少结构性失业，改善就业，从而促进潜在增长和福利。欧元区重债国家劳动力市场改革的一个重大步骤是取消行业层面的工资谈判机制，改为企业层面的工资谈判机制，给予企业在工资形成机制方面更大的决定权。其主要目的是让企业对技术的变化或者产品的需求做出快速反应，以便做出相应的人员配置或者裁员，进而减少人工成本，提高劳动生产率。

例如，意大利于 2014 年 12 月通过了《工作法》，从 2015 年起，新就业人员签署新的标准合同。根据新合同，企业在裁员时根据在企业就业时间的长短，每增加一年就多补偿一个月的工资，一次性支付并且免税。这一方面避免企业因裁员而疲于被雇员诉讼，另一方面裁员程序透明，被裁人员可从补偿中直接受益，利益也得到一定保护。

西班牙的劳动力市场改革的例子与此类似。危机暴露了西班牙劳动力市场的结构性弱点，即劳动力市场高度碎片化。一方面"体制内"人员受到很好的保护，拥有永久性合同；另一方面"体制外"人员则拥有固定期限的合同，在裁员时受到的保护很少。因此，在经济环境恶化的情况下，西班牙主要采取裁减员工的措施，而不是削减

[①] OECD, "OECD Economic Surveys: European Union 2012", OECD Publishing, Paris, 2012.

[②] European Commission, Quarterly Report on the Euro Area, No.1, Vol.14, 2015, p.19.

工资或缩短工作时间。危机发生后，西班牙改革的主要目的是增加企业的灵活性。例如，工资谈判从全国层面协议改为企业层面的协议，让企业对工资形成机制负责。再如，到期的集体协定不再自动无限期延长。又如，通过减少最高补偿金额降低裁减签署长期合同的员工的成本，以便使企业更有动力来雇佣永久员工，从而减少劳动力市场的双重性和碎片化。

希腊的做法也相同。改革之后，企业在工资形成机制方面拥有更大的权力，目的是保证工资以企业的劳动生产率为基础，并促进劳动力需求。企业层面的集体工资协议也被简化。现有的行业层面的工资协议由于同经济现实脱节，而限制了劳动力市场的灵活性。如今，行业层面的工资协议不再是自动延期和普遍有效的。同时，希腊还削减了短期合同，也不延长到期合同；并引进了灵活的工作时间安排，削减了20%的加班费，企业可以更灵活地雇佣员工。此外，希腊公共部门的工资也受到削减，取消了第13和14个月工资，同时引进了新的工资绩效，对政府人员的薪金结构进行了彻底改革。此外，希腊只有退休5个人才能新进1名公职人员，这也有助于希腊整体工资支出的削减。2012年2月，希腊大幅调整了最低工资，月最低工资减少22%，从877欧元下降到684欧元。年轻人的最低工资削减了32%。[①]

爱尔兰劳动力市场的改革表现为实施积极的劳动力政策，主要体现在三个领域：一是建立充分的响应机制，设立一站式的就业指导和服务站。爱尔兰共设立了60个就业指导办公室，配备了550名就业指导专家。二是关注技能的错配。积极的劳动力政策还体现在促进职业培训方面。爱尔兰成立了指导职业培训的机构（SOLAS），该机构下设16个教育和培训小组，负责具体的培训项目。三是大力创建新的岗位。虽然改革还在继续，但已取得了引人注目的成绩。从2012年第三季度到2014年第三季度，净就业增加8.42万人（就业增加4.6%），并且超过90%以上的增加岗位是全职就业，这进而带来了

---

① 希腊新政府2015年1月上台后，将最低工资又恢复到877欧元。

失业人数的下降，包括长期失业和青年失业。[①] 2012年，爱尔兰政府还出台了就业行动计划，3年内新增9万个工作岗位，离2016年的指标仅缺1万个岗位。失业率从2012年的15.1%下降到了2015年初的10.1%。爱尔兰政府计划到2018年实行充分就业，这意味着每年要新增4万个就业岗位。[②] 此外，爱尔兰也采取措施加强劳动力市场的灵活性，包括减少对裁员的保护，线性化最低工资规则，在工资形成机制方面给企业提供更大的发言权，退休年龄到2020年提高到68岁等。

四　结构改革初见成效

欧元区重债国家的结构改革虽有反复，但已初见成效。

（一）重债国家结束了救助计划，经济走上复苏轨道

2013年12月，爱尔兰率先结束了救助计划，随后葡萄牙和西班牙也于2014年结束了"三驾马车"的救助。希腊原计划于2014年底前结束救助计划，后因国内政局变动，齐普拉斯政府于2015年1月上台执政，2018年8月最终结束了救助，长达8年的债务危机在希腊告一段落。

在结束救助计划的同时，这些国家的经济也摆脱了衰退，重返增长轨道（见表3）。希腊出现了自金融危机以来的首次较高正增长。爱尔兰则凭借25.1%的增长远超欧元区的增长。与此同时，没有接受救助的重债国家意大利持续徘徊在负增长和零增长的边缘。接受救助的国家在救助计划期间因必须满足救助方施压的条件，结构改革在高压状态下进行，是硬约束下的改革。而意大利由于不存在救助方的条件性压力，结构改革通过自我执行的方式进行，虽然有欧盟的《稳定与增长公约》、"欧洲学期"等压力的存在，但毕竟还是软约束下

---

① European Commission, "Post-Programme Surveillance Report, Ireland Autum 2014", Occasional Papers, *European Economy*, January 2015, pp. 34–35.

② Taoiseach, Programme for Government, Annual Report 2015, Government for National Recovery 2011–2016, March 2015.

的改革。

表3　　　　　　　　欧元区重债国家的GDP增长　　　　　　　单位：%

	2009年	2010年	2011年	2012年	2013年	2014年	2015年	2016年	2017年
希腊	-3.1	-4.9	-8.9	-6.6	-3.9	0.7	-0.4	-0.2	1.5
葡萄牙	-2.9	1.9	-1.8	-3.3	-1.4	0.9	1.8	1.9	2.8
西班牙	-3.7	-0.3	-0.6	-2.1	-1.2	1.4	3.6	3.2	3.0
爱尔兰	-5.5	-0.8	2.8	-0.3	0.2	8.8	25.1	5.0	7.2
意大利	-5.5	1.8	0.6	-2.3	-1.9	0.1	0.9	1.1	1.6
欧元区平均	-4.4	2.0	1.6	-0.7	-0.5	1.4	2.1	2.0	2.4

资料来源：欧盟委员会2013年、2014年、2015年冬季预测和2018年秋季预测。
http：//ec. europa. eu/economy_ finance/eu/forecasts/2013_ winter/statistical_ en. pdf.
http：//ec. europa. eu/economy_ finance/eu/forecasts/2014_ winter/statistical_ en. pdf.
http：//ec. europa. eu/economy_ finance/eu/forecasts/2015_ winter/statistical_ en. pdf.
https：//ec. europa. eu/info/sites/info/files/economy-finance/ecfin_ forecast_ autumn_ 081018_ statistical_ annex_ en. pdf. 访问时间：2019年4月25日。

接受救助的四个国家经济复苏，跟这些国家的结构改革措施密不可分，尤其是单位劳动力成本显著下降，改善了经济竞争力，进而带动出口的增加。爱尔兰是欧元区国家自2009年以来在这方面取得最明显进展的国家之一，出口的持续增加，经常项目随之改善。自2012年来，爱尔兰恢复经常项目盈余，占GDP的比重为4%。[1] 同样，葡萄牙的出口也增长迅猛，2009年出口占GDP的比重为28%，2013年已经占到GDP的41%。与此同时，对欧盟外市场的出口在2013年达到当年出口总额的30%。葡萄牙出口也改善了经常项目状况，2010年经常项目赤字为10%，到2013年转为盈余0.5%。[2]

---

[1] Taoiseach, Programme for Government, Annual Report 2015, Government for National Recovery 2011 - 2016, March 2015.

[2] "The Recovery of Portugal", Ministry of Economy, Government of Portugal, 23 January, 2015, p. 9.

表4　欧元区重债国家的单位劳动力成本（2010年=100）

国家	2009年	2010年	2011年	2012年	2013年	2014年	2015年	2016年	2017年
希腊	86.3	100.0	94.8	82.2	74.6	77.2	78.1	75.4	73.7
爱尔兰	115.1	100.0	94.2	95.8	102.7	98.8	58.2	57.7	55.3
意大利	105.7	100.0	101.4	102.5	104.5	104.7	105.5	104.7	102.9
葡萄牙	103.7	100.0	99.1	97.9	98.0	98.0	98.4	100.0	103.6
西班牙	104.6	100.0	98.5	98.6	99.4	97.0	96.8	95.5	95.3
欧元区19国	107.4	100.0	99.9	102.2	104.2	103.3	101.8	100.4	100.0
欧盟28国	105.3	100.0	100.1	103.9	105.8	105.5	106.6	103.4	102.9

资料来源：OECD, http：//stats.oecd.org/viewhtml.aspx? datasetcode = PDBI_I4&lang = en，访问时间：2019年4月25日。

（二）结构改革推动经营环境有所改善，竞争力得到提高

结构改革带动了欧元区重债国家进行公共管理改革，简政放权，改善了企业的经营环境。根据经合组织的产品市场管理指数（表5），欧元区重债国家除了爱尔兰，在产品市场的管理方面都有进一步改进，尤其是希腊和葡萄牙改进的幅度最大。产品市场管理的改善有助于吸引更多的投资。

表5　经合组织的产品市场管理指数（PMR）

国家	2008年	2013年
希腊	2.21	1.74
爱尔兰	1.35	1.45
意大利	1.49	1.26
葡萄牙	1.69	1.29
西班牙	1.59	1.44

资料来源：OECD, http：//stats.oecd.org/viewhtml.aspx? datasetcode = PMR&lang = en，2015年2月28日最后访问。

同样，根据世界银行综合营商环境指数（表6），希腊的营商环境的改善最为显著，从欧债危机之前排名100名之外提升到2015年

的第 61 名。西班牙和葡萄牙的营商环境排名也明显改善。西班牙从 2010 年的第 62 名提高到 2015 年的第 33 名,葡萄牙则从第 48 名提高到第 25 名。意大利的排名同 2008 年相比,变化不大。爱尔兰则有所退步。

表 6　　　　　　　　世界银行营商指数排名

	2009 年	2010 年	2011 年	2012 年	2013 年	2014 年	2015 年
意大利	74	78	83	87	73	65	56
西班牙	51	62	45	44	44	52	33
葡萄牙	48	48	30	30	30	31	25
爱尔兰	7	7	8	10	15	15	13
希腊	100	109	101	100	78	72	61

资料来源：根据世界银行营商指数整理,https：//openknowledge.worldbank.org/handle/10986/2139,访问时间：2015 年 2 月 28 日。

结构改革也带动了欧元区重债国家的竞争力的改善。根据世界经济论坛发布的全球竞争力指数（表 7）,西班牙和葡萄牙 2010—2015 年竞争力改善最为明显。西班牙从第 42 名提升到第 35 名,葡萄牙也从第 46 名提升到第 36 名。意大利、爱尔兰和希腊的竞争力提升还不太明显。

表 7　　　　　　　世界经济论坛全球竞争力指数排名

	2010—2011	2011—2012	2012—2013	2013—2014	2014—2015	2015—1016	2016—2017	2017—2018
意大利	48	49	42	49	49	43	43	43
西班牙	42	35	36	35	35	33	34	34
葡萄牙	46	36	49	51	36	38	42	42
爱尔兰	29	25	27	28	25	24	24	24
希腊	83	81	96	91	81	81	87	87

资料来源：根据世界经济论坛全球竞争力指数整理。http：//www.weforum.org/reports?filter［type］= Competitiveness,访问时间：2019 年 4 月 25 日。

(三) 劳动力市场的刚性程度有所削弱，但依然处于较高水平

在结构改革过程中，欧元区重债国家通过一系列新的法律，削弱劳动力市场的刚性。例如，大部分国家把集体工资谈判从行业层面转到企业层面。又如，对解雇员工的规定进行调整，为企业减绑松负。尽管进行了这些改革，但欧元区重债国家的就业保护水平依然算是比较高的。经合组织的就业保护立法指数（表8）表明，2013年希腊、意大利、葡萄牙、西班牙的指数同2009年相比均有一定程度的下降，但还是高于经合组织的平均水平。而爱尔兰由于原来的指数过低，虽然这几年在上升，但也没有高出经合组织的平均水平。

表8　　　　　　OECD就业保护立法指数（EPL）

国家	2009年	2010年	2011年	2012年	2013年
希腊	2.80	2.80	2.17	2.17	2.12
爱尔兰	1.27	1.27	1.27	1.40	1.40
意大利	2.76	2.76	2.76	2.76	2.68
葡萄牙	4.42	4.13	4.13	3.56	3.18
西班牙	2.36	2.36	2.21	2.21	2.05
OECD平均	2.16	2.15	2.12	2.08	2.04

资料来源：OECD，http://www.oecd-ilibrary.org/fr/employment/data/employment-protection-legislation_lfs-epl-data-en，访问时间：2019年4月25日。

(四) 随着救助计划的结束，结构改革出现反复

在重债国家结束"三驾马车"的救助计划之后，虽然"三驾马车"还保留了事后的监督程序，但由于"如果不达标就不能获得贷款"这一硬约束已被解除，部分国家在结构改革的进程上出现反复。例如，葡萄牙于2014年春在结束救助之前通过法律，成立新的交通管理部门，并规定该部门截至2014年9月搭建完新的交通部门管理框架，但从目前看来，到2015年春季还没有完成。又如，在职业市场开发方面，葡萄牙计划修改18个法律来管理19种职业，但到2014年底还没有通过任何一项修改的法律。此外，葡萄牙政府同社会伙伴

谈判后同意自 2014 年 10 月 1 日起将最低工资从 485 欧元提高到每月 505 欧元，这无疑给葡萄牙的就业和经济竞争力带来潜在的损害。[1]

希腊 2015 年 1 月新政府上台，带来了政策的不确定性。新政府总理齐普拉斯坚持认为过去几年实施的救助计划和紧缩政策是失败的。希腊的经济总量下降了 1/4，希腊债务占国内生产总值的比重没有控制到国际货币基金组织预期的 110% 以内，而是跃升至 176%。紧缩政策的直接受害者是广大的普通老百姓，而权贵阶层和精英阶层却通过救助计划转嫁了危机成本。新政府财长瓦鲁法基斯直言不讳地表示，现在的问题不是希腊退出欧元区将会导致国家破产，而是希腊现在已经破产。因此，希腊经济的重点不是还债，而是让经济重新恢复增长动力，经济增长了，才有能力偿还债务。[2] 希腊政府一方面需要在选民面前兑现其不削减福利的承诺；另一方面需要开源增收、偿还债务。如何平衡二者是希腊债务谈判的关键所在。从长远来说，希腊最大的挑战是如何将债务问题变成自己的发展机遇。[3]

五　小结

通过以上对欧元区重债国家的结构改革进展的分析，我们可以做以下小结。

第一，这些国家的改革呈现两种路径：其一是接受救助的国家，在救助方的压力下进行结构改革，改革呈现硬约束特点。而没有接受救助的国家，由于缺乏外来的硬约束力，结构改革呈现软约束性。从改革的效果来看，"三驾马车"推行的硬约束改革采取的是持续跟踪改革并分批提供资金的方式，如果被救助的国家改革方案执行不力，那救助资金就有可能不到位，进而会给被救助国家再次带来经济波动。而被救助的国家就结构改革问题在与"三驾马车"进行讨价还价的同时，也利用外来的压力，顺水推舟地推动一些改革的攻坚战，

---

[1] European Commission, "Post-Programme Surveillance for Portugal", Autumn 2014 Report, Occasional Papers 208, *European Economy*, December 2014, pp. 28–29.
[2] 陈新：《希腊经济面临抉择》，《人民日报》2015 年 2 月 11 日第 22 版。
[3] 陈新：《"挤牙膏"谈判的松动空间》，《人民日报》2015 年 4 月 10 日第 22 版。

得以完成"不可能完成的任务"。

第二，结构改革要想取得成功，重要的是劳动力市场和产品市场改革需要同步进行。它们相互补充，同步进行会更有效果。劳动力市场改革提高劳动力供给，而产品市场改革则带来额外的投资，由此促进对劳动力的需求。两种影响共同推高就业，并推动增长，带来结构改革效果的最大化。

第三，欧元区重债国家的结构改革取得了一定的成效，但依然面临繁重的改革任务。结构改革是一项未尽的事业，结构改革的效果将需要多年的时间才能完全体现。因此，需要有耐心以及保持改革的动力。在救助计划结束后，虽然"三驾马车"保留了定期评估机制，但由于"三驾马车"的外界硬约束的消失，部分接受救助的国家在结构改革的问题上出现了反复。这些国家的结构改革进程面临从硬约束转向软约束的转型考验。

第四，2012年9月以来欧元持续升值，给欧元区的出口带来压力，而外部需求呈现低迷，这些因素共同影响了欧元区重债国家的出口对经济增长的贡献。与此同时，随着劳动力市场改革的进行，国内需求，尤其是私人消费呈上升态势，弥补了出口对增长的贡献不足。2014年在欧央行量化宽松的前景下欧元对美元的汇率一路下跌，2015年3月欧央行正式实施量化宽松，这对促进欧元区的出口，增强欧元区的经济增长信心带来积极影响。欧元区重债国家在量化宽松的政策环境下如果能够做到稳增长，这无疑对这些国家的结构改革的持续进行带来积极效应。

德国的政治领导与欧债危机的治理

李 巍　邓允轩

2009年10月,希腊债务问题正式浮出水面,并随后蔓延到爱尔兰、葡萄牙、西班牙、意大利等国,欧洲债务危机全面爆发。这是自第二次世界大战结束以来欧洲伟大的经济一体化发展进程中的重要事件,它严峻威胁着一体化的既有成果和发展方向。

围绕欧债危机的治理,欧元区成员国内部展开了复杂的政治博弈,而作为欧洲经济火车头的德国则是当仁不让的核心博弈方。在危机爆发之初,德国并没有积极肩负起领导危机治理的责任,而是将危机的爆发归咎于重债国,拒绝对重债国提供援助。随着危机的不断发酵,德国开始介入救援计划,并逐渐转为积极主导危机治理的方向与进程,最终领导各国建立和升级包括欧洲稳定机制在内的治理危机的系列制度安排。

在很大程度上,德国的政治领导地位以及德国在危机治理中的角色变化,是理解欧债危机治理以及后来相关的治理机制生成的关键。德国在欧债危机治理过程中为何从最初的旁观角色演变到后来的领导角色?德国的政治领导在欧债危机治理中发挥着怎样的作用?德国的政治领导又是通过何种形式体现的?欧洲稳定机制等危机治理机制的生成又与德国的政治领导有何关系?本文希望通过对德国作为领导国如何进行区域制度建设的详细阐述和分析,来回答上述问题,并希望产生一些理论上的启示。

一　欧债危机演变过程及成因

2008年至2009年，由美国次贷危机引发的金融危机开始波及欧洲，以冰岛债务危机为前兆，债务问题逐渐从非欧元区向欧元区扩散，多个国家先后如多米诺骨牌般倒在债务危机的泥潭之中。欧债危机成为欧洲经济一体化进程中的一个重要分水岭，它令整个欧元区在长达数年时间里都笼罩在前景黯淡的阴影之中。虽然目前欧洲已经基本走出危机，但这场危机对于欧洲和欧盟长久的影响依然没有结束，理解其演变的过程和成因是分析未来欧洲区域经济制度建设的基本前提。

（一）欧债危机的演变过程

自希腊爆发主权债务危机以来，欧债危机在2009—2012年共经历了初始、蔓延、高峰和平息四个阶段。这一过程伴随着危机国国内经济形势的变化也同时伴随着欧盟层面的政治博弈。

第一阶段为危机初始阶段（2009.10—2010.5），希腊债务危机全面爆发，引发各方关注。2009年10月20日，当时新任的希腊总理乔治·帕潘德里欧宣布，上一届政府隐瞒了巨额财政赤字，预计2009年希腊实际财政赤字占GDP比重将达12.7%，公共债务占GDP比重将达113%。这两项数字均远远超出《马斯特里赫特条约》和《稳定与增长条约》所规定的欧元区成员国财政赤字率3%和公共债务率60%的上限，希腊的主权债务问题由此浮出水面。当年12月，全球三大评级公司在三周之内相继下调希腊的主权信用评级，并将展望调整为负面。[1] 评级机构对希腊评级的下调立即点燃了市场的恐慌情绪，确认了希腊的债务违约可能成为现实，希腊的主权债务危机由此正式爆发。

由于希腊只是欧元区的一个小型经济体，当时的国民生产总值只

---

[1] 根据欧洲央行的规定，信用评级在 A- 以下的国家不能以其国债作为质押在欧洲央行申请贷款。

占欧元区整体的2.6%，希腊的主权债务危机并没有引起欧盟国家的重视。2010年2月欧盟非正式首脑会议发表的联合声明敦促希腊遵守财政纪律，实施严格果断的措施大幅削减赤字，自行解决自身的问题，并且强调欧盟根据相关规则要求不得以欧盟资金弥补成员国赤字，欧盟层面只能给予道义上和政治上的支持。[1]

然而，进入2010年后希腊的债务危机仍持续恶化。这一年希腊政府有大量债务集中到期，希腊政府表示在无法得到援助的情况下其2000亿元到期国债将面临违约风险。这导致市场恐慌情绪进一步加剧，大量希腊国债遭到抛售，并刺激欧元暴跌、欧元区股市大幅下挫。2010年4月评级机构再次相继下调希腊的信用评级，希腊难以从市场上融资。希腊债务问题的持续恶化终于引起了欧盟和世界的重视，2010年5月2日，欧元集团发表声明，欧元区各国财长一致同意欧元区与IMF联合三年内向希腊发放1100亿欧元的援助资金，其中欧元区承担800亿欧元。此举缓解了希腊的燃眉之急，让希腊在迫切的偿债问题上得到了喘息的机会。

第二阶段为危机蔓延阶段（2010.5—2011.5），债务问题开始如瘟疫一般向其他国家传导，导致更大范围内的危机爆发。欧元区向希腊提供援助意味着希腊的债务问题不再是希腊自己的问题，而是欧元区范围的问题，再加上希腊的主权债务危机动摇了整个欧洲范围内的投资者的信心，在信用经济高度发达、欧元区经济高度一体化的背景下，危机很快传导到同样存在债务问题的国家。爱尔兰成为第二张倒下的多米诺骨牌。

爱尔兰的债务问题源于房地产泡沫的破灭，经过银行业危机的传导，最终演化为债务危机。至2010年9月爱尔兰全国五大银行资产损失合计将超过500亿欧元，爱尔兰政府被迫出手救助本国银行业，银行损失转为政府赤字。随着银行业亏损面扩大，政府援助负担加重、赤字不断扩大，融资成本不断提高。在巨大的资金缺口和高昂的融资成本面前，爱尔兰再也无法独力支撑，于2010年11月21日正

---

[1] 《欧盟对希腊债务危机提供道义支持 援助"不谈钱"》，网易新闻，2010年2月12日，http://news.163.com/10/0212/05/5VA40DRB000120GU.html。

式向欧盟和 IMF 申请救援。欧盟于 11 月 28 日举行财长特别会议，决定与 IMF 共同为爱尔兰政府提供 850 亿欧元的援助资金，其中 350 亿欧元专门用于救援爱尔兰的银行业，500 亿欧元用于弥补爱尔兰政府的财政赤字。①

紧接着，葡萄牙陷入财政收支的困境，成为第三个倒下的欧元区国家。葡萄牙经济竞争力较弱，为避免美国金融危机的打击，葡萄牙政府扩大财政支出，不但带来大量公共债务，而且使得财政赤字大幅增长，2009 年全年赤字占 GDP 比重高达 9.3%。随着 2010 年 9—11 月爱尔兰陷入债务危机，欧洲资本市场对各国债务问题的担忧加剧，流动性愈加紧张，致使葡萄牙的融资成本大为增加。无奈之下，葡萄牙政府于 2011 年 4 月 7 日晚正式向欧盟委员会递交援助申请。5 月 3 日，葡萄牙正式与 IMF、欧盟和欧洲央行达成救援协议，获得总额为 780 亿欧元的援助资金。② 5 月 20 日，葡萄牙从 IMF 获得了金额为 61 亿欧元的第一笔贷款，9 月 13 日获得了 39.8 亿欧元的第二笔贷款，基本解决了葡萄牙当年的偿付危机。

第三阶段为危机高峰阶段（2011.5—2012.9），债务危机开始从边缘区波及欧洲的核心区，带来了更大的影响。欧盟对希腊、爱尔兰、葡萄牙的救援像是一次次灭火行动，出现一道险情便出一次火警，以拨款的形式解决危机国的燃眉之急，欧盟和 IMF 通过个别援助、提供救济资金"补窟窿"的方式一定程度上缓解了危机，却仍未能遏制火情，反而渐成燎原之势。先是希腊再度面临危机，甚至闹出退出欧元区的风波，然后是意大利、西班牙等欧元区核心经济体遭遇债务困境，乃至法国也受到一定影响，欧债危机在这一阶段达到高峰。

希腊于 2010 年 5 月获得第一笔援助资金后，危机得到了一定缓解。然而，由于一次性援助只能临时解决偿付危机，希腊并没有能够改善其财政状况并从根本上提高其偿付能力，致使希腊资金缺口重新扩大，渐渐无法应对持续不断的到期债务。2011 年 6 月，希腊第二

---

① 《850 亿欧元救助今启动 爱尔兰国内不满情绪上升》，新华网，2010 年 11 月 29 日，http://news.xinhuanet.com/fortune/2010-11/29/c_12827429.htm.

② 《葡萄牙与国际金融机构达成救援协议》，新华网，2011 年 5 月 4 日，http://news.xinhuanet.com/world/2011-05/04/c_121375733.htm.

次债务危机由此正式爆发。

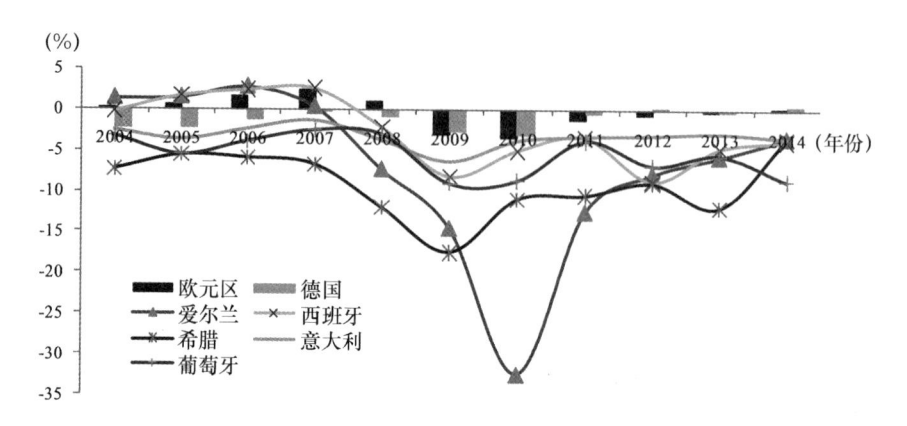

图 1　欧元区各国财政现金结余/赤字占 GDP 比重（2004—2014 年）

资料来源：联合国数据库（UNdata）、世界银行、欧洲央行。

在援助条件的压力下，希腊议会不得不于 2011 年 6 月底投票通过了包含减支增税、裁员、出售国资等内容的新紧缩方案，以此为条件换取了 120 亿欧元援助款的发放。但这在希腊国内引发了大规模的国内游行和罢工抗议，引爆了希腊的政治危机。面对民粹主义的压力，10 月 31 日希腊总理帕潘德里欧宣布对是否接受欧盟第二轮援助方案进行公投。此举引发市场对希腊公投不确定性从而形成违约的恐慌，同时引起了德国、法国等国家领导人的强烈不满。11 月 4 日，希腊宣布放弃公投，帕潘德里欧则因信任危机而被迫下台。经过多轮谈判磋商，2012 年 2 月欧元区财长会议批准了规模为 1300 亿欧元的对希第二轮援助，从而缓解了希腊在 3 月偿债高峰中的压力。2012年 7 月，第二轮援助资金已全部发放完毕。到 2013 年 2 月，在支持紧缩的新民主党的领导下，希腊初步完成减赤目标，且多年来首次实现财政盈余，希腊债务问题再次得到暂时缓解。①

在希腊第二次债务危机后不久，意大利同样出现了债务问题。在 2011 年以前，虽然意大利财政状况不佳，但是凭借作为欧元区第三

---

① 《希腊完成去年减赤目标 赤字占 GDP 比重降至 6.6%》，中新网，2013 年 2 月 6 日，http://www.chinanews.com/cj/2013/02-06/4552244.shtml。

大经济体的经济实力，意大利勉强能够顺利偿付公共债务。然而，随着欧债危机的深度发酵，欧洲市场上债券产品的风险溢价不断攀升，高负债国融资成本持续上扬。到2010年底意大利公债比已高达120%，偿债压力日益增大。2011年9—10月，三大评级机构均下调了意大利主权信用评级，并将前景展望列为负面，11月9日贝卢斯科尼引咎辞职。此后，意大利通过强有力的兼顾结构改革的财政整固政策，得以较快解决债务问题。虽然意大利严格意义上并没有陷入债务危机，但是意大利仍然保持较高的债务水平，低迷的经济无法改善偿付能力，仍然存在出现债务危机的风险。

相比之下，西班牙作为第四个陷入危机的国家，问题比意大利更为严重，其对整个欧元区的影响也远大于希腊、爱尔兰和葡萄牙。与爱尔兰相似的是，西班牙首先因为房地产泡沫破灭而面临银行业危机，进而由于救助银行业的需要而加重债务负担，最后陷入债务危机。2012年6月9日，西班牙正式申请欧盟援助本国银行业，欧元集团同日宣布提供不超过1000亿欧元援助资金。① 不仅如此，2012年开始，塞浦路斯也逐渐陷入银行危机，被迫于2012年6月正式向欧盟申请援助。银行业危机与债务危机形成恶性循环，成为这一阶段欧债危机全面升级的重要标志。

此外，标普于2012年1月将法国和奥地利的主权信用评级从AAA下调至AA+，7月穆迪将德国、荷兰、卢森堡三个信誉最高的国家的信用前景从稳定调整为负面，欧债危机至此已经全面覆盖欧元区的核心国家，关于欧元区是否将会崩溃的讨论甚嚣尘上。②

第四个阶段为危机平息阶段（2012.9—2012.12），经过了危机治理的学习和主要国家的政治博弈之后，欧元区通过三个渠道发力，强力应对危机，最终使危机在历时三年后得以告一段落。一是改革货币发行主体，由实际发行欧元并且可控制货币发行量的欧洲央行来承担最后贷款人的角色，在欧元区的任何国家的国债出现抛售风波时出

---

① 《西班牙向欧盟提交1000亿欧元援助申请》，腾讯财经，2012年6月11日，http://finance.qq.com/a/20120611/001386.htm.
② 陈新：《欧债危机下欧洲经货联盟治理结构转型》，载张利华、[荷] 岩·瓦德哈斯特主编《欧债危机与中欧关系》，知识产权出版社2013年版，第137页。

手购买，提供无限流动性，以稳定市场信心；① 二是改革债券发行主体，统一各国财政预算，背靠统一的财政发行主权债，保证自身的偿付能力。② 三是建立强大的永久性危机救援机制，即欧洲稳定机制（European Stability Mechanism, ESM），为危机国提供强力救助，击退市场上的投机力量。

由此，欧盟与欧央行相互配合，短期与长期手段并重，向市场发出了维护欧元区完整的强有力的信号，以标本兼治的方式化解了危机。2012年10月之后，市场融资成本普遍下降，不再有新的国家向欧盟和IMF申请援助，评级机构也基本没有下调主权信用评级的操作。③ 欧元区的危机基本宣告结束，各国此后着力严肃财政纪律，推动结构性改革，重建竞争力并振兴本国经济。

（二）欧债危机爆发的成因分析

由于欧美国家之间经济联系密切，欧债危机最直接的外部因素就是2008年美国金融危机的负面传导，这种负面传导体现在三个方面。一是美国金融危机致使欧洲经济对外依存度较高的国家国际收支加速恶化，偿债能力遭到削弱。二是部分欧洲国家的救市措施加剧财政亏空。在经济萧条的环境下，欧洲各国实施扩张性财政政策提振经济，同时以政府信用甚至资金维持金融系统，避免国内经济与金融市场的崩溃。这些举措一方面暂时缓解了金融危机对国内经济的打击，但另一方面却增加了财政负担，引发投资者对国家财政能力的担忧。三是美国金融危机使得资产价格大幅下跌，刺破房地产泡沫，并在欧洲引发房地产业和金融业的连锁反应。持有大量房地产业信贷的欧洲银行

---

① 2012年9月6日，欧洲央行行长德拉吉宣布正式启动直接货币交易计划（Outright Monetary Transaction, OMT）放开在二级市场购买重债国国债的限制。此举向市场注入了一针强心剂，欧洲债市反应迅速，各国10年期国债收益率纷纷下降：意大利降至5.3%，西班牙降至6%以下，葡萄牙降至一年来新低的8.45%。参见《欧洲央行推出救市新计划：OMT》，经济观察网，2012年9月7日，http://m.eeo.com.cn/2012/0907/233142.html.
② Argentino Pessoa, "The Euro Area sovereign debt crisis: Some implications of its systemic dimension", *MPRA Paper*, No. 35328, December 2011, pp. 10 - 12, https://mpra.ub.uni-muenchen.de/35328/1/MPRA_paper_35328.pdf.
③ 姜云飞：《欧元区主权债务危机：最优货币区理论再思考与实证》，上海人民出版社2015年版，第80—81页。

遭受巨额损失，致使重债国融资难度增加、主权债流动性减弱，国家债信受到影响。

除此以外，国际投机主体与评级机构的推波助澜也引发和加剧了危机。一方面，部分欧元国家由于高企的公共债务、大额的财政赤字与对外依赖性较强的经济结构，引诱不少国际投机主体瞄准这些国家乃至欧元区，集中力量沽空狙击；另一方面，作为投资参考和市场风向标的评级机构调整部分国家的主权信用评级，进一步恶化了市场形势。由于三大评级机构均为美国公司，美国是否具有动用评级机构的影响力来左右欧元区局势，成为各界频繁质疑的焦点问题。国际大型投资机构的沽空操作和信用评级机构的评级下调，作为催化剂共同强化了市场对欧元区的悲观预期，从而使危机成为"自我实现的预言"。

但从内因上讲，欧债危机的深层根源是部分欧洲国家的经济发展出现了严重问题。首先，欧元区内部经济结构严重失衡。欧元区北部国家和南部国家在经济竞争力上的鸿沟日益加大，这使得德国等核心国家经常账户长期保持盈余状态，而希腊、葡萄牙、西班牙等国家连年出现经常账户逆差的状况。[①]

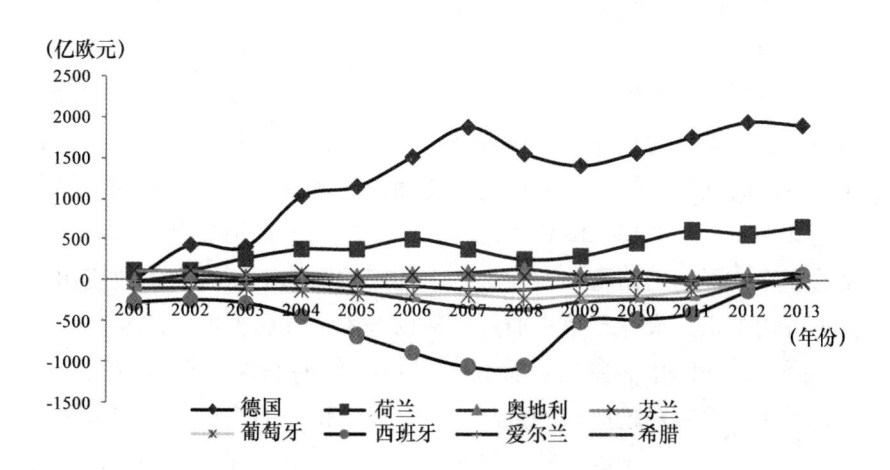

图2 欧元区主要南北方国家经常项目净额比较（2001—2013年）
资料来源：欧盟统计局（Eurostat）。

---

① 张志前、喇绍华：《欧债危机》，社会科学文献出版社2012年版，第98页。

而在欧洲统一市场的背景下，生产要素跨边界流动的障碍被解除，资本等要素向经济竞争力更强的北部国家流动，加剧了南部国家实体经济的萎缩和经济增长的乏力。[1] 连年的逆差使得这些南部国家不得不大举借债弥补经常账户赤字，大量的外债之后流向高利润率的房地产市场和金融市场，而非用于扩大生产、改进技术、提升竞争力，致使国家的紧急泡沫日趋严重。再加上货币统一使得单个国家无法通过通胀的方式缩减债务，不断累积的外债便逐渐埋下了危机的火种。

其次，高福利政策超越国家经济承受能力。欧洲作为"福利国家"思想的发源地，多年来在医疗、养老、教育、失业等方面建立了"从摇篮到坟墓"的完备福利保障体系。但福利的提供必须建立在强大的经济基础之上，与经济水平不相匹配的福利开支会造成沉重的财政负担。希腊等危机国在经济增长乏力之时依旧向北欧国家的高福利标准看齐，最终只能通过不断借债来满足福利支出需求。从福利支出到债务累积，高福利政策主要借助三种路径完成这一传导。[2] 第一，选票利益约束。代议制民主环境下，执政党为了满足选民对维持乃至增加福利的偏好，不惜作出最大化福利支出的承诺，致使政府财政赤字不降反升。第二，失业率上升。一方面，高福利环境降低了劳动者的就业意愿，自愿失业率上升，使得政府救济负担加重；另一方面，高福利以高税收为支撑，企业在高税负之下存在削减支出的倾向，就业机会因而减少。第三，人口老龄化加剧。老龄化程度的加深使得养老金支出和老年医护保障费用的增加，财政支出负担加重，同时抚养比的下降也不利于储蓄的增长。在上述三重影响下，国家财政支出不得不持续扩张，最终不得不通过巨额债务满足福利支出的需要。

而欧洲一体化的制度设计特别是欧元区的制度存在着重大的缺陷，无法有效应对这些内外挑战。一方面，统一的货币政策与分散的财政政策之间存在矛盾。欧元诞生之后，欧洲央行成为统一货币政策

---

[1] 保建云：《论欧洲主权债务危机内生形成、治理缺陷及欧元币制演化》，《欧洲研究》2011年第6期。

[2] 姜云飞：《欧元区主权债务危机：最优货币区理论再思考与实证》，上海人民出版社2015年版，第19—20页。

的唯一实施主体。但另一方面，欧元区各国仍然保留了财政政策制定权。作为分立的财政政策与货币政策实施主体，各主权国家和欧洲央行的宏观经济政策目标在一定时期内不可避免会存在冲突。[①] 各国政府为了刺激经济增长，只能动用财政政策，而货币的统一使得各国无须考虑财政政策对国内物价稳定的负面影响，因为财政扩张带来的货币贬值成本由欧元区各国共同承担，这就带来了欧元区成员国的"道德风险"[②]，各国缺乏控制赤字规模的自我约束。同时欧元区成员国政府无法通过货币贬值的方式刺激出口、增加财政收入和稀释政府债务，只能以更高的成本借新债还旧债。[③] 这使得赤字扩大与债务累积形成恶性循环，最终导致国家不堪重负，陷入债务危机。

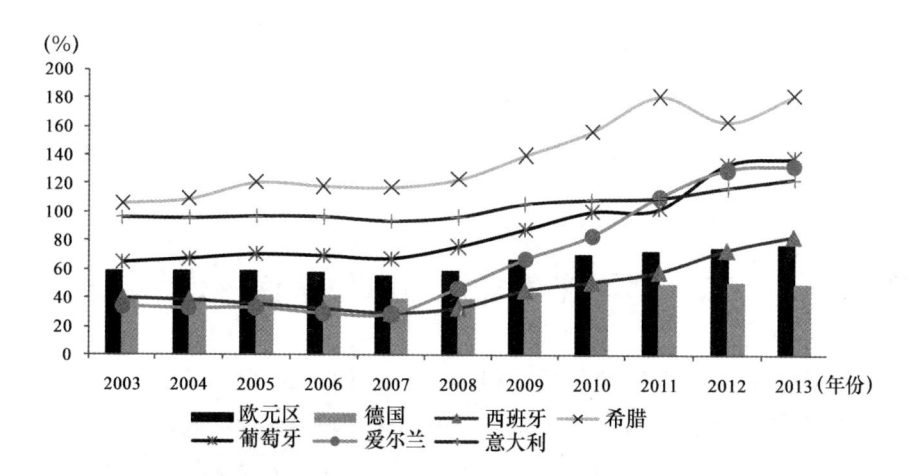

图3　欧元区各国中央政府合并债务占GDP比重（2003—2013年）
资料来源：世界银行、欧盟统计局。

另外，欧元区缺乏监管约束机制与危机防范机制，这也助长了债务问题逐渐演变成危机。在欧盟和欧元区成立之初，《马斯特里赫特条约》和《稳定与增长公约》便已经对各成员国划定了3%为

---

① 保建云：《论欧洲主权债务危机内生形成、治理缺陷及欧元币制演化》，《欧洲研究》2011年第6期。
② 栾彦：《全球视角下的欧洲主权债务危机研究》，经济科学出版社2012年版，第88页。
③ 李奇泽：《欧债危机与中国经济》，人民出版社2014年版，第49—50页。

上限的财赤比率和上限为 60% 的公债比率，并且要求各国向欧洲央行上交一笔不超过该国 GDP 0.5% 的无息押金。若该国连续两年超标，则押金自动转为罚款。然而，欧元区并没有对此设置专门的早期预警机制和监督约束机制，且在成员国超标之后并没有专门的执法落实措施，这使得欧元区的财政纪律形同虚设。2002—2003 年德国和法国作为欧元区前两大经济体带头超标，财赤比率超过 3%，它们联合意大利、葡萄牙、卢森堡等国，以多数票表决冻结了欧盟委员会对其违反财政纪律的惩罚。2005 年，欧元区财长会议修改了《稳定与增长公约》，允许成员国在"特殊情况"下超标，此举在增强成员国财政政策运用灵活性的同时，也进一步放松了财政纪律的约束，成员国也缺乏控制赤字与债务规模的动力，从而为后来的危机埋下了隐患。[①]

总之，欧债危机的爆发是欧元区经济结构和制度设计总矛盾的一次大爆发，欧债危机能否得到有效治理，影响着未来欧洲经济一体化的发展方向。

二 德国在危机治理中的角色变化

欧债危机的爆发和蔓延，很快就将德国推到了风口浪尖。作为欧洲竞争力最强和规模最大的经济体，德国当仁不让地被赋予了危机治理的核心职责。但是，德国出于自身的私人战略目标的考虑，在欧债危机治理中的角色经历了从推卸责任、束手旁观到积极介入、强力领导的演变，德国一开始并不积极致力于危机救援等公共物品的供给。

（一）危机初始阶段：束手旁观，拒绝施救

希腊债务危机爆发后，欧洲舆论期待德国作为欧元区最大的经济体发挥领导作用，对希腊施以援手。然而，德国政府保持"光荣孤

[①] ［德］沃纳·伊伯特：《欧洲经济财政政策协调、"退出"战略及德国的作用》，熊厚译，《欧洲研究》2010 年第 4 期。

立",以民意反对和法律限制等原因拒绝救援,扮演了一个束手旁观的角色。2010 年 2 月 11 日欧盟非正式峰会决定帮助融资困难的成员国,但是德国此后并没有对是否帮助和如何帮助明确表态。① 2010 年 3 月 17 日,默克尔在议会讲话时表示,不能为了表示团结而过快采取行动;不能姑息一再破坏财政纪律的成员国,日后要将它们驱逐出欧元区。② 由此,德国明确了此阶段不救助的立场。

首先,在德国看来,希腊陷入危机的原因在于财政纪律松弛、福利开支过大、借贷消费无度,这是"希腊的问题"(this-is-a-Greek problem),应该由希腊自行解决自己的债务问题,而向希腊提供援助会助长不遵守财政纪律"道德风险"问题。③ 德国人深信不疑的是,只要危机国严格贯彻旨在改善国际竞争力并增加出口的紧缩措施,该国经济无论面临多大的困难都能够自我恢复。④ 德国奉行一种既不同于亚当·斯密式的古典自由主义也不同于凯恩斯干预主义的经济理念,这种理念被称为秩序自由主义(ordoliberalism)。⑤ 这种理念源于德国在魏玛共和国时期恶性通货膨胀的悲惨记忆,德国认为通过私人及公共债务的扩张增加货币循环是通货膨胀的原罪,因此主张通过法学家与经济学家的合作创立一种可以对经济运行进行有效调控的秩序框架。⑥ 与亚当·斯密的放任自由不同,秩序自由主义更加强调"秩序",即为市场经济的自由发展创设稳定的竞争秩序;与凯恩斯主义的干预不同,秩序自由主义强调为企业创造自由竞争的环境,其中又

---

① 金玲:《欧债危机中的"德国角色"辨析》,《欧洲研究》2012 年第 5 期。
② 《希腊债务危机救助方案再添悬念》,凤凰财经,2010 年 3 月 20 日,http://finance.ifeng.com/forex/hsfx/ 20100320/1947083.shtml。
③ Matthias M. Matthijs and Kathleen R. McNamara, "The Euro Crisis' Theory Effect: Northern Saints, Southern Sinners, and the Demise of the Eurobond", *Journal of European Integration*, Vol. 31, No. 2, 2015, p. 230.
④ Kurt Hübner, "German Crisis Management and Leadership—From Ignorance to Procrastination to Action", *Asia Europe Journal*, Vol. 9, Issue 2 – 4, March 2012, pp. 170 – 171.
⑤ Rainer Hillebrand, "Germany and Its Eurozone Crisis Policy: The Impact of the Country's Ordoliberal Heritage", *German Politics and Society*, Issue 114, Vol. 33, No. 1/2, Spring/Summer 2015, pp. 6 – 24.
⑥ Lars P. Feld, Ekkehard A. Köhler and Daniel Nientiedt, Daniel, "Ordoliberalism, Pragmatism and the Eurozone crisis: How the German Tradition Shaped Economic Policy in Europe", *Freiburger Diskussionspapiere zur Ordnungsökonomik*, No. 15/04, 2015, p. 13.

以币值稳定原则最为重要。① 由此可见，货币稳定和竞争秩序是秩序自由主义传统的两个核心要义。基于秩序自由主义的理念，德国政界和经济界对欧债危机的主流认识是，重债国松懈的财政纪律是导致巨额债务累积危机的根源。② 因此，如果德国和欧盟贸然施加援助，放松对重债国的压力，放松对其进行财政扩张的限制，不但重债国赤字将会陷入无底洞，而且会损害德国等净债权国的利益。德国政府坚持认为，解决危机的关键在于继续保持对"欧猪国家"政府面临的金融市场压力，必须通过惩戒敦促重债国整顿财政纪律，甚至要求所有成员国在其宪法中写入限制赤字的条款。③

而同时，德国联邦政府面临的强大国内民众阻力和国内制度障碍给予了德国拒绝施援的良好借口。德国民众并不愿意为"懒惰、腐败而不负责任"的希腊人埋单。④ 德国民众认为，要求德国进行救助无异于阻止他们在经历过去十余年痛苦的改革之后享受改革成果，并且期望他们以自己的纳税承担他国不负责任的经济政策和不可持续的消费带来的代价。⑤

自两德统一以来，德国人为国内的改革付出了很大的代价，至今仍记忆犹新。两德统一之际，东德GDP仅为西德的1/10，且经济结构差异甚大，德国付出了巨大的努力弥补东部与西部的差距，20世纪90年代西德每年向东德的财政转移支付高达1800亿德国马克。虽然东西部的差距不断缩小，但十年的艰难也为德国带来了高失业率、高通胀和低增长的高昂成本，德国在21世纪前后被戏称为"欧洲病人"（sick man of Europe），执政长达16年的科尔总理（Helmut Kohl）也因此于1998年黯然下台。社民党的施罗德（Gerhard Schröder）在

---

① ［德］瓦尔特·欧肯：《经济政策的原则》，李道斌译，上海人民出版社2002年版，第277页。
② Simon Bulmer, "Germany and the Eurozone Crisis: Between Hegemony and Domestic Politics", *West European Politics*, Vol. 37, No. 6, 2014, p. 1246.
③ ［德］阿尔伯特·施魏因贝格尔：《欧债危机：一个德国视角的评估》，孙彦红译，《欧洲研究》2012年第3期。
④ 郑春荣：《从欧债危机看德国欧洲政策的新变化》，《欧洲研究》2012年第5期。
⑤ Brigitte Young and Willi Semmler, "The European Sovereign Debt Crrisis: Is Germany to Blame?" *German Politics and Society*, Issue 97, Vol. 29, No. 1, Spring 2011, p. 8.

执政期间制定了"2010 议程",旨在对自由劳动力市场和社会保险制度进行大幅度改革。"2010 议程"取得了良好的改革效果,2006—2008 年经济增长率达 6.7%,失业率从 2006 年起重新降到 10% 以下,经济竞争力显著恢复。① 然而,"2010 议程"也带来了巨大的社会成本:1998—2008 年德国名义工资仅增长 18%,福利待遇被压缩,购买力停滞不前,触动大量失业人群和底层劳动人群的既得利益,社会贫富分化加剧。② 正是由于经历了痛苦的改革过程,德国民众不愿让重债国"搭便车",坐享其来之不易的改革成果却不在国内作出改变。在绝大部分德国民众的反对下,德国当局把困难边缘国的援助申请与该国执行严格内部改革的决心直接联系在一起,拒绝在他们进行改革之前给予支持。③

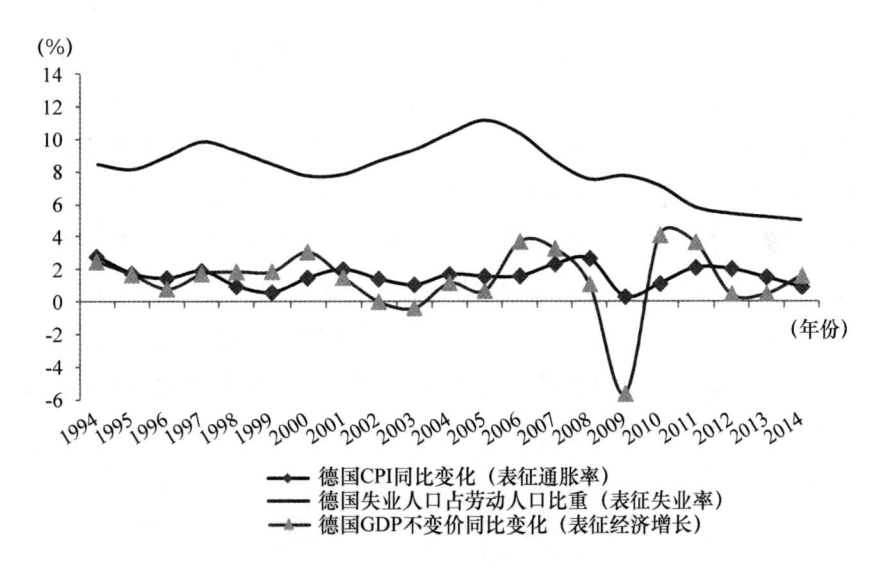

图 4　德国失业率、通胀率、经济增长率变化情况(1994—2014 年)

资料来源:世界银行。

---

① 徐聪:《德国经济治理》,时事出版社 2015 年版,第 27—41 页。
② [法]让·皮萨尼-费里:《欧元危机》,郑联盛译,湖南科学技术出版社 2015 年版,第 50 页。
③ Luigi Bonatti and Andrea Fracasso, "The German Model and the European Crisis", *Journal of Common Market Studies*, Vol. 51, No. 6, 2013, p. 1024.

此外，根据德国基本法，德国国家财政的决定权最终归属于德国联邦议会，联邦政府不得在未征得联邦议会实质同意的前提下推行对国家财政可能造成负担的措施。① 德国两院和德国宪法法院作为德国国内重要的否决行为体（veto player）在危机治理决策上发挥着制约作用，但德国政府在这一阶段实际上相对夸大了法律在救援问题上的限制，并借助法律限制这一理由加强了对外宣传不实施援助的正当性。

（二）危机蔓延阶段：转变态度，介入援助

德国在决定是否出手援助和决定采用何种援助方式时，面临的是现实问题解决需要（pragmatic problem-solving）与传统规范合法性维护（normative legitimacy）之间的矛盾关系。② 若贸然出手援助，直接为重债国提供援助资金，则不符合德国传统的秩序自由主义规范；若不出手援助，要求重债国通过长期的结构性改革措施实现经济自我恢复，则会面临远水不救近火的现实困难，在危机蔓延之际无助于欧元区整体的稳定。随着欧债危机愈演愈烈，在其他国家的压力和欧元区崩溃的现实风险下，德国最终松动了立场，优先解决现实问题，但同时强调不应将责任完全转移到德国人身上，一国债务问题带来的成本也不应该完全由欧元区成员国共同承担。③ 对于德国态度的变化，有欧洲学者表示，维护欧盟和欧元的完整是德国政治精英的优先选项，因而德国一定会出手救援欧元区的危机国，但总会在最后一刻出手，因为德国的政治精英并不喜欢为犯下错误的人埋单。④ 在这一阶段，

---

① 毛晓飞：《对外财政援助决定权的宪法制约——德国联邦宪法法院对欧元区援助法案的违宪审查》，《欧洲研究》2013 年第 2 期。

② Frank Wendler, "End of Consensus? The European Leadership Discourse of the Second Merkel Government during the Eurozone Crisis and Its Contestation in Debates of the Bundestag (2009 – 13)", *German Politics*, Vol. 23, No. 4, 2014, p. 456.

③ 德国时任内政部部长德迈齐埃（Thomas de Maizière）2010 年 5 月接受英国《经济学人》（*The Economist*）采访时总结德国的立场，认为德国不能承担无限责任，只能按照自己的信誉情况提供贷款担保；如果需要为危机国提供贷款担保，也只会按照为市场上的德国人提供贷款担保时的同样条件来提供。由此可见，德国一定程度上放松了立场，并不拒绝为危机国提供援助，但同时强调提供援助的严格前提条件。[比] 约翰·冯·奥弗特维尔德：《欧元的终结：欧盟不确定的未来》，贾拥民译，华夏出版社 2012 年版，第 97 页。

④ 孙天仁等：《德国，一个"不情愿"的领导者》，《人民日报》2013 年 6 月 17 日。

德国的主要目标是通过临时援助缓解紧急的债务问题，同时以提供援助为条件换取重债国进行国内改革和财政整顿的承诺。在这一目标指导下，德国开始在有保留条件的情况下开始了救援行动。

一方面，德国向危机国提供了大量临时性的救助资金。在这一阶段对希腊、爱尔兰、葡萄牙的救助中，德国均提供了数额不菲的援助资金，且出资比例居各国之首，充分发挥了救助的带头作用。2010年5月，"三驾马车"①同意在三年内共同为希腊提供1100亿欧元的援助，其中德国承担欧元区份额中的224亿欧元，占比达28%，而且考虑到IMF资金来源于各国份额认缴，德国实际付出的援助资金可能更多。5月11日，欧盟财长谈判后达成总规模7500亿欧元的援助计划，其中德国在其中的认购份额高达1194亿欧元，并在2011年9月29日将担保额提高到2110亿欧元。②另外，2010年11月28日为爱尔兰提供的850亿欧元援助以及2011年5月3日为葡萄牙提供的780亿欧元援助中，德国均占有较大份额。

但另一方面，德国虽然转变态度，同意实施救援并以大额出资作为实际行动，但并不同意无限制地承接重债国的风险，其中最为典型的是反对发行欧元区共同债券（Euro-Bonds）。2010年底开始欧盟委员会、IMF以及各国智库均提出了发行欧元区共同债券（又称欧元联合债券）的建议，核心思想均为以欧元区17国特别是核心国的信用作为担保，按照统一利率发行超国家债券，降低融资水平，增加欧元区流动性，提振市场对欧元区的信心。然而，发行共同债券的提议遭到德国的坚决反对。2011年6月5日，德国财政部部长朔伊布勒（Wolfgang Schäuble）公开表示，在欧洲形成"真正的财政联盟"（a real fiscal union）之前，德国不会接受共同欧元债券。③6月26日，默克尔在联邦议会上斩钉截铁地表示"只要我活着，就不会有欧元债

---

① 欧债危机治理中的"三驾马车"（Troika）即欧盟委员会（EC）、欧洲央行（ECB）和国际货币基金组织（IMF）。

② 《德国投票批准扩容EFSF 欧元多头信心倍增》，东方财富网，2011年9月30日，http://forex.eastmoney.com/news/1129，20110930166697258.html。

③ "Germany will accept eurobonds but fiscal union must come first", *The Times*, 5 June, 2012, https://www.thetimes.co.uk/article/germany-will-accept-eurobonds-but-fiscal-union-must-come-first-302dpvgz9qj.

券或其他类似的方案出现"①。8月21日，德国总理默克尔在接受采访时再次强调，欧元债券实质是成员国尚未向欧盟全部移交预算权力时将债务负担共同化；在当前危机加剧的时点，欧元债券对危机解决是完全错误的答案（falsche Antwort），只会将各国引向"债务联盟"（Schuldenunion）而非"稳定联盟"（Stabilitätsunion）。②

德国一方面开始提供一些临时性的救援资金，但另一方面又反对发行共同债券这一更根本性的救援措施，原因在于德国在危机的蔓延时已经充分意识到危机所可能带来的巨大破坏力，但同时德国又想在危机中贯彻自己的私人目标，即以共同债券可能会大概率引发"道德风险"为由，要求重债国贯彻德国式的紧缩模式，建立更加严格的财政联盟。③

首先，债务危机暴露了欧元区制度设计的缺陷，德国自身面临着"三元难题"：持续的经常项目盈余、无转移支付/无救助的货币联盟和纯粹独立的中央银行不得不三者弃其一。④ 德国的常年盈余是以边缘国家逆差的持续扩大为代价的。当边缘国家逆差不断扩大、超过一定的临界点时，市场对其偿付能力失去信心，该国便会失去再融资渠道；极端情况下，该国甚至面临破产的风险。在维持欧洲央行独立性的前提下，从根源上解决偿付问题的方式只有财政转移支付，弥补核心国与边缘国的经常账户失衡。若核心国坚持不救助、不转移支付，则欧洲央行只能承担起最后贷款人的责任，通过增加流动性和货币贬值来帮助稀释危机国的债务，否则该国将因为流动性枯竭而"失血"破产。这就是德国的"三元难题"，为了在保持自身出口导向经济优势的前提下解决危机，就必须从救助危机国（转移支付）和放松欧洲央行职能限制两者中选择其中一种。

---

① "Keine Euro-Bonds, solange ich lebe", Spiegel Online, 26.06.2012, http://www.spiegel.de/politik/ausland/kanzlerin-merkel-schliesst-euro-bonds-aus-a-841115.html.

② Angela Merkel, "Ganz Europa muss wettbewerbsfähiger werden", *ZDF-Sommerinterview*, 2011, https://www.bundeskanzlerin.de/ContentArchiv/DE/Archiv17/Interview/2011/08/2011-08-21-sommerinterview-merkel.html.

③ 徐聪：《德国经济治理》，时事出版社2015年版，第225—226页。

④ Jörg Bibow, "The Euroland Crisis and Germany's Euro Trilemma", *International Review of Applied Economics*, Vol. 27, No. 3, 2013, pp. 377–378.

其次，欧元区解体将会产生巨大的经济成本。欧债危机逐渐深化，引发了市场对欧元区解体的关注，欧元的崩溃将会使德国失去欧元给德国带来的可观收益。通过统一货币，德国不再面临他国货币贬值的风险，其工业竞争力和产品出口得到了强化；德国央行的运行模式和货币政策导向移植到了欧洲央行，德国经济得以保持稳定的货币环境。① 失去了统一的货币欧元，德国不但需要承受原有欧元收益的机会成本，还可能承担直接的国内损失。根据德国《明镜》周刊报道，根据德国财政部的一项研究测算，若弃用欧元，重新引入德国马克，则货币改用后首年预计经济产出将下滑10%，失业人口将增加超过500万人。②

再次，欧元的崩溃不但将沉重打击德国的政治影响力，使德国通过经济优势换取政治地位的投入落空，而且将挫败欧洲一体化进程，多年形成的欧洲认同与秩序也将崩坏，欧洲社会将产生分裂与冲突。正如默克尔所说，欧元的失败意味着欧洲的失败。③ 德国领导的战后欧洲一体化成果将付诸东流。

正是因为考虑到欧元区解体的巨大成本，德国开始作出一定的让步，向重债国给予有条件的援助。而同时，其他国家不断向德国施压，要求德国介入援助。随着法国在欧债危机中经济持续不景气，失业率攀升，法国开始与意大利、西班牙联合起来施压德国发挥领导作用，使得欧元区前四大经济体的格局从"2+2"变成"1+3"④。为了保持欧盟的团结与凝聚力，为日后的机制建设合作蓄势、增强各国对德国领导的认可，德国转变了危机初期过于强硬的态度，对"促增长"的要求进行了一定的妥协。

---

① 赵柯：《货币国际化的政治逻辑——美元危机与德国马克的崛起》，《世界经济与政治》2012年第5期。

② "Finanzministerium rechnet mit katastrophalen Folgen für deutsche Wirtschaft nach möglichem Zusammenbruch des Euro", *Der Spiegel*, 24 June, 2012, http：//www. spiegel. de/spiegel/vorab/zusammenbruch-des-euro-katastrophale-folgen-fuer-deutsche-wirtschaft-a-840554. html.

③ "'If the Euro Fails, Europe Fails'：Merkel Says EU Must Be Bound Closer Together", Spiegel Online, 7 September, 2011, http：//www. spiegel. de/international/germany/if-the-euro-fails-europe-fails-merkel-says-eu-must-be-bound-closer-together-a-784953. html.

④ 关海霞：《欧债危机与德国应对危机的政策分析》，博士学位论文，北京外国语大学，2014年。

（三）危机高峰阶段：积极出手，主导治理

随着欧债危机逐渐传导到核心国、欧洲银行业体系出现危机，单纯向重债国分别提供短期援助的"救火"行动已经难以有效遏制危机的蔓延，欧元区面临全面崩溃的危险。在这个阶段，德国不止于被动地在重债国出现危机时施以援手，而是积极主导危机治理机制的建设，通过订立《财政契约》、建立欧洲稳定机制以及调整欧洲央行职能三管齐下来打赢"欧元保卫战"，同时釜底抽薪解决危机。[1]

德国领导欧洲经济联邦的制度设计的最大目标，便是建立"完全成熟的"（fully fledged）的财政联盟。2011年末，默克尔在联邦议会讲话时表达了一定要建立财政联盟的决心，并且要求欧元区制定并实施更加严格的财政规则。[2] 在2012年12月9日的欧盟峰会上，25个成员国（英国和捷克未同意）一致同意缔结《财政契约》，并于2012年3月2日正式签署了契约文本。《财政契约》是德国领导欧盟国家进行机制设计的重要进展，德国借此成功将紧缩模式制度化，使欧元区向财政联盟迈进了一大步。

与此同时，2012年2月2日，欧元区17国共同签署了《欧洲稳定机制条约》，该条约于2012年10月8日正式生效，标志着欧洲稳定机制（ESM）的成立。ESM作为永久机制取代临时机制EFSF，以7000亿欧元认缴资本（包括800亿实收资本和6200亿欧元承诺通知即付资本）为成员国提供流动性支持。

关于欧债危机治理中欧洲央行的角色，德国自欧债危机爆发以来便一直否定关于欧洲央行承担"最后贷款人"的倡议，最大的原因在于德国希望欧洲央行延续保持物价稳定的核心职能，为德国推行的紧缩模式提供支持。然而，随着德国态度的变化，欧洲央行也开始发挥主动救援作用。2011年末欧盟峰会前德法针对财政联盟的构想达

---

[1] 赵柯：《德国的"欧元保卫战"——国际货币权力的维护与扩张》，《欧洲研究》2013年第1期。

[2] "German Chancellor Sees European 'Fiscal Union'", VOA News, 2 December, 2011, http://www.voanews.com/amp/german-chancellor-sees-european-fiscal-union-134904288/149026.html.

成一致,释放了欧洲央行可以适当承担"阻止欧洲经济深度下行"信号。① 2012年9月6日,以欧洲稳定机制的批准为前置条件,欧洲央行启动直接货币交易(OMT)计划,在必要时在二级市场上直接购买成员国1—3年期限的国债,从而提供流动性支持。此举相当于使欧洲央行承担"最后贷款人"角色,大幅提振了市场信心。②

　　欧债危机的核心困局在于流动性匮乏和偿付困难。在2012年9—10月欧洲稳定机制的正式建立和欧洲央行直接货币交易计划正式启动之后,流动性问题与短期偿付问题得到了根本解决,欧债危机暂时平息。而欧债危机结束后,德国一方面继续领导欧元区的制度建设,③凭借其经济优势地位和制度性权力进一步强化在欧洲的政治领导;另一方面,德国积极参与G20、IMF、世界银行等全球经济治理机制,将发展目光投向欧元区之外,在更广阔的范围里实现其"欧洲使命"(European vocation)。④

三　危机治理中德国实施政治领导的方式

　　正是由于德国一开始拒绝承担领导责任,未能及时化解危机,一定程度上导致危机的升级。⑤ 随着德国认识到欧债危机可能危及欧元这一欧洲一体化最重要的成果,德国对危机国的态度经历了从"推卸责任"到"积极介入"的变化,相应地在危机治理进程中的角色也从"束手旁观者"转向"强力领导者"。

---

　　① "German, French Leaders Meet Ahead of Crisis Summit," CNN, 5 December, 2011, http://www.cnn.com/2011/12/05/business/euro-crisis/index.html. 欧洲央行随即采取行动,分别在2011年12月和2012年2月进行了两次长期再融资操作(Long-Term Refinancing Operation, LTRO),通过为困难的银行提供1%利率的低息贷款补充它们的流动性,同时借助银行流动性降低市场上高企的国债收益率。对此,德国表示了默许。

　　② Brigette Young, "German Ordoliberalism as Agenda Setter for the Euro Crisis: Myth Trumps Reality", *Journal of Contemporary European Studies*, Vol. 22, No. 3, 2014, p. 279.

　　③ 参见叶斌《欧债危机下欧盟经济治理与财政一体化的立法进展》,《欧洲研究》2013年第3期。

　　④ Luigi Bonatti and Andrea Fracasso, "The German Model and the European Crisis", *Journal of Common Market Studies*, Vol. 51, No. 6, 2013, pp. 1031-1032.

　　⑤ Martin Feldstein, "The Failure of the Euro", *Foreign Affairs*, Vol. 91, No. 1, Jan/Feb 2012, p. 108.

政治领导（political leadership）指的是某个国际体系中在物质实力和道义威望上占据优势的国家通过以外交等手段促使其他国家追随其意志，实现其重大战略目标。在这次危机治理中，德国以强大的实力和非凡的艺术，在宏观战略和具体操作两个层面都确立了其政治领导地位。其中宏观战略层面的领导包含展示公信力、塑造向心力和行使强制力三方面，德国分别通过展示声誉、提供利益、施加强制方式来树立和巩固在欧债危机治理进程中的领导地位；[①] 而在操作手段层面包括设置议程（agenda setting）、建构共识（consensus building）、寻求盟友（partner searching）三个方面，德国借助这些手段成功地领导了欧债危机治理机制的建设。

（一）宏观战略层面的三种权力

德国在欧债危机治理过程中的政治领导具体表现为通过塑造其在危机治理中的公信力、向心力和强制力，使其紧缩（austerity）治理模式成为危机治理的共同路径，并体现在欧元区乃至欧盟解决危机的共同行动中。

第一，德国通过展示其公信力，树立榜样来发挥示范效应，进而塑造其他成员国的认同和吸引其他成员国的模仿，它接近于一种"软实力"。德国在欧债危机治理中的领导地位几乎是众望所归，这构成了德国公信力的强大基础。

在欧洲一体化过程中欧洲不少国家总是寻求限制德国的政治权力，消解"德国问题"，阻止"德国的欧洲"的复活，但欧债危机爆发后，很多国家包括法国却又担心德国不作为，呼吁德国承担起领导责任。这其中的重要原因在于，德国经济发展所积累的良好声誉让各国相信只有德国才有能力在欧债危机中承担领导责任，他国的信赖构成了德国作为欧债危机治理领导国的公信力的一部分，欧元区成员国认可并盼望德国运用其优势经济地位承担领导责任，防止欧元区的崩

[①] 关于对领导国的公信力、向心力、强制力的阐述，参见李巍《制衡美元：政治领导与货币崛起》，上海人民出版社2015年版，第57—63页；李巍《制衡美元的政治基础——经济崛起国应对美国货币霸权》，《世界经济与政治》2012年第5期；李巍《伙伴、制度与国际货币——人民币崛起的国际政治基础》，《中国社会科学》2016年第5期。

溃。2008年美国金融危机之后，OECD俱乐部里大部分发达国家经济都陷入持续低迷，唯有德国经济一枝独秀，经历2009年3.96%的经济衰退打击之后迅速复苏，德国在2010—2012年的经济表现突出，被称为德国经济发展的"第二次奇迹"[①]。

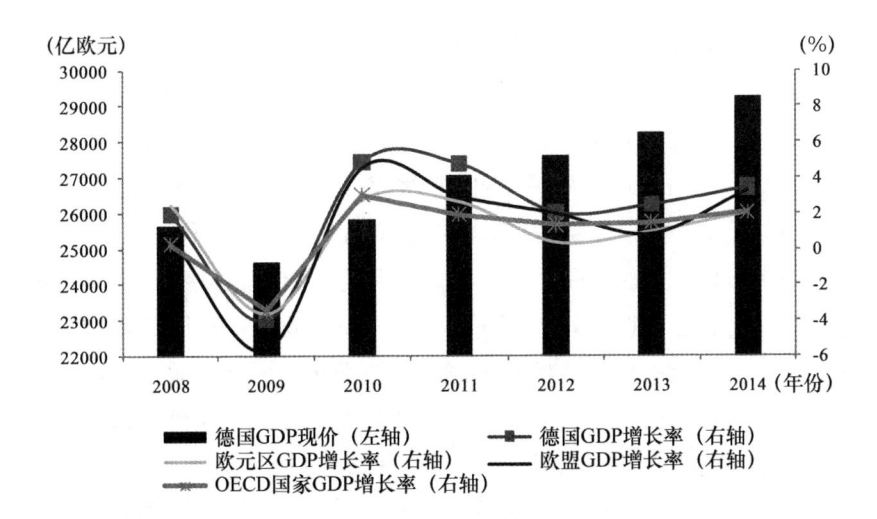

图5 德国、欧元区、欧盟、OECD金融危机期间经济增长比较（2008—2014年）

资料来源：欧盟统计局（Eurostat）。

德国在金融危机后及欧债危机期间的亮丽表现得益于其产业结构的固有优势，以机械制造、汽车工业、电子电气、化工医药等四大支柱产业为代表的德国制造业举世闻名，其技术壁垒和品牌影响力赋予了德国制造业难以超越的市场优势地位。德国向其他国家展示了强大的经济实力，被公认为唯一有实力和能力带领欧元区走出危机的国家。正如波兰外长西科尔斯基（Radosław Sikorski）2011年11月在柏林演讲时所讲，"比起德国的权力，我更担心德国的不作为"[②]。

[①] Kurt Hübner, "German Crisis Management and Leadership—From Ignorance to Procrastination to Action", *Asia Europe Journal*, Vol. 9, Issue 2 – 4, March 2012, pp. 160 – 161.

[②] "I fear Germany's power less than her inactivity", *Financial Times*, 29 November, 2011, https：//www.ft.com/content/b753cb42 – 19b3 – 11e1-ba5d – 00144feabdc0.

另外，德国还以身作则，大力推行紧缩模式，率先在国内实施"债务刹车"（Schuldenbremse）。尽管德国相比其他欧洲国家财政纪律仍是相对良好，但金融危机前已经相对高企的债务使得德国开始正视大量的公债给经济社会发展带来的风险。[1] 2009 年，德国联邦政府决定实施"债务刹车"新规，将债务刹车相关规定写入德国《基本法》；16 个联邦州中的半数也表决通过了当地的"债务刹车"规定，并将其写入州宪法。[2] 另外，从 2010 年起，德国每年需要以减少结构性预算赤字 0.5% 的等价方式减少赤字，这大致相当于每年从联邦预算中节约 100 亿欧元左右。[3] 不仅如此，为监督联邦和各州"债务刹车"的落实情况，德国还专门成立了财政稳固理事会（Stabilitätsrat）。[4] 德国的"债务刹车"取得了良好的效果，德国结构性财政赤字和公债比率均大幅下降。[5] 这一方面为欧元区其他国家树立了榜样，展示了德国整顿本国财政纪律乃至欧元区财政纪律的决心与信心；另一方面也增强了德国推广的紧缩模式的合法性，以德国的实践效果证明紧缩治理的可行性与有效性。

第二，德国通过提供区域公共物品，进行利益诱导，塑造自身向心力，这接近于一种"巧实力"。向心力指的是领导国为其追随国提供公共物品，从而使追随国能够获得追随领导国的物质激励。德国是欧债危机多个治理机制的倡导者和最大出资人，同时也默许放松欧洲

---

[1] 德国自 2003 年公共债务比率达到 63% 之后，公债比率连年超过 60%，债务负担不断加重；2010 年公债比率达到创纪录的 80.6%，国家总债务突破两万亿大关达到 20117 亿欧元。Monatsbericht des Bundesministeriums der Finanzen（BMF）（德国联邦财政部月度报告），21 Spetember，2015，https：//www. bundesfinanzministerium. de/Content/DE/Monatsberich-te/2015/09/Downloads/monatsbericht-2015 – 09-deutsch. html.

[2] ［德］沃纳·伊伯特：《欧洲经济财政政策协调、"退出"战略及德国的作用》，熊厚译，《欧洲研究》2010 年第 4 期。

[3] 财政部国际司：《德国预算收入监管》，http：//www. mof. gov. cn/mofhome/guojisi/pindaoliebiao/ cjgj/201406/t20140630_ 1106211. html.

[4] 该理事会由联邦财政部部长、经济部部长和各州财政部部长组成，取代之前的财政计划理事会（Finanzplanungsrat），每年召开两次会议，专门评议和监督联邦和各州财政预算计划，针对不合理之处给予相应的改善建议。

[5] Bundesministerium der Finanzen（BMF），"Entwicklung der öffentlchen Finanzen"，23 February，2017，http：//www. bundesfinanzministerium. de/Content/DE/Standardartikel/Themen/Oef-fentliche_ Finanzen/Entwicklung_ Oeffentliche_ Finanzen/entwicklung-oeffentliche-finanzen. html.

央行不得承担"最后贷款人"角色的限制而向市场释放流动性,相当于为重债国提供了"搭便车"使用德国良好债信的机会。

德国几乎是所有援助计划及危机治理机制的最大出资国,不同形式的金融援助是以德国为主的出资国为欧元区提供的最重要的金融公共物品,保证在救助的最佳时机能够及时反应,避免拖延带来的不良后果。2010年6月成立的欧洲金融稳定基金(EFSF)首期最高规模可达4400亿欧元,德国在其中的认缴份额高达1193.9亿欧元,占比27.13%,为各国最高,人均负担1454.9欧元。[1] 2012年10月欧洲稳定机制(ESM)正式成立,7000亿欧元的认缴资本总额包括了6200亿欧元的可赎回资本和800亿欧元的现金,其中德国承担1680亿欧元的担保费用和220亿欧元的现金,占比超过27%,远高于法国、意大利的20%和18%的比例。[2] 据ESM官方统计,至2016年,EFSF/ESM共发放2545亿欧元的援助;以27%的份额计算,德国的付出高达687亿欧元。[3] 由此可见,德国通过危机治理机制付出了大量金融援助资金,在"领导—追随"格局中为追随国输送了大量实实在在的物质利益,为纾解债务危机、保障追随国金融安全作出了最大的贡献。

另外,德国还在危机治理机制中为其他成员国承担了一部分责任风险,付出了相当大的成本维护治理机制安排。例如,根据欧洲稳定机制的规定,成员国无法继续按份额履行缴纳资本的义务时,其他欧元区成员国注资填补资金缺口。希腊和葡萄牙当时已无力履行注资义务,德国为其垫付了资金,总额超过42亿元。由此可见,德国以自身单边支付支持该机制的运行,使追随国能够"搭便车"享受治理机制的好处。

第三,德国通过施加惩罚性压力,力促危机国根据德国意志推行紧缩性的结构改革,行使强制力,这是一种"硬实力"。强制力指的是强迫追随国贯彻其意图的能力,包括威胁、惩罚、制裁等方式。总

---

[1] "German lawmakers approve bigger EFSF", *Market Watch*, 29 September, 2011, http://www.marketwatch.com/story/german-lawmakers-approve-bigger-efsf-2011-09-29.

[2] 徐聪:《德国经济治理》,时事出版社2015年版,第303、313页。

[3] Refer to the introduction to the EFSF/ESM on the ESM official website, https://www.esm.europa.eu/about-us/history#context.

的来看，由于两次世界大战的"原罪"，德国国内思潮中"反思文化"相当强大，不愿意再扮演强权的角色。因此，德国似乎变成了卡赞斯坦所说的"被驯服的强权"（tamed power）：作为欧洲最强大的国家，却主动寻求通过欧共体/欧盟等多边主义和制度化的方式行使主权，以自身权力的相对削弱来换取其欧洲政策的合法性。[1] 另外，包括德国在内的欧洲各国将部分主权让渡给超国家的共同体机构，德国无法通过单边措施强制约束重债国遵守财政纪律，强制力不足也是边缘国财政松弛、负债累累直至爆发危机的原因之一。这使得德国本质上成为欧洲地区"不情愿的霸权"（reluctant hegemon）。[2]

不过，危机为德国重塑强制力创造了绝佳的机会，德国通过控制资金渠道要求重债国实施改革，并且在共同体层面将其要求制度化，即为实施强制力的体现，使欧洲更加成为"德国式的欧洲"[3]。德国在危机第一阶段的束手旁观，在某种程度上可以被理解为德国正在积蓄强制力。在危机的冲击下，重债国不得不高度依靠德国获取流动性，德国则凭借融资渠道优势向重债国施加整顿财政、紧缩经济的巨大压力。由于财政预算的标准涉及国家财政主权，德国此举正是通过"以融资能力换取财政权力"的方式对重债国施加了强制力。[4]

希腊是重债国中危机最为严重、问题持续最久、援助需求最大的国家，同时也是德国实施强制力最为典型的对象，力量对比的核心要素正是"融资换财权"的关系。值得注意的是，德国强制力的执行往往不是以霸权式的单边行动实现的，而是借助共同体机构或法德轴心实现的。例如，舆论普遍认为欧盟委员会、欧洲央行和IMF这"三

---

[1] Refer to Peter Katzenstein, ed., *Tamed Power: Germany in Europe*, Ithaca & NY: Cornell University Press, 1997, pp. 3–4; Simon Bulmer and William A. Paterson, "Germany and the European Union: From 'Tamed Power' to Normalized Power?" *International Affairs*, Vol. 86, No. 5, 2010, pp. 1051–1053.

[2] Simon Bulmer and William E. Paterson, "Germany as the EU's Reluctant Hegemon? Of Economic Strength and Political Constraints", *Journal of European Public Policy*, Vol. 20, No. 10, 2013, p. 1388.

[3] 李巍：《制衡美元：政治领导与货币崛起》，上海人民出版社2015年版，第169—173页。

[4] 赵柯：《货币国际化的政治逻辑——美元危机与德国马克的崛起》，《世界经济与政治》2012年第5期。

驾马车"是 2010 年 5 月对希腊实施援助的主体,然而事实上"三驾马车"只是德国强制力的"中介"(intermediary)角色。① 由此不难理解,2011 年 5 月"三驾马车"审查团认为希腊未能按约执行紧缩和改革计划,决定暂停发放 6 月份的 120 亿欧元援助款,迫使希腊议会在财政干涸之际紧急通过新一轮紧缩及私有化措施。2011 年 7 月第二轮救援计划推出后,希腊国内因其严格的附加条件而爆发多次抗议,总理帕潘德里欧宣布将对是否接受该计划进行公投。此举引发德国和法国的强烈不满,立即施压欧盟暂停发放第一轮计划的第六笔援助金,并向希腊发出最后通牒。② 压力之下,帕潘德里欧宣布放弃公投,希腊亦于 2012 年 2 月接受了第二轮援助计划。由此可见,虽然德国难以像完全的霸权国一样实施单边制裁或惩罚措施,但借助共同体机构和双边联合主导,同样有效发挥了强制力的作用。

总之,在欧债危机治理过程中,公信力、向心力以及重塑中的强制力赋予了德国在战略上的领导地位,使德国获得主导治理过程的特殊政治地位。

(二)具体操作层面:利用三种方式

在领导危机治理的具体微观过程中,德国通过设置议程、建构共识和争取盟友三种方式发挥其影响力。第一,设置议程意味着领导国规定了所在集体需要解决的问题的优先次序,并且指明集体行动的重点方向。③ 德国主导了共同体对债务问题的讨论,在磋商中反复提请欧元区成员国将注意力放在重债国内部的财政挥霍问题上,使在围绕危机治理机制建设的过程中,财政纪律问题一直被置于磋商的首要位置。

在欧债危机治理的议题领域中,德国因为诸多明显的优势,掌握

---

① Jacob von Uexkull, "From Greek to Euro Crisis: How German Ideology Is Destroying Europe's Future", *The Huffington Post*, 3 August, 2015, http://www.huffingtonpost.com/jakob-von-uexkull/from-greek—to-euro-crisi_b_7926532.html.

② "France, Germany give Greece ultimatum on euro", *Reuters*, 2 November, 2011, http://www.reuters.com/article/us-greece-referendum-idUSTRE79U5PQ20111102.

③ Joachim Schild, "Leadership in Hard Times: Germany, France, and the Management of the Eurozone Crisis", *German Politics and Society*, Issue 106, Vol. 31, No. 1, Spring 2013, pp. 26–28.

了议程设置的主动权。通过界定问题、提供政策备选方案和强调议题显著性,占优势的行为体得以将其他行为体的行动聚合在优势行为体所聚焦关注的问题集合(problem set)之中。[1] 在危机治理的磋商谈判中,德国正是通过提出本国对当前危机形势的认识及解决思路主导着讨论的方向,并且尽可能达成符合本国倡议的结果。

例如,2010 年 2 月 11 日欧盟领导人非正式峰会上,议题本包括欧盟未来十年经济发展战略、希腊主权债务危机、海地灾后重建、全球应对气候变化谈判等问题,然而由于当时德国在希腊债务问题上坚定的"不救助"立场,峰会在简单讨论了经济发展战略之后便全程讨论债务危机问题,并且在会后发布了与德国立场一致的声明,对希腊仅表示"道义上的支持",敦促希腊自行解决问题。再如,2011 年 12 月 9 日的欧盟峰会前,德国正着力推动财政联盟的建设,而由于《里斯本条约》规定欧元区成员国之间不得互相进行财政援助,德国便力主在峰会上专门讨论修改《里斯本条约》。由于英国不愿意在财政主权上让步,又无法撼动德国在议程设置上的权威,最终英国首相卡梅伦在峰会上提出一些其他成员国难以接受的条件,以此表示对讨论修改《里斯本条约》的反对。虽然由于英国的阻挠,德国无法带领其他欧元区成员国在峰会上直接修改欧盟一级立法,但最终仍然通过了作为替代方案的政府间条约《财政契约》,据此向财政一体化迈进了一大步。由此可见,德国在危机治理的磋商中充分发挥了议程设置的能力,使追随国在其设置的议程框架中共同行动。

第二,领导国在集体行动中建构共识就是奥兰·扬(Oran R. Young)所说的"企业型领导"(entrepreneurial leadership)的方式,即通过谈判实力与技巧整合各方观点和条件,最终形成一致或达成各方可接受的妥协。[2] 建构共识是领导国运用其权力资源将追随国

---

[1] 韦宗友:《国际议程设置:一种初步分析框架》,《世界经济与政治》2011 年第 10 期。

[2] Oran R. Young, "Political Leadership and Regime Formation: On the Development of Institutions in International Society", *International Organization*, Vol. 45, No. 3, Summer 1991, p. 293; Joachim Schild, "Leadership in Hard Times: Germany, France, and the Management of the Eurozone Crisis", *German Politics and Society*, Issue 106, Vol. 31, No. 1, Spring 2013, p. 26.

的行为导入统一路径，并使其按照领导国设置的共同目标而前进。领导国的共识建构手段主要通过两个渠道发挥作用：一是"提供共同知识"（common knowledge），即领导国带领集体明确当前形势下的最佳认识及最佳政策工具；二是"强化集体行动"（collective action），即领导国通过谈判技巧克服传统合作难题，使各国围绕领导国建构的共识推动协调合作。[①] 德国在共同体层面的磋商中成功将欧元区的共识凝聚到紧缩财政和恢复竞争力上，并使集体行动持续走在"德国模式"的路径上。

德国始终坚持其对欧债危机根源的认识，即重债国出现债务危机是因为它们既没有严格执行财政纪律，也没有实施有效的改革以提升竞争力。为此，德国一直致力于说服重债国乃至欧元区其他国家重新审视本国的财政状况，着手进行严格的预算管理，并且采取措施提升竞争力。[②] 观察危机治理磋商的进程可以发现，对德国的理念持反对态度的正是南欧的重债国。它们的反对往往并不是在经济理念和危机认识上的不认同，而是痛苦的紧缩和强大的国内抗议使它们产生的抵触情绪，在某种程度上是"为对抗而对抗"[③]。但是重债国自身也没有更具说服力的经济理念和更好的替代性解决方案，在德国的压力下重债国仍然统一采纳了德国的财政紧缩理念。

法国的经济理念与德国略有不同，"增长"一直存在于法国治理欧债危机的纲领中，尤其是奥朗德比萨科齐更加倾向于采取富有弹性的财政刺激措施。法国曾提出建立"欧洲经济政府"的主张，认为欧洲应该建立类似于法国式中央集权的经济管理机构，由该机构统一实施有目的的财货政策组合对经济进行干预。[④] 对此，德国经济学界

---

① Magnus G. Schoeller, "Providing Political Leadership? Three Case Studies on Germany's Ambiguous Role in the Eurozone Crrisis", *Journal of European Public Policy*, Vol. 24, No. 1, 2017, p. 3.
② ［德］凯-奥拉夫·朗格：《欧债危机与欧盟改革进程：德国角色》，许钊颖译，《中国国际战略评论2013》总第6期。
③ Luigi Bonatti and Andrea Fracasso, "The German Model and the European Crisis", *Journal of Common Market Studies*, Vol. 51, No. 6, 2013, p. 1032.
④ 朱宇方：《欧洲经济政府？——解析欧洲货币联盟经济治理机制的德法之争》，《德国研究》2011年第4期。

进行了回应，并且联合发表了"伯根贝格声明"（Bogenberger Erklärung），集中重申了德国对危机的根源解释与政策立场，认为能够将财政资金直接从核心国导入边缘国的经济政府只会造成错误的激励，反而引发边缘国继续借债的"道德风险"，解决问题的根本仍然在于边缘国通过紧缩改革解决债务问题并重塑竞争力。[1] 鉴于德国成功的改革经验，以及部分重债国大量借债刺激经济后泡沫破灭带来的教训，法国事实上靠近了德国的理念，寻求在危机治理中"多一点德国特性"，与德国采取共同行动。[2]

经过了复杂的观念交锋，欧盟在德国的主导下形成了整顿财政、重塑竞争力的共识，并集中在《财政契约》中体现。[3]《财政契约》签订后，2013年1月德法《爱丽舍条约》签订50周年会谈中，法国甚至与德国共同表达了对推动欧元区财税一体化的期待。这清晰地表明德国治理危机的路径已经获得了追随国的认同，德国成功地将德国模式上载到共同体层面，使其成为欧盟的共识。

第三，通过争取关键支持者联合行动，德国拥有了不同紧密程度的大批追随国，在危机治理行动中形成清晰的"领导—追随"格局，从而增强了德国在共同体救援集体行动中的号召力和影响力。拥有大量追随者是实现政治领导的前提，也是在国际体系中调动资源并引导集体行动的基础。[4] 德国在领导欧元区的制度建设中不乏追随者，拥有一批认可其理念的支持者和追随国是德国能够有效发挥政治领导权的重要因素之一。

"二战"后几十年来，荷兰是德国在欧洲区域经济外交的忠实拥趸，它一直将本国货币荷兰盾钉住德国马克，在国内有效地执行类似于德国的严格的货币政策，无论是创建欧洲货币体系还是后来创建欧

---

[1] CEFifo,"Bogenberg Declaration: Sixteen Theses on the Situation of the European Monetary Union", http://www.cesifo-group.de/ifoHome/policy/Spezialthemen/Policy-Issues-Archive/Bogenberger-Erklaerung.html.

[2] 金玲：《欧债危机中的"德国角色"辨析》，《欧洲研究》2012年第5期。

[3] ［德］沃纳·伊伯特：《欧洲经济财政政策协调、"退出"战略及德国的作用》，熊厚译，《欧洲研究》2010年第4期。

[4] G. John Ikenberry, "The Future of International Leadership", *Political Science Quarterly*, Vol. 111, No. 3, 1996, pp. 387–388.

元，荷兰都是德国的关键支持者；而芬兰、奥地利和比利时北部的荷语弗拉芒区也与德国的"稳定哲学"接近，是德国的潜在经济盟友；此外，德国的传统经济主张也在中欧和东欧地区广泛流行。[1]

在欧债危机治理过程中，这些国家成为德国模式的坚定支持者，德国也在多个议题上争取它们的支持，并带领它们采取了准联盟性质的共同行动。荷兰、芬兰、卢森堡与德国是欧债危机中仅存的四个AAA评级的国家，[2] 它们自始至终与德国站在同一阵线。德国充分利用这种亲近感，将德国、荷兰、芬兰（有时包括卢森堡）在欧债危机治理上的准盟友关系转化为一些非正式的行动机制，通过步调一致的行动来提升德国的影响力。2011年9月—2012年2月，德国三次在柏林组织德国、荷兰、芬兰三国财长会谈。通过三国财长会谈，德国以债信最高的国家群体的名义向欧元区传递明确的信号，德国将坚定推行紧缩模式，敦促重债国进行改革。而在欧洲稳定机制正式启动前，三国财长先后在柏林和赫尔辛基进行了磋商，并在联合声明中支持欧洲稳定机制的建立，但是强调共同体层面的欧洲稳定机制只是辅助手段，解决危机的关键仍然在于各国国家层面的结构性改革与财政整顿。[3] 由此，德国通过联合盟友在重大治理机制建设上集体发声表态，从而强化了德国在危机治理进程中的领导地位。

在争取其盟友认同与合作的同时，德国同样给予盟友互惠支持。2013年1月在德国的强力支持下，荷兰财政大臣迪塞尔布鲁姆（Jeroen Dijsselbloem）击败西班牙经济、工业和竞争力大臣德金多斯

---

[1] David Art, "The German Rescue of the Eurozone: How Germany Is Getting the Europe It Always Wanted", *Political Science Quarterly*, Vol. 130, No. 2, 2015, p. 199.

[2] 奥地利长期维持良好的财政纪律和3A信用评级，但由于持有一定规模的东欧地区债权与银行股权，而东欧地区债务问题尤其是匈牙利不良贷款问题不断发酵，奥地利作为持有匈牙利银行业股权最多的外资方受到了波及和牵连。2012年1月，奥地利被标普下调主权信用评级，从AAA下降到AA+。参见《欧债危机即将波及奥地利》，网易财经，2011年10月8日，http://money.163.com/11/1008/11/7FRDKIRL00253B0H.html；《奥地利对降低其信用评级感到震惊和不满》，搜狐新闻，2012年1月15日，http://news.sohu.com/20120115/n332206700.shtml.

[3] Ministry of Finance of Finland, "Joint Statement of the Ministers of Finance of Germany, the Netherlands and Finland", 25 September, 2012, http://vm.fi/en/article/-/asset_publisher/joint-statement-of-the-ministers-of-finance-of-germany-the-netherlands-and-finland.

(Luis De Guindos），继任欧元集团主席。德国的支持不但使得荷兰更加巩固与德国在欧债问题上的准联盟关系、坚定地推行德国的紧缩理念，而且保持了欧元集团主席由最高评级国家财长出任的传统，借助盟友维持了德国在欧元集团的话语权。①

除了上述四个核心盟友之外，中东欧的不少国家因为大多经历过20世纪80年代末90年代初的东欧剧变，激烈的社会经济转型使得它们对德国的"稳定哲学"有着深刻的认同，从而也成为德国在危机治理中的支持力量。值得一提的是，在欧债危机初期，法国总统萨科齐与德国总理默克尔通力合作，使"法德轴心"在危机治理中继续上演，两者的合作关系被称为"默科齐"（Merkozy）。② 尽管2012年法国大选后奥朗德上任，法国与德国在治理理念上产生了一些分歧，但在危机治理的客观要求下，法国依然保持了与德国的紧密合作，德国也相应地将单一紧缩策略调整为紧缩偏增长的策略以呼应法国的要求。

四 危机治理与德国的制度霸权

国际制度的生成和演变，既是成员国公共利益需求的产物，它是服务于全体成员国的公共物品，又是领导国权力推动的结果，它服务于领导国的私人战略目标。在欧债危机的巨大压力下，欧元区成员国团结一致，组织了强有力的集体行动来进行危机治理，不仅有效地平息了危机，而且将一系列危机治理机制升级为永久性的区域金融制度安排，使得相关的公共物品供给更加充裕，从而为解决欧元区的制度缺陷以及实现未来的长治久安奠定了坚实的基础。在这个过程中，德国一开始束手旁观，然后开始介入援助并最终强力领导了规模空前的治理过程，而且最后建立的危机治理的长效机制也鲜明地打上了德国烙印，体现了德国的权力地位和理念要求，从而进一步强化了德国在欧洲的区域制度霸权

---

① 欧元集团为欧元区财长的月度例会机制，首任主席由卢森堡首相（1995—2013年任职）让-克洛德·容克（Jean-Claude Juncker）担任，任职期为2005—2012年。2014年容克接替巴罗佐（Jose Manuel Durao Barroso）任欧盟委员会主席，任期五年。

② 部分法国人倾向于称其为"Sarkel"（萨克尔），意在强调其总统萨科齐。

地位，使德国更能以"欧洲"的名义投放影响力。① 德国领导的欧债危机治理成为检验现实制度主义的又一个经典案例。

在德国的领导下，欧元区乃至欧盟通过短期"救火"临时援助资金计划解决了受援国的燃眉之急，并且建立了两项长效治理机制，力求解决欧债危机的根源。这两项长效机制推动欧元区迈向一个更加强大的欧洲经济联邦，它既体现了欧元区成员国的共同利益，也体现了德国试图通过制度设计在经济上统一欧洲的私人宏远抱负。

（一）通向强大财政联盟

在欧元区成员国中建立严格的财政纪律是德国在危机治理中最大的私人战略诉求。德国坚持认为，欧债危机的根源在于统一的货币联盟没有辅之以一个强大的财政联盟，即各成员国将货币主权让渡，却没有让渡财政主权，这使得真正意义上的欧洲经济统一缺了一条腿。因此，在德国的区域制度战略中，借助欧债危机提供的千载难逢的机会，一举建立起强大的财政联盟是进行欧元区制度升级的根本要点，因为成员国让渡财政主权就犹如当初让渡货币主权一样，名义上是让渡给了欧洲的超国家机构，实际上是变相地，也是更加"合法性地"让渡给了欧洲的最强势方——德国。

为此，德国将建立欧洲财政联盟作为其领导危机治理的核心外交目标，并为之付出了艰辛的努力。2011 年 12 月 9 日，在欧债危机的高峰期，欧盟冬季峰会就《财政契约》的签订达成一致，2012 年 3 月 2 日，欧盟 25 国（英国和捷克除外）正式签署了《经济与货币联盟稳定、协调与治理条约》（即为《财政契约》），以政府间条约的方式明确了成员国的债务限制义务。② 根据该契约第 14 条第 2 款，只要欧元区 17 国中的 12 国完成批准程序，则契约可正式生效。③ 2013 年

---

① 赵柯：《德国在欧盟的经济主导地位：根基和影响》，《国际问题研究》2014 年第 5 期。
② 戴启秀：《欧债危机背景下欧盟区域治理的法律基础——〈财政契约〉与〈欧洲稳定机制条约〉解析》，《德国研究》2012 年第 3 期。
③ Vertrag über Stabilität, Koordinierung und Steuerung in der Wirtschafts-und Währungsunion, Art. 14, Abs. （2）, S. 21, http://www.bundesfinanzministerium.de/Content/DE/Downloads/2013 - 04 - 19-fiskalvertrag-deutsche-fassung.pdf?＿＿blob = publicationFile&v = 3.

1月1日,《财政契约》如期正式生效。该契约很大程度上体现了德国对成员国债务限制义务的要求,规定各国应尽力实现财政平衡乃至盈余,年度结构性赤字不得超过当年经济产出的0.5%。[①] 实际上,德国国内于2011年正式实施的"债务刹车"的规定更加严格,要求德国年度赤字上限为0.35%。

《财政契约》核心要义便是通过强化预算监管的纪律来落实财政紧缩的目标,主要体现在两个方面:第一,债务限制的法律化。契约明确规定了各国的债务限制义务,要求各国应该尽力实现财政平衡乃至盈余,每年的结构性赤字不得超过当年GDP的0.5%,并且要求各国将在条约生效后一年内将该规定纳入国内法律乃至宪法。[②] 由此,契约将财政纪律提升到了法律乃至宪法的层次,违者可能受到国内司法机构以及欧洲法院的起诉,财政紧缩的目标由此得到了有效的落实。第二,超国家机构权力的强化。契约回顾了过去"六部立法"中对赤字比率和债务比率上限的规定,同时引入自动惩罚机制,一旦成员国赤字和债务分别超出3%和60%的规定,欧盟委员会有权直接进行惩罚,罚金为该国GDP的0.1%以内。[③] 这一规定相当于将部分财政权能转移到了超国家机构,欧盟委员会的惩罚不再需要通过欧洲理事会的一致同意,且获得欧洲法院的背书,因此契约也使得经货联盟的财政一体化意味更加浓厚。

《财政契约》是最具德国色彩的危机治理机制,德国由此成功地将"债务刹车"的核心内容上载到欧盟层面的条约,将财政紧缩的精神贯彻到欧债危机治理当中,并且成为各国所遵守并实践的模式。它是德国在英国阻挠修改欧盟一级法律后主导缔结的区域性政

---

① Vertrag über Stabilität, Koordinierung und Steuerung in der Wirtschafts-und Währungsunion, Art. 3, Abs. (1)(b), S. 11, http://www.bundesfinanzministerium.de/Content/DE/Downloads/2013-04-19-fiskalvertrag-deutsche-fassung.pdf?__blob=publicationFile&v=3.

② Vertrag über Stabilität, Koordinierung und Steuerung in der Wirtschafts-und Währungsunion, Art. 3, Abs. (1)(2)(3), S. 11-13, http://www.bundesfinanzministerium.de/Content/DE/Downloads/2013-04-19-fiskalvertrag-deutsche-fassung.pdf?__blob=publicationFile&v=3.

③ Vertrag über Stabilität, Koordinierung und Steuerung in der Wirtschafts-und Währungsunion, Art. 8, Abs. (1)(2), S. 16, http://www.bundesfinanzministerium.de/Content/DE/Downloads/2013-04-19-fiskalvertrag-deutsche-fassung.pdf?__blob=publicationFile&v=3.

府间国际条约,财政监管的制度约束力达到了空前的高度。虽然《财政契约》不属于欧盟立法,但是契约开篇部分便提到了与欧盟法的对接与现行关系,规定在条约生效后五年内各国应将契约纳入欧盟法的体系中,[①] 从而使得契约对各国的财政纪律仍有近似欧盟法的指导意义。由此,《财政契约》标志着欧洲的经济货币联盟程度到达了高级阶段,财政联盟的步伐加快,欧洲一体化进入了新的历史轨迹。[②]

尽管《财政契约》体现了德国的意志,反映了德国的私人战略目标,但是《财政契约》关于财政纪律的规定,作为一种国际制度却能服务于所有成员国的公共利益。这次危机表明,部分欧洲国家政府在国内层面难以建立起对财政和预算的强大约束机制,反而在国内民粹主义压力下有破坏财政纪律的冲动。通过在欧洲区域层面建立严格的制度规则,并建立相关的惩罚机制,能够增强主权国家政府对抗国内社会压力的自主性,倒逼国内的结构性改革。[③] 从这个意义上说,尽管《财政契约》对某些国家是一种痛苦,但它却不啻于一剂"苦口良药",有助于从根本上改善重债国的经济状况。所以,财政联盟建设对于所有成员国来说,又是一项有用的公共物品。

(二) 建立永久救援机制

欧洲稳定机制的建立是欧洲经济一体化的制度建设中的又一个里程碑,它和《财政契约》相互配合,共同发挥着"双保险"的作用,以确保欧洲金融体系的稳定,是一种重要的区域性公共物品。

在危机治理过程中,德国先后通过多个短期的和临时性的"输血"机制对重债国实施资金救援。2010年5月,欧盟与国际货币基

---

① Vertrag über Stabilität, Koordinierung und Steuerung in der Wirtschafts-und Währungsunion, Art. 2, Abs. (1) (2), S. 10, http://www.bundesfinanzministerium.de/Content/DE/Downloads/2013-04-19-fiskalvertrag-deutsche-fassung.pdf?__blob=publicationFile&v=3.

② 戴启秀:《欧债危机背景下欧盟区域治理的法律基础——〈财政契约〉与〈欧洲稳定机制条约〉解析》,《德国研究》2012年第3期。

③ 相关理论分析,参见田野《国家的选择:国际制度、国内政治与国家自主性》,上海人民出版社2014年版,第四章。

金组织共同建立了欧洲金融稳定基金（European Financial Stability Facility，EFSF），这个基金最初是针对希腊债务危机而建立，最高可筹集4400亿欧元。后来随着债务危机向其他国家蔓延，2011年1月5日，德国又领导欧盟委员会创立了欧洲金融稳定机制（European Financial Stabilization Mechanism；EFSM），这个紧急救助基金以欧盟预算为担保，在金融市场筹资，通过救助欧盟中经济困难的成员以确保欧洲金融稳定。欧洲金融稳定机制由27个欧盟成员国支持，可筹集600亿欧元，爱尔兰与葡萄牙接受了该机制的救助资金。同时，欧洲央行为保障金融市场稳定而通过多种方式释放流动性。可以说，欧洲央行（ECB）和这两个机制一起，再连同国际货币基金（IMF），共同构成欧债救助铁三角。

但是，这些救助方式实际上是在德国等核心国良好信誉的担保下，帮助边缘国以"借新债还旧债"或补偿流动性的方式解决偿付问题，只是临时的"解困"。为了从根本上解决德国的"三元难题"，并配合财政联盟的建设，欧洲需要一个类似于但又比国际货币基金组织更加强大的永久性救援基金。由于欧洲金融稳定基金在对爱尔兰、葡萄牙、希腊实施救助之后可贷资金余额仅剩2500亿欧元，2011年7月欧元区首脑一致同意将该基金最高担保额度扩容至7800亿欧元，可贷资金从2500亿欧元增加至4400亿欧元；相应地，德国的担保额也大幅增加到2110.5亿欧元，并于9月29日获得联邦议会通过。这为建立一个更强大和永久性的基金铺平了道路。

2012年2月2日，欧元区17国共同签署了《欧洲稳定机制条约》，在满足了德国关于批准《财政契约》的要求之后，该条约于同年10月8日正式生效。欧洲稳定机制作为欧元区永久性的救助机制，它取代各种临时紧急救助机制为重债国提供常态化的紧急贷款，以充足的流动性解决重债国今后可能出现的偿付困难。欧洲稳定机制是欧洲区域一体化进程中一个新的重要制度设计，其7000亿美元的资金规模远超国际货币基金组织，是当今全球规模最大的金融救援安排，足以应对任何危机的挑战。欧洲稳定机制的建立也意味着欧元区在捍卫区域金融安全的道路上迈出了坚实的一步。

表1　　　　　　　　当前已有的国际金融救援机制安排

建立时间	名称	成员数	资本金	运行模式
1944	国际货币基金组织	188	3270亿美元	实体式
1976	阿拉伯货币基金组织	22	27亿美元	实体式
1978	拉美储备基金	7	25亿美元	实体式
1994	北美框架协定	3	90亿美元	承诺式
2009	欧亚稳定和发展基金	6	85亿美元	嵌入式
2010	清迈倡议多边化协议	13	2400亿美元	承诺式
2012	欧洲稳定机制	17	7000亿美元	承诺式
2014	金砖国家应急储备安排	5	1000亿美元	承诺式

表2　　　　　　　　ESM各国认缴资金量及份额

国家	占比（%）	认缴份额（亿欧元）	认缴资金（亿欧元）
德国	27.15	1900248	1900.25
法国	20.39	1427013	1427.01
意大利	17.91	1253959	1253.96
西班牙	11.90	833259	833.26
荷兰	5.72	400190	400.19
比利时	3.48	243397	243.40
希腊	2.82	197169	197.17
奥地利	2.78	194838	194.84
葡萄牙	2.51	175644	175.64
芬兰	1.80	125818	125.82
爱尔兰	1.59	111454	111.45
斯洛伐克	0.82	57680	57.68
斯洛文尼亚	0.43	29932	29.93
卢森堡	0.25	17528	17.53
塞浦路斯	0.20	13734	13.73
爱沙尼亚	0.19	13020	13.02
马耳他	0.07	5117	5.12
合计	100.00	7000000	7000.00

资料来源：欧洲稳定机制官网（https://www.esm.europa.eu/efsf-governance）。

如果说《财政契约》更多体现了德国的经济理念，那么永久性救援机制的建立则更多体现了德国的经济权力。德国在欧洲稳定机制中认缴 1900 亿欧元，占资金总额的 27%，是最大的出资方。这一方面体现了德国是公共物品的最主要的供给者，但同时也意味着德国成为欧洲稳定机制最重要的权力掌握者，德国可以通过控制欧洲稳定机制的贷款标准和贷款数额行使在欧元区的经济权力，欧洲稳定机制从而成为德国领导欧洲的又一个重要的制度性权力工具。在危机持续期间，德国就已经成功地将欧洲稳定机制与《财政契约》相结合，要求成员国以国内批准《财政契约》作为该国申请欧洲稳定机制资金援助的前提条件，从而实现"胡萝卜加大棒"（sticks and carrots）的效果。根据《欧洲稳定机制条约》，申请欧洲稳定机制援助的国家必须在 2013 年 3 月 1 日之前完成国内批准《财政契约》的程序，将契约规定的赤字及债务上限写入国内法律。[①] 这意味着欧洲稳定机制将在一定程度上发挥强制性的监管职能，敦促成员国加强财政纪律，从根源上恢复财政偿付能力，欧洲稳定机制也成为德国有效贯彻财政联盟构想的辅助手段。[②]

总之，通过财政联盟的建设和欧洲稳定机制的创立，德国利用欧洲债务危机对欧元区的经济制度进行了强有力的再造，欧元区正在通向一个制度能力更加强大的经济联邦，而欧洲经济联邦的发展也更有利于德国在欧元区行使制度霸权。

结　论

围绕领导国权力与制度演进这一核心命题，本文阐述和分析了德国在欧债危机演进过程中态度与行动为何及如何发生变化，危机治理

[①] Vertrag über Stabilität, Koordinierung und Steuerung in der Wirtschafts-und Währungsunion, Erwägung nachstehender Gründe, Abs. (5), S. 4, http：//www. bundesfi-nanzministerium. de/Content/DE/Downloads/ 2013 - 04 - 19-fiskalvertrag-deutsche-fassung. pdf? _ _ blob = publicationFile&v = 3.

[②] 戴启秀：《欧债危机背景下欧盟区域治理的法律基础——〈财政契约〉与〈欧洲稳定机制条约〉解析》，《德国研究》2012 年第 3 期。

中德国具体发挥政治领导作用的方式是什么，以及实践中形成的危机治理机制如何既服务于成员国的公共利益又反映德国的私人理念和权力。

针对以上问题，本文的研究主要得出了以下结论：第一，德国应对欧债危机的态度与行动经历了拒不救助向积极主导危机治理的转变，这主要源于维护欧元这一核心利益的需要，以及借助危机强化自身领导地位并以德国模式实现欧洲一体化抱负的动机。第二，德国在危机治理中实现了强有力的政治领导，通过宏观战略层面的公信力、向心力、强制力和操作手段层面的设置议程、建构共识、寻求盟友，有效贯彻了危机治理的德国理念与模式。第三，在德国的政治领导下，欧盟及欧元区在财政联盟和救援机制建设等方面进行了更加完善的制度升级，形成了具有德国特色的危机治理长效机制，这些机制不仅促成了危机的平息，而且在危机后的欧洲一体化进程中继续发挥着有效的指引、约束和监管作用，是欧洲经济一体化进程中的重要公共物品。而德国在欧债危机治理中的通过这些制度设计也进一步强化了自身的区域霸权地位。

虽然欧债危机已经于 2012 年末基本平息，但是欧洲政治经济多方面的根源性问题仍远未结束，《财政契约》与真正的财政联盟还有很大的距离，欧洲稳定机制也还需要实体化，未来的欧洲一体化之路仍然远非坦途望尽。但欧洲一体化试验的成功与挫折，都将继续给相关的学术研究提供营养丰厚的土壤。

德法合作的欧盟领导权模式

熊 炜

主权国家所构成的国际体系中不存在超国家权威是国际关系研究长期以来的一个基本假设。然而国际关系实践常常呈现出国家之间或国际组织之中基于权威存在而实际形成的等级体系，这挑战了传统上以"正式法理"范式所定义的权威概念，[1] 形成了以"关系和交换"的角度对权威和等级的理解，[2] 为国际关系领导权（leadership）的研究从理论上扫清了障碍。欧洲一体化的进程及欧盟的建立和运行，长期以来在国际关系研究中被认为是一场空前的国际关系政治实验，在实践上超越了旧有理论并推动理论的前行，在国际关系领导权研究领域亦是一片催生理论创新的沃土。[3] 在领导权研究方面，德国从"二战"的战败国、曾经分裂的国家、长期被欧洲另一大国法国所忌惮和限制的国家，逐渐实现了向推动和领导欧洲一体化进程和担当欧盟领导的角色转化，成为国际关系领导权研究的一个有趣案例。众多学者为德国的领导权基础提供了不同的解读，如德国的超群经济实力、盟

---

[1] G. John Ikenberry, *After Victory: Institutions, Strategic Restraint, and the Rebuilding of Order after Major Wars*, Princeton, N. J.: Princeton University Press, 2001.

[2] David A. Lake, "Escape from the State of Nature: Authority and Hierarchy in World Politics", *International Security*, Vol. 32, No. 1, Summer 2007, pp. 47 – 79.

[3] Eckhard Lübkemeier, *Führung ist wie Liebe: Warum Mit-Führung in Europa notwendig ist und wer sie leisten kann*. Berlin: SWP-Studie, 2007; Derek Beach and Colette Mazzucelli, eds., *Leadership in the Big Bangs of European Integration*, Bashingstoke: Palgrave Macmillan, 2006; Ulrich Krotz and Joachim Schild, *Shaping Europe: France, Germany, and Embedded Bilateralism from the Elysee Treaty to Twenty-First Century Politics*, Oxford: Oxford University Press, 2013.

国对德国领导作用的期待与德国的主观参与和塑造意志的形成等。[1] 然而，权威——作为领导权的最基本和最内在条件，在现有解释中却被忽略了。德国在欧盟的权威从何而来？德国的历史和国家形象，往往导致其实力的增长与来自欧洲邻国的忌惮和恐惧成正相关关系，其效果多是造成疏远而非跟从，这形成了德国获得权威的困境，而一个缺乏权威的国家，无论实力如何超群，也只能表现为霸权而无法成为领导。然而，欧盟的政治实践却证实了德国领导权的实际存在。德国是如何克服其权威困境而实现欧盟的领导权的？对这一问题的回答，不仅是理解德国国际领导权的关键，也有助于丰富国际关系领导权和权威理论的研究，同时也可为中国如何塑造自己在国际关系中的权威提供借鉴。

本文通过理论和案例分析，认为德国解决其领导权中的权威赤字问题的方案是"借"，即通过对"傲娇"的法国进行妥协与退让，借助法国在欧洲国际关系中长期积累的权威资本，来弥补德国权威的天然不足和后天缺陷。实力是可以在较短时间内有显著变化的变量，而权威的大幅度变化，要么需经历长期的积累和塑造（例如中国在朝贡体系下所具有的权威），要么需要特殊的历史契机（例如"二战"和战后重建对美国在西方阵营中获得领导权的意义），短期内大幅度增加权威的行为，往往是产生建立在强制手段下的霸权，而并非基于权威的领导权。当权威不足而要实现在欧盟的领导权，德国选择的策略是通过德法合作向法国"借"权威，基于对借助法国权威的需求，德国尽管在实力上远超法国但却明智地在必要时刻向法国妥协让步。

当然，领导权中的实力与权威并不是可以完全分离的两个要素，

---

[1] 参见连玉如《再论"德国的欧洲"与"欧洲的德国"》，《国际政治研究》2014年第6期；郑春荣《从欧债危机看德国欧洲政策的新变化》，《欧洲研究》2012年第5期；赵柯《德国在欧盟的经济主导地位：根基和影响》，《国际问题研究》2014年第5期；李巍、邓允轩《德国的政治领导与欧债危机的治理》，《外交评论》2017年第6期；Hans Kundnani and Ulrike Guérot and Alister Miskimmon, "Deutschland in Europa. Drei Perspektiven", *Aus Politik und Zeitgeschichte*, Vol. 65, No. 52, Dezember 2015; Ulrike Guérot and Mark Leonard, "The New German Question: How Europe Can Get the Germany It Needs", *ECFR Policy Brief*, No. 30, European Council on Foreign Relations, April 2011; William E. Paterson, "The Reluctant Hegemon? Germany Moves Centre Stage in the European Union", *Journal of Common Market Studies*, Vol. 49, Annual Review, 2011, pp. 57–75.

我们也难以认定实力要素总是次于权威要素。具有超强实力的国家即使缺乏权威,也可以通过运用实力对他国进行制裁、威胁、收买、交换等以换取对象国的服从,然而完全依赖实力的领导是高成本的领导,而且在规范性较强、更为强调规则和价值观念的欧盟体系中,这种领导方式更是成本过高(如果不是不可能的话)。不可否认,德国在欧盟的领导权具有强大的实力基础,且实力是重要而必要的因素,并且,当我们说德国领导权中的权威是弱项的时候,也绝非否定德国具有一定权威,且在某些领域和情形下,其所具有的权威可以满足领导需求。本文认为,欧盟领导权中的权威问题最集中体现在议程设置、危机处理和对外代表三个方面,而德国的权威匮乏之处也正是在此三个领域,德国对法国妥协让步以维持德法合作实现权威"借重"也恰恰是在这三个方面。本文通过对这三方面的案例进行分析,发现德法合作中的德国妥协其实是一种"借权威"建立国际领导权的策略。

一 国际关系中的领导权与权威

传统的国际关系研究较为忽略领导权问题,因为无论是在现实主义、自由主义还是建构主义的假定中,国际关系中缺乏权威(即无政府状态)是给定的基本前提。虽然不同范式对缺乏权威的国际关系体系的意义(implications)具有不同的解读,但缺乏权威的假定从逻辑上否认了领导权在国际关系领域的存在,因为本质上,领导权区别于权力政治之处即在于它需要有来自被领导者对权威的承认,即服从不能完全基于对暴力的恐惧而是对相对地位及其所具有的权利义务的认同,尽管这种相对地位很可能建立在实力不均等的基础上。在缺乏权威的情况下,现实主义勾勒出国家"自助"的国际关系图景,在自助的世界中自然容纳不下领导权的存在;而自由主义虽然更关注无政府体系中国际合作的可能性,但也是在否定领导权存在之后,才开启了对种种克服合作障碍的策略与机制的探讨。在传统的国际关系理论中,霸权稳定论最接近对领导权的承认,因为它强调一个实力超群国家对国际关系的影响,但霸权稳定论却始终没有触及具有权威的领导权问题。历史上的英式霸权似乎是有领导而无跟从者的领导权，而美式霸权虽既有领导者又有跟从者，但霸权稳定论却始终强调美式领导的强制性特征，以至美式霸权又被称为"强制性霸权"，权威和领导权的概念在霸权稳定论中一直是缺位的。[1]

近年来对国际体系中的等级现象、国际关系中的合法性、国家间关系中的领导权问题的探讨，正是对国际关系实践的重新审视和对传统国际关系理论根本假定的反思。[2] 长期以来，对国际关系中权威的定义和来源都遵从国内政治中权威的逻辑，从而划定了国际政治和国内政治的逻辑边界。基于权威的政治等级，在国内政治中是一个法理概念，即法所规定的政治角色及其权威等级和范畴，本是来自马克斯·韦伯（Max Weber）的理论传统。而自《威斯特伐利亚和约》以来，国际法即承认国家主权平等，主权国家的权威之上再无权威，于是奠定了"无政府状态"的国际关系假定的基本依据。近年来，以美国学者戴维·莱克（David Lake）为代表的一批学者挑战了"正式—法理"的权威概念，而代之以"关系性"权威的构建框架，认为权威及其基于在权威关系中地位不同而形成的国际关系等级关系，是国家间互动和交换的结果，权威的存在并不依托于法的规定，而是在国际关系互动中明示或对等级的事实承认。一个国家之于其他国家的权威，来自其他国家对其发号施令行为的合法性的承认和其他国家自愿的服从，而这服从的原因并非直接地、完全地源于对强制力的恐惧。[3]

权威究竟来源于何处？为何一些国家获得权威而另一些国家只能承认权威？一个国家如何获得权威又如何失去权威？对这样一系列重

---

[1] Isabelle Grunberg, "Exploring the 'Myth' of Hegemonic Stability", *International Organization*, Vol. 44, No. 4, 1990, pp. 431 – 477; David A. Lake, "British and American Hegemony Compared: Lessons for the Current Era of Decline", in Michael Fry, eds., *History, The While House & The Kremlin: Statesmen as Historians*, 1991, pp. 106 – 122; Duncan Snidal, "The Limits of Hegemonic Stability Theory", *International Organization*, Vol. 39, No. 4, 1985, pp. 579 – 614.

[2] 例如 M. Bexell, "Global Governance, Legitimacy and (De) Legitimation", *Globalizations*, Vol. 11, No. 3, 2014, pp. 289 – 299; D. Zaum, *Legitimating international organizations*, Oxford: Oxford University Press, 2013; D. Beetham, *The Legitimation of Power. The legitimation of power*, Humanities Press International, 1991.

[3] 参见戴维·莱克《国际关系中的等级制》，高婉妮译，上海人民出版社2013年版。

要的问题，莱克的回答却是模糊的。植根于社会契约论，莱克认为权威来源于交换，向他国提供其所需要的产品（如安全）即可获得他国对其进行部分主权让渡的回报，从而获得对这些国家的权威，并与这些国家形成等级制度。但是，莱克对权威与等级的来源分析显得过于简化甚至是一厢情愿。在国际关系实践中，一国向他国主动提供国际关系中最稀缺产品"安全"的举动，也未必一定能够换来其他国家心甘情愿的服从，相反却更可能引来充满怀疑的拒绝和抵制。国家之间提供经济产品，也只有在极少情况下才能构建出可以称为等级关系的互动。例如，提供慷慨的外援并不能为每一个援助国建立起等级体系，大国提供外援长期以来更多的是为了维持某种等级制度而非建立等级制度。又如德国为欧盟国家提供公共产品，需通过欧盟的制度框架来进行，而如果德国以施惠国的身份来提供产品，换来的将不会是其他国家对德国权威的肯定，而会适得其反地使其他国家对德国建立等级制度警惕、抵制和拒绝。国际关系中的交换现象无处不在，然而只有在非常特殊的情况下才能出现权威和恩惠的交换，因此权威现象必将比我们观察到的频率要低得多。从而，我们推知权威必有其不同于交换的其他来源渠道，而一个国家获得或失去权威也必将不完全是在交换中的得失所致。

权威与合法性实际上是同一个问题的不同方面。在现有的国际关系合法性的研究中，有两种不同的研究途径，一是强调制度和程序是合法性的来源，相当于法理型权威，而另一类理论则更强调合法性的社会维度，即被领导者对领导的合法性的承认，这相当于对权威的关系性理解。莱克为了批判法理型权威而完全背离了韦伯关于合法性的理论，转而采取了社会契约论的理论框架和逻辑推理，但他也由此忽略了韦伯的其他两种合法性类型——传统型权威和魅力型权威，这两者其实也可以构成国际关系中权威的来源，并帮助解释为何国际关系中权威的形成并非依赖交换那么简单。

为何有些国家似乎天然缺乏权威？为何权威无法在旦夕之间形成和消亡？为何对同样产品的提供者，国家愿意与A国交换而承认A国的权威，对B国却避之唯恐不及，提供产品非但无助于B国获得权威，反而招致更大的怀疑和抵制？对这些重要疑问的解答可以诉诸传统型权威和魅力型权威。传统型权威是基于历史记忆、习惯、习俗等短期内难以改变的要素对权威的承认。而魅力型权威是由于领导者的个人魅力令人产生信任、服从、情感和依赖从而带来对其权威的承认。韦伯认为在现代理性化的国内政治生活中是由法理型权威所主导,然而即使是在现代国内政治生活中,我们仍处处可见传统权威和魅力权威的存在。[1] 在国际关系中,我们通常假定国际关系的理性原则,从而排除了讨论国际关系传统型权威和魅力型权威的可能性。然而国际关系学者对这两种类型的感知却以其他术语表达出来。如关于"软实力"的广泛讨论,实际上可以视同对一个国家获取魅力型权威的关切,只不过人们小心翼翼地避免着将国内政治术语用于国际政治,从而保持两者之间人为的界限。而对于传统型权威,国际关系学的理论探讨则更为稀少,但国际关系研究对国家"声誉"的热切关注[2]、国际政治心理学对国家"认知"[3] 和集体记忆对国际关系影响的研究[4],显示了国家在国际领导权中的权威问题,绝不能抛开该国与他国交往的历史、各自对历史的记忆、对对方的意象和认知这些已经成为某种传统习惯的国家心理和民众心理,剔除这些由传统、历史和记忆构成的文本环境,仅仅通过交换或短期的魅力塑造(软实力打造)能够对领导的权威产生影响。这些传统的因素,造成了权威这一变量的强大的路径依赖,除非有如世界大战等巨大的冲击而造成路径断裂(path-breaking),我们可以预期权威具有相当高的稳定性。莱克所讨论的国家间等级与权威,主要是对"二战"后美国的权威进行

---

[1] 参见马克斯·韦伯《经济与社会》,阎克文译,上海人民出版社2010年版。

[2] Jonathan Mercer, *Reputation And International Politics*, Cornell University Press, 2010; Alex Weisiger and Keren Yarhi-Milo, "Revisiting Reputation: How do past actions matter in International Politics," *International Organization*, No. 2, Vol. 69, 2015, pp. 473 – 495.

[3] Richard K. Herrmann, "Perceptions and Image Theory in International Relations", in Leonie Huddy and David O. Sears and Jack S. Levy, eds., *The Oxford Handbook of Political Psychology*, Oxford University Press, 2013.

[4] Noa Gedi and Yigal Elam, "Collective Memory—What Is It?" *History and Memory*, Vol. 8, No. 1, Spring-Summer, 1996, pp. 30 – 50; Rene Lemarchand, *Forgotten Genocides: Oblivion, Denial, and Memory*, Philadelphia: University of Pennsylvania Press, 2011; Eric Langenbacher and Yossi Shain, *Power of the Past: Collective Memory and International Relations*, Washington D. C.: Georgetown University Press, 2010.

讨论，但他注重了交换的表面，却忽略了两次世界大战、"二战"后重建、冷战时期美苏对抗这一系列的路径断裂因素，激增了美国对西方国家的权威。

当我们肯定了权威的交换来源、魅力来源和传统来源并存及其相互之间的关系后，就不难解释为何一些国家显得比另一些国家更具有权威优势，而另一些国家在争取和承担国际领导中更加力不从心、付出与所得不成正比。同时，这也指向了另外一个重要的问题，一个权威不足的国家如何补齐权威的短板的问题。常规的回答基于理论的指向，会提出打造软实力、进行公共外交改变国家形象、纠正外界对国家的"刻板印象""内圣外王"提高国际可信度和可依赖程度、重新解读历史等策略。而在实践上，联邦德国提供了一个超越现有理论的弥补权威不足的策略，那就是"借权威"。

二 权威：德国的历史重负和法国的天然优势

从国际关系权威的角度来看，在"二战"后的欧洲，德国的魅力型权威、传统型权威和法理性权威基础全然丧失，而且还长期背负了沉重的历史包袱。1945年之后的联邦德国处于一个现代民族国家在国家发展历史上所能经历的最低点。国土成为一片废墟，制度瓦解，主权丧失，国家分裂，德国的历史连续性突然一下子中断。更加严重的是，德国人的精神道德也出现断裂，德国人民对以前那种引以为自豪的德意志文化传统产生了深深怀疑，可以说，德意志民族的自我意识已经被纳粹历史和第二次世界大战的失败彻底打消了。自此之后，以"德意志特殊道路"为精神基础的德国外交传统不仅不是其他国家效仿的对象，而且为人唾弃。[①] 联邦德国还承担了过去德国的义务和历史责任，比如对犹太人的特殊责任、旧德国的外债以及对"二

---

① "德意志特殊道路"是指德国的民族国家建构走的是一条迥异于英法等西方大国的道路，德国是通过文化民族主义加强民族认同，激发扩张性外交政策，最终通过俾斯麦发起的王朝战争实现国家统一和大国崛起。参见钱金飞《近代早期德意志政治发展特性刍议——对"德意志特殊道路"的一种反思》，《世界历史》2016年第2期；张沛《德意志特殊道路及其终结》，《华东师范大学学报》（哲学社会科学版）2004年第4期。

战"役工的赔偿等。处于战败国地位和丧失国家主权也让德国成为欧洲民族之林的二等公民，德国的命运悬于战胜国之手，直到 1955 年签订《德国条约》，联邦德国才获得国家主权，但在实际上它也还依然是一个处处受到限制的民族国家。

为了能够重新赢得国家主权和获得外交活动空间，联邦德国确定了"融入西方"的立国之本，这就意味着在政治价值上对西方无条件皈依，在政治体制上建立西方自由民主制度。阿登纳等人领导的德国西部占领区制宪委员会制定了于 1949 年 5 月 23 日公布的《德意志联邦共和国基本法》（简称《基本法》），作为联邦德国的根本大法，它明确规范了"二战"后新德国的政治生活和外交原则。《基本法》除了在前言中阐明"决心维护自己民族的和国家的统一并作为在统一的欧洲中享有平等权利的一员为世界和平服务"以外，还在第 25 条专门规定："国际法的一般规则是联邦法律的组成部分。它们优先于各项法律，并直接产生联邦领土上的居民的权利和义务。"① 这也表明，德国在法理上承认基于国际法的国际权威高于其主权权威，至此德国不仅失去了在国际上的所有权威，而且也决心不再追求由内向外的国际权威，而甘愿承认由外向内的权威。

在外交上，"融入西方"的核心是欧洲一体化。正是在推动欧洲联合的过程中，德国非常聪明地逐渐建立起了在欧洲的交换型权威，即通过经济上的贡献来换取其他欧洲国家的尊重。长期以来，德国一直是欧盟（欧共体）中最大的财政净贡献国，直至进入 21 世纪，它向欧盟所提供的财政支付和所收回资金之间的差额是法国、意大利或英国净付款的两倍还多。② 德国在外交上也推行"贸易国家"模式，即以商人的风格和角色来推行外交政策，在使用军事力量上自我克制，对外实施影响的手段主要依赖经济和财政手段（支票外交）。③ 德国为欧盟（欧共体）国家提供公共产品，奠定了权威的交换基础，

---

① 参见熊炜《论德国"文明国家"外交政策》，《欧洲研究》2004 年第 2 期。
② ［德］沃尔夫冈·鲁茨欧：《德国政府与政治》，熊炜、王健译，北京大学出版社 2010 年版。
③ 参见 Michael Staack, *Handelsstaat Deutschland: Deutsche Aussenpolitik in einem neuen internationalen System*, Paderborn: Schöningh, 2000.

使得德国在欧洲的角色和地位日渐重要，为德国成为一个正常国家并担任欧盟领导角色起到不可否认的作用。然而，交换所得的权威并不能够弥补历史重负、国家形象和法理上的权威不足。

与德国主要依靠交换型权威逐步建立在欧洲的领导力不同，法国自始至终在欧盟享有令人羡慕的传统型权威和魅力型权威。首先从传统型权威来看，历史上法国思想家的欧洲联合思想为欧洲一体化事业提供了精神源泉。早在1713年，法国思想家圣·皮埃尔神甫就提出"欧洲联合体"的设想，此后各种倡导欧洲联合的思想在法国蓬勃兴起，特别是"一战"后的泛欧运动得到许多法国人的支持，而"二战"后的欧洲煤钢联合体和此后的欧洲经济共同体正是在让·莫内欧洲联合倡议方案的基础上得到发展的。

更重要的是，启蒙运动以来的法兰西文化哺育了欧洲各国的文化传统。正如有学者指出的那样，"在法兰西民族的崛起过程中发挥巨大作用的，与其说是物质财富，还不如说是思想文化艺术。法国贡献给世界的是精神与价值观"①。欧洲近代以来，巴黎成为欧洲各国贵族和知识分子心目中的文化首都，法语长期是欧洲各国上流社会和官方交往的通用语言，而且即便是在经历了拿破仑战争和普法战争两次战败的情况下，法语仍是欧洲各国坚持使用的唯一外交语言。法国在欧洲享有独特的魅力型权威。

对于"二战"后的新生的联邦德国来说，法国在精神道德与价值观方面成为德国学习的榜样。1945年之后，联邦德国建立西方的自由民主体制，美国和法国本来都是德国效仿的对象，但法国在文化上比美国更亲近德国。德国知识分子不断向法国汲取营养。在联邦德国知识分子举办的文化沙龙、读书协会等圈子里面，法国思想家萨特以及普鲁斯特等作家的作品被大量阅读和讨论。直到20世纪80年代，当代德国最伟大的作家之一马丁·瓦尔泽还写道："今天的每一个德国人都真心地希望在法国人那里得到证实，'我们不再是坏人'，德

---

① 尚杰：《自由何以珍贵：试论法兰西文化的精神特质》，《人民论坛·学术前沿》2014年第8期。

国人总是希望法国人能给德国说点友好的话。"①

而且在法理上,法国也享有独特的权威,它是"二战"的四大战胜国和联合国五大常任理事国之一,在国际关系中具有举足轻重的地位。特别是作为战胜国,法国对德国还负有特殊的责任,"而联邦德国只是在冷战开始后才被允许发言"②。因此,随着德国国家实力上升,当德国开始追求在欧盟的领导权的时候,它在权威上相比法国仍有着很大劣势。一方面,德国积累了强大的物质资源,具有运用其物质资源进行国际交换获取权威而成为欧盟领导的基础。③ 就德法实力对比而言,1990年的两德统一是一个重要的时间节点,虽然此前联邦德国的经济表现已经长期优于法国,但东西德合并使德国的综合国力又进一步加强,统一后的德国成为欧共体人口最多的国家,德国有8200万人口,而法国只有5700万人口。德国在1992年的国民生产总值达2.1万亿美元,远超法国的1.4万亿美元。④ 进入21世纪以来,德法实力对比进一步向有利于德国的方向倾斜,特别是欧债危机的爆发极大地削弱了法国的国力,2012年法国的失业率高达10%,经济增长率勉强保持0.5%,国家债务占国民生产总值的88.6%。⑤ 而与法国经济颓势相比的是,德国经济却在欧债危机中表现优异,成为欧元区经济的稳定之锚。⑥

但另一方面,由于缺乏其他权威来源,德国不仅在欧盟国家中的

---

① Martin Walser, "Deutsche Gedanken über französisches Glück", in: *Zauber und Gegenzauber*, *Aufsätze und Gedichte*, Franfurt am Main: Suhrkamp, 2002, S. 85–94.

② Patrick McCarthy, *France-Germany*, *1983–1993*, *The Struggle to Cooperate*, New York: St. Martin Press, 1993, p. 3. 转引自张健《历史遗产对德法两国欧洲一体化政策的影响》,《江汉论坛》2003年第3期。

③ [美]奥兰·扬:《政治领导与机制形成:论国际社会中的制度发展》,黄仁伟、蔡鹏鸿等译,载[美]莉萨·马丁、[美]贝斯·西蒙斯编《国际制度》,上海世纪出版社2006年版,第5—34页。

④ 参见世界银行数据,https://data.worldbank.org/country/germany? view=chart,访问时间:2018年5月19日。

⑤ 参见 Henrik Uterwedde, *Zeit für Reformen: Frankreichs Wirtschaft im Wahljahr*, DGAPanalyse 5, April 2012, S. 5. https://dgap.org/de/article/getFullPDF/21072,访问时间:2018年5月19日。

⑥ 参见赵柯《德国在欧盟的经济主导地位:根基和影响》,《国际问题研究》2014年第5期。

追随者依然三心二意，而且其实力增长和利用实力而在欧盟中有大包大揽苗头的时候仍会引起其他欧盟国家的疑惧。德国政治家对德国的尴尬处境早有认知，从阿登纳时代开始，德国就确定了以法德和解为核心的融入欧洲的战略。施密特以后的历任德国总理都曾强调，由德国提出的倡议很有可能被欧盟其他国家抵制，但是同一个提议如果由法国总统提出，则很有可能获得赞同。吉斯拉·亨德里克斯（Gisela Hendriks）等学者对此评论说："对过去的负疚使德国不愿反对法国的欧洲政策，而且感到有很大义务就重要问题与法国协商"，而且"欧洲的政治及经济政策由法国提出似乎就要体面一些"[①]。然而以德国的负疚和义务来诠释德国坚持与法国的合作并对法国进行妥协的行为，其实是在有意或下意识地逃避德国通过借用法国权威在欧洲实施领导权这一德国人看上去也不那么"体面"的事实。

其实，德国向法国"借"权威并非没有代价，而且代价也并非仅止于面子，而是必须时常对实力已不如自己的法国进行妥协和退让，必须在实力增长的同时持续保持审慎和谦让的态度。作为欧洲联合的"双引擎"，德法两国在政治、经济和安全各领域其实一直是竞争关系，比如德法在欧洲一体化的政治目标上存在着根本差异，法国强调国家主权和独立性，保证法国对欧洲政治的领导权，而德国则遵循联邦主义的路径，倾向于通过经济共同体逐步实现超国家一体化的联合。在防务和安全领域，除了在施罗德和希拉克当政时期，德法曾有过实质性合作，此外的几十年双边关系发展中，德法防务合作一直十分曲折，双方在安全战略理念和优先方向上总是存在分歧。德法两国在经济领域的竞争最为明显，德法两国的企业巨头竞争激烈，仅在欧盟内部市场，如德铁和法铁就在争夺跨海隧道项目上爆发过争吵，而德法之间在欧洲宇航集团的内部利益分配上也互不相让。而德国为了维持与法国的合作以弥补权威的不足，在很多政策领域对法国做出了让步。由于权威的缺陷无法独揽欧盟的领导权，德国需要借重法国的

---

① Gisela Hendriks and Annette Morgan, The Franco-German Axis in European Integration, Cheltenham, UK. Northhamtpon, 2001, p. 40. 转引自张健《历史遗产对德法两国欧洲一体化政策的影响》，《江汉论坛》2003 年第 3 期。

权威来弥补自身的不足，这虽是一个有效的途径和方法，但要做到这一点，统一以后的德国必须约束由于实力增长而带来的骄傲，在实力超过法国的情况下保持让步妥协的胸怀以保持德法合作。实力的增长带来的喜悦与骄傲，往往会让一个国家忘记或否认自己权威的缺陷，往往会增加一个国家争夺的倾向，而让妥协变得困难。然而，强者的妥协更是智慧、强者的让步更是权威。德国为此提供了一个很好的实例——权威的不足是可以通过"借"来弥补的，但无论实力对比如何，在短期内仍要清醒地认识到这权威是"借"来的，实力需要向权威聪明地让步和妥协。

随着冷战后欧盟扩大的实现，德国借重法国的权威又具有了新的含义。因为在扩大后的欧盟部长理事会中，德法两国的表决权重都相对减轻，同时在欧盟内部的谈判中，由于政策领域和具体问题的不同，欧盟成员国经常会组合成不同的小集团，所以德国不得不依仗法国在欧盟机制内的权力资源。欧盟其他成员国之间比较不可能形成没有法国或者德国参加的、具有战略意义的、超越一般政治领域的特殊合作关系，也就是说在欧盟内部形成一个针对德法两国的反对组合比较困难。

从领导权的角度来看，欧盟虽然是个等级制国际关系体系，[①] 但其所有的政治决定都是通过谈判的方式来实现的，欧盟国家间的大量日常互动与合作，依靠制度和程序的保证，而在其中无论是德国或法国所发挥的作用，更接近于在平等互动中的博弈，实力与技巧的角色胜于权威。换句话说，基于权威的领导权并非充斥于欧盟政治生活的方方面面和每时每刻，很多时候并没有权威匮乏的问题，只有在国家间关系的特定时刻与领域，领导权才走向前台，权威问题才得到凸显。作为高度制度化和法制化的欧盟，领导权在大多数时候是蛰伏的，只有当制度化运作无法克服集体行动的障碍或无法选择集体行动

[①] 根据戴维·莱克有关国际关系等级制的论述，欧盟作为世界上一体化程度最高的国家集团，是一种的典型的国际关系等级制。以德法为核心的欧盟大国事实上承担着欧盟的领导责任，它们和欧盟小国之间构成等级制的国际关系体系，但欧盟秩序的维持与执行并非依靠暴力和强制力，更多的是靠确立成员国相互之间的权利和交换关系。参见［美］戴维·莱克《国际关系中的等级制》，高婉妮译，上海人民出版社2013年版，第33页。

的方向时，领导权才发挥作用，而只有当领导权的发挥触及敏感领域，面临潜在的反对与反抗的时候，权威以及权威的不足才会显现。在欧盟的实践中，领导权发挥作用集中体现于三种情况：一是欧盟国家在一体化发展的方向性问题上产生分歧，需要依靠权威凝聚共识，设定一体化的目标和方向，这一般是通过德法两国联合提出倡议以议题设置的方式来实现；二是欧盟面临危机时刻，需要在较短的时间内提出应对危机的措施，权威的作用主要在于能够提出令成员国接受的方案；三是欧盟需要在国际热点问题的解决上发出"一个声音"，维护欧盟的利益。鉴于此，本文以下将主要选取这三个方面的三个案例进行分析，以探讨德国是如何借重法国的权威，以实现欧盟国家的集体行动。

三 "ABC 提议"：德国在欧盟条约改革问题上的对法妥协

在欧盟实现东扩之前，欧盟相应的制度改革迫在眉睫，而德法在对欧盟制度架构的设想问题上却一直存在分歧。制度架构与德法两国所主张的欧洲一体化路径息息相关，德国一直希望在欧盟框架内推动实施联邦制，扩大特定多数表决制的范围，增加欧洲议会的权力，突出欧盟委员会的作用，并以欧洲议会对欧委会进行监督。而法国则倾向于政府间主义的一体化路径，倾向于将欧盟理事会作为欧盟的行政权力机构。德国政府主张欧委会主席由欧洲议会选举产生，但法国对此却并不欢迎。[①] 与此同时，制度改革问题还关系到两国在欧盟决策体系中的权力分配和影响力大小，其矛盾在 2000 年召开的欧盟尼斯峰会上表现得十分突出，两国在欧盟理事会投票票数和权重议题上的讨论占据了整个会议时间的 2/3，直接导致峰会时间破纪录地持续了四天零一夜，成为欧盟理事会历史上用时最长也最为艰难的会议。

尼斯会议的目标主要是解决"《阿姆斯特丹条约》遗留问题"，

[①] Ulrike Guérot, "Die Bedeutung der deutsch-französischen Kooperation für den europäischen Integrationsprozess", *Aus Politik und Zeitgeschichte*, B 3/4, 2003, S. 18 – 19.

在欧盟成员国数量即将翻倍扩大的情况下，改革欧盟机构的制度，从而确保欧盟机构运行高效且具备更高的合法性。[①] 在尼斯谈判过程中，德法争执的焦点主要集中于在何种情况下使用特定多数表决和欧洲理事会中成员国之间投票权数的分配问题。德国支持特定多数表决以增强欧盟的合法性，而法国则强烈反对。德国坚持按人口比重分配票数，认为投票权数分配应遵循人口比例原则，而法国则坚称，法德两国完全平等的原则是欧洲和平与民主的根基，不得改变。虽然在后来的妥协中，德法两国的投票权数保持一致，都是 29 票，但德国却为此后扩大影响力打下了基础，因为条约规定了特定多数国家的人口条款，成员国就可以要求组成特定多数国家的人口至少应达到欧盟总人口的 62%，否则决定将不被采纳，这就意味着德国比法国更容易在理事会中组建"阻止少数"。更重要的是，德国还成为唯一一个在欧洲议会没有减少议席的成员国。这样一来，德国事实上打破了自欧共体成立以来德法在欧盟机构中保持平等的传统。[②] 在尼斯会议上，德国总理施罗德表现得十分强势，其咄咄逼人的做法虽然最大程度地保证了德国诉求得以实现，然而不无讽刺的是，在表面增加德国在欧盟权力的同时又极大降低了德国在欧盟的权威。经过《尼斯条约》谈判，法国朝野普遍弥漫着对德国的不信任，而且欧盟其他国家也开始对德国的意图表示担心。

因此，在后尼斯进程中，德国不得不有意识地调整了欧洲政策。转而寻求和法国的合作，以推动欧盟机制改革的进展。在德法两国的共同推动下，欧盟于 2002 年 2 月启动了制宪进程。就在欧盟制宪会议讨论欧盟宪法公约文本的过程中，法国总统希拉克再次提出法国长期以来坚持的一项重要建议——设置欧洲理事会常设主席，这一次希拉克得到了英国首相布莱尔和西班牙首相阿兹纳尔的共同支持，因此

[①] Richard E. Baldwin, ed., *Nice Try: Should The Treaty of Nice Be Ratified? Monitoring European Integration*, London: Centre for Economic Policy Research, 2001, pp. 5 – 7.

[②] Paul Magnette and Kalypso Nicolaidis, *Large and small member states in the European Union: Reinventing the balance*, Research and European Issues N. 25, May 2003.

也被称为"ABC 提议"①。法国的理由是,增设这一职位可以增强欧洲理事会工作的有效性,保证理事会工作目标的长期性和持久性,同时也让欧盟在国际社会具有自己的长期代表。但是,以荷兰、比利时、卢森堡为代表的大部分欧盟小国却强烈反对这一提议。它们担心加强欧洲理事会的作用会强化大国在欧盟决策中的主导作用,使小国边缘化。它们提议,应该通过更加明显地区分理事会和欧委会的方式来加强理事会的工作效率。欧委会作为超国家机构的地位不应被削弱而应加强,以体现欧盟决策的"共同体方式"②。

传统上,在欧盟制度改革问题上,德国一直支持荷比卢等小国立场,而与法国具有巨大分歧。然而令人吃惊的是,这一次为了寻求与法国的合作,德国在这一原则问题上选择向法国做出让步,转而支持法国的提议。这就意味着,德国削弱了其在欧洲一体化指导理念上一贯主张的"联邦制"理念,而是更倾向于加强"政府间主义"的方向。事实上,就德国国内政治的角度来看,德国做出此种让步也是相当不易的。比如,德国外长、与施罗德联合执政的绿党政治家菲舍尔就坚持要推动实现"联邦制"的欧洲。③ 此后在 2003 年 1 月,德法两国共同提出了一个设想欧盟机制架构的建议。德斯坦领导的欧洲制宪会议则以此为基础进行讨论。德法之间的妥协招致欧盟小国的强烈批评,它们称这种做法为"霸权""专制",但不可否认的是,德法的共同建议作为欧盟制度改革的基础,直接影响到了《欧盟宪法条约》和《里斯本条约》的内容。

德国立场转变的重要原因在于,德国在欧盟的权威不足以支撑其在欧盟的"议题设置"权力。从理念上来看,德国所代表的"联邦制"理念难以贯彻。而德国在欧盟制度中所享有的制度权力也难以让其担当领导角色,当法国显然完全放弃了欧盟的"联邦制"方案时,

---

① 该提议得名于希拉克(Chirac)、布莱尔(Blair)和阿兹纳尔(Aznar)三人的姓名首字母。

② 参见 Joachim Schild, *Shaping Europe: France, Germany, and Embedded Bilateraliam from the Elysee Treaty to Twenty-First Century Politics*, Oxford: Oxford University Press, 2013, pp. 121 – 124.

③ Ulrike Guérot, "Die Bedeutung der deutsch-französischen Kooperation für den europäischen Integrationsprozess", *Aus Politik und Zeitgeschichte*, B 3/4, 2003, S. 18 – 19.

德国就必须和法国合作，借重法国的权威推动欧盟机制改革的进一步实施。

四 "多维尔协议"：应对欧债危机过程中德国对法国的妥协

2009年底希腊主权债务危机爆发，随后爱尔兰、葡萄牙、西班牙等国也受到冲击，加之欧元区其他成员国财政情况都不乐观，面临严重的主权债务违约风险，欧洲债务危机全面爆发。在应对欧债危机的过程中，欧盟的制度设计缺陷和成员国之间不协调等问题暴露无遗，尤其是德法两国在欧盟的核心领导作用也经历了巨大的考验。

由于欧债危机的演变是围绕着希腊而展开，而且德法矛盾的焦点从一开始也主要是针对如何救助希腊而显现出来的，特别是分别发生于2009年和2011年的两次希腊主权债务危机给基于德法合作的危机管理带来紧迫的时间节点压力，要求德法两国及时达成共识以应对危机。本部分因此主要选择希腊债务危机的初始和蔓延阶段（2009—2011年）的德法互动来进行分析。①

2010年初，当希腊主权债务危机升级之后，德国和法国的分歧立即显示出来。2月11日，虽然德法两国领导人都同意对希腊提供财政支持，以向市场释放积极信号。但是在紧接着的几个星期中，德国反复强调财政救助必须在严格的条件下才可以实施，而且只有在金融稳定的整体秩序遭受冲击时才有必要。德国同时呼吁改革欧元区的治理结构，以便在将来更好地监督成员国政府行为，以避免主权债务危机的发生。而法国则认为应该尽快救助希腊，并且由于德国经济状况良好，并拥有顺差盈余，所以应由德国承担大部分救助资金。此后在2010年3月，虽然德国同意分摊用于稳定欧元的最大资金份额，但是德国总理默克尔坚持要国际货币基金组织介入，而且对资金使用提出严格的条件，德国的目的是阻止法国总统萨科齐所提议的尽快为

---

① 有关欧债危机发展阶段的划分，参见李巍、邓允轩《德国的政治领导与欧债危机的治理》，《外交评论》2017年第6期。

希腊提供援助的建议。[①] 2010年4月23日，希腊正式向欧盟提出申请援助。5月10日，欧盟和国际货币基金组织通过了7500亿欧元的救助方案，建立了欧洲金融稳定机制（EFSM）和欧洲金融稳定基金（EFSF），紧接着希腊获得了首笔救助金。在德国的坚持下，希腊必须加强财政巩固措施，也就是要紧缩财政。与此同时，德国财长朔伊布勒还提出了欧元区改革方案的建议，其中包括改革稳定公约、改善成员国预算政策的协调和对其的监督以及实施自动的制裁程序等。他还建议建立欧盟新的经济政策协调机制。与德国不一样的是，法国从一开始就主张对希腊尽快进行援助，以免危机蔓延。法国虽然赞同改善成员国之间的经济政策协调，但其目标是减少供给侧的负面效果。法国反对德国所要求的加强欧元区财经纪律和规则的方法，而是建议在欧洲层面实施大规模促进投资的计划。

德国的强硬立场构成了其支持建立和此后扩展欧洲金融稳定基金的基础，德国克服欧元区危机的路径反映了其秩序自由主义的经济理念，即优先考虑稳定物价、保持中央银行的独立性和稳固财政状况。而法国和英国、美国克服危机的主流经济思想一致，主张以稳定需求来促进增长。[②] 德国认为，2010年4月和5月的救助希腊计划以及建立欧洲金融稳定基金只是权宜之计，与此同时还应该从导致危机的原因入手采取措施，避免以后再出现类似的国家债务行为。因此，德国倡导制定更加严格的规定和出台自动惩罚措施。法国却担心欧元区陷入自我实现预言的危机中，投资者的消极行为可能会导致实际的情况变得更加糟糕，德国的做法会导致危机升级。法国关心的不是希腊的"债务"或者危机的结构性因素，而是不愿意让德国所建议的措施冲击到法国银行业。对于法国来说，为重债国提供财政支持不仅是维护欧盟团结的自然之举，也是为了保证市场活力的必要之举。而德国认

[①] 有关评述参见《经济学人》在线评论文章，"A Grimm Tale of Euro-integration", https://www.economist.com/node/15549113，访问时间：2018年5月19日；以及德国学者的分析，参见 Wolfram Hilz, "Getriebewechsel im europäischen Motor: Von 'Merkozy' zu 'Merkollande'?" *Aus Politik und Zeitgeschichte*, No. 1 – 3, 2013, S. 27.

[②] Daniela Schwartzer, "Deutschland und Frankreich und die Krise im Euro-Raum", *Aus Politik und Zeitgeschichte*, No. 1 – 3, 2013, S. 30 – 36.

为，欧盟国家的团结一致首先是指共同遵守规则。①

德法之争实际上不仅是各自对利益的理性计算，而且反映出两个国家根深蒂固的经济治理理念差异。德国的经济传统强调责任和义务，关注最后贷款人制度引发的道德风险和对货币政策的破坏。所以它主张设计强有力的约束条款使货币政策免于政府财政控制，控制政府债务及债务上限，通过结构改革，而非通过提供额外资金或资源的方式实现经济增长。②法国的经济传统则强调规则应受制于政治过程，并可重新协商，危机管理需要灵活应对，限制政府自由行动或自由借贷是不民主的；除单纯的价格稳定之外，货币政策需要服务于更多的一般性目的，如经济增长；对国际收支失衡的调整需要对称实施，盈余国家也应采取行动。③早在1992年的《马斯特里赫特条约》（简称《马约》）谈判过程中，德国就始终坚持要为欧盟设定强硬的规则，以德国央行为样本的欧洲央行的建立和条约中的"不救助"条款体现出德国的关切。自《马约》签订以来，德国一直是想把自身的偏好和制度模式移植到欧盟层面。④法国虽然不在意德国所声称的原则，但是《马约》的签订在一定程度上掩盖了德法之间的分歧。

然而，欧债危机却加剧了德法在经济政策上长期以来的分歧。围绕着救助希腊和制定应对更大规模危机的措施，德法两国的政策理念和方法都大相径庭。但问题是应对金融危机的措施需要迅速、及时，缓慢的反应令市场怀疑德法掌控经济的能力。⑤德国的强硬立场在欧盟空前孤立，欧元区绝大多数国家都支持法国，随着危机面临进一步升级的风险，德国不得不向法国妥协。⑥

---

① Daniela Schwartzer, "Deutschland und Frankreich und die Krise im Euro-Raum", *Aus Politik und Zeitgeschichte*, No. 1 – 3, 2013, S. 30 – 36.

② [德] 马库斯·布伦纳迈耶等：《欧元的思想之争》，廖岷等译，中信出版集团2017年版，第69—70页。

③ 同上书，第77页.

④ 参见 Kenneth Dyson and Klaus H. Goetz, eds., *Germany, Europe and the Politics of Constraint*, Oxford: Oxford University Press, 2003.

⑤ Claire Demesmay, "Hat der deutschfranzösische Bilateralismus Zukunft?" *Aus Politik und Zeitgeschichte*, No. 1 – 3, 2013, S. 37 – 42.

⑥ 参见 Christian Deubner, *Der deutsche und der französische Weg aus der Finanzkrise*, Berlin: Forschungsinstitut der Deutschen Gesellschaft für Auswärtige Politik, 2011, pp. 8 – 9.

2010年10月18日，德国总理默克尔前往法国诺曼底海边小城多维尔，与法国总统萨科齐讨论欧债危机。他们达成了一份被喻为是"浮士德协议"的"多维尔协议"[①]。在这份协议中，德国方面放弃了之前对于国家预算进行事前控制的要求，而法国则同意新的危机处理框架应当允许"私人债权人的充分参与"，与《马约》中规定的"不救助条款"一致。[②] 同时，德国也放弃原先主张的对赤字严重超标国的自动惩罚措施，法国同意取消违规者的投票权，并支持德国建立一个持久的危机应对机制。事实上，德国主张的自动惩罚措施只有荷兰和芬兰两个国家支持，在此情况下，德国也只有放弃。而且，法国还获得德国的支持召开欧元区峰会，此前德国一直主张由欧盟理事会的27个国家加强协调，反对定期召开欧元区峰会，不愿因此削弱欧洲央行的权威。[③]

对于德国总理默克尔向法国总统萨科齐的让步，德语媒体普遍持批评态度。《世界报》评论说："当希腊摇摇欲坠，德国人不得不用税收来确保欧元的稳定时，德国政府当时可是许下了好大的许诺。那时的语气是无论如何要迫使长期负债国执行财政稳定政策。可时过半年后的今天，大家却发现，德国总理原来说大话了。在与法国的谈判中，德国放弃了以前曾强烈要求的自动制裁机制，结果现在还是跟以前一样，惩罚可以通过欧盟理事会的多数票被否决掉。"《标准报》称："目前还不清楚，默克尔在欧元稳定协议上向她的法国对手萨科齐让步的动机是什么。但她的让步如此彻底如此迅速令人惊讶。萨科齐并不希望在欧盟实行自动制裁来惩罚负债国。这与德国的愿望正好相反。但结果是萨科齐在多维尔如愿以偿。默克尔在没有必要的情况

---

① 引自［德］马库斯·布伦纳迈耶等《欧元的思想之争》，廖岷等译，中信出版集团2017年版，第30页。浮士德是歌德名著《浮士德》中的主人公，在剧中，魔鬼摩菲斯特引诱浮士德与他签署了一份协议：魔鬼将满足浮士德生前的所有要求，但是将在浮士德死后拿走他的灵魂作为交换。德国人用这个比喻来讽刺默克尔为了和法国总统萨科齐达成妥协，而出卖了德国一直引以为自豪的原则。

② ［德］马库斯·布伦纳迈耶等：《欧元的思想之争》，廖岷等译，中信出版集团2017年版，第30页。

③ Daniela Schwartzer, Deutschland und Frankreich und die Krise im Euro-Raum, *Aus Politik und Zeitgeschichte*, No. 1 – 3, 2013, S. 30 – 36.

下做出这等让步,这是对德国财政部部长朔伊布勒的一种愚弄和欺骗。"①

事实上,多维尔协议的真正意义在于,德法在应对欧债危机的政策上终于达成妥协,标志着从此以后德法合作的"默科齐(Merkozy)"重新启动,而且这一事件还凸显出欧盟的危机管理的权力已经从欧盟机构、欧盟委员会和欧盟理事会转移到德法两个大国手中。② 此后多维尔达成的共识由欧洲理事会的范龙佩小组作为基础进一步讨论欧元区改革方案,并最终发展成为2011年出台的"加强经济治理六项改革法案(six pack)"。2011年10月26日,欧元区峰会成为机制化平台。德国也同意将欧洲金融稳定机制的资金提高到4400亿欧元。在2011年的应对欧债危机过程中,默克尔和萨科齐紧密联系。虽然在事关欧元区发展的核心问题上,德国仍然与法国有巨大分歧,但是德国没有与法国公开争吵,公众也并未感觉到双方的不和。值得注意的是,与此相比,德法两国在应对利比亚危机和日本的福岛核事故等问题上的分歧却广泛公开,为人关注。③

总的来看,在欧债危机的初始和蔓延阶段,德国的经济理念并没有得到贯彻,反而是法国关于欧洲货币和财政政策的理念在欧盟和其成员国应对危机的政策中得到实施。德国不得不屈服于法国的方案,德国一直强调的制度和程序上的先决条件,比如欧洲央行的独立性、央行支持的国家举债以及《稳定与增长公约》等,没有一项在危机应对过程中得以保持。针对救助希腊,德国只是阻止了设立长期的超国家机构欧元债券,限制其期限为三年。德国虽然能够参与共同决定以决定救助希腊的措施,但是却越来越不得不向大多数成员国妥协,而且承受着来自法国的越来越大的压力。特别是德国对规则和审慎原则的重视没有成为危机处理过程中的共识。即便是德国原则上同意给

---

① 丹兰:《德语媒体对多维尔谈判感到失望》,法国国际广播电台2010年10月20日,cn.rfi.fr/政治/20101020,访问时间:2018年5月1日。

② [德]马库斯·布伦纳迈耶等:《欧元的思想之争》,廖岷等译,中信出版集团2017年版,第1—2页。Simon Bulmer, "Powershift in the EU", *Political Insight*, April 2016, *journals.sagepub.com/doi/full/* 10.1177/2041905816637451,访问时间:2018年5月19日。

③ Wolfram Hilz, "Getriebewechsel im europäischen Motor: Von 'Merkozy' zu 'Merkollande'?" *Aus Politik und Zeitgeschichte*, No. 1–3, 2013, S. 13–29.

予共同体和欧委会更多权力,但是在危机初始阶段,德国虽然犹豫,却不得不跟随法国的路线。①

在欧债危机初始和蔓延阶段,德国不得不向法国妥协的原因在于,德国不仅缺乏推行其所坚持方案的权威,而且也没有能够提出令欧盟国家接受的替代性方案以取代法国方案。在欧盟层面上,德国需要借重法国的权威,推动应对危机措施的实施,而在德国国内政治层面上,由于德国在欧盟承担重要义务需要联邦议院的同意,与法国取得一致也有利于德国政府获得合法性和国内支持。因此,法国的权威对德国是不可缺少的。

五 "诺曼底格式":德法联合在国际舞台上代表欧盟

《马斯特里赫特条约》建立了欧盟共同外交与安全政策,希望"通过实行共同外交与安全政策,在国际舞台上弘扬联盟的个性",但是共同外交与安全政策在建立后长期没有自己的机制和欧盟机构为其负责,直至欧盟《里斯本条约》明确规定:"成员国须毫无保留地本着忠诚和互相团结的精神积极支持联盟的外部和安全政策,须遵从联盟在该领域的行动。成员国应共同致力于巩固和发展政治团结。成员国应克制任何与联盟利益相左或可能损害联盟在国际关系中作为团结的力量的有效性的行为。欧盟理事会与欧盟高级代表须确保这些原则得到遵守。"② 因此从理论上来说,欧盟理事会和高级代表应该在国际舞台上代表欧盟实施共同外交与安全政策,但是由于欧盟成员国并不显著拥有控制彼此的能力,而且高级代表不拥有凌驾于成员国之上的政治和法律权威,欧盟共同外交与安全政策显然又具有其局限性。③

---

① 有关分析参见 Christian Deubner, *Der deutsche und der französische Weg aus der Finanzkrise*, Berlin: Forschungsinstitut der Deutschen Gesellschaft für Auswärtige Politik, 2011.
② [比利时]斯蒂芬·柯克莱勒、[比利时]汤姆·德尔鲁:《欧盟外交政策》,刘宏松等译,上海人民出版社2017年版,第175页。
③ 同上。

在实践中，欧盟共同外交与安全政策经常是通过委任欧盟特别代表和在共同安全与防务政策框架下开展危机行动而发挥具体的作用。但在更广阔的国际舞台上，欧盟的政策目标和原则立场通常还是依靠法德等欧盟大国来代表。传统上，由于享有联合国安理会常任理事国席位和在世界政治中的广泛参与，法国经常在国际舞台上代表欧盟发声。但是随着德国实力逐渐增强，并且越来越有意愿在国际舞台上代表欧盟，德法之间出现了不协调的问题。特别是德国在 2011 年反对法国干涉利比亚，在联合国安理会针对利比亚问题投下弃权票，加剧了欧盟共同外交与安全政策的分裂和德法分歧。①

法国总统奥朗德于 2012 年 5 月上台之后，由于困于内政和经济问题，法国既缺乏足够的资源，也较少有意愿在国际舞台上发挥领导欧盟的作用。但德国此时却有意图实施更加积极的全球外交政策。在此背景下，乌克兰危机的爆发为德法合作带来新的挑战。与以往法国在外交和安全政策领域积极代表欧盟不一样的是，在乌克兰危机的解决过程中，法国总统奥朗德一直表现得相当低调和克制。② 奥朗德虽然也和俄乌双方都有接触，但是他这次出人意料地并没有像萨科齐在格鲁吉亚危机期间那样成为国际调停的焦点，奥朗德不想在乌克兰危机解决中发挥主导作用。③ 然而，德国却在乌克兰危机的演变过程中，自始至终扮演着积极角色。德国一开始希望美国不要对俄罗斯进行制裁，以免激化局势，同时想说服乌克兰与俄罗斯谈判。然而随着局势的恶化，德国在欧盟政府首脑和外长会议上不得不转向更为强硬的对

---

① 参见 Michael Staack, *Deutsche Aussenpolitik unter Stress*, *Opladen*, Berlin：Verlag Barbara Budrich 2016, S. 34.

② 比如，萨科齐积极主导了 2008 年的格鲁吉亚危机的解决。虽然 2013 年奥朗德也曾积极干预叙利亚，但是也有观察家认为，正是因为法国介入叙利亚问题，并未获得收益，反而在外交上日益被动并遭到美国的反对，才导致奥朗德在乌克兰危机上的克制。参见 Michaela Wiegel, Frankreich übt sich in Zurückhaltung, 德国《法兰克福汇报》网络版，http：//www. faz. net/aktuell/politik/ausland/europa/krise-in-der-ukraine-frankreich- uebt-sich-in-zurueckhaltung-12836490. html，http：//www. faz. net/aktuell/politik/ausland/europa/krise-in-der-ukraine-frankreich-uebt-sich-in-zurueckhaltung-12836490. html，访问时间：2018 年 5 月 1 日。

③ 参见 Michaela Wiegel, Frankreich übt sich in Zurückhaltung, 德国《法兰克福汇报》网络版，http：//www. faz. net/aktuell/politik/ausland/europa/krise-in-der-ukraine-frankreich- uebt-sich-in-zurueckhaltung-12836490. html，http：//www. faz. net/aktuell/politik/ausland/europa/krise-in-der-ukraine-frankreich-uebt-sich-in-zurueckhaltung-12836490. html，访问时间：2018 年 5 月 1 日。

俄立场。① 2014年6月6日，利用纪念盟军诺曼底登陆的机会，默克尔、奥朗德和乌克兰总统波罗申科、俄罗斯总统普京在法国诺曼底会晤，就乌克兰危机交换意见。这也是乌克兰危机爆发以来俄乌首脑首次见面，这一谈判框架被称为"诺曼底格式"（Normandy Format）。此后，德国一方面主导欧盟对俄罗斯的制裁，形成对俄罗斯更大的压力，另一方面利用"诺曼底格式"展开斡旋工作。2014年9月5日，乌克兰问题三方联络小组（乌克兰、欧洲安全与合作组织、俄罗斯）同乌克兰民间武装代表在白俄罗斯首都明斯克达成停火协议，德国在其间发挥了关键协调作用。但遗憾的是《明斯克协议》并未得到有效落实，俄罗斯也更加有力地支持东乌克兰分裂势力。

2015年1月，乌克兰东部武装冲突骤然加剧。德国总理默克尔亲自发起穿梭外交。2月，默克尔邀请奥朗德与其一同访问明斯克，以"诺曼底格式"为基础，促成新《明斯克协议》（Minsk II）。新旧《明斯克协议》的内容基本相同，都把立即全面停火作为第一点，都提到东部冲突地区今后的其他安排，如撤走所有外国武装力量和军事装备、举行地方选举、恢复经济等。但新协议在内容的阐述上更加详细，并且增加了"按照乌克兰法律举行地方选举"和"恢复乌克兰政府对整个冲突地区国家边界的完全控制"等符合乌克兰当局主张的内容，同时增加了将针对东部冲突地区的临时性特殊地位法变为永久性法律、进行以中央放权为宗旨的乌克兰宪法改革、可组建地方警察队伍等符合乌东部民间武装要求的内容。② 新协议虽然没有得到有效执行，但是协议签订后再也没有爆发大规模的武装冲突。

"诺曼底格式"作为一种欧盟解决乌克兰危机的方案，其实质是德法合作对外代表欧盟，但是欧盟本身并没有包括在"诺曼底格式"之中，欧盟共同外交与安全政策的机制未能体现出其应该发挥的作用。这主要是因为在如何应对俄罗斯的问题上，欧盟内部其实是不统一的，一方面法国、意大利等国非常注重与俄罗斯的经济关系，而另

---

① Christian Wipperfürth, *Die Ukraine im westlich-russische Spannungsfeld. Die Krise, der Krieg und die Aussichten*, Berlin, Opladen: Verlag Barbara Budrich, 2015, S. 24 - 25.

② 新华网，http://news.xinhuanet.com/world/2015 - 03/04/c_1114517854.htm，访问时间：2017年1月15日。

一方面，波兰、波罗的海三国和瑞典这些成员国感受到来自俄罗斯的直接地缘政治威胁，坚持要对俄罗斯实施强硬政策。[1] 德国说服欧盟国家保持一致立场对俄罗斯实施制裁已属不易，而要在危机斡旋过程中，让更多行为体实质参与其实是不现实的。事实上，由于德法核心发挥了积极作用，欧盟官员都对"诺曼底格式"公开表示支持。[2]

对于德国来说，邀请法国共同推动实施"诺曼底格式"具有更加重要的意义。因为德国要在国际政治舞台上代表欧盟，而欧盟共同外交与安全政策既然有其局限性，那么欧盟大国的支持就是增强德国领导权威的必要条件。鉴于英国脱欧公投即将实施，英国已经不再是一个能够对外代表欧盟的行为体，法国就成为德国唯一可以倚重的伙伴。由于获得法国的支持，默克尔能够遏制美国国内要求为乌克兰输送武器的强硬派的势头，同时在欧盟内部，德国此举也可以打消其他欧盟国家对于德国领导权的不信任。[3] 正如德国国家安全战略文件——《2016年版德国国防白皮书》中所强调的，德国要在欧洲承担领导责任和在世界上发挥积极外交影响只能立足于与欧洲伙伴的合作，其中特别是与法国之间的共识和默契，实现所谓"来自中间的领导"[4]。因此，由于德国在欧洲和世界上依旧缺乏传统型权威和魅力型权威，在外交与安全政策领域，借重法国的权威并且以欧盟为框架的平台是德国发挥世界大国作用的必然选择。

结　论

本文主要从理论和实证方面探讨了德国如何克服其权威困境而在

---

[1] 引自［德］米夏埃尔·施塔克《欧债危机后德国的外交政策：更积极、更有为、更全球化?》，吴静娴译，《德国研究》2014年第3期。

[2] Simond de Galbert, *The Impact of the Normandy Format on the Conflict in Ukraine：Four Leaders，Three Cease-fires，and Two Summits*, csis.org/analysis/impact-normandy, October 23, 2015, 访问时间：2018年5月1日。

[3] Ulrich Pfeil, "Die europäische Friedensordnung als Sache der Europäer", 18 March, 2015, https://www.tagesspiegel.de/meinung/andere-meinung/deutschland, 访问时间：2018年5月1日。

[4] 参见熊炜《2016年版德国国防白皮书评析——"来自中间的领导"困境》，《国际论坛》2017年第3期。

欧盟实现领导权的问题。权威是国际关系领导权研究的一个巨大难题，以莱克为代表的学者近年来探讨了权威在国际关系领域通过法理、交换、传统、声誉等多种来源而建立的可能性，凸显了权威变化与国家实力消长的非同步性。德国在欧盟的领导权之所以被广泛讨论和关注，正是因为德国本应是一个缺乏足够权威以担任欧盟领导的国家。本文的研究发现，德国虽然在欧盟存在着权威赤字，但德国通过对"傲娇"的法国进行妥协与退让，采取借助法国在欧洲国际关系中长期积累的权威资本的方式，有效弥补了德国权威的天然不足和后天缺陷。作为高度制度化和法制化的欧盟，领导权在大多数时候是蛰伏的，只有当制度化运作无法克服集体行动的障碍或无法选择集体行动的方向时，领导权才发挥作用，而只有当领导权的发挥触及敏感领域，面临潜在的反对与反抗的时候，权威以及权威的不足才会显现。在欧盟的实践中，领导权发挥作用集中体现于三种情况：一是欧盟国家在一体化发展的方向性问题上产生分歧，需要依靠权威凝聚共识，设定一体化的目标和方向，这通常是通过德法两国联合提出倡议以议题设置的方式来实现；二是欧盟面临危机时，需要在较短的时间内提出应对危机的措施，权威的作用主要在于能够提出令成员国接受的方案；三是欧盟需要在国际热点问题的解决上发出"一个声音"，维护欧盟的利益。本文通过对这三方面的案例进行分析，发现德法合作中的德国妥协其实是一种"借权威"建立国际领导权的策略。理解德国外交的这一特点对我们分析马克龙当选法国总统和发表索邦演讲之后的德法关系以及欧洲一体化走向具有重要作用。通过本文的分析，我们可以预期，在欧盟面临集体行动困境的时候，德国将继续实施"借权威"策略与法国合作，以推动欧洲一体化前行。然而必须看到的是，德国在应对欧债危机的过程中已经积累了一定的权威资本，随着欧盟逐渐走出欧债危机，德国将来是否在经济领域仍会向法国做出重大妥协是一个值得关注和进一步探讨的问题。

德国以"借权威"的方式获得国际领导权的实质是必须时常对实力已不如自己的法国妥协和退让，在实力增长的同时持续保持审慎和谦让的态度。这为新形势下中国如何塑造自己在国际关系中的权威提供了他山之石，有助于中国外交工作者拓展思路。

中东欧国家在欧盟的利益诉求和利益博弈

姜 琍

随着2004年5月1日、2007年1月1日和2013年7月1日欧盟三次东扩，波兰、匈牙利、捷克、斯洛伐克、斯洛文尼亚、爱沙尼亚、拉脱维亚、立陶宛、罗马尼亚、保加利亚和克罗地亚11个中东欧国家实现了"回归欧洲"的战略目标。1989年政局剧变后，中东欧国家从地缘政治、经济利益和文化认同的角度，做出了融入西欧国家开启的欧洲一体化进程的选择。为了实现欧洲的稳定、安全和繁荣，欧盟也做出向中东欧地区的原社会主义国家扩大的决定。这一双向互动的结果是欧盟成员国的数量逐渐增加到28个，面积增加了27.8%，人口增加了26.8%，经济总量增加了11.3%[1]。欧盟东扩不仅突破了原资本主义西欧的范畴，而且跨越了传统上严格的欧洲地理界线，欧盟疆界大大超过历史上任何一个欧洲帝国曾拥有的版图[2]。在极大改变欧洲政治版图的同时，欧盟成为世界多极化格局中重要的一极。鉴于经济发展水平、地缘政治环境、历史经验和政治文化等方面存在差异，中东欧新成员国与西欧老成员国在欧盟的利益诉求不同。而且，随着中东欧国家入盟后逐渐缩小了与老成员国之间的经济差距，政治上愈益成熟与自信，它们开始努力提高在欧盟的影响力。为了捍卫民族国家利益，消除"二等成员国"的感觉，中东欧国家

---

[1] 朱晓中：《中东欧国家的欧洲诉求》，《世界知识》2015年第4期。
[2] 伍贻康：《欧洲一体化发展轨迹研究——伍贻康文集》，上海社会科学院出版社2015年版，第268页。

在一些涉及其利益的问题上与欧盟老成员国进行了利益博弈，从而给欧盟的内部团结、决策进程和欧洲一体化的深化带来挑战。

一 中东欧国家在欧盟的利益诉求

在2004年5月1日欧盟第一次东扩之际，欧洲大陆弥漫着喜悦和荣耀的气氛。时任欧盟委员会主席的罗马诺·普罗迪称，"在欧洲一体化进程启动了50年后，冷战造成的欧洲分裂已经一去不复返了，欧洲人再也不会因虚假的意识形态障碍而分开。我们有着共同的命运，当我们一起行动时，我们会更强大"①。欧盟老成员国的政治精英也纷纷表示这是"欧洲的美好时刻""伟大的日子""目标明确和坚持不懈的努力战胜历史遗产的结果"②。随着欧洲统一市场和共享欧洲价值观空间的扩大，以及欧盟在国际舞台上政治和经济地位明显增强，它需要一系列结构改革和机制变化，新老成员国也需要在相互尊重和团结的原则基础上共建安全和繁荣的欧洲。在兴奋和期待的同时，老成员国的政治精英和普通民众也表达了担忧：它们不仅将在财政上大量贴补经济水平明显落后的中东欧新成员国③，而且中东欧国家可能把民族国家的利益置于欧洲福祉之上，对愈益紧密合作的联盟思想持反对态度。后来的事实表明，新老成员国在一系列问题上存在观点分歧，比如《欧盟宪法条约》、欧盟财政改革、劳动力自由流动、税收政策、对美国和北约的态度、对俄罗斯政策、采用欧元和难民危机等。中东欧新成员国在欧盟有着特定的利益诉求，主要表现在三个方面。

---

① EU Welcomes 10 New Members/ Prodi: Largest-ever Expansion Heals Cold War divisions, 1 May, 2004, http://edition.cnn.com/2004/WORLD/europe/04/30/eu.enlargement/.

② Kai-Olaf Lang, "Rozřišující se Unie-fragmentovaná Evropa?" 22 February, 2015, http://www.naseevropa.cz/portal/port_data.nsf/0/37e99fe4f3ee04bfc1256fb00045243d? OpenDocument.

③ 在2003年也就是加入欧盟前一年，按购买力平价计算人均国内生产总值，中东欧国家中经济发展水平相对较好的维谢格拉德集团四国相对于欧盟老成员国平均水平的状况分别是：捷克为67%，匈牙利为62%，斯洛伐克为49%，波兰为43%。

（一）重视国家的主权和安全

无论是1989年政局剧变后重新获得国家主权的，还是新独立的中东欧新成员国，它们在欧盟层面的讨论中高度关注国家主权问题。在被苏联控制40多年后，自由和独立的思想成为1989年政局剧变的动力。因此，中东欧国家对主权问题非常敏感，认为主权不可侵犯。在欧盟框架内，中东欧新成员国倡导政府间合作，而不是超国家主义，希望保留对税收、政府开支、社会政策、教育和其他事务的控制权。[1]

在多数中东欧新成员国尤其是波兰、罗马尼亚和波罗的海三国拉脱维亚、爱沙尼亚、立陶宛的外交政策中，安全和战略考量占据了重要地位。上述五国对国家的安全和稳定问题特别敏感和关注，这与它们不良的历史记忆和所处的地理位置或者说是地缘政治环境密不可分。它们外交政策的两个突出特点是：努力加强跨大西洋联系和与美国的同盟关系、对俄罗斯持悲观态度并视其为潜在的安全威胁，也就是国家不稳定的来源。[2] 2008—2009年发生的俄格冲突事件，以及2009年美国"重启"与俄罗斯关系并改变在捷克和波兰部署导弹防御系统的决定，加剧了一些中东欧国家对国家安全的担忧和对俄罗斯的戒备。乌克兰危机爆发后，上述五国呼吁大力加强北约的威慑和防务能力，以及美国和北约在中东欧地区的军事存在。[3] 2018年9月，波兰总统杜达访问美国时请求美国在波兰建立永久军事基地，以获得美国强有力的军事保护。这与德法等欧盟老成员国希望加强欧盟集体防御相抵触。另外一些中东欧新成员国，如匈牙利、捷克和斯洛伐

---

[1] Václav Havel, "Evropa 2004: nový impetus staré Evropě", *The Economist*, ročenka The World in 2004, http://www.vaclavhavel.cz/showtrans.php?cat=clanky&val=68_clanky.html&typ=HTML.

[2] Kai-Olaf Lang, "Rozřišující se Unie-fragmentovaná Evropa?" 22 February, 2015, http://www.naseevropa.cz/portal/port_data.nsf/0/37e99fe4f3ee04bfc1256fb00045243d?OpenDocument.

[3] 2016年5月，设在罗马尼亚布加勒斯特的北约多国部队东南欧指挥所开始部分运行。同月，美国在罗马尼亚部署的反导系统正式启动，并随时准备与北约在欧洲的反导系统接轨。同月，美国在波兰部署的反导系统正式开工建设。2016年7月召开的北约华沙峰会，确认了在波罗的海三国和波兰部署多国部队，以及在罗马尼亚加强军事存在的计划。

克，由于所处的地理位置、历史经验和执政党的政策主张等方面的原因，没有强烈感受到来自俄罗斯的安全威胁，也就不会积极寻求美国的安全保护。即便如此，中东欧新成员国在安全上依靠北约的政策基本保持不变。

中东欧新成员国对欧盟加强军事能力以及执行安全和防务政策的行动力持怀疑态度，但它们并不反对欧盟的共同安全和防务政策，还希望参与欧洲快速反应部队和欧盟战斗部队的组建。当然，它们支持欧盟防务一体化有两个先决条件：第一，不能破坏跨大西洋联系，强调北约应该在欧盟的安全政策问题上发挥首要的作用。第二，共同防务和安全政策以及与此相关的问题应该向欧盟所有成员国开放，不能有歧视性行为。总之，它们在依靠欧盟的政治影响力和经济实力提供安全软支撑的同时，强烈依靠北约提供安全硬担保。[1]

在欧盟的外交和安全政策领域，中东欧新成员国的另一个利益关切点是欧盟外部边界的稳定。除了支持西巴尔干国家入盟以外，中东欧新成员国重视"欧洲睦邻政策"中面向东部邻国的部分。中东欧新成员国积极推动"东部伙伴关系计划"[2]，希望通过加强与欧亚六国的合作为自身安全和经济发展提供便利，同时在欧盟制定对俄政策时发挥影响力。中东欧国家希望欧盟加强与俄罗斯的对话，主张应由欧盟机构而不是由欧盟的一些大国如法国和德国主导与俄罗斯的对话，以免形成法国—德国—俄罗斯三角。

在如何处理欧洲难民危机问题上，中东欧一些新成员国采取了与老成员国截然不同的态度，主要出于对国家安全、国家主权、文化认同和社会融合等方面的担忧。在2015年9月22日举行的欧盟内务部长会议上，匈牙利、捷克、斯洛伐克和罗马尼亚投票反对欧盟按照配额强制分摊难民。2015年11月波兰新政府上台后，也加入了这一阵营。由波兰、捷克、斯洛伐克和匈牙利组成的维谢格拉德集团视难民

---

[1] 朱晓中：《中东欧国家的欧洲诉求》，《世界知识》2015年第4期。
[2] 2008年5月，波兰和瑞典提出"东部伙伴关系倡议"。在2009年5月捷克担任欧盟轮值主席国期间，正式启动了旨在促进欧盟与乌克兰、白俄罗斯、格鲁吉亚、摩尔多瓦、亚美尼亚和阿塞拜疆6个欧亚国家合作的"东部伙伴关系计划"。

为其民族生存的威胁,只愿意在自愿原则基础上帮助难民。匈牙利总理欧尔班表示,"民族迁移会带来恐怖威胁、犯罪并将使欧洲的文化和传统受到威胁;西欧国家强行规定新成员国应该和谁一起生活,不仅将促使社会压力加大,还将威胁申根制度的存在;欧盟应改革避难制度,不仅要保护欧盟的外部边界、文化和经济利益,而且要给予民众更多的影响欧盟决策的权利"[1]。来自布鲁塞尔知名智库欧洲政策中心的分析家安德烈·赫米索娃指出,"欧盟采用特定多数而不是协商一致的方式通过难民强制性配额安置方案,对中东欧国家来说是一个非常敏感的问题,关乎它们的主权"[2]。维谢格拉德集团四国主张,所有涉及避难制度的决定应该在欧盟理事会而不是在部长理事会做出,因为成员国在部长理事会上没有否决权。

能源安全也是中东欧新成员国关注的一大议题。中东欧国家多数是小型的能源市场,能源供应来源有限,特别是在石油和天然气供应方面高度依赖俄罗斯。因此,它们的能源安全比较脆弱。由于中东欧国家的能源结构以及与俄罗斯的关系存在差异,它们对欧洲能源联盟[3]的看法也就不同,难以在欧盟能源立法问题上协调立场,采取共同行动。然而,它们的共同利益是能源供应来源和线路多样化。它们希望欧洲的能源地图不断完善,积极加强中东欧地区各国天然气管线连接,例如,维谢格拉德集团四国在2009年俄乌天然气之争后逐步推进天然气管线对接工程项目,斯洛伐克、匈牙利、保加利亚和罗马尼亚四国也于2015年5月签署了关于连接天然气管线并且实现天然气双向流动的协议。[4] 中东欧国家努力争取欧盟对其能源基础设施建

---

[1] SITA, "Orbán: Do Európy nemožno nekontrolovane vpúšťať' masy ľudí", 16 November, 2015, http://spravy.pravda.sk/svet/clanok/374063-orban-do-europy-nemozno-nekontrolovane-vpustat-masy-ludi/.

[2] ČTK, SITA, "EÚ presadila kvóty. Poľsko sa ku krajinám V4 nakoniec nepridalo", 22 September, 2015, http://spravy.pravda.sk/svet/clanok/368411-ministri-eu-schvalili-kvoty-na-prerozdelenie-120-tisic-utecencov/?sc=art-368428.

[3] 成立欧洲能源联盟的战略是2015年2月欧盟委员会通过的,主要目的是降低欧盟对俄罗斯天然气的依赖程度,增强欧盟在能源合同谈判过程中的地位。

[4] 姜琍:《乌克兰危机对维谢格拉德集团四国能源合作的影响》,《欧亚经济》2015年第6期。

设和能源体系现代化的支持，力促将南北向天然气走廊项目纳入欧盟优先发展的能源基础设施项目，同时强调核能在能源结构中的地位。在波兰和克罗地亚的共同倡导下，位于亚得里亚海、波罗的海和黑海之间的11个中东欧新成员国和奥地利于2016年成立了"三海倡议"，而保障该地区能源安全是该论坛的主要目标之一。由于美国大力支持"三海倡议"，并和波兰不断加强关系，而波兰是英国脱欧后美国在欧盟的最大盟友，因此"三海倡议"被欧盟一些老成员国怀疑为分裂欧盟的组织。此外，中东欧新成员国反对从俄罗斯至德国的"北溪－2"天然气管道项目。2016年3月，捷克、匈牙利、波兰、斯洛伐克、拉脱维亚、立陶宛、爱沙尼亚、罗马尼亚和克罗地亚9个国家联名致信欧盟委员会主席容克，指出该项目将危及中东欧的能源安全，从而与德国、法国、奥地利、荷兰和意大利等欧盟老成员国的利益产生分歧。

（二）强调经济发展和财政收益

在加入欧盟前的经济转型进程中，来自欧盟老成员国的外国直接投资成为中东欧国家进行经济转型的主要推动力。这些外国直接投资帮助中东欧国家创造了新的就业机会，提高了企业的竞争力，加快了经济结构的重组。在欧盟东扩前，欧盟还通过法尔计划、农业改革支持工具、环境和交通改善支持工具等财政援助计划，促使中东欧入盟候选国的经济发展取得进步，缩小了与欧盟的差距。另外，来自欧盟凝聚基金的援助促进了中东欧候选国较为贫困地区的发展。一旦在入盟谈判过程中出现矛盾，中东欧候选国国内拥护欧盟扩大的人士就常常宣扬入盟的经济和财政收益。为了获得民众对加入欧盟的支持，中东欧候选国的政治精英也不断描绘关于入盟后经济和财政状况的美好前景。这一切导致中东欧新成员国热切期待入盟带给它们经济繁荣，加快本国经济追赶西欧发达国家的步伐。

欧盟单一市场和服务、资本、商品、人员四大要素自由流通对中东欧国家的吸引力很大。为了平衡自身在资本、资源和基础设施等领域的弱势地位，获得在经济领域的竞争优势，经济开放程度较高的中东欧新成员国致力于推动建设充满活力和运作良好的欧洲单一市场、消除壁垒、支持世界贸易的进一步自由化、主张与欧盟外的其他伙伴国签署贸易协议、降低从第三国进口原料和半成品的关税、采取措施提高欧盟的竞争力等。① 不少中东欧新成员国倾向于英国和美国的市场经济模式，不认同西欧国家倡导的社会市场经济模式。英国做出脱欧决定前主张欧盟侧重加强经济合作并加大市场自由度，它是中东欧新成员国在欧盟的合作伙伴和一定程度上的利益维护者。如今，中东欧新成员国担心英国脱欧后西欧国家会走回贸易保护的老路。另外，由于中东欧国家的税率水平较低，遭到欧盟一些老成员国的指责，认为中东欧新成员国使用不公平手段吸引西欧公司进入，从而使西欧国家的经济形势恶化，已成熟的社会市场经济模式因此遭到破坏。在捷克、匈牙利和波兰，公司税是19%，而在德国是30%，在法国是38%。② 对于德国和法国敦促欧盟成员国协调税收政策，一些中东欧新成员国持保留态度。

中东欧新成员国还致力于从欧盟共同农业政策和结构基金政策中获得丰厚的财政补贴，以保障自己财政转移净收入者的地位。受欧元区主权债务危机的影响，欧盟的一些老成员国呼吁减少欧盟预算。在讨论和制定欧盟2014—2020年中期财政预算方案过程中，中东欧国家反对缩小预算规模，强调要维持现有的农业补贴和凝聚基金，以确保本国产业调整获得持续和稳定的经济援助。经过艰苦的博弈，多数中东欧国家收获的基金援助超过2007—2013年财政周期获得的数额。2018年5月29日，欧盟委员会发布了2021—2027年欧盟财政预算案细则，计划减少对中东欧国家的补贴。中东欧国家希望讨论和制定的过程公正、透明，不应该仅成为欧盟老成员国试图惩罚一些新成员国反对欧盟决策和违反民主准则的工具。③

尽管中东欧新成员国自签署入盟条约之日起就已经承担了采用

---

① Vladimír Bartovič, "vícerychlostní Evropa", 16 June, 2016, http：//www.europeum.org/data/articles/ bartovic-vicerychlostni-evropa.pdf.

② Zahraniční firmy：Kvůli brexitu investice v Evropě neomezíme, *Naopak*, 8 February, 2017, https：//www.zlato.cz/svetova-ekonomika/zahranicni-firmy-kvuli-brexitu-investice-evrope-neomezime-naopak/.

③ Andrej Matišák, "Rozdelí alebo spojí rozpočet Európsku úniu?" 7 May, 2018, https：//europa.pravda.sk/ aktuality/clanok/468776-rozdeli-alebo-spoji-rozpocet-europsku-uniu/.

欧元的义务,而且也曾表示要尽快加入欧元区,以彻底融入西方结构,但迄今为止只有斯洛文尼亚、斯洛伐克、拉脱维亚、立陶宛和爱沙尼亚加入了欧元区。至 2014 年底,波兰、捷克、匈牙利、保加利亚和罗马尼亚都已经满足了采用欧元的大部分趋同标准,只是没有加入欧洲汇率机制。它们不急于采用欧元的主要原因是:欧元区的经济形势不稳定、结构改革充满了不确定性、希腊金融危机的前景不明朗、经济危机时期独立自主的货币政策(自由浮动汇率制度)发挥了积极作用、民众对采用欧元持消极态度。[1] 随着近年来欧元区经济形势逐渐改善、制衡法德两国地位的英国退出欧盟、非欧元区国家在经济危机期间贬值本国货币对欧元区国家经济造成冲击,法德计划推进欧元区改革并促使欧元区成为欧洲一体化的核心,6 个尚未采用欧元的国家对加入欧元区的态度出现了分化。保加利亚、罗马尼亚和克罗地亚谋求尽快加入,以免被排斥在欧洲一体化进程的主流之外。波兰、捷克和匈牙利则采取犹疑观望或拒绝的态度,它们重视民族国家主权问题和与欧元区的实际趋同效果。当然,根据 2018 年 5 月欧洲央行发布的最新一次趋同报告,除了保加利亚以外,其他 5 个中东欧非欧元区国家的名义趋同达标情况均不太理想。

(三)关心政治制度设计

在加入欧盟前,多数中东欧国家对正在进行的欧洲一体化进程兴趣不大,更没有对一体化中的政治联合进行过实质性讨论。只有捷克人经常就这一议题进行讨论,这主要得益于有欧洲怀疑主义倾向的瓦茨拉夫·克劳斯和他所创建的公民民主党。克劳斯担任过捷克总统、总理和众议院议长之职,公民民主党在 1992—1997 年是执政联盟主体,在 1998—2004 年是最大反对党,在捷克政治舞台上发挥了重要作用。在波兰,人们谈论欧洲一体化的未来时主要围绕欧盟宪法条

---

[1] Dariusz Kałan & Patryk Toporowski, "Eurozone Enlargement Frozen: The Deepening Crevasse between Central Europe and the EU", September 2015, https://www.pism.pl/files/?id_plik=20769.

约，他们首先关注的是欧盟内部的表决程序。

在欧盟的制度结构问题上，中东欧新成员国希望遵循两个原则：第一，平等原则。根据欧盟基本法，无论是大国还是小国，经济强大抑或弱小，一律平等。中东欧新成员国中小国居多，它们希望欧盟的制度设计能够保障自己不受大国压制。因此，它们总体上倾向于一个强有力的欧盟委员会，在人员构成问题上强调各国都应该拥有委员会中的表决权，即一个国家一个委员；在欧洲议会和民族国家议会的地位问题上，它们希望加强民族国家议会在形成欧盟政策过程中的作用。由于多数中东欧新成员国对德国和法国在欧盟内的强势地位感到不满，它们主张通过加强成员国之间的沟通和能够代表它们利益的欧盟机构，首先是欧盟委员会，来制衡欧盟内重量级大国。第二，避免"多速欧洲"。事实上，欧盟已经长期存在一些"多速欧洲"的形式：欧元区国家与非欧元区国家，申根国家与非申根国家。迄今为止，中东欧新成员国中罗马尼亚、保加利亚和克罗地亚尚未加入申根区，它们力求尽快加入申根区，以实现人员自由流动。尽管中东欧一些新成员国自主决定暂时不加入欧元区，但它们反对欧盟采取歧视性的或者不是向所有成员国开放的合作形式。英国决定脱离欧盟后，欧盟委员会、欧盟大国及创始成员国积极倡导把"多速欧洲"作为未来深化欧洲一体化的方式，引起多数中东欧新成员国的反对。它们的担忧如下：欧盟因此分裂并削弱单一市场的影响力；力量较弱、发展较慢的中东欧国家在欧盟被边缘化，沦为二等或三等成员国，从而失去对欧盟决策进程的影响力；经济较为强大的国家先行推进一体化后可能迫使其他经济较为弱小的国家接受加入条件。[1] 在关于"多速欧洲"的实质性讨论中，中东欧国家力求达到以下目的：第一，建立对任何自愿联盟进行监督的机制和发展一个永久协商机制，以促进欧盟改革的包容性和非歧视性；第二，在欧洲议会的各个专门委员会就深化一体化的领域进行讨论；第三，暂时不加入深化一体化进程的国家应该参加先行深化一体

---

[1] 姜琍：《英国脱欧对欧盟和中东欧国家的政治影响》，《俄罗斯东欧中亚研究》2017年第5期。

化的国家集团的一些会议。①

中东欧新成员国要求在欧盟中央机构和欧盟驻外使团中占据相应的席位。在中东欧国家的大力支持下，2014年8月波兰前总理图斯克当选欧洲理事会新一任主席，这在一定程度上提升了中东欧国家在欧盟的地位和影响力。另外，中东欧一些国家加入了因英国脱欧而被迫迁离的两大重要欧盟机构——欧洲银行管理局和欧洲药品管理局新址的角逐。最终，不敌欧盟老成员国而落选。

二 中东欧新成员国在欧盟影响力的差异

在入盟谈判过程中，尽管中东欧国家对欧盟老成员国的"斤斤计较"和保守态度深感失望，对入盟条约中对老成员国的保护性条款感到不满②，但它们最终接受了这种不对称的安排。在入盟后初期，不少中东欧新成员国难以改变消极接受来自欧盟的政策或指令的习惯。随着时间的推移，中东欧新成员国在欧盟层面表达和实现自身利益诉求的能力有所提高。

与老成员国相比，中东欧新成员国依然在一些方面存在不足，如在欧盟中央机构工作的人员数量有限，而且缺乏处理欧洲事务的经验。欧盟许多政策是在成员国常驻代表委员会或者欧盟委员会的工作组制定的，而在中东欧新成员国具备欧盟事务经验和外交技能的专业人才有限。在11个中东欧新成员国中，捷克、斯洛伐克、斯洛文尼亚、克罗地亚、拉脱维亚、立陶宛和爱沙尼亚7个国家独立的时间不长。除了捷克以外，其他国家几乎都需要从头开始建构自己的行政管理和官僚体系。因此，中东欧新成员国需要较长的时间按照欧盟的标准重组部委、提高外交能力和培养技术官僚。

由于国家实力和政治抱负不同，中东欧新成员国在欧盟的影响力

---

① Patryk Toporowski, Jolanta Szymańska, "EU at a Crossroads: European Commission Lays out 5 Scenarios for the Union's Future", 6 March, 2017, http://www.pism.pl/publications/bulletin/no-23-963.

② 朱晓中:《中东欧国家入盟两年：成果和影响》，《2006年：俄罗斯东欧中亚国家发展报告》，社会科学文献出版社2007年版，第114页。

存在差异，它们大致可以分为三类。第一类国家积极对欧盟事务发挥影响力，第二类国家虽然有影响欧盟事务的政治抱负却没有相应的实力，第三类国家满足于欧盟内部达成的共识。

波兰属于第一类国家。无论是人口、面积还是经济总量，波兰都是中东欧新成员国中当之无愧的第一大国。波兰的面积和人口在欧盟分别占第五和第六位，也算是欧盟大国。在2015年11月1日欧洲理事会的有效多数表决机制取代加权投票制之前，波兰拥有与西班牙相同的表决权，仅次于德法英意四大国。如今，它虽然失去了《尼斯条约》曾经分配给它的超额投票权，但它仍然是欧盟六个主要国家之一。波兰不仅有着成为中东欧新成员国领导者的政治抱负，而且希望在欧盟发出自己的声音和参与塑造欧盟政策。波兰既积极倡导、宣传欧盟的政策主张，又反对、阻挠欧盟提议的一些政策。这两种截然不同的态度，与欧盟商讨的议题以及波兰政府的政治主张有关。在2006—2007年强调国家意识和民族主义思想的卡钦斯基政府执政期间，波兰获得"捣乱的"和"复杂的"国家的名号，它阻挠欧盟在与俄罗斯关系问题上达成共识，反对欧盟宪法条约草案，要求给予波兰更大的表决权。自2007年11月图斯克政府上台执政后，波兰与欧盟的关系明显改善，主要表现为：改变了前政府对欧盟采取的怀疑态度，与德国及其他欧盟老成员国一起努力加强欧盟与乌克兰的关系，迫使法国在欧盟气候一揽子计划问题上妥协，竭力推动建立欧洲能源联盟。通过政治上不断推动欧洲一体化进程，波兰在欧盟的影响力不断提高。波兰前总理布泽克2009年7月当选欧洲议会主席，波兰前总理图斯克2014年12月担任欧洲理事会主席。经济上，波兰入盟后继续实施改革，成为唯一在国际金融危机和欧元区主权债务危机期间依然保持经济正增长的欧盟成员国。然而，2015年10月的议会大选改变了波兰在欧盟拥有的声誉——"稳定的政治和经济岛屿"，民族—民粹主义和保守主义政党"法律与公正党"在野8年后重新执政。新政府采取了一些有争议的措施以巩固政权，如撤换宪法法院法官、修订公共媒体法，引起欧盟机构强烈反应。2016年1月，欧盟委员会决定对波兰实行监督机制，审查其遵守民主规则的情况。这是欧盟历史上第一次对成员国采取如此监督机制。[1] 经过漫长的调查，欧盟对波兰提出警告。由于法律与公正党领导人雅罗斯拉夫·卡钦斯基与图斯克之间存有政治积怨，波兰政府反对图斯克连任欧洲理事会主席。在2017年3月9日举行的欧盟峰会上，图斯克以27票赞同、1票反对的绝对优势获得连任。同年12月，欧盟委员会以波兰司法改革严重违反法治原则为理由，建议欧洲理事会启动《欧洲联盟条约》第七条，即对波兰实行暂停表决权等惩罚性措施。波兰政府在欧盟愈益被孤立，欧盟老成员国认为它"不断损害公正和对欧盟机构的警告置之不理"。

在中东欧新成员国中，匈牙利也积极对欧盟事务发挥影响力，它选择的方式是大声批评欧盟和采取与欧盟主流不一致的立场。在入盟后最初的几年中，匈牙利集中精力应对国内的经济和政治挑战，对欧盟决策进程不太感兴趣。在2010年、2014年和2018年议会大选中，欧尔班领导的青年民主主义者联盟—匈牙利公民联盟连续胜出并主导了议会，匈牙利政府的执政理念以及推行的政策逐渐受到欧盟的指责。欧盟认为匈牙利政府有悖民主自由的原则，主要表现为：控制媒体、破坏言论和集会自由、压制反对派和公民社会组织、破坏少数民族权利、限制司法机构的独立性、加大政府对市场的干预等。面对欧盟和欧盟大国的批评，匈牙利国家领导人予以回击，谴责它们干预匈牙利内部事务。欧尔班表示，在欧洲面临一系列危机的背景下必须加强匈牙利国家建设。[2] 匈牙利议长拉斯洛·克韦尔甚至称，如果欧盟指示匈牙利该如何管理自己的国家，匈牙利有可能退出欧盟。[3] 在对外政策方面，欧尔班政府寻求外交的多元化，实行"向东开放"的政策，积极加强与俄罗斯和中国等东方国家的合作。在欧盟与俄罗斯

---

[1] Luboš Palata, "Polská demokracie je ohrožená, tvrdí EU. Spustila záchranný mechanismus", 13 ledna, 2016, http：//zpravy. idnes. cz/ek-bude-sledovat-stav-pravniho-statu-v-polsku-foa-/zahranicni. aspx？c＝A160113_154402_zahranicni_bur.

[2] Gregor Martin Papucsek, Marína Dvořáková, "Orbán v reakci na kritiku EU：Je třeba posílit maďarský stát", 12 ledna, 2012, https：//www. irozhlas. cz/zpravy-svet/orban-v-reakci-na-kritiku-eu-je-treba-posilit-madarsky-stat_201201120225_mdvorakova.

[3] Maďďarsko pohrožilo opuštěním Evropské unie, 30 October, 2014, http：//svobodnenoviny. eu/madarsko-pohrozilo-opustenim-evropske-unie/.

因乌克兰危机关系紧张的时候，匈牙利与俄罗斯签署了核电站合作的协议。匈牙利也不支持欧盟因乌克兰问题制裁俄罗斯。在 2016 年 7 月海牙临时仲裁庭对所谓的南海仲裁案做出最终裁决后，匈牙利和希腊支持中国的立场最终阻止了欧盟发表关于认同裁决结果的共同声明。在难民危机问题上，匈牙利采取与欧盟对立的立场：反对欧盟的难民政策和按照配额强制分配难民的计划，采取强硬措施阻止难民入境，在国内发起了反对难民配额的公投。欧尔班批评欧盟在难民危机问题上软弱无能、优柔寡断和机制瘫痪。由于匈牙利在相当程度上依赖欧盟财政援助[①]和单一市场，而且把欧盟成员国资格视为其安全战略的重要组成部分，它并不打算脱离欧盟，只是为了增强自主发展能力和提升在欧盟的话语权和影响力。然而，它持续实施在欧盟引起争议的政策，给自己在欧盟的存在带来了一些风险。2016 年 9 月，卢森堡外长让·阿塞尔博恩呼吁欧盟开除匈牙利，认为这是保持欧盟团结和维护共同价值观的唯一可能性。他批评匈牙利政府对难民采取不人道的做法、限制新闻自由和司法独立。[②] 在竞选法国总统期间，马克龙表示，它不希望欧盟有像波兰和匈牙利这样的成员国。[③] 2018 年 9 月，欧洲议会通过一项决议，决定对匈牙利启动《欧洲联盟条约》第七条款规定的惩罚程序。在欧洲议会历史上，这是首次针对欧盟成员国启动《欧洲联盟条约》第七条。尽管欧盟委员会曾建议对波兰启动《里斯本条约》第七条，但尚未交由欧洲议会审议。鉴于欧盟终止成员国的表决权需要 27 个成员国一致通过，而波兰和匈牙利采取相互支持的态度，这种制裁的可能性不大。2018 年 10 月，欧盟委员会主席容克称，匈牙利总理欧尔班在欧洲议会人民党团已经没有位

[①] 比如，2015 年匈牙利向欧盟预算贡献 9.46 亿欧元，占其国民收入的 0.89%；从欧盟预算获得 56.29 亿欧元，占其国民收入的 5.32%。

[②] Michal Bělka, "Vyhod'me Mad'arsko z EU, žádá lucembursky ministr kvůli plotu na hranicích", 13 September, 2016, http://zpravy.idnes.cz/jean-asselborn-vylouceni-madarska-z-eu-dyf-/zahranicni.aspx?c=A160913_092131_zahranicni_mlb.

[③] Macron: Nechci v EU takové země jako jsou Polsko a Mad'arsko! 2 května, 2017, http://prvnizpravy.parlamentnilisty.cz/zpravy/politika/macron-nechci-v-eu-takove-zeme-jako-jsou-polsko-a-madarsko/.

置了①。随着波兰和匈牙利在欧盟的声望显著下降，它们在欧盟的影响力大为减弱。

罗马尼亚属于第二类国家。罗马尼亚是中东欧新成员国中第二大国家，它曾经试图说服欧盟更多地关注黑海事务和摩尔多瓦，但它无论在欧盟成员国中间还是在欧盟委员会那里都没能获得有力支持。2007年欧盟吸纳罗马尼亚和保加利亚，主要是出于政治方面的原因，这两个国家尚未完成一些领域的改革以完全满足欧盟成员国资格条件。故它们在融入欧洲一体化进程的某些方面还存在局限性。入盟后，它们依然在腐败和有组织犯罪等方面存在严重问题，从而对其在欧盟的形象产生了消极影响。在2006年，欧盟委员会设立了"合作和监督机制"，以帮助罗马尼亚和保加利亚完成在司法、腐败和打击有组织犯罪等领域的改革。然而，欧盟委员会长期认为这两国许多重要措施的实行都是外部压力的结果，变化的持久性和不可逆转性依然值得怀疑。直到2016年4月，欧盟委员会才表示，罗、保两国满足了加入申根区的所有条件。由于一些申根区成员国，如德国、荷兰、芬兰和法国等坚持认为，罗、保两国缺乏良好的司法和管理环境，它们至今难以加入申根区。2018年12月，欧盟委员会主席容克对罗马尼亚是否已准备好在2019年上半年的欧盟轮值主席国框架内进行政治妥协表示怀疑，尽管罗马尼亚在技术上已做好充分准备。针对罗马尼亚政治舞台上的深刻分裂，容克还表示，如果想推动走向团结，就必须首先在国内建立"统一战线"②。

另一个属于第二类的国家是捷克。在2009年上半年担任欧盟轮值主席国期间，以及在此之前的准备阶段，捷克表现出积极影响欧盟事务的姿态。它试图影响欧盟的能源政策、支持古巴的民主化进程，并从地缘政治和能源安全的角度推动欧盟"东部伙伴关系计划"，最

---

① TASR, "Orbán už nemá miesto v Európskej l'udovej strane, tvrdí Juncker", 12 October, 2018, https://europa.pravda.sk/aktuality/clanok/487758-orban-uz-nema-miesto-v-europskej-ludovej-strane-tvrdi-juncker/.

② TASR, ČTK, "Juncker spochybnil pripravenosť Rumunska prevziať predsedníctvo EÚ", 29 December, 2018, https://europa.pravda.sk/aktuality/clanok/496687-juncker-spochybnil-pripravenost-rumunska-prevziat-predsednictvo-eu/.

终却因国内政治争斗损害了它在欧盟的公信力和影响力。

其他多数中东欧新成员国都属于第三类国家。值得指出的是，一些欧盟新成员国在不同时期的表现不太一样。比如斯洛伐克，它在加入欧盟后相当长一段时间里努力与欧盟大国的立场保持一致，在中东欧国家中第二个加入欧元区。但在难民问题上一度与欧盟大国意见相左，而且态度强硬。2015年12月，斯洛伐克向欧洲法院递交诉讼状反对欧盟强制分摊移民。在"多速欧洲"重新被提上议事日程后，斯洛伐克领导人又表示要加入欧盟核心国家行列，在一定程度上缓和了对欧盟强制分配难民的抵触态度。

三 中东欧国家在欧盟进行利益博弈的特点

中东欧新成员国努力在欧盟实现其政治、安全、主权和经济等方面的利益诉求，希望享受与老成员国一样的权利和待遇，唯恐沦为二等成员国。为此，他们不懈地为其利益进行博弈。它们进行利益博弈的特点主要表现为以下五个方面。

第一，将民族国家利益置于欧盟利益之上。换而言之，中东欧新成员国更多的是在民族国家利益框架内，而不是在欧盟整体利益框架内考虑问题和做出决定。虽然老成员国也首先关注的是自己的民族国家利益，但它们是从欧盟的角度来看本国利益，即用"对整个欧洲有利"的论据支持自己的利益诉求。正因为如此，它们的提议常常能够被采纳。相比之下，中东欧新成员国缺乏具有欧洲视野的论据支撑自己的观点。[1] 结果是既有损它们在欧盟的形象，也不利于利益诉求的实现。比如，斯洛文尼亚与克罗地亚存在领土争端，它为了本国的利益而在2008年12月阻止了克罗地亚与欧盟的入盟谈判。此举大大改变了欧盟其他成员国对它原有的良好认知：有能力通过商谈达成共识和找到妥协之道。由于担心《里斯本条约》会削弱捷克国家主权，以及第二次世界大战结束后被捷克斯洛伐克执政当局遣返和没收财产

---

[1] Matúš Mišík, "Dobrí partneri robia dobré vzťahy: Vnímanie novýchčlenských štátov EÚ", Mezinárodní Vztahy 4/2014, https://mv.iir.cz/article/download/1295/1343.

的德意志族人重提退还财产之事，捷克总统克劳斯对签署《里斯本条约》采取拖延战术，致使捷克成为欧盟 27 个成员国中最后一个签署国，引起欧盟领导人和一些老成员国的反感。2015 年 2 月，欧盟委员会通过了成立欧洲能源联盟的战略，旨在为欧盟公民和企业提供安全、可持续、有竞争力和价廉的能源供给，降低欧盟对俄罗斯天然气的依赖程度，增强欧盟在能源合同谈判过程中的地位。由于欧盟委员会可以干预成员国与欧盟外国家在能源供应领域的协议，匈牙利总理欧尔班随即表示反对欧盟的欧洲能源联盟计划，认为该计划损害成员国的主权。[1]

另外，在涉及本国利益的议题上，中东欧新成员国表现得比较积极，而在那些没有特别利益诉求的议题上，它们就会消极对待。

第二，根据讨论和谈判的议题形成临时性联盟。中东欧国家入盟后逐渐认识到，如果若干成员国结成联盟，就可以在欧盟决策进程中发挥重要作用。它们一方面对欧盟内形成各种"先锋派"集团持警觉和戒备态度，唯恐自己被边缘化。另一方面，它们在民族国家利益、传统、文化、历史深处的忧虑等基础上，根据欧盟内讨论的各个议题组成各种临时性联盟。中东欧国家难以在欧盟内形成一个密切合作的整体，其原因主要有以下三个方面：首先，欧盟政策的形成和制定不仅仅与地理因素有关，还与政治意识形态（政治光谱上的左翼和右翼之分）、经济发展模式（自由主义或社会市场经济）以及成员国规模的大小等因素有关。其次，中东欧国家在历史、文化、政治和经济等方面有着明显的差异，难以在欧盟事务上采取统一立场。最后，要在欧盟成功实现自己的利益诉求，中东欧新成员国还需要与老成员国以及欧盟的一些机构特别是欧盟委员会进行合作[2]。

第三，重视次区域合作集团的作用。中东欧国家在欧盟框架内形成了两个次区域合作集团：维谢格拉德集团和波罗的海三国合作集

---

[1] Postoje V4 krajín k energetickej unii, 29 April, 2015, http://europskydialog.eu/temy/politiky-europskej-unie/postoje-v4-krajin-k-energetickej-unii-eu/.

[2] David T. Armitag, "Velký návrat do Evropy: Dopady posledních dvou rozšíření EU pohledem Američana", 3 November, 2010, http://www.revuepolitika.cz/clanky/1261/velky-navrat-do-evropy.

团。维谢格拉德集团由中欧地区的4个国家波兰、捷克、斯洛伐克和匈牙利组成，成立于1991年，其战略目标是通过各种多边合作项目促使成员国尽快融入欧洲一体化进程。2004年5月1日，4个成员国成功会合于欧盟后，维谢格拉德集团重新确定了在欧盟框架内寻求共同利益这一新的合作目标。维谢格拉德集团在能源安全、凝聚政策、与西巴尔干国家的关系、与"东部伙伴关系计划"参与国的合作等方面取得明显的合作成效，它在欧盟内的地位也有所提升。由于该集团成员国对难民危机采取了共同立场，引起欧盟其他成员国的极大关注。四国主张在团结的原则基础上解决难民危机：首先，对难民来源国和过境国提供财政援助。其次，保卫欧盟边界，特别强调要保留申根区。再次，实施欧盟与土耳其达成的关于严控难民入境的联合行动计划，以及实行有效的经济移民遣返制度。最后，积极帮助受难民危机冲击最大的西巴尔干地区国家。维谢格拉德集团四国不仅因此被视为一个紧密合作的整体，而且成为欧盟实用主义中心的一个重要角色[1]。

波罗的海三国合作集团由爱沙尼亚、拉脱维亚和立陶宛组成，是基于共同的经济和安全利益以及加入欧盟和北约这一共同目标建立起来的。加入欧盟后，波罗的海三国除了积极谋求在总统、议会发言人、政府首脑、部长和专家之间的政治对话以外，还致力于通过合作在欧盟决策机制中拥有相对有利的位置。

第四，积极利用担任轮值主席国的机会。《马斯特里赫特条约》明确规定了欧洲理事会在欧盟的中心地位，而理事会主席由各成员国轮流担任。这样，轮值主席制度是欧盟决策制度之一，同时也是欧盟制度体系中最重要的部分之一。它不仅是表示成员国地位平等的工具，而且是影响欧盟事务的重要工具，对欧盟的运作有着不可忽视的影响[2]。2009年12月1日正式生效的《里斯本条约》削弱了

---

[1] Tereza Moučková, "Reakce zemí Visegrádské čtyřky na současnou migrační krizi v Evropě", http://is.muni.cz/th/414911/fss_b/Reakce_zemi_Visegradske_ctyrky_na_soucasnou_migracni_krizi_v_Evrope_FINAL.pdf.

[2] Markéta Pitrová & Petr Kaniok, "Evropské unie-principy, problémy a reforma", Mezinárodní Vztahy 3/2005, ss. 5 - 6.

欧盟轮值主席国的作用[1]，并且为了简化欧盟决策进程，缩小了"一票否决制"的范围。然而，担任欧盟轮值主席国依然意味着监督欧盟议程并成为所有成员国之间的外交协调者。中东欧国家积极利用担任欧盟轮值主席国的机会，展示形象、提高知名度和影响力，并重视在依然保留"一票否决制"的领域，如税收、社会保障、外交和防务等领域发挥一定的影响。从 2004 年起，中东欧新成员国中已有斯洛文尼亚、捷克、匈牙利、波兰、拉脱维亚、立陶宛、斯洛伐克和保加利亚担任了欧盟轮值主席国，其表现各有亮点：2008 年上半年，斯洛文尼亚作为中东欧新成员国中的第一个担任欧盟轮值主席国的国家，它的议题优先方向是能源和气候问题，它以其出色的沟通和协调能力获得欧盟其他成员国的好评；2009 年上半年，捷克在欧洲一体化进程受阻、金融危机波及全球、俄乌天然气之争和本国政府倒台等一系列危机背景下担任欧盟轮值主席国，依然正式启动了"东部伙伴关系计划"、推动了欧盟的金融改革、为能源供应多样化做出了贡献；2011 年上半年，匈牙利在担任欧盟轮值主席国期间，积极推动欧洲经济政策协调、西巴尔干地区国家入盟以及罗马尼亚和保加利亚加入申根区；2011 年下半年，波兰在担任欧盟轮值国期间，积极应对欧洲债务危机、支持西巴尔干国家和"东部伙伴关系"国尽快向欧盟靠拢、推动欧洲建立共同安全与防务机制，努力塑造负责任、有领导力的国家形象，以提升在欧盟的话语权；2013 年下半年，立陶宛担任欧盟轮值主席国，它积极寻求经济增长和金融稳定、推动能源安全、支持欧盟发展与"东部伙伴关系"国以及西巴尔干国家的关系；2015 年上半年，拉脱维亚担任欧盟轮值主席国，它积极促进欧盟的经济竞争力和经济增长，推进东部伙伴关系计划，重视欧盟和俄罗斯的关系，努力加强数字化建设；2016 年下半年，斯洛伐克在欧盟面临难民危机、英国脱欧、恐怖袭击和民粹主义势力抬头等一系列问题的背景下担任欧盟轮值主席国，它在促使欧盟成员国寻求共识和达成务实协议方面

---

[1] 新设立的欧洲理事会常任主席和欧盟外交和安全政策高级代表接管了欧盟轮值主席国的绝大部分权力。

展示了非常好的协调能力,还推动欧盟批准了《巴黎协定》、解决了欧盟与加拿大之间围绕自由贸易协定而出现的危机,推进了欧盟资本市场联盟计划;2018年上半年,保加利亚担任欧盟轮值主席国,它积极推动西巴尔干国家与欧盟的关系发展和关于欧盟避难制度改革的讨论。

第五,缺乏沟通和妥协的文化。中东欧国家加入欧盟后,欧盟成员国的数量急剧增加,在欧盟成员国之间达成共识也就愈益困难,而要继续推进欧洲一体化进程,沟通和妥协的文化很重要。一些中东欧新成员国对欧盟的游戏规则掌握得不太好,把欧盟决策机制理解为多边机制,就像是零和游戏,一方所赢正是另一方所输,而游戏的总和永远为零。这其中的根源是中东欧新成员国试图在欧盟框架内捍卫民族国家的利益,不愿意受到来自欧盟老成员国的歧视性待遇。只是它们进行利益博弈的方式不太灵活巧妙,一味地表明自己强硬的态度,却不知道适时妥协。中东欧新成员国常驻欧盟机构的代表通常会从本国政府那里接到非常严格的指令,他们在谈判过程中进行妥协的可能性因此受到限制,从而导致谈判受阻,欧盟决策过程拉长。[①]

由于缺乏沟通和妥协的文化,维谢格拉德集团四国一度因难民危机问题将自己置于艰难的境地。四国坚决反对欧盟委员会和以德国为首的老成员国提出根据配额分配难民的提议,于是,法国、德国和奥地利的总理纷纷批评它们对难民采取不友好方式,以及对欧盟处理难民危机问题采取不团结、不合作态度。卢森堡外长称维谢格拉德集团四国为"叛逆者联盟"。奥地利内务部部长甚至表示,应该从欧盟基金中削减对欧盟东部那些缺乏团结互助精神的国家的财政补贴。[②] 与西欧老成员国关系恶化的事实,一度掩盖了维谢格拉德集团四国为欧盟和中欧地区所做的工作和取得的积极成果。

[①] Matúš Mišík, "Dobrí partneri robia dobré vzťahy: Vnímanie novýchčlenskych štátov EÚ", Mezinárodní Vztahy 4/2014, https://mv.iir.cz/article/download/1295/1343.

[②] Jiří Pehe, Východ Evropské unie tančí na hraně, 2 September, 2015, www.pehe.cz/Members/.../vychod-evropske-unie-tanci-na-hrane.

小　结

自 2004 年起的三次东扩与欧盟历史上的数次扩大有所不同，此前的扩大都是在西方市场经济体制和议会民主政治体制框架内进行的，而这三次扩大是面向 1989 年政局剧变后才开始政治、经济和社会多重转型的原社会主义国家。这些新成员国有着与老成员国不同的历史经验、政治文化和经济发展水平，因而它们的利益诉求也有别于老成员国。由于欧盟东扩之时恰逢不少老成员国正在进行痛苦的结构改造，陷入经济增长乏力、失业人口居高不下的困境，它们不愿意面对欧盟东扩后出现的新问题：廉价劳动力和商品涌入、非法移民增加、大量财政补贴流向新成员国，担心失去既得利益，视新成员国为其前进道路上的包袱。而新成员国虽然在入盟后经济上继续保持高速增长，从欧盟基金、出口增长和外资流入中得到实惠，但仍然与它们对入盟寄予的极高期望值相距甚远，而且欧盟的一些规定和欧盟老成员国的一些做法使它们产生了欧洲"二等公民"的屈辱感。[①]

随着欧盟面临一系列内外危机，如欧元区债务危机、乌克兰危机、难民危机以及英国脱欧，中东欧国家对欧洲一体化进程愈益持谨慎和保守的态度，质疑欧盟联邦制安排的可行性，倾向于在民族国家层面保留主要的决策权限，希望欧盟不要过多干预成员国内部事务。相反地，欧盟中央机构和老成员国对危机的本能反应是推动欧盟进一步联邦化，以实现欧盟的全功能。欧盟新老成员国对欧洲一体化进程认知以及利益诉求的差异仍将持续下去，很难在短时间内消除分歧。中东欧新成员国高度重视民族国家主权和利益，对欧盟大国持怀疑和戒备态度，缺乏大局观念和团结协作精神，将在一定程度上破坏欧盟的凝聚力、延缓欧盟决策进程和阻碍欧洲一体化的深化。唯有从欧盟

[①] 比如，中东欧国家的农民从欧盟基金中得到的财政补贴只达到老成员国农民的 1/4，至少两年之内它们不能加入《申根协定》，至少 6 年之内其公民不能在绝大多数老成员国内工作。又如食品双重质量标准。

的角度看待本国利益，加强与欧盟老成员国之间的信任、沟通和理解，积极参与欧洲一体化进程并提出建设性的意见，中东欧新成员国才能增强在欧盟影响力，并更多地从欧洲一体化进程中获利。当然，在利益多元化的欧盟，要构建良好的成员国之间的关系，也需要欧盟老成员国尽量理解中东欧新成员国的行为方式，努力解决欧盟新老成员国在经济和社会发展上的差距，不要对新成员国发表歧视性的言论和采取歧视性的措施。

欧盟成员国间双边投保协议的存废与投资争端解决机制[*]

——兼论以"投资法院系统"模式作为替代方案之评析

高启中

前　言

英国于2016年6月23日就是否脱离欧洲联盟（European Union；欧盟）举行公民投票，结果显示"赞成"英国脱离欧盟（Brexit）者超过50%[①]。尽管如此，英国要正式脱欧，仍需遵循里斯本条约（Treaty of Lisbon）的相关规范。[②] 里斯本条约第50条第1项明文允许成员国依据其自身的宪法规范决定退出欧盟[③]；同条第2项要求决定退出之成员国应将其意愿通知欧盟理事会，以正式启动退出程序；决

---

[*] 本文是在作者前作（高启中：《欧盟成员国间双边投保协定的存废对投资争端解决机制之影响》，《理论与政策》2017年第4期）基础上改写而成。

[①] "Brexit: All You Need to Know about the UK Leaving the EU", BBC News, 5 September, 2017, http://www.bbc.com/news/uk-politics-32810887, visited 25 April, 2019.

[②] 欧盟成员国于2004年缔结建构欧洲宪法之条约（The Treaty Establishing A Constitution for Europe；以下称欧盟宪法条约），试图整合先前一系列欧盟条约，并因应欧盟后续发展之需要。唯欧盟宪法条约在各成员国批准的过程中遭遇重大挫败，如法国与荷兰举行的公投均予以否决。欧盟乃另起炉灶，提出里斯本条约作为替代方案，于2009年12月生效。参见王志文《英国脱欧所引发之法律冲突问题》，《中华国际法与超国界法评论》2016年第12卷第2期。

[③] "Any member state may decide to withdraw from the union in accordance with its own constitutional requirements", Treaty of Lisbon, art. 50.1.

定退出国与欧盟双方应就退出之相关安排与日后关系架构进行谈判并作成协议（脱欧协议）①。为避免谈判旷日废时造成退出程序之延宕，同条第3项明定欧盟相关条约自脱欧协议生效日起对该退出国停止适用；若脱欧协议未能在第2项之通知后2年内生效，则欧盟相关条约自第2项之通知满2年后对该退出国停止适用。② 换言之，退出程序原则上应于正式启动后2年内完成；2年后，纵使脱欧协议仍未缔结生效，该退出国将自动脱离欧盟。

英国政府已于2017年3月29日将其脱欧意愿通知欧盟理事会，正式启动退出程序③。理论上而言，无论英国与欧盟间的脱欧协议是否顺利缔结生效，至迟至2019年3月29日，英国将依据上述规范正式退出欧盟。不过，由于英国国会已数度否决执政党提出之脱欧协议草案，英国首相梅已向欧盟提出延期的要求，截至2019年4月11日的最新发展，欧盟已同意将脱欧期限延后至2019年10月31日④。英国脱欧一旦成真，势必对国际政治与经贸秩序造成重大冲击，引起世人注目。然而，除了英国脱欧问题以外，欧盟此刻尚面临另一重大挑战，即成员国间的双边投保协定（bilateral investment treaties；BITs）与欧盟法规范的冲突问题。此种冲突与欧盟扩张（enlargement）纳入新成员国有关，若未能找出妥善解决方案，恐怕对欧盟的政经发展产生严重影响，其冲击不下于英国脱欧。

---

① "A Member State which decides to withdraw shall notify the European Council of its intention. In the light of the guidelines provided by the European Council, the Union shall negotiate and conclude an agreement with that State, setting out the arrangements for its withdrawal, taking account of the framework for its future relationship with the Union..." Treaty of Lisbon, art. 50. 2.

② "The Treaties shall cease to apply to the State in question from the date of entry into force of the withdrawal agreement or, failing that, two years after the notification referred to in paragraph 2, unless the European Council, in agreement with the Member State concerned, unanimously decides to extend this period." Treaty of Lisbon, art. 50. 3.

③ "Brexit: Article 50 Has Been Triggered-What Now?" BBC News, 29 March, 2017, http://www.bbc.com/news/uk-politics-39143978, visited 25 April, 2019.

④ "Brexit: What happens now?" BBC News, 11 April, 2019, https://www.bbc.com/news/uk-politics-46393399, visited 25 April, 2019.

一 欧盟对成员国间双边投保协定的立场

（一）成员国间双边投保协定的由来

欧盟于2004年与2007年经历两次扩张，新成员国大多数为前社会主义国家（东欧国家与波罗的海三小国）①。此等国家于加入欧盟前，极力进行从计划经济转型至市场经济的体制变革②。以罗马尼亚为例，政府采取的改革措施包括国有企业的组织再造与民营化，以及法律规范体系的大幅修订③。为了进一步吸引外来投资（foreign direct investment；FDI），罗马尼亚在2007年正式加入欧盟以前，自1990年代开始对外缔结大量的双边投保协议，其缔约国包括主要欧盟既有成员国，如奥地利、丹麦、法国、德国、意大利、荷兰、瑞典、英国等，以及缔约时尚未加入欧盟的前社会主义国家④。此等条约，在罗马尼亚与其他前社会主义国家成为欧盟成员国后，仍存续者，即形成欧盟成员国间的双边投保协定（intra-EU BITs）。

一般而言，投保协议的主要目的之一，在通过条约的明文规范，对外国投资人在东道国的投资权益加以保障，如国民待遇（national

---

① 2004年加入欧盟的新成员国为塞浦路斯、捷克、爱沙尼亚、拉脱维亚、立陶宛、匈牙利、马耳他、波兰、斯洛伐克、斯洛文尼亚；2007年加入者为保加利亚与罗马尼亚。参见 European Union, "The 28 member Countries of the EU", https：//europa.eu/european-union/about-eu/countries_ en#tab-0－1, visited 25 April, 2019.

② 关于东欧国家经济改革与对外开放的深入探讨，参见 David Turnock, *Aspects of Independent Romania's Economic History with Particular Reference to Transition for EU Accession*, Routledge, 2007; *Aristides Bitzenis, The Balkans: Foreign Direct Investment and EU Accession*, Routledge, 2013.

③ Stephan Wilske and Chloë Edworthy, "The Future of Intra-European Union BITs: A Recent Development in International Investment Treaty Arbitration against Romania and its Potential Collateral Damage", *Journal of International Arbitration*, Vol. 33, Issue 4, 2016, p. 333.

④ United Nations Conference on Trade and Development (UNCTAD), Investment Policy Hub, International Investment Agreements Navigator, Romania, http：//investmentpolicyhub.unctad.org/IIA/CountryBits/174#iiaInner Menu, visited 25 April, 2019.

treatment）①、最惠国待遇（most-favored nation treatment）②、最低标准待遇（minimum standard of treatment）③、征收补偿（no expropriation without compensation）④ 等。在东道国违反上述投资保障条款而侵害投资人权益时，投保协议通常亦设有投资人对东道国争端解决（investor-state dispute settlement；ISDS）机制，允许争端双方先进行协商或谈判，在无法达成和解的情形下，投资人可以将争议提交国际仲裁解决⑤。假设在欧盟成员国 A、B 两国缔结的双边投保协议下，设有投资人对东道国仲裁程序相关规范，则 A 国国民至 B 国投资，若 B 国违法征收 A 国国民之资产，未给予补偿，违反条约义务并形成投资争议，双方若无法协商解决，A 国投资人有权依此双边投保协议，依循国际仲裁程序请求 B 国赔偿。

（二）欧盟对成员国间投资人对东道国仲裁程序的介入

尽管依据欧盟成员国间双边投保协议，一方投资人有权将他方东道国违反条约义务之争端案件提交国际仲裁，唯欧盟对此持反对立场。以 Micula v. Romania（first）案为例⑥，此案涉及瑞典籍投资人

---

① 投保协议下的国民待遇条款，主要目的在贯彻不歧视原则，使缔约国一方的投资人享受与东道国国内投资人相同之待遇。《国际投资协议—分析释义》，2012 年，第 75 页。

② 最惠国待遇条款之规范目的，在于特定投保协议下的投资事项，缔约国一方承诺赋予他方缔约国投资人之待遇，不低于承诺国赋予任何第三国投资人之待遇。《国际投资协议——分析释义》，第 89 页。

③ 最低标准待遇，系指在国际法下东道国对外国投资人所负的最低保障标准，包含公平公正待遇（fair and equitable treatment）、完整保障与安全（full protection and security）、不歧视（non-discrimination）原则三大核心要素。公平公正待遇的定义并无统一见解，唯实务上多半认为包括对投资人的正当合理期待（legitimate expectations）的保障。换言之，东道国不得以武断或不合理的方式对待投资人或其投资。完整保障与安全原则，主要在要求东道国应对其境内之外国投资人及投资给予完整的保障与安全上的保护，避免遭受他人不法侵害。不歧视原则则要求东道国对于投资人或投资，不能因对象不同而有差别待遇。《国际投资协议——分析释义》，第 99—102 页。

④ 征收涉及对人民财产权的剥夺，在国际法下发展出四个要件：必须基于公共目的；以非歧视方式进行；依循正当法律程序；给予立即、适当、有效的补偿。《国际投资协议——分析释义》，第 123—125 页。

⑤ 《国际投资协议——分析释义》，第 224—225 页。亦参见李贵英《国际投资法专论——国际投资争端之解决》，台北：元照出版有限公司 2004 年版，第 10 页。

⑥ Micula v. Romania（first），ICSID Case No. ARB/05/20.

Micula 于罗马尼亚加入欧盟前，基于租税减免之经济诱因，于罗马尼亚进行投资[1]。欧盟认定此种租税减免违反欧盟的国家补贴规范（State aid rules），要求罗马尼亚于加入欧盟以前必须先行取消此等租税减免措施，罗马尼亚遵循欧盟的要求，于 2004 年 8 月 31 日正式终止对本案投资人的租税减免措施[2]。投资人于 2005 年依据瑞典与罗马尼亚间双边投保协议（Sweden-Romania BIT）的投资人对东道国争端解决相关规范提起国际仲裁[3]。投资人主张：东道国之租税减免措施与欧盟规范并无冲突，东道国取消此等措施构成对投资人正当合理期待（legitimate expectations）利益的剥夺[4]。东道国则抗辩：其系为遵守欧盟关于国家补贴的要求以便顺利加入欧盟而被迫取消相关措施[5]。

欧盟执委会（Commission）于本案中以法庭之友（amicus curiae）第三方身份提交书面意见，主张罗马尼亚以租税减免措施作为吸引外来投资的诱因，抵触欧盟关于补贴的相关规范，特别是其中某些措施构成营运性补贴（operating aid），为欧盟法所明文禁止[6]。唯本案仲裁庭认定，尽管罗马尼亚取消相关租税减免措施，系为达成加入欧盟的政策目标之合理行为，但对投资人而言并不公平[7]。仲裁庭认为：纵使罗马尼亚取消相关措施的行为并非出于恶意，但却侵犯了投资人对于相关减免措施会于特定期间持续施行的正当合理期待[8]。因此，仲裁庭裁决：罗马尼亚在申请加入欧盟期间取消租税减免措施的行为，违反了瑞典与罗马尼亚间双边投保协议的公平公正待遇（fair and equitable treatment）原则，并命令罗马尼亚对投资人支付损害赔偿金[9]。赔偿

---

[1] *Micula*, Award, 11 December, 2013, paras. 156, 158, 166 – 167, https：//www.italaw.com/sites/default/files/case-documents/italaw3036.pdf, visited 25 April, 2019.

[2] Commission Decision（EU）2015/1470 of 30 March, 2015 on State aid SA. 38517（2014/C）（ex 2014/NN）implemented by Romania — Arbitral award Micula v Romania of 11 December 2013, paras. 14 – 20, http：//eur-lex.europa.eu/legal-content/EN/TXT/HTML/? uri = CELEX：32015D1470&from = EN, visited 25 April, 2019.

[3] Ibid., para. 23.

[4] *Micula*, Award, paras. 254 – 255.

[5] Ibid., para. 268.

[6] Commission Decision（EU）2015/1470, para. 24.

[7] *Micula*, Award, para. 827.

[8] Ibid., para. 872.

[9] Ibid., para. 1329.

金额加计利息约达 2 亿 5 千万美元①。

尽管 Micula 案的仲裁庭并未采纳欧盟执委会提交的第三方意见,执委会仍试图阻止仲裁判断的执行。执委会认为本案所裁决之赔偿金构成新的国家补贴,罗马尼亚若依此仲裁判断给付赔偿金予投资人,即构成欧盟运作条约（Treaty on the Functioning of the European Union；TFEU）第 107 条第 1 项所禁止的补贴行为②。执委会随后于 2015 年 3 月 30 日做出正式决定,要求罗马尼亚不得依据仲裁判断对投资人给付赔偿金,任何已对投资人给付之赔偿金均应收回,投资人亦应返还其等已取得之赔偿金③。

（三）欧盟要求终止成员国间双边投保协议

欧盟除了在个案方面介入成员国间双边投保协议下的投资人对东道国仲裁程序并表示法律见解以外,更进一步采取釜底抽薪之计,要求成员国间双边投保协议之缔约国应终止该等协议。欧盟执委会于 2015 年 6 月 18 日发表声明,对奥地利、荷兰、罗马尼亚、斯洛伐克、瑞典 5 个成员国正式启动"违反条约之诉"程序（infringement proceedings）,要求该 5 国终止其所缔结的成员国间双边投保协议④。执委会认为：此等双边投保协议,在缔约国一方尚未加入欧盟以前,固然可以对他方投资人提供保障（如征收补偿与争端解决机制）,但在缔约国双方均已成为欧盟成员国后,依据欧盟单一市场的规范,各成员国投资人享有跨境投资的自由（包括设立投资事业与资本移动的自由）,此等投保协定即无存在之必要；此外,成员国间双边投保协议为特定成员国投资人创设了条约下的权利（包括实体保障待遇与利用

---

① Wilske and Edworthy, supra note 10, p. 338.

② Commission Decision (EU) 2015/1470, para. 25 and art. 1. Article 107 (1) of the TFEU provides that: "[s]ave as otherwise provided in the Treaties, any aid granted by a Member State or through State resources in any form whatsoever which distorts or threatens to distort competition by favouring certain undertakings or the production of certain goods shall, in so far as it affects trade between Member States, be incompatible with the internal market."

③ Commission Decision (EU) 2015/1470, art. 2.

④ European Commission, Press release, Commission asks Member States to terminate their intra-EU bilateral investment treaties, 18 June, 2015, http://europa.eu/rapid/press-release_IP-15-5198_en.htm, visited 25 April, 2019.

争端解决机制的程序性权利），违反欧盟法下禁止以国籍形成差别待遇的原则①。

所谓的"违反条约之诉"程序，系指依据欧盟运作条约第 258 条以下规范，由欧盟执委会针对未能履行欧盟条约义务的特定成员国发动的制裁措施。此程序始于执委会对涉嫌违反欧盟条约义务的特定成员国（当事国）发出正式通知（letter of formal notice），要求涉嫌国于特定期限内回复相关信息②，若执委会认定当事国确实违反欧盟条约义务，则再对当事国发出正式意见（reasoned opinion），要求其在特定期限内提出关于遵循欧盟义务的相关措施，若当事国未能于期限内回复，执委会得向欧盟法院（Court of Justice of the European Union；CJEU）起诉控告当事国③。若欧盟法院判决当事国确实违反欧盟条约义务，则当事国必须采取必要措施以履行欧盟法院之判决内容④。若当事国未履行判决内容，执委会得依据欧盟运作条约第 260 条第 2 项，在给予当事国陈述意见的机会后，再次向欧盟法院起诉控告当事国⑤，执委会得建议欧盟法院对当事国作出裁罚，包括针对自第一次法院判决后当事国迟未履行判决内容所经过期间的总额（lump sum）罚金，以及自第二次法院裁决后，至当事国改正其违反欧盟条约义务之行为为止，按日计算之罚金（daily penalty payment）⑥。据统计，约 95% 的案例中，在执委会决定将案件提交欧盟法院之前，当事国即已采取相关措施以改正其违反欧盟条约之行为⑦，显见成员国面临执委会发动"违反条约之诉"程序的压力与欧盟法院作出裁罚的可能，在绝大多数情况下，不得不选择遵从。如此观之，成员国间双边投保

---

① European Commission, Press release, Commission asks Member States to terminate their intra-EU bilateral investment treaties, 18 June, 2015, http：//europa. eu/rapid/press-release_ IP-15-5198_ en. htm, visited 25 April, 2019.

② European Commission, Infringements：Frequently Asked Questions, 17 January, 2012, http：//europa. eu/ rapid/press-release_ MEMO-12-12_ en. htm, visited 25 April, 2019.

③ Ibid. , 亦参见欧盟运作条约第 258 条第 2 项。

④ Ibid. , 亦参见欧盟运作条约第 260 条第 1 项。

⑤ Ibid. , 亦参见欧盟运作条约第 260 条第 2 项。

⑥ Ibid. .

⑦ Ibid. .

协议极有可能被终止①。

二 成员国间投资人与东道国争端解决机制的替代方案

(一) 可能替代方案之评析

由于欧盟成员国仍具备主权国家资格,故某一成员国投资人至另一成员国投资,若发生投资纠纷,概念上属于外国投资人与东道国间的国际投资争端,倘若成员国间双边投保协议被终止,是否有替代性的适当机制以解决此种国际投资争端?

在选择替代机制时,须考虑此等机制能否有效解决投资人与东道国间争端。对此问题,执委会曾考虑以调解(mediation)程序作为成员国间投资人与东道国争端的替代机制,但并未说明实务上如何操作②。所谓调解,一般而言,系由当事人选任中立之第三人担任调解人(mediator),调解人往来穿梭于当事人间,协助当事人传达彼此立场与主张,提出建议方案,试图说服当事人达成和解,但当事人并无参与调解之义务,调解人亦无对当事人之间权利义务关系做出裁决的权限。当事人纵使同意进行调解,亦无与相对方达成和解之义务。换言之,是否进行调解,是否达成和解协议,全凭当事人之意愿为之。反之,以仲裁程序解决投资争端,争端双方预先达成仲裁之合意,即有义务参与仲裁。仲裁庭对争端所作成的实体终局判断,对争端双方有拘束力,且可如同法院终局确定判决一般声请强制执行。调解机制对争端当事方既无强制力,纵使达成和解,其和解协议亦不具备仲裁判断之执行力,故调解机制并非适当之替代方案③。亦有论者主张,可由欧盟成员国国内法院或欧盟法院(CJEU)受理此等投资争端,唯若由东道国法院受理成员国间投资人与东道国争端,首先即产生东

---

① 事实上,爱尔兰与意大利两国已分别于2012年及2013年终止其成员国间双边投保协定。参见 European Commission, Infringements: Frequently Asked Questions, 17 January, 2012.
② Wilske and Edworthy, supra note 10, p. 343.
③ 高启中:《投资人对东道国仲裁的前置程序之探讨——以等待期间条款为中心》,《中原财经法学》2015年第35期。

道国"球员兼裁判"的质疑,且由于现阶段欧盟各国诉讼制度并不相同,且国家任命的法官是否具备审理国际投资法案件所需的专业知识与素养,亦有疑虑;若由欧盟法院受理此类争端,亦产生欧盟法院对于欧盟法以外的国际投资法争议案件是否具备管辖权的疑问,更遑论,无论是国内法院或欧盟法院,其诉讼程序可能旷日废时且所费不赀。[1]

基于仲裁程序的强制性与仲裁判断的执行力,仲裁程序实不失为适当的投资人与东道国争端解决方案。若能对此等仲裁程序加以改革,去芜存菁,则在欧盟成员国间双边投保协议废止后,仍有可能以类似改良版之仲裁机制作为解决成员国一方投资人与他方成员国间争议之平台。事实上,欧盟本身已提出相关的改革方案。欧盟于2015年针对其与美国间谈判"跨大西洋贸易与投资伙伴协议"(Transatlantic Trade and Investment Partnership;TTIP)之草约版本中,提出"投资法院系统"(Investment Court System;ICS)之规划,并宣布将之纳入现行或未来与他国谈判缔结投资保障协议之内容。[2] 类似投资法院系统之机制亦已被纳入欧盟与加拿大间的"全面经济贸易协议"(Comprehensive Economic and Trade Agreement;CETA)[3],以及欧盟与越南自由贸易协议(EU-Vietnam FTA)之投资保障专章。[4] 欧盟倡议投资法院系统之政策考虑,乃系鉴于近年来投资人对东道国争端解决(ISDS)机制,特别是投资人对东道国仲裁程序,招致舆论界严厉之批评,如对投资人选任仲裁人所产生之公正性质疑,仲裁程序秘密进

---

[1] Wilske and Edworthy, supra note 10, p. 345.

[2] European Commission, Press release, Commission proposes new Investment Court System for TTIP and other EU trade and investment negotiations, 16 September, 2015, http://europa.eu/rapid/press-release_ IP-15-5651_ en. htm, visited 20 September, 2017.

[3] Negotiation for CETA has been completed in August 2014. A legal review of the text has also been finished. The CETA is currently pending signatures of the Contracting Parties before its entry into force. See EU, In Focus: CETA, http://ec.europa.eu/trade/policy/in-focus/ceta/, visited 20 September, 2017.

[4] Negotiation for the EU-Vietnam FTA has been finished and the treaty is pending legal revision and ratification as of January 2016. See EU, News Archive: EU-Vietnam FTA: Agreed Text as of January 2016, http://trade.ec.europa.eu/doclib/press/index.cfm? id=1437, visited 20 September, 2017.

行导致欠缺透明化的疑虑，昂贵的仲裁费用造成应诉之东道国沉重财政负担，仲裁程序欠缺上诉机制妨碍法安定性等等①。是故，欧盟近年对外缔结经贸条约时，投资人对东道国争端解决机制往往成为民众质疑或反对的争议焦点之一，其来有自，故欧盟有意针对此议题推动革新，已期降低日后推对外经贸合作的所可能面对的民意障碍。

依据欧盟于2015年9月16日发布的官方新闻稿，以投资法院系统作为现正进行与往后可能谈判缔结之对外经贸条约下的投资争端解决机制，乃系欧盟在对外经贸关系方面所采取的正式立场②，在已经签署的欧盟与加拿大全面经济贸易协议投保专章，以及欧盟与越南自由贸易协议投保专章，均已明文采用投资法院系统，故可大胆假定，欧盟就其正在进行谈判中的双边投保协议或自由贸易协议投保专章，均会于其谈判草案版本中纳入投资法院系统，作为受理投资人与东道国争端的专责机构。当然，谈判双方最终达成共识的条约版本，是否能如欧盟所倡议，纳入投资法院系统，端视相对国是否认同欧盟改革投资人对东道国争端解决机制的理念。最近谈判完成之欧盟与新加坡投资保障协议（EU-Singapore Investment Protection Agreement），即为明文采纳投资法院系统之最新例证③。不过，投资法院系统是否能广受接纳而日渐普及于欧盟与各国所缔结之各个经贸条约，仍需视个别条约的谈判结果，其发展趋势仍有待观察，目前尚无法作出定论。

值得注意的是，已经缔结的欧盟与加拿大间全面经济贸易协议投保专章与欧盟与越南自由贸易协议投保专章均设有特别条款，明文要求缔约国与其他贸易伙伴寻求建立多边投资法庭（multilateral investment tribunal）作为解决投资人与东道国间投资争端之机制；换言之，若日后投资法院系统果真普及，广为出现在欧盟与第三国缔结之各经贸条约中，则在时机成熟时，即可能在投资法院系统运作基础上，另

---

① 黄诗晴、李旺达：《试析国际投资法庭制度与发展——以欧盟加拿大全面经济和贸易协议为例》，《经贸法讯》2017年第206期，http://www.tradelaw.nccu.edu.tw/epaper/no206/3.pdf，访问时间：2018年5月30日。

② See EU, In Focus: CETA, http://ec.europa.eu/trade/policy/in-focus/ceta/, visited 20 September, 2017.

③ EU-Singapore Investment Protection Agreement (draft text as of April 2018), art. 3.9, http://trade.ec.europa.eu/doclib/docs/2018/april/tradoc_156731.pdf, visited 30 May, 2018.

外成立多边架构的投资法院,并将原本双边条约架构下受理之投资人与东道国间争端移转由多边投资法院管辖。① 由此可证,今日欧盟倡议投资法院系统,亦有推广未来利用多边体系处理投资人与东道国争端之企图心。就此而言,若日后果真能成立多边投资法院(multilateral investment court),配合欧盟相关条约规范之修订,如明定欧盟成员国间一方投资人与他方成员国政府之投资争端,提交欧盟的多边投资法院审理,或其至另行成立以投资法院系统的多边架构版本为模板的欧盟投资法院(European Investment Court),即可针对欧盟成员国间双边投保协议废止后,造成投资人欠缺适当争端解决机制之程序保障问题,加以解决。

(二)投资法院系统之特色

由上述讨论可知,现有欧盟对外经贸条约下的投资法院系统,日后可能转换为多边投资法院,亦可能进一步成为受理欧盟成员国间一方投资人与他方成员国争端之专责机关,是故,有必要对投资法院系统的重要措施加以理解。如前所述,投资法院系统系针对现行投资人对东道国仲裁程序之弊端加以革新,其主要变革包括增订上诉制度,改革仲裁人选任规则,大幅强化程序透明性,以及仲裁费用采取"败诉方负担"(loser pays)原则。以下略述之。

1. 增设上诉程序

一般投资人对东道国仲裁程序,在实体争点上采一审终结,无上诉制度,仲裁庭作出之实体判断即为本案之终局确定裁决②。以"解决国家与他国国民间投资争端公约"(Convention on the Settlement of Investment Disputes between States and National of Other States; ICSID Convention)架构下的国际投资争端解决中心(International Centre for Settlement of Investment Disputes; ICSID)之仲裁程序为例,当事人仅能以重大程序瑕疵为由,依循 ICSID 的废弃程序(annulment proceed-

---

① CETA, art. 8. 29; EU-Vietnam FTA, Chapter II Investment, Section 3. Resolution of Investment Disputes, art. 15.

② Rudolf Dolzer and Christoph Schreuer, *Principles of International Investment Law*, Oxford University Press, 2012, p. 300.

ings）请求将仲裁判断加以废弃①。在非 ICSID 仲裁，如依循联合国国际贸易法委员会仲裁规则（UNCITRAL Arbitration Rules）进行之仲裁程序，亦仅允许当事人向内国法院请求撤销（set aside）仲裁判断，而撤销之事由，以各国仲裁法例广为参酌之联合国国际贸易法委员会国际商务仲裁模范法（UNCITRAL Model Law on International Commercial Arbitration；UNCITRAL Model Law）为例，限于重大程序瑕疵：如仲裁合意之欠缺，仲裁庭组成之瑕疵，仲裁程序欠缺适当通知，越权仲裁判断，以及标的欠缺可仲裁性（arbitrability），仲裁判断抵触公序政策。② 简言之，对于投资人对东道国仲裁之终局判断，无法主张其实体上认定事实或适用法律有误，而提起上诉。

以欧盟提出之 TTIP 草案版本为例③，投资法院系统由第一审仲裁庭（Tribunal of First Instance；TFI）与上诉仲裁庭（Appellate Tribunal；AT）组成④，不服 TFI 之初步判断者，除主张仲裁判断有重大程序瑕疵（如同 ICSID 的仲裁判断废弃程序）以外，亦得以仲裁庭认定事实或适用法律错误为理由向 AT 提起上诉⑤。在此投资法院系统下，对于仲裁判断之救济范围、从违法判断之废弃，扩张到允许针对实体事由通过上诉加以纠正，从而可增进仲裁判断的法律正确性（legal correctness）；且因为 AT 有权纠正 TFI 对条约条文之错误解释与适用，亦可促进特定条约架构下，仲裁判断的一致性与可预测性，再配合仲裁费用由败诉方负担之原则，可进一步促使投资人与东道国参酌过往案例，审慎评估彼此主张之优劣强弱，提高和解意愿，亦可能抑制投资人滥诉。

2. 改变仲裁人选任规则

一般仲裁规则允许当事人选任仲裁人，有论者批评允许投资人选

---

① ICSID Convention, art. 53. (1), 52 (1).

② UNCITRAL Model Law, art. 34 (2). Note that under the UNCITRAL Model Law setting aside is the only remedy available against an arbitral award. Ibid., art. 34 (1).

③ EU proposal of TTIP, referred hereinafter, is as of November 2015, http://trade.ec.europa.eu/doclib/docs/2015/november/tradoc_153955.pdf, visited 20 September, 2017.

④ EU proposal of TTIP, Trade in Services, Investment and E-Commerce, Chapter II-Investment (Investment Chapter of TTIP), Section 3, art. 10.1.

⑤ Investment Chapter of TTIP, Section 3, art. 29. (1) (a), (b), (c).

任仲裁人，致使仲裁人与投资人间产生不当联结而影响仲裁人之公正与独立性；[1] 亦有论者批判商业律师出身之仲裁人欠缺审理涉及公共议题之能力，且可能在立场上偏向大型跨国企业集团[2]。以 TTIP 下的投资法院系统为例，仲裁人不再由当事人选任，而由特别委员会预先任命 15 名仲裁人组成 TFI，其中具备欧盟与美国国籍者各 5 名，另 5 名为第三国人士[3]；仲裁人任期 6 年[4]；委员会从 5 名第三国仲裁人中任命 1 人担任 TFI 庭长（President），实际案件由 TFI 庭长指派 3 名仲裁人组成分庭（division）进行审理，其中欧盟籍、美国籍与第三国籍仲裁人各 1 名，且仅限第三国籍仲裁人担任分庭主席（Chair）。[5] 在案件适用单一仲裁人审理之情形，由 TFI 庭长指派第三国籍之仲裁人担任之。[6] 在上诉程序，AT 由 6 名仲裁人组成，包含欧盟籍、美国籍与第三国籍者各 2 名，由特别委员会就缔约国推荐名单中任命之；[7] AT 庭长与实际审理案件的分庭庭长亦限由第三国籍仲裁人担任[8]。由上述规则可见，投资人被剥夺选任仲裁人之权利，其考虑系借此切断

---

[1] See, for example, Kyla Tienhaara, "Investor-State Dispute Settlement in the Trans-Pacific Partnership Agreement", 19 May, 2010, p. 5, http://dfat.gov.au/trade/agreements/tpp/submissions/documents/tpp_sub_tienhaara_100519.pdf, visited 20 September, 2017.

[2] Pia Eberhardt and Cecilia Olivet, *Profiting from Injustice: How Law Firms, Arbitrators and Financiers Are Fuelling an Investment Arbitration Boom*, published by Corporate Europe Observatory and Transnational Institute, 2012, pp. 35-36, http://corporateeurope.org/sites/default/files/publications/profiting-from-injustice.pdf, visited 20 September, 2017. See also US Senator Elizabeth Warren, "Opinion: The Trans-Pacific Partnership Clause Everyone Should Oppose", *Washington Post*, 25 February, 2015, https://www.washingtonpost.com/opinions/kill-the-dispute-settlement-language-in-the-trans-pacific-partnership/2015/02/25/ec7705a2-bd1e-11e4-b274-e5209a3bc9a9_story.html, visited 20 September, 2017. Senator Warren contended that "highly paid corporate lawyers would go back and forth between representing corporations one day and sitting in judgment the next. Maybe that makes sense in an arbitration between two corporations, but not in cases between corporations and governments. If you're a lawyer looking to maintain or attract high-paying corporate clients, how likely are you to rule against those corporations when it's your turn in the judge's seat?"

[3] Investment Chapter of TTIP, Section 3, art. 9.2.

[4] Ibid., art. 9.5.

[5] Ibid., art. 9.6, 9.7, 9.8.

[6] Ibid., art. 9.9.

[7] Ibid., art. 10.2, 10.3.

[8] Investment Chapter of TTIP, Section 3, art. 10.6, 10.8.

投资人与仲裁人可能产生之联结,以维护仲裁人之公正与独立性①。

3. 强化程序透明性

程序透明性一直是改革投资人对东道国仲裁程序之重心之一,而联合国国际贸易法委员会投资仲裁程序透明化规则(UNCITRAL Rules on Transparency in Treaty-based Investor-State Arbitration; UNCITRAL Transparency Rules)可视为国际社会就此议题努力之初步成果。唯此规范原则上仅适用于 2014 年 4 月 1 日以后缔结之国际投资协议,且以仲裁程序依循 UNCITRAL Arbitration Rules 者为限。②

在投资法院系统下,不论仲裁程序依循何种仲裁规则进行一律强制适用 UNCITRAL Transparency Rules③。而依据 UNCITRAL Transparency Rules 相关规范,程序透明化涉及三大面向:其一为仲裁相关文件与信息之对外公开揭露与取得,包括当事人双方所提交之书状、文件,第三方提交之文书,与仲裁庭所作出之文书或裁决(如听审程序之纪录、裁定、判断等)④;任何人亦得请求仲裁庭公开专家或证人之证词⑤;仲裁庭亦得依职权或依请求决定是否将证据或其他文件对外揭露⑥。在例外情况下,为保障机密性或敏感性信息,仲裁庭得采取必要措施以限制此等信息之揭露⑦。

其二,在不构成仲裁程序之妨碍或不当负担,或当事人无受损害之虞的前提下⑧,第三方得就与争议有关之议题提交书面意见,非争

---

① See European Commission, *Investment in TTIP and beyond-the path for reform: Enhancing the right to regulate and moving from current ad hoc arbitration towards an Investment Court*, Concept Paper, 5 May, 2015, at 6 – 7. See also European Commission, Reading Guide, *Draft Text on Investment Protection and Investment Court System in the Transatlantic Trade and Investment Partnership (TTIP)*, 16 September, 2015, stating that the new rules proposed for the ICS are an effective way to insulate judges from any real or perceived risk of bias, http://europa.eu/rapid/press-release_MEMO-15 – 5652_en.htm, visited 20 September, 2017.

② UNCITRAL Transparency Rules, art. 1. 1, 1. 2.

③ Investment Chapter of TTIP, Section 3, art. 18. 1; CETA, art. 8. 36. 1; Investment Chapter of EU-Vietnam FTA, Section 3, art. 20. 1.

④ UNCITRAL Transparency Rules, art. 2, 3. 1.

⑤ Ibid., art. 3. 2.

⑥ Ibid., art. 3. 3.

⑦ Ibid., art. 7.

⑧ Ibid., art. 4. 5, 5. 4.

端当事国之其他缔约国亦得就条约解释问题表示意见[1]。此等第三方提交书面意见，必须满足特定要件，如与当事人关系之揭露，与本案争议之利害关系，点明所主张之论点等[2]。当事人得对第三方提交之书面表示意见以保障其权益[3]。

其三，为不违背保障机密或敏感性信息，或维护仲裁程序之健全性的前提下，言词辩论或提交证据之听审程序原则上应公开举行，涉及机密或敏感信息的部分不得对外公开[4]。尽管投资法院系统尚未进入实际运作，但从已适用 UNCITRAL Transparency Rules 的实际案例可知，公开听审程序在当前的网络与信息科技支持下，运作上并不至于造成仲裁程序的妨碍。以 BSG Resources v. Guinea[5] 一案为例，仲裁程序适用 ICSID 仲裁规则[6]，唯仲裁庭以"当事人同意"为理由而认定 UNCITRAL Transparency Rules 适用于本案[7]，仲裁庭因此排除 ICSID 仲裁规则第 32 条第 2 项，关于"在无任一方当事人反对之前提下，始得允许第三人出席听审程序"之适用，进而裁示本案听审程序原则上公开进行[8]。而为使公开听审顺利进行，仲裁庭依据 UNCITRAL Transparency Rules 第 6 条第 3 项，在技术层面作出明确而详尽的指示：包括听审程序采用录像转播，并在 ICSID 官网提供影像联结；为保护机密或敏感性信息，转播时程较实际听审程序延迟 30 分钟；在听审程序中，为保护机密或敏感性信息，任一方当事人可随时请求暂停转播，并要求听审程序暂时不公开进行[9]。

投资法院系统下的透明化规范，除有 UNCITRAL Transparency

---

[1] UNCITRAL Transparency Rules, art. 4. 1, 5. 1.
[2] Ibid., art. 4. 2.
[3] Ibid., art. 4. 6, 5. 5.
[4] Ibid., art. 6. 1, 6. 2.
[5] *BSG Resources v. Guinea*, ICSID Case No. ARB/14/22.
[6] *BSG Resources*, Procedural Order No. 1, 13 May, 2015, para. 1, http://www.italaw.com/sites/default/files/case-documents/ITA%20LAW%207001.pdf, visited 20 September, 2017.
[7] *BSG Resources*, Procedural Order No. 2, 17 September, 2015, paras. 9–10, 12, http://www.italaw.com/sites/default/files/case-documents/italaw4400.pdf, visited 20 September, 2017.
[8] Ibid., para. 13.
[9] *BSG Resources*, Procedural Order No. 2, 17 September, 2015, para. 14 (iii).

Rules 强制适用以外，在欧盟的 TTIP 草案版本、CETA、与 EU-Vietnam FTA 等协议之相关条文中，均另订有额外之透明化规则。例如在 UNCITRAL Transparency Rules 规范下，证物是否公开，由仲裁庭依职权判断，但在投资法院系统下，证物亦在应公开之列①。又，关于当事人申请回避仲裁人之书状，以及关于仲裁人应回避之裁决，亦属公开揭露之文件范围②；在第三人借由提交书面意见而参与仲裁程序方面，投资法院系统明文规定，在特定自然人（natural persons）能证明其与仲裁结果有直接现存（direct and present）之利害关系者，允许该自然人以个人名义于仲裁程序中提交书面意见③。由此可见，投资法院系统所追求之仲裁程序透明化程度相较 UNCITRAL Transparency Rules 更为提升。

4. 仲裁费用由败诉方负担

高额的程序费用是投资人对东道国仲裁的一大难题。据统计，任一方当事人平均需负担 800 万美元之仲裁费用；在特定案件中，当事人双方承担之仲裁费用，总计超越 3000 万美元④。以 Abaclat 案为例，仅在认定仲裁庭是否具备管辖权之程序阶段，声索方（claimant）已耗费 2800 万美元，而应诉方（respondent），即东道国阿根廷，亦已耗费 1200 万美元⑤，而本案截至 2016 年底尚未审理终结。若以审理终结之案件为例，如 Libananco v. Turkey 一案，当事人双方花费之仲裁费用加总达到 6000 万美元。⑥ 仲裁程序费用中，通常以律师代理费

---

① CETA, art. 8.36.3; Investment Chapter of TTIP, Section 3, art. 18.3.

② CETA, art. 8.36.2; Investment Chapter of TTIP, Section 3, art. 18.2; Investment Chapter of EU-Vietnam FTA, Section 3, art. 20.2.

③ Investment Chapter of TTIP, Section 3, art. 23.1.

④ David Gaukrodger and Kathryn Gordon, *Investor-State Dispute Settlement: A Scoping Paper for the Investment Policy Community*, OECD Working Papers on International Investment, OECD Publishing, March 2012, p.19, http://www.oecd.org/daf/inv/investment-policy/WP-2012_3.pdf, visited 20 September, 2017.

⑤ *Abaclat v. Republic of Argentina*, ICSID Case No. ARB/07/5, Decision on Jurisdiction and Admissibility, 4 August, 2011, paras. 683, 685, http://www.italaw.com/sites/default/files/case-documents/ita0236.pdf, visited 20 September, 2017.

⑥ *Libananco v. Turkey*, ICSID Case No. ARB/06/8, Award, 2 September, 2011, paras. 558-9, http://www.italaw.com/sites/default/files/case-documents/ita0466.pdf, visited 20 September, 2017.

用占大宗，达总体费用的 82% 左右，而仲裁人酬劳约占 16%，剩余 2% 为案件的行政管理费用。① 如此巨额费用构成投资人在提出仲裁声索钱必须克服之财务障碍，对于中小企业投资人，可能阻碍其利用仲裁解决争端之救济途径。②

即便在当事人有能力负担巨额仲裁费用之情形，此等费用在当事人间应如何分担，亦属重要课题。在 ICSID 仲裁，除非当事人另有合意，否则费用之分配由仲裁庭依职权决定③。在依循 UNCITRAL Arbitration Rules 进行之案件，仲裁费用原则上由败诉方负担（loser pays），除非仲裁庭认定在个案情况下可以合理分配仲裁费用④。实务上，各仲裁庭关于仲裁费用之分担并无一致见解，有些案例显示，当事人应平均分担仲裁费用，且各自负担其律师代理费用⑤。此种作法，在声索方获得损害赔偿之胜诉判断，但仲裁庭裁定胜诉方仍需自行负担律师费，并分担仲裁程序费用之情形，若声索方获判之赔偿金额，扣除声索方应负担之律师费与仲裁程序费用后，所剩无几，利用仲裁程序寻求救济即丧失实益。在实际案例中，如 Tza Yap Shum 一案，仲裁庭裁决声索方应得约 100 万美元之损害赔偿，但亦须负担约 93 万

---

① Gaukrodger and Kathryn, supra note 80. See also Dolzer and Schreuer, supra note 46, pp. 298 – 99.

② For further discussion on how the high cost might affect SMEs' access to investor-state arbitration, see Lee M. Caplan, "Making Investor-State Arbitration More Accessible to Small and Medium-Sized Enterprises", in Catherine A. Rogers and Roger P. Alford eds. , *The Future of Investment Arbitration*, Oxford University Press, 2009, p. 297. See also Stephan Wilske, "Collective Action in Investment Arbitration to Enforce Small Claims-Justice to the Deprived or Death Knell for the System of Investor-State Arbitration", *Contemporary Asia Arbitration Journal*, Vol. 5, No. 2, 2012, pp. 165 – 203.

③ "In the case of arbitration proceedings the Tribunal shall, except as the parties otherwise agree, assess the expenses incurred by the parties in connection with the proceedings, and shall decide how and by whom those expenses, the fees and expenses of the members of the Tribunal and the charges for the use of the facilities of the Centre shall be paid. Such decision shall form part of the award." ICSID Convention, art. 61 (2).

④ UNCITRAL Arbitration Rules (2013), art. 42 (1).

⑤ Dolzer and Schreuer, supra note 46, p. 299, footnote 370, citing cases from as early as *Adriano Gardella v. Ivory Coast*, ICSID Case No. ARB/74/1, Award, 29 August, 1977, para. 4. 12, http：//internationalinvestmentlawmaterials. blogspot. tw/2011/09/adriano-gardella-spa-v-cote-divoire. html, visited 20 September, 2017, to the more recent *Brandes v. Venezuela*, ICSID Case No. ARB/08/3, Award, 2 August, 2011, para. 120, http：// www. italaw. com/sites/default/files/case-documents/ita0101. pdf, visited 20 September, 2017.

美元之仲裁费用①。对声索方而言，如此结果使仲裁失去意义。

就投资人对东道国仲裁之结构性本质而言，原则上系由投资人单方决定是否将争端提交仲裁，而东道国仅能被动应诉。若不论仲裁结果为何，仲裁费用均由双方平均分担，且须各自负担巨额律师费用，可能诱使投资人就法律上显无理由或不成立之主张，亦滥行提交仲裁，造成东道国虽然在实体结果上获得有利之判断（即声索方之请求被驳回），但仍需承担高额仲裁费用（包括律师费用），对于东道国之预算运用，例如原可用于公共建设或社会福利之经费，造成排挤效应②。

相反地，实务上亦有相当案例支持败诉方负担原则，由败诉方需负担全额之仲裁程序费用，包括胜诉方之律师代理费用亦由败诉方负担③。如 ADC v. Hungary 一案，仲裁庭即认为，若胜诉方不能自败诉方取得仲裁费用之偿还，则不足以认定胜诉方已得到完全补偿（being made whole）④。此种败诉方负担之仲裁费用分配规则获得国际机构之肯认，如联合国贸易与发展会议（United Nations Conference on Trade and Development；UNCTAD）⑤。若当事人体认到，其仲裁败诉之后果，除了实体法律关系之胜败之外，尚须负担全额仲裁费用，包括己方与相对方之高额律师费用，对投资人而言，有可能迫使其更加审慎评估其主张在法律上获得有利判断之机率，从而在某种程度上遏止恶意滥诉（frivolous claims）；同样地，对东道国而言，若经评估，

---

① *Tza Yap Shum v. Peru*, ICSID Case No. ARB/07/6, Award, 7 July, 2011, in Spanish, paras. 293, 302, and p. 120, section VIII: Decision, http://www.italaw.com/sites/default/files/case-documents/ita0881.pdf, visited 20 September, 2017.

② Eberhardt and Olivet, supra note 53, p. 15.

③ Dolzer and Schreuer, supra note 46, p. 300, footnote 373, citing cases from as early as *AGIP v. Congo*, ICSID Case No. ARB/77/1, Award, 30 November, 1979, 1 ICSID Reports 309, at 329, to the more recently *AFT v. Slovakia*, ad hoc arbitration under UNCITRAL Arbitration Rules, Award, 5 March, 2011, paras 260 – 70, http://www.italaw.com/sites/default/files/case-documents/ita0027.pdf, visited 20 September, 2017.

④ *ADC v. Hungary*, ICSID Case No. ARB/03/16, Award, 2 October, 2006, paras 531.533., http://www.italaw.com/sites/default/files/case-documents/ita0006.pdf, visited 20 September, 2017.

⑤ UNCTAD, World Investment Report 2015, p. 148, http://unctad.org/en/PublicationsLibrary/wir2015_en.pdf, visited 20 September, 2017.

投资人之主张在法律上可能得到仲裁庭肯定，不如及早与投资人和解，避免在遭判定须对投资人为损害赔偿以外，还须负担全部仲裁费用与双方律师费用。在欧盟的 TTIP 草案、欧盟与加拿大全面经济贸易协议投保专章，以及欧盟与越南自由贸易协议投保专章架构下，投资法院系统之相关规范均明文采纳败诉方负担之规则[①]。无论 TFI 或 AT 程序，原则上均由获判不利结果之一方负担全额费用。配合投资法院系统下，通过上诉机制可能增进之仲裁判断一致性与可预测性，可抑制声索方恣意提交仲裁或滥行上诉，亦可促进争端双方和解之意愿。

（三）以投资法院系统模式作为替代方案的评估

欧盟倡议之投资法院系统，原本即已默认，在一定数量的欧盟与第三国间投保协议均已纳入此机制时，代表欧盟与此等相对国对于以投资法院系统改革投资仲裁制度已形成广泛共识，即可将双边架构的投资法院系统转换为多边架构。由于欧盟目前有 28 个成员国（英国尚未正式完成脱欧程序之前），本身为多边架构，故多边架构的投资法院系统模式，在形式上可对应欧盟成员国间一方投资人与他方成员国争端的多边性。又以投资法院系统的特性，如剥夺投资人选任仲裁人的权利，增设上诉机制，强化仲裁程序的透明性，败诉方负担仲裁费用等，均系针对现行投资人对东道国仲裁机制所引发争议的革新，若以多边架构版本的投资法院系统机制作为欧盟成员国间双边投保协议废止后的投资争端解决机制替代方案，应有相当之可行性。

首先，如上所述，投资法院系统的相关规范，均系针对现有投资人对东道国仲裁程序缺失的改善方案，因此，采取投资法院系统模式，应不至于招致民意与舆论的强烈反对。其次，以欧盟成员国政府立场而言，投资法院系统模式下，仲裁人系由特别委员会预先选任，实则，此等特别委员会亦系由缔约国代表组成，故等于由缔约国间接任命仲裁人，投资人方面反而无权选任仲裁人，从而强化了缔约国对

---

① CETA, art. 8. 39. 5; Investment Chapter of TTIP, Section 3, art. 28. 4; Investment Chapter of EU-Vietnam FTA, Section 3, art. 27. 4.

于仲裁程序的控制。再者，因为采纳了败诉方负担仲裁费用的规则，一方面可吓阻投资人滥行提交仲裁，减轻东道国应诉之负担；另一方面，若东道国于个案中评估胜算不大，亦可尽早与投资人达成和解，避免程序资源的浪费，故欧盟与其成员国对于以投资法院系统为基础所建构之多边投资法院模式，应不排斥。

唯应注意的是，现有之投资法院系统为双边架构，若欲转换为多边架构并套用在欧盟成员国间的投资争端解决机制，即上述之多边投资法院或欧盟投资法院，就仲裁人之选任规则部分必须略加修改。现行投资法院系统下，系由特别委员会依据缔约双方国籍，任命相同人数之仲裁人。在多边投资法院或欧盟投资法院模式，则可由欧盟现有28个成员国（在英国尚未正式脱离欧盟以前）提交4—6名仲裁人候选名单，由特别选任委员会，于每一成员国提交之名单中，任命2—3位仲裁人，即每一成员国均有2—3位具备该国国籍之仲裁人。同时，亦选任若干位第三国籍仲裁人。此多边投资法院或欧盟投资法院之院长，由第三国籍人担任。实际审理案件时，由三位仲裁人组成仲裁庭，其中具备投资人母国与东道国国籍之仲裁人各1人，而由第三国籍仲裁人担任仲裁庭主席（主任仲裁人）。在上诉程序，仲裁人之选任规则亦应做类似调整。最后，为确保相关规范有明确之法源基础，欧盟宜在相关条约（如欧盟运作条约）增订条文，明文纳入此等多边投资法院或欧盟投资法院之规范。

三 以投资法院系统模式取代现行投资人对东道国仲裁机制的隐忧

现行投保协议下的投资人对东道国仲裁程序，提供解决争端的中立机制，特别是当事人得依据涉案争议性质，选任其认为具备相关法律与专业知识的仲裁人，因此建立当事人对仲裁机制的信心，并强化其等以法律程序解决投资争端的意愿。

在欧盟倡议的投资法院系统下，虽然对现行仲裁制度的缺失作出改革，如增设上诉制度以增强仲裁判断的一致性与法安定性，强化程序透明性以扩大公众监督与参与，调整费用负担以遏止滥诉等。唯，关于仲裁人选任方式的改变，虽然其目的是维护仲裁人的公正与独立性，但实施的结果却可能造成整个争端解决机制的动摇。在投资法院系统的模式下，无论是原本的双边架构或是未来可能形成的多边架构，投资人无权选任仲裁人，而是由成员国以间接方式事先指派。此等仲裁人面对日益错综复杂的国际投资争议案件，是否具备足够的法律与专业素养，如国际投资法下对于投资保障待遇的各种原则与标准的判断与适用，特别是东道国保障投资人权益的国际法义务，如何与东道国自身的公共利益（如人权，劳工保障，环境保护，卫生健康等法规标准）相调和，令人担忧。就国际投资法与争端解决机制的发展而言，若国家指派的仲裁人欠缺足够的专业素养，除影响仲裁程序与仲裁判断的质量以外，亦会对投资人利用此种机制的信心与意愿造成妨碍。若投资人与东道国无法事先通过谈判或协商达成和解，对于利用后续法律程序以解决其与东道国之投资争端又失去信心，恐怕会被迫诉诸政治手段，请求其母国出面与东道国交涉。对于国际社会数十年来将投资人与东道国争端解决"去政治化"（depoliticization）的努力（如 ICSID 公约的缔结与 ICSID 的成立，及数以千计的国际投保协议纳入争端解决条款）形同背道而驰。

对欧盟而言，纵使成员国屈服于压力而终止其间的双边投保协议，表面上解决了投资人与东道国仲裁机制所作出的判断与欧盟法的冲突问题，但是面对终止成员国间双边投保协议后所形成的争端解决机制需求，若欠缺妥善的配套措施，在经济层面可能对欧盟的内部投资造成负面冲击，即使欧盟针对成员国间投资人与东道国争端改采上述的投资法院系统，成员国投资人对不能选任仲裁人的仲裁程序欠缺信心，可能选择至欧盟区外与欧盟订有"允许投资人选任仲裁人"的投保协议之特定国家进行投资，以确保享有争端解决机制的程序保障[①]。

在政治层面，若以投资法院系统作为成员国间双边投保协议终止后的投资人对东道国争端解决机制替代方案，且此机制若仍限制投资人不得选任仲裁人，则投资人对此机制的信心与利用的意愿恐怕大打

[①] Wilske and Edworthy, supra note 10, at 346.

折扣。若投资人因此被迫舍弃法律途径而改采纳政治途径，寻求母国出面与东道国交涉以解决投资争端，恐怕造成成员国间关系的紧张，对于欧盟的政治整合亦有不良影响。凡此，均为成员国间双边投保协议终止后，以投资法院系统作为争端解决机制的替代方案，给欧盟未来发展带来的隐忧。

结　论

　　欧盟以其单一市场内创业与资本流动的自由保障为由，认定成员国间双边投保协议无存在必要，且依据此等协议所作成的投资人对东道国仲裁判断，内容多有抵触欧盟法规范，从而要求成员国终止此等协议。欧盟的要求，自有其捍卫欧盟法律体系完整性的立场。唯若成员国果真应欧盟要求而终止其间双边投保协议，则形成投资人对东道国争端解决机制的真空。此问题应如何解决，事关重大。若未能提出妥善的替代方案，对欧盟的经济与政治发展均有不利影响。

　　欧盟近年就其对外缔结之经贸协议，倡议以"投资法院系统"作为投资人对东道国争端解决机制的改革方案。其中"增设上诉程序""强化程序透明性"与"费用由败诉方负担"等措施，确实系针对现行仲裁机制的弊病。唯"限制投资人不得选任仲裁人"一节，妨碍投资人对仲裁程序的信任与利用之意愿，对于仲裁制度的革新并无帮助，反而与投资争端解决"去政治化"的发展方向背道而驰。若欧盟有意以投资法院系统的类似机制作为成员国间投资人对东道国争端解决的替代方案，应该回复投资人选任仲裁人的权利，以免弄巧成拙。

欧洲一体化的政治化与欧盟成员国主流政党的应对战略

——以欧债危机发生后的德、英、法三国为例

李明明

自欧债危机爆发以来，欧盟先后采取以纾困和紧缩为核心的财政政策进行治理，同时加强了对成员国的财政监管机制。一时间，"危机是一体化催化剂"的传统叙事似乎再次兴起。然而因欧债危机而起的争论并未停止。成员国国内关于欧盟决策、一体化和欧盟发展方向、本国与欧盟关系等议题的讨论持续发酵。原本在国内政治中处于边缘地位的欧洲一体化问题不仅受到欧盟大众的广泛关注，而且日益和成员国的国内选举甚至全民公决联系在一起。值得注意的是，目前看来它并没有推动国内对一体化的支持，相反正在制造出新的危机。2016年6月的英国公投脱欧就是其中最为突出的例子。这种现象在当前的欧盟研究中被称为"欧洲一体化的政治化"或"欧洲议题的政治化"。在国外研究中，学者主要关注在大众对欧盟或欧洲一体化的不满日益增长的背景下，极端政党，尤其是极右翼民粹主义政党对这个政治化进程的推动及其产生的消极结果。而本文关注的是：面对欧洲议题在成员国国内被严重政治化的局面，欧盟主流政党（中左和中右政党）会采取何种应对战略？和极端政党相比，主流政党对大众的动员能力更强，而且随着大众对欧盟事务的关注度不断上升，主流政党也无法忽视其中蕴含的政治利益。从现有的欧洲一体化发展来看，笔者认为，欧盟主流政党可以对此采取三种战略：去政治化战略、民粹主义战略、参与和引导战略。每种战略都会对该国的欧洲政

策乃至欧洲一体化的发展产生不同的影响。

欧债危机爆发后,欧盟三驾马车——德国、英国和法国都面临欧洲一体化被政治化的挑战。债务危机及其治理成为国内政治的突出议题。民众对欧盟的不满和争议上升,极端政党日益活跃,这些现象同样发生在三个欧盟大国身上。然而欧洲一体化的政治化进程在这些国家中产生了不同的结果:德国没有改变支持一体化的立场,英国却宣布公投脱欧,法国对欧盟紧缩政策的实施进行了修正。虽然三个国家政治文化不同,但是用模糊而多元性的政治文化来解释一切,恐怕只是老生常谈。笔者认为,欧盟三大国的主流政党——主要是当前执政的三个党派或者党派联盟对政治化采取的应对战略不同导致结果的差异。本文将以三国为例,分析上述三种应对战略的具体表现和政策结果,研究哪种战略更有利于欧洲一体化的长久发展。

一 欧洲一体化的政治化

欧洲一体化的政治化（politicization of European integration）概念最早出自新功能主义理论。菲利普·施密特（Philippe C. Schmitter）在1968年提出"政治化首先指联合决策的争议性借以上升的一个进程"[1]。新功能主义者认为,政治化进程将有利于欧共体公民增加对一体化的理解与支持。而这个概念真正得到关注和深入研究,是从2008年莉斯贝特·霍克（Liesbet Hooghe）和加里·马科斯（Gary Marks）提出后功能主义理论后开始的。[2] 她们试图用它来表述和欧洲一体化有关的欧洲议题在欧洲国家的国内政治议程中日益突出的现象。传统上,欧洲议题更多地由主流精英主导,它们似乎远离国内政治竞争的视野,由此被看作一个"去政治化"的领域。西斯·范德伊奇克（Cees van der Eijk）和马克·富兰克林（Mark N. Franklin）曾

---

[1] Philippe C. Schmitter, "Three Neofunctional Hypotheses about International Integration", *International Organization*, Vol. 23, No. 1, 1969, p. 166.

[2] Liesbet Hooghe and Gary Marks, "A Postfunctionalist Theory of European Integration: From Permissive Consensus to Constraining Dissensus", *British Journal of Political Studies*, Vol. 39, 2008, pp. 1–23.

在 2004 年指出，欧洲议题在国内政治中表现得像"沉睡的巨人"，这在很大程度上是因为选民在欧洲议题上的态度分化没有在政党竞争中获得出口，也就是说选民不能通过选票箱表达自己对欧盟的观点。[①] 霍克和马科斯则认为，沉睡的巨人开始苏醒，随着欧洲议题在公共领域中变得越来越有争议性，它已经在成员国国内被"政治化"了。她（他）们把欧洲一体化的政治化定义为：在区域一体化进程中不断增长的关于欧洲议题的决策争论。它是政党政治和大众政治彼此互动的结果。霍克和马科斯指出，正是由于欧盟从一个统一市场走向政治联盟日益引发争议，20 世纪 90 年代初可以被判断为是一个重要起点。

彼得·德·王尔德（Pieter De Wilde）等学者更为深入地分析了"欧洲一体化的政治化"概念。王尔德把欧洲一体化的政治化定义为：在欧盟范围内的一种增长趋势，它包括意见、利益或价值的两极分化，以及它们被公开植入政策制定过程的程度。[②] 他和米歇尔·泽恩（Michael Zürn）还构建了一个政治化的模型。它分为三个连续部分：持续增长的权威→政治机会结构→政治化。首先，持续增长的权威是指，欧洲一体化的政治化的兴起主要是对欧盟的权威不断增长的一种反应。欧盟持续增长的权威在公众领域日益引发争论，它是政治化的起因。其次，政治机会结构是指，政治化的触发需要一些中介性因素，它们构成了政治机会结构。中介性因素主要有四个：民族叙事、媒体感受度、竞争性的政党政治以及全民公决和危机。前三个属于国内因素，它们有助于解释政治化在各国的差异。第四个因素属于欧洲层面，主要指欧盟条约的谈判和签订导致的全民公决，以及欧洲危机的冲击。最后，政治化主要表现为：（1）觉悟。公民对欧盟事务有更多的兴趣和接触；（2）动员。更多的资源被用在关于欧洲议题的冲突上，以及更多政治行为体介入其中；（3）两极分化。指在

[①] Cees van der Eijk and Mark N. Franklin, "Potential for Contestation on European Matters at National Elections in Europe", in Gary Marks and Marco R. Steenbergen eds., *European Integration and Political Conflict*, Cambridge: Cambridge University Press, 2004, pp. 32–50.

[②] Pieter De Wilde, "No Polity for Old Politics? A Framework for Analyzing the Politicization of European Integration", *Journal of European Integration*, Vol. 33, No. 5, 2011, pp. 566–567.

欧洲事务上越来越明显的意见分歧和政治分化。①

从学者提出的政治化概念来看，所谓政治化并非指欧洲一体化或欧盟不属于"政府""政策"讨论的范围，而是由于此前它往往只和利益集团的博弈、国家间谈判、官僚政治等有关，没有进入大众政治的领域。按照埃格·格兰德（Edgar Grande）和斯温·哈特（Swen Hutter）所言，政治化能被界定为"政治系统中的冲突范围的一种扩展"，即关于欧洲议题的争论和冲突扩展到了欧盟的大众政治领域。②而且目前来看，欧洲一体化的政治化主要发生在成员国国内，不存在欧洲层面的政治化现象。由此笔者把欧洲一体化的政治化定义为：国内政治行为体动员大众去关注、参与和推动关于欧盟决策的争论的进程。

国内政治行为体包括媒体、公民团体和政党等。虽然已有学者研究了媒体和公民团体在政治化中的影响，但是本文更关注政党在政治化进程中的作用。实际上，后功能主义理论也把政党作为引发欧洲一体化的政治化进程的主要因素。对于何时一个欧洲议题会被政治化的问题，霍克和马科斯认为，尽管欧洲一体化的深入发展导致政治化的发生，但这并非不可避免。实质上"一个议题是否进入大众政治并不依靠它自身的重要性，而是有赖于一个政党是否会提出它，即是否有政党把该议题提到政治议程之上"③。和新功能主义理论大为不同的是，后功能主义者认为，欧洲一体化的政治化一般会导致负面的结果。他们指出，绝大多数欧盟主流的中左和中右政党抵制对欧洲议题的政治化，但是一些极端的非建制政党更有动机来推动政治化进程。极右翼的民粹主义者、保守的民族主义者以及极左翼政党通过反对欧洲一体化来动员不满的欧盟大众，赢得更多

---

① See Pieter De Wilde and Michael Zürn, "Can the Politicization of European integration be Reversed?", *Journal of Common Market Studies*, Vol. 50, No. 1, 2012.

② Edgar Grande and Swen Hutter, "Introduction: European Integration and the Challenge of Politicisation", in Swen Hutte, Edgar Grande and Hanspeter Kriesi eds., *Politicising Europe: Integration and Mass Politics*, Cambridge University Press, 2016, pp. 7 – 8.

③ Liesbet Hooghe and Gary Marks, "A Postfunctionalist Theory of European Integration: From Permissive Consensus to Constraining Dissensus", *British Journal of Political Studies*, Vol. 39, No. 1, 2008, p. 18.

支持。

　　欧盟危机、欧盟条约或协议的签订为政治行为体动员大众提供了重要的背景条件。我们看到，欧债危机明显引发了欧洲一体化的政治化。[①] 欧债危机爆发后，欧盟政策前所未有地对成员国民众的福利、税收和就业产生直接影响。如紧缩政策为债务国规定了接受国际援助的条件，要求成员国削减开支、减少福利、提高税收，这对民众生活构成严重冲击。由此在很多欧盟国家，欧盟政策颇受非议，甚至爆发了许多社会抗议活动，矛头直指欧盟的政策、制度和成员国政府。在这种背景下，民众对欧盟和欧洲一体化的支持直线下降。根据"欧洲晴雨表"的调查，欧洲民众对欧盟制度的信任程度从2009年秋天的48%一路下滑到2013年春天的31%；认为"欧盟的形象是积极的"人数也在同一时期从48%下降为30%；认为欧盟具有负面或消极形象的人数则从15%上升为29%。[②]

　　民意汹涌之下，如何应对欧债危机成为成员国国内最为热门的话题之一。在2011—2013年危机的高峰期，多国政府在选举中纷纷下台，仅有爱沙尼亚与荷兰的执政党得以连任，债务沉重的希腊和意大利甚至没有经过选举就改换了政府。借着反欧盟的各种口号，极端政党在欧盟各国普遍得势。首先，在传统的亲欧国家，极端政党冲入政坛，崭露头角。例如正统芬兰人党在2011年4月的大选中从无名小党一跃成为国会第三大党；其次，原本颇有实力的极端政党凭借危机，冲击主流政党的执政地位。例如法国的国民阵线、荷兰的自由党等；再次，极端政党甚至取代主流政党上台执政。在债务问题最为严重的希腊，2015年1月激进左翼联盟在大选中成为议会第一大党，该党与极右翼小党独立希腊人党联合组阁上台。希腊首次出现没有中间政党在位的政府。

[①] See Hanspeter Kriesi and Edgar Grande, "The Euro Crisis: A Boost to the Politicization of European Integration?", in Swen Hutte, Edgar Grande and Hanspeter Kriesi eds., *Politicising Europe: Integration and Mass Politics*, Cambridge University Press, 2016, pp. 207–239.

[②] Standard Eurobarometer 72–79, 2009 Autumn–2013 Spring, http://ec.europa.eu/public_opinion/archives/eb_arch_en.htm, last accessed on 28 February, 2017.

二 欧盟主流政党应对政治化的三种战略选择

欧债危机的政治化从很大程度上证实了后功能主义理论的洞见。弗兰克·施梅尔芬宁（Frank Schimmelfennig）指出："欧元危机在欧洲一体化的历史上构成了一个后功能主义者时刻"[1]。如霍克和马科斯所言，政治化构成了"限制性的不满"，这种来自国内的不满对欧盟决策者——包括欧盟层面和成员国政府的政策都有限制作用。面对大众对欧盟和欧洲一体化日益增长的不满，极端政党——无论是极左翼还是极右翼都在其中发挥了推波助澜的作用，即通过推动对欧洲议题的政治化来获得更多的支持。本文提出的主要问题是：当欧洲议题在国内变得日益富有争议和突出的时候，欧盟主流政党将如何应对这种"欧洲一体化的政治化"现象？克里斯托弗·格林—彼德森（Christoffer Green-Pedersen）曾经在一项研究中指出，极端政党虽然有政治化的动机但是缺少动员能力，主流政党虽有动员能力但缺少动机。[2] 然而随着欧债危机的持续蔓延，这个情况发生了重要变化。欧洲议题在国内政治中变得如此突出和有争议性，以至于成员国主流政党备受考验。挑战一方面来自民众的不满；另一方面来自极端政党势力的扩张。政治化是政党和大众之间互动的产物。虽然大众投票往往决定了政治化进程的结果，但是精英却起着发动者的作用。和极端政党相比，主流政党对大众的动员能力更强，而且随着大众对欧盟事务的关注度不断上升，主流政党也无法忽视极端政党的挑战，以及其中蕴含的政治利益。

政党可从两个维度来推动政治化进程的进行：一是根据欧洲议题的深入程度；二是根据欧洲议题的突出程度。根据前者，政党可以分别针对欧盟的个别政策、欧洲一体化的基本理念或主要成就、本国的欧盟成员资格来展开争论。例如在欧债危机中，争论的对象可以是欧

---

[1] Frank Schimmelfennig, "European Integration in the Euro Crisis: The Limits of Postfunctionalism", *Journal of European Integration*, Vol. 36, No. 3, 2014, p. 322.

[2] Christoffer Green-Pedersen, "A Giant Fast Asleep? Party Incentives and the Politicisation of European Integration", *Political Studies*, Vol. 60, No. 1, 2012.

盟的纾困和紧缩政策，更进一步可以讨论本国是否放弃欧元（一体化主要成就之一），而最严重的莫过于针对是否就本国的欧盟成员资格（即本国是否应该继续留在欧盟内）展开辩论。根据后者，政党可以选择把争论中的议题及其决策作如下处理：递交议会表决，纳入本党参加国家选举的主要议程，推动关于该议题的全民公决。

目前学界存在的一种主要观点是：主流政党缺少把欧洲议题政治化的动机，更倾向于用"去政治化"的方式来处理欧洲事务。在2005年欧盟宪法条约失败之后，欧盟主流政党开始有意识地避开欧洲一体化的政治化可能带来的消极后果。凯·奥普曼（Kai Oppermann）研究了欧盟各国——主要是原本承诺进行欧盟宪法公投的十国——如何避免在《里斯本条约》批准过程中采取全民公决的手段，探讨了其中的"去政治化"战略。[1] 他提出，这种战略的核心旨在把一个议题移出合法的政治斗争领域（大众政治领域）。政府追求此类战略的主要意图在于掩护有争议的政策，使之免受政治攻击。奥普曼认为，关于《里斯本条约》的去政治化决策是一种化解国内要求大众投票的政治手段。它可以分为三个不同的战术：第一个也是最重要的战术是"司法的去政治化"。其特点是借助法庭裁决或者司法建议的手段把决策移出大众政治的舞台。它有助于逃避对特定决策的政治责任并将其他政治选项定为不合法。例如荷兰和丹麦政府都以司法手段宣称《里斯本条约》合乎本国宪法。第二个战术是宣称将在欧洲谈判中承诺达成某些目标，一旦实现则大众投票显得毫无必要。第三个战术是把争议点集中到某个具体的欧洲问题而不是整个条约，承诺将对有可能出现的争议性问题进行单独公投。

"去政治化战略"的主要特点是把欧洲议题移出大众政治领域，免去大众投票的程序。它以国家偏好或利益为导向，在欧洲层面通过国家间谈判参与一体化决策，在国内则一般通过议会表决的方式批准决议。长期以来欧洲一体化已经成为这些欧盟主流精英的政治计划。尽管欧盟在21世纪初提出了一体化需要更加贴近普通公民的观点，

---

[1] See Kai Oppermann: "The Politics of Avoiding Referendums on the Treaty of Lisbon", *European Integration*, Vol. 35, No. 1, 2013, pp. 83 – 85.

但是在经历了欧盟宪法危机的严重失败之后,欧盟主流精英在一体化发展问题上越来越倾向于采取去政治化的战略。

和"去政治化战略"相反,民粹主义战略把大众投票尤其是全民公决作为欧洲议题决策的必要程序,积极在大众政治领域推动政治化进程。这种战略迎合大众对欧盟的不满,以民主的名义鼓动民意,其出发点在于自身的政党利益。它和极端政党的基本思路一致,是一种"民粹主义"的表达。极端政党长期主张民粹主义战略,它们利用大众不满,动员民众来反对欧盟和欧洲一体化。它们不满足于对欧盟个别政策的攻击,在国家大选中把退出欧元区甚至退出欧盟作为选举口号,并力主为此进行全民公决。极端政党以民主的名义大力推动欧洲一体化的政治化,获得了越来越多的选票和支持。面对极端政党对本党传统选民群体的侵蚀,以及党内疑欧派的质疑,欧盟的一些主流政党也有可能为了短期政治利益而模仿极端政党,对欧洲议题的政治化采取"民粹主义战略"。民粹主义战略完全以民众意见作为决策依据,实际上是对大众不满的一种放纵和利用。

在推动政治化和去政治化之外,是否存在第三种处于中间地位的战略选择呢?笔者认为,对于欧洲一体化的政治化,"参与和引导战略"也将是一种重要的战略选择。它主张有限推动政治化进程,引导大众不满情绪的适当表达。埃里克·米克林(Eric Miklin)曾提出,是否存在一种适合主流的中间政党——中左和中右之间开展的政治化模式,以此来代替主流政党和极端政党之间关于政治化的对立立场。这种模式突破了"支持—反对"欧洲一体化的冲突结构,把公众讨论的重心从"是否需要'欧洲'?"引导到"需要一个什么样的欧洲?"的问题上来。[1] 根据他的思路,我们提出了欧盟主流政党对于欧洲一体化的政治化可以采取的第三种中间战略——"参与和引导战略"。按照这个战略,主流政党可以参与并有限推动欧洲议题在公共领域的争论,聚焦于主流中间政党对于"如何建设欧洲一体化的不同观念"

---

[1] Eric Miklin, "From 'Sleeping Giant' to Left-Right Politicization? National Party Competition on the EU and the Euro Crisis", *Journal of Common Market Studies*, Vol. 52, No. 6, 2014, pp. 1199–1202.

而非单纯的"支持或反对一体化"。这种争论可以在国内大选的议程中得到体现，但是尽量避免全民公决。因为全民公决的结果无法预测，而且容易陷入"支持—反对"的单一冲突结构。"参与和引导战略"从讨论个别政策入手，进而思考欧盟或欧洲一体化发展的轨迹方向。它主要立足于对现有欧盟政策与制度的"反思和修正"态度，不是盲目支持或全然反对。

表1　主流政党应对欧洲一体化的政治化的三种战略比较

应对战略	对政治化的态度	欧洲议题的深入程度	欧洲议题的突出程度
去政治化战略	去政治化	不在公共领域提出争议性议题	交由议会讨论表决
民粹主义战略	大力推动	关于一体化基本理念和本国欧盟成员资格	列入国家选举议程和要求全民公决
参与和引导战略	有限参与	关于欧盟的具体政策	列入国家选举议程

注：表由作者自制。

三　德国基民盟的去政治化战略

冷战后，德国虽然一直被看作一体化的发动机，但是德国民众对欧盟依然存在一些不满。其不满主要来自经济方面，例如对过多承担欧盟经济责任的抱怨，对欧盟东扩带来的就业和移民问题的反对，对欧元取代马克的不安等等。欧债危机的爆发进一步引发了德国民众的反对情绪。德国民众对于欧盟的信任度从2009年的44%跌到了2013年春的29%。2011年10月15日，在德国法兰克福歌德广场上，德国民众开展了主题为"占领欧洲央行"的抗议活动。在德国同其他欧盟国家就救助计划达成妥协并通过后，民众用投票来表达对欧盟治理以及政府对欧政策的抗议。2012年5月在德国北威州即人口第一大州的议会选举中，默克尔领导的基民盟惨败。德国联邦会议批准了"财政契约"和"欧洲稳定机制"文本后，德国左翼党议会党团、基社盟议员、上万学者及德国民众对此表示了强烈的反对，不同意通过建立财政联盟分担其他成员国的债务，认为议会两院通过的"财政契约"和"欧洲稳定机制"违反德国宪法,因为这加重了德国人的经济负担,并且向欧盟让渡了过多的财政主权,限制了德国议会的预算自治权。他们要求联邦宪法法院下令停止该法令的批准进程,甚至呼吁就这一议题举行全民公决。德国总统高克响应宪法法院的呼吁,拒绝在议会法案上签字,使得两大法案的批准在德国暂时停滞。①

默克尔领导的基民盟(而后是政党联盟)治理欧债危机的主要方法是:减少大众对该问题的争议,通过国家间谈判提出符合本国利益的治理方案,在国内以议会批准的方式通过该方案。在应对欧债危机的政治化问题上,默克尔还是采取了传统的去政治化战略。首先,在欧债危机爆发的初始阶段,默克尔为了减少德国大众对于本国为欧债买单的担忧,在支援希腊等国的问题上犹豫不前,行动迟缓。这种对策主要目的在于防止大众不满的迅速上升,以及由此而来的压力对基民盟2011年德国地方选举产生消极影响。其次,默克尔对民众承诺在欧洲谈判中用德国的方式、按照德国的利益来达成针对债务危机的治理方案,以此作为解决国内争议的手段。再次,在和欧洲伙伴达成财政契约等治理协议之后,默克尔采取议会表决的方式进行国内批准。遇到违宪诉讼,又借助联邦法院的有利判决最终以司法化的方式使欧债治理方案得以合法通过,避免了大众投票程序。德国联邦宪法法院于2012年9月12日做出了判决,驳回了对欧洲稳定机制条约法案和"财政契约"的违宪之诉,宣称对外援助的财政审查权属于议会,这使得"财政契约"及"欧洲稳定机制"的争议在德国基本尘埃落定。②

在2011—2013年欧洲议题在德国政治中变得额外突出的时候,默克尔采取的去政治化战略坚持了德国的"欧洲导向"政策,她领导的政党联盟也在2013年的大选中再次获胜连任。通过在欧洲层面推动财政监督机制和相关救助机制的形成,德国促进了欧洲一体化的继续发展。危机反而有利于欧洲一体化的故事似乎再次上演。然而由

---

① 魏爱苗:《德国叫停化解欧债危机两大举措》,《经济日报》2012年7月20日。
② 毛晓飞:《对外财政援助决定权的宪法制约:德国联邦宪法法院对欧元区援助法案的违宪审查》,《欧洲研究》2013年第2期。

于民众不满并未真正在德国主流政党的议程中得到宣泄，一直在德国被看作是"暗物质"的疑欧主义政党开始崛起。2013年4月14日，由部分德国学者和经济界人士组建的"德国选择党"在柏林举行成立大会。该党旗帜鲜明地主张废除欧元，有序地解散欧元区，重新使用马克。党魁卢克要求在此问题上采用瑞士的直接民主形式，即全民公决。① 自成立以来，该党在德国各个政治层级的选举中节节胜利，对德国主流政党提出了严重挑战。至2017年3月，德国选择党已经在德国10个州议会（总共16个州议会）中拥有席位，成为德国政坛民调支持率位居第三的政党，并有望在2017年进入联邦议会。②

在应对2015年的欧洲难民危机中，默克尔又再次以"去政治化"的方式对难民敞开大门。然而她对难民的包容政策和分配难民的方案遭到其他欧洲国家——尤其是中东欧国家的反对。在国内，难民涌入引起的社会经济问题激发民众巨大不满。而选择党则趁机通过反移民的口号获得大量支持。虽然在默克尔的领导下，德国经济长期在西方国家一直独秀，但是国内对其欧洲政策的争议留下了重大隐患。基民盟在一些地方选举中遭遇的失败已为默克尔谋求2017年连任蒙上了阴影。

四　英国保守党的民粹主义战略

欧洲政策在英国一直是富有争议的。2008年美国金融危机以及之后爆发的欧债危机都严重影响了英国的经济。2007年经济增长率仍为2.6%的英国，2008年出现了0.6%的负增长，而2009年经济增长率更是急剧下降到-4.3%，英国经济受到了猛烈的冲击，③ 低迷的经济走势导致首相布朗辞职下台。由此2010年英国大选三大热点议

---

① 伍慧萍、姜域：《德国选择党：疑欧势力的崛起与前景》，《国际论坛》2015年第2期。

② 《德国选择党的野心与现实》，凤凰网资讯，http://news.ifeng.com/a/20170320/50800927_0.shtml，访问时间：2017年2月28日。

③ Real GDP Growth Rate-Volume, http://ec.europa.eu/eurostat/tgm/table.do?tab=table&init=1&plugin=1&language=en&pcode=tec00115, last accessed on 28 February, 2017.

题为英国经济复苏、削减巨额财政赤字和阿富汗战争。① 当时英国三大主流党派虽然对欧立场不同，但都认为英国的发展离不开欧盟。然而随着欧债危机的蔓延，英国政府和英国央行针对欧债危机在国内推行的相关政策未能阻止经济的下行，英国贸易逆差创下七年最高，对欧盟贸易收支状况为史上最差。评估政治风险的智库梅普尔克罗夫特全球风险顾问公司在其研究报告中指出，由于英国同欧元区的贸易和银行业联系紧密，因而在最容易受欧元区危机恶化影响的非欧元区经济体中，英国名列榜首。②

针对欧盟提出的一系列应对欧债危机的举措，例如统一征收金融交易税、签订"财政契约"组建财政联盟等，英国一一否决。这符合英国反对欧盟朝联邦制方向发展的一贯原则和立场，③ 但是首相卡梅伦的这些政策并没有平息民众对欧盟的不满，也无法阻止极右翼民粹主义政党——独立党的崛起。从民意调查数据来看，英国大众对欧盟的信任度在欧债危机期间仅为 16%—20%（2010—2014 年）。同时欧盟采取的加强财政监管和紧缩政策等一体化措施也使得本就恐惧"欧洲超级国家"的英国民众增加了对欧盟的反感。英国民意整体转向疑欧和厌欧。在此背景下，主张脱欧、反移民的极右政党——独立党有了迅速发展的条件。在 2014 年欧洲议会选举中，它超过保守党和工党，成为英国在欧洲议会的第一大党。2015 年，该党在下院选举中得票率超过自由民主党攀升至全国第三，在地方议会选举中，历史性拿下萨尼特地区。独立党虽然立场极端且影响日隆，但由于英国特殊的单一选举多数制致使其无法将自身主张直接列入英国政治议程。④

2010 年上台执政的英国保守党在面临欧洲问题被严重政治化的局面下，产生了利用并推动这一进程为本党政治利益服务的强烈动机。它在 2015 年选举前后谋求推动和炒作欧洲问题以获得竞选优势。

---

① 《英国 20 年来最激烈大选》，http：//www.china.com.cn/international/zhuanti/node_7089665.htm，访问时间：2017 年 2 月 28 日。

② 《英国受欧债危机影响最大》，http：//news.xinhuanet.com/world/2012-07/27/c_123474118.htm，访问时间：2017 年 2 月 28 日。

③ 赵怀普：《英国否决欧盟修约与英欧关系的新动向》，《外交评论》2012 年第 3 期。

④ 孙晨光等：《单一选区相对多数制选举模式下的民意代表性缺失问题：以英国独立党为例》，《国际论坛》2016 年第 1 期。

在2010年大选中,保守党获得的下议院307个席位(占36.1%)未能过半,所以不得不和自由民主党组成联合政府。除了弱势政府的难题之外,2012年底之后反对党工党的民调支持率明显上升,而执政的两党则都有下降。颓势之下,保守党内部的疑欧议员表示强烈不满,他们希望卡梅伦能对欧盟提出强硬主张,消除独立党的潜在威胁,从该党手里抢回被吸引的传统右翼选民。[1] 为了弥补党内矛盾和在2015年大选中获得优势,卡梅伦在2013年1月23日的彭博演讲中抛出保守党将推动举行"决定留在欧盟之内,或是完全退到欧盟之外"的全民公投言论。卡梅伦提出公投后,民调结果显示,保守党的支持率比前一个月上升了5个百分点。[2] 此后,保守党采取了以下举措:第一,推动脱欧公投的合法化。2013年6月,保守党议员沃顿在下院提出了《2013年欧洲联盟(全民公决)议案》,该议案规定全民公决的内容是关于"英国在欧盟的成员国地位问题"。同年11月,下院通过了该议案,2015年12月17日又获得英国女王的批准,最终为举行公投确定了法律基础。[3] 第二,把举行脱欧公投列入本党2015年大选的主要议程,以此吸引选民支持。保守党的竞选宣言提出了"真正改变我们与欧盟关系"的纲领,承诺2017年就是否保留欧盟成员国身份举行公投。保守党批评欧盟过于官僚和专断,反对一个"日益紧密的联盟"。至于是否退出欧盟,保守党指出"您(民众)说了算",它将尊重公投结果。第三,卡梅伦以"民意"为由要求和欧盟重新谈判,拿回本属于英国的主权,并借此防止脱欧出轨的可能结果。[4] 2014年3月17日,卡梅伦首次提出在2017年脱欧公投前,将在与欧盟的重新谈判中提出7点关键性的改革意见。2015年11月10日,卡梅伦在给欧洲理事会主席图斯克的信中正式提出了限制非英国的欧盟公民福利等有助于英国留欧的四点谈判意见。2016年2月19

---

[1] 潘兴明:《英国对欧政策新取向探析》,《外交评论》2014年第4期。
[2] 夏文辉:《聚焦英国脱欧公投——解读五个"为什么"》,http://news.xinhuanet.com/world/2016-06/25/c_129088007.htm,访问时间:2017年2月28日。
[3] 曲兵、王朔:《透视英国的"疑欧主义"》,《现代国际关系》2016年第4期。
[4] 《强有力的领导 明确的经济计划 更光明更安全的未来——英国保守党2015年竞选纲领》,《当代世界社会主义问题》2015年第3期。

日，英国在欧盟峰会谈判中与欧盟达成改革协议，力图为英国留欧铺平道路。卡梅伦领导的保守党通过以上一系列自导自演的公投大片，希望操纵民意获得国内和欧洲层面的多重利益。

卡梅伦领导的保守党实行的是一种典型的民粹主义战略。他为了短期的政党利益，把极富争议的脱欧公投问题列入政策议程，在英国社会造成了"留欧派"和"脱欧派"之间严重的两极分化。可以说，保守党做了独立党想做而无力做成的事情。然而，卡梅伦大力推动欧洲议题的政治化结果则与他预计的相反。2016年6月24日，英国脱欧公投的结果公布，选民投票率为72.2%，赞成脱欧者占总投票人数的51.89%。脱欧阵营获得了胜利。在投票结果公布后，大量英国公民到下议院请愿，在网上也有大量英国公民联名要求进行第二次公投。[①] 公投结果出来后，卡梅伦也宣布辞职。在明知选民对欧盟有着严重不满的情况下举行公投，卡梅伦的行为可谓投机性的赌博。况且公投中的政策话语权却被独立党主导，大大脱离卡梅伦的预想。保守党的民粹主义战略产生了重要的政策结果，它对英国和欧盟而言是两败俱伤：第一，这导致英国对欧政策发生了颠覆性的转变。保守党不得不尊重公投结果，启动脱欧程序。英国对欧洲一体化走向彻底拒绝的立场。卡梅伦下台后，强硬疑欧派主导了未来英欧关系的发展。未来艰苦的对欧谈判、烦琐的"去欧洲化"程序、脱离共同市场的可能、国际地位下降、苏格兰谋求独立等都将严重损害英国国家利益；第二，英国脱欧同样是对处于危机中的欧盟的巨大打击。欧盟不仅失去一个重要成员，而且一旦其他成员国效仿英国脱欧公投则可能导致欧盟进一步分裂甚至解体。

五 法国社会党2012年大选：一个不完全的"参与和引导战略"？

欧债危机同样在法国引起了巨大争议。一方面是受危机所累，法

[①] 刘道前：《全民公投未必就能很好体现民意 从英国"脱欧"看西方民主模式的弊端》，《理论导报》2016年第7期。

国经济低迷，失业率增加。2012年法国经济增长率仅为0.3%，失业率高达10%，为近12年最高。萨科奇提出的提高退休年龄和增加工作时间等经济改革措施进一步损害了民众的利益。法国民众的不满导致极端政党势力上升。极右翼政党国民阵线一直持反移民、退出欧盟的极端立场，它在法国政坛长期具有重要影响，如老勒庞就曾在2002年击败前总理若斯潘闯进总统选举第二轮。在2012年第一轮总统竞选中，极右的国民阵线和极左的左翼阵线分别获得了17.9%和11.1%的票数；另一方面，德国主导的欧债危机治理方案并不完全符合法国的利益，法国国内存在争议。萨科奇虽然在危机中表现积极，与默克尔配合默契，媒体戏称两人为"默科奇"。但是按学者的看法，欧债危机中法德合作却呈现出"法国主张、德国内核"的特征。共同政策倡议以法国的名义提出，但实质却是法国由于自身的经济弱势，一步步屈从于德国的政策原则和紧缩战略，最终迁就了德国的利益与价值。①

谋求连任的萨科奇在2012年竞选中在欧债危机问题上采取了去政治化战略，他依然强调财政紧缩政策，削减政府公共开支。不过为了在第二轮竞选中吸引极右翼选民，他也提出了限制移民，甚至修改申根协定的动议。极右翼的国民阵线候选人玛丽·勒庞和极左翼的左翼阵线领导人梅朗雄则对欧债危机大做文章。勒庞鼓动退出欧元区，建立贸易保护机制，称若当选将就欧盟各项条约重新展开谈判。② 梅朗雄抨击了资本主义制度及其导致的金融危机对民众生活的冲击，号召公民起义，推翻主流政党的现有体制。3月20日，有12万极左选民上街游行支持梅朗雄。

当欧债危机及治理政策在2012年法国大选前后成为国内政治焦点的时候，奥朗德领导的法国社会党却在去政治化战略和民粹主义战略之间选择了中间道路。它在思路上接近于本文所说的"参与和引导战略"。奥朗德的竞选口号是"改变，就在现在"，属于社会民主的

---

① 参见张骥《欧债危机中法国的欧洲政策：在失衡的欧盟中追求领导》，《欧洲研究》2012年第5期。
② 《法国2012年总统竞选正式揭幕 10人竞选总统》，凤凰网资讯，http://news.ifeng.com/world/detail_2012_03/21/13330637_0.shtml，访问时间：2017年2月28日。

改良主义路线。这种风格也体现在他的欧洲政策上。一方面，对于欧债危机问题，奥朗德在大选中公开对政府现有紧缩政策提出异议，对欧债危机的政治化进程持有限推动的立场。他在竞选中抨击了"默科奇"的紧缩政策，声称欧洲不是德国人说了算，提出当选后第一站就要去柏林和默克尔重新谈判"财政契约"。在电视辩论中奥朗德批评萨科奇站在德国的后面，卑躬屈膝，声称"我要让法国的政策更符合法国人的需求和利益"①。其竞选纲领中的欧洲政策主要包括：修正现行的"财政契约"，补充以一项新的《责任、治理与增长》公约，创立欧洲共同债券，征收全欧的金融交易税、气候能源税，将欧洲央行的作用由反通胀转向促增长，重新平衡法德关系。最终奥朗德在第二轮总统竞选中以51.8%对48.2%的微弱优势获胜。《欧洲时报》的社论认为，他的胜出有两点似乎最有决定意义：一是"公正"战胜"效率"；二是"发展"战胜"紧缩"②。虽然奥朗德缺少从政经验，能力并不突出，但是他寻求变革，将紧缩政策"政治化"的竞选策略确实起到了相当大的作用。

另一方面，奥朗德把欧债危机的治理方向从德国式的紧缩政策引导到兼顾经济增长的均衡路线。奥朗德承诺调整欧盟的未来方向，认为财政紧缩政策必然以削减社会福利为代价，指出刺激投资、创造就业机会来促进经济增长对欧盟也同样重要。他所说的重新谈判并非全然否定"财政契约"，其真实意图在于把增长作为治理债务危机的必要补充。奥朗德在当选后开展多边外交，其政策主张得到了西班牙、意大利等债务重灾国和欧盟委员会主席巴罗佐的支持，同时也满足了欧盟内反对紧缩的民意要求。此后法德经过多次谈判，最终在紧缩和增长之间达成了平衡共识。在2012年欧盟峰会上，27个成员国正式通过"增长与就业契约"，作为财政契约的补充条款。奥朗德也正兑现竞选诺言，把欧债危机的治理从单纯紧缩引导到紧缩与增长并重的方向。

通过以上措施，奥朗德领导的社会党在2012年法国大选中"参

---

① 《欧盟解构者奥朗德》，凤凰网，http://finance.ifeng.com/usstock/mgpl/20120505/6417985.shtml，访问时间：2017年2月28日。

② 《华媒：奥朗德赢胜原因多方面 或左右欧洲前路》，中国新闻网，http://www.chinanews.com/hb/2012/05-07/3869273.shtml，访问时间：2017年2月28日。

与"并且"引导"了欧债危机的政治化进程。他把有争议的欧洲议题纳入国家大选议程，但推动的主要是针对欧盟具体政策的讨论。其目的在于有效地疏导民众不满，对欧洲一体化提出不同的发展路线。从最后的政策结果来看，奥朗德不仅获得了竞选胜利，部分改变了法国略有失衡的欧洲政策，领导欧洲向着更为均衡的治理方向前进，在客观上取得了一定的效果。

奥朗德的不足在于，虽然他在战略方向上修正了富有争议的德国式紧缩，获得了民众支持，但在战略的具体落实上却鲜有作为。他不仅未能使法国领导欧元区走出经济低迷，而且也没有实现对法国民众作出的"促进经济增长与就业"的承诺。奥朗德曾允诺如果失业率不下降，他就不参加2017年总统大选。然而据欧盟统计局统计，2012—2015年6月，欧盟28国的失业率从10.5%下降到9.6%，而同期法国失业率从9.8%上升到10.2%。2012—2014年，法国经济基本停滞，2015年才出现了超过1%的经济增长。[①] 他没有实现本人引导的"就业和增长"目标，2016年，民众对他的支持率下降到仅为4%，最后他被迫成为法国第五共和国历史上第一个放弃连任竞选的总统。由于奥朗德仅仅赢在了选举，没有真正实现他的战略目标，所以法国民众的不满旋即上升，国民阵线等极端政党再次得势，主流政党在2017年法国大选又面临严峻挑战。因此总体来看，虽然奥朗德的战略思路是成功的，但由于具体落实的问题，只能说他实施的是一个不完全的"参与和引导战略"。

六　结论：比较与反思

综上而言，我们可以对欧债危机以来德国、英国、法国主流政党应对"欧洲一体化的政治化"战略的政策结果作一比较分析。德国基民盟采取的"去政治化战略"避免了大众投票对本国欧洲政策的

[①]《法国经济进入"紧急状态"，奥朗德的改革大计赢面多大？》，一财网，http://finance.sina.com.cn/stock/t/2016-01-19/doc-ifxnqriy3178573.shtml，访问时间：2017年2月28日。

影响，在欧洲层面推动了针对欧债危机的治理方案，有利于一体化的发展。但由于对大众的不满在某种程度上的压制导致其转向支持极右翼的选择党，这为疑欧政党的兴起提供了重要的发展空间，对未来本党的政治利益产生了极为不利的影响。英国保守党推行的民粹主义战略固然有利于本党短期政治利益（大选获胜和党内团结），英国大众也被鼓动起来通过公投宣泄了对欧盟的不满，然而英国由此硬着头皮走上了脱欧道路，整个国家将为此付出沉重代价。欧盟也将迎来前所未有的"去一体化"的考验。这种去一体化目前来看主要是地域上的，即一个成员国脱离共同体的行为。它的危险在于可能带来的连锁反应，可能是其他成员国效仿英国或威胁仿效英国公投，也有可能导致欧盟整体在制度上、社会心理上的去一体化。与以上两种相对极端的应对战略不同，从法国社会党的例子来看，参与和引导战略不仅有利于本党竞选获胜，而且把大众的不满引向欧盟的具体政策，由此产生了疏导作用。奥朗德通过外交努力要求欧盟补充经济增长的条款，缓和了对欧盟紧缩政策的争议，在某种程度上修正了一体化的发展。如果奥朗德在竞选成功之后，能够真正实现他对欧洲和法国民众承诺的推动"增长和就业"目标的话，那么他对政治化的应对战略将会更加成功。通过以上的比较，我们发现在三种应对战略中，参与和引导战略相对比较中庸和稳健，虽然仅对已经谈判结束的欧盟政策提出修正或补充意见，但总体兼顾了多方的利益要求，在应对欧洲一体化的政治化问题上政策效果较为明显。

表2　德国、英国和法国三国主流政党应对战略的政策结果比较

政党	应对战略	对政党利益的影响	对民众不满的影响	对本国欧洲政策的影响	对欧洲一体化的影响
德国基民盟	去政治化战略	不利	压制	不影响	推动一体化发展
英国保守党	民粹主义战略	有利	鼓动	走向脱欧	导致"去一体化"
法国社会党	参与和引导战略	有利	疏导	要求欧盟补充增长条款	修正一体化的发展

注：表由作者自制。

默克尔领导的基民盟采用的"去政治化战略"属于传统意义上的一体化发展方式。在让·莫内等欧洲之父的最初设想中,"政治"在某种程度上是被排除在欧洲决策之外的。因为他们认为,国内政治对抗和意识形态冲突是战争和经济危机的根本原因,他们的方法是在欧洲层面设计一个治理体系来避免国内政治对欧洲决策的影响。[①] 共同体通过技术官僚的决策来满足人民的公共利益而非某些政治集团的个别利益,同时尽量在欧洲谈判中通过各国协商达成共识。这种制度设计也是长期以来欧洲一体化在成员国国内政治中成为"沉睡的巨人"的主要原因。由此欧盟主流精英能够通过"去政治化"的方式推动欧洲一体化的发展。自20世纪90年代以来,欧洲一体化体现出某种政体建构的趋势,"政治"色彩大为增强。但这并非一个有计划的过程,而是应对迫在眉睫的问题和危机而给出的改革方案。[②] 欧盟权威和职能的增长在成员国内制造出很大的争议,因为随着不断加深的欧洲化对成员国国内政治的持续冲击,来自布鲁塞尔的规制对成员国的政策、法律和日常生活都产生了越来越大的影响。例如欧债危机中的欧盟财政紧缩政策要求成员国进行结构性的经济改革,明显关系到民众福利、就业等切身问题。按照王尔德等学者的观点,由于民众意识的觉醒,欧洲一体化的政治化进程变得难以逆转。[③] 于是欧盟主流精英采取去政治化战略的政治风险也随之增大。在缺少民众参与以及欧盟治理不力的情况下,主流精英把有争议的欧洲议题移出公共领域讨论将催生诸多不满,这一方面将对主流政党的执政地位提出严重考验,另一方面也让极端政党有机可乘,得到更大的发展空间。所以从长期的发展来看,欧盟主流政党推行"去政治化战略"的阻力将增大,会变得越来越不可行。

---

① Simon Hix and Stefano Bartolini, "Politics: The Right or the Wrong Sort of Medicine for the EU?", *Notre Europe*, *Etudes and Recherches*, *Policy Paper*, No. 19, 2006, p. 5.

② [法]奥利维耶·科斯塔、[法]娜塔莉·布拉克:《欧盟是怎么运作的(第二版)》,潘革平译,社会科学文献出版社2016年版,第2—7页。

③ Pieter De Wilde and Michael Zürn, "Can the Politicization of European integration be Reversed?", *Journal of Common Market Studies*, Vol. 50, No. 1, 2012.

从英国保守党的例子来看，欧盟主流政党转向民粹主义战略犹如饮鸩止渴，危害极大。由于主流政党强大的动员能力，推行民粹主义战略固然让其短期获利，但对国家利益和欧盟整体利益构成严重威胁。在这方面，欧盟应该限制全民公决等直接民主方式在涉及脱欧等敏感议题上的决定作用，例如脱欧问题可以采取双重表决——议会和全民公决的方式，或者公投设定有效多数而不是简单多数的方式。因为国际谈判的成本太高，不能像国内政治那样可以推倒重来。

从欧洲一体化的政治化的发展来看，如今对欧盟最为重要的问题之一是如何使民众对欧盟或一体化的争议通过主流政党之间的竞争体现出来，这种竞争能够让民众的不满获得出口，同时也兼顾欧洲一体化和成员国的整体利益。主流政党如果任由极端政党成为民众不满的发泄渠道，类似于英国脱欧的大戏或许还会重演。目前来看，"参与和引导战略"是适合欧盟主流政党应对中左翼和中右翼政党之间在欧洲议题上开展竞争、疏导大众不满的战略。然而法国社会党在2012年竞选中采取的这类战略还没有真正成型，特别是在具体战略落实上还存在严重不足。各国国内政治条件也有待完善，且该战略未为主流政党所普遍认可并效仿。未来其发展道路还需要欧盟精英进行更多的实践和探讨。

附　录

欧盟专有名词英文、台湾译名、大陆译名对照表

余佳璋　王亚琪整理

英文　A　(7)	台湾译名	大陆译名
Association Agreement	联系协定	联系协定
Action Committee for United States of Europe	欧洲合众国行动委员会（简称行动委员会）	欧洲合众国行动委员会
Academy of European Law, Corpus Juris	欧洲法典学院	欧洲法学院
Agency for the Cooperation of Energy Regulators (ACER)	能源监管机构合作署	能源监管合作署
Amsterdam Treaty	阿姆斯特丹条约	阿姆斯特丹条约
Anti-austerity Alliance	反撙节联盟	反紧缩联盟
Audiovisual Observatory	视听媒体观测中心	NA

英文　B　(6)	台湾译名	大陆译名
Barcelona Declaration	巴塞罗那宣言	巴塞罗那宣言
Bologna Process	波隆纳进程	博洛尼亚进程
Body of European Regulators for Electronic Communications (BEREC)	欧盟电子通讯管制机关	欧盟电信监管委员会
Border Management Agency (FRONTEX)	欧洲边境管理局	欧洲边境管理局
Bretton Woods System	布列顿森林体系	布雷顿森林体系
Brexit	英国脱欧	英国脱欧

英文 C （22）	台湾译名	大陆译名
Catalonia	加泰罗尼亚	加泰罗尼亚
Centre for European Policy Studies（CEPS）	欧洲政策研究中心	欧洲政策研究中心
Charter on the Fundamental Rights of the European Union	欧洲联盟基本权利宪章（基本权利宪章）	欧盟基本权利宪章
Club Med	地中海俱乐部	地中海俱乐部
Cohesion Fund	凝聚基金	凝聚基金（聚合基金）
Council of Europe	欧洲理事会	欧洲委员会
Constructivism	建构主义	建构主义
Convention of Lome	洛梅协定	洛美协定
Comenius Programme	柯米尼亚思计划	夸美纽斯计划
Conference on Security and Cooperation in Europe（CSCE）	欧洲安全与合作会议	欧洲安全和合作会议
Common Agricultural Policy（CAP）	共同农业政策	共同农业政策
Common Commercial Policy（CCP）	共同贸易政策	共同贸易政策
Common Fisheries Policy（CFP）	共同渔业政策	共同渔业政策
Common Foreign and Security Policy（CFSP）	共同外交暨安全政策	共同外交与安全政策
Common External Tariff（CET）	共同对外关税	共同对外关税
Common Security and Defence Policy（CSDP）	共同安全暨防卫政策	共同安全与防务政策
Consumers, Health, Agriculture and Food Executive Agency（CHAFEA）	欧盟消费者、健康、农业及食品执行机构	欧盟消费者，卫生，农业和食品执行机构
Committee of Permanent Representatives（COREPER）	常设代表委员会	常设代表委员会

续表

英文　C　(22)	台湾译名	大陆译名
Committee of the Regions (COR)	区域委员会	地区委员会
Court of Justice of the European Union	欧洲联盟法院	欧洲联盟法院
Copenhagen Criteria	哥本哈根标准	哥本哈根标准
Crisis Management and Planning Directorate (CMPD)	危机管理与计划署	危机管理与规划司
Croatia	克罗爱西亚	克罗地亚

英文　D　(4)	台湾译名	大陆译名
Davignon Report	达维农报告	达维农报告（达维尼翁报告）
Declaration on the Future of the Union	欧盟之未来宣言	关于联盟的未来宣言
Directorates General	总署	总司
DG Relex	执委会对外关系总署	对外总司

英文　E　(53)	台湾译名	大陆译名
Economic and Social Committee (ESC)	经济与社会委员会	经济与社会委员会
Emissions Trading System (ETS)	欧盟排放交易系统	欧盟排放交易系统
Erasmus Mundus Programme	伊拉斯莫斯世界计划	伊拉斯莫计划
EU Global Strategy for Foreign and Security Policy	欧盟外交及安全全球策略	欧盟外交与安全政策的全球战略
EU Joint Situation Centre, SitCen	欧盟危机预防中心	欧盟情势中心
Eurogroup	欧元集团	欧元集团
Eurobarometer	欧洲温度计	欧洲晴雨表

续表

英文 E (53)	台湾译名	大陆译名
European Agricultural Guidance and Guarantee Fund (EAGGF)	欧洲农业指引暨保证基金	欧洲农业指导与保证基金
European Asylum Support Office (EASO)	欧洲难民支持办公室	欧洲避难支持办公室
European Atomic Energy Community EAEC/Euratom	欧洲原子能共同体	欧洲原子能共同体
European Aviation Safety Agency (EASA)	欧洲航空安全局	欧洲航空安全局
European Business and Innovation Centres (BICS)	欧洲商业育成中心	欧洲企业与创新中心
European Central Bank (ECB)	欧洲中央银行（欧洲央行）	欧洲中央银行（欧洲央行）
European Commision	欧洲执行委员会	欧盟委员会
European Convention on Human Rights (ECHR)	欧洲人权公约	欧洲人权公约
European Council	欧盟高峰会	欧洲理事会（欧盟首脑会议）
European Constitution	欧洲宪法	欧洲宪法
European Currency Unit (ECU)	欧洲货币单位	欧洲货币单位
European Defence Agency (EDA)	欧洲防卫局	欧洲防务局
European Defence Community (EDC)	欧洲防卫共同体	欧洲防务共同体
European Economic Community (EEC)	欧洲经济共同体	欧洲经济共同体
European Economic and Social Cohesion Policy (EESCP)	欧洲经济与社会凝聚政策	欧洲经济社会凝聚政策

续表

英文 E （53）	台湾译名	大陆译名
European Energy Research Alliance（EERA）	欧洲能源研究联盟	欧洲能源研究联盟
European Environment Agency（EEA）	欧洲环境署	欧洲环境署
European External Action Service（EEAS）	欧盟对外行动部	欧盟对外行动署
European Financial Stabilization Mechanism（EFSM）	欧洲金融稳定机制	欧洲金融稳定机制
European Free Trade Association（EFTA）	欧洲自由贸易协会	欧洲自由贸易联盟
European Free Trade Zone	欧洲自由贸易区	欧洲自由贸易区
European Food Safety Authority（EFSA）	欧洲食品安全局	欧洲食品安全局
European Framework Programme	欧盟科研架构计划	欧盟框架计划
European Industrial Initiatives	欧洲产业计划方案	欧洲产业计划倡议
European Institute of Innovation and Technology（EIT）	欧洲创新与技术研究院	欧洲创新与技术学院
EU Military Staff（EUMS）	欧盟军事幕僚参谋部	欧盟军事参谋部
European Monetary Fund（EMF）	欧洲货币基金	欧洲货币基金
European Monetary System（EMS）	欧洲货币体系	欧洲货币体系
Economic and Monetary Union（EMU）	经济暨货币联盟	欧洲经济货币联盟
European Neighborhood Policy（ENP）	欧洲睦邻政策	欧洲睦邻政策

续表

英文 E （53）	台湾译名	大陆译名
European Ombudsman	欧盟监察使	欧盟监察专员（申诉专员）
European Parliament	欧洲议会	欧洲议会
European Political Union	欧洲政治联盟	欧洲政治联盟
European Regional Development Fund（ERDF）	欧洲区域发展基金	欧洲区域发展基金
European Research Area（ERA）	欧洲研究区	欧洲研究区
European Rural Model（ERM）	欧洲乡村模式	欧洲乡村模式
European Round Table of Industrialists（ERT）	欧洲企业家圆桌会议	欧洲企业家圆桌会议
European Security and Defense Identity（ESDI）	欧洲安全暨防卫实体	欧洲安全与防务认同
European Security and Defense Policy（ESDP）	欧洲安全暨防卫政策	欧洲安全与防务政策
European Stability Mechanisim（ESM）	欧洲稳定机制	欧洲稳定机制
European Telecommunications Standards Institute（ETSI）	欧洲电信标准协会	欧洲电信标准协会
European Union Association Agreement	欧盟联合协定	欧盟联系国协定
European Union Special Representative（EUSR）	欧盟特别代表	欧盟特别代表
Euro-Mediterranean Partnership	欧盟—地中海伙伴关系	欧盟—地中海伙伴关系
Eurostat-statistics	欧洲联盟统计局	欧洲联盟统计局
Exchange Rate Mechanism（ERM）	汇率机制	汇率机制

附　录 / 463

英文　F　(5)	台湾译名	大陆译名
Five Star Movement	五星运动	五星运动
Food and Agriculture Organization of the United Nations (FAO)	联合国粮食暨农业组织	联合国粮食与农业组织
Fouchet Project	傅榭计划	伏歇计划
Framework Program7 (FP7)	欧盟第七科技架构计划	欧盟第七框架计划
Front National	民族阵线	国民阵线

英文　G　(3)	台湾译名	大陆译名
Gross Domestic Product (GDP)	国民生产毛额	国内生产总值
Grotius Programme	格劳秀斯计划	格劳秀斯计划
Grundtvig Programme	葛隆维计划	科隆威计划

英文　H　(1)	台湾译名	大陆译名
High Representative of the Union for Foreign Affairs and Security Policy	欧盟外交暨安全政策高级代表	欧盟外交与安全政策高级代表

英文　I　(5)	台湾译名	大陆译名
Intergovernmental Agreement	政府间协议	政府间协议
Intergovernmental System	政府间合作制度	政府间制度
Intergovernmental Conference (IGC)	政府间会议	政府间会议
International Centre for Settlement of Investment Disputes (ICSID)	国际投资争端解决中心	国际投资争端解决中心
International Labor Organization (ILO)	国际劳工组织	国际劳工组织

英文　J　(1)	台湾译名	大陆译名
Jean Monnet Programme	莫内计划	让·莫奈计划

英文 L （4）	台湾译名	大陆译名
Laeken Declaration	拉肯宣言	莱肯宣言（拉肯）
Liberal Intergovernmentalism	自由政府间主义	自由政府间主义
Luxembourg Compromise	卢森堡妥协	卢森堡妥协
Leonardo da Vinci Programme	达文西计划	达·芬奇计划

英文 M （8）	台湾译名	大陆译名
Marshall Plan (European Recovery Program)	马歇尔计划	马歇尔计划（欧洲复兴计划）
Mediterranean Union	地中海联盟	地中海联盟
Merger Treaty	合并条约	合并条约
Movement for European Reform	欧洲改革运动	欧洲改革运动
Multi-speed Europe	多速欧洲	多速欧洲
Multilateral Forces (MLF)	多边武力计划	多边部队
Munich Security Conference	慕尼黑安全会议	慕尼黑安全会议
Mutual Information System on Social Protection	社会福利共同信息系统	社会保护共同信息系统

英文 N （4）	台湾译名	大陆译名
Nassau Agreement	纳梭协定	拿骚协议
North Atlantic Treaty Organization (NATO)	北大西洋公约组织（北约）	北大西洋公约组织（北约）
Neo-functionalism	新功能主义	新功能主义
Neo-Corporatism	新合作主义	新合作主义

英文 O （3）	台湾译名	大陆译名
Organization for Economic Cooperation and Development (OECD)	经济合作暨发展组织	经济合作与发展组织

续表

英文 O (3)	台湾译名	大陆译名
Organisation for European Economic Cooperation (OEEC)	欧洲经济合作组织	欧洲经济合作组织
Opt-out Clause	选择性退出条款	选择性退出条款

英文 P (5)	台湾译名	大陆译名
Partial Test Ban Treaty	禁止部分核试爆条约	部分禁止（核）试验条约
Period of Reflection	再省思时期	反省期
Permanent Partnership Council	永久伙伴关系委员会	
Political and Security Committee	政治暨安全委员会	政治安全委员会
Poland and Hungary: Aid for Economic Restructuring, Phare Programme	法尔计划	法尔计划

英文 Q (1)	台湾译名	大陆译名
Qualified Majority Voting (QMV)	条件多数决	特定多数/有效多数投票

英文 R (3)	台湾译名	大陆译名
Rational Choice Institutionalism	理性选择制度主义	理性选择制度主义
Reform Treaty	改革条约	改革条约
Rome Treaty	罗马条约	罗马条约

英文 S (13)	台湾译名	大陆译名
Schengen Agreemen	申根公约	申根协定
Schuman Declaration	舒曼宣言	舒曼宣言
Single European Act, SEA	单一欧洲法	单一欧洲法令
Single Legal Personality	单一法律人格	单一法律人格
Single Payment Scheme	单一给付制度	单一支付计划

续表

英文 S (13)	台湾译名	大陆译名
Smithsonian Agreement	史密松宁协定	史密森协定
Sociological Institutionalism	社会制度主义	社会制度主义
Socrates Programme	苏格拉底计划	苏格拉底计划
Sub-Committee on Ireland's Future in the EU	爱尔兰在欧盟的未来次级委员会	欧盟爱尔兰未来发展小组委员会
Stability and Growth Pact (SGP)	稳定与成长公约	稳定与增长公约
Strategic Energy Technology Plan (SET)	策略性能源科技研究计划	战略能源技术计划
Sub-national Actor	次国家行为者	次国家行为体
Supranational institutions	超国家机关	超国家机构
Supranational leaders	超国家机关领袖	超国家领导人

英文 T (14)	台湾译名	大陆译名
Technical Assistance to the Commonwealth of Independent States (TACIS)	独立国协国家科技援助	独联体技援方案
Three Seas Initiative	三海倡议	三海倡议
Trans-Atlantic Community	跨大西洋共同体	跨大西洋共同体
Transatlantic Common Market	跨大西洋共同市场	跨大西洋共同市场
Transversal Programme	横向计划	横向计划
Treaty Establishing the European Coal and Steel Community	欧洲煤钢共同体条约	欧洲煤钢共同体条约
Treaty Establishing the European Defense Community	欧洲防卫共同体条约	欧洲防务共同体条约
Treaty Establishing a Constitution for Europe	欧洲宪法条约（欧洲宪法）	欧盟宪法条约
Treaty on European Union, Maastricht	欧洲联盟条约（马斯垂克条约）	欧盟条约（马斯特里赫特条约）

续表

英文 T （14）	台湾译名	大陆译名
Treaty of Friendship between France and Germany	德法合作条约（爱丽赛条约）	法德友好条约
Treaty of Lisbon	里斯本条约	里斯本条约
Treaty of Nice	尼斯条约	尼斯条约
Treaty of Rome	罗马条约	罗马条约
Treaty on European Union （TEU）	欧洲联盟条约	欧洲联盟条约

英文 V （2）	台湾译名	大陆译名
Veneto	威尼托	威内托
Visegrad Group	维斯格拉瓦集团	维谢格拉德集团

英文 W （2）	台湾译名	大陆译名
Werner Report	魏纳报告	维尔纳报告
Western European Union （WEU）	西欧联盟	西欧联盟